Heinrich Schliemann

Der prähistorische Palast der Könige von Tiryns

Ergebnisse der neuesten Ausgrabungen

Heinrich Schliemann

Der prähistorische Palast der Könige von Tiryns
Ergebnisse der neuesten Ausgrabungen

ISBN/EAN: 9783742871220

Hergestellt in Europa, USA, Kanada, Australien, Japan

Cover: Foto ©ninafisch / pixelio.de

Manufactured and distributed by brebook publishing software
(www.brebook.com)

Heinrich Schliemann

Der prähistorische Palast der Könige von Tiryns

TIRYNS.

DER PRÄHISTORISCHE PALAST
DER
KÖNIGE VON TIRYNS.

ERGEBNISSE DER NEUESTEN AUSGRABUNGEN

VON

Dr. HEINRICH SCHLIEMANN.

MIT VORREDE VON GEH. OBERBAURATH PROF. F. ADLER
UND BEITRÄGEN VON Dr. W. DÖRPFELD.

MIT 188 ABBILDUNGEN, 24 TAFELN IN CHROMOLITHOGRAPHIE,
1 KARTE UND 4 PLÄNEN.

LEIPZIG:
F. A. BROCKHAUS.
1886.

WOLFGANG HELBIG

GEWIDMET.

VORREDE.

Als der Herr Verfasser mich aufforderte, sein Werk über Tiryns mit einem Vorworte zu eröffnen, habe ich nicht gezögert, meine Bereitwilligkeit zu erklären. Bot doch jene Einladung einen erfreulichen Anlass, für die wesentliche Förderung der eigenen baugeschichtlichen Studien dem Danke mich anschliessen zu dürfen, der dem rastlosen Erforscher der ältesten Culturverhältnisse Griechenlands und Kleinasiens von den verschiedensten Seiten mit vollem Rechte zutheil geworden ist.

Ich hoffe diesen Dank am besten zu bethätigen, wenn ich den Versuch unternehme, aus den Ausgrabungsresultaten des Herrn Dr. Schliemann in Troja, Mykenae, Orchomenos und Tiryns die bautechnischen und baukünstlerischen Ergebnisse zu sammeln und — soweit dies heute möglich ist — zu einem Bilde der ältesten Baukunst auf griechischem und kleinasiatischem Boden zu gestalten. Allerdings sind noch grosse, aus verschiedenen Ursachen stammende Lücken vorhanden, und es ist sicher, dass das jetzt vorliegende Material über kurz oder lang wesentliche Ergänzungen erfahren wird. Dennoch möchte ich diesen Versuch rechtfertigen als eine nothwendige, nur von einem Architekten zu liefernde Vorarbeit für die weitere kunstgeschichtliche Forschung auf einem der anziehendsten aber dunkelsten Gebiete des classischen Alterthums. Dass ich über die Schliemann'schen

Arbeiten hinausgreifend auch die architektonische Ernte jüngster Ausgrabungen und Forschungen in Attika und Argolis zu
verwerthen gesucht habe, war wegen der Vollständigkeit nicht
zu umgehen.

Drei Gattungen der Baukunst sind durch jene erfolgreiche
Thätigkeit des Spatens wesentlich bereichert worden: 1) die
Festungsbauten, 2) die Palastanlagen, und 3) die Gräber. Die
wichtige Gattung der Tempelgebäude fehlt.

Zwar hatten die Herren Schliemann und Dörpfeld auf der
Pergamos in zwei grössern parallel stehenden Gebäuderesten
Tempelruinen zu sehen geglaubt und diese Ansicht noch in dem
1884 erschienenen Werke: „Troja“, S. 82 fig., näher begründet.
Aber sie traten sofort von dieser Ansicht wieder zurück, nachdem besser erhaltene analoge Baureste in Tiryns sich als Theile
eines grossen, in allen Hauptzügen deutlich erkennbaren Fürsten-
hauses erwiesen hatten. Wie hier, so sind auch in Troja jene
durch ihren Maasstab, ihre Planbildung und Mauerstärke vor
den übrigen Gemächern hervorragenden Räume sicherlich die
Hauptsäle des Herrscherhauses gewesen. Daher verdient die
Thatsache Beachtung, dass von geschlossenen, für den Cultus
bestimmten Räumen aus alter Zeit auf keiner der drei Burgen
bisher eine Spur gefunden worden ist. Die sehr geringen dorischen Baureste in Tiryns und Mykenae, die von steinernen
Tempeln stammen können, sind unzweifelhaft viel jünger als
die alten Anaktenhäuser und liefern kein Material zur Entschei-
dung in jener wichtigen Frage.

Für die erste Gattung, die der Festungsbauten, kommen, da die Akropolis von Orchomenos einer genauern Erforschung bisher nicht unterzogen worden ist, nur die Befestigun-
gen von Troja, Mykenae und Tiryns in Betracht. Alle drei
beruhen auf fast gleichem Bauprogramm und zeigen eine ähnliche
Situation. Als Standplatz ist stets ein mehr oder weniger hoher
Felshügel gewählt worden. Tiryns hat mit 26 m die niedrigste

Lage über dem Meere erhalten, demnächst folgt Troja mit 40 m. während Mykenae zehnmal so hoch liegt als Tiryns; sein Gipfel steigt bis zu 277 m auf. Jenes sind Burgen in der Ebene, dieses ist eine stolze Bergfeste.

Wie die knappen Umrisslinien der Ringmauern beweisen, hat es sich bei der ersten Anlage nicht um den Schutz städtischer Ansiedelungen oder um den Aufbau grosser Waffenplätze gehandelt, sondern um die Sicherung der Residenz eines Landesfürsten. Aehnlich wie im Mittelalter haben sich dann wol etwas später neben der Burg einzelne Hütten und Häuser erhoben. Als die Zunahme der Bevölkerung sowie wachsender Wohlstand zur Ausdehnung der vorhandenen Schutzbauten zwangen, hat die erweiterte Befestigung — selbst bei rationeller Anlage — die Wehrhaftigkeit der Burg nicht immer erhöht: oft hat sie dieselbe vermindert.

Für Mykenae steht durch den Namen, durch literarische Zeugnisse und durch Baureste eine solche Stadtanlage fest. Sie darf auch für Troja, selbst wenn man den Angaben Homer's kein entscheidendes Gewicht beilegt, frühzeitig angenommen werden, weil für eine längere Vertheidigung der Burg die im Südwesten belegenen Quellen unentbehrlich waren und fortificatorisch sehr bald angeschlossen werden mussten. Die Stadt lag deshalb sicherlich im Süden der Pergamos. Aus der Spätzeit von Tiryns kennen wir gleichfalls eine Stadtgemeinde, aber wann sie entstanden ist, bleibt vorläufig so unsicher wie der Zug ihrer Ringmauern. Vermuthlich lag die Stadt, worauf auch ein Münzfund hindeutet, nicht westlich am Strande des Meeres, sondern östlich im ebenen Gefilde, vor Piratenüberfällen durch die Burg geschützt.

Zwei Burgen, Pergamos und Tiryns, sind Land- und Seewarten zugleich gewesen. Die erstere beherrschte den weitesten Gesichtskreis und zwar an einer Weltstrasse. Den Gegensatz bildet Mykenae, als ein in das Gebirge vorgeschobener fester

Platz, um wichtige Pässe zu überwachen; daher ist auch seine
natürliche Festigkeit am stärksten, demnächst folgt die von
Tiryns und zuletzt die von Troja. Nur die letzte Burg hat —
längs der Ost-, West- und Südseite — einen trockenen Graben
besessen, der bei den beiden andern wegen des Aufbaues auf
schroffen Felsklippen entbehrlich war.

Die übrigen Grundbedingungen für Wehrhaftigkeit finden
sich bei allen gleichmässig erfüllt: bei knapper Umrisslinie ein
Minimum von Thoren und Pforten, sodann Mauern von genü-
gender Höhe und Stärke nebst leicht sperrbaren Zugangsstrassen,
und endlich eine zweckmässige Ausnutzung des innern Terrains
im Sinne der Ueberhöhung, d. h. eine terrassirte Gliederung in
Hoch- und Niederburg. Zu allen Zeiten hat man die festen
Plätze eng umgürtet, denn ein knapper Zug der Ringmauern
beschleunigt den Aufbau, vermindert die Bau- wie die Unter-
haltungskosten und erleichtert dauernd die Vertheidigung. Zuweilen genügte aber der erste enge Schutzgürtel den rasch wachsenden Ansprüchen nicht lange; man schritt an einer oder an
mehrern Seiten zu Erweiterungen. Die noch vorhandenen Baureste überliefern diese Thatsache sowol für Troja — nach Osten
und Süden — als für Mykenae längs der Südseite. Dagegen
hat Tiryns seine alte Umrisslinie immer bewahrt und erscheint
hierin als ein Bau aus einem Gusse, obschon die Burg
nicht der erste, sondern der zweite Bau auf gleicher Stelle ist.

Die Erfüllung der zweiten Bedingung — ein Minimum von
Thoren und Pforten — ist für eine rationelle Befestigung selbstverständlich, denn wenn jedes Thor schon seiner Grösse halber
ein schwacher Punkt bleibt, so verringert jede unnütze Pforte
die angestrebte Sicherheit wegen der wachsenden Gefahr des
Verraths. Daher hat Tiryns neben zwei sehr kleinen, für den
Rondengang und den Kundschafterdienst bestimmten Maueröff-
nungen immer nur ein Hauptthor und eine Nebenpforte besessen.
Das Gleiche gilt für Mykenae: ausser dem Löwenthore befindet

sich hier nur im Nordosten ein kleineres Thor, das neben militärischen Zwecken dem Wasserholen aus einer nahe belegenen Quelle (Perseia?) gedient hat. Auch für Trojas Burg genügten von Anfang an zwei Thore, nämlich das Mittelthor im Süden und das zu den Quellen führende im Südwesten. Ueber diese Zweizahl ist man nie hinausgegangen, denn als sich bei Gelegenheit der Burgerweiterung die Nothwendigkeit herausstellte, im Südosten ein neues drittes Thor anzuordnen, hat man das alte Mittelthor durch Vermauerung dauernd gesperrt und den Verkehr zwischen Burg und Stadt wieder auf zwei Thore beschränkt.

Neben diesen übereinstimmenden Grundzügen uralter Festungsbauweise finden sich auch abweichende Momente, welche nicht übersehen werden dürfen. Sie beziehen sich auf die Gliederung der Mauern im Grundrisse und im Aufbau (Tracé und Profil).

Betrachten wir zunächst den Grundriss, so erscheinen bereits in der Pergamos die Ringmauern durch vortretende und ziemlich regelmässig wiederkehrende massive Mauerpfeiler thurmartig flankirt, von denen aus die dazwischen liegenden Mauerabschnitte überwacht und seitlich bestrichen werden konnten. Dies zeigt besonders deutlich das alte Mittelthor: ein kolossaler Massivbau mit schmaler tunnelartiger Thorgasse, welcher in erster Linie den durch den Graben geschütteten Damm zu decken bestimmt war, demnächst aber auch zur Flankirung der Südseite diente und deshalb sicherlich als mächtiger Thurm die Mauern überragte. Aus der Thatsache, dass bei der spätern Burgerweiterung die Flankenstellung dieses Thurms zum grössten Theile wieder aufgegeben wurde, darf man sicher schliessen, dass das Werk der zweiten Burganlage (die Befestigungsweise der frühesten Ansiedelung ist unbekannt) entstammen muss. Jedenfalls stellt dieser Bau nach seinem Grundgedanken eine Combination von Thorthurm und vorgeschobenem Aussenwerk vor, welche baugeschichtlich von hohem Werthe ist.

Das Flankirungssystem, dessen Anwendung im heroischen
Zeitalter noch kürzlich befremdenderweise geleugnet worden
ist, fehlt sodann weder in Tiryns noch in Mykenae, doch ist
es der verschiedenen Terrainverhältnisse halber bei beiden nicht
so consequent durchgeführt worden, wie in Troja: man hat es
auf einige besonders wichtige Punkte beschränkt, dort aber aus-
giebig verwerthet.

Zur Burgmauer gehört der Burgweg. Den letzten Aufstieg
für Fussgänger und Reiter vermittelten beschüttete oder ge-
pflasterte Rampen von mässiger Steigung (20—25°) und verschiedener Breite (5—8 m). In Tiryns und Mykenae (ich spreche
hier von der ersten Burganlage, bevor die südliche Erweiterung
vorgenommen und das Löwenthor erbaut war) liegen und lagen
diese Rampen dicht an den Mauern und zwar so, dass der Angreifer gezwungen wurde, die unbeschildete rechte Seite der Vertheidigung blosszugeben. In Troja dagegen, wo ein trockener
Graben überschritten werden musste, führten die dammartigen
Rampen direct zu den Thoren und liegen deshalb rechtwinkelig
zur Mauerflucht.

Wie die Grundrisse, zeigen auch die Profile der Ringmauern
starke Unterschiede: die Verschiedenheit der Baumaterialien und
der natürlichen Lage haben darauf eingewirkt.

Die schlichteste Structur besitzen die Mauern der Pergamos,
weil Kalkbruchsteine mittlerer Grösse nur zum Unterbau, dagegen Luftziegel zum Oberbau verwendet worden sind. Die
Kalksteine sind ohne Bindemittel horizontal geschichtet aber
nach aussen geböscht (die Neigungswinkel betragen zuerst
45°, später 60°), während die Innenseite sich lothrecht erhebt.
Die Böschungen erfüllen den doppelten Zweck, die Untergra-
bung zu erschweren und die absoluten Höhen für den Oberbau
zu vermindern. Der letztere, aus Luftziegeln in Lehmmörtel
construirt, besass eine durchschnittliche Stärke von 3½—4 m
und an der Innenseite eine gleiche Höhe; eine besondere Festi-

gung erhielt er noch vermittelst eingelegter Holzanker, die in
bestimmten Höhen wiederkehrten und nach der Länge wie Tiefe
gestreckt waren: eine Structur, die auch im Steinbau oft wiederholt worden ist. Ein Wallgang nebst Brustwehr kann
nicht gefehlt haben; ebenso darf aus den vorhandenen Resten
auf eine durchschnittliche Erhebung von 9—10 m, also auf
eine sturmfreie Höhe der Feldseite geschlossen werden. Die
schwächste Front war die Südseite; sie hatte deshalb den trockenen Graben erhalten, dessen Breite aus den Flankenmassen
des Mittelthores ermittelt und auf 16—17 m festgesetzt werden kann; seine Tiefe wird nicht unter 3 m betragen haben.

Völlig verschieden erscheinen die Mauern von Tiryns und
Mykenae. Zunächst fiel bei beiden der geböschte Unterbau
aus Bruchsteinen fort; ihn ersetzten die anstehenden Felsen,
welche da, wo es nöthig war, leicht durch nachträgliche Ab-
schrotung unersteiglich gemacht werden konnten. Sodann liess
sich, weil gutes Bruchsteinmaterial in nächster Nähe sich vor-
fand, der Bau mit Luftziegeln bedeutend einschränken oder
ganz entbehren.

Der überwiegende Theil der Mauern von Tiryns besteht
aus Kalksteinblöcken grossen, theilweis kolossalen Formats,
die mit kleinern Steinen verzwickt sind. Durchweg ist eine
möglichste Lagerung der im Bruche zur Gewinnung von Unter-
flächen schon gespaltenen und an den andern Flächen mit
schweren Hämmern roh zugerichteten Steine angestrebt worden.
Von Oblongquaderbau oder von echtem Polygonverbande ist
nichts zu sehen; aber es ist aus mathematischen Gründen selbstverständlich, dass an den vielen ein- und ausspringenden Ecken
die rohen gestreckten Polyeder in plumpe Parallelepipede ver-
wandelt werden mussten, um diese Ecken zu construiren. Es
ist daher bei genauer Beobachtung an sehr vielen Stellen ein
angenähert geschichteter, wenn auch in krummen Linien auf- und
absteigender Verband deutlich wahrzunehmen.

Ich vermuthe, dass bei dem Aufbau aller sogenannten kyklopischen Mauern ein steifer Brei von Lehm oder plastischem
Thon als Bettungsmaterial verwendet worden ist, der die Ein-
lagerung, Verzwickung und weitere Aufthürmung der Steine
wesentlich erleichterte, später aber zusammentrocknete und durch
Auswaschung allmählich verschwand. Hierdurch entstanden an
vielen Punkten hinreichend grosse Stoss- wie Lagerfugen, um
geübten Kletterern eine Ersteigung der Mauer zu ermöglichen,
zumal wenn dieselbe ein wenig geböscht war. Dieser Gefahr
wurde vorgebeugt, wenn man, da ein dichtschliessender Verband
mit Oblong- bezw. Polygonquadern noch nicht üblich war,
für die untern und mittlern Schichten so grosse Blöcke wählte,
dass dieselben weder bei schrägem noch gerade aufwärts ge-
richtetem Klettern überstiegen werden konnten. Für diese Auffassung spricht, abgesehen von der Thatsache, dass einzelne
Zwicksteine jetzt locker, weil angedrückt liegen, die Beobachtung, dass die grossen und grössten Steinblöcke sich nur in den
untern und mittlern Aussenschichten befinden. Daher glaube
ich, die Verwendung der kolossalen Bruchsteine in Tiryns diesem
rein praktischen Grunde mindestens ebenso sehr zuschreiben zu
müssen als dem Ruhmestriebe des Erbauers. In der That hat
dieser im Sinne der Monumentalität sich hier ein Denkmal ersten
Ranges gesetzt. Es kommen — wie ich selbst gemessen —
an der Hochburg mehrfach Steine von 2,90—3,20 m Länge und
1,10—1,50 m Höhe vor; ihre Tiefe war nicht sicher messbar, darf
aber auf 1,20—1,50 m geschätzt werden. Unter dieser Annahme erhalten wir Gewichte von 12 - 13000 kg für einen roh
zugerichteten Block, dessen fluchtrechte Versetzung auf dem
engen und hochbelegenen Bauplatze nur mit vielen bautechnischen Hülfsmitteln — Rüstungen wie Rampen — und einem
grossen Arbeiterheere zu ermöglichen war. Selbst mittelgrosse,
in den Hauptdimensionen gut messbare Steine besitzen ein Gewicht von 3700—4000 kg. Diese Zahlen sind um deswillen

so wichtig, weil sie beweisen, dass die Burg, welche wir
vor uns sehen und deren Riesenblöcke schon im Alterthume
Staunen und Bewunderung erregten, weder rasch noch als erster
fester Punkt einer auf Seeherrschaft sich stützenden Invasion im
Angesichte des Feindes erbaut worden sein kann. Hat hier eine
plötzliche Besitzergreifung des Landes von der Seeseite her stattgefunden, so wird die erste Burg nur aus Holz und Luftziegeln
bestanden haben, denn die kolossalen Mauern erzählen jedem,
der die Sprache der Steine versteht, dass ihr Aufbau nur in
langen Friedensjahren von einem Herrscher bewirkt worden sein
kann, dem ganz seltene Machtmittel und geschulte Werkleute
dauernd zu Gebote standen.

Zur Unterstützung der Annahme, dass wir in Tiryns nicht
den ersten, sondern den zweiten Bau auf derselben Stelle vor
uns haben, lassen sich ausser dem oben erwähnten Gesichts-
punkte noch andere Gründe anführen. Erstlich lagern auf der
Hochburg unter den Fundamenten des Palastes die sichern Spuren älterer Gebäude, darunter der Unterbau eines mächtigen
Thorthurmes, über welchem später das äussere Propylaion errichtet wurde. War aber das Innere der Burg schon wehrhaft
gemacht, so musste es das Aeussere erst recht sein. Damit stimmt
zweitens die Beobachtung, dass in der Mauer der Niederburg
an mehrern Stellen tief hinabsteigende, oft bis zur Sohle reichende Verticalfugen sichtbar sind, welche deutlich erkennen
lassen, dass dieser Burgtheil nicht auf einmal, sondern nach
und nach, in Abschnitten erbaut worden ist. Wahrscheinlich
hat man hier die ältere und billigere Befestigung aus Holz und
Luftziegeln so lange geschont, bis man sie durch soliden Steinbau nach und nach ersetzen konnte.

Das Mauerprofil ist verschieden gestaltet, überwiegend massiv
in der Niederburg. Hier schwankt die Stärke zwischen 7 9 m;
die nicht mehr messbare Aussenhöhe kann ebenfalls 9 m betragen
haben. Der breite Wallgang war an mehrern Stellen durch

Massivthürme stark eingeschränkt, vielleicht ganz gesperrt, um ihn in Abschnitten vertheidigen zu können. Tiefe, durch Vorkragung der Blöcke überdeckte Nischen sind in der Mauer mehrfach angelegt, weniger um Material zu sparen als um Raum zu gewinnen. In der Oberburg wächst die Mauerstärke bis auf 13, 15 selbst 17 m; aber sie stellt, wie z. B. an der Südostecke und längs der Südfront, keinen Massivbau mehr dar, sondern ein planmässig gegliedertes Aggregat von Räumen (Treppen, Galerien, Magazinen, Cisternen und Kasematten), die sämmtlich aus grossen Blöcken aufgeführt und nach dem Principe der Vorkragung feuersicher überdeckt worden sind. Das Ganze, obschon theilweis eingestürzt, ist ein staunenswürdiges Werk uralter Befestigung und Structur. Ein gewaltiger, mit Kellern versehener Doppelthurm, der vielleicht Gefängnisse enthielt, flankirte den südlichen Theil der Westmauer, ein zweiter noch grösserer in der Ostmauer deckte den Haupteingang; kleinere Massivthürme werden auch hier wie in der Niederburg auf der Mauer vertheilt gewesen sein.

Die Mauern von Mykenae besitzen nicht den im ganzen einheitlichen Charakter, welcher die von Tiryns auszeichnet; man erkennt darin verschiedene Ausführungen, die in unbestimmbaren Zeiträumen aufeinander gefolgt sind. Die Construction des Kernes ist allerdings fast überall die gleiche, insofern roh zugerichtete Kalksteinblöcke übereinander gethürmt und durch Zwicker in Lehmschlag gedichtet sind; aber daneben erscheint im Aeussern, und zwar auf grössere Strecken, bereits ganz horizontal geschichtetes Quaderwerk, an einzelnen Punkten sogar der beste engfugige Polygonverband. Dass die letztgenannte Bauweise überall einer relativen Spätzeit angehört und mit der kyklopischen Structur nicht unmittelbar zusammenhängt, ist aus der Geschichte der griechischen Baukunst bekannt. In Mykenae scheint diese beste, aber auch theuerste Mauerstructur nur da angewendet zu sein, wo schadhaft gewordene Stellen

(Breschen, Abstürze) in solidester Weise nachhaltig ausgebessert oder vollständig erneuert werden sollten.

Beträchtlich älter als das Flechtwerk von Polygonquadern ist der hier zuerst auftretende geschichtete oblonge Quaderverband mit angestrebter Versetzung der Stossfugen. Dass derselbe nicht der ersten Burganlage angehört, ist sofort aus der Thatsache zu ersehen, dass die nördliche Mauer der Zugangsstrasse zum Löwenthore aus zwei vertical geschiedenen Theilen besteht: aus einem dicken, kyklopisch aufgethürmten Kernwerke von Kalksteinen und einer relativ dünnen Schale von Oblongquadern aus Breccia, welcher alle Binder in den untern Schichten fehlen. Die südliche Mauer derselben Strasse zeigt ebenfalls den oblongen Brecciaquaderbau, aber nicht schalenartig ohne Binder vorgeblendet, sondern mit der Kernstructur aufs engste verbunden. Aus beiden Beobachtungen folgt mit zweifelloser Sicherheit, dass der Oblongquaderbau jünger sein muss, als der alte kyklopische Kalksteinbau und erst mit der Burgerweiterung nach Süden hin und der Erbauung des Löwenthores zusammenhängt.

Die älteste Aussenmauer von Mykenae trägt überall das gleiche Gepräge; sie ist in kyklopischer Manier ähnlich wie in Tiryns, nur mit durchweg kleinern Steinblöcken erbaut worden. Mit enger Umrisslinie umzog sie einen dreieckigen, theilweis sehr steilen Hügel, der nur mit Hülfe von zahlreichen Futtermauern terrassirt und zur Anlage einer Hochburg in der Mitte und von zwei Niederburgen, die eine im Osten und die andere im Westen liegend, eingerichtet werden konnte. Der alte Burgaufgang mit entsprechender Rampe befand sich wahrscheinlich an der Südseite oberhalb der bekannten von Dr. Schliemann entdeckten Schachtgräber, und der letzte Aufstieg erfolgte von Osten nach Westen, sodass wieder die unbeschildete Seite des Angreifers beim Ansturme blosslag. Von Anfang an hat es hier zwei Thore gegeben: ausser dem Hauptthore in der Mitte der

alten Südfront — dessen genauere Stellung noch nicht nachweisbar ist, weil Ausgrabungen nicht stattgefunden haben —
das schon oben erwähnte Quellenthor im Nordosten, welches
ähnlich wie das Mittelthor zu Troja mit einem Thurme über-
baut war. Die Ringmauer ist im allgemeinen bedeutend schwächer
als die von Tiryns; ihr Durchschnittsmaass beträgt 5 m, doch
finden sich im Norden und Südosten grössere Stärken, die bis
auf 14 m wachsen. Da an einer Stelle in der Nordmauer die
Reste einer Galerie sichtbar sind, so lässt sich vermuthen, dass
später auch hier bei genauerer Durchforschung der zusammen-
gestürzten Trümmermassen ähnliche Anlagen von Treppen,
Galerien, Vorrathsräumen und Kasematten ans Licht treten
werden, wie jetzt in Tiryns.

In einer spätern Zeit ist die Burg nach Süden erweitert
worden, offenbar weil es an Raum gebrach, um den gesteigerten Ansprüchen fürstlicher Macht zu genügen. Damals wurde
nicht nur ein neues Thor, das bekannte Löwenthor im Nordwesten angelegt, sondern die ganze Nordwestecke, um derselben
ein kunstvolles, vornehmeres Gepräge zu geben, mit jener oben
erwähnten dünnen Schale von Oblongquadern aus Breccia bekleidet. Besser als diese nur auf den Schein berechnete Verstärkung war der Aufbau des starken molenartig vorspringenden
Oblongthurmes aus demselben Materiale an der Südseite, der die
Zugangsstrasse zum neuen Thore vertheidigen und den westlichen Abschluss der südlichen Erweiterungsmauer bilden sollte:
es war ein sehr nothwendiges vorgeschobenes Werk zur Sicherung
des schwachen Thores. Damals wurde auch der alte Burgweg,
der von Südwesten kam und schleifenartig nach Westen um-
schwenkte, aufgegeben und in weiterer Consequenz davon die
Burgrampe umgedreht. Man erstieg sie fortan vom Löwenthore
her in einer geraden Richtung aufwärts, also mit einer für den
Angreifer günstigen Schildstellung, aber der Erbauer durfte diesen scheinbaren Fehler begehen, weil die Rampe nicht mehr

ausserhalb, sondern innerhalb des Mauerringes, also völlig ge
schützt lag.

Nicht minder bedeutsame Verschiedenheiten wie die Mauern
lassen auch die Thore erkennen. Die alterthümlichste Weise
hat das südliche Mittelthor der Pergamos überliefert, jener ur-
wüchsige Massivbau von Luftziegeln, den die schmale Thorgasse
durchschneidet. Ihre Decke ist wie in einem Bergwerksstollen
durch seitlich aufgestellte Stempel mit dichter Verzimmerung
darüber construirt gewesen und hat ein Oberstockwerk mit
Plattform und Brustwehr getragen. Diese naiv-schlichte Structur beweist, dass man den uralten Luftziegel-Gewölbebau des
Orients in Troja nicht gekannt hat, sondern bestrebt gewesen
ist, die gestellte Aufgabe in wenig monumentaler Weise zu lösen.
Die Ueberdeckung des zu den Quellen führenden Südwestthores
wird wahrscheinlich eine ähnliche gewesen sein, doch fehlt es
an sicher verwerthbaren Fundresten.

Als man infolge der Burgerweiterung das Mittelthor auf-
gab, wurde das Südwestthor in einem andern Schema, wofür
das Südostthor das Muster geliefert hatte, umgebaut: nämlich
in der Form einer Schleusenkammer mit zwei Thoröffnungen,
an welche sich kurze seitlich von Mauern begrenzte Vorplätze
schlossen. Auch diese Thorform ist für Troja charakteristisch
und verdient um so mehr Beachtung, weil hier bereits der Grund-
gedanke des spätern Propugnaculum auftritt. Tiryns und Mykenae besitzen zwar diese Thorform nicht, aber in Tiryns hat
man bei den Propyläen des Palastes einen ähnlichen Baugedanken
in gesteigerter Fassung zum Ausdruck gebracht.

Ist in den Thoren von Troja noch Holz in ausgiebiger
Weise verwendet worden, so zeigen dagegen die Thore der
beiden andern Burgen eine ganz monumentale Gestaltung.
Die nothwendigen Zargen für die Thorflügel bestehen hier aus
grossen und harten Steinen (Breccia), von denen der Deckstein
durch schräg vorgekragte Steinschichten, die zu einer Dreiecks-

b*

spitze zusammentreten, entlastet wird. Dünne Platten — je nach
der Tiefe eine bis zwei — füllen die Dreiecksöffnung, um ein
Uebersteigen des geschlossenen Thores zu behindern. Eine solche
Structur mit zwei Platten hat das kleine Nordostthor in Mykenae noch bewahrt, während das Löwenthor wol immer nur
eine Platte, die mit dem berühmten Relief, besessen hat. Dass
ausser der Structur auch die identischen lichten Maasse und
sonstige technisch-fortificatorische Hülfsmittel, wie die Schwellen-
construction, die Anbringung des Sperrbalkens für die Thorflügel u. dgl. bei beiden Burgen übereinstimmen, erklärt sich
aus der örtlichen Nähe wie aus dem von der Sage überlieferten
geschichtlichen Zusammenhange. Dies gilt auch von den kleinen Nebenpforten — Poternen — mit ihrer schlichten dreieckigen, aus vorgekragten Schichten hergestellten Structur, in
welcher, da die Zargensteine fehlten, ein Thürverschluss nur
sehr mangelhaft hergestellt werden konnte. Die interessanteste Poterne befindet sich in dem westlichen Halbkreisbau
von Tiryns. Sie steht vermittelst einer steinernen Treppe von
65 Stufen zunächst mit der Mittelburg in Verbindung aber auch
durch eine zweite Treppe und durch einen im Zickzack angelegten schmalen Gang mit dem Innern des Palastes sowie mit
der obern Ringmauer. Man konnte also auf diesem geheimen
Wege, ohne Benutzung des Burgthores, nach aussen — besonders nach der Seeseite — Boten gehen und kommen lassen und
bei einer Belagerung zugleich den Halbkreisbau als Sammel-
platz für Ausfälle benutzen. Ueberdies beweisen die in grösserer
Höhe gefundenen Reste eines Gemaches, dass an diesem wichtigen Punkte eine Warte eingerichtet war.

An die Betrachtung der äussern Schale, welche Mauern und
Thore bilden, schliesst sich zweckmässig die Prüfung des Kernes,
den das Wohnhaus des Herrschers darstellt. Leider ist
für diese zweite Gattung der Baukunst sehr viel weniger
Material vorhanden, als für die erste. Die Burg Pergamos hat

nicht viel geliefert, weil die Sonderung der Bauschichten hier besonders schwierig war und weil in den ersten Jahren der Ausgrabung manches achtlos zerstört worden ist. Dennoch lassen sich einige Vergleiche ziehen. Schlimmer ist es, dass die ausgedehnten Ruinen auf der Hochburg von Mykenae noch immer ein Buch mit sieben Siegeln sind, welches durch planmässige Untersuchung recht bald erschlossen zu sehen jedes Forschers Wunsch sein muss. Denn schon jetzt ist auf dem höchsten Gipfel als Standplatz des innern Wohnhauses eine Fläche von rund 50 zu 60 m erkennbar, eine Fläche, welche mit der entsprechenden in Tiryns nahezu übereinstimmt. Aus der gestuften Terraingliederung darf man folgern, dass die Hochburg von Mykenae mit ihrem Palaste nach aussen hin einen grossartigern Eindruck gemacht haben muss, als das hinter riesigen Mauern halbversteckt liegende Anaktenhaus zu Tiryns.

Bei solcher Sachlage ist der Ertrag, den wir der genauern Erforschung der Hochburg von Tiryns verdanken, um so höher zu schätzen. Hier sprudelt vorläufig die einzige Quelle, um von der Baukunst des altgriechischen Königspalastes eine unmittelbare und sichere Vorstellung zu gewinnen.

Was zunächst bei der Betrachtung des Grundrisses auffällt, ist die Orientirung der am meisten benutzten Haupträume nach Süden. Diese Anordnung scheint auf zwei Ursachen zu beruhen. Einmal auf der Absicht, den Palast in jeder Jahreszeit zu bewohnen; man brauchte die Sonnenwärme im Winter, gegen die Glut des Sommers schützte die nationale Bauweise aus starken Wänden von Luftziegeln und lehmbetragenen Holzdecken. Zweitens auf der Forderung, das nahe Nauplia sowie die weite Zufahrt zum Golfe stets im Auge zu behalten. Demnächst fesselt den Blick des Architekten die meisterhafte Vertheilung aller Bautheile auf dem von der Natur gegebenen und durch die Kunst stark beschränkten Terrain. Wenn — wie selbstverständlich — der Hauptraum des Palastes, der Männersaal, die

höchste Stelle einnehmen und wegen des Ausblickes nach Nauplia möglichst nahe an das Südende herangerückt werden sollte,
so konnten beide Forderungen nur erfüllt werden, sobald man
den an der Ostseite liegenden Burgweg von Norden her beginnen, in einer grossen Schleife emporsteigen und in passender
Entfernung vor jenem Hauptraume endigen liess. Das ist hier
geschehen und zwar so, dass die erste grössere Wegstrecke überall noch vertheidigungsfähig blieb. Erst mit dem grossen Propylaion schliesst der starre, nur den einen Zweck der Sicherung
kennende Wehrbau und es beginnt der einem höhern menschen-
würdig-behaglichen Dasein gewidmete Hausbau. Die Gestaltung
und Gruppirung seiner Räume sollte die vielfachen Ansprüche,
welche eine fürstliche Hofhaltung im realen wie idealen Sinne
zu allen Zeiten erhoben hat, befriedigen. Vornehme Abge-
schlossenheit nach aussen hin, passende Unterbringung von
Wachen und Dienern um luftige Höfe, würdige Zugangswege bis
zum Empfangssaale, endlich bequeme Verbindung der eigentlichen Wohngemächer untereinander und mit den Aussenräumen,
und alles dies gut beleuchtet und doch schattenkühl, — das
sind die Forderungen, welche bei einem Palaste des Südens erfüllt werden müssen. Nimmt man zu diesen Grundlagen als
weitere Hülfe noch die charaktervollen Züge fürstlichen Lebens,
welche Homer überliefert hat, so gelingt es, den trotz mancher
Lücken wunderbar gut erhaltenen Grundriss in den Hauptzügen
richtig zu erklären.

    Ueber den Kern der Anlage besteht kein Zweifel. Der
grosse durch einen stattlichen Vorsaal besonders ausgezeichnete
Männersaal und der sehr viel kleinere Frauensaal, jeder an
einem von Säulenhallen umringten Binnenhofe belegen, treten
sofort hervor; neben ihnen die merkwürdige Badestube in nächster
Nähe des grössern Megaron. Mit Rücksicht auf die Sitte des
heroischen Zeitalters, fremde Gäste bald nach ihrer Ankunft
baden zu lassen, darf die Lage der Gaststuben sowie der Diener-

schaftsräume in der Nähe des Bades, also an der Westseite des Haupthofes gesucht werden, wo jetzt durch den Absturz der Ringmauer eine grosse Lücke entstanden ist. Ebenso wird man den kleinen dicht neben dem Frauenhofe belegenen Binnenhof (XXX auf Plan II) als Wirthschaftshof und die nach Süden anstossenden Räume als Wirthschaftsräume auffassen dürfen, denn der Hof ist auffallenderweise ohne Estrich hergestellt und stand offenbar wegen des nothwendigen Verkehrs nach aussen hin mit der ersten grossen Thorhalle in directer Verbindung. Endlich finden sich hier — und zwar nur hier — innerhalb der Wirthschaftsräume selbst zwei gesonderte Leitungen, welche nach Süden entwässern und auf einen starken Wasserverbrauch deuten. Die mit der Frauenwohnung eng zusammenhängenden Gemächer in der Nordostecke sind sofort — und wie mir scheint mit vollem Rechte — als das eheliche Schlafzimmer, als die Rüst- und Schatzkammern des Herrschers bezeichnet worden.

Dieser ebenso stattlichen wie rationell disponirten Bauanlage fehlte es endlich auch nicht an dem idealen Mittelpunkte, an welchem der Herrscher im Kreise des Volkes den Göttern dankend zu opfern oder ihren Rathschluss zu erkunden hatte, an dem unter freiem Himmel in der Form einer kreisrunden Opfergrube erbauten Altare des Zeus Herkeios. Wie ein Hüter der Schwelle des Hauses steht derselbe im Haupthofe dicht neben dem innern Prothyron und bildet zugleich den Schlusspunkt in der Hauptaxe des Männersaales. Ein vorzüglich gewählter Standplatz für das kunstlos-inhaltvolle Bauwerk, welches am Frieden mahnen, Schutz gewähren, und Ein- wie Ausgang weihen sollte.

Ist hiernach der Plan des innern Palastes in seinen Hauptzügen verständlich, so ist es weniger leicht, über die Bestimmung der Gebäude am grossen Vorhofe sicher zu urtheilen. Nach Lage und Form sind zwar die beiden gesäulten Thorhallen sofort erkennbar. Auch ihr Zweck ist deutlich: sie sollten Aeusseres und Inneres praktisch scheiden und künstlerisch verbinden. Ferner darf man die Gemächer zwischen beiden Thoren als sehr passend belegene Lokale für Wachen und Diener ansehen. Aber alles übrige im Westen und Süden bleibt zweifelhaft: der Absturz der westlichen Mauer wie der Aufbau der byzantinischen Kirche im Süden haben alle nutzbaren Merkmale verwischt. Indessen ist der Verlust auch nicht zu überschätzen. Im Westen kann ausser einer Säulenhalle nicht viel gestanden haben, da der Zug der obern Ringmauer wenig Raum noch übrig lässt, und im Süden legt endlich der fast unmittelbare Anschluss der gewaltigen Fortification mit ihren Treppen, Galerien und Magazinen den Gedanken nahe, dass ausser einigen Gebäuden für den äussern Wirthschaftsbetrieb auch hier die Mehrzahl der früher vorhanden gewesenen Räume noch den wehrhaften Zwecken der Burg gedient hat.

Nördlich von dem Palaste erstreckt sich in einer Durchschnittsbreite von 30 m eine etwas tiefer belegene Terrasse — die sogenannte Mittelburg —, deren Ausgrabung zu wenig befriedigenden Ergebnissen geführt hat. Weder ihre Verbindung mit der Niederburg noch ihr unmittelbarer Zusammenhang mit dem Burgwege ist festgestellt worden; dennoch darf man vermuthen, dass auch an dieser Stelle ein Theil der Besatzung gelegen hat, weil der wichtige Weg nach der westlichen Poterne und Ausfallspforte hier hindurchging und die nicht minder wichtige Hintertreppe zum Palaste hier begann. Eine so bedeutsame Stelle der Burg muss unter dauernder militärischer Aufsicht gestanden haben. Und hieraus ergibt sich, dass das Haus des Herrschers auf allen Seiten durch Thore, Mauergassen, Wachtlokale und Kasernen eingeschlossen und sorgfältig geschützt war, ohne dass der eigentliche Kern des Gebäudes mit seiner freien vornehmen Haltung davon berührt wurde.

Was für Bauten die Niederburg einst umschloss, ist ebenso unbekannt wie die Lage, Form und Grösse derselben,

da der Spaten hierhin nur tastend, nicht grabend vorgedrungen
ist und abgesehen von einigen Gräbern bisher nichts Wesent-
liches erkundet hat. Vielleicht stand hier einst die erste städtische
Ansiedelung.

In dem Grundrisse des Anaktenhauses liegt nach meiner
Ansicht ein trotz späterer Zusätze und Aenderungen deutlich
erkennbares einheitliches Project vor, welches dem Talente
und der Erfahrung des alten Architekten ein sehr günstiges
Zeugniss ausstellt. Die Haupträume sind um licht- und luft-
spendende Höfe klar geordnet, zweckmässig vertheilt und bequem zugänglich. Es fehlt denselben nicht an reichlicher und
grossentheils doppelter Verbindung; besonders ist für den innern abgesonderten Dienst von Knechten und Mägden treff-
lich gesorgt und die dringend nothwendige Anlage für den geheimen Verkehr nach aussen nicht vergessen worden.

Auch über die bautechnische Leistungsfähigkeit erhalten
wir werthvolle Winke. Die aus Luftziegeln und Holzankern
hergestellten Mauern ruhen auf Sockeln von Bruchstein in Lehm;
die Schwellen bestehen zum Theil aus Holz, überwiegend aus
Stein, und lassen Grösse, Eintheilung und Befestigung der starken
hölzernen Thüren erkennen. Staunen erweckt der monolithe
Bodenstein der Badestube durch sein kolossales Gewicht von
20000 kg. Welche technische Mühewaltung hat seine Heran-
schaffung und Versetzung auf dieser Höhe erfordert! Sein einmal gewählter Lagerplatz ist für die Vertheilung aller Haupträume entscheidend gewesen und gestattet den Schluss, dass
wesentliche Abänderungen des ersten Baues nicht mehr erfolgt
sind. Auch sonst ist der Structur der Fussböden in den
meisten Zimmern und Haupthöfen eine besondere Aufmerksamkeit gewidmet und im Zusammenhange damit die wichtige Ent-
wässerungsfrage behandelt worden; beides die sichern Merkmale einer weit vorgeschrittenen Cultur.

Der Aufbau hat mannichfache Raumgestaltungen gezeigt:

kleinere und gössere Hallen, gesäulte wie ungesäulte Vorhallen,
selbst ein dreischiffiger Prachtraum mit Vorsaal war vorhanden.
Wie die Decken bestanden auch alle Stützen, Säulen, Parastaden und Thürpfeiler aus Holz. Eine Bekleidung der sichtbaren Holztheile mit Metallblechen ist zwar nicht ausgeschlossen,
aber kaum wahrscheinlich, sonst hätten sich in den Bautrümmern
wol einige Reste der Bleche erhalten. Ueber die Form der
Säulen konnte leider nichts ermittelt werden, doch gestatten
die messbaren Standspuren verschiedenen Kalibers, in Verbindung mit den erfahrungsmässig aus den Mauerstärken ab-
zuleitenden Höhenmaassen die sichere Vermuthung, dass die
Säulen schlanke Verhältnisse, nämlich von 1 : 7 und 1 : 8, zuweilen fast von 1 : 10 erhalten hatten. Nehmen wir beispielsweise
für die 1,32 m starken Seitenmauern des Männersaals eine fünf-
fache Höhe an — was eher zu wenig als zu viel ist — so erhalten wir 6,60 m Höhe bis zur Unterkante der beiden starken
Unterzüge, welche die Decke trugen, und damit bei dem messbaren untern Durchmesser der Säulen von 0,66 m die Propor-
tion 1 : 9,91. Ein ähnliches Resultat, nämlich das Verhältniss
von 1 : 9, ergibt eine Vergleichung der betreffenden Maasse im
grossen Prothyron. Das sind auch die im Holzbau allgemein
üblichen Minimalproportionen für Stützen.

Gegen Verstockung und Fäulniss der Schäfte schützte eine
mässige Hochstellung auf flachen Steinsockeln. Wie man aber
die Nachtheile des Aufreissens und Spaltens der Holzsäulen infolge des Zusammentrocknens technisch ausgeglichen hat, ist
unbekannt, und doch ist dieser für die Praxis des Südens so
überaus wichtige Gesichtspunkt bei der Construction der Parastaden wohl beachtet worden. Wie in Troja, so hat man auch
hier es vorgezogen, die Anten durchweg aus schmalen Einzel-
pfosten statt aus einem Stücke herzustellen.

Ueber die Construction der Holzdecken wie über die Form,
Eintheilung und Verbindung der Balken bleiben wir auf Ver-

muthungen beschränkt, da völlig sichere Merkmale fehlen. Aus der Thatsache, dass die weiteste Spannung nicht über 5,00 m hinausreicht, dürfen wir freilich auf Decken von grossem Gewichte schliessen, aber ob dieselben noch in jener uralt schlichten Fassung aus dicht nebeneinander liegenden unbeschlagenen Rundhölzern hergestellt waren, welche lykische Felsgräber und andeutungsweise auch das Löwenthor-Relief und die Façade eines der Kuppelgräber von Mykenae wiedergeben, oder aus behauenen und in bestimmten Abständen wiederkehrenden Balken mit Bohlenbelag und Lehmschlag darauf construirt worden sind, ist nicht sicher zu entscheiden. Wahrscheinlich hat man beide Deckensysteme nebeneinander verwendet, das erste für untergeordnete Gemächer und die Vorhallen, das letzte für die innern Haupträume. In keinem Falle hat schon eine künstlerische Ausbildung der weit überstehenden Dächer mit Baugliedern aus Terracotta stattgefunden.

Die Beleuchtung einzelner Räume erfolgte nach den Lebensgewohnheiten des Südens gewiss durch die Thür; die Mehrzahl hat aber wol ihr Licht durch hochgestellte Seitenöffnungen empfangen. Ich vermuthe, dass auch der dreischiffige Männersaal nur durch solche friesartig zu einer Einheit zusammengefasste Seitenfenster zwischen den Balken dicht unter der Decke beleuchtet wurde. Eine Lichteinführung nach dem structiven Schema der Basilika, unmittelbar über dem Heerde, bietet für die Praxis zu viel Uebelstände, namentlich in winterlicher Jahreszeit, um sie nach meiner Ansicht für sehr wahrscheinlich zu halten. Auch ist die Construction des hölzernen, auf schlanken und weit gestellten Säulen ruhenden Aufbaues schon recht complicirt und mit Rücksicht auf die aus der weitausladenden Deckenstructur sich ergebenden Gewichte bei heftigen Stürmen nicht unbedenklich. Dazu kommt noch der wichtige Fund des sogenannten Kyanosfrieses aus Alabaster. Da dieses durch originelle Schönheit und decorative Pracht so ausgezeichnete Bauglied gewiss deutlich gesehen werden sollte, so bedurfte es einer besonders guten seitlichen Beleuchtung, und daher ist es sehr möglich, dass sich dasselbe über seiner Fundstelle an den Seitenwänden der Vorhalle dicht unter der Decke befunden hat. Daran knüpfe ich die weitere Vermuthung, dass die Axeneintheilung der Oberfenster des grossen Megaron zwischen den Balkenauflagern sowie die Balken selbst in den Hauptmaassen mit den entsprechenden Baugliedern des Kyanosfrieses übereingestimmt haben und die letztern daher eine wichtige Unterlage für die graphische Reconstruction der Megaron-Decke bilden können. Die ausserordentliche Einfachheit des hieraus entspringenden Systems für Beleuchtung und Bedeckung empfiehlt diese Auffassung.

Endlich hat auch der Palast das herrliche raumverschönernde und stimmungweckende Kunstelement der farbigen Decoration besessen und zwar einer Decoration, welche sich nicht auf die Verwerthung von organischen oder geometrischen Ornamenten beschränkt, sondern bereits das Gebiet der figürlichen Malerei umfasst hat. Die vollständige Mittheilung und eingehende Würdigung dieser wahrhaft Epoche machenden Funde uralter Wandmalerei wird voraussichtlich die dauernde Grundlage für ein wichtiges Kapitel der classischen Kunstgeschichte bleiben. Schon jetzt ist die sofort erkennbare Thatsache von hohem Werthe, dass gewisse Decorations-Schemata, welche man hier in Tiryns auf die Wand gemalt und an der Steindecke zu Orchomenos in Meisselarbeit wiederholt hat, unzweifelhaft aus ägyptischen Quellen stammen.

Auf der Burg von Troja hat gleichfalls ein Palast von ähnlicher Planbildung und Construction gestanden, wie in Tiryns; das ist dank der erneuten Wiedergabe und Besprechung einiger früher als Tempel aufgefassten Haupträume eine über allen Zweifel erhabene Thatsache. In dem leider sehr zerstörten Mauerbestande kann man einige Haupträume sowie besonders

charakteristisch gestaltete Bautheile sofort erkennen und richtig
bezeichnen, sobald man jetzt den Plan von Tiryns zur Vergleichung heranzieht. Es sind dies ein stattlicher, nach Südosten
belegener Männersaal (noch grösser als der in Tiryns) mit Herd
und Vorhalle, daneben ein kleinerer Saal mit Vorhalle und besonderm Hintergemache — vielleicht die Frauenwohnung —
und vor beiden, durch einen Hof getrennt, ein zwar bescheidenes,
aber in der Form und Structur mit den Thorhallen zu Tiryns
eng verwandtes Prothyron. Bezüglich der Construction von
Wänden und Anten herrscht gleichfalls eine so unverkennbare
Verwandtschaft, dass man fehlende Bauglieder, wie z. B. Säulen,
deren Standspuren verloren gegangen sind, mit grosser Wahrscheinlichkeit an ihrer Stelle ergänzen kann. Und dieser Punkt:
die auffallende Uebereinstimmung zwischen Tiryns und Troja
auf baukünstlerischem wie bautechnischem Gebiete, ist wieder
für die kunstgeschichtliche Forschung eine der wichtigsten
Thatsachen, die wir den jüngsten Schliemann'schen Ausgrabungen verdanken.

Auch die dritte Gattung der Baukunst, der Gräber-
bau, hat wesentliche Bereicherungen erfahren. Zwar ist die Zahl
der Denkmäler nur mässig gewachsen, aber zu ältern bekannten
Raumgestaltungen ergaben sich werthvolle Analogien und neue
Gräberformen traten auf. Viel wichtiger noch war es, dass die
methodische Forschung mehrfach auf unberührte Gräber stiess
und ihren Inhalt unter genauer Fixirung aller Fundthatsachen
zu bergen wusste. Daher liegt hier ein ebenso umfangreiches
wie inhaltvolles Material vor, dessen gründliche Bearbeitung nur
eben erst begonnen hat. Ich beschränke mich für das architektonische Gebiet auf die Betonung einiger Hauptgesichtspunkte.

Wie der Herrscher bei Lebzeiten sicher und bequem wohnte,
das haben die Bautrümmer von Tiryns und Troja überliefert.
Wie er nach seinem Tode bestattet wurde und wie man das
Haus des Todten sinnig zu schmücken, ja monumental zu ver-

herrlichen wusste, erfahren wir aus den Gräbern von Mykenae
und Orchomenos, besonders aus den Kuppelgräbern beider Plätze.
Ungern entbehren wir der analogen Beispiele aus Troja und
Tiryns. Das letztere hat, wenn von wenigen einfachen Erd-
gräbern in der Niederburg abgesehen wird, gar kein Material
geliefert, und von dem erstern gilt fast das Gleiche. Denn
die gewaltigen Grabhügel, welche Troja im engen wie weiten
Abstande umlagern, sind, wie die Ausgrabungen unerwarteter-
weise gelehrt haben, Kenotaphien gewesen; einige derselben
besitzen wol einen Steinkern, Ring- und Scheidemauern zur
Befestigung des Erdreichs, aber keine Kammern oder Grab-
stätten. Da mit zwei Ausnahmen (es sind dies der Tumulus
Besika Tepeh in der Ebene von Troja und der sogenannte Tumulus des Protesilaos auf dem Chersones, der zwar angegraben,
aber baulich nicht näher untersucht werden konnte) alle diese
Hügel jünger zu sein scheinen, als die Epoche, welcher die
Mauern, Thore und Palastruinen der Pergamos angehören, so
fallen sie aus dem Kreis unserer Betrachtung.

Von untergeordnetem Werthe für die Baukunst sind die
Felsgräber in Nauplia und Spata. Ihre Grundrisse, aus Zugangsstrasse und einer oder mehren Kammern bestehend, sind sehr
einfach, die Maasse sind klein und die technische Herstellung
beschränkt sich auf das absolut Nothwendige. Wichtig bleibt
allein die ermittelte Thatsache, dass man die Gräber zwar zeit-
weilig verschloss, aber doch längere Zeit benutzte. Aus den
architektonischen Zügen lässt sich daher keine Zeitbestimmung
ableiten, nur die zum Theil sehr eigenartigen Fundobjecte deuten
auf eine angenähert gleiche Epoche mit den Bauten von Tiryns
und Mykenae.

Einen bestimmten Gegensatz zu jenen Grottengräbern bilden die sechs sogenannten Schachtgräber in der südlichen Burgerweiterung von Mykenae, welche im Jahre 1876 dem glücklichen
Entdecker ein wahres Museum von kostbaren Kunstgegenständen

geliefert haben. Nach meiner Ansicht hat man auch hier wie
dort die Todten begraben, aber nicht in würfelförmigen Fels-
kammern, sondern in flachen Felsgräbern, welche mit Erde beschüttet und durch schmucklose Denksteine bezeichnet wurden.
Erst als nach und nach, hier am alten Burgwege, eine kleine
Nekropolis (17 Personen in sechs Gräbern) entstanden war, hat
man dieselbe am Fusse der steil abfallenden Felsklippe mittels
einer halbrunden Futtermauer zu einer Grabterrasse von mässiger Höhe umgestaltet und mit sculptirten Grabstelen geschmückt. Der Bau einer flachen Grabterrasse an einem Platze,
wo es leicht gewesen wäre, die nahe anstehenden Felswände zu
Grabkammern auszuhöhlen, ist eine gewichtige Thatsache. Sie
beweist meines Erachtens, dass der Stifter und Bauherr, weil
er einer völlig andern Grabessitte folgte, nicht von demselben
Volke war, als die Menschen, welche man gleichzeitig oder in
einer wenig jüngern Zeitepoche in Spata und Nauplia begrub.
Ferner erkennt man aus der Wahl des Platzes, sowie aus der
bei aller Schlichtheit doch künstlerischen Gestaltung der Bauanlage mit ihren Malsteinen, die bewusste Absicht, einzelne
Glieder des hier bestatteten Geschlechts in der Erinnerung der
Menschen dauernd festzuhalten. Diese Absicht ist erreicht
worden. Selbst in der kritischen Epoche, wo die Burg nach
Süden hin erweitert werden musste, hat man trotz der baulichen Zwangslage die Terrasse mit frommer Pietät sorgfältig
geschont. Nichts beweist dieses Factum deutlicher, als der an
der Südwestecke heute noch sichtbare, plötzlich scharf abgeän-
derte Zug der südlichen Ringmauer, um den zur Communi-
cation nothwendigen Weg an der kreisförmig ummauerten
Terrasse in voller Breite vorbeizuführen. Ja, man ist noch
weitergegangen. Man hat zuletzt, sei es gleich nach der Erbauung des Löwenthores oder auch erst in späterer Zeit,
die Grabterrasse noch einmal erhöht, mit breiten steinernen,
aus Platten construirten Schranken umzogen und durch die

darin angelegte, nach Norden gerichtete Pforte einen unmittelbaren und feierlich gestalteten Zugang vom Löwenthore
her gewonnen.

Wenn man alles dies erwägt und mit dem vielgestaltigen
überreichen Inhalte der Schachtgräber in Verbindung bringt, so
kann man nicht zweifeln, dass die merkwürdige, von Dr. Schliemann wiederentdeckte Nekropolis die Begräbnissstätte des
Burggründers und seiner Sippe gewesen ist. Sie galt zu allen
Zeiten für unantastbar. Ursprünglich draussen am alten Burgwege gelegen und später in den Mauerring eingeschlossen,
ist diese Familiengruft zuletzt zu einem heiligen Bezirke mit
Zugangspforte eingerichtet worden, um darin feierliche Cult-
handlungen vorzunehmen. Es war also keine Agora, sondern
ein Temenos, ähnlich wie das Pelopion und das Hippodameion
in Olympia, aber kreisförmig gestaltet und mit viel realerem
Inhalte als jene geweihten Plätze. Als Burggründer von Mykenae kennt aber die Sage nur einen Heros — Perseus — und
daher hat man ein Recht, die Schachtgräber als die Gräber der
Persiden zu bezeichnen.

Nur mit Hülfe dieser aus einer mehrmaligen Localunter-
suchung langsam erwachsenen Auffassung über die ursprüngliche Lage und Anordnung der Schachtgräber erklären sich
die beiden sonst so schwer verständlichen Thatsachen, erstlich,
dass gegen alle Grundsätze und Regeln der Fortification ein
bedeutender Theil der Niederburg einem Friedhofe aufgeopfert
wurde, der sperrend wirkte und zweitens, dass die Gräber nicht
blos innerhalb eines künstlich aufgeschütteten Terrains in Tiefen von über 7—8 m liegen, sondern ausserdem noch in den
anstehenden Felsen eingeschnitten worden sind.

Beruht somit der Hauptwerth der Schachtgräber — abgesehen von ihrem kostbaren, zum Theil einzigen Inhalte — für unsern
Zweck wesentlich auf dem Gewinne zur Topographie und relativen Chronologie von Mykenae, so ergeben wieder die Kuppel-

gräber daselbst die werthvollsten Beiträge für die Geschichte der Baukunst.

Eigentliche Kuppelgräber sind bisher nur auf griechischem Boden gefunden worden; Klein-Asien ist noch immer unvertreten und die ähnlichen Werke in Italien sind späte Ableitungen von den altgriechischen Mustern.

Kuppelgräber sind spitzkuppelförmig erhobene Kreisbauten aus Quadern, welche man schon während des Aufbaues mit kleinen, in Lehmmörtel gebetteten Steinen hinterfüllt und nach der Vollendung so vollständig mit Erde beschüttet hat, dass sie von aussen wie schlichte Hügelgräber erschienen. Es sind also künstliche Hypogäen mit einem Centralraume, der nur zwei Grenzflächen besitzt, nämlich den natürlichen Fussboden und die künstliche Wand. Da die horizontal geschichteten Steinringe nach dem Principe der Vorkragung zugleich die Decke herstellen, so ist keine Scheidung von Wand und Decke sichtbar, beide bilden vielmehr eine Einheit. Diese schlichte Raumgestaltung weist auf uralte Vorbilder zurück, auf Kreiszelte, auf halb unterirdische Erdhütten u. dgl., erscheint aber hier wegen der monumentalen Durchführung und künstlerischen Behandlung (wenigstens an drei Beispielen) als ein Gipfelpunkt, den man sicher erst nach vielen Vorversuchen erreicht hat.

Die technische Herstellung war nicht leicht, da die Grabkammer stets trocken bleiben und zugleich auf längere Zeit in einer würdigen Weise zugänglich sein sollte, um nach der ersten Bestattung auch noch später weitere Beisetzungen darin vorzunehmen. Man bedurfte also einer Thüröffnung nebst Zugangsstrasse, von denen die erste vermauert oder zugesetzt wurde, wenn man die zweite zu verschütten begann. Als Widerlager diente bei dem Aufbau die Hinterfüllungserde in Verbindung mit dem anstehenden Felsen, in dessen Gestein man sehr oft trotz des mühevollen Ausbruches den ganzen Bau bis auf gewisse

Höhen einbettete. Zweimal — in Orchomenos und Mykenae —
hat man sogar die nahe Felswand erst senkrecht abgeschroten und
dann ausgehöhlt, um neben dem freiaufgebauten Kuppelraume
eine besondere Felskammer zu gewinnen. Die Zugangsstrasse,
in der Form eines Laufgrabens angelegt, aber mit starken Futtermauern eingefasst, beweist durch so theure Hülfsconstructionen,
welches Gewicht man auf die bequeme Zugänglichkeit des Grabes
für eine längere Zeit gelegt hat. Die aus Gründen praktischer
Nutzbarkeit auffallend hohen und dem entsprechend auch breit
bemessenen Pforten bedurften grosser Deckschwellen, und diese
wieder, um nicht durchzubrechen, einer Befreiung von dem Gewichte der Obermauer. Man entlastete daher die gleichzeitig
als Zuganker wirkenden Decksteine vermittelst eines dreieckigen
Hohlraums, der durch vorgekragte Schichten hergestellt und, wenigstens bei den besten Beispielen, innen durch dünne Steinreihen,
aussen durch Platten geschlossen wurde. Niemals hat diese
Entlastungstructur zur Beleuchtung gedient; die meisten Kuppelgräber waren vollständig verschüttet und daher lichtlos, nur
eine kleine Minderzahl ist dauernd offen erhalten worden und
hat das nothwendige Licht für den Kuppelraum durch die
Thür empfangen.

Die Orientirung war keiner festen Regel unterworfen, denn
die Pforten- und Strassenaxen liegen nach ganz verschiedenen
Himmelsrichtungen; oft hat das Terrain mit seinen Wegen wol
die Lage bestimmt. Ebenso mannichfaltig ist die Güte der Bau-
technik; sie steigert sich vom schlichten Nothdurftbau bis zum
monumentalen Prachtbau, entbehrt aber niemals einer gewissen
— durch die gewählte Structur schon gebotenen — Solidität.
Auch der Massstab schwankt innerhalb ziemlich weiter Grenzen;
der untere Durchmesser beträgt bei dem kleinsten Grabe rund
7,20 m, bei dem grössten 14,62 m. Die Höhen sind wol überall
der lichten Spannung gleich gewesen oder haben sich diesem
Verhältnisse genähert. Wir kennen bisjetzt elf Kuppel-

gräber in Griechenland. Davon liegen sechs vor der Burg von
Mykenae, je eins unfern des Heraion von Argos, bei Pharis
in Lakonien, bei Menidi in Attika, im böotischen Orchomenos
und bei Volo in Thessalien; der unterirdische Kreisbau auf der
Burg von Pharsalos ist sicher eine Cisterne gewesen. Genauer
untersucht sind nur vier; ausser dem grössten zu Mykenae diejenigen vom Heraion, bei Menidi und Orchomenos. Die zweit-
grösste Tholos in Mykenae harrt trotz wichtiger Aufschlüsse,
die sie geliefert hat, noch immer einer vollständigen Ausgrabung.
Einen gewissen Vorrang behauptet der Bau von Menidi, weil
er mit seinem reichen Inhalte unberührt vorgefunden und bei
der Ausgrabung als ein gemeinsames Grab für sechs Personen
unzweifelhaft erkannt wurde. Materiell ebenso gut erhalten,
aber nach technischer wie künstlerischer Seite ihm weit überlegen ist das grösste Kuppelgrab zu Mykenae, welches irr-
thümlich noch immer das Schatzhaus des Atreus genannt wird.
Alle übrigen Beispiele haben nach Abschwemmung des Erd-
kegels durch Abbruch ihre Oberhälfte verloren und sind bis
zu den Decksteinen ihrer Pforten verschüttet.

Nach meinen Untersuchungen zerfällt die ganze Gebäude-
art in zwei Klassen: 1) in Gräber, deren Dromos verschüttet
wurde, sobald die Bestattungen abgeschlossen waren, und 2) in
Gräber, deren Dromos stets offen blieb. Diese Unterscheidung
gründet sich auf das Vorhandensein von Zapfenlöchern in den
steinernen Unter- und Oberschwellen der Pforten. Sobald solche
sich vorfinden, steht die frühere Existenz drehbarer Thürflügel
fest, und damit ist die schon im Projecte vorgesehene dauernde
Zugänglichkeit des Kuppelraumes erwiesen.

Wenn aber die stattliche Thür für immer sichtbar bleiben
sollte, mussten auch ihre Umrahmung und Krönung, ferner die
Verschlussplatten des Entlastungdreiecks und die Obertheile
künstlerisch durchgebildet werden, oder mit andern Worten:
solche Gräber erhielten eine Façade. So gestaltet und

e*

eingerichtet waren die beiden grössten Kuppelgräber von Mykenae und das von Orchomenos, wahrscheinlich auch das von
Pharis. Dagegen sind, wie die Ausgrabungen zu Menidi und
am Heraion gelehrt haben, die Pforten aller Gräber, deren Schwellen jenes wichtige Kennzeichen fehlt, mit Bruchsteinen in Lehmmörtel zugesetzt worden, damit der Dromos verschüttet werden
konnte. Ausser den beiden letztgenannten gilt dies auch von
den vier kleinern Gräbern zu Mykenae, welche auf der West-
und Nordwestseite des Stadthügels liegen; keines derselben
besass eine Façade.

Bekanntlich wurden diese eigenartigen Gebäude lange Zeit
hindurch nach ihrem Zwecke sehr verschieden gedeutet, bald
als Schatzhäuser, bald als chthonische Heiligthümer, ja wohl-
feiler Analogien zu Liebe sogar als Quellgemächer. Sie können
weder dem ersten noch dem letzten Zwecke gedient haben, denn
niemals ist eine Quelle oder Wasserleitung darin gefunden
worden, und ihre Vielzahl in Mykenae in Verbindung mit der
zerstreuten Lage schliesst jede Möglichkeit von Schatzbehältern
aus. Kein Fürst hat jemals seine Schätze ausserhalb der Ringmauern seiner Burg bewahrt, und daher kann auch der sogenannte Thesauros von Orchomenos, der über $1\frac{1}{2}$ km von der
Akropolis entfernt liegt, nicht im gewöhnlichen Wortsinne als
das Schatzhaus des Minyas gelten, obgleich zu Pausanias' Zeit
diese Bezeichnung schon feststand und von ihm überliefert wurde.
Der Ursprung des Namens lässt sich errathen, wenn man die
glänzenden architektonischen Fundresultate von Orchomenos mit
jener Angabe des Pausanias (IX, 38, 2) in Beziehung setzt.
Neben dem Kuppelraume fand Dr. Schliemann eine in den
Felsabhang eingeschnittene reich geschmückte Nebenkammer,
welche für sich verschliessbar war. Wegen dieses Umstandes,
sowie wegen der prachtvollen Ausstattung wird man jenen
Nebenraum als eine Grabkammer, als das Grab des Erbauers
(sei es des Minyas, sei es des Orchomenos) um so mehr

ansehen dürfen, als Pausanias unmittelbar nach dem Thesauros, dessen Baucharakter er treffend andeutet, die Gräber
des Minyas und Hesiod nennt. Hieran anschliessend, wird es
gestattet sein, den Kuppelraum als ein Heroon des Erbauers
aufzufassen, welches cultlicher Zwecke halber stets zugänglich
bleiben musste und wegen seiner ursprünglichen oder spätern
Anfüllung mit kostbaren Erbstücken und schönen Weihege-
schenken die irrthümliche Ueberlieferung von einem Thesauros
erzeugt hat. Dieselbe Erklärung dürfte auch für das Schatzhaus des Hyrieus passen, an welchem in der Zeit des Pausanias die alte aus Aegypten stammende Bausage von der
Beraubung durch die Baumeister Trophonios und Agamedes
haftete.

Erst in unserm Jahrhundert hat man jene falsche Bezeichnung
noch weiter ausgedehnt und das grösste Kuppelgrab zu Mykenae das Schatzhaus des Atreus benannt. Pausanias ist
daran unschuldig, sein Bericht spricht sogar dagegen. Der
Perieget kommt zu den Burgmauern, durchschreitet das Löwenthor und sieht unter den Trümmern der Burg ausser der Kunst-
quelle Perseia die unterirdischen Schatzgemächer des Atreus und
seiner Söhne (II, 16, 6). Dann erst führt ihn sein Weg zu den
Gräbern der Atriden, von denen er sechs mit Namen aufführt
und dabei ausdrücklich bemerkt, dass das letzte derselben —
für Klytaimnestra und Aigisthos — in einiger Entfernung von
der Stadtmauer läge, weil man beide für unwürdig hielt, da
bestattet zu werden, wo Agamemnon ruhte und die mit ihm
Gemordeten. Hieraus folgt meines Erachtens zweierlei: erstlich,
dass für Pausanias die Burgbeschreibung abgeschlossen war, als
er die Atridengräber besichtigte, und dass von den letztern
fünf innerhalb der Stadtmauer lagen, nämlich die für Atreus,
Agamemnon, Eurymedon, für die Kinder der Kassandra und für
Elektra. Wenn man nun erwägt, dass noch jetzt an den Abhängen des südwestlich der Burg sich anschliessenden Hügels

sechs Tholen vorhanden sind, von denen eine — die nordwestliche — am tiefsten steht und am weitesten draussen liegt (die
Stadtmauer hat sicher den Oberbrunnen von Charvati eingeschlossen und wird sich daher längs der Westseite dem Terrain
folgend ziemlich gleichmässig auf der Höhencurve 166 m ü. M.
bis zur Nordschlucht erstreckt haben; vergl. Steffens, „Karte von
Mykenai“, Bl. 2), während die beiden grossartigsten dicht neben
der Burg am Abhange errichtet und mit prachtvollen Façaden
ausgestattet worden sind, so scheint mir der naheliegende Schluss
völlig gerechtfertigt, dass wir in diesen sechs eigenartigen Bauwerken nicht nur die Gräber aus der Atridenzeit, welche Pausanias gesehen und benannt hat, in ihren Haupttheilen noch
besitzen, sondern dass wir auch die beiden Kuppelgräber am
Ostabhange wegen ihrer bevorzugten Lage am alten Burgwege
wegen ihrer Grösse und kostbaren Ausführung als die des Atreus
und des Agamemnon bezeichnen dürfen. Im Anschlusse an die
Reihenfolge bei Pausanias wird dann das nördliche Grab dem
Atreus, das südliche dem Agamemnon zuzusprechen sein. Von
den übrigbleibenden drei Gräbern ragt wieder eins durch Grösse
und Technik, durch treffliches Material und bevorzugte Lage
vor den beiden andern hervor. Es ist dies die Tholos, welche
am Nordwestabhange des Sattels zwischen Stadt- und Burghügel
und nur 100 m vom Löwenthore entfernt sich vorfindet und
schon wegen dieses bevorzugten Standplatzes am ehesten als das
Grab der Elektra gelten kann. Diese Bezeichnung entspricht
aber genau der Aufzählung bei Pausanias; für den aus der
Burg kommenden Periegeten war es am natürlichsten, mit Benutzung des alten Burgweges zuerst den östlichen, dann den
westlichen Abhang des Stadthügels zu umwandern und mit dem
Elektragrabe in der Nähe des Löwenthores zu schliessen. Das
weit entlegene vor den Mauern befindliche Grab für Klytaimnestra und Aigisthos erhielt dann die der Wanderung entsprechende letzte Stelle.

Hiernach ergibt sich folgende Reihenfolge: am Ostabhange
1. Atreus und 2. Agamemnon; am Westabhange 3. Eurymedon,
daneben westlich 4. die Kinder der Kassandra, 5. Elektra und
540 m westlich davon 6. Klytaimnestra und Aigisthos. Ist es
nun wol Zufall, dass von den vier Gräbern des Westabhanges
das Grab Nr. 4 in der Technik hinter den andern zurücksteht
und weitaus das kleinste gewesen ist? Zum Beweise hierfür
verwerthe ich das einzige Moment, welches augenblicklich wegen
der Verschüttung der Gräber ausser der Prüfung des Materials
und der Technik nutzbar gemacht werden kann, indem ich die
Thüroberbreiten von zehn Kuppelgräbern vergleichend zusammen-
stelle. Das betreffende Lichtmaass beträgt in Orchomenos 2,07;
am Grabe des Atreus 2,16; des Agamemnon 2,13; der Elektra 2,11;
in Pharis 1,93; der Klytaimnestra 1,71; am Heraion 1,63; des Eurymedon 1,60; in Menidi wahrscheinlich 1,53 (eine genaue Angabe
wird vermisst) und bei dem Kindergrabe nur 1,30 m. Man sieht
hieraus, wie eng die Maasstäbe der Gräber für Atreus, Agamemnon und Elektra verwandt sind und welch ein grosser
Abstand das Kindergrab von jenen trennt. Auch die isolirte
Lage des letztern ist sicher nicht ohne Bedeutung.

Wenn nun auch die hier berührten Fragen erst nach der
Ausgrabung aller Tholen in Mykenae definitiv zu entscheiden
sein werden, so ist doch jetzt so viel bereits sicher, dass an
Schatzhäuser überhaupt nicht mehr gedacht werden kann, seitdem Tiryns gesprochen hat, d. h. seitdem die merkwürdigen, in
diesem Werke ausführlich behandelten Bauanlagen in den Ringmauern (Galerien, Magazine, Cisternen u. a.) zu Tage getreten
sind. Was Pausanias in den Trümmern der Burg von Mykenae
gesehen und als unterirdische Schatzgemächer des Atreus und
seiner Söhne bewundert hat, sind nicht die Kuppelgräber gewesen, sondern ähnliche nebeneinanderliegende und in urwüchsig
massiver Structur überdeckte Räume wie diejenigen von Tiryns.
Und hier erinnere ich zur weitern Begründung meiner Ansicht

an die Thatsache, dass der sogenannte Schatz des Priamos sowie
grössere Funde von Edelmetall in Troja an gleichen Stellen,
nämlich dicht an oder in der Burgmauer, entdeckt worden sind,
zum schlagenden Beweise, dass man solche feuersichere und
schwer auffindbare Räume dauernd oder vorübergehend — in
Zeiten der Noth — als Thesauren benutzt hat. Daher beruht
die Ueberlieferung des Pausanias für Mykenae auf einer echten
Grundlage, aber die Knappheit seines Ausdrucks sowie die
irreführende Analogie mit dem Schatzhause des Minyas haben
mehrfach zu einer falschen Auslegung derselben geführt. Wegen
des principiellen Unterschieds zwischen Thesauren und Kuppelgräbern war eine nochmalige Erörterung jener vielbesprochenen
Stelle für meinen Zweck unerlässlich.

Das Kuppelgrab von Menidi besitzt den ältesten Baucharakter, sei es, dass dasselbe unter den bisjetzt bekannt gewordenen wirklich das früheste gewesen ist, oder dass es aus
Mangel an Mitteln in billiger halbroher Bauweise aus Kalkbruchsteinen errichtet wurde. Abgesehen von dem kleinen Maassstabe — Durchmesser = 8,35 m, Dromosbreite = 3 m, Thürweite
unten = 1,55 m, — spricht für die erste Auffassung das Fehlen jeder eigentlichen Meisselarbeit und die Thatsache, dass
man das Grab nicht in einen Felshang, sondern in einen Erd-
hügel eingebettet hat, dass ferner auf jede Pflasterung verzichtet
und die nothwendige äussere Dichtung sehr vernachlässigt worden ist. Besonders bezeichnend ist endlich die Art, wie man
die Entlastung der Thüroberschwellen verschieden behandelt hat,
nach aussen mittels mehrerer übereinandergestreckter und durch
Hohlräume getrennter Steinplatten, nach innen durch einen
trapezförmigen Hohlraum, welcher mit Steinen zugesetzt wurde.
Jene äusseren Steinplatten erscheinen wie eine Reminiscenz von
hölzernen Zugankern aus einer ältern mit anderm Baumateriale
arbeitenden Bauweise.

In allen diesen Punkten ist demselben das Kuppelgrab am

Heraion überlegen, obschon die Dromosbreite identisch und der Durchmesser nicht sehr viel grösser ist; namentlich durch die solide Werksteintechnik der Dromosmauern und der Pforte wirkt es sehr viel günstiger. Sind schon die Futtermauern der Zugangsstrasse gleich am Anfange aus kleinen dichten Porossteinen mit Mörtel erbaut, so zeigt der hintere Theil sogar schon grössere sorgfältig behauene Oblong- und Kubusquadern mit breit verstrichenen Mörtelfugen — genau wie bei nordischen Granitbauten —: die Mauern selbst neigen oben nach innen etwas über. Die nach oben mässig verjüngte Pforte ist aus sauber behauenen Quadern erbaut, mit einer doppelten Fascia in der Front und drei hintereinanderliegenden Decksteinen aus Breccia, von denen der hinterste schon das stattliche Gewicht von 7800 kg erreicht. Im Durchgange findet sich wegen der hier gleich bei dem Aufbau vorgesehenen und später ausgeführten Vermauerung roheres Bruchsteinmauerwerk, aber im Rundbaue bessert sich die Technik wieder, wenn auch der sorgfältige Fugenverstrich des Dromos fehlt. Dabei ist für eine gute äussere Dichtung mit Steinschlag in Lehmmörtel gesorgt und der Fussboden mit Kieselsteinen gepflastert. Man spürt in dem ganzen Bauwerke trotz seiner schlichten Behandlung einen gewissen vornehmen Zug im Gegensatze zu der derben bäuerischen Fassung in Menidi.

Eine noch höhere Stufe vertritt das Atreusgrab in Mykenae, dessen Ausgrabung nicht vollendet wurde. Es ist das um so bedauerlicher, als wahrscheinlich die decorativen Bauglieder der Façade hier vollständiger erhalten sind als an dem Nachbargrabe des Agamemnon, das frühzeitig geplündert worden ist. Von fast gleicher Grösse und ebenso dauernd zugänglich, unterscheidet es sich von jenem durch den Mangel einer Nebenkammer und durch die Verwendung kleinerer Steine in der Tholos. Dennoch ist es ein aufwändiger und wichtiger Monumentalbau, welcher z. B. die sauber geschnittenen Obersteine

bewahrt hat, die die Futtermauern abdeckten, zum Beweise —
wenn es dessen noch bedürfte — dass die Zugangsstrasse nie
verschüttet werden sollte und an sich ein wichtiges Hülfsmittel,
um den flachen Neigungswinkel des Erdhügels zu bestimmen.
Die Façade ist in musterhafter Weise aus geschliffenen Brecciaquadern erbaut und einfach aber künstlerisch gegliedert. Die
an beiden Seiten mässig vortretenden Wandstreifen, oben durch
eine Platte verbunden und durch ein zweitheiliges Epistyl be-
krönt, bilden die Gesammtumrahmung. In derselben liegen
eingebettet: oben der dreieckige Entlastungsraum, unten die
doppelt umrahmte und schwach verjüngte Thür. Der dreieckige
Hohlraum war aussen durch dicke Platten von rothem Marmor
geschlossen und ist im Innern noch jetzt mit niedrigen Quader-
reihen vollständig ausgemauert, sodass angesichts dieser Thatsache jeder Gedanke an eine ursprüngliche Fensterbeleuchtung
schwinden muss. Als Basis für das Entlastungsdreieck dient
eine Schwelle von lauchgrünem Marmor, während statt der
Thürkrönung eine vortretende Platte von blaugrauem Marmor
erscheint, an welcher friesartig in flachem Relief die Stirnseite
einer aus Rundhölzern construirten Balkendecke eingeschnitten
worden ist. Rechts und links wird diese Decke von weit ausladenden Abakusplatten aus Breccia begrenzt, welche einen
plastischen Gegenstand trugen (ein sehr roh zugehauenes Löwen-
haupt aus grauem Trachyt, welches ich 1878 im Museum von
Charvati sah, könnte von hier stammen) und wieder von unten
herauf durch Halbsäulen gestützt wurden. Reste derselben sind
gefunden worden; sie bestehen aus dunkelgrauem Alabaster und
sind dorisch gefurcht; leider fehlen noch die Capitelle und die
sicher vorhandenen Sockel sind nicht blossgelegt. Die Halbsäulen verjüngten sich, wie die Einbettungen der Wandstreifen
lehren, schwach nach unten und besassen sehr schlanke an Holzbau erinnernde Verhältnisse. Die Oberschwelle der Thür ist
aus drei Steinen hergestellt; der mittlere Block trägt die Löcher

für die Drehzapfen der nach innen aufschlagenden Thürflügel. Der innerste Block bindet rechts und links weit ein und an ihn schliesst sich eine gleichhohe durchgehende Steinschicht von 13 Blöcken, die, oben mehrfach mit Versatzung versehen, einen förmlichen Kettenanker bildet. Die übrigen Quadern sind sehr viel niedriger, eigentlich plattenförmig geschnitten; einschliesslich jenes grössern Steinrings sind 25 Schichten sichtbar, die obern Reihen fehlen und die untern liegen verschüttet. In den Oberschichten beträgt die Quadertiefe 1,30 m und hinter den Quadern folgt als Schutzdecke gegen das Regenwasser ein mit Steinbrocken gemischter Thonschlag. Im Innern fehlen alle Nägellöcher für eine Metallbekleidung. Von dem kolossalen Drucke, welchem infolge des entlastenden Hohlraumes die Oberschwellen ausgesetzt sind, sieht man in der Front die deutlichen Spuren. Die vorgekragten Steinschichten des Entlastungsdreiecks haben die vordere Thüroberschwelle an beiden Enden gebrochen und dieser Bruch hat sich durch fast alle Schichten der innern Fascia bis nach unten hin fortgepflanzt.

Das Grab des Agamemnon stellt unter den Tholen von Mykenae den Gipfelpunkt dar, nicht blos in der Planbildung, sondern auch in der Structur und Façadengestaltung, denn trotz vielfacher Aehnlichkeit — ja Uebereinstimmung mit dem Atreusgrabe — ist hier doch die Technik sehr viel gediegener, die Ausstattung ungleich prachtvoller als dort. Dabei erscheint die gestaltende Kraft und die reiche Erfahrung des Architekten den Machtmitteln des Fürsten durchaus ebenbürtig. Nur eins befremdet, die ausserordentliche Schlichtheit der geräumigen Felskammer (6,30 m im Quadrat) mit kaum angedeuteter Plinthe, halbroh zugehauenen Wänden und ebenso behandelter Zeltdecke. Ist dieser Gegensatz bewusste Absicht gewesen oder wurde der Erbauer an der Vollendung seiner Gruft durch plötzlichen Tod behindert? Zwei niedrige sockelartig profilirte Oblongplinthen sind der letzte räthselhafte Rest der einstigen Ausstattung.

Imposant ist der Eindruck des Kuppelbaues trotz des Mangels jeder architektonischen Gliederung. Der Raum wirkt wie eine Naturschöpfung nur durch Verhältniss, Fügung, Textur. Der seltenen Güte des Materials entspricht die vollendete Technik und zugleich gibt der kolossale Innenstein der Oberschwelle von der baumechanischen Leistungsfähigkeit jener Zeit ein urkundliches Zeugniss. Ein sauber behauener Stein, welcher 122 000 kg wiegt, d. i. mehr als sechsmal so viel als der grösste Block auf der Burg von Tiryns, erzählt dem kundigen Auge viel und regt noch mehr Fragen an. Wo hat man ihn gebrochen, wie auf allen Seiten bearbeitet, mit welchen Hülfsmitteln auf diese Höhe gebracht und endlich auf seine Unterlager sicher versetzt? Ein ganz ausserordentlicher Aufwand von Zeit und Kraft steckt in dieser seit drei Jahrtausenden fest ruhenden Masse! Die 34 Schichten des Innern (einschliesslich des Decksteins) sind ungleich hoch, auch sehr verschieden in Quadern eingetheilt, dennoch ist der Verband festgehalten und für feine Stossfugen überall gesorgt. Die Hauptwirkung beruhte auf der tadellosen Glätte der Wand, doch waren als besonderer Prachtschmuck auf der fünften und neunten Schicht zwei Friesstreifen von (wahrscheinlich vergoldeten) Erzblechen hinzugefügt. Eine vollständige Beplattung in Erz, von der so oft gesprochen worden ist, war nicht vorhanden. Nur die kleine zweiflügelige Verbindungsthür zwischen Tholos und Felsgrab besass eine ähnliche Bekleidung und stärkere Erzplatten scheinen die grössere Schwelle gedeckt und zugleich eine besondere Zarge für die Hauptthür gebildet zu haben. Sichere Spuren derselben Decorationsweise mit Metallschmuck hat auch die Thüroberschwelle an ihrer äussern Stirnseite bewahrt.

Zur graphischen Wiederherstellung der stattlichen Front fehlt es leider an genügendem Material. Die aus geschliffenen Brecciaquadern erbaute Vorderfläche war in ihrem Obertheile einst mit Platten aus rothem, grünem und weissem Marmor be-

kleidet, doch ist der grösste Theil dieser prunkvollen Incrusta-
tion verloren gegangen. Technischen Kennzeichen zufolge war
dieselbe erst nach vollendetem Aufbau durch Verklammerung
hinzugefügt worden und konnte daher leicht wieder abgelöst
werden. Die Habsucht späterer Geschlechter hat sie beseitigt
und zum Theil in benachbarte Kirchen verschleppt; werthvolle
Bruchstücke befinden sich in Athen, London, München, Berlin.
Es muss daher vorläufig zweifelhaft bleiben, ob hier dasselbe
wichtige Façadensystem mit Ecklesinen wie am Atreusgrabe
architektonisch gegliedert, d. h. plastisch vorhanden oder nur in
Steinmalerei angedeutet war. Doppelte sanft gekehlte Fascien
umrahmen die hochragende Pforte, während die äussere Einfassung auch hier zwei schlanke Halbsäulen von dunkelgrauem
Alabaster bildeten, deren mit spitzen Zickzackstreifen und
Rankenspiralen überreich verzierte Schäfte in sehr niedrige ab-
gestufte Oblongsockel eingedübelt waren. Ihre so oft ange-
zweifelte Verjüngung nach unten war sicher vorhanden und
ebenso sicher ist die aus der Identität von Klammerlöchern jetzt
leicht zu erweisende Thatsache, dass das schon seit dem Anfange dieses Jahrhunderts bekannte Bauglied, welches aus einer
blattbelegten Hohlkehle und einem mit Rhomben und Spiralfriesen
reich decorirten Rundpolster nebst Abakus besteht, nicht die
Basis, sondern das Capitell jener Halbsäulen gewesen ist. Auf
seiner geschliffenen Hinterseite trägt dasselbe eine patronenartige
Eintheilung von sauber eingerissenen parallelen Vertical- und
Horizontallinien, welche an die gleiche Praxis ägyptischer Bild-
hauer erinnert.

Von besonderer Wichtigkeit ist die nahe liegende Beobach-
tnug, dass die Halbsäulen an beiden Grabfaçaden mit der Reliefsäule des Löwenthorwappens auf das engste verwandt sind.
Hier wie dort die untere Einzapfung der Schäfte, hier wie dort die
Verbreiterung derselben nach oben, hier wie dort eine Capitell-
bildung, welche einer bestimmten Varietät des altdorischen Ca-

pitells zum Grunde liegt. Mit Rücksicht auf die am Atreusgrabe charakterisirte Rundholzdecke kann man in den kleinen
Cylindern (nicht Scheiben, wie aus der Seitenansicht deutlich
hervorgeht) über dem Capitelle der Löwenthorsäule auch nichts
anderes erkennen als die reducirte Wiedergabe jenes wichtigen
schattenspendenden Baugliedes des Anaktenhauses. In jedem
Falle wird durch diese Uebereinstimmung zweifellos erwiesen,
dass das berühmte Löwenrelief — und folglich auch das Thor
nebst der sich anschliessenden Südmauer — derselben Epoche
angehört, welcher die Kuppelgräber entstammen, und dass daher
die Atriden die Erweiterer und Verschönerer der Burg gewesen
sind, während die erste Anlage von den Persiden herrührte.

Das letzte Kuppelgrab, das zu besprechen mir obliegt (auf
Pharis und Laminospito bei Volo näher einzugehen, muss ich
wegen Dürftigkeit des Materials verzichten), ist das von Orchomenos. Nur wenig kleiner als das Grab des Agamemnon und
wegen des Zusatzes einer besondern Grabkammer ihm am nächsten stehend, unterscheidet es sich von demselben sowol durch
das Material als durch die eigenartige Construction des zur
Gruft bestimmten Thalamos. Der Bau ist aus mittelgrossen
Quadern eines dunkelgrauen, aus Lebadeia bezogenen Marmors
errichtet worden und zwar so, dass man nicht blos die Dromos-
und Tholos-Mauern aus diesem Material construirte, sondern
auch die Wände und die Decke der mässig grossen Grabkammer.
Offenbar hat der Stifter die bestimmte Forderung gestellt, dass
seine Gruft ein ebenso einheitliches wie kunstvolles Gepräge
durch Meisselarbeit erhalten solle. Zu diesem Behufe musste
für den im Felshange anzulegenden Thalamos von oben her ein
breiter Schacht bis zur Tholossohle abgeteuft werden, um innerhalb desselben Umfassungsmauern in Lehmmörtel aufzuführen,
welche den marmornen Deckplatten als Auflager dienen und
gleichzeitig eine Bekleidung mit ornamentirten Marmortafeln
erhalten konnten. Die aus vier Platten hergestellte Decke wurde

als ein einheitliches Ganzes behandelt und zwar in zartem
Relief als ein ausgebreiteter Teppich mit besonderm Mittel-
stücke und sehr breiten Rändern. Das Hauptornament bilden
spiralförmige Mäander mit Fächerblumen in den Ecken, während
die Säumung des Mittelstückes wie des ganzen Teppichs durch
reich gegliederte Rosetten bewirkt wird. Oberhalb dieser
monumentalen Prachtdecke bedurfte es selbstverständlich besonderer Sicherungsmaassregeln, um jeden Durchbruch infolge
des Erddruckes zu behindern. In welcher Weise diese wichtige
Hülfsconstruction durchgeführt worden war, ist bisher nicht bekannt geworden; Thatsache aber ist es, dass sie mehr als drei-
tausend Jahre ihre Schuldigkeit gethan hat, denn der sehr be-
dauerliche theilweise Durchbruch ist erst vor wenigen Jahren
erfolgt. Der beträchtliche Aufwand an Zeit und Mühe, den
diese vorläufig ganz einzig dastehende Anlage erheischt hat,
hängt wol in erster Linie mit der Bevorzugung des kostbaren
Materials zusammen, dessen schöne Bildungsfähigkeit zur
Meisselarbeit lockte. Andererseits ist es nicht zweifelhaft,
dass dem Stifter auch kein Opfer zu gross war, um der
Nachwelt ein Denkmal zu hinterlassen, welches seinen Namen
fortpflanzen und von seinem Reichthume und Kunstsinne dauernd
reden sollte.

Es ist daher sehr wahrscheinlich, dass spätere Geschlechter
von Orchomenos im gerechten Stolze auf dieses Denkmal dem
besten Sänger Böotiens, Hesiod, die Ehre der Bestattung im alten
Königsthalamos bewilligt haben, denn Pausanias nennt die
Gräber des Minyas und des Hesiod in einem kurzen Satze und
zwar unmittelbar nach der Beschreibung des Thesauros, und
einzelne der in dem Kuppelraume gemachten Funde sind wohl
geeignet, diese Vermuthung zu unterstützen.

Von der prachtvollen Ausstattung des Kuppelraumes mit
Erzblechen haben sich sichere Spuren vorgefunden. Man erkennt aus denselben, dass diese Decorationsweise in noch aus-

gedehntem Maasse, und zwar gleichzeitig mit einem gewissen
Wechsel der Motive verbunden, angewendet worden ist als in
der Tholos des Agamemnon. Dass ein solcher Luxusbau auch
eine reichgegliederte Façade in der Art der beiden Portal-
fronten der Atridengräber besessen hat, darf als sicher angenommen werden, aber der bisjetzt vorliegende Fundbericht lässt
diesen wichtigen Punkt unerörtert. Nur im Innern wurden
Bruchstücke einer kleinen Säule, welche der Reliefsäule vom
Löwenthore ähnlich sehen soll, sowie mehrere dünne Marmor-
platten mit Spiralornamenten entdeckt, beides vielleicht Reste
der Façaden-Incrustation.

Wenn aus diesen Beobachtungen mit Sicherheit hervorgeht,
dass die Architekten jener Frühzeit über einen ziemlich weiten
Kreis von entwickelungsfähigen Structuren, Baugliedern und Ornamenten bereits geboten, so ist die Wahrnehmung noch bedeu-
tungsvoller, dass einzelne der von ihnen im grossen Maasstabe
bearbeiteten und festgestellten Motive, Glieder und Decorationen
bei der Herstellung von Prunkgeräthen und Schmuckgegenständen
in sehr verkleinertem, ja kleinstem Maasstabe wieder benutzt
worden sind. Dahin gehört das Motiv des Löwenthorreliefs,
welches mit geänderter Haltung der Löwen an einem in Menidi
gefundenen Dolchhandgriffe von Elfenbein wiederholt erscheint.
Dahin gehört ferner das aus einem gekerbten Pfosten und zwei
angelehnten Halbrosetten componirte Motiv, welches dem sogenannten Kyanosfriese von Tiryns zum Grunde liegt und, wie
zwei bereits gefundene Bruchstücke lehren, auch in dem Palaste
von Mykenae in ähnlicher Grösse vorhanden war. Dasselbe ist
ferner auf einem gegossenen Glasplättchen, das wahrscheinlich
zum Schmucke der Kleidung gedient hat (Schmelz in der modernen Tracht), in Menidi aufgetaucht. So sind weiter die
eigenthümlichen Baustücke unter der Säule des Löwenthors,
welche an Sitzsteine erinnern, bei der Anfertigung von feinem
Goldschmucke und zierlichen Glasplättchen benutzt worden,

wie Beispiele aus Spata und Menidi gezeigt haben. Endlich hat man die nach unten verjüngten Halbsäulen der Atridengräber und des Löwenthors mehrfach für Geräthe wie für Glasschmuck verwerthet. Drei Beispiele aus Elfenbein, und zwar in kräftigen wie leichten Proportionen, hat Spata geliefert, eins aus Glas in schlanker Pfeilerform Menidi. Ein weiteres Muster, in welchem die Halbsäule als trennendes Glied zwischen zwei Reihen hochbeiniger Sphinxe erscheint, gibt eine merkwürdige Elfenbeinplatte von Menidi. So wenig zahlreich auch diese Fundergebnisse noch sind, so verdienen sie doch volle Beachtung. Niemals ist in der Baugeschichte auf Grund von Geräthen oder Schmuckgegenständen, die der Handel in das Land gebracht hat, eine neue Phase in der architektonischen Entwickelung eingetreten, sondern umgekehrt, wenn eine solche sehr weit vorgeschritten oder abgeschlossen war, hat die gewerbliche Kleinkunst oder Hausindustrie sich der bei den grossen Ausführungen allmählich gewonnenen Formensprache bemächtigt, um sie, für ihre Zwecke entsprechend umgewandelt, weiter zu verwenden. Weil aber erfahrungsmässig stets ein längerer Zeitraum dazu gehört, bevor ein solcher Ausbeutungsprocess sich vollzieht, so dürfen wir schliessen, dass die Baukunst, deren merkwürdige Reste theils im Original, theils in Wiederholungen kunstgewerblicher Art auf uns gekommen sind, eine lange Entwickelung durchgemacht haben muss und nicht auf enge Gebiete beschränkt gewesen sein kann.

Es sind nur sehr wenige Plätze in Griechenland und Kleinasien, die wegen ihrer Bautrümmer und Funde hier mehr streifend als erschöpfend zu berühren waren, und doch haben sie eine reiche Ausbeute zur Erkenntniss der ältesten Architektur auf jenem Boden geliefert. Mit Staunen sehen wir, wie die Epochen vor unsern Augen sich erweitern. Eine wirkliche

Urbaukunst ist nirgends mehr vorhanden, selbst in Troja sind die ersten Entwickelungstufen längst überschritten. Man beherrscht die Materie innerhalb gewisser Grenzen schon sehr sicher und benutzt sie je nach den Mitteln und Zwecken in mannichfacher Weise. Ein mässiger aber doch ausgiebiger Schatz von Detailformen ist bereits vorhanden, um die allmählich gefundenen Raumgestaltungen mit einer sinnvollen Charakteristik auszustatten. An einigen besonders begünstigten Plätzen hat man sogar schon das Gebiet der höhern monumentalen Baukunst mit entschiedenem Erfolge beschritten. Einer so umfangreichen und dabei innerlich so eng zusammenhängenden Gesammtleistung gegenüber ist der Versuch doppelt anziehend, den Wurzeln nachzuspüren, aus denen jene frühe Blüte der Baukunst erwachsen ist.

Die höchste Stufe unter den hier besprochenen Bauwerken stellen die Kuppelgräber dar und unter diesen wieder die Façadengräber. Nach meiner Ansicht erscheint in denselben der merkwürdige, wenn auch verfrühte Versuch, zwei gegensätzliche Bausysteme zu einer Einheit zu verschmelzen, nämlich das System des Holzdeckenbaues mit dem des Kuppelbaues. Die in Relief hergestellte Façade ist nach ihrem Grundgedanken nichts als der schematisch reducirte Typus der gesäulten schattigen Vorhalle des Männersaales, ein Typus, der am Atreusgrabe am deutlichsten erkennbar ist und den das Löwenthorrelief in noch knapperer Fassung — nur andeutend — überliefert. Dieses Prothyron, welches gewiss allgemein als der Haupttheil des Herrscherpalastes galt — zahlreiche Anspielungen der Tragiker deuten darauf hin — sollte mit dem Kuppelgemache verbunden werden, um dasselbe im Aeussern als Königsgrab zu bezeichnen. Das war der kurze Inhalt des Bauprogramms in Mykenae wie in Orchomenos. Aber noch wichtiger ist die Belehrung, welche wir einer Analyse des zweiten Systems verdanken. Ich glaube nämlich in dem Kuppelbau und seiner

Dromosanlage die letzte monumentale Gestaltung einer uralten
nationalen Bauweise, der phrygischen, sehen zu sollen. Vitruv
berichtet aus griechischen Quellen, dass die in den Thälern
wohnenden Phryger ihre Wohnungen in künstlicher Weise
unterirdisch zu gestalten pflegten, indem sie die über der aus-
gehobenen Grube eines Erdhügels kegelförmig aufgestellten
Pfosten oben zusammenbänden und mit Rohr und Reisig bedeckten, um einen möglichst grossen Erdhaufen darüber zu
schütten. Der Eingang werde durch eingegrabene Gänge von
aussen her hergestellt und solche Wohnungen seien im Winter
sehr warm und im Sommer sehr kühl. Die Hauptzüge dieser
nationalen Bauweise wiederholen Xenophon und Diodor für
die Bauernhäuser der den Phrygern stammverwandten Armenier
und noch heute finden sich ähnliche Anlagen in jenen Gegenden.

Aus einer tief eingeschnittenen Zugangsstrasse und einem
centralen Binnenraume, der nachträglich durch Erdbeschüttung
unterirdisch gemacht wurde, setzt sich aber das Kuppelgrab
zusammen. Eine so merkwürdige Uebereinstimmung ist nicht
Zufall, sondern sicher Tradition. Aus jener urthümlich schlichten,
mit Erde beschütteten Kegelhütte sind bei höher gesteigerten
Ansprüchen zuerst die Pfosten verschwunden, denn sie waren
immer sehr wandelbar und feuergefährlich, man hat sie durch
dicke Wände von Luftziegeln mit hölzernen Ringankern ersetzt.
Noch später traten an die Stelle der Luftziegel Steinwände,
zuerst in roh zugerichteten Platten, wie zu Menidi, zuletzt
in geschliffenen Quadern wie zu Mykenae und Orchomenos,
womit dann jede Reminiscenz an den uralten Erd- und Holzbau, der den Ausgangspunkt gebildet hatte, erlosch. Nur die
eigenartige Raumanlage wurde als Gräbertypus vornehmer Geschlechter, erlauchter Fürsten festgehalten. Wo und wann jene
wichtige Durchgangsstufe vom Holz- zum Ziegelbau erfolgte,
ist unbekannt. Weil es aber ein Backsteinland gewesen sein
muss, darf in erster Linie an das breite Hermosthal gedacht

d*

werden, welches unerschöpfliche Thonlager besass und dessen
natürlicher Mittelpunkt, die glänzende Residenz Sardes, noch
am Anfange des 5. Jahrhunderts aus rohrgedeckten Lehmhäu-
sern bestand, die ebenso leicht zerstört wie rasch wieder aufgebaut werden konnten. Aus dem Hermosthale, vom Sipylos
ist aber nach der Sage der reiche Fürstensohn Pelops nach
Griechenland gekommen, sein Geschlecht hat die grösste Macht-
fülle und hohen Ruhm bei Mit- und Nachwelt erworben, der
sprichwörtliche Reichthum der Atriden tritt uns noch heute in
der Burg und in den Königsgräbern von Mykenae entgegen.
Alles dies spricht nach meiner Ansicht dafür, dass wir in den
Kuppelgräbern Raumschöpfungen zu sehen haben, deren Grund-
gedanke aus der nationalen Bauweise Phrygiens hervorgegangen
ist und deren Uebertragung auf griechischen Boden mit der
Einwanderung vornehmer phrygischer Geschlechter zusammenhängt. Den gleichen Hinweis auf dieselbe Urheimat liefert das
vielbesprochene Relief des Löwenthors, und zwar heute noch
besser als früher, seitdem es Ramsay geglückt ist, zu den schon
lange bekannten jüngern Ableitungen dieser Composition die
ältern und strengern Vorbilder an grossen Felsfaçaden Phrygiens wieder aufzufinden.

Hat der Kern der Königsgräber die trotz aller Verhüllung
noch wohlerkennbare nationale Bauweise eines urgriechischen
Stammes bewahrt, so tritt auf der andern Seite in dem Systeme
ihrer Prachtfaçaden ein Einfluss des Orients hervor. Es sind
besonders die Ecklesinen sowol im Ober- wie im Untertheile
des Atreusgrabes, sowie ihre obere Verknüpfung und Krönung,
welche dafür geltend zu machen sind. Welche bedeutsame Rolle
das System der verticalen Wandstreifen in der Baukunst des
Orients gespielt hat, ist aus den assyrischen, persischen und
altsyrischen Denkmälern hinreichend bekannt; um so auffallender
bleibt die Thatsache, dass die nach Mykenae erfolgte Verpflan-
zung desselben zu keiner weitern Entwickelung in Griechenland

geführt hat. Wo die Urheimat dieses Façadensystems sich befindet, ist meines Wissens eine noch offene Frage. Die Halbsäulen selbst — einschliesslich der des Löwenthorreliefs — beweisen durch die schlanken Verhältnisse und die Einzapfung in Unterschwellen ihre Herkunft aus dem Holzbau. Dasselbe gilt für die aus Rundhölzern construirte Decke, welche zweimal in Relief charakterisirt worden ist. Wir dürfen daraus mit einiger Sicherheit schliessen, dass solche Decken auf allen Herrscherburgen in jener Zeit verwendet worden sind, nicht blos weil sie praktisch waren, sondern weil sie die Weihe von Jahrhunderten besassen. Und in dieser Hinsicht gewinnt diejenige Landessage von Argos eine besondere Bedeutung, welche von den engen Beziehungen zwischen Proetos, dem Gründer von Tiryns, und dem zu früher Cultur gelangten Lykien ausführlich berichtet. Als vertriebener Flüchtling habe dieser Fürstensohn aus Argos die Hand der lykischen Königstochter erworben; mit dem Heeresgefolge seines Schwiegervaters zurückgekehrt, habe er sich im Lande behauptet, und durch die baukundigen Kyklopen, welche auf seinen Ruf aus Lykien herüberkamen, die unüberwindlich starke Burg Tiryns erbaut. Derselben gewaltigen Werkleute habe sich dann auch sein Neffe Perseus zum Bau der Burg von Mykenae bedient. An beiden Orten kannte und zeigte man noch in später Zeit kyklopische Altäre, Herde, Vorhallen und Mauern. Lykien ist nun diejenige Landschaft Kleinasiens, welche den Deckenbau von nebeneinander gestreckten und in der Front weit vortretenden Rundhölzern in unzähligen Felsgräbern verewigt hat, ja an dieser uralten Structur bei dem Baue ihrer Hütten noch heute festhält. Aus Lykien stammt aber neben der Rundhölzerdecke kraft der nicht wegzuleugnenden Landessage auch der Mauerbau mit riesigen Bruchsteinen, der den alten Luftziegelbau allmählich aus der Festungsbaukunst verdrängt und neue Entwickelungen angebahnt hat. Wenn aber zwei stammver-

wandte Landschaften Kleinasiens altnationale Bauweisen wie
neugewonnene Errungenschaften — gewiss nicht auf einmal oder
vorübergehend, sondern längere Zeit hindurch — nach Griechenland übertragen haben, so wird es verständlich, dass aus so
reichen Zuflüssen und bei stets regem Baubetriebe seitens pracht-
liebender Höfe eine Blüte der Baukunst sich entwickeln konnte,
welche, der politischen Machtstellung der Atriden entsprechend,
in Mykenae ihren Gipfelpunkt gefunden hat, aber auch für andere Residenzen Sparta, Orchomenos, Hyriae, Larissa in Thessalien u. s. w. vorauszusetzen ist.

Ist somit die Herkunft der Rundhölzerdecken gesichert, so
fehlt es noch an dem Nachweise des Ursprungs der Halbsäulen.
Es ist Thatsache, dass an keinem Felsgrabe in Lykien Säulen
von dem Charakter, welchen die Funde in Mykenae, Spata und
Menidi überliefern, bisher vorgekommen sind. Den ältesten
Felsgräbern fehlen die Säulen durchweg, nur Eck- und Wand-
stiele nebst einigen Zwischenriegeln bilden das constructive Ge-
füge des frei abgelösten oder in Relief hergestellten Grabes.
Die Halbsäulen müssen daher einer andern Heimat entstammen
als Lykien oder als selbständige Schöpfungen jener frühen
Epoche angesehen werden.   Ich halte das letztere für um so
wahrscheinlicher, als die emsigste Durchforschung des stattlichen
Denkmälervorraths bisher keine Analogie aus andern Kunststilen hat gewinnen lassen und der Zusammenhang mit der Decorationsweise der Stelen über den Persidengräbern sowie mit
sehr vielen Fundobjecten in denselben unverkennbar ist. Auffallend bleibt ihre Verjüngung nach unten und eine Erklärung
ist um deswillen schwierig, weil ganze Säulen bisher nicht gefunden sind und die Halbsäulen möglicherweise von damals
üblichen Bildungsgesetzen des Reliefstils abhängen können. Vom
statischen Standpunkte aus ist gegen eine mässige untere Verjüngung von Holzstützen nichts einzuwenden und in praktischer
Beziehung ist zu sagen, dass durch die Verkleinerung des un-

tern Durchmessers für den Verkehr etwas mehr Platz gewonnen
wurde, zumal wenn man sehr breite Epistylien zum Auflagern
der Deckenbalken für nothwendig hielt und folglich grosse obere
Durchmesser anordnen musste. Aber vielleicht trifft weder die
eine noch die andere Vermuthung das Richtige. Vielleicht war
es eine zeitliche Geschmacksverirrung wie diejenige, welche
innerhalb der starren kunsthieratischen Satzungen Aegyptens und
in guter Kunstepoche im Tempel zu Karnak die seltsamen nach
unten verjüngten Steinsäulen, mit ebenso gerichteten Kelch-
capitellen geschaffen hat. (Lepsius I, Taf. 31.)

An Aegypten erinnert auch noch anderes. Die schön ge-
meisselte Decke in der Grabkammer von Orchomenos, teppich-
artig behandelt und mit spiralförmigen Mäandern nebst Fächerblumen und gliedernden Rosettenstreifen geschmückt, ruht sicher
auf ägyptischen Vorbildern, doch scheint die Ableitung nicht auf
directem, sondern auf indirectem Wege erfolgt zu sein. Der
Palast von Tiryns besass mehrfach unter seinen Wanddecora-
tionen das gleiche Schema, wenn auch friesartig verwerthet und
in Einzelheiten — wie in den Rosetten — schlichter gefasst.
Daher kann sehr wohl dieser Bau oder ein anderer ihm ver-
wandter für die Orchomenos-Decke die entsprechende Grundlage geliefert haben.

Nicht minder wichtig ist die decorative Ausstattung des
Kyanosfrieses mit blauer Smalte in Tiryns, weil diese Technik,
deren Spuren auch in Mykenae gefunden sind, seit den ältesten
Zeiten in Aegypten einheimisch war und mit solcher Vorliebe
gepflegt wurde, dass die dafür erforderlichen Materialien zu ge-
schätzten Handelsartikeln gehörten. Da jene Zufuhr die Phöniker besorgten, so ist es nicht unmöglich, dass die ganze Decorationsweise durch die Vermittelung dieses Volksstammes nach
Griechenland gelangt ist. Immer wird Aegypten und nicht
Babylonien, wohin die ägyptische Erfindung von Smalteschmuck
in der Ornamentik frühzeitig gelangt war, als Ausgangspunkt

gelten müssen, weil der Kyanosfries von Tiryns mit Werkstein-
bau und Meisselarbeit zusammenhängt, nicht aber mit Detail-
bildungen der Backsteinarchitektur.

Wie sind so wichtige Zusammenhänge zu erklären? Zunächst ist an die frühe Besiedelung der Nilmündungen durch
die Phönikier zu denken, sodann an die nachhaltigen Kämpfe
libyscher mit nordischen Küsten- und Inselbewohnern verbün-
deter Stämme gegen Aegypten seit dem 14. Jahrhundert zu
erinnern.   Jene langdauernden friedlichen Berührungen, wie
diese jähen kriegerischen Zusammenstösse, welche die Angreifer
einmal sogar bis Memphis führten, haben sicher vielfache An-
regung zur Kenntnissnahme ägyptischer Baukunst — sowol von
Luftziegelbauten wie von Werksteingebäuden — gegeben. Wenn
aber, wie dies bei begabten Völkern erfahrungsmässig feststeht,
der schlummernde Bildungstrieb erst einmal geweckt war, so
konnten kostbare Beutestücke, wie z. B. die Dolche und Schwerter, die Becher und Schalen aus den mykenischen Schacht-
gräbern, deren ägyptische Herkunft wegen der eigenartigen und
hochentwickelten Technik nicht zweifelhaft ist, diese Richtung
fortdauernd nähren und weit verbreiten.

Ausserdem wird es für eine derartige langsame, Generationen hindurch andauernde, aber nach der Natur der Verhältnisse bald sich steigernde, bald nachlassende Uebertragung weder
an Zwischenlocalen noch an Zwischenpersonen, die für Vermittelung sorgten, gefehlt haben.   Und diese Vermuthung führt
von selbst auf Tiryns und seinen oben betonten Zusammenhang mit Lykien zurück, wenn man sich nämlich erinnert,
dass allen Ueberlieferungen zufolge die älteste Culturentwicke-
lung jener Landschaft von Kreta ausgegangen ist, d. h. von
einer Insel, die, vor den Thoren Aegyptens und Libyens liegend, vor allen andern Eilanden berufen war, die auf kriege-
rischem oder friedlichem Wege erworbenen Culturelemente des
hochentwickelten Pharaonenstaats im Archipelagus zu verbrei-

ten. Daher tritt auch diese Insel, obschon eine genauere Untersuchung und Sichtung ihrer ältesten Denkmäler bisher nicht stattgefunden hat, in den Kreis der Betrachtung. Hier ist mit
weiser Benutzung und Zusammenfassung ebenso bildungsfähiger
wie schiffahrtskundiger Stämme die erste Reichsmacht des griechischen Alterthums gegründet worden; an Kreta haftet der
seltene Ruhmestitel „hundertstädtig" als ein redender Beweis
der frühen Cultur, der reichen Blüte des von starken Händen ge-
leiteten Inselstaats; mit dem Namen des ehrwürdigen Gesetzgebers
Minos ist der Name des ältesten Heroen in der griechischen
Baukunst, des Dädalos, unlöslich verbunden; von hier aus sind
Staaten gegründet und Gottesdienste verbreitet worden. Ein
dahin gehöriges Bauwerk ist, wie mir scheint, noch vorhanden.
Die merkwürdige Grotte auf Delos am Fusse des Kynthos,
welche ich für ein Heiligthum der Eileithyia zu halten geneigt
bin, ist wahrscheinlich eine Filialstiftung von Kreta aus der
frühen Glanzzeit dieser Insel, denn das Structursystem der ebenso
eigenartig wie meisterhaft aus zehn grossen Strebesteinen zusammengefügten Decke ist sicherlich aus Aegypten übertragen,
dessen Riesenbauten mit ihren kolossalen Belastungen frühzeitig
zur Lösung derartiger constructiver Probleme gedrängt haben.
Diese Decke, welche einen kleinen Berg zu tragen im Stande
war, beweist, was man in Aegypten gesehen und gelernt hat,
und bildet zu den schon von anderer Seite gezogenen Folge-
rungen, welche sich aus geschnittenen Steinen, sowie aus dem
Funde der herrlichen Metallarbeiten, eines gravirten Straussen-
eies u. s. w. in den Persiden-Gräbern gewinnen liessen, eine
weitere Stütze für die Annahme des in sehr früher Zeit vorhanden gewesenen Einflusses von Aegypten auf Griechenland.

Gegen die Baukunst von Mykenae, Orchomenos und Tiryns
tritt die von Troja entschieden zurück, dennoch ist sie bei aller
Lückenhaftigkeit um deswillen so lehrreich, weil die vorhandenen Bautrümmer — im Ganzen betrachtet — eine etwas ältere

Phase in der architektonischen Entwickelung abspiegeln als die
bisjetzt bekannten Denkmäler auf griechischem Boden.   Dies
gilt von den Ringmauern und Thoren wie von dem Herrscher-
palaste selbst, wobei allerdings das Urtheil augenblicklich mehr auf
bautechnische als auf baukünstlerische Beobachtungen gestützt
werden muss.   In letzterer Hinsicht ist es namentlich zu be-
dauern, dass in Troja weder Fürstengräber noch architektonische
Details gefunden worden sind.   Dagegen erscheint neben dem
charakteristischen Befestigungssystem mit trockenem Graben,
geböschtem Mauerfusse, Flankirungsthürmen u. dgl. die alter-
thümliche Bauweise aller Mauern, der Ringmauern wie der
Hausmauern aus Luftziegeln mit Balkengeflecht von ganz besonderer Wichtigkeit.   Einmal, weil alle diese Züge auch in
Aegypten sowol im Deltalande wie in Ober-Aegypten beobachtet
worden sind, und zum zweiten, weil auch die Mauern des Palastes in Tiryns noch eine gleiche oder sehr ähnliche Structurart
besessen haben.   Sie war also überhaupt sehr verbreitet und ist
aus praktischen wie ökonomischen Gründen lange festgehalten
worden.   Ihre Anwendung in Tiryns wird aber um so eher
verständlich, wenn man sich der oben erwähnten Thatsache
erinnert, dass die jetzige Burganlage von Tiryns sicher einer
ältern und schlichtern gefolgt ist, welche schwerlich sehr viel
anders ausgesehen haben wird wie die in Troja gefundene.

Es war überhaupt keine Bauweise so praktisch wie diese
für eine erste vorläufige Sicherung irgendeines neubesetzten
Küstenpunktes, sobald die beiden Materialien Holz und Lehm
sich in der Nähe vorfanden.   Daher lässt sich auch die Vermuthung rechtfertigen, dass die zahlreichen, zur Deckung der
phönikischen Factoreien ganz unentbehrlichen frühen Befesti-
gungen an der griechischen Küste wie auf den Inseln in einer
Bauweise sich bewegt haben werden, welche nicht den theuern
Steinbau in Anspruch nahm, sondern den zeitersparenden und
billigen Bau von Luftziegeln mit Holzgeflecht wählte.   Auf

solcher Grundlage konnte aber nach einer längern Entwickelung
sehr wohl eine Burganlage höherer Ordnung erwachsen wie die
von Troja.

Dass alle diese kurz berührten Bauanlagen älter sein müssen
als der Trojanische Krieg, die reifsten derselben ihm gleichzeitig
oder nur wenig jünger, wird schwerlich bestritten werden.
Ueber diese allgemeine Zeitstellung, deren genauere Ansetzung
noch immer Gegenstand des Streites ist, hinauszugehen, scheint
bei dem heutigen Stande der Denkmälerforschung verfrüht zu
sein. Die Pfade, auf denen vorzugehen sein wird, sind deutlich
genug vorgezeichnet. Wir brauchen fortgesetzt neues, metho-
disch gewonnenes und kritisch gesichtetes Material. Neben der
dringend nothwendigen Ausgrabung der Hochburg von Mykenae
müssen namentlich die ältesten Baudenkmäler von Lykien und
Kreta aufgenommen und vergleichend zusammengestellt werden, um die entscheidend wichtige Frage, ob und inwieweit auf
dem Gebiete der monumentalen Baukunst die Phönikier die
Lehrmeister der Griechen gewesen sind, ihrer Lösung näher zu
führen. Ich leugne diesen Einfluss nicht, kann ihn aber für die
älteste Zeit, deren Architektur hier zu erörtern war, nur in einem
sehr beschränkten Maasse zugeben, weil bisher weder auf der
syrisch-phönikischen Küste noch auf den Inseln irgendwelche
Bauwerke nachgewiesen worden sind, welche mit dem eigenartig strengen Organismus der Kuppelgräber und mit der meister-
haften Planbildung des Palastes von Tiryns wetteifern können.
Wie weit überragt der letztere beispielsweise alle bisher bekannt gewordenen Grundrisse assyrischer Königspaläste an Einfachheit und Klarheit. Ich sehe in jenen frühen Schöpfungen
der Baukunst auf dem Boden von Hellas den bewussten Ausdruck altgriechischen Geistes und ebenso echte wie unvergäng-
liche Urkunden für den uralten nationalen Zusammenhang der
Stämme auf beiden Ufern des Aegäischen Meeres.

Erst jetzt, bei dem letzten Abschlusse dieser Vorrede, ersehe ich aus dem Nachtragsberichte Dörpfeld's, dass meine schon im Mai d. J. niedergeschriebene und oben Seite XIV abgedruckte Vermuthung über die Verwendung von Lehm als Zwischenlage für kyklopische Mauern sich durch eine genauere Untersuchung der Mauern von Tiryns bestätigt hat. Wäre seine Ermittelung früher zu meiner Kenntniss gelangt, so hätte ich selbstverständlich einen andern Ausdruck gewählt und jene Baupraxis nicht als wahrscheinlich, sondern als thatsächlich bestanden bezeichnet.

BERLIN, 11. September 1885.

F. ADLER.

Nachwort.

In Bezug auf die von meinem hochgeehrten Freunde, dem gelehrten Verfasser der Vorrede, (Seite XXXI) vertretene Meinung, dass die kleine Nekropolis in der Citadelle von Mykenae nach und nach entstanden ist, habe ich zu bemerken, dass ich die Ausgrabung der Königsgräber in Mykenae im Beisein und unter beständiger Aufsicht zweier gediegener Archäologen gemacht habe: nämlich des mir von der Griechischen Regierung beigesellten Ephoren, des spätern General-Ephoren der Alterthümer in Griechenland, Panagiotis Stamatakis, und des Professor Phendiklis von der Universität Athen. Die Ausgrabung hat über jeden Zweifel erwiesen, dass die Leichen ganz unmöglich nach und nach, sondern nur alle zusammen auf einmal begraben sein konnten, und ich habe dies in meinem Werke „Mykenae" durch die aufs haarkleinste beschriebene Bestattungsweise dargethan. Alle meine Auseinandersetzungen über diesen hochwichtigen Gegenstand werden vielfältig und aufs genaueste vom Ephoren Stamatakis in seinem Diarium bekräftigt, welches jetzt, nach seinem Ableben, von der Griechischen Archäologischen Gesellschaft publicirt wird. Professor Phendiklis ist noch unter den Lebenden, um das Zeugniss des Herrn Stamatakis und das meinige der Wahrheit gemäss zu bestätigen.

HEINRICH SCHLIEMANN.

INHALT.

FÜNFTES KAPITEL.

————— —— —

VERZEICHNISS DER ABBILDUNGEN.

——————

VERZEICHNISS DER PLÄNE UND TAFELN.

ERSTES KAPITEL.

DIE AUSGRABUNG.

Im Anfang August 1876 hatte ich mit 51 Arbeitern eine Woche lang in Tiryns ausgegraben, auf dem hohen Plateau der Citadelle 13 Schachte und mehrere lange Gräben bis auf den Fels abgeteuft, sowie durch 7 Schachte das niedrige Plateau der Burg und die unmittelbare Umgebung derselben untersucht.[1] In einem an der Westseite des hohen Plateau abgeteuften Graben hatte ich das viereckige Postament nebst den drei Säulenbasen wiederaufgedeckt, welche im September 1831 von Friedrich Thiersch und Al. R. Rangabé, die hier einen Tag gegraben haben, gefunden worden waren.[2] In sieben oder acht Schachten auf dem hohen Plateau hatte ich aus grossen Steinen ohne Mörtel gebaute Mauern gefunden, die ich für Mauern cyklopischer Häuser der uralten Bewohner von Tiryns hielt. Später kamen aber doch in dieser Beziehung Zweifel in mir auf, die durch das Ergebniss meiner Forschungen in Mykenae und Troja immer grösser wurden. Ich hatte daher seit Jahren das sehnlichste Verlangen, Tiryns gründlich zu erforschen, doch wurde ich lange Zeit durch andere dringende Arbeiten an der Ausführung dieses Vorhabens ver-

---

[1] Vgl. mein Werk „Mykenae" (Leipzig, F. A. Brockhaus, 1878), S. 10.

[2] Einen Bericht über diesen Fund findet man in Friedrich Thiersch's Briefen an seine Frau, die von Heinrich W. J. Thiersch in „Friedrich Thiersch's Leben" (Leipzig 1866), II, 68, publicirt sind; sowie in Al. R. Rangabé's Mittheilung in den „Mémoires des savants étrangers, présentés à l'Académie de France", Ire Série, Tome V, 1857, p. 420.

hindert, denn nachdem ich zu Ende des Jahres 1876 die überaus erfolgreichen Ausgrabungen in Mykenae beendet hatte, wurde ich das ganze Jahr 1877 hindurch durch die deutsche und englische [1] Ausgabe meines Werks „Mykenae" in Anspruch genommen, dessen französische Edition [2] mich bis zum Sommer 1878 beschäftigt hielt. Darauf glaubte ich vor allem Ithaka exploriren, und dann das grosse Werk der Erforschung von Troja und der sogenannten Heldengräber der Troas fortsetzen zu müssen, womit ich bis Mitte Juni 1879 beschäftigt war. Die gleichzeitige Herstellung der deutschen [3] und englischen Ausgabe meines Werks [4] „Ilios" nahm mich anderthalb Jahr lang in Anspruch. Darauf kam die Ausgrabung der grossen Minyischen Schatzkammer in Orchomenos an die Reihe, die mehre Monate währte. Nach deren Beendigung machte ich eine Forschungsreise durch die ganze Troas, und die über diese Arbeiten publicirten Schriften „Orchomenos" [5] und „Reise in der Troas" [6], sowie andere Angelegenheiten hielten mich bis Ende 1881 beschäftigt. Die am 1. März 1882 wieder angefangenen Ausgrabungen in Troja dauerten fünf Monate und mein darüber veröffentlichtes deutsches [7] und englisches [8] Werk „Troja", sowie die französische Ausgabe von „Ilios" [9] nahmen meine Zeit bis Ende 1883 in Anspruch. Im Februar 1884 untersuchte ich das sogenannte Grab der 192 Athener in Marathon [10] und erst im März 1884 wurde es mir möglich, meinen lange gehegten Wunsch,

---

[1] Mycenae (London, John Murray, 1878).
[2] Mycènes (Paris, Hachette & Co., 1879).
[3] Ilios (Leipzig, F. A. Brockhaus, 1881).
[4] Ilios (London, John Murray, 1880).
[5] Orchomenos (Leipzig, F. A. Brockhaus, 1881).
[6] Reise in der Troas (Leipzig, F. A. Brockhaus, 1881).
[7] Troja (Leipzig, F. A. Brockhaus, 1884).
[8] Troja (London, John Murray, 1884).
[9] Ilios (Paris, Firmin-Didot & Co., 1885).
[10] Zeitschrift für Ethnologie, Organ der berliner Gesellschaft für Anthropologie, Ethnologie und Urgeschichte, 1884, II. Heft, S. 85—88.

Tiryns zu erforschen, zu verwirklichen. Die für diese Ausgrabungen nöthige Erlaubniss wurde mir aufs bereitwilligste ertheilt von Herrn Boulpiotes, dem gelehrten Minister für Volksaufklärung, welcher mir stets hülfreich zur Seite stand, um die fortwährend bei den Arbeiten aufstossenden Schwierigkeiten zu beseitigen. Somit erfülle ich eine Pflicht, dem verehrten Manne an dieser Stelle noch einmal meinen Dank auszusprechen für die wichtigen Dienste, die er der Wissenschaft erwiesen hat, denn ohne seine bereitwillige Hülfe wäre es mir unmöglich gewesen, die Erforschung von Tiryns zum erwünschten Ende zu führen.

Um die Gewissheit zu haben, dass keine Belehrung, die etwa aus antiken Architekturstücken gewonnen werden könnte, für die Wissenschaft verloren ginge, sicherte ich mir wiederum die Dienste des hervorragenden Architekten des kaiserl. deutschen Archäologischen Instituts in Athen, Dr. Wilhelm Dörpfeld aus Berlin, der vier Jahre lang dem technischen Theil der Ausgrabungen des Deutschen Reichs in Olympia vorgestanden hatte, und der auch im Jahre 1882 fünf Monate lang mein Mitarbeiter in Troja war. Auch nahm ich wiederum als Aufseher, zu 180 Francs monatlichem Lohn, Georgios Basilopoulos aus Maguliana in Gortynia, der mir in gleicher Eigenschaft, unter dem Namen „Hose", in Troja gedient hatte und unter diesem Namen auch die tirynthische Campagne mitmachte; ich engagirte ferner als Aufseher Niketas Simygdalas von der Insel Thera zu einem Monatsgehalt von 150 Francs. Als dritter Aufseher diente mir mein vortrefflicher Diener Oedipus Pyromalles, der auch zwei Jahre vorher mit mir in Troja gewesen war und jetzt viele freie Zeit hatte.

Die nöthigen Werkzeuge und Arbeitsgeräthe brachte ich von Athen mit, nämlich 40 beste englische Schiebkarren mit eisernen Rädern; 20 grosse eiserne Hebel; 2 Handwinden; eine grosse Winde; 50 grosse eiserne Schaufeln und ebenso viele Spitzhauen; 25 grosse Hacken, die im ganzen Orient mit dem

1*

Namen *tschapa* bezeichnet und in den Weinbergen gebraucht
werden; dieselben waren mir auch diesmal wieder von grösstem
Nutzen, um den Schutt in die Körbe zu füllen. Die nöthigen
Körbe, die auch in Griechenland den türkischen Namen *senbil*
haben, kaufte ich in Nauplia. Als Depot für diese Werkzeuge
und Wohnung für die Aufseher hatte ich zu 50 Francs monat-
licher Miethe in dem Gebäude der unterhalb der Südmauer
von Tiryns von Capo d'Istria angelegten Musterwirthschaft, die
zu einem kleinen verfallenen Pachthofe herabgesunken ist, einige
Zimmer gemiethet und auch einen Stall für mein Reitpferd.

Für Herrn Dr. Dörpfeld und mich war das Haus zu
schmutzig, und da es bei Tiryns nur eine passende Wohnung
gab, wofür 2000 Francs Miethe für 3 Monate verlangt wurde,
so zogen wir es vor, im Grand Hôtel des Étrangers in Nauplia
zu wohnen, in welchem wir, zu 6 Francs täglich, ein paar rein-
liche Zimmer, auch ein Zimmer für meinen Diener Oedipus
hatten, und dessen ausserordentlich dienstfertiger, freundlicher
Wirth, Herr Georgios Moschas, alles Mögliche that, um uns zu-
frieden zu stellen.

Ich hatte die Gewohnheit, immer frühzeitig 3¾ Uhr auf-
zustehen, eine Dose von 4 Gran Chinin zu verschlucken, um
mich gegen das Fieber zu schützen und darauf ein Bad zu
nehmen; mein Bootsmann, der täglich 1 Franc dafür erhielt,
erwartete mich pünktlich um 4 Uhr morgens im Hafen, um
mich in die offene See zu fahren, wo ich hinaussprang und
fünf oder zehn Minuten herumschwamm. Da der Mann keine
Treppe hatte, musste ich immer an dem Ruder emporklettern,
um wieder ins Boot zu gelangen; lange Gewohnheit hatte mir
aber Uebung in dieser Operation gegeben und dieselbe ging
immer ohne Unfall von statten. Nach dem Bade trank ich in dem
immer schon früh morgens geöffneten Kaffeehause „Agamemnon"
eine Tasse bittern schwarzen Kaffee, die — während alles übrige
enorm im Preise gestiegen — hier noch immer zum alten billigen

Preise von 10 Lepta oder 8 Pfennige feil ist. Ein gutes Reitpferd, wofür ich täglich 6 Francs bezahlte, stand schon beim Kaffeehause bereit und ich konnte bequem in 25 Minuten nach Tiryns traben, wo ich immer schon vor Sonnenaufgang ankam und von wo ich den Gaul sogleich zurückschickte, um auch Herrn Dr. Dörpfeld holen zu lassen. Unser Frühstück, welches wir regelmässig während der ersten Ruhezeit unserer Arbeiter, um 8 Uhr morgens, auf einer Säulenbasis im alten Palast auf Tiryns sitzend, zu uns nahmen, bestand aus Chicago corned beef, wovon meine geehrten Freunde, die Herren J. Henry Schröder & Co. in London, mir einen reichlichen Vorrath zugesandt hatten, aus Brot, frischem Schafkäse, ein paar Apfelsinen und mit Harz gemischtem weissen Wein (*Retsinato*), der sich wegen seiner Bitterkeit gut mit dem Chinin verträgt und der bei der Hitze und angestrengten Arbeit auch besser zu vertragen ist als die viel schwereren rothen Weine. Während der zweiten Ruhezeit der Arbeiter, die um 12 Uhr mittags stattfand und anfänglich nur eine Stunde dauerte, später aber, bei Eintritt der grossen Hitze, auf 1½ Stunde verlängert wurde, ruhten auch wir und es dienten uns dabei zwei Steine der Tenne am Südende der Burg, unterhalb welcher wir später die byzantinische Kirche fanden, als Kopfkissen. Man ruht nie besser als wenn man sich recht müde gearbeitet hat, und ich kann meinen Lesern versichern, dass wir nie einen erquickendern Schlaf genossen haben als während der Mittagszeit in der Akropolis von Tiryns, trotz des harten Lagers und der glühenden Sonne, gegen die wir keinen andern Schutz hatten als unsere indischen Hüte, die wir quer übers Gesicht legten.

Unsere zweite und letzte Mahlzeit nahmen wir des Abends beim Nachhausekommen in der Garküche unsers Hotels ein. Da die londoner Freunde auch Liebig's Fleischextrakt gesandt hatten, so hatten wir immer ausgezeichnete Bouillon, welche nebst in Olivenöl gebratenem Fisch oder Hammelfleisch, Käse, einer

Orange und Retsinatowein unsere Speisekarte ausmachte. Fische
und viele Arten von Gemüse, wie z. B. Kartoffeln, Saubohnen,
Schminkbohnen, Erbsen und Artischoken, sind hier ausgezeichnet, sie werden aber mit so vielem Olivenöl so garstig zubereitet, dass sie für unsern Gaumen fast ungeniessbar sind.
Obgleich mit Harz gemischter Wein, ausser bei Dioskorides, bei
keinem alten griechischem Schriftsteller vorkommt, und sogar
Athenaios keine Anspielung darauf macht, so kann man doch mit
hoher Wahrscheinlichkeit annehmen, dass derselbe schon im
Alterthum in der griechischen Welt in allgemeinem Gebrauch
war, denn der Fichtenzapfen war ja dem Dionysos geweiht,
und das obere Ende des Thyrsos, eines mit Epheu und Wein-
ranken umwundenen leichten Stabes, den die Geweihten des
Bacchus bei feierlichen Aufzügen trugen, lief in einen Fichtenzapfen aus. Ausserdem führt Plinius, unter den verschiedenen
zur Weinbereitung dienenden Früchten, auch die Fichtenzapfen
an und sagt: dass diese in den Most getaucht und gepresst
wurden: „Vinum fit, et e siliqua Syriaca, et e piris, malorumque
omnibus generibus. Sed e Punicis, quod rhoiten vocant: et e
cornis, mespilis, sorbis, moris siccis, nucleis pineis. Hi musto
madidi exprimuntur: superiora per se mitia.“[1]

Die Stelle im Dioskorides, welche sehr charakteristisch und
lehrreich ist, lautet wie folgt: (Ueber geharzten Wein) „Ge-
harzter Wein wird von verschiedenen Völkern zubereitet; am
meisten geschieht dies aber in Galatien, weil dort, der Kälte
wegen, die Weintraube nicht zur Reife gelangt, und daher der
Wein sauer wird, falls er nicht mit Fichtenharz versetzt wird.
Der Harz wird nebst der Rinde abgeschnitten und eine halbe
Kotyle (also ein Maass von 2 Unzen) wird einer Amphore beigemischt. Einige filtern die Weine nach der Gärung und sondern den Harz daraus ab; andere lassen ihn darin. Wenn die

---

[1] Plinius, HN., XIV, 19, 3 u. 4.

Weine lange liegen, so werden sie süss. Aber alle auf diese Art zubereiteten Weine verursachen Kopfschmerzen und Schwindel, indess befördern sie die Verdauung, sind urintreibend und den an Schnupfen und Husten Leidenden anzuempfehlen; ebenso denen die am Magen, an der Ruhr oder an der Wassersucht leiden, auch den am Bauchflusse leidenden Frauen; sie sind ferner dienlich zum Klystiren bei eiternden Gedärmen. Uebrigens stopft der schwärzliche geharzte Wein mehr als der weisse." [1]

Die Ausgrabungen begann ich am 17. März mit 60 Arbeitern, konnte aber diese bald auf 70 vermehren und dies blieb auch die Durchschnittszahl meiner Tagelöhner während der 2½ monatlichen tirynthischen Campagne von 1884. Der Tagelohn meiner Arbeiter war anfänglich 3 Francs; derselbe stieg aber mit der Jahreszeit und betrug schon vor Ostern 3½ Francs. Ich liess auch Frauen arbeiten, die zum Füllen der Körbe ebenso geschickt sind als die Männer, und deren Tagelohn zuerst 1½, später 2 Francs betrug. Bei Sonnenaufgang kamen die Arbeiter mit den aus dem Depot geholten Werkzeugen und Schiebkarren auf die Citadelle, wo die Arbeit anfing sobald ich ihre Namen aufgerufen hatte; dieselbe dauerte bis Sonnenuntergang, wo alle Werkzeuge und Schiebkarren wieder ins Depot abgeliefert wurden. Trotz dieser Vorsichtsmassregeln wurden mir mehrere Werkzeuge und auch eine Schiebkarre gestohlen.

Für die Arbeit mit der Spitzhaue wählte ich, da sie die

---

[1] Pedanii Dioscoridis Anazarbei De materia medica, V, 43: (Περὶ ῥητι νίτου οἴνου.) Ὁ δὲ ῥητινίτης καὶ κατὰ τὰ ἔθνη σκευάζεται πλεονάζει δὲ ἐν Γαλατίᾳ, διὰ τὸ ἀποβρέχεσθαι τὸν οἶνον ἀπεπτόντων μεναόντος τῆς σταφυλῆς, διὰ τὸ ψύχος, εἰ μὴ παραπλακῇ πευκίνη· κόπτεται δὲ σὺν τῷ φλοιῷ ἢ ῥητίνη, καὶ τῷ κεραμίῳ μίγνυται ἡμικοτύλιον. καὶ οἱ μὲν ἀπηθοῦσι μετὰ τὸ ἀποζέσαι, χωρίζοντες τὴν ῥητίνην· οἱ δὲ ἐῶσι· παλαιωθέντες δὲ γίγνονται ἡδεῖς· πάντες δὲ κεφαλαλγεῖς οἱ τοιοῦτοι καὶ σκοτωματικοί, πεπτικοὶ μέντοι καὶ εὐρητικοὶ, καὶ καταβρήσσομένοις καὶ ῥήσσουσιν ἁρμόζοντες κοιλιακοῖς, δυσεντερικοῖς, ὑδρωπικοῖς, καὶ ῥοϊκαῖς γυναιξὶ· τοῖς δὲ ἐν βάθει εἱλκωμένοις ἐγκλυσμα· στυπτικώτερος μέντοι τοῦ λευκοῦ ἐστιν ὁ μελάνζων. — Auf diese Stelle machte mich Herr Achilles Postolakkas Director der Nationalen Münzsammlung zu Athen, aufmerksam.

schwerste ist, die stärksten Arbeiter; die übrigen wurden für
die Schiebkarren, zum Füllen des Schuttes in die Körbe, sowie
zum Ausschütten dieser letztern verwandt. Da ich meine Leute
mit gutem Trinkwasser zu versorgen hatte, so stellte ich einen
Arbeiter besonders dazu an, dasselbe in Fässern, die er auf einen
Schiebkarren lud, vom nächsten Brunnen zu holen. Einen
andern Arbeiter, der etwas von Tischlerei verstand, verwandte
ich zum Ausbessern der Schiebkarren und Werkzeuge. Ein
dritter diente mir als Stallknecht. Leider konnte ich nicht die
Freude haben, meinen alten Diener Nikolaos Zaphyros Giannakis
anzustellen, der mir seit Anfang 1870 als Haushofmeister und
Kassirer in allen meinen archäologischen Campagnen gedient
hatte, denn unglücklicherweise war derselbe im August 1883
im Skamander, an der Ostseite von Jeni Schehr, ertrunken. Ich
musste daher ohne ihn fertig werden.

Die Arbeiter waren meistens Albanesen aus den benachbarten Dörfern Kophinion, Kutsion, Láluka und Aria; ich hatte
nur ungefähr 15 Griechen vom Dorfe Charvati, die auch vor
acht Jahren in Mykenae bei mir gearbeitet hatten und sich
durch ihren Fleiss vor den Albanesen auszeichneten.

Der Winter 1883/84 war sehr mild gewesen und bei unserer Ankunft in Nauplia, am 15. März, prangten die Bäume
bereits im üppigsten Grün, die Felder im Blumenschmuck.
Schwärme von Kranichen sahen wir nur am 16. März; diese
Vögel nisten nicht hier; sie halten sich blos einige Stunden auf
und setzen ihren Flug nach nördlichern Regionen fort. Störche
sieht man nie in der Argolis, wol aber in den sumpfigen Ebenen
der Phthiotis, wo sie nisten.

Unsere erste grosse Arbeit war die, den Schutt bis zu dem
mosaikartig aus Kalkestrich und kleinen Steinchen hergestellten
Fussboden abzugraben, der sich über das ganze hohe Plateau
der Akropolis ausdehnt und nur mit einer 1—1½ m hohen
Schuttdecke aus Ziegelschutt, eingestürztem Mauerwerk, aus mit

Lehm verbundenen, meistentheils verkalkten Bruchsteinen und Humus bedeckt war. Es stellte sich dabei heraus, dass die von mir in den im Jahre 1876 abgeteuften Schachten gefundenen, aus grossen Steinen ohne Bindemittel aufgeführten Mauern nur die Untermauern oder Fundamente eines riesigen, die ganze obere Burg einnehmenden Palastes waren, von dessen obern Mauern der aus kleinern Steinen mit Lehm erbaute 0,30—1 m hohe untere Theil, durch den darauf gefallenen und alle Räume des Gebäudes auffüllenden Schutt der aus rohen Lehmziegeln hergestellt gewesenen Obermauern und der wahrscheinlich aus Lehm bestandenen Dachterrassen, merkwürdig erhalten war. Theilweise verdanken wir diese Erhaltung des Palastes jedenfalls auch der Feuersbrunst, durch welche er zerstört worden ist, und deren Glut an allen Stellen, wo Holzbalken den Flammen Nahrung gaben, so heftig gewesen ist, dass die Steine zu Kalk, der sie verbindende Lehm aber zu wirklichen Ziegeln gebrannt war und beides zusammen eine so feste Masse bildete, dass unsere stärksten Arbeiter die allergrösste Mühe hatten, sie mit den Spitzhauen zu zerschlagen. Viele dieser so gebrannten Mauern waren an der Oberfläche des Bodens sichtbar und haben die besten Archäologen irre geleitet, denn jeder hielt sie für Mauerwerk aus dem Mittelalter und niemand konnte ahnen, dass sie wahrscheinlich um zwei Jahrtausende älter sein und dem Palaste der mythischen tirynthischen Könige angehören könnten. Wir finden daher auch in den Reiseführern für Griechenland die Meinung ausgesprochen, dass in Tiryns nichts Interessantes zu finden ist. Hinsichtlich der Bauart dieses Palastes und seiner erhaltenen Architekturstücke verweise ich den Leser auf Herrn Dr. Dörpfeld's ausführliche Beschreibung im fünften Kapitel und seine ausgezeichneten Pläne am Ende dieses Werks.

Wegen der vielen, bis an die Oberfläche des Bodens reichenden steinharten Mauerreste, welche die Bauern nicht im Stande waren zu zerschlagen, konnte das obere Plateau der Burg nie

benackert werden, ein Umstand, der auch nicht wenig zur Erhaltung der Ueberbleibsel des Palastes beigetragen haben mag.
Die zweite Terrasse aber, sowie die untere Akropolis und der
kleine von den Wegen eingeschlossene Landstrich um die Burg
herum (vgl. Plan I) waren an einen Bauer im Dorfe Kophinion
verpachtet, der sie mit Kümmel besäet hatte und gerichtlich
eine bedeutende Entschädigung für den durch meine Ausgrabungen angerichteten Schaden von mir verlangte. Aber
durch die freundliche Intervention des ausgezeichneten Directors
der Finanzverwaltung, Herrn Jakob Mavrikos in Nauplia,
wurde der verursachte Schaden von Sachkundigen genau ab-
geschätzt und auf nur 275 Francs festgesetzt, womit sich der
Bauer begnügen musste. Von Herrn Mavrikos, sowie von
Herrn Georgios Tsakonopoulos in Nauplia wurden mir während
meiner mühevollen Arbeiten in Tiryns auch viele andere Dienste
und Gefälligkeiten erwiesen, wofür ich denselben hier öffentlich
meinen herzlichsten Dank wiederhole.

Unsere zweite grosse Arbeit war die Abgrabung der mittleren Terrasse (vgl. Plan I), wo nach Herrn Dr. Dörpfeld's
Meinung schlechter construirte Wirthschaftsgebäude gestanden
haben müssen, die öfter zu erneuern gewesen waren, denn wir
fanden dort in verschiedenen Höhen übereinander schmale Mauern
aus Bruchsteinen und Lehm, deren Grundriss nicht mehr zu erkennen ist. Die Schuttanhäufung beträgt dort bis zu 6 m.

Unsere dritte Arbeit war es, in der Unterburg einen grossen
Längs- und einen kleinern Quergraben (vgl. Plan I) bis auf
den Fels abzuteufen, wodurch constatirt wurde, dass auch dort
Gebäude, wenigstens in ihren Fundamenten erhalten sind. Die
Schuttaufhäufung beträgt hier bis zu 3 m Höhe, jedoch tritt
der Fels an einigen Stellen bis an die Oberfläche heran.

Als vierte Arbeit nenne ich die Abgrabung und Reinigung
der an der Ostseite der Burg zum Palaste hinaufführenden
Rampe, die uns wegen der ungeheuern Masse der von den

Mauern auf dieselbe gefallenen grossen Blöcke, welche weggewälzt oder zerschlagen werden mussten, die allergrösste Mühe machte. Ferner reinigten wir einen Theil der grossen Galerie an der Südostseite (vgl. Plan I), deren oberer Theil einen Spitzbogen bildet, und fanden merkwürdigerweise darin einen aus Lehmestrich hergestellten Fussboden; auch reinigten wir eine der thorförmigen Nischen oder Fensteröffnungen dieser Galerie und theilweise drei andere ähnliche Galerien (vgl. Plan I und III).

Die von uns nach allen Richtungen unterhalb der Akropolis gegrabenen Schachte, in denen wir dieselben Topfwaaren wie auf der Burg selbst und vielen verbrannten Ziegelschutt fanden, lassen keinen Zweifel, dass sich die Unterstadt rings um die Burg ausdehnte. Alle während meiner Ausgrabungen verschütteten Theile der Mauern von Tiryns haben Dr. Dörpfeld und ich vor unserer Abreise von Tiryns sorgfältig vom Schutt gereinigt, und ich kann versichern, dass nicht zwei noch übereinanderliegende Steine des alten Mauerwerks verdeckt geblieben sind. Wir haben den von der Höhe der Burg hinuntergeworfenen Schutt nur an solchen Stellen liegen lassen, wo die Abhänge aus mit sporadischen Steinen bedecktem Erdreich oder aus naturwüchsigem Fels bestanden und wo folglich die Wegräumung der neu hinzugekommenen Trümmer zwecklos war.

Meine Ausgrabungen in Tiryns haben die hohe Ehre gehabt, im April 1884 von Sr. königl. Hoheit, dem für die Wissenschaft begeisterten, gelehrten Erbprinzen Bernhard von Sachsen-Meiningen besucht zu werden, sowie von Herrn Dr. Eduard Brockhaus, ältestem Chef der Verlagsbuchhandlung F. A. Brockhaus in Leipzig, und seinem Sohne Herrn Arnold Brockhaus. Unter den gelehrten Besuchern meiner Ausgrabungen in Tiryns im April und Mai nenne ich ferner den amerikanischen Gesandten am griechischen Hofe, Herrn Eugene Schuyler, den Verfasser des bekannten Werks „Peter the Great“,

und Frau Schuyler, den berühmten Historiker Professor J. P. Mahaffy vom Trinity-College in Dublin, in Begleitung von Dr. Panagiotes Kastromenos aus Athen, sowie den Gymnasialdirector
Dr. Schultz aus Charlottenburg und Professor Püschel aus
Berlin, welcher letztere leider in Nauplia am Typhus erkrankte
und starb. Ferner Lord und Lady Pembroke; Dr. Ernst Fabricius aus Strassburg, Verfasser der bekannten Schrift „De
architectura graeca"; Dr. Demetrios Bikellas, der berühmte Verfasser des „Loukis Larras" und Uebersetzer von Homer und
Shakspeare; Dr. Meyer aus Pest; die Herren Hugh und James
A. Campbell aus St.-Louis; Dr. Flemming aus Güstrow;
Architekt Karl Siebold, der den Bau des neuen Museums in
Olympia leitet, und Andere.

ZWEITES KAPITEL.

—

TOPOGRAPHIE UND GESCHICHTE VON TIRYNS.

Die Ebene von Argos war augenscheinlich in fernen vorhistorischen Zeiten eine tief ins Land eingreifende Bucht, welche
durch die Ablagerungen der vielen von den sie umschliessenden,
jetzt kahlen und dürren, einst aber bewaldeten Felsbergen herab-
kommenden Wasserläufen allmählich ausgefüllt worden ist. Am
höchsten und wildesten sind diese Gebirge im Westen, wo das
bis 1772 m hohe Artemision, der natürliche Grenzwall zwischen Arkadien und Argolis, den Knotenpunkt bildet, der sich
in einer jetzt Κτένα, „Kammberg“, genannten, nicht viel
niedrigern Kette nach Südosten fortsetzt, an welche sich dann
im Südwesten das noch etwas niedrigere Parthenion (jetzt
Ῥοῖνω) in nordsüdlicher Richtung anschliesst. Von der Haupt-
kette treten mehrere parallele, nur durch enge Schluchten getrennte Bergrücken weit gegen Osten vor; der nördlichste derselben ist das Lyrkeion, an dessen nordwestlichen Abhängen
der Inachos (jetzt Panitza) entspringt und um den nördlichen
Fuss des Gebirges herum in die Ebene fliesst. Der zweite
Bergrücken ist das Chaongebirge mit der gegen Osten vorge-
schobenen, noch im classischen Alterthum mit Cypressen bewaldeten Lykone [1], an deren östlichem Fuss sich ein 270 m

—— ——

[1] Pausanias, II, 21, 6: ἐν δεξιᾷ δὲ (τοῦ Ἄργους) ὄρος ἐστὶν ἡ Λυκώνη,
δίνδρα κυπαρίσσου μάλιστα ἔχουσα.

hoher spitzer Felsberg mit der Burg Larisa, der Akropolis von
Argos anschliesst; die Stadt selbst liegt am Fusse des Berges
in der Ebene. Der dritte parallele Bergrücken ist der Pontinos,
dessen nur durch einen schmalen Küstensaum vom Meer getrennter Fuss den südwestlichen Endpunkt der eigentlichen
Ebene bezeichnet. An der Nordseite der Ebene sind die rauhen
und steilen Gebirge des Treton und der Kelossa; in der Nordostecke, nördlich und südöstlich von der Akropolis von Mykenae, die beiden höchsten Kuppen des Berges Euboea[1]: auf
der nördlichen derselben, die nach Hauptmann Steffen und
Dr. H. Lolling[2] 807 m hoch ist, steht eine offene Kapelle des
Propheten Elias mit einem weit in der Ebene sichtbaren Baum.
An der Ostseite fallen die westlichsten Ausläufer der Epidau-
rischen Gebirge sanft nach der Ebene ab. Im Süden grenzt ein
breiter Streifen sumpfiger Niederung die Ebene gegen das Meer
ab. Am südwestlichen Ende der Ebene, am Fusse des Pontinos, bilden zahlreiche Quellen die wegen ihrer Malaria be-
rüchtigten Sümpfe von Lerna mit einem kleinen Teiche von
etwa 60 m Tiefe, wo nach der Fabel Hercules die neunköpfige
Hydra tödtete.[3] Wahrscheinlich ist dieser Mythus die symbolische
Erzählung von einem einst gemachten Versuch, die Sümpfe aus-
zutrocknen und Ackerland daraus zu machen.

Auch im nordöstlichen Theile der Ebene, in der Nähe der
Dörfer Chonika und Merbaka, finden sich jetzt grössere Strecken
versumpften Bodens, der nur zum Bau von Baumwolle und
Reis benutzt wird, jedoch durch eine sorgfältige Drainage leicht
trocken gelegt werden könnte.

Die bedeutendsten Ströme sind der bereits erwähnte Inachos,
welcher die Ebene von Argos in ihrer ganzen Länge durchschneidet, und sein Nebenfluss Charadros (jetzt Xerias oder

[1] Dieser Name des Berges wird von Pausanias, II, 17, 2, bestätigt.
[2] Hauptmann Steffen und Dr. H. Lolling, Karten von Mykenae (Berlin 1884).
[3] Apollodoros, II, 5, 2.

Xerias genannt), an dessen Ufer, wie uns Thukydides [1] berichtet,
die Argiver die Gewohnheit hatten, bei der Rückkehr ihrer
Armeen vom Ausland ein Kriegsgericht über sie zu halten,
ehe sie ihnen erlaubten in die Stadt zu ziehen. Beide Flüsse
haben einen grossen Theil des Jahres hindurch nur sehr wenig
oder gar kein Wasser in ihren mit Steingeröll angefüllten breiten Betten, und dies war schon zur Zeit des Pausanias der
Fall, denn er sagt [2], dass er die Quellen des Inachos auf dem
Berge Artemision fand, dass aber die Wasserfülle ganz gering-
fügig war und der Strom nur eine kurze Strecke lief; ferner [3],
„weder der Inachos, noch einer der genannten Flüsse (Kephisos
und Asterion), bietet Wasser dar, ausser nach Regen: im Sommer aber sind ihre Betten trocken, die im Lerna-Gebiete ausgenommen“. Dies scheint zu beweisen, dass schon damals die
östlichen arkadischen Gebirge gerade so baumlos waren wie
jetzt. Da jedoch der Inachos in den mythischen Legenden der
Argolis eine so bedeutende Rolle spielt und diese ihn zum Ge-
mahl der Meleia und zum Vater des Phoroneus, des ersten
Königs von Argos, und der Mondgöttin Io, der spätern Hera,
machen, so unterliegt es kaum einem Zweifel, dass in vorhistorischen Zeiten der Inachos ein ziemlich bedeutender Fluss
gewesen ist; dies ist jedoch nur denkbar, wenn wir annehmen,
dass die arkadischen Gebirge damals bewaldet waren. Auch
haben wir Beweise dafür, dass einst der Inachos viele Jahrtausende lang ein starker Strom gewesen sein muss, denn, wie
bereits bemerkt, ist die ganze Ebene von Argos aus den Aus-
schwemmungen ihrer Flüsse und Bäche entstanden, hauptsächlich jedoch aus denen des Inachos. Der dritte Fluss der Ebene
ist der von Pausanias [4] erwähnte Kephisos (Κηφισός), der von

[1] Thukydides, V, 60.
[2] Pausanias, II, 25, 3.
[3] Pausanias, II, 15, 5.
[4] Pausanias, II, 15, 5.

einem schmälern Strombett, welches man auf dem Wege von
Argos nach Mykenae passirt, bezeichnet zu sein scheint. Ich
erwähne ferner die Quelle Kynadra oder das sog. Ἐλευθέριον ὕδωρ
und den Bach Asterion, zwischen denen das berühmte Heraeon
am Fusse des Berges Euboea lag.[1] Die Kynadra lieferte das
geheiligte Tempelwasser, welches bei den religiösen Ceremonien
gebraucht wurde, während an den Ufern des Asterion die
Asterionpflanze (eine Art Aster) wuchs, die der Hera geweiht
war und aus deren Blättern Kränze für die Göttin geflochten
wurden. Auch der Name des Berges Euboea scheint anzudeuten,
dass er einst aus schönem Weideland bestand, während er jetzt
gerade so kahl und unfruchtbar ist wie die Ufer und das Bett
der beiden Gewässer. Schliesslich nenne ich den Fluss Erasinos,
der am östlichen Fusse des obenerwähnten Bergrückens Chaon
als reichlicher Strom hervorsprudelt, zahlreiche Mühlen treibt
und sich nach sehr kurzem Laufe in den Golf von Argos er-
giesst. Dieser Erasinos ist im ganzen Alterthume als identisch
mit dem Stymphalos angesehen worden, der in zwei unterirdischen Kanälen unter dem Berge Apelauron in Arkadien
verschwindet; seine mächtige Quelle am Fusse des Chaon wird
jetzt κεφαλάρι genannt.

Im Alterthum war die Ebene von Argos durch ihre Pferde-
zucht berühmt, und siebenmal preist Homer in der Ilias[2] die
ausgezeichneten Weideplätze der Ebene durch das Epitheton
ἱππόβοτος; so auch Horaz:

> Plurimus in Junonis honorem
> Aptum dicet equis Argos ditesque Mycenas.[3]

Wegen der grossen Dürre des Landes kann gegenwärtig Wein und
Baumwolle nur in der fruchtbaren niedern Ebene gebaut werden,

[1] Ueber diese vgl. Steffen und Lolling in den Karten von Mykenae,
40 fg.
[2] Ilias, II, 287; III, 75 u. 258; VI, 152; IX, 246; XV, 30; XIX, 329.
[3] Carm. I, 7, 8, 9.

während etwas Korn und Taback jetzt die einzigen Producte des
Hochlandes sind. Sogar noch zu Anfang der griechischen Revolution (1821) muss hier mehr Feuchtigkeit gewesen sein,
denn damals war die ganze Ebene und sogar ein grosser Theil
des Hochlandes mit Maulbeer-, Orangen- und Olivenbäumen
bewachsen, welche man jetzt nur noch hier und dort in der
niedern Ebene sieht.

Das Epitheton πολυδίψιον, welches Homer der Ebene von
Argos gibt, passt sehr wohl auf ihren jetzigen Zustand, sowie
auch auf den von Pausanias [1] erzählten Mythus: „Poseidon und
Hera stritten um den Besitz des Landes (der Ebene von Argos)
und Phoroneus, Sohn des Flusses Inachos, der Kephisos, der
Asterion und der Inachos selbst hatten zu entscheiden. Sie
theilten die Ebene der Hera zu, worauf Poseidon die Wasser
verschwinden liess. Daher hat jetzt weder der Inachos noch
irgendein anderer der genannten Flüsse Wasser, es sei denn,
dass Zeus Regen schickt (Ζεὸς ὕῃ); im Sommer sind alle jene
Flüsse trocken, ausgenommen die Lerna (-Quellen).“

In der südöstlichen Ecke der Ebene von Argos auf der
westlichen und zugleich niedrigsten und flachsten jener Fels-
höhen, welche dort eine Gruppe bilden und sich wie Inseln aus
der sumpfigen Niederung erheben, nur 8 Stadien oder gegen
1500 m vom Golf von Argos entfernt, lag die uralte Citadelle
von Tiryns [2], jetzt Palaeocastron genannt. Sie stand im höchsten
Ansehen als Geburtsort des Herakles und war berühmt durch
ihre cyklopischen Mauern, die im ganzen Alterthum als ein

---

[1] Pausanias, II, 15, 5.

[2] Die Etymologie des Namens Tiryns, eines pelasgischen Wortes, ist
ungewiss; Professor Ernst Curtius in Berlin (Peloponnesos, II, 567) hält
ihn für verwandt mit τύρσις (lat. turris); Professor J. P. Mahaffy in Dublin meint, dass der Name der Stadt, aller Wahrscheinlichkeit nach, ursprünglich im Nominativ nicht Τίρυνς sondern Τίρυς gewesen ist. Professor
Charles T. Newton vom British Museum aber hält Τίρυνς für ein Ueberbleibsel der uralten Form, macht mich jedoch auf H. L. Ahrens, „De dia-

Wunderwerk betrachtet wurden; ja, Pausanias stellt sie als
Wunderwerk gleich mit den Pyramiden in Aegypten, indem er

---

lecto dorica" (Göttingen 1843, S. 107), aufmerksam, der Τίρυνς als die argivische oder cretensische Form ansieht; auch auf Paulus Cauer, „Delectus
Inscriptionum graecarum" (Leipzig 1883), der uns mehrere Wörter anführt, die im cretenser Dialekt im Accusativ und Nominativ ein ς ein-
schieben, wie z. B. Πάτρανς, ὑπάρχονσα, καταστάσας; ferner auf Georg Curtius,
„Studien der griechischen und lateinischen Grammatik" (Leipzig 1871,
S. 78, und Leipzig 1875), wo wir sehen, dass der Accusativ ᾶς von der
primitiven Form ᾶνς, τὰς von τονς kommt, χαρίης von χαρίανς, anima von
animans. Weiter macht mich Newton aufmerksam auf H. L. Ahrens „De
graecae linguae dialectis" (Göttingen 1839, S. 70), welcher ausführt, dass
τάλας von τάλανς, μέλας von μέλανς, θήης von θήανς, πάς von πάνς kommt.
Professor A. H. Sayce in Oxford tritt insofern Mahaffy's Meinung bei,
als er glaubt, dass Τίρυνς der alte Name der Stadt gewesen sein muss; er
hält denselben aber nur für eine dorische Corruption vom ursprünglichen
Τίρυνθ, einem prähellenischen und präarischen Namen, der von der Ur-
bevölkerung des Peloponnes stammt, welche die Griechen im Besitz des
Landes fanden, und versichert, dass dieser Name weder eine arische noch
eine semitische Etymologie hat.

Wir finden jedoch die Form Τίρυνς bereits bei Skylax, p. 19, 49:
Μετὰ δὲ Λακεδαίμονα πόλις ἐστὶν Ἄργος, καὶ ἐν κόλπῳ Ναυπλία πόλις καὶ χωρίον·
ἐν μεσογείᾳ δὲ Κλεωναὶ καὶ Μυκῆναι καὶ Τίρυνς. (Nach Lakedaimon folgt die
Stadt Argos und dabei die Stadt und der Hafen von Nauplia; im Binnen-
lande sind [die Städte] Kleonae, Mykenae und Tiryns.) Auch kommt die
Form Τίρυνθος in den Mss. bei Apollod., II, 7, 18, und Hesiod. Scut., 81, vor:
ῥῖμφ, ἐπειὴ Τίρυνθος ἐϋκτιμένην πτολίεθρον. (Er kam, als er Tirynthos die
wohlgebaute Stadt verliess.) Nach Lobeck, Paralip. 167, ist hier jedoch
Τίρυνθα zu lesen.

Die Stadt scheint zuerst Likymnia genannt worden zu sein, denn
Strabo (VIII, 373) sagt, dass eine Citadelle dieses Namens 12 Stadien von
Nauplia lag, und diese Entfernung stimmt vollkommen mit jener von
Nauplia bis Tiryns. Strabo sagt zwar nicht deutlich, dass er Tiryns meint,
dies scheint jedoch unzweifelhaft nach der Stelle bei Pindar, Ol. 7, 47:

καὶ γὰρ Ἀλκμήνας κασίγνητον νόθον σκάπτῳ θένων
σκληρᾶς ἐλαίας ἔκταν' ἐν Τί-
ρυνθι Λικύμνιον, ἐλθόντ' ἐκ θαλάμων Μιδέας
τᾶς δέ ποτε χθονὸς οἰκιστὴρ χαλωθείς.

(Denn er [Tlepolemos] tödtete im Zorn, mit einem Stock vom harten Oliven-
baum, in Tiryns Alkmenens Bastardbruder Likymnios, der Midens Kammer
entsprossen, einst der Gründer dieser Stadt.) Apollodor, II, 8, 2, bestätigt
dies, sagt aber, dass Tlepolemos ihn zufällig erschlagen habe: Τληπόλεμος

sagt: „Nun sind aber die Hellenen sehr stark in der Sucht, das Ausländische mehr zu bewundern als was sie in ihrem eigenen Lande haben, wie denn hervorragende Schriftsteller darauf verfallen sind, die ägyptischen Pyramiden aufs genaueste zu beschreiben, während sie das Schatzhaus des Minyas und die Mauern von Tiryns, die doch gleiche Bewunderung verdienen, keiner Silbe würdigen." [1]

Auch schon Homer drückt seine Bewunderung durch das Epitheton „τειχιόεσσα" aus, welches er Tiryns gibt:

„Dann die Argos bewohnt und die festummauerte Tiryns." [2]

Eustathios bemerkt zu dieser homerischen Stelle (Il. VI, 559): „τὴν δὲ Τίρυνθα τειχιόεσσαν λέγει διὰ τὸ εὖ τετειχίσθαι." Pausanias sagt weiter über die Mauern von Tiryns: „Die Ringmauer, welche das einzige Ueberbleibsel (von Tiryns) ist, wurde von Cyklopen gebaut; sie besteht aus unbehauenen Steinen, deren jeder so gross ist, dass ein Gespann von zwei Maulthieren nicht einmal den kleinsten von der Stelle bewegen könnte; die

---

οὖν, κτείνας οὐχ ἑκὼν Λικύμνιον (τῇ ῥακτηρίᾳ γὰρ αὐτοῦ θεραπεύοντα πλήσσοντας ὑπέδραμε). (Tlepolemos tödtete gegen seinen Willen Likymnios, welcher sich ihm näherte, als er seinen Diener mit dem Stock schlug.) Eustathios (ad loc.) sagt, dass der erste Name von Tiryns Halicis oder Haleis gewesen ist, da Fischer sich zuerst auf jenem Felsen niedergelassen hatten. Dies wird auch von Stephanos Byzantinos, s. v. Τίρυνς, bestätigt: Ἐκαλεῖτο δὲ πρότερον Ἅλεις διὰ τὸ πολλοὺς Ἑρμιονέας αὐτευρμένους οἰκεῖν αὐτοῦ. (Sie wurde zuerst Halicis genannt, weil sich viele Fischer von Hermione dort niedergelassen hatten.) Ernst Curtius (Peloponnesos, II, 567) ist jedoch der Meinung, dass dies wahrscheinlich eine Verwechselung mit dem spätern Zufluchtsorte der Tirynthier in Halike ist.

Nach Pausanias, II, 25, 7, hatte die Stadt ihren Namen von Tiryns, einem Sohn des Argus.

[1] Pausanias, IX, 36, 3: Ἕλληνες δὲ ἄρα εἰσὶ δεινοὶ τὰ ὑπερόρια ἐν θαύματι τίθεσθαι μείζονι ἢ τὰ οἰκεῖα, ὁπότε γε ἀνδράσιν ἐπιφανέσιν ἐς συγγραφὴν πυραμίδας μὲν τὰς παρὰ Αἰγυπτίοις ἐπῆλθεν ἐξηγήσασθαι πρὸς τὸ ἀκριβέστατον, θησαυρὸν δὲ τὸν Μινύου καὶ τὰ τείχη τὰ ἐν Τίρυνθι οὐδὲ ἐπὶ βραχὺ ἤγαγον μνήμης, οὐδὲν ὄντα ἐλάσσονος θαύματος.

[2] Il. II, 559: οἵ δ' Ἄργος τ' εἶχον Τίρυνθά τε τειχιόεσσαν

Zwischenräume sind mit kleinen Steinen ausgefüllt, um die
grossen Steine noch mehr in ihrer Lage zu befestigen."[1]

Die Steine der Ringmauer sind durchschnittlich etwa 2 m
lang und 0.90 m dick, und nach den erhaltenen Resten zu urtheilen, muss dieselbe eine Gesammthöhe von etwa 15 m gehabt
haben. Bestände sie aus behauenen Blöcken, so wäre sie bestimmt schon vor Jahrhunderten verschwunden, denn die Steine
würden dann zu den Bauten in den Nachbarstädten Argos und
Nauplia benutzt worden sein; aber die riesige Grösse der Blöcke
und ihr roher Zustand bewahrte die Mauer, denn die spätern
Baumeister fanden es viel leichter und bequemer, sich das ihnen
nöthige Material am Fusse der Felsen abzuhauen, als die Mauer
zu zerstören und die kolossalen Steine zu zerschlagen.

Den Steinbruch, aus welchem die Blöcke der Mauer von
Tiryns geschlagen sind, erkennt man leicht am Fusse des zwischen Tiryns und Nauplia, unmittelbar neben der Landstrasse
gelegenen Felsens, auf dessen Gipfel eine Kapelle des Propheten
Elias steht. Jedoch bildet dieser Steinbruch keine Klüfte, wie
die Latomien in Korinth, Baalbek oder Syrakus, denn die cyklopischen Baumeister haben sich damit begnügt, die Blöcke von
der felsigen Oberfläche abzuhauen.

Es dürfte hier am Ort sein zu erwähnen, dass die Be-
nennung „cyklopische Mauern" vielfach misbräuchlich für verschiedene Arten von Mauerwerk gebraucht wird. Der Name
entspringt offenbar der mythischen Sage, dass die Cyklopen ausgezeichnete Baumeister waren. Nach Apollodorus[2], Pausanias[3]

---

[1] Pausanias, II, 25, 8: Τὸ δὲ τεῖχος, ὃ δὴ μόνον τῶν ἐρειπίων λείπεται,
Κυκλώπων μέν ἐστιν ἔργον, πεποίηται δὲ ἀργῶν λίθων, μέγεθος ἔχων ἕκαστος λί-
θος ὡς ἀπ' αὐτῶν μηδ' ἂν ἀρχὴν κινηθῆναι τὸν μικρότατον ὑπὸ ζεύγους ἡμιόνων·
λίθοι δὲ ἐνήρμοσται πάλαι ὡς μάλιστα αὐτῶν ἕκαστον ἁρμονίαν τοῖς μεγάλοις λίθοις εἶναι.

[2] Apollodorus, II, 2, 4.

[3] Pausanias, II, 16, 4.

und Strabo[1] liess Proitos, König von Tiryns, diese, sieben an
der Zahl, aus Lykien kommen, um ihm die Mauern von Tiryns
zu bauen. Von diesen oder andern Cyklopen müssen, der Sage
nach, auch viele andere ähnliche Bauten in der Argolis und
namentlich die Mauern von Mykenae erbaut sein, infolge dessen
von Euripides die ganze Argolis das „cyklopische Land", γᾶ
κυκλωπία[2], genannt, auch die Häuser von Mykenae als cyklo-
pisch bezeichnet werden.[3] Derselbe Dichter nennt auch Mykenae κυκλώπων θυμέλαι (die Altäre der Cyklopen)[4]: Μυκῆναι κυ-
κλωπίαι (das cyklopische Mykenae)[5]; ferner

καλεῖς πόλισμα Περσέως,
κυκλωπίων πόνον χερῶν
(nennst du die Stadt des Perseus, das Werk der Cyklopenhände?)[6]

ferner:

πρὸς τὰς Μυκήνας εἶμι λάζυσθαι χερῶν
μοχλοὺς δικέλλας θ' ὡς τὰ κυκλώπων βάθρα
φοίνικι κανόνι καὶ τύκοις ἡρμοσμένα
στρεπτῷ σιδήρῳ συντριαινώσω πόλιν.

(Ich gehe nach Mykenae; Hebel und Hauen will ich ergreifen, um mit
gedrehtem Eisen die Stadt zu zerstören, die Mauerschwelle der Cyklopen,
welche mit dem purpurnen Richtscheit und dem Steinhammer wohl zusammengefügt ist.[7])

Seneca sagt von den Mauern von Mykenae:

maius mihi
Bellum Mycenis restat, ut cyclopea
Eversa manibus saxa nostra concidant

ferner:

cerno Cyclopum sacras
Turres, labores maius humano decus;

[1] Strabo, VIII, 372: τῇ μὲν οὖν Τίρυνθι ὁρμητηρίῳ χρήσασθαι δοκεῖ Προῖτος καὶ τειχίσαι διὰ Κυκλώπων, οὓς ἑπτὰ μὲν εἶναι καλεῖσθαι δὲ γαστερόχειρας
τρεφομένους ἐκ τῆς τέχνης, ἥκειν δὲ μεταπέμπτους ἐκ Λυκίας.
[2] Euripides, Orestes, 965.
[3] Euripides, Iphig. Taur., 845: κυκλωπίδες ἑστίαι, ὦ πάτρις, Μυκήνα φίλα.
[4] Euripides, Iphig. in Aulis, 152.
[5] Ebendas., 265.
[6] Ebendas., 1500—1501.
[7] Euripides, Herakles furiosus, 943—946.

und endlich: Ulixes ad Ithacae suae saxa sic properat, quemad-
modum Agamemnon ad Mycenarum nobiles muros. [1]

Man kann jedoch vernünftigerweise nicht daran zweifeln,
dass Mauern aus sehr grossen Blöcken ohne jegliche geschichtlichen Grund den Namen „cyklopische Mauern" von
dem fabelhaften Riesengeschlecht der Cyklopen erhalten haben.

Tiryns wird auch κυκλώπια πρόθυρα [2] (cyklopischer Hofraum)
genannt: wir finden ferner Τιρυνθίαν πρὸς κλιτύν [3] (am Felsab-
hange von Tiryns), wo Herakles den Iphitos ἀπ' ἄκρας πυργώ-
δους πλακός [4] (von der thurmhohen Felsplatte) hinunterschleudert.
Ganz besonders bemerkenswerth ist es, dass wir bei Hesychios
Τιρύνθιον πλίνθευμα (der tirynthische Ziegelbau) finden, denn
dies steht, wie wir in den folgenden Seiten sehen werden, in
merkwürdiger Uebereinstimmung mit der Construction des von
mir in Tiryns ausgegrabenen grossartigen Palastes.

Die grossen Thürme von Tiryns, wovon einer an der Ostseite noch jetzt steht, mögen die Tirynthier in den Ruf gebracht
haben, den Thurmbau erfunden zu haben (vgl. Aristoteles et
Theophrastus apud Plinium H. N., VII, 56). [5] Theophrast erzählt, dass die Tirynthier einen ausserordentlichen Hang zum
Lachen hatten, der sie zu jeder ernsthaften Arbeit untauglich
machte. Theophrast fügt hinzu: „Die Tirynthier wünschten,
ihren Hang zum Lachen los zu werden und befragten das
Orakel, wie sie dies erreichen könnten. Der Gott antwortete
ihnen, dass das Uebel sofort verschwinden würde, wenn sie,
ohne dabei zu lachen, dem Poseidon einen Ochsen opfern und
diesen ins Meer werfen könnten. Die Tirynthier, welche fürch-

---

[1] Seneca, Epistul. Mor., Lib. VII. Ep. 4 (66).
[2] Pindar, Fragm., ed. Boekh, 642.
[3] Sophocles, Trach., 270, 271.
[4] Ebendas. 273.
[5] Der erste schreibt den Thurmbau den Cyklopen, der zweite den
Tirynthiern zu.

teten, nicht im Stande zu sein den Befehl des Gottes zu erfüllen, hatten den Kindern verboten, beim Opfer gegenwärtig
zu sein. Aber eines derselben hatte davon gehört und sich
unter die Menge gemischt. Man vertrieb und schalt das Kind,
als es plötzlich ausrief: Fürchtet ihr denn, dass ich euch das
Opfer umstosse? Hierüber lachten alle laut auf und die Tirynthier überzeugten sich, dass der Gott beabsichtigt hatte,
ihnen zu zeigen, dass eine seit langer Zeit eingewurzelte Gewohnheit nicht zu beseitigen ist." [1]

Obgleich sich nun, wie mir Prof. A. H. Sayce bemerkt,
die Legende von den Cyklopen eher auf Kleinasien als auf
Phönikien bezieht, so muss ich doch bemerken, dass nach der
Odyssee [2] der Cyklope Polyphemos ein Sohn des Poseidon ist
und, wie W. E. Gladstone [3] auf sehr sinnreiche Weise bewiesen

---

[1] Theophrastos apud Athenaeum, VI, 261: Τιρυνθίους δέ φησι Θεόφρασ-
τος ἐν τῷ περὶ κωμῳδίας φιλογέλως ὄντας, ἀχρείους δὲ πρὸς τὰ σπουδαιότερα
τῶν πραγμάτων, καταφυγεῖν ἐπὶ τὸ ἐν Δελφοῖς μαντεῖον ἀπαλλαγῆναι βουλομένους
τοῦ πάθους, καὶ τὸν θεὸν ἀνελεῖν αὐτοῖς, ἢν βύσντες τῷ Ποσειδῶνι ταῦρον ἐγ-
κλαστὶ τοῦτον ἐμβάλωσιν εἰς τὴν θάλατταν, παύσεσθαι. οἱ δὲ δεδιότες μὴ δια-
μάρτωσι τοῦ λογίου τοὺς παῖδας ἐκέλευσαν παρεῖναι τῇ θυσίᾳ μηδὲν οὖν εἰς καὶ
συγκατομιχθεὶς, ἐπείπερ ἐβόων ἀπελαύσαντες αὐτόν, τί δή;" ἔφη, δεδοίκατε μὴ
τὸ σφάγιον ὑμῶν ἀνατρέψω; γελασάντων δὲ ἐμάθον ἔργῳ τὸν θεὸν δείξαντα ὡς
ἄρα τὸ πολυχρόνιον ἦθος ἀμήχανόν ἐστι θεραπευθῆναι.
[2] Odyssee, IX, 528—530.
[3] Vgl. W. E. Gladstone's Vorrede zu meinem „Mykenae", S. X und XI:
„Es ist längst bekannt, dass die Bauten, welche unpassenderweise cyklopische genannt werden, und die noch unpassender zuweilen den Namen
pelasgische erhalten haben, in der Argolis existiren; jedoch hat
Dr. Schliemann einiges Licht geworfen auf das, was ich vielleicht ihre
Stilverschiedenheit nennen darf. Er nimmt drei Formen dieser Bauart
an. Ich habe gegen die landläufigen Namen Einwendungen erhoben, gegen
den ersten, weil er nichts sagt, gegen den zweiten, weil er irreleitet,
denn diese Bauarten stehen in keiner wirklichen Beziehung zu den pelasgischen Stämmen. Was diese Namen bezeichnen, sind die Werke des
grossen bauverständigen Stammes (oder mehrerer solcher), der aus verschiedenen Elementen zusammengesetzt, in Griechenland und andern Gegenden des Mittelmeeres von Süden und Osten her einwanderte, und der
gewöhnlich, wenn auch nicht nothwendig, mit dem Poseidoncultus ver-

hat, eine Verbindung mit diesem Gotte sehr oft auf eine Con-
nexion mit den Phönikiern hinweist. Speciell für Tiryns beweist
aber die enge Verbindung mit diesem Volke der Heros Herakles,
der phönikische Gott Melkarth, welcher der Sage nach hier geboren ist und lange hier gewohnt hat. Wie nämlich Karl
Victor Müllenhoff in seiner „Deutschen Alterthumskunde"[1]
über allen Zweifel bewiesen hat, ist Herakles der Repräsentant
der Phönikier. Auch wird dies von A. H. Sayce bestätigt,
welcher schreibt: „Der ganze, um den Namen des Herakles
gruppirte Sagenkreis weist ganz ebenso klar auf eine semitische
Quelle hin, wie es der Mythus von Aphrodite und Adonis
thut."[2]

Dieser Freund macht mich ausserdem darauf aufmerksam, dass
auch die Sage von Nauplios, dem Sohn des Poseidon[3], dem Grün-

---

bunden erscheint, einem Cultus, mit dem der Cyklopenname in der Odyssee
deutlich in Beziehung gesetzt wird, und der, wie ich längst überzeugt bin,
einer der wichtigsten Schlüssel für die zukünftige Erschliessung der Ge-
heimnisse des Alterthums ist, soweit sie in hellenische oder homerische
Gebiete fallen. Troja's Mauern waren von Poseidon erbaut, d. h. von
einem Stamme, der diese Gottes Cultus pflegte. Inwieweit diese Mauern
mit irgendeinem Detail in Dr. Schliemann's Beschreibungen cyklopischer
Architektur übereinstimmen (Mykenae, S. 47, 139), vermag ich nicht zu
sagen. Ist er aber, wie es wahrscheinlich ist, berechtigt Troja nach
Hissarlik zu verlegen, so hatte dies Werk Poseidon's eine Festigkeit,
welche es unversehrt durch die Wuth des Feuers rettete und unverletzt
inmitten aller Wechselfälle erhielt, die es unter einem Schutthügel und
Trümmerwirrwarr begraben haben. Natürlich mussten die von eben diesem
Stamme beim Bauen befolgten Normen mit den Umständen, namentlich
mit dem ihm zu Gebote stehenden Material sich bedeutend ändern. Ich
bin geneigt, wenigstens bis ein besserer Name gefunden werden kann,
diese Bauart die Poseidonische zu nennen, sie jedenfalls, wie man sie auch
nennen mag, als einen Punkt der Uebereinstimmung zwischen den Gedichten und den Entdeckungen zu betrachten, gleichzeitig einräumend,
dass der Gegenstand noch nicht genügend durchgearbeitet ist, um mich
zu berechtigen, bedeutendes Gewicht darauf zu legen."

[1] W. Christ, Die Topographie der Trojanischen Ebene, S. 225.
[2] Contemporary Review, December 1878.
[3] Apollodoros, II, 1, 5.

der der nur 4 km von Tiryns entfernten Hafenstadt Nauplia [1], und seinem geistreichen Sohn Palamédés, auf Verbindungen mit den Phönikiern hinweist: er schreibt mir darüber: „Schon seit langer Zeit bin ich zur Ueberzeugung gekommen, dass der Mythus von Palamédés eine Tradition von phönikischem Einfluss auf Griechenland in uralter Zeit enthält. Andernfalls würde es schwer sein die Thatsache zu erklären, dass ihm die Erfindung «der 16 primitiven Buchstaben des Alphabets» (Euseb. Chr., I, 13) zugeschrieben wurde. Ausserdem ist sein Name augenscheinlich eine «Volksetymologie», ein Wortspiel vom Verbum παλαμάομαι, um ihn als den Verschmitzten zu bezeichnen. Wenn jedoch sein Name griechischen Ursprungs wäre, so würde er unrichtig gebildet sein; jedenfalls scheint seine Verwandtschaft mit Palainón, dem Titel, unter welchem Melikertés oder Melkarth in Korinth verehrt wurde, unverkembar zu sein. Jedoch habe ich gegenwärtig keine phönikische Etymologie dafür zu bieten."

Der Name des Dorfes Chinika in der argolischen Ebene, neben dem Hernion, scheint nur eine Corruption von Phoinika zu sein, um so mehr als man dort die Trümmer einer uralten Niederlassung findet. Ueber weitere Spuren der Anwesenheit der Phönikier in der argolischen Ebene verweist mich Herr Dr. H. Lolling auf Max Duncker (Geschichte des Alterthums, V, S. 35 fg.), welcher auch im Namen des Kaps Malea (malah, Höhe), sowie im Namen Marathon (vgl. Marathus [Amrit] auf Kreta und auf der phönikischen Küste bei Arados) phönikische Namen erkennt. An der ganzen Ostküste des Peloponnes, vom Isthmos bis zum Kap Malea, sowie auch an der Westküste am Strande von Elis bestanden phönikische Niederlassungen. [2] Auf dem Isthmos erinnert an eine solche der Name des Berges Phoinikaion. [3] Die Stadt Kyphanta, deren Trümmer Curtius

---

[1] Pausanias, II, 38, 2; IV, 35, 2.

[2] Ernst Curtius, Peloponnesos (Gotha 1852), I, 62.

[3] Ebendas., II, 517.

bei der Burg Kyparissi erkennt, war eine phönikische An-
siedelung; auch weisen die Namen der Bucht von Tyrós und
des diese im Süden schützenden Kaps Tyru, welches eine an-
sehnliche Citadelle mit uralten polygonen Mauern trägt, auf
Niederlassungen desselben Volkes hin.[1] Auch waren die Inseln
Kranae[2] im lakonischen Meerbusen und Kythera[3] unterhalb des
Kaps Malea blühende phönikische Colonien; ebenso die Stadt
Gytheion[4] sowie Patrai[5] und andere Orte am paträischen Golf.[6]
Die phönikischen Ansiedelungen dehnten sich auch über Nord-
griechenland und die Inseln des Aegäischen Meeres aus. Eine
phönikische Gründung scheint auch der Demos Melite in Athen
zu sein, der, wie die Sage ging, seinen Namen von einer gleichnamigen Nymphe erhielt, mit welcher Herakles Umgang gepflo-
gen und daher auch einen berühmten Tempel dieses Heros hatte.[7]
Professor Sayce schreibt mir: „Es ist höchst wahrscheinlich,
dass auch in Athen selbst eine phönikische Niederlassung war,
jedoch haben wir bisjetzt keine bestimmten Beweise dafür." Ich
füge hinzu, dass auf eine phönikische Ansiedelung in Athen namentlich auch zwei bisher nicht in Betracht gezogene Thatsachen
hinzuweisen scheinen: erstens nämlich die Trümmer von aus
grossen unbehauenen Blöcken hergestellten cyklopischen Mauern
neben den Propyläen und an andern Stellen der Akropolis;
zweitens die in den urältesten Schuttschichten der Burg aufgedeckten Thongeräthe, welche in Form, Technik und Deko-
ration identisch sind mit den in Jalysos und in andern uralten
phönikischen Niederlassungen gefundenen Terracotten. Gleich-

---

[1] Ernst Curtius, Peloponnesos (Gotha 1852), II, 305, 306, 332.
[2] Ebendas., II, 269.
[3] Ebendas., II, 299.
[4] Conrad Bursian, Geographie von Griechenland, II, 145.
[5] Ernst Curtius, a. a. O., I, 439.
[6] Ebendas., I, 456, 476.
[7] Strabo, I, 66, 67; Pausanias, I, 23, 11; Plinius, IV, 7, 11; Schol. Ari-
stoph. Ranae, S. 113.

zeitig mache ich aber auch auf die schlagende Aehnlichkeit
dieser Thongefässe der Akropolis und namentlich der dort gefundenen und im Akropolis-Museum ausgestellten 89 rohen
Idole mit den im Palaste von Tiryns gesammelten Thongefässen
und Idolen aufmerksam, welche ich im vierten Kapitel näher
behandeln und zur Anschauung bringen werde.

Auch die Gründung von Theben in Böotien durch Kadmos,
dessen Name die Akropolis der Stadt, Kadmeia, im ganzen
Alterthum trug, weist direct auf die Phönikier hin; ebenso das
Vorkommen von semitischen Ortsnamen, wie z. B. Megara מערה
(Höhle) und Salamis von צלע.[1] Ferner weist auch der Name
der Insel Ithaka auf eine phönikische Niederlassung hin, denn es
ist ein phönikisches Wort, welches von gleicher Abstammung
ist wie Utika und „Ansiedelung" oder „Colonie" bedeutet.[2]
Bei dieser Gelegenheit betone ich ganz besonders die an vielen
Stellen Ithakas mehr oder weniger erhaltenen cyklopischen
Mauern, welche namentlich in der alten Hauptstadt der Insel,
auf dem Berge Aetós, riesige Dimensionen haben und denen von
Tiryns sehr ähnlich sehen.[3] Mit hoher Wahrscheinlichkeit dürfen
wir daher annehmen, dass diese Mauern, ebensowohl wie die Ruinen
der alten Hauptstadt[4] der Insel, von den Phönikiern herrühren.

---

[1] Kiepert, Lehrbuch der alten Geographie, S. 242, Anm. 1, S. 273,
Anm. 1; vgl. Olshausen im „Rheinischen Museum", VIII, (1853), S. 330—332;
W. Helbig, Das Homerische Epos aus den Denkmälern erklärt (Leip-
zig 1884), S. 46. Auf eine phönikische Ansiedelung scheinen auch die an
mehreren Stellen der kleinen Insel Hagios Georgios unmittelbar neben
Salamis befindlichen colossalen Schichten von Purpurschnecken hinzuweisen.

[2] Conrad Bursian, Geographie von Griechenland (Leipzig 1868), II,
368: „Der Name der Insel Ithaka scheint, ebenso wie der ältere Name
ihrer grösseren Schwesterinsel, Same, semitischen Ursprungs zu sein und
von einer alten Handelsniederlassung der Phöniker, an welche sich bei
den Griechen freilich nicht einmal eine mythische Erinnerung erhalten
hatte, Zeugniss abzulegen. Ἰθάκη, Ἰτάκη (Utica) — צדק «colonia»: vgl.
Olshausen, Rhein. Mus., N. F. VIII, 329."

[3] Schliemann, Ilios, S. 54—60.

[4] Ebendas., S. 57.

Ebenso scheint uns Σχερία, der homerische Name für Korfu, ein
phönikisches Wort zu sein und soviel als Ἀγορά oder „Kauf-
platz“ bedeutet zu haben (vgl. das arabische شرا „kaufen“).
Auch kann der Name seiner Bewohner „Phäaken“ (Φαίηκες)
nur eine Corruption von Φοίνικες sein. Ferner war der König
der Insel „Alkinoos“ ein Enkel des Poseidon.[1] Als phönikische
Niederlassungen in Griechenland können wir ferner bezeichnen
die Städte Boulis (Βοῦλις) in Phokis[2] und Chalkis[3] auf Euboia;
ferner Karthaia[4], welche einst die bedeutendste Stadt der Kykladen-Insel Keos war, und von deren cyklopischen Mauern,
die ebenfalls denen von Tiryns sehr ähnlich sehen, noch
grosse Trümmer erhalten sind. Da man ähnliche cyklopische
Mauern auch an vielen andern Punkten von Keos findet[5], so
vermuthen wir mit hoher Wahrscheinlichkeit, dass einst die ganze
Insel von den Phönikiern colonisirt war. Eine sehr reiche phönikische Niederlassung war auch auf der Insel Thasos, welche
der Ueberlieferung zufolge von den Phönikiern unter Kadmos
colonisirt und nach einem seiner Begleiter Thasos, dem Sohn
des Agenor (oder Poseidon, Apollodoros III, 1, 1) benannt war.[6]
Als phönikische Colonie nenne ich ferner die Kykladen-Insel
Antiparos[7], wo, wie ich auf den folgenden Seiten näher auseinandersetzen werde, der Engländer J. Theodore Bent kürzlich
ausgegraben und viele uralte Thongeräthe gefunden hat, die mit
den urältesten Terracotten von Tiryns viele Analogien haben.[8]

---

[1] Homer, Odyssee, VII, 54—63.

[2] Conrad Bursian, Geographie von Griechenland, I, 185.

[3] Ebendas., II, 413.

[4] Ebendas., II, 472.

[5] Panagiotes Kastromenos in der periodischen Zeitschrift „Εβδομάς“
Nr. 32, vom 7. Oct. 1884.

[6] Herodot, II, 44; VI, 47; Pausanias, V, 25. 12; Conon, Narr. S. 37;
Steph. Byz.

[7] Conrad Bursian, a. a. O., II, 483.

[8] Vgl. J. Th. Bent's Artikel „Prehistoric Graves at Antiparos“ in der
Zeitschrift „The Athenaeum“ vom 3. Mai 1884.

Ferner die phönikische Niederlassung auf der Sporaden-Insel
Melos [1], welche die Namen Byblis, Memblis oder Mimallis geführt haben soll. [2] Melos und ihre Nachbarinsel Kimolos haben
ausgedehnte Lager von Obsidian, jener Steinart, aus welcher die
in Tiryns und Mykenae in so grossen Massen gefundenen, aber
auch anderswo in Griechenland vorkommenden uralten Pfeilspitzen und Messerklingen gefertigt sind. [3]   Als phönikische
Colonie bezeichne ich weiter mit höchster Wahrscheinlichkeit
auch die Sporaden-Inseln Amorgos [4] und Anaphe [5], welche
letztere im Alterthum Memblinros hiess, welchen Namen sie
von einem Gefährten des Phönikiers Kadmos erhalten haben
soll. [6] Als phönikische Ansiedelung nenne ich weiter die gleichfalls zu den Sporaden gehörige Insel Thera, wovon Bursian [7]
sagt: „Die griechische Tradition berichtet, dass Kadmos, als er
seine entführte Schwester Europa suchte, auf der damals Kalliste
genannten Insel landete, dem Poseidon und der Athene ein
Heiligthum errichtete und eine Anzahl seiner Begleiter unter
Führung des Memblinros, Sohnes des Poikiles, dort zurückliess.“
Diese Phönikier begründeten, wie auch die Sage durch den

[1] Conrad Bursian, a. a. O., II. 498.
[2] Steph. Byz. unter Μῆλος: Plin. IV, 12, 70; Hesych. unter Μεμβλὶς
und Μεμαλλὶς Euseb. Chron. ad. a. Abrah. 590 (ed. Schöne, S. 35): „Melos
et Pafus et Thasus et Callista urbes conditae.“ Paulus (ed. Müller, S. 124, 11)
macht den Heros eponymos Melos (vgl. Eustath. ad Dionys. Per. 530) zu
einem Phönikier.
[3] Vgl. Finlay, Παρατηρήσεις ἐπὶ τῆς ἐν Ἑλλάδι καὶ Ἑλλάδι προϊστορικῆς
ἀρχαιολογίας (Athen 1869), S. 17.
[4] Conrad Bursian, a. a. O., II, 513.
[5] Ebendas., II, 518.
[6] Steph. Byz. unter Ἀνάφη und Μεμβλίαρος.
[7] Conrad Bursian, a. a. O., II. 524.
[8] Herodot IV, 147; Theophrast bei schol. Pindar. Pyth. IV. 11; schol.
ibid. S. 88; Pausanias III. 1, 7; Steph. Byz. unter Θήρα Euseb. (ed. Schöne,
S. 35) setzt die Gründung von Kalliste gleichzeitig mit der von Melos,
Paphos und Thasos in das Jahr Abraham's 590. Vgl. Movers, Phönizier,
II, 2, S. 266 fg.

Namen des Poikiles (»Buntmann's«) anzudeuten scheint, einen Industriezweig, der noch später auf Thera blühte: die Fabrikation bunter Gewänder, welche von den übrigen Griechen nach ihrem Fabrikationsorte »Therän« genannt wurden.[1] Acht Generationen nach Membliaros — so erzählten die Griechen weiter — führte der Kadmeer Theras, Sohn des Antesion, eine Anzahl Minyer aus Lakonien nach der Insel, deren Herrschaft ihm die Nachkommen des Membliaros überliessen und die er nach sich Thera benannte.« Aber auch auf der Insel Rhodos gab es blühende phönikische Colonien. Herr Sayce schreibt mir darüber: „Kadmos (d. h. die Phönikier) gelangte, als er Europa aufsuchte, nach der Insel Rhodos und baute dort seinem Grossvater, Poseidon, einen Tempel (Diodoros Sikelos, V, 58). Das primitive Volk von Rhodos waren die Heliaden, d. h. die Nachkommen des semitischen Sonnengottes (Konòn apud Phot. *Bibl.* 186). Indessen berichtet Konòn, dass die Heliaden von den Phönikiern, diese von den Kariern, und die Karier wiederum von den Doriern überwältigt wurden. Aber zwei rhodische Schriftsteller, Ergias und Polyzèlos, gaben an, dass, als Iphiklos und die Dorier nach Rhodos kamen, sie die Phönikier noch im Besitze der Insel und, unter ihrem Fürsten Phalas (apud Dict. Kret. I, 15; IV, 10), in ihren beiden Citadellen Kameiros und Jalysos verschanzt fanden. Phalas aber erinnert uns an Palaimòn und Palamèdès. Nach Diodoros (V, 56) hatte Zènòn im Tempel der Athéné zu Lindos kadmeische Inschriften gesehen; auch bemerkt er, dass die Bevölkerung von Jalysos theils griechisch, theils phönikisch war (V, 58). Die Ausgrabungen von Kameiros und Jalysos haben bewiesen, wie stark der phönikische Einfluss in den beiden Orten gewesen sein muss."

---

[1] Poll. VII, 48 und 77; Hesych. unter θήρανν πέπλον; Athen. X, 424; vgl. H Blümner, Die gewerbliche Thätigkeit der Völker des klassischen Alterthums, S. 96.

Ich wiederhole, dass, wie ich auf den folgenden Seiten näher auseinandersetzen werde, die in Jalysos gefundene Topfwaare mit der von mir in Tiryns und Mykenae entdeckten die grösste Aehnlichkeit hat.

Die grössten und blühendsten phönikischen Niederlassungen in Griechenland sind jedenfalls auf Kreta gewesen: dieselben werden durch die ältesten griechischen Legenden, sowie durch die auf der Insel zurückgebliebenen phönikischen Namen bezeugt.[1] Cyklopische Mauern, ähnlich denjenigen von Tiryns und Mykenae, findet man an sehr vielen Punkten auf Kreta.

Die engen Beziehungen Griechenlands mit den Phönikiern in fernen prähistorischen Zeiten scheinen auch die vielen schon in der uraltesten griechischen Sprache gebräuchlichen Worte semitischer Abkunft zu beweisen. So z. B. scheint, wie W. Helbig[2] anführt, die Bezeichnung des Leibrocks, χιτών, κιθών, aus einem Worte gebildet zu sein, welches im Hebräischen *kuttonet*, im Chaldäischen *kittan* heisst[3]; ebenso der Name des linnenen Gewandes, ἐθόνη, aus dem semitischen Worte welches im Hebräischen פֵּשֶׁת lautet und in dieser Sprache den Faden oder das Gespinnst (Sprichwörter Salomonis, VII, 16) bezeichnet.[4]

Herr Sayce bemerkt mir, dass wir die Bauart der Phönikier jetzt sehr wohl kennen durch die Auffindung von phönikischen Schriftzeichen auf den Mauern des Berges Eryx (San Giuliano) in Sicilien, und dass uns diese Entdeckung auch be-

[1] So z. B. der Name der später in Knossos umgetauften Stadt Käratos (Καίρατος) an dem gleichnamigen Flusse entspricht dem phönikischen kart, und der Name des Flusses Iardanos (Homer, Odyssee III, 292 und daselbst Eustathios; Pausanias VI, 19), dem Iordan u. s. w.

[2] Wolfgang Helbig, Das Homerische Epos aus den Denkmälern erläutert (Leipzig 1884), S. 131.

[3] Movers, Die Phönizier, III, 1, S. 27; Hehn, Die Kulturpflanzen und Hausthiere, 3. Ausg., S. 46.

[4] Wolfgang Helbig, a. a. O., S. 128. Vgl. Movers in Ersch und Gruber's Allgem. Encyklopädie, 3. Section, 24. Thl., S. 398, unter dem Worte Phönizien.

weist, dass die riesigen Blöcke der Untermauer des Tempels zu
Baalbek von phönikischer Hand herrühren. Mit grosser Wahr-
scheinlichkeit können wir daher annehmen, dass die riesigen
Mauern von Tiryns von phönikischen Colonisten erbaut worden
sind, und ein gleiches dürfte mit den grossen prähistorischen
Mauern auf vielen andern Punkten in Griechenland der Fall sein.

Plinius[1] sagt, dass es in Tiryns kleine Schlangen gibt, die
aus der Erde entstehen und deren Biss den Eingeborenen un-
schädlich, den Fremden aber tödlich ist.

Noch bemerke ich, dass Tiryns als Grenzort der Argeia im
Orakel bei dem Schol. Theocr. XIV, 48 vorkommt (οἵ τε μεσηγὺ
Τίρυνϑος ναίουσι καὶ Ἀρκαδίης πολυμήλου).

Da, wie bereits erwähnt, Tiryns nur etwa 1½ km vom
Meere entfernt ist und in einer so niedrigen Ebene liegt, dass
der Fahrweg am westlichen Fusse der Festung nur 3—4 m
Meereshöhe[2] hat, so macht sie auf jeden Reisenden unwillkürlich den Eindruck, dass sie noch in historischen Zeiten unmittelbar am Meerbusen gelegen haben und dass der sie jetzt
von diesem trennende sumpfige Landstrich ein späterer Zuwachs
der Ebene sein muss. Dies ist jedoch ein grosser Irrthum, wofür uns die, in einem Abstande von etwa 2 km südwestlich
von Tiryns sich um die Kapelle des Hagios Panteleemon aus-
dehnende Baustelle einer kleinen Hafenstadt den schlagendsten
Beweis liefert, denn die Baureste ihrer Gebäude und ihres
Hafendammes aus grossen unbearbeiteten Blöcken weisen auf
ein hohes Alterthum hin. Allerdings ist der alte Hafen jetzt
versichert und kaum 30 cm tief; man sieht aber noch den alten
Hafendamm fast in seiner ganzen Ausdehnung, und derselbe

----

[1] Plinius, H. N., 84: Iam quaedam animalia indigenis innoxia, advenas
interimunt: sicut serpentes parvi in Tiryuthe: quos terra nasci proditur.

[2] Vgl. die vorzügliche, unübertreffliche Karte des Hauptmann Steffen
(Berlin 1884).

kann sich vor 3000 Jahren kaum mehr als 100 m weiter ins Meer erstreckt haben als es jetzt der Fall ist. Bestimmt ist der Fels von Tiryns einst von den Meereswellen bespült worden, aber wahrscheinlich zu einer Zeit, als unser Planet noch nicht von Menschen bewohnt war.

In der That scheint sich die Topographie der Ebene südlich von Tiryns seit dem hohen Alterthum wenig oder gar nicht verändert zu haben, denn das nördliche Ufer des Golfs besteht grösstentheils aus tiefen Morästen, welche sich noch jetzt weit ins Land hinein erstrecken. Für die einstige Existenz ungeheuerer Moräste in der Ebene von Argos haben wir das Zeugniss des Aristoteles, welcher sagt: „Zur Zeit des Trojanischen Krieges war das Land von Argos morastig und konnte daher nur eine geringe Bevölkerung ernähren, das Land Mykenae dagegen war gut und wurde hochgeschätzt. Jetzt aber ist das Gegentheil eingetreten, denn das Land von Mykenae ist vertrocknet und liegt daher brach, während das Land von Argos, welches ein Morast war und daher brach lag, jetzt gutes bebaubares Land geworden ist."[1]

Der Mythus von Herakles' Geburt in Tiryns und den ihm von Eurystheus, dem König des benachbarten Mykenae, auferlegten zwölf Arbeiten, erklärt sich auch, wie ich glaube, durch seine doppelte Natur als phönikischer Sonnengott und als Heros.[2] Es ist natürlich, dass ihn, den stärksten aller Helden, die Fabel zwischen den mächtigsten Mauern der Welt, welche als das Werk überirdischer Riesen angesehen wurde, geboren werden liess; und als Sonnengott muss er viele Tempel in der Ebene

---

[1] Aristot., Meteorol., I, 14: ἐπὶ μὲν γὰρ τῶν Τρωϊκῶν ἡ μὲν Ἀργείων (χώρα), διὰ τὸ ἑλώδης εἶναι, ὀλίγους ἐδύνατο τρέφειν, ἡ δὲ Μυκηναία καλῶς εἶχε, διὸ ἐντιμοτέρα ἦν. Νῦν δὲ τοὐναντίον διὰ τὴν εἰρημένην αἰτίαν· ἡ μὲν γὰρ ἀργὴ γέγονε καὶ ξηρὰ πάμπαν· τῆς δέ, τὰ τότε διὰ τὸ λιμνάζειν ἀργή, νῦν χρήσιμα γέγονε.

[2] Max Müller, Essays, II, 79.

von Argos und einen berühmten Cultus in Tiryns gehabt haben,
denn die sumpfige Niederung, von der letzteres umgeben ist
und die noch jetzt wegen der zu grossen Nässe an vielen Stellen
beinahe unfruchtbar ist, erzeugte im Alterthum sowie jetzt
pestilenzialische Fieber und konnte nur durch unausgesetzte
Menschenarbeit und den wohlthätigen Einfluss der Sonne be-
baut werden. So wird die Fabel ganz natürlich erscheinen, dass
Herakles, als Sonnengott, für Eurystheus, den König von Mykenae, dem die ganze Ebene gehörte, die zwölf Arbeiten zu
verrichten hatte, die nichts anders sind als die zwölf Zeichen
des Thierkreises, welche die Sonne in dem alljährlichen Umlauf
der Erdkugel zu passiren scheint.

Die unmittelbar westlich und nordwestlich von Tiryns vor
50 Jahren angelegte deutsche Colonie hat nicht gedeihen können; fast alle Colonisten sind den bösartigen Fiebern erlegen
und niemand ist davon übriggeblieben; von ihren Häusern sieht
man noch hier und da einige Ruinen.

Wegen ihrer grossen Fruchtbarkeit und ausgezeichneten
Lage am herrlichen Golf ist die Ebene von Argos der natürliche
Mittel- und Ausgangspunkt aller politischen und socialen Entwickelung des Landes gewesen und verdient daher den ihr von
Sophokles (Elektra 4) gegebenen Namen τὸ παλαιὸν Ἄργος. Hier
hatte, wie die Sage ging, Phoroneus, Sohn des Inachos und
der Nymphe Meleia, mit seiner Frau Niobe zuerst die Bewohner, welche bis dahin zerstreut lebten, in eine Gemeinde ver-
einigt und eine Stadt gegründet, die er ἄστυ Φορωνικόν nannte
(Pausanias, II, 15, 5; vgl. Plato, Tim.) und die von seinem Enkel
Argos genannt und zum Mittelpunkt eines mächtigen pelasgischen Staats gemacht wurde (vgl. Aesch. Suppl., 250). Unwider-
legbare Beweise für diese pelasgische Niederlassung finden wir
in den Namen Argos und Larissa, welche pelasgisch sind (ersteres
bedeutet Ebene, letzteres Festung), ferner in dem Mythus der alten
pelasgischen Mond- und Kuhgöttin Io, der Tochter des Inachos.

Dem Argos soll sein Sohn Kriasos gefolgt sein, und später Gelanor, der die Regierung dem aus Aegypten eingewanderten Danaos übergab.[1] Auf diesen folgte Lynkeus und darauf dessen mit Danaos' Tochter Hypermnestra gezeugter Sohn Abas, welcher mit der Okaleia die Zwillingssöhne Akrisios und Proitos hatte.[2] Akrisios vertreibt den Proitos und wird Herrscher von Argos.

Die Ursache des Streits zwischen den beiden Brüdern soll die gewesen sein, dass Proitos die Danae, Tochter des Akrisios, verführte.[3] Proitos flieht nach Lykien zum König Iobates und heirathet dessen Tochter Anteia[4], oder Stheneboia[5], oder Antiope.[6] Iobates führt den Proitos mit bewaffneter Hand zurück und nimmt Tiryns ein.[7] Nun theilen sich die Brüder in die Herrschaft des Landes, indem Akrisios für sich Argos behält, dem Proitos aber Tiryns, das Gebiet von Midein und die Küste von Argolis gibt.[8]

Der Hader zwischen ihm und seinem Bruder Akrisios dauerte aber fort, denn Pausanias sah, als er von Argos nach Epidauria ging, „zur Rechten ein Gebäude, welches ganz einer Pyramide gleicht; an demselben sind Schilde von argolischer Form in Bildhauerarbeit dargestellt; hier fiel das Treffen zwischen Proitos und Akrisios vor, die sich um die Herrschaft stritten; der Ausgang des Kampfes war, wie man sagt, nicht entscheidend, und kam es von demselben zur Versöhnung, da keiner über den andern ein

[1] Apollodoros, II, 1, 3 u. 4.
[2] Apollodoros, II, 2, 1.
[3] Apollodoros, II, 4, 1: Ταύτην (τὴν Δανάην), ὡς ἔνοι λέγουσιν, ἐφθείρει Προῖτος· ὅθεν αὐτοῖς καὶ ἡ στάσις ἐκφύεται.
[4] Apollodoros, II, 2, 1; Homer, Ilias, VI, 160; Eustathios, 631, 30.
[5] Apollodoros, II, 2, 1; Eustathios, 632, 4.
[6] Serv. zu Virgil „Ecl.", VI. 48.
[7] Apollodoros, II, 2, 1; Scholiast zu Eurip. „Orestes", 953; Pausanias, II, 16, 1.
[8] Pausanias, II, 16, 1.

dauerndes Uebergewicht erlangen konnte; sie selbst aber sowie
das Heer sollen damals zuerst mit Schilden bewaffnet gekämpft
haben. Den von beiden Seiten Gefallenen wurde, da sie Bürger
und Verwandte waren, daselbst ein gemeinschaftliches Grabmal
errichtet."[1]

Von diesem Denkmal ist jedoch keine Spur erhalten.

Strabo[2] sagt: „Proitos scheint Tiryns als Operationspunkt
benutzt und es durch Cyklopen ummauert zu haben, die Bauch-
händer genannt wurden und sich von ihrem Handwerk nährten;
er liess dieselben aus Lykien kommen; auch werden von ihnen
vielleicht die neben Nauplia gelegenen Höhlen und die in denselben befindlichen Bauwerke genannt."

Die Sage von diesem mythischen König in Tiryns, der etwa
ums Jahr 1400 v. Chr. anzusetzen wäre, wird unter vielen andern
alten Schriftstellern auch von Homer[3] bestätigt, nach welchem
Bellerophontes von Korinth (Ἐφύρη), der einen Mord begangen
hatte, an den Hof des Proitos kam, um sich von ihm entsühnen
zu lassen. Hier aber widerfährt ihm ein ähnliches Schicksal wie
Joseph in Aegypten; die Königin Anteia nämlich verliebt sich
in den Fremdling, dem, wie der Dichter sagt, die Unsterblichen
schöne Gestalt und reizende Manneskraft geschenkt hatten. Da
aber Bellerophontes die Liebe der Anteia verschmäht und ihre

---

[1] Pausanias, II., 25, κ: Ἐρχομένοις δὲ ἐξ Ἄργους ἐς τὴν Ἐπιδαυρίαν ἔστιν
οἰκοδόμημα ἐν δεξιᾷ πυραμίδι μάλιστα εἰκασμένον, ἔχει δὲ ἀσπίδας σχῆμα Ἀργο-
λικὰς ἐπειργασμένας· ἐνταῦθα Προίτῳ καὶ τῆς ἀρχῆς πρὸς Ἀκρίσιον μάχη γίνεται,
καὶ τέλος μὲν ἴσον τῷ ἀγῶνι συμβῆναί φασι, καὶ ἀπ' αὐτοῦ διαλλαγὰς ὕστερον,
ὡς οὐδέτεροι βεβαίως κρατεῖν ἐδύναντο· συμβαλεῖν δὲ σφᾶς λέγουσιν ἀσπίσι πρῶ-
τον τότε καὶ αὐτοὺς καὶ τὸ στράτευμα ὡπλισμένους· τοῖς δὲ πεσοῦσιν ἀφ' ἑκα-
τέρων, πολῖται γὰρ καὶ συγγενεῖς ἦσαν, ἐποιήθη ταύτῃ μνῆμα ἐν κοινῷ.

[2] Strabo, VIII, 372: Τῇ μὲν οὖν Τίρυνθι ὁρμητηρίῳ χρήσασθαι δοκεῖ Προῖτος καὶ τειχίσαι διὰ Κυκλώπων, οὓς ἑπτὰ μὲν εἶναι καλεῖσθαι δὲ γαστερόχειρας
τρεφομένους ἐκ τῆς τέχνης, ἥκειν δὲ μεταπέμπτους ἐκ Λυκίας· καὶ ἴσως τὰ σπήλαια τὰ περὶ τὴν Ναυπλίαν καὶ τὰ ἐν αὐτοῖς ἔργα τούτων ἐπώνυμά ἐστιν.

[3] Il., VI, 155—194. Anteia's Liebe zu Bellerophontes wird ausserdem
von Apollodoros, II., 3, 1. und Tzetz. Lykophron, 17, bestätigt.

Vorschläge verwirft, klagt sie ihn, von Leidenschaft entbrannt,
beim König an, als habe er ihr Zwang anthun wollen:

Tod dir, oder o Proitos, erschlage du Bellerophontes,
Der mit der Liebe Gelust mir nahete, wider mein Wollen.
Jene sprach's, und der König ereiferte, solches vernehmend,
Zwar ihn zu morden vermied er, denn graunvoll war der Gedank' ihm.
Aber gen Lykia sandt' er ihn, und traurige Zeichen
Gab er ihm, viel Mordwinke, geritzt auf gefaltetem Täflein:
Dass, wenn er solches dem Schwäher gezeigt, er das Leben verlöre.
Er nun wandelte hin, im Geleit obwaltender Götter.
Als er Lykia jetzo erreicht, und den strömenden Xanthos,
Ehrt ihn, gewogenes Sinns, der weiten Lykia König,
Gab neuntägigen Schmaus, und erschlug neun Stiere zum Opfer.
Aber nachdem zum zehnten die rosige Eos emporstieg;
Jetzo fragt' er den Gast, und hiess ihn zeigen das Täflein,
Welches er ihm als Zeichen vom Eidam brächte, dem Proitos.
Als er es nunmehr empfangen, das mordliche Zeichen des Eidams,
Hiess er jenen zuerst die ungeheure Chimära
Tödten, die göttlicher Art, nicht menschlicher, dort emporwuchs:
Vorn ein Löw' und hinten ein Drach', und Geiss in der Mitte,
Schrecklich umher aushauchend die Macht des lodernden Feuers.
Doch er tödtete sie, dem Geheiss der Unsterblichen trauend.
Weiter darauf bekämpft' er die Solymer ruchtbare Völker;
Wahrlich, den härtesten Kampf nannt' er's, den er kämpfte mit Männern.
Drauf zum dritten erschlug er die männliche Horde' Amazonen.
Jetzo dem Kehrenden auch entwarf er betrügliche Täuschung;
Als er im Lykierlande gewählt die tapfersten Männer,
Legt' er den Halt; doch jene, zurück nicht kehrten sie heimwärts,
Alle vertilgte sie dort der untadlige Bellerophontes.
Als er nunmehr erkannte den Helden aus göttlichem Samen,
Hielt er dort ihn zurück, und gab ihm die blühende Tochter,
Gab ihm auch die Hälfte der Königehre zum Antheil.

Nach der Sage zeugte Proitos mit Anteia, oder Stheneboia,
oder Antiope den Megapenthes und drei Töchter, Lysippe, Iphi-
noë (oder Hipponoë) und Iphianassa (oder Kyrianassa) [1], oder nach
andern [2] nur zwei, Elege und Keläne. Als diese Jungfrauen heran-
gewachsen waren, wurden sie „mit Wahnsinn gestraft, weil sie

---

[1] Serv., I, 1.
[2] Aelianos, VH., III, 42.

sich über das Schnitzbild der Hera, im Tempel zu Argos lustig
gemacht hatten[1], endlich aber von Melampus geheilt, indem er
sie in einer Quelle baden liess[2], oder indem er eine Räucherung
mit Erdharz anwandte.[3] Sie wurden darauf mit ihm und seinem
Bruder Bias vermählt.[4] Ihre Wohnungen waren unterhalb der
Burg nach der Küste zu und noch zu Pausanias' Zeit vorhanden.[5] Es ist aber keine Spur davon erhalten: wegen des
Morastes können sie nicht unterirdisch gewesen sein.

Der König Proitos wird auch von Pindar[6] erwähnt; auch
wurde, wahrscheinlich nach ihm, ein Thor im böotischen Theben
das Proitische (Πύλαι Προίτου oder Πύλαι Προιτίδες) genannt.[7]

Ueber den Namen Προῖτος, der uns durchaus ungriechisch
zu sein scheint, sagt Eusthatios (zu Ilias. VI, 157) jedenfalls unrichtigerweise: „Ὁ δὲ Προῖτος τῇ ἐτυμολογίᾳ προϊστημικῶς
φαίνεται· εἶναι καὶ ὁρμηγίας ἀπὸ τοῦ προϊέναι· διὸ καὶ διὰ διφ-
θόγγου γράφεται.“ Auf Proitos folgte in der Herrschaft sein
Sohn Megapenthes, welcher das Reich mit Perseus, dem
Sohn der Danae, Tochter des Akrisios, und mythischen
Gründer von Mykenae, gegen das Reich von Argos ver-
tauschte.[8] Diesem folgte sein Sohn Elektryon[9], der Vater der
Alkmene, Mutter des Herakles, welcher, gleichwie sein Vater
Perseus, Mykenae zur Residenz gemacht haben soll. Elektryon

---

[1] Apollodoros, II, 2, 2.
[2] Strabo, VIII, 583; Ovid. Met., XV, 325; vgl. Pausanias, VIII, 18, 3.
[3] Clemens, Στρωματεῖς, VII, 713; Voss zu Virgil „Ecl.“, VIII, 82.
[4] Apollodoros, II, 2, 2.
[5] Paus., II, 25, 8: Καταβάντων δὲ ὡς ἐπὶ θάλασσαν ἐνταῦθα αἱ θάλαμοι τῶν
Προίτου θυγατέρων εἰσίν.
[6] Pindar, Nemea. 10, 77—78:
                    ναικρηίιαις γὰρ ὅσαις Προίτου
                    τόθ' ἱππότροφον ἄστυ θάλασσεν.
[7] Aeschyl., Sept. 377, 395; Euripides, Phoen., 1109.
[8] Paus., II. 16, 3; Apollod., II. 4.
[9] Apollod., II. 4; Paus., II. 22, 8; II, 25, 9.

trat das Reich von Tiryns und Mykenae an Amphitryo, Sohn
des Alkaios und Enkel des Perseus und der Andromeda ab.[1]
Amphitryo heirathete Alkmene, die Mutter des Herakles, wurde
aber von seinem Onkel Sthenelos, Sohn des Perseus und der
Andromeda[2], vertrieben, welcher nun König von Argos, Tiryns,
Mykenae, Midcia und Heraion wurde.[3] Sthenelos zeugte mit
Nikippe, der Tochter des Pelops, den Eurystheus[4], der König
von Mykenae wurde und, wie die Sage geht, dem Herakles die
zwölf Arbeiten auferlegte. Dieser letztere eroberte Tiryns und
soll hier lange Zeit seinen Wohnsitz gehabt haben, infolge dessen
er häufig der Tirynthier genannt wird.[5]

Bei der Rückkehr der Herakliden, welche von der Tradition
des ganzen Alterthums einstimmig auf 80 Jahre nach dem Trojanischen Kriege angesetzt wird, wurde Tiryns sowol als Mykenae, Hysiae, Mideia und andere Städte gezwungen, die Macht
von Argos zu vergrössern und verloren ihre Unabhängigkeit.

Tiryns blieb nichtsdestoweniger in den Händen seiner achai-
schen Bevölkerung, welche — zusammen mit Mykenae — 400 Mann
zur Schlacht von Plataeae schickte.[6] Infolge davon wurde der
Name der Stadt Tiryns, zusammen mit den Namen der übrigen
griechischen Städte, welche sich an jener Schlacht betheiligt
hatten, auf die bronzene Säule mit goldenem Dreifuss eingravirt,
welche die Spartaner als zehnten Theil der Beute dem pythischen
Apollo in Delphi widmeten und welche gegenwärtig das byzantinische Hippodromion, den jetzigen Maïdan in Constantinopel
ziert. Der Ruhm, den Tiryns hierdurch erlangte, erregte die
Eifersucht der Argiver, welche gar nicht am persischen Kriege

[1] Apollod., II. 4; Hesiod, Scut. Here., 86.
[2] Homer, Il., XIX, 116.
[3] Apollod., II. 4.
[4] Ovid, Met., IX, 273; vgl. Her., IX, 25.
[5] Pindar, Ol., IX, 49; Ovid, Met., VII, 410; Virgil, Aen., VII, 662.
[6] Herodot, IX, 28.

theilgenommen hatten und ausserdem anfingen, die Stadt als
einen gefährlichen Nachbar zu betrachten, besonders als sie in
die Hände ihrer anständischen Sklaven (Γυμνήσιοι) gefallen war,
welche sich eine lange Zeit hindurch hinter ihren cyklopischen
Mauern behaupteten und das Land beherrschten. Endlich wurden die Insurgenten bezwungen [1], aber bald nachher (Olympiade,
78, 1 oder 468 v. Chr.) zerstörten die Argiver die Stadt, zer-
trümmerten einen Theil ihrer cyklopischen Ringmauer und
zwangen die Tirynthier, sich in Argos niederzulassen. [2] Aber
nach andern [3] flohen sie nach Epidaurus.

Ich kann jedoch nicht umhin, hier eine Uebersetzung der
gelehrten Dissertation von Professor J. P. Mahaffy: „Ueber das
Datum der Eroberung von Mykenae durch die Argiver" [4] zu
reproduciren, aus welcher über allen Zweifel hervorzugehen
scheint, dass die Zerstörung von Mykenae und Tiryns durch
die Argiver in eine gar viel frühere Zeit hinaufzurücken ist:

„Niemand scheint irgendeine Schwierigkeit in der von
Pausanias wiederholten Angabe des Diodoros Sikelos gefunden
zu haben, dass die Stadt Mykenae von den Argivern nach den
persischen Kriegen zerstört worden ist, obwol ich glaube,
dass die meisten Gelehrten, sobald sie ihre Aufmerksamkeit
darauf lenken, erstaunt sind, dass die alte Stadt Mykenae sich
so lange in unmittelbarer Nachbarschaft von Argos erhalten
und eine so geringfügige Rolle in der griechischen Geschichte
gespielt haben sollte. Ich vermuthe, dass jeglicher Zweifel
dieser Art verschwinden muss, wenn man sich daran erinnert,
dass nach Herodot's Zeugniss 80 Mykener zu den Griechen bei
den Thermopylen stiessen, und dass derselbe auch sowol die
Tirynther als die Mykenäer unter den griechischen Städten oder

---

[1] Herodot, VI, 83.
[2] Pausanias, II, 17, 5; VIII, 27, 1.
[3] Strabo, VIII, 373.
[4] In der Zeitschrift „Hermathena", V.

Stämmen aufzählt, welche auf dem Postament des Dreifusses zu Delphi, als Theilnehmer an der Vertreibung der Perser, eingeschrieben wurden. Das in Constantinopel befindliche Postament selbst bestätigt seine Aussage, denn wir lesen in der Liste Μυκᾶνες, und ist daher die Existenz der Mykener bis zum Jahre 470 v. Chr. über allen Zweifel.

„Dessenungeachtet hege ich schweren Argwohn, dass uns keiner der beiden Historiker einen zuverlässigen Bericht über die Sache gegeben hat, und schlage daher die folgende Hypothese vor, um eine Erörterung hervorzurufen. Ich citire erst alle Angaben des Pausanias über diesen Gegenstand; um sie jedoch bequemer discutiren zu können, gruppire ich sie in zwei Klassen ohne Rücksicht auf die Reihenfolge, in welcher sie sich bei diesem Schriftsteller befinden:

II, 15, 4: «Ich will aber die Ursache der Gründung anführen, und unter welchem Vorwande die Argiver in der Folge Mykenae zerstört haben.» [1]

II, 16, 5: «Mykenae haben die Argiver aus Eifersucht zerstört, denn während sich die Argiver, als der Meder den Feldzug gegen Griechenland unternahm, ruhig verhielten, sandten die Mykenäer 80 Mann nach den Thermopylen, die mit den Lakedämoniern am Kampfe theilnahmen. Diese That brachte ihnen den Untergang, da sie den Ehrgeiz der Argiver aufregte.» [2]

„Darauf folgt (Pausanias II, 16, 6) die famose Stelle über die Ruinen von Mykenae und über die Gräber Agamemnon's und seiner Gefährten, welche Dr. Schliemann kürzlich zu solcher Berühmtheit gebracht hat.

V, 23, 2: (In der auf dem Denkmal des Sieges über die

[1] Pausanias, II, 15, 4: ἐγὼ δὲ αἰτίαν τε γράψω τοῦ οἰκισμοῦ, καὶ δι' ἥντινα πρόφασιν Ἀργεῖοι Μυκηναίους ὕστερον ἀνέστησαν.

[2] Pausanias, II, 16, 5: Μυκήνας δὲ Ἀργεῖοι καθεῖλον ὑπὸ ζηλοτυπίας. ἡσυχαζόντων γὰρ τῶν Ἀργείων κατὰ τὴν ἐπιστρατείαν τοῦ Μήδου, Μυκηναῖοι πέμπουσιν ἐς Θερμοπύλας ὀγδοήκοντα ἄνδρας οἳ Λακεδαιμονίοις μετέσχον τοῦ ἔργου (unrichtig). Τοῦτο ἤνεγκέ σφισιν ὄλεθρον τὸ φιλοτίμημα παροξῦναν Ἀργείους.

Perser, welches Pausanias in Olympia sah, eingeschriebenen
Liste von Städten, die kein genaues Duplikat der Liste zu
Delphi gewesen zu sein scheint.) «Aus der Argolis die Tiryn-
thier, aus Böotien die Plataeer allein und von den eigentlichen
Argivern die Mykenäer.» [1]

V. 23, 2: «Von diesen Städten liegen die nachfolgenden zu
unserer Zeit in Trümmern. Mykenae und Tiryns wurden nach
den Medischen Kriegen von den Argivern zerstört.» [2]

VII. 25, 4: «Es gelang zwar den Argivern nicht, die starke
Citadelle von Mykenae (sie war nämlich, gleichwie die von
Tiryns, von den sogenannten Cyklopen erbaut) zu erobern, je-
doch wurden die Mykenäer aus Mangel an Lebensmitteln ge-
zwungen, ihre Stadt zu verlassen; einige von ihnen wanderten
nach Kleonae aus; mehr als die Hälfte der Bevölkerung flüchtete
sich nach Makedonien zu Alexander, demselben, durch welchen
Mardonios, des Gobryas Sohn, seine Botschaft an die Athener
ausrichten liess; der Rest der Bevölkerung begab sich nach
Keryneia, welches durch diesen Zuwachs von Bevölkerung an
Macht zunahm und durch seine Vereinigung mit Mykenäern an
Ruhm bei der Nachwelt gewann.» [3]

„Nichts scheint genauer zu sein als dies. Pausanias war
augenscheinlich von seinen Thatsachen bestimmt überzeugt, ob-

---

[1] Pausanias, V, 23, 2: ἐκ δὲ μοίρας τῆς Ἀργείας Τιρύνθιοι, Πλαταιεῖς δὲ
μόνοι Βοιωτῶν, καὶ Ἀργείων οἱ Μυκήνας ἔχοντες.

[2] Pausanias, V, 23, 3: Τούτων τῶν πόλεων τοσαίδε ἦσαν ἐφ' ἡμῶν ἔρημα.
Μυκηναῖοι μὲν καὶ Τιρύνθιοι τῶν Μηδικῶν ὕστερον ἐγένετο ὑπὸ Ἀργείων ἀνάστατοι.

[3] Pausanias, VII, 25, 4: Μυκηναίους γὰρ τὸ μὲν τεῖχος ἑλόντας κατὰ τὸ ἰσ-
χυρὸν οὐκ ἐδύναντο ὑπὸ Ἀργείων, (ἐτετείχιστο γὰρ κατὰ ταὐτὰ [dies ist unrichtig]
τῷ ἐν Τίρυνθι ὑπὸ τῶν Κυκλώπων καλουμένων), κατὰ ἀνάγκην δὲ ἐκλείπουσι Μυκηναῖοι τὴν πόλιν ἐπιλειπόντων σφᾶς τῶν σιτίων, καὶ ἄλλοι μέν τινες ἐς Κλεωνὰς
ἀπεχωρησαν ἐξ αὐτῶν, τοῦ δήμου δὲ πλέον μὲν ἥμισυ ἐς Μακεδονίαν κατεφεύγουσι
παρὰ Ἀλέξανδρον, ᾧ Μαρδόνιος ὁ Γωβρύου τὴν ἀγγελίαν ἐπίστευσεν ἐς Ἀθηναίους
ἀπαγγεῖλαι· ὁ δὲ ἄλλος δῆμος ἀφίκοντο ἐς τὴν Κερύνειαν, καὶ δυνατωτέρα τε ἡ
Κερύνεια οἰκητόρων πλήθει καὶ ἐς τὸ ἔπειτα ἐγένετο ἐπιφανεστέρα διὰ τὴν συνοί-
κησιν τῶν Μυκηναίων.

wol die eine derselben — die Theilnahme der Mykenäer an der
Schlacht bei den Thermopylen — nach Herodot gewiss falsch
war. Allerdings gingen sie dahin, zogen sich aber mit den
übrigen Griechen zurück, welche die Spartaner und Thespier
unter Leonidas liessen. Davon abgesehen, scheint es, dass die
Argiver so eifersüchtig waren auf den Ruhm, den Mykenae in
dieser glorreichen Schlacht erlangt hatte (in welcher die Mykenäer durchaus nicht mitgefochten hatten), dass sie zur Belagerung der grossen cyklopischen Citadelle schritten, und nachdem
sie die Bewohner der Festung, die sie nicht stürmen konnten,
ausgehungert hatten, vertrieben sie sie aus dem Stadtgebiet
und versetzten sie nach Kleonae, Keryneia und Makedonien.
Aus demselben Grunde widerfuhr den Tirynthern ein gleiches
Schicksal, obwol Pausanias uns nicht die nähern Umstände der
Belagerung ihrer ebenso erstaunenswerthen Citadelle erzählt,
von der er mit der grössten Bewunderung spricht.

„Herodot bekräftigt die Theilnahme von Mykenae und Tiryns an den persischen Kriegen und sagt, dass sie zusammen
400 Mann zur griechischen Armee, die bei Plataeae focht, bei-
trugen. Er sagt kein Wort über die Folgen dieser Theilnahme.

„Wir wollen jetzt eine ganz verschiedene Stelle untersuchen: VIII. 27, 1: «Die Arkadier vereinigten sich in Megalopolis in der Absicht, ihre Macht zu erhöhen, mit Rückblick
darauf, wie in früherer Zeit auch die Argiver kaum einen Tag
sicher waren, den Lakedämoniern im Kriege unterliegen zu
müssen, wie sie sodann dadurch, dass sie mittels der Zerstörung von Tiryns, Hysiae, Ornene, Mykenae, Mideia und andern
unbedeutendern Städten in Argolis die Bevölkerung von Argos
vermehrten, nicht nur von den Lakedämoniern unabhängiger wurden, sondern auch über ihre Nachbarn grössere Macht erlangten.» [1]

---

[1] Pausanias, VIII, 27, 1: Συνῆλθον δὲ ὑπὲρ ἰσχύος ἐς αὐτὴν (sc. τὴν Με
γάλην πόλιν) οἱ Ἀρκάδες, ἅτε καὶ Ἀργείους ἐπιστάμενοι τὰ μὲν ἔτι παλαιότερα

„Diese Stelle wird durch die Stellen II. 25, 4 und 8 bestätigt, worin die Zerstörung von Ornese und Tiryns auf gleiche Weise erwähnt wird. So in II, 25, 8: »Die Tirynthier wurden von den Argivern gezwungen ihre Stadt zu verlassen, da diese sie zu Miteinwohnern haben und Argos vergrössern wollten.«[1]

„Diese Angabe erscheint aber nicht nur unvereinbar mit der frühern, sondern geradezu im Widerspruch damit. Dort werden die Einwohner von Mykenae vertrieben und der Macht anderer Städte beigefügt, während hier der besondere Grund des Streits darauf beschränkt ist, mehr Bürger für Argos zu gewinnen und dessen Macht zu vermehren und zu verstärken. Jeder, der die Umstände der Frage näher betrachtet, wird keinen Augenblick zögern, diesem letztern Bericht — der eine gesunde politische Absicht beurkundet — der sentimentalen Erzählung von der Eifersucht der Argiver den Vorzug zu geben. Der συνοικισμός des argivischen Gebiets war dem von Theben, Athen und Megalopolis ähnlich; und es unterliegt keinem Zweifel, dass Argos seine grosse Bedeutung in der griechischen Geschichte ganz und gar dem Umstande verdankt, dass es in uralter Zeit diese höchst schwierige und unpopuläre Revolution glücklich vollbrachte.

„Ist es aber möglich, dass dies nach den persischen Kriegen geschah? Ich glaube es nicht.

„Im Angesicht des Patriotismus, den Tiryns und Mykenae an den Tag legten, und zur Zeit, als die nationale Unpopularität von Argos den höchsten Grad erreicht hatte, würde irgend-

----

μόνον οὐ κατὰ μίαν ἡμέραν ἑκάστην κωθωνίζοντας ὑπὸ Λακεδαιμονίων καρτερῆσαι τῷ πολέμῳ, ἐπειδὴ δὲ ἀνθρώπων πλῆξαι τὸ Ἄργος ἐπηύξησαν καταλύσαντες Τίρυνθα καὶ Ὑσιάς τε καὶ Ὀρνεὰς καὶ Μυκήνας καὶ Μίδειαν καὶ εἰ δή τι ἄλλο πόλισμα οὐκ ἀξιόλογον ἐν τῇ Ἀργολίδι ἦν, τά τε ἀπὸ Λακεδαιμονίων ἀδεέστερα τοῖς Ἀργείοις ὑπάρξαντα καὶ ἅμα ἐς τοὺς περιοίκους ἰσχὺν γενομένην αὐτοῖς.

[1] Pausanias, II, 25, 8: ἐδέχθησαν δὲ καὶ Τιρύνθιοι Ἀργείοι, συνοίκους προσλαβεῖν καὶ τὸ Ἄργος ἐπαυξῆσαι βουλόμενοι.

ein solcher Versuch, freie griechische Städte zu zerstören, die
Rache von ganz Griechenland zur Folge gehabt haben. Ausserdem wissen die ältesten Schriftsteller kein Wort davon. Herodot
und Thukydides machen nie eine Anspielung darauf. Was noch
merkwürdiger ist, obwol Aeschylos — der ein Zeitgenosse der
persischen Kriege war — Tragödien verfasste, deren Schauplatz
nothwendigerweise in Mykenae hätte liegen müssen, erwähnt
nicht ein einziges mal Mykenae und versetzt den Palast des
Agamemnon nach Argos.[1] Falls die ältere Stadt, deren Bewohner zusammen mit ihm in dem grossen persischen Kampfe
gefochten hatten, nur erst in seinem reifen Alter ihre Unabhängigkeit verloren hätte, wäre es dann möglich, seinerseits
eine so sonderbare Unwissenheit zu begreifen?

„Ich glaube daher, dass der ανασκαφή des argivischen Gebiets gar viel früher stattgefunden hat, und dass Pausanias, durch
die Denkmäler des persischen Krieges irregeleitet, denselben in
eine unmögliche Zeitperiode versetzte.

„Wenn wir auf die früheste Geschichte zurückblicken und
erwägen, zu welcher Zeit Argos täglich einen Angriff von Sparta
erwartete und es nöthig fand seine Macht zu verstärken, so
sind wir natürlicherweise veranlasst, diese Zeit nicht unmittelbar nach den persischen, sondern unmittelbar nach den messenischen Kriegen anzusetzen, nämlich dem zweiten messenischen
Kriege, welcher in der 29. Olympiade beendet wurde. Nach
unserer revidirten Chronologie muss die Entwickelung von Phei-

---

[1] „Dieser Irrthum scheint von den alten Kritikern bemerkt worden zu
sein, denn sowol Sophokles als Euripides erwähnen und unterscheiden die
beiden Städte, obwol sie deren Einwohner zu verwechseln scheinen. Als
ich an Ort und Stelle war, ist es mir nicht gelungen im Geiste das Bild zu
realisiren, welches man in der Anfang-scene von Sophokles' Elektra sieht,
und doch scheint es nach der Natur gezeichnet zu sein; es ist indess sehr
wahrscheinlich ein reines Phantasiebild. Aber Mykenae nimmt darin eine
hervorragende Stelle ein. Sophokles schrieb sogar eine Tragödie, welche
Μυκηναι betitelt war."

don's Macht in Argos auf ungefähr diese Zeit angesetzt werden,
nämlich wahrscheinlich auf die 28. Olympiade, welche er, nebst
den Pisatern, in Olympia feierte, mit Ausschluss der Eleer.
Natürlicherweise mussten die Spartaner interveniren, jedoch
muss der messenische Krieg ihren Anstrengungen sehr im Wege
gestanden haben. Als nach Beendigung dieses Krieges Sparta
sein Gebiet vergrössert und sein Ansehen vermehrt hatte,
müssen sich die Argiver darauf gefasst gemacht haben, zuerst
angegriffen zu werden. Ich schreibe daher dem Pheidon und
seiner Politik die von Argos vorgenommene Absorption aller
kleinen Städte zu, und dürfte die Ausführung dieser Absicht
das Geheimniss seiner Grösse sein.

„Wie sollen wir uns dann aber die Existenz von Tiryns
und Mykenae während der persischen Kriege erklären? Ich
glaube, dass, obgleich diese Städte erobert und ihre Penaten
nach Argos übertragen waren, sie dessenungeachtet als κῶμαι
oder Dörfer fortbestanden, dass sie aber von argivischen Bür-
gern bewohnt waren, und dass folglich diese Nachkommen der
alten Einwohner, welche die patriotische Seite nahmen und ihre
Geschichte nicht vergessen hatten, sich mit der griechischen
Armee vereinigten unter den veralteten Benennungen (Tirynthier
und Mykenäer), welche die Nation freudig gut hiess, um ihre
Verachtung für die neutral gebliebenen Argiver zu zeigen.[1]
Die sehr geringe Zahl von Männern, die sie auszurüsten im
Stande waren (80 Mann von Mykenae bei den Thermopylen,
400 Mann von Tiryns und Mykenae zusammen bei Plataeae)
bekräftigt diese Meinung sehr nachdrücklich; denn zu jener Zeit
hatten die kleinsten griechischen Städte eine beträchtliche be-

---

[1] „Natürlich ist es durchaus nicht nöthig, dass diese Hülfstruppen
direct von Tiryns und Mykenae kamen; sie mögen sehr wohl aus Ver-
bannten bestanden haben, welche sich unter den Namen ihrer alten Städte
vereinigten."

waffnete Bevölkerung — Plataeae z. B. hatte 600 Mann ausge-
rüstet. Es ist sehr wahrscheinlich, dass die Argiver über die
Handlungsweise der Tirynthier und Mykenäer erbittert wurden
und beschlossen, ihre Städtchen ganz zu zerstören: diese Veränderung war sehr unbedeutend, da der wirkliche συνοικισμός
längst stattgefunden hatte, und blieb daher zur Zeit unbeachtet:
späterhin aber veranlasste sie falsche Deutungen und leitete die
Historiker irre.

„Zum Schluss will ich einen ähnlichen Fall anführen. Pausanias sagt, dass die Minyer von Orchomenos nach der
Schlacht bei Leuktra durch die Thebaner aus Orchomenos
vertrieben wurden.[1] Wir wissen sehr wohl, dass die Macht
von Orchomenos längst verschwunden war: indess hatte sich
Theben, dessen Macht stark angewachsen war, über das Betragen der ihr unterworfenen Stadt, während des Krieges mit
Sparta, zu beklagen, und beschloss sie daher völlig zu vernichten. Jedoch war dies keine grosse Belagerung oder Unter-
jochung einer freien Stadt, denn Orchomenos war schon vor
langer Zeit von Theben gedemüthigt und unterworfen. Ebenso
glaube ich, dass die Einnahme der grossen Citadellen von Tiryns und Mykenae wahrscheinlich lange vor den persischen
Kriegen stattgefunden haben muss.

„Die ausführliche Stelle bei Diodoros, die auf den ersten
Blick die allgemeine Ansicht durchaus zu bestätigen scheint,
bekräftigt mich in meiner Ueberzeugung, dass sie falsch ist.
Diodoros gibt genau das Datum an. Er sagt, dass in der
78. Olympiade (468—4), als die Spartaner gegen grosse Schwierigkeiten zu kämpfen hatten, erstlich wegen eines Erdbebens,
welches viel Unglück angerichtet hatte, und zweitens wegen
des Aufstandes der Heloten und Messenier, die Argiver die

---

[1] Pausanias, IV. 27, 10: Ὀρχομένιοι δὲ οἱ Μινύαι μετὰ τὴν μάχην τὴν ἐν
Λεύκτροις ἐκπεσόντες ὑπὸ Θηβαίων ἐξ Ὀρχομενοῦ κατέφυγον.

Gelegenheit benutzten, Mykenae anzugreifen. Sie thaten
dies aber, weil Mykenae, allein unter den Städten auf ihrem
Gebiet, sich ihnen nicht unterwerfen wollte. Diese Thatsache
beweist deutlich, dass alle andern Städte, wie z. B. Tiryns und
Midcia, längst unterjocht waren, und widerspricht somit Pausanias. Diodoros zählt darauf die verschiedenenen Ansprüche
auf, die Mykenae auf alte Privilegien beim Heraion und in den
Nemeischen Spielen hatte, und in Uebereinstimmung mit Pausanias fügt er hinzu, dass sie — allein unter den argivischen
Städten — mit den Griechen in den Thermopylen gemeinschaftliche Sache gemacht hätte. Der Antheil, den Tiryns zusammen
mit Mykenae am Kampfe in Plataeae genommen hatte, scheint
beiden Schriftstellern unbekannt zu sein. Nachdem sie aber
lange auf eine Gelegenheit gewartet hatten, brachten die Argiver
jetzt eine grosse Streitmacht von Argos und den verbündeten
Städten zusammen und bekriegten Mykenae — Mykenae, welches nur im Stande gewesen war, zusammen mit Tiryns, 400 Mann
bei Plataeae zu stellen, und welches, auf seine eigenen Kräfte
beschränkt, 80 Mann nach den Thermopylen schickte! Die Argiver besiegten sie zuerst in einer Schlacht und belagerten darauf ihre Citadelle, welche sie nach einiger Zeit — aus Mangel
an Vertheidigern (was in der That glaubwürdig ist) — er-
stürmten. Hier wird wiederum Pausanias widersprochen. Diodoros schliesst, indem er sagt, dass die Argiver die Mykenäer zu
Sklaven machten, den zehnten Theil der Beute weihten und die
Stadt dem Boden gleich machten.[1]

---

[1] Diodorus Siculus, XI. 65: Μετὰ δὲ ταῦτα Ἀθήνησι μὲν ἦν ἄρχων Θεαγε-
νίδης, ἐν Ῥώμῃ δ' ὕπατοι κατεστάθησαν Λεύκιος Αἰμίλιος Μάμερκος καὶ Λεύκιος
Ἰούλιος Ἰοῦλος, ἠλείσθη δ' ἐγὼν ἑβδομηκοστὴ καὶ ὀγδόη, καθ' ἣν ἐνίκα στάδιον
Παρμενίδης Ποσειδωνιάτης. ἐπὶ δὲ τούτων Ἀργεῖοι καὶ Μυκηναῖοι ἐνέστη πόλε-
μος διὰ τοιαύτας αἰτίας· Μυκηναῖοι διὰ τὸ παλαιὸν ἀξίωμα τῆς ἰδίας πατρίδος
οὐχ ὑπήκουον τοῖς Ἀργείοις ὥσπερ αἱ λοιπαὶ πόλεις αἱ κατὰ τὴν Ἀργείαν, ἀλλὰ
κατ' ἰδίαν ταττόμενοι τοῖς Ἀργείοις οὐ προσεῖχον· ἐφιλονίκουν δὲ καὶ περὶ τῶν
ἱερῶν τῆς Ἥρας, καὶ τὸν ἀγῶνα τὸν Νεμεῖον ἠξίουν ἑαυτοὺς διοικεῖν· πρὸς δὲ

„Ich glaube, dass meine Theorie vollkommen vereinbar ist mit den Schlussfolgerungen, die man aus dieser Stelle ziehen könnte. Es ist wahrscheinlich vollkommen richtig, dass die Argiver die Gelegenheit eines Messenischen Krieges benutzten, um diese Eroberung zu machen; dies aber war der zweite, nicht der dritte Messenische Krieg. Es ist wahrscheinlich richtig — ja, ich möchte sagen, bestimmt wahr —, dass sie in der 78. Olympiade Mykenae dem Boden gleich machten, jedoch war dies nicht ihre erste Eroberung der Stadt. Wenn sie die damals noch übrigen Einwohner zu Sklaven machten, so ergriffen sie diese harte Maassregel wahrscheinlich, um eine unterworfene Stadt für die Unverschämtheit zu bestrafen, unabhängig Hülfstruppen in einen Krieg zu schicken, in welchem die souveräne Stadt beschlossen hatte, die strengste Neutralität zu beobachten. Es scheint mir fast unglaublich, dass die von Diodoros erzählten Thatsachen nicht überall in Griechenland kritische Bemerkungen hervorgerufen haben sollten, oder dass kein Widerhall dieser Bemerkungen auf uns gekommen sein sollte. Die Angabe des Diodoros, dass Mykenae

τούτοις ὅτι τῶν Ἀργείων ὑπερεχομένων μὴ συμμαχεῖν εἰς Θερμοπύλας τοῖς Λακεδαιμονίοις,, ἐὰν μὴ μέρος τῆς ἡγεμονίας αὐτοῖς παραδῶσιν, μένειν τὰν τὴν Ἀργείων καταπολέμου συνεμάχησαν οἱ Μυκηναῖοι τοῖς Λακεδαιμονίοις· τὸ δὲ σύνολον ὑπώπτευον αὐτοὺς μήποτε ἰσχύσαντες ἐπὶ πλέον τῆς ἡγεμονίας ἀμφισβητήσωσι τοῖς Ἀργείοις διὰ τὸ παλαιὸν ἀξίωμα τῆς πόλεως, διὰ δὲ ταύτας τὰς αἰτίας ἀλλοτρίως διακείμενοι πάλαι μὲν ἔσπευδον ἄραι τὴν πόλιν, τότε δὲ καιρὸν εὔθετον ἔχειν ὑπέλαβον, ὁρῶντες τοὺς Λακεδαιμονίους τεταπεινωμένους καὶ μὴ δυναμένους τοῖς Μυκηναίοις βοηθεῖν. στρατεύσαντες οὖν ἀξιολόγω δυνάμει ἐπὶ τὰς Ἀργείους καὶ ἐκ τῶν συμμαχίδων πόλεων ἐστράτευσαν ἐπ᾽ αὐτούς, κατέμαντες δὲ μάχη τοὺς Μυκηναίους καὶ συγκλείσαντες ἐντὸς τειχῶν ἐπολιόρκησαν τὴν πόλιν· οἱ δὲ Μυκηναῖοι χρόνον μέν τινα τοὺς πολιορκοῦντας εὐτόνως ἠμύνοντο, μετὰ δὲ ταῦτα λειπόμενοι τῷ πλήθει καὶ τῶν Λακεδαιμονίων μὴ δυναμένων βοηθῆσαι διὰ τοὺς ἰδίους πολέμους καὶ τὴν ἐκ τῶν σεισμῶν γενομένην αὐτοῖς συμφοράν, ἄλλων δ᾽ οὐκ ὄντων συμμάχων, ἐρημίᾳ τῶν ἐπικουρούντων κατὰ κράτος ἡλώσαν· οἱ δὲ Ἀργεῖοι τοὺς Μυκηναίους ἐξανδραποδισάμενοι καὶ δεκάτην ἐξ αὐτῶν τῷ θεῷ καθιερώσαντες, τὰς Μυκήνας κατέσκαψαν. αὕτη μὲν οὖν ἡ πόλις εὐδαίμων ἐν τοῖς ἀρχαίοις χρόνοις γενομένη καὶ μεγάλους ἄνδρας ἔχουσα καὶ πράξεις ἀξιολόγους ἐπιτελεσαμένη, τοιαύτην ἔσχε τὴν καταστροφήν, καὶ διέμεινεν ἀοίκητος μέχρι τῶν καθ᾽ ἡμᾶς χρόνων.

die letzte der von Argos unterworfenen Städte war, welche erobert wurde, finden wir möglicherweise im Homerischen Schiffskataloge bestätigt, wo Tiryns bereits als von Argos unterworfen,
Mykene dagegen als Hauptstadt des Agamemnon erwähnt wird.
Aber selbst als jener Katalog verfasst wurde, hatte Argos bereits die ganze Seekante der Argolischen Halbinsel erobert, und
Mykenae liegt im äussersten Süden des (hauptsächlich korinthischen und sikyonischen) Gebiets, welches dem Agamemnon zu-
getheilt wird. Vielleicht waren die Traditionen noch zu kräftig
für den Dichter, als dass er es hätte wagen können, Mykenae
an Argos unterworfen darzustellen; er leugnet aber geradezu,
dass Mykenae irgendeine Hegemonie über die Argivische Ebene
hatte."

Professor A. H. Sayce macht mich aufmerksam auf eine
Stelle im Homer, welche, nach seiner Meinung, ebenfalls diese
Hypothese zu unterstützen und kategorisch den Erzählungen,
die Pausanias und Diodoros aus Ephoros[1] entlehnt haben, zu
widersprechen scheint. Dieser letztere scheint sich hinsichtlich
der Zeitperiode des Pheidon von Argos geirrt zu haben, denn
nach Theopompos und Diodoros bei Syncellus, Chronik. p. 262.
kommt er in den Anfang des 9. Jahrhunderts v. Chr., womit auch die Parische Chronik, Ep. 31, stimmt. Die Homerische Stelle lautet wie folgt:

> Ihm antwortete drauf die hoheitblickende Here:
> Wohl denn, mir sind drei die geliebtesten Städte vor allen,
> Argos und mit Sparta die weitdurchwohnte Mykene:
> Diese verderb' im Zorn, wann innig sie einst dir verhasst sind;
> Niemals werd' ich solche vertheidigen, oder dir eifern.

---

[1] Nach Professor A. H. Sayce's Meinung, der die uns übrig gebliebenen
Fragmente von Ephoros sorgfältig geprüft hat, beweisen diese Fragmente
sowie andere Merkmale, dass Diodoros auch hier wie so oft einige Theile
seiner Erzählung fast buchstäblich von der des Ephoros copirt hat.

Wenn ich gleich misgönnt', und wehrte, dass du verderbtest;
Nichts doch schaffte mein Thun; denn weit gewaltiger bist du. [1]

Nach Sayce's Meinung ist es augenscheinlich, dass Homer
in dieser Stelle auf die Zerstörung wenigstens einer der drei
von ihm genannten Städte hinweisen wollte, und da Argos und
Sparta nicht zerstört waren, so konnte die Stadt, die zerstört
war, keine andere sein, als Mykenae. Sayce glaubt aus dem
Worte διαπέρσαι schliessen zu müssen, dass die Zerstörung vollständig sein musste. Wenn dem so ist, so liefert uns das Homerische Citat den sichersten Beweis dafür, dass sowol Mykenae
als auch Tiryns bereits im hohen Alterthum zerstört sein müssen,
denn, wie ich bereits oben gezeigt habe, hatte Tiryns zu Homer's
Zeit schon längst seine Selbständigkeit verloren und war Vasallin
von Argos.

Diese Hypothese nun findet in den Monumenten in Mykenae
und Tiryns ihre merkwürdige Bestätigung. Ich erinnere den
Leser an das, was ich in meinem Werk „Mykenae" [2] über die Zerstörung der Akropolismauer von Mykenae geschrieben habe:
„An der Westseite ist die cyklopische Mauer, auf eine Strecke
von 46 Fuss, beinahe ganz zerstört, und an ihrer innern Seite
hat man eine Mauer von kleinen, mit Erde verbundenen Steinen
erbaut, um ihre Trümmer zu stützen. Wir können nur eine Vermuthung aussprechen, wann die cyklopische Mauer zerstört und
die kleine Mauer gebaut worden ist: es muss dies aber lange vor
der Einnahme von Mykenae durch die Argiver (468 v. Chr.) ge-

---

[1] Il. VI. 54—56:

Τὴν δ' ἡμείβετ' ἔπειτα βοῶπις πότνα Ἥρη·
ἦτοι ἐμοὶ τρεῖς μὲν πολὺ φίλταταί εἰσι πόληες,
Ἄργος τε Σπάρτη, τε καὶ εὐρυάγυια Μυκήνη·
τὰς διαπέρσαι, ὅτ' ἄν τοι ἀπέχθωνται περὶ κῆρι·
τάων οὔτοι ἐγὼ πρόσθ' ἵσταμαι, οὐδὲ μεγαίρω·
εἴπερ γὰρ φθονέω τε καὶ οὐκ εἰῶ διαπέρσαι,
οὐκ ἀνύω φθονέουσ'· ἐπεὶ πολὺ φέρτερός ἐσσι.

[2] S. 130 u. 131.

schehen sein, denn die kleine Mauer war tief in vorhistorischem
Schutt begraben.“

Ich mache ferner darauf aufmerksam, dass die nachstehende,
in Mykenae gefundene Inschrift, von der wir mit Bestimmtheit

$$\text{T O B E R o o \{) E M}$$

wissen, dass sie aus dem 6. Jahrhundert v. Chr. stammt, auf einer
Scherbe jener glänzend schwarz lackirten hellenischen Topfwaare
eingeritzt ist, die am wenigstens drei Jahrhunderte jünger sein
muss als die archaischen Terracotten, welche man in Tiryns und
Mykenae überall an der Oberfläche des Bodens findet, und die
nothwendigerweise noch zur Zeit der Zerstörung beider Städte
in allgemeinem Gebrauch gewesen sein müssen.

Ich empfehle ferner der besondern Aufmerksamkeit der Ar-
chäologen die vielen von mir in Tiryns und Mykenae gefundenen
uralten Idole, entweder einfach in Frauenform, oder in Form einer
Frau mit von beiden Seiten neben der Brust hervorstehenden
Hörnern, oder in Form einer Kuh. In Mykenae fand ich dieselben selbst in den obersten archaischen Schuttschichten; in
Tiryns fand ich sie überall in den Räumen des die ganze obere
Citadelle einnehmenden grossen prähistorischen Palastes; es ist
somit als gewiss anzunehmen, dass diese Idole noch zur Zeit der
Zerstörung des Palastes von Tiryns sowie zur Zeit der Zerstörung von Mykenae in allgemeinem Gebrauch waren. Es scheint
uns aber unmöglich, anzunehmen, dass die Schutzgöttin von
Tiryns und Mykenae noch im 5. Jahrhundert v. Chr. unter so
uralten Formen dargestellt gewesen sein sollte. Ebenso unmöglich scheint es uns, dass man sich in jener verhältnissmässig
späten Zeit noch sollte der rohen Messer und Pfeilspitzen aus
Obsidian bedient haben, die man in Mykenae sowol als in der
Citadelle von Tiryns, in dem Palaste und ausserhalb desselben,
von sehr primitiver Form in kolossalen Massen findet.

Es kann keinem Zweifel unterliegen, dass in den homerischen Gedichten Hera eine Frau ohne irgendeins der charakteristischen Zeichen der Kuh ist; das einzige, was sie davon
bewahrt hat, ist ihr durch den Gebrauch der Jahrhunderte ge-
weihtes Epithet βοῶπις, welches jedoch im Homer kaum etwas
anders als „mit grossen Augen" bedeuten kann.

Es ist mit Gewissheit anzunehmen, dass zu Homer's Zeit
der Gebrauch, Hera in Kuhform oder mit dem charakteristischen
Zeichen der Kuh darzustellen, längst abgekommen war, und
die Katastrophe der grossen Zerstörung von Mykenae und
Tiryns muss daher nothwendigerweise einer vorhomerischen
Periode zugeschrieben werden. In der That, wenn ich den
Charakter der von mir aufgedeckten Monumente in Betracht
ziehe, kann ich kein Bedenken tragen, die Zerstörung beider
Städte der Zeit der dorischen Einwanderung zuzuschreiben; auch
würde uns die Zerstörung von Mykenae und Tiryns durch die
Herakliden die sonderbare Thatsache erklären, dass Orestes
gar nicht in Mykenae regiert hat, und dass uns die Tradition
nur die Geschichte der uralten Könige beider Städte gibt, von
deren fernern Schicksalen aber nichts weiss.

In meinen Ausgrabungen in Mykenae habe ich die zuver-
lässigsten Beweise aus Licht gebracht, dass der Ort in spätern
Zeiten, und zwar, wie die Topfwaare beurkundet, wahrscheinlich von etwa dem Anfang des 4. Jahrhunderts bis zum Anfang des 2. Jahrhunderts v. Chr. wieder angesiedelt worden ist.[1]

In der Akropolis von Tiryns dagegen sah man schon an der
Oberfläche sehr viele Scherben bemalter vorhistorischer Topfwaare, die in den Ausgrabungen in grossen Massen zum Vorschein kamen, während wir trotz eifrigsten Suchens auf der
obern und mittlern Terrasse nicht eine einzige Topfscherbe aus
hellenischer oder römischer Zeit entdecken konnten.

[1] Vgl. Schliemann, Mykenae, S. 72.

Viele Topfscherben dieser Art, sowie Bruchstücke von Dachziegeln, eine eiserne Lanzenspitze und andere Sachen aus Eisen
fanden wir dagegen bei der Ausgrabung des an der Ostseite
der Burg gelegenen Thorweges, und es scheint mit Gewissheit
daraus hervorzugehen, dass dieser Weg in griechischer oder in
römischer Zeit überdacht gewesen ist und als Wohnung gedient
hat. Gleichzeitig mögen auch einige Häuschen auf der untersten Terrasse der Burg gestanden haben, denn auch dort fanden
wir Bruchstücke von Dachziegeln, sowie spärliche spätgriechi-
sche oder römische Topfscherben.

Wenn wir mit Bestimmtheit annehmen können, dass seit
der Zerstörung des Palastes der alten tirynthischen Könige, in
ferner vorhistorischer Zeit, die Baustelle desselben auf der Oberburg nie wieder eine profane menschliche Wohnung getragen hat,
so ist sie doch einmal zu einem höhern Zweck, und zwar zur
Gottesverehrung benutzt gewesen, denn am Südende derselben
haben wir die Fundamente einer kleinen, von vielen Gräbern
umgebenen byzantinischen Kirche ans Licht gebracht.

Allerdings hat es in classischer Zeit eine Stadt Tiryns gegeben, welche sich auf der Baustelle der Unterstadt des uralten
Tiryns rings um die Citadelle herum ausgedehnt hat. Dies beweisen die vielen von mir um die Burg herum abgeteuften
Schachte, in denen ich nahe an der Oberfläche hellenische
Topfscherben und in den untern Schuttschichten bemalte und
monochrome prähistorische Terracotten, sowie Messer und Pfeilspitzen aus Obsidian fand. Dies beweist ferner ein vor etwa
25 Jahren an der Ostseite unterhalb der Citadelle gefundener
kleiner Schatz von tirynthischen Münzen aus Bronze, welche,
wie mir Herr Achilles Postolaccas, Director der Nationalen
Münzsammlung in Athen, bewiesen hat, meistentheils aus dem
5. Jahrhundert v. Chr. und auch theilweise aus makedonischer
Zeit stammen mögen, und die auf der einen Seite einen Apollokopf, auf der andern eine Palme mit der Legende TI, TIRVN

oder ΤΙΡΥΝΘΙΩΝ [1] haben. Von der Geschichte dieses neuen
Tiryns wissen wir aber womöglich sogar noch weniger als
von der des alten Tiryns, denn es wird von keinem alten
Schriftsteller erwähnt, und muss — nach den tirynther Münzen
zu urtheilen, von denen keine mehr als einen Centimeter im
Durchmesser hat — ein kleines ärmliches Städtchen und seine
Selbständigkeit nur von kurzer Dauer gewesen sein.

Südöstlich von Tiryns, am Fusse des mit einer dem Hagios
Elias geweihten Kapelle gekrönten, 203 m hohen, steilen Felsens
Castron und an dessen Ostseite ist eine kleine, dem Hagios Taxiar-
chis geheiligte Kirche. Dieselbe steht auf der Stelle eines cyklopischen Gebäudes, von dessen grossen unbehauenen Blöcken
viele in der Kirche mit verbaut sind, aber die meisten ausserhalb derselben noch *in situ* liegen. Viele ähnliche Blöcke,
welche man südlich von der Kirche sieht, lassen keinen Zweifel,
dass hier einst mehrere Gebäude gestanden haben.

Ich erwähne ferner, dass man in dem etwa eine starke halbe
Meile südöstlich von Tiryns gelegenen Dorfe Spaïtziku (vgl. die
Karte der Argolis) die aus 1,20 m langen, 1,10 m breiten, roh
behauenen Kalksteinen hergestellten Fundamente eines uralten
Gebäudes sieht, welches auch aus der Blütezeit von Tiryns
und Mykenae stammen mag, denn die umliegenden Felder sind
mit bemalten prähistorischen Topfscherben bedeckt.

Von Städten der Umgegend, die jedenfalls gleichzeitig mit
Tiryns und Mykenae florirt haben und wahrscheinlich auch gleichzeitig mit ihnen untergegangen sind, möchte ich die etwa eine
deutsche Meile südsüdöstlich von Tiryns am Meeresufer gelegene
Citadelle der alten Stadt Asine (vgl. die Karte der Argolis) nennen,
deren theils aus feingefugten polygonalen Blöcken, theils aus in un-
regelmässigem Niveau fortlaufenden Schichten von Trapezoiden her-

---

[1] Vgl. A. de Courtois in der „Revue Numismatique", 1861, S. 178 fg.,
und 1866, S. 153 fg. und Weil in A. v. Sallet's Numism. Zeitung, I, 217 fg.

gestellten cyklopischen Mauern sogar noch besser erhalten sind
als die von Tiryns. Colossale, 12 m breite, um 7 m hervor-
springende Thürme geben den Mauern ein imposantes Ansehen.
Die Terrasse der Burg, wo augenscheinlich die meisten Gebäude
gestanden haben, hat 37,50 m, die höchste Spitze 50 m Meereshöhe. Man findet auf der Terrasse noch die aus unbehauenen
cyklopischen Steinen hergestellten Fundamentmauern mehrerer
Gemächer. In der Mitte des einen derselben, welches 5,80 m lang
und 3,30 m breit ist, sieht man einen 0,62 m im Durchmesser
habenden roh behauenen Stein mit einem 0,24 m langen, 0,10 m
breiten und 0,15 m tiefen Loch. An vielen Stellen ist der
Fels zum Bau von Häusern künstlich geebnet; auch sieht man
eine grosse, birnförmig im Felsen ausgehauene Cisterne, deren
Oeffnung 1 m im Durchmesser hat, und drei kleinere Cisternen.
Asine war eine alte Stadt der Dryoper und wird im Schiffskataloge[1]
erwähnt. Nach Strabo[2], Diodoros[3] und Pausanias[4], also nach
denselben Gewährsmännern, welche uns die Eroberung und Zerstörung von Tiryns und Mykene durch die Argiver berichten,
wurde auch Asine von den Argivern zerstört, welche nur das
Heiligthum des Apollon Pythäus verschonten und das Gebiet der
Stadt mit dem ihrigen vereinigten. Auf der Akropolis von Asine
findet man ungeheure Massen von Topfscherben jener bemalten
vorhistorischen Thongeräthe, die Mykene und Tiryns eigen sind,
und die, obwol sie seit Jahrtausenden der freien Luft ausgesetzt
sind, wenig oder nichts von ihrer Frische verloren haben; auch sehr
viele Handmühlen aus Trachyt, Kornquetscher und rohe Hämmer
aus Diorit oder Granit und grosse Massen Messer und Pfeil-

---

[1] Ilias, II, 559, 560:
        Οἳ δ' Ἄργος τ' εἶχον, Τίρυνθά τε τειχιόεσσαν,
        Ἑρμιόνην, Ἀσίνην τε, βαθὺν κατὰ κόλπον ἐχούσας.
[2] Strabo, VIII, 373.
[3] Diodoros, IV, 37.
[4] Pausanias, II, 36, 4; IV, 34, 2.

spitzen aus Obsidian. Gleichzeitig findet man dort auch
schwarz- und rothlackirte späthellenische oder römische Topfwaare, welche auf eine Ansiedelung in späterer Zeit hinweisen.
Jedenfalls muss die Festung im späten Mittelalter eine Besatzung gehabt haben, denn man sieht an vielen Stellen an
den Mauern und Thürmen beträchtliche Ausbesserungen aus
venetianischer Zeit.

Nur 4 Kilometer südlich von Tiryns lag und liegt bis
heute, auf einer kleinen gegen Westen in die Bucht vortretenden
Halbinsel, welche durch einen Isthmus mit dem die argivische
Ebene im Südosten abschliessenden Bergzuge zusammenhängt,
die Stadt Nauplia, jetzt τὸ Ναύπλιον, mit einem trefflichen Hafen-
bassin an der Nordseite. Wie bereits erwähnt, wurde sie, der
Sage nach, von Nauplios, einem Sohne Poseidon's gegründet,
und scheint, wie wir gesehen haben, eine solche Abstammung
auf Beziehungen zu den Phönikiern hinzuweisen, welche die Stadt
als Vorwerk gegen die Bewohner der Ebene angelegt haben
mögen.

Es ist sehr wahrscheinlich, dass Nauplia schon zur Zeit
florirte, als noch der König von Tiryns in seinem Palaste
thronte, denn in den Mauern der jetzt Itsch-Kalé genannten
alten Akropolis sieht man noch bedeutende Ueberreste der alten
cyklopischen Ringmauer, die aus fest aneinanderschliessenden
Polygonen besteht und daher wahrscheinlich, ebenso wie die
Mauer von Asine, etwas jünger ist als die Mauer von Tiryns.
Der an einigen Stellen in dieser Festung aufgehäufte Schutt ist
jedoch nicht für archäologische Forschungen geeignet, denn er
ist zur Zeit des Aufstandes im Jahre 1862 von andern Stellen
hierher gebracht, um Batterien zu bauen, und enthält ein Misch-
masch von Topfscherben aus römischer Zeit, dem Mittelalter und
der Neuzeit; ich habe in demselben nicht eine einzige vorhistorische Topfscherbe finden können.

Der Sohn des Nauplios, Palamédès, hatte auf der hohen

steilen Felshöhe neben der Stadt ein Heiligthum. [1] Die auf
derselben befindliche Festung trägt seinen Namen, den merkwürdigerweise die fränkischen Eroberer als Bergnamen vorgefunden haben. Dieser Name ist auch, wie Curtius meint[2],
gewiss nicht im Mittelalter ersonnen worden, sondern
durch mündliche Ueberlieferung erhalten aus einer Zeit,
wo auf der Höhe das Heroum dieses mythischen Helden stand.
Die alte Stadt, welche von Herodot[3] und Skylax[4] erwähnt
wird, war nach Euripides und Strabo[5] Hafenplatz der Argiver,
aber von keiner grossen Bedeutung, wozu schon frühzeitig im
zweiten Messenischen Kriege, ungefähr in der 27. Olympiade,
die Uebersiedelung der Bewohner nach Mothone durch die
Lakedämonier beigetragen haben mag.[6] Zu Pausanias' Zeit
war sie in Trümmern und verlassen.[7]

Strabo sagt: „Unmittelbar neben Nauplia sind Höhlen und
die in ihnen angelegten Irrgänge, welche man die cyklopischen
nennt."[8]

Von Höhlen mit oder ohne Irrgängen ist aber in Nauplia
nichts bekannt. Ausserhalb der Stadt habe ich trotz langen
Suchens keine Spur davon finden können. Ich vermuthe daher, dass sie sich in dem westlichen Abhange des Felsens der
alten Akropolis befinden und von den Häusern der jetzigen
Stadt Nauplia bedeckt sind. Ich wage die Vermuthung auszusprechen, dass diese Höhlen mit den Irrgängen cyklopischer
Bauart die Gräber der alten Könige von Tiryns enthalten mögen.

[1] Ernst Curtius, Peloponnesos, II, 390.
[2] Ebendas.
[3] Herodot, VI, 76.
[4] Skylax, p. 19. Huds.
[5] Euripides, Orestes 51; Strabo, VIII, 368.
[6] Pausanias, IV, 24, 2; 27, 8; 35, 2.
[7] Ebendas., II, 38, 2.
[8] Strabo, VIII, 368: Ἑξῆς δὲ τῇ Ναυπλίᾳ τὰ σπήλαια καὶ οἱ ἐν τούτοις οἰκοδομητοὶ λαβύρινθοι, Κυκλώπεια δ' ὀνομάζουσιν.

denn in der unmittelbaren Nähe von Tiryns ist nichts, was auf
ihre Existenz hindeutet. Ich glaube es um so mehr, als man
auf der Nordostseite von Nauplia, und etwa eine viertel Meile
davon entfernt, eine Menge kleiner, im Felsen ausgehauener
kegelförmiger Gräber mit einem Dromos entdeckt hat, deren
Anlage derjenigen der sogenannten Schatzkammern in Mykenae
vollkommen entspricht; auch stimmen die in denselben gefundenen bemalten Terracotta-Vasen, sowie die Idole durchaus mit
denen von Mykenae und Tiryns überein.[1]

Das Panorama, welches sich von der Höhe der Citadelle
von Tiryns nach allen Seiten darbietet, ist überaus prachtvoll.
Indem mein Auge bald in nördlicher, bald in südlicher, bald
in östlicher, bald in westlicher Richtung schweift, frage ich
mich unwillkürlich, ob ich denn nicht schon — sei es vom
Gipfel der Vorberge des Himalaja, sei es in der üppigen
Tropenwelt auf den Sunda-Inseln oder den Antillen, sei es von
den Zinnen der grossen chinesischen Mauer, sei es in den herrlichen Thälern Japans, sei es im weltberühmten Yosemite-Thal
in Californien, sei es von der Höhe der Cordilleras de los Andes —
etwas Schöneres gesehen habe. Aber immer muss ich mir ein-
gestehen, dass der Anblick von der Citadelle von Tiryns gar
viel prachtvoller ist als alles was ich von Naturschönheiten je
gesehen habe. Ja, der Zauber, den man bei der Rundschau von
Tiryns empfindet, wird überwältigend, wenn man im Geiste die
Grossthaten recapitulirt, deren Schauplatz die Ebene von Argos
und die sie umgebenden Berge waren.

Die im Titelbilde gegebene Ansicht ist von der Nordseite des
von mir ausgegrabenen königlichen Palastes gezeichnet, dessen
Trümmer man im Vordergrunde vor sich sieht. Was diese
Ansicht im Hintergrunde bietet, hat Herr Dr. H. Lolling die

---

[1] Vgl. Lolling's Bericht über Ausgrabungen am Palamidi in den
Mittheilungen des Deutschen Archäologischen Instituts, V, 143 fg.

Güte gehabt in nachstehendem Aufsatze zu beschreiben, der
auch das Panorama nach den andern Seiten hin completirt:

„Von der Höhe der Burg von Tiryns nach Süden blickend
sieht man, wie auch unser als Titelbild beigegebenes Panorama
zeigt, gerade vor sich den langgestreckten dreigipfligen Pala-
midifelsen, dessen westlichen Gipfel das die ganze Landschaft
imponirend überragende venetianische Fort krönt. Von ihm
aus tritt nach Westen hin durch eine schmale flache Einsattelung
mit ihm zusammenhängend der rings steil abfallende, an der
Südseite stark mit sog. Frankosykiäs behangene Burgfelsen
des alten Nauplia, jetzt Itsch-Kalé genannt, in den Argolischen
Golf vor. Aus diesem taucht die kleine Insel Burzi auf, deren
ebenfalls aus venetianischer Zeit stammende Befestigung jetzt
dem Scharfrichter zur Wohnung dient, der hier von einem Pi-
ket Soldaten Tag und Nacht bewacht wird. Über die Westküste des Golfes steigen die durchgehends kahlen Bergzüge
auf, durch welche südlich der Weg über das Zavitza-Gebirge,
einen Arm des Parthenion, nach dem von Argivern und La-
koniern lange umstrittenen Ländchen Thyreatis und nach Westen
hin der bequeme Fahrweg über das alte Hysiä, jetzt Achlado-
kampos, und die byzantinische Festung Muchli in die frucht-
bare arkadische Hochebene von Tegea führt. Auf unserm
Panorama liegt die Spitze des Zavitza-Gebirges gerade über
dem Fort Burzi. Die Bergzüge, die in leichteren Linien ausgeführt sich nach Süden hin anschliessen und auf unserm Panorama an Palamidi zu stossen scheinen, gehören der Landschaft
Kynuria an; es sind Theile des Parnongebirges (jetzt Malewo),
das bis ins Vorgebirge Malea hinabreicht. Der rechts, d. h.
nördlich auf das Zavitza-Gebirge folgende Bergzug, der ebenfalls an den argolischen Golf stösst, ist der Pontinos, an dessen
Spitze bei den »Mühlen von Nauplia« die mächtige Lernaquelle
als voller Strom aus dem Felsen hervortritt.

„So weit reicht unser Panorama. Lassen wir nun auf der

Höhe von Tiryns stehend, unsere Blicke weiter wandern, so eilen sie weiter nördlich über das Chaon-Gebirge, an dem das erwähnte Kephalari des Hagios Johannes entspringt, nach dem von der Lykone in die Ebene vortretenden hohen steilen Burgberg von Argos mit dessen verhältnissmässig wohlerhaltenem mittelalterlichen Castell. Ueber die niedrigen Höhen ragt der langgestreckte Bergzug des eigentlichen Artemision herüber, an dessen höheren Theilen vorbei zwei Bergwege, der Prinosweg und der Klimaxweg, in die Ebene von Mantineia hinabführen. An dem Burgberg von Argos vorbei und über das grosse Dorf Kutzopodi gleitet der Blick hinüber nach der Kelossa, an deren Nordseite sich das Gebiet von Phlius ausbreitete. Die argivisch-phliasischen Grenzberge, welche die argivische Ebene nach Nordwesten begrenzen, stossen bei Mykenae mit dem Treton-Gebirge zusammen. Zwischen beiden öffnet sich der Haupteingang in die argivische Ebene von der Landseite her, nämlich der Pass von Dervenaki, durch den die Ebene von Argos mit dem Gebiet von Kleonai und durch dieses mit Korinth in Verbindung steht. Mit dem Treton hängen die an der Westseite der Ebene aufsteigenden Berge bei Mykenae und dem Heraion zusammen, und mit diesen wieder weiter südlich die westlichen Vorhöhen des mächtigen Arachnaion, unter dessen Südseite eine von mehreren antiken Burgen geschützte enge Thalschlucht sich bis zu dem berühmten heiligen Bezirk des Asklepios im Gebiete von Epidauros erstreckt. Die südlichen Ausläufer des Arachnaion treten nahe an die Palamidihöhe heran und schliessen somit den Ring der Berge, der sich wie ein schützender Wall um die argivische Ebene herumlegt."

DRITTES KAPITEL.

DIE IN DEN AUSGRABUNGEN IN DEN SCHUTTSCHICHTEN DER ÄLTESTEN ANSIEDELUNG IN TIRYNS GEFUNDENEN GEGENSTÄNDE AUS TERRACOTTA, STEIN u. s. w.

Wie bereits erwähnt[1] war nach Eustathios und Stephanos Byzantinos der erste Name von Tiryns Halieis oder Haleis, da Fischer sich zuerst auf jenem Felsen niedergelassen hätten; und in der That haben meine Ausgrabungen an mehreren Stellen des Burghügels, und namentlich auf der mittleren Terrasse (vgl. Plan I), deutliche Spuren einer uraltesten ärmlichen Niederlassung aufgedeckt, welche dem Bau der grossen cyklopischen Mauern und des königlichen Palastes lange vorhergegangen sein muss. Ueber die Bauart und den Grundriss der Häuser dieser primitiven Colonisation sind wir allerdings schlecht unterrichtet. Der an vielen Stellen erhaltene Fussboden der Gebäude bestand aus gestampftem Lehm, und derselbe ist somit total verschieden von dem Fussboden des gleichzeitig mit den cyklopischen Mauern, auf der oberen Burg errichteten Palastes, der überall aus einem Kalkestrich hergestellt ist. Die wichtigsten Spuren der uralten Ansiedelung fanden wir in der Südwestecke der mittleren Burg, wo wir, 3,30 m unterhalb der letzten Stufe der kleinen Verbindungstreppe (vgl. Plan II), den aus Lehmestrich hergestellten, starke Brandspuren zeigenden Fussboden eines Zimmers entdeckten, von dessen aus mit Lehm verbundenen rohen Steinen

---

[1] S. 19; Anmerkung.

gemachten Mauern noch zwei bis zu einer Höhe von 0,75 m
erhalten waren. Ebenso sind auch die Thongefässe der urältesten Ansiedelung, mit der einzigen Ausnahme der Becher,
in Form, Technik und Decoration durchaus verschieden von
den bei den Bewohnern des Palastes gebräuchlichen Terracotten,
wovon wir viele ganze Gefässe und colossale Massen von Bruchstücken gesammelt haben. Während nämlich letztere, mit verhältnissmässig wenigen Ausnahmen, auf der Töpferscheibe gedreht, bemalt und im Grossen und Ganzen der von mir in
Mykenae ausgegrabenen, sowie der in Asine auf dem Boden
herumliegenden Topfwaare [1] sehr ähnlich sind, auch in der in
den untersten Schuttschichten der Akropolis von Athen [2], am
Fusse des Tempels der Demeter in Eleusis, im Kuppelgrabe von
Menidi [3], in den Gräbern von Spata [4] und Aliki [5] bei Chasani in
Attika, von Nauplia [6], von Salamis [7], von Jalysos auf Rhodos [8],

---

[1] Vgl. Schliemann, Mykenae (Leipzig 1878).

[2] Diese Topfwaare ist im Museum in der Akropolis ausgestellt.

[3] Das Kuppelgrab bei Menidi, herausgegeben vom Deutschen Archäologischen Institute in Athen (Athen 1880), S. 5.

[4] Vgl. Schliemann, Mykenae, S. 431—437; ferner die Zeitschrift Ἀθήναιον
(1877), VI, 167—172; Mittheilungen des Deutschen Archäologischen Instituts zu Athen. II, 82—84 und 261—276; Bulletin de Correspondance
hellénique. I, 261—264. II, Tafel XIII—XIX, S. 185—228; A. Milchhöfer,
Die Museen Athens, S. 102—104.

[5] Ueber die Ausgrabungen bei Aliki und die dort gefundenen Vasen
wird, wie mir Dr. Lolling mittheilt, in der bald erscheinenden Fortsetzung
der Mykenischen Thongefässe von Ad. Furtwängler und G. Loeschcke gehandelt werden.

[6] Ἀθήναιον (1878), VII, 183—201; (1879) VIII, 517—526; Mittheilungen
des Deutschen Archäologischen Institute in Athen, V, 143—163.

[7] Diese Gräber sind vom Kapitain Andreas Miaoules, Direktor des
Königl. Arsenals in Salamis, am nördlichen Ufer dieser Insel entdeckt, und
die darin gefundenen Thongefässe sind in seinem Hause neben dem Ar-
senal aufgestellt.

[8] Archaeologische Zeitung, 1873, S. 104, 105; Charles T. Newton,
Essays on Art, S. 284 fg.; Gazette Archéologique, V, (1879), Tafel 26, 27,
S. 292; François Lenormant, Les Antiquités de la Troade, II, 34; A. Du-
mont et J. Chaplain, Les Céramiques de la Grèce propre, Tafel III, S. 43—46.

in Knossos auf Kreta[1] gefundenen sehr viele Analoga haben, so gehören die Thongefässe der primitiven Ansiedler von Tiryns meistentheils zur Culturphase der von mir ausgegrabenen vier letzten prähistorischen Städte von Troja[2], sowie der Bewohner der Stätte des am Ufer des Thrakischen Chersones befindlichen Tumulus des Protesilaos[3], welcher sich die in der uralten Nekropole auf Antiparos gefundene Topfwaare[4] anschliesst.

Die gänzliche Verschiedenheit der Thongefässe der beiden Ansiedelungen auf dem Felsen von Tiryns in Form, Technik und Decoration gewährt uns aber den sichersten Beleg dafür, dass sie ganz verschiedenen Völkern angehören, denn „die verschiedenen Kunststile desselben Stammes in verschiedenen Perioden sind", wie mein Freund George Dennis[5] sehr richtig bemerkt, „gleich den Gliedern einer Kette miteinander verbunden: unmöglich kann ein Volk, nachdem es für seine Thongefässe einen Stil herausgebildet, der nun bei ihm einen heiligen und rituellen Charakter gewonnen hatte, denselben plötzlich aufgeben und sich einem andern gänzlich abweichenden zuwenden. Ein Volk kann seine Künste und seine Industrie modificiren, entwickeln, vervollkommnen, aber niemals völlig verwerfen, denn dann würde es seine eigene Individualität verleugnen. Finden wir also zwischen zwei Kunststilen so viele und so stark ausgesprochene Verschiedenheiten, dass es unmöglich wird, die entfernteste Analogie wahrzunehmen, so genügt es nicht, solche

---

[1] Albert Dumont et Jules Chaplain, Les Céramiques de la Grèce propre (Paris 1881), S. 64, 65.

[2] Vergl. Schliemann, Ilios (Leipzig 1881), S. 398—650, und Schliemann, Troja (Leipzig 1884), S. 144—214.

[3] Schliemann, Troja, S. 286—293.

[4] Die Ausgrabungen in der prähistorischen Nekropolis auf Antiparos sind im Frühjahr 1884 von J. Theodore Bent gemacht, und die von ihm dort gefundene Topfwaare ist jetzt provisorisch im British Museum aufgestellt. Vgl. die Zeitschrift „The Athenaeum" vom 3. Mai 1884.

[5] The Cities and Cemeteries of Etruria (2. Auflage, London 1878). Dieses Citat ist aus Ilios, S. 315, wiederholt.

Abweichungen auf eine Verschiedenheit der Zeit oder Culturstufe zurückzuführen; wir können sie dann nur verschiedenen
Völkern zuschreiben."

Wenn wir daher in den ältesten Colonisten in Tiryns die
Ureinwohner des Landes vermuthen, so dürfen wir mit hoher
Wahrscheinlichkeit die spätere Niederlassung, welcher der grosse
Palast und die riesigen cyklopischen Mauern angehören, dem
grossen asiatischen Volke zuschreiben, welches etwa um die Mitte
des zweiten Milleniums vor Christus das ganze Festland von

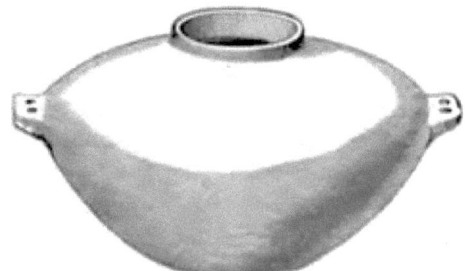

Nr. 1. Aus der Hand gemachte Vase von Terracotta mit doppelt durchbohrten Auswuchsen
an den Seiten. ⅓ Grösse. Tiefe 4 m.

Griechenland, sowie die Inseln des Ionischen und Aegäischen
Meeres mit Niederlassungen bedeckte und bereits auf einer
hohen Culturstufe stand.[1]

Indem ich nun zur nähern Beschreibung der Fundgegen-
stände übergehe, fange ich mit denen der urältesten tirynther
Niederlassung an und bringe hier unter Nr. 1 eine kleine, aus der
Hand gefertigte muschelförmige, mit röthlichgelbem Thon über-

---

[1] Vgl. S. 23—32 das über die Niederlassungen der Phönikier in
Griechenland Gesagte. Vgl. auch Max Duncker, Geschichte des Alterthums.
V, 35 fg.

zogene, mehr als gewöhnlich gebrannte Vase zur Anschauung.[1] Dieselbe hat an zwei Seiten des Bauches je einen Auswuchs mit zwei senkrechten Durchbohrungen, und sie stellt somit genau den in der ersten Stadt von Troja am meisten vertretenen Typus dar[2], der aber auch in der zweiten, der verbrannten Stadt vorkommt.[3] Die Löcher an den Seiten, die in derselben Richtung in den Deckeln wiederholt waren[4], dienten sowol zum Aufhängen als zum Verschluss der Vasen mittels einer Schnur.[5]

Nr. 2. Vase aus grünem Basalt mit doppelten, senkrecht durchbohrten Auswüchsen an den Seiten. ⅓ Grösse, Tiefe 4½—5 m.

Ein ähnliches System sehen wir an der Vase aus grünem Basalt Nr. 2, deren Rand etwas erhaben ist. Der Boden fehlt. Vasen aus bläulichgrauem Stein kommen auch im Kuppelgrabe

[1] Die Tiefe, in welcher dieser und alle übrigen in diesem Werk illustrirten Gegenstände gefunden sind, ist immer von den bei den Ausgrabungen gegenwärtigen Aufsehern auf denselben notirt, und ich wiederhole nur deren Angaben, ohne die Richtigkeit derselben verbürgen zu können.

[2] Vgl. Schliemann, Ilios, S. 214, 245, Nr. 23—25; Troja, S. 36, Nr. 3.

[3] Ebendas., S. 408, Nr. 282, 283.

[4] Ebendas., S. 246, Nr. 26.

[5] Vgl. Ilios, S. 398, 399, und Abbildung Nr. 252.

bei Menidi[1], aus schwarzem Granit in Mykenae[2], in Spata[3] und
in der Akropolis von Athen vor; die in Mykenae und Spata gefundenen Exemplare haben Löcher zum Aufhängen an den Seiten.

Ein weiteres Exemplar mit ähnlichem System zum Aufhängen und Verschliessen bringe ich auf Tafel XXIII unter Fig. d
zur Anschauung. Es ist eine in 2 m Tiefe gefundene, aus der
Hand gemachte kugelförmige Vase aus feingeschlemmtem, nur
3 mm dicken grünen Thon, der mit glänzend schwarzem Firniss überzogen ist. Am geraden Halse, der sich nur 4 cm erhebt, ist rechts und links ein senkrecht durchbohrter Auswuchs
zum Aufhängen.

Es kommen hier ausserdem Fragmente von aus der Hand
gefertigten Schalen von grauem, unreinem, wenig gebrannten Thon vor. Dieselben haben einen breiten, wagerecht hervorstehenden Rand, der an zwei Seiten je zwei senkrechte
Durchbohrungen hat, separat angefertigt und angeknetet ist, als
der Thon noch feucht war. Das Gefäss wurde darauf geglättet
und vor dem Brennen mehrfach in eine Auflösung von rothem
Thon getaucht, wodurch es auf der Aussen- und Innenseite eine
ziegelrothe Farbe erhielt.

Vasen mit ähnlichen senkrecht durchbohrten Auswüchsen
an zwei Seiten sind, ausser in Troja, überall sehr selten und
kommen nur einzeln in den urältesten Niederlassungen vor. Das
Nationalmuseum in Athen hat nur eine solche Vase, die in
Attika gefunden ist und die Nummer 2185 trägt. Die kleine in
der Französischen Schule in Athen befindliche Sammlung von
auf der Insel Thera (Santorin), unterhalb dreier Schichten Bims-
stein und vulkanischer Asche gefundenen Thongefässen enthält
drei aus der Hand gemachte Vasen, die mit demselben System

[1] Das Kuppelgrab bei Menidi, herausgegeben vom Deutschen Archaeol.
Institut in Athen (Athen 1880), S. 20, 23, 25, Tafel IX, Nr. 5, 6, 7.
[2] Vgl. Schliemann, Mykenae, S. 436.
[3] Ebendas.

zum Aufhängen versehen sind. Wir sehen dieselben Vor-
richtungen auch an mehrern Bruchstücken aus der Hand gefertigter Vasen, die ich in meinen Ausgrabungen von Böotien
fand.[1] Mehrere ebenfalls aus der Hand gefertigte Vasen derselben Art befinden sich in der jetzt provisorisch im British
Museum aufgestellten Sammlung prähistorischer Alterthümer,
die von J. Theodore Bent in der uralten Nekropole auf der
Insel Antiparos ausgegraben sind.[2] In den Königsgräbern von
Mykenae habe ich das Bruchstück einer ähnlichen Vase aus
Terracotta[3], sowie mehrere ganze Exemplare von Gold gefunden.[4] Bruchstücke von aus der Hand gemachten Terracotta-
Vasen mit ähnlichem System wurden von Dr. Max Ohnefalsch-
Richter in seinen Ausgrabungen auf Cypern entdeckt. Das
Museum von Saint-Germain-en-Laye enthält mehrere Bruchstücke
ähnlicher aus der Hand gemachter Vasen, wovon das eine in
einer Höhle in Andalusien, drei andere in Dolmen in Frankreich gefunden wurden; ferner die Abgüsse von noch zwei solchen Fragmenten, deren im Museum von Vannes aufbewahrte
Originale in dem Dolmen von Kerroh bei Locmariaker entdeckt
wurden. Das Königl. Museum nordischer Alterthümer in Kopenhagen enthält drei aus der Hand gemachte, mit Deckeln geschlossene Vasen und 16 einzelne Vasendeckel[5], das Königl.
Museum in Stockholm drei Vasen desselben Systems.

Scherben ähnlicher Gefässe wurden in den Höhlen bei In-
zighofen an der obern Donau gefunden.[6] Die Sammlung baby-

---

[1] Vgl. Schliemann, Orchomenos, S. 40, Nr. 2, und S. 41, Nr. 3.

[2] J. Theodore Bent, „Prehistoric Graves at Antiparos", in der Londoner Zeitschrift „The Athenaeum", vom 3. Mai 1884.

[3] Vgl. Schliemann, Mykenae, S. 185.

[4] Ebendas., S. 236, Nr. 318; S. 238, Nr. 319; S. 239, Nr. 320—322.

[5] J. J. A. Worsaae, Nordiske Oldsager (Kjøbenhavn 1859), Tafel 19,
Nr. 95, 98, Tafel 20, Nr. 99.

[6] Ludwig Lindenschmit, Die vaterländischen Alterthümer der Hohen-
zollerschen Sammlungen (Mainz 1860), Tafel XXVI, Nr. 7, 8.

Ionischer Alterthümer im British Museum enthält das Bruchstück
eines aus der Hand gemachten Thongefässes und die Sammlung
assyrischer Alterthümer desselben Instituts drei in Nimrud ge-
fundene, aus der Hand gefertigte ganze Vasen mit demselben
System. Dieselbe Einrichtung finden wir an einem aus der
Hand gemachten Gefässe aus Cypern im Louvre, an dem
Bruchstück einer Vase in der Sammlung des Grafen Bela
Széchényi in Ungarn [1], sowie auf einem in einem kegelförmigen
Hünengrabe bei Goldenitz in Mecklenburg entdeckten, aus der
Hand gemachten Gefäss, welches unter Nr. 1094 im Gross-
herzoglichen Museum in Schwerin aufbewahrt wird. Ferner
enthält das Museum von Parma zwei in den Terramare der
Emilia gefundene, aus der Hand gefertigte Vasen, wovon die
eine mit einem, die andere mit zwei senkrechten, röhrenförmigen
Löchern an jeder Seite versehen ist; zwei gleichfalls aus der
Hand gemachte Gefässe gleicher Provenienz und ähnlichen
Systems sind im Museum zu Reggio. Zwei weitere aus der
Hand gefertigte Vasen mit ähnlichem System, wovon die eine
in den Terramare von Castello bei Bovolone (Provinz Verona),
die andere in den Pfahlbauten des Gardasees gefunden wurde,
sind im Museo Preistorico im Collegio Romano in Rom. Eine
Vase, ebenfalls aus der Hand gemacht und mit gleichem System,
wurde in einem alten Grabe bei Corneto (Tarquinii) gefunden
und ist im Museum dieser letztern Stadt zu sehen. Das in der
Grotta del Farné bei Bologna gefundene Bruchstück einer aus
der Hand gemachten Vase mit ähnlichem System ist in der prähistorischen Sammlung des Museums von Bologna.[2] Ein ähnliches aus der Hand gefertigtes Gefäss wurde in einer Terramare

[1] Joseph Hampel, Catalogue de l'Exposition préhistorique des Musées
de province et des collections particulières de la Hongrie (Budapest 1876),
S. 71, Nr. 55.
[2] Edoardo Brizio, La Grotta del Farné (Bologna 1882), S. 20, Tafel
III, Nr. 17.

bei Campeggine (Provinz Reggio in der Emilia)[1] gefunden; auch
wurden in alten Gräbern bei Bovolone, welche, wie angenommen wird, aus demselben Zeitalter stammen wie die Terramare
der Emilia, ein paar aus der Hand gefertigte Leichenurnen mit
senkrechten Röhren an den Seiten zum Aufhängen gefunden.[2]
Eine Vase mit gleicher Einrichtung, die in Umbrien entdeckt
wurde, befindet sich in der prähistorischen Sammlung im Museum
zu Bologna; eine andere, die in der Höhle von Trou du Fron-
tal-Furfooz in Belgien gefunden wurde, ist im Museum zu
Brüssel. Das vorhistorische Museum in Madrid enthält fünf
Bruchstücke von aus der Hand gemachten Vasen mit ähnlichen
senkrecht durchbohrten Auswüchsen an den Seiten; diese Bruchstücke sind in Höhlen in Andalusien gefunden, die in der Steinzeit bewohnt waren. Ein ebenfalls aus einer Höhle in Andalusien stammendes Bruchstück einer Vase mit senkrechter Durchbohrung ist im Museum zu Kassel. Ein in der Landdrostei Lüne-
burg gefundenes aus der Hand gefertigtes Thongefäss mit
senkrecht durchbohrten Auswüchsen ist in der Sammlung des
Historischen Vereins für Niedersachsen im Museum zu Hannover.
Auch enthält die herrliche Privatsammlung des Senators Friedrich Culemann in Hannover eine aus der Hand gemachte Vase
mit ähnlichem System. Eine auf gleiche Weise gefertigte Dose
mit senkrechter Durchbohrung an zwei Seiten, im Rande und
im Deckel, wurde im Kreise Guben in Preussen gefunden.[3]
Eine aus der Hand gefertigte Terracotta-Vase mit senkrecht
durchbohrten Auswüchsen am obern Rande sowie im Rande des
Fusses wurde in Platkow[4] gefunden; ferner in Grone bei Göt-

---

[1] Bullettino di Paletnologia Italiana, 1877, S. 8, 9, Tafel I, Nr. 3. .

[2] Ebendas, (1880), S. 182—192 und Tafel XII.

[3] Zeitschrift für Ethnologie, Organ der Berliner Gesellschaft für Anthropologie, Ethnologie und Urgeschichte, 1882, S. 392—396.

[4] Verhandlungen der Berliner Gesellschaft für Anthropologie, Ethnologie und Urgeschichte; Sitzung am 20. October 1883, S. 426.

tingen ein aus der Hand gefertigter Thonkrug, an welchem
jederseits zwei starke, enge, übereinanderstehende Henkel mit
verticaler Durchbohrung sind[1]; in einem megalithischen Grabe
bei Janischewek in Cujavien[2] ein aus der Hand gearbeiteter
napfartiger Topf, auf dessen einer Seite zwei von unten nach
oben durch enge senkrechte Löcher durchbohrte platte Knöpfe
sitzen; in Faliszewo das Randstück eines aus der Hand gemachten Thongefässes, welches mit einer breit angesetzten,
platten und von oben nach unten senkrecht durchbohrten *Ansa
lunata* versehen ist[3]; in Güssefeld im Kreise Salzwedel eine
Thonurne mit einem senkrecht und doppelt durchbohrten breiten
Oehr.[4] Ferner hat das prähistorische Gräberfeld an der Ziegelei
vor Tangermünde eine gewisse Zahl ähnlicher aus der Hand
gemachter Hängegefässe mit vertical durchbohrten Oehren geliefert[5]; auch wurden mehrere aus der Hand gefertigte Vasen
mit gleichem System in uralten Gräbern von Wulfen im Kreise
Köthen[6], sowie in den ältesten Gräbern eines Tumulus im An-
haltischen in der Nähe von Bernburg[7] entdeckt; die in diesem
Grabhügel gesammelten Alterthümer werden in der Sammlung
des Historischen Vereins zu Bernburg aufbewahrt. Noch mache
ich auf eine zu Dehlitz bei Weissenfels an der Saale gefundene,
aus der Hand gefertigte Urne[8] aufmerksam. Dieselbe hat auf
drei Seiten senkrecht durchbohrte Vorsprünge, und zwar auf
zwei Seiten je zwei übereinander, von denen die untersten nahe
am Boden sitzen, auf der dritten dagegen nur einen einzigen.

[1] Verhandlungen der Berliner Gesellschaft für Anthropologie, Ethnologie und Urgeschichte; Sitzung am 20. October 1883, S. 429.
[2] Ebendas., S. 430—432 und Tafel VII, Nr. 2.
[3] Ebendas., S. 431.
[4] Ebendas., S. 437, Anmerkung.
[5] Ebendas., S. 438—442 und Tafel VIII, Nr. 2. 4.
[6] Ebendas., S. 441.
[7] Ebendas., S. 445, 446.
[8] Ebendas., Sitzung vom 28. November 1874, S. 7.

Da sich in den Gräbern in Deutschland, welche Thongefässe
mit diesem System enthalten, ungemein selten metallische Gegenstände unter den Beigaben finden, während Knochengeräthe und
polirte Steine in sehr charakteristischer Weise fast regelmässig
hervortreten, so schreibt sie Professor Rudolf Virchow mit hoher
Wahrscheinlichkeit der neolithischen Zeit zu.[1] Ich kann hinzufügen, dass das Museum in Breslau, dessen Director Herr
Dr. H. Luchs ist, 12—15 aus der Hand gefertigte Thongefässe
mit senkrecht durchbohrten Auswüchsen an zwei Seiten enthält,
welche sämmtlich in prähistorischen Gräbern in Schlesien gefunden sind. Ferner besitzt auch das Museum zu Prag, dessen
Director Herr Vrtiásko Ant. Jaroslav ist, eine in Böhmen gefundene Vase mit demselben System. Auch die prähistorische
Sammlung im Museum zu Genf enthält einige Fragmente von
in Frankreich[2] gefundenen Vasen, die ebenfalls senkrechte
Löcher zum Aufhängen haben. Endlich erwähne ich, dass die
Griechische Archäologische Gesellschaft in den in Eleusis gemachten Ausgrabungen am Fusse des Tempels der Demeter eine
grosse Menge ganz kleiner, aus der Hand gemachter und un-
polirter, nur 2—4 cm hoher, uralter Thongefässe gefunden hat,
wovon sehr viele an zwei Seiten einen senkrecht durchbohrten
Auswuchs zum Aufhängen haben; auch ein etwas grösseres Gefäss mit demselben System und viele andere, noch grössere,
die blos ein Loch zum Aufhängen am Fusse und am Rande
haben.

Ich hebe aber ganz besonders hervor, dass ich hier nur von
Thongefässen mit senkrechten röhrenförmigen Ringen oder
Löchern zum Aufhängen und Verschliessen spreche, nicht von
solchen, die horizontale Oesen haben, denn diese sind sowol
in den schweizer Pfahlbauten, als in Deutschland, Frankreich,

---

[1] Ebendas., S. 418.
[2] Der Fundort ist nicht angegeben.

England, Dänemark und ganz besonders auf der Insel Cypern
sehr häufig.

Ob nun die Thonvasen mit senkrecht durchbohrten Auswüchsen — welche, wie wir gesehen haben, mehrfach im Schutt
der ältesten Niederlassung in Tiryns, häufig im ältesten Stratum
in Eleusis, zu Tausenden von Exemplaren in den prähistorischen
Städten von Troja, vielfach in der neolithischen Zeit Deutschlands

Nr. 2. Aus der Hand gemachte einhenkelige Kanne. ¹⁄₂ Grösse; Tiefe ca. 3¹⁄₄ m.

und hin und wieder in den Ansiedelungen aus der Steinzeit in
Italien, Frankreich, Spanien u. s. w. vorkommen — Beweise eines
directen Zusammenhanges seien, „das wird sich", wie Professor
Rudolf Virchow sagt, „erst übersehen lassen, wenn die Länder
der Balkanhalbinsel archäologisch genauer untersucht sein werden, was dringend wünschenswerth ist. Allein wenn sich auch
ein wirklicher Zusammenhang zeigen sollte, so wird es immer
noch fraglich sein, ob die Wege der Cultur von Kleinasien nach
Osteuropa oder umgekehrt gegangen sind, und da das erstere
vorläufig das wahrscheinlichere ist, so würde für die Chronologie
der Fundorte damit wenig gewonnen."[1]

---

[1] Rudolf Virchow's Vorrede zu Schliemann's Ilios, S. XIV.

Unter Nr. 3 bringe ich eine der ersten Ansiedelung von
Tiryns angehörige, aus der Hand gemachte einhenkelige Kanne
von Kugelform zur Anschauung. Dieselbe ist aus grobem ziegel-
farbigen Thon, durch und durch gebrannt, unbemalt und hat
einen aufrechten Hals mit weit hervorstehendem, halbmondförmig
ausgeschnittenen Ausguss; der Boden ist klein und flach. Vasen
mit einem ähnlichen Ausguss sind in der verbrannten sowie in
der vierten Stadt von Troja sehr häufig[1]; auch ist ein Exemplar

Nr. 4. Kanne mit Auswüchsen an den Seiten und auf dem Henkel. ¹⁄₄ Grösse, Tiefe 5 m.

davon von Bent in der prähistorischen Nekropolis auf der Insel
Antiparos gefunden und jetzt in seiner provisorisch im British
Museum ausgestellten Sammlung zu sehen.

Nr. 4 stellt eine aus der Hand gefertigte, wenig gebrannte
dunkelbraune Kanne dar, die vor dem Brennen mit einer Auflösung von feinerem Thon übertüncht worden ist; sie hat einen
Henkel der, zum besseren Festhalten, oben mit einem knopfartigen

---

[1] Vgl. Schliemann, Ilios, S. 430, Nr. 357; S. 432, Nr. 364; S. 433,
Nr. 365; S. 614, Nr. 1161, 1162.

Auswuchs versehen ist; ausserdem ist ein grösserer Auswuchs an beiden Seiten des Bauchs, damit das Gefäss sicher zwischen zwei Steine am Feuer hingestellt werden könnte. Der Ausguss

Nr. 5. Gefäss in Form von 2 zusammengelegten Muscheln mit weisser Linearverzierung. ⅓ Grösse, Tiefe 1 m.

ist abgebrochen. Gefässe mit ähnlichen Auswüchsen am Bauch sind in Troja häufig.[1]

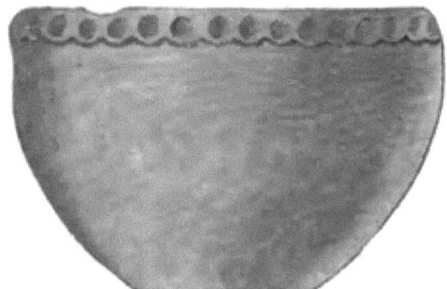

Nr. 6. Becken von Thon. ⅓ Grösse; Tiefe 4,30 m.

Unter Nr. 5 stelle ich ein aus der Hand gefertigtes wenig gebranntes Gefäss in Form von zwei zusammengelegten Muscheln dar. Es besteht aus sehr grobem braunen Thon, der vor dem

---

[1] Ebendas., S. 131, Nr. 369. — Schliemann, Troja, S. 214, Nr. 91.

Brennen mit sehr fein geschlemmtem dunkelbraunen Thon übertüncht und mit einer weissen Verzierung versehen ist, die vom
Halse unregelmässig bis auf die Mitte des Bauchs reicht. Das
Gefäss hatte auf dem Rücken einen Henkel, der aber abgebrochen
ist. Es sind soviel ich weiss im ganzen nur 6 ähnliche Gefässe
gefunden worden: das eine derselben von mir in Ilion [2], das
zweite, ebenfalls von mir, in Mykenae; ein drittes wurde auf
der Insel Amorgo entdeckt; diese beiden letzteren sind in Athen
zu sehen, das eine in der Mykenischen Sammlung, das andere
im Nationalmuseum. Die drei übrigen Gefässe dieser Art wurden,
zusammen mit Hüttenurnen, unter einem Stratum alten Peperins,
bei Marino unweit Albano gefunden und befinden sich im British
Museum.

Ich bringe ferner unter Nr. 6 ein aus der Hand gefertigtes
Becken aus grauem gröberen, 7 mm dicken Thon zur Anschauung.
Es ist unbemalt und die vor dem Brennen polirte Aussenseite
zeigt die einfache braune Thonfarbe. Auf dem etwas hervorstehenden Rande sieht man ringsherum eine ununterbrochene
Reihe von runden concaven Eindrücken, die augenscheinlich vor
dem Brennen, als der Thon noch weich war, mit dem Finger
gemacht sind. Bruchstücke von Vasen mit einer vollkommen
ähnlichen Verzierung wurden in einer prähistorischen Ansiedelung
bei Imola gefunden. [1]

Nr. 7 zeigt ein aus der Hand gefertigtes Gefäss aus grobem
6 mm dicken grauen Thon, mit nicht durchbohrten Auswüchsen
rechts und links, die sowol als Henkel als auch dazu gedient
haben mögen, die Vase fester zwischen zwei Steinen am Feuer
aufzustellen.

---

[1] Schliemann, Troja, S. 241, Nr. 130.
[2] Edoardo Brizio, Atti e Memorie della R. Deputazione di Storia Patria
per le provincie di Romagna, IIIᵃ Serie, Vol. II, fasc. 2 (Modena 1884),
p. 19, Tav. IIIᵃ, Nr. 1, 2.

In Nr. 8 bringe ich ein oberes Bruchstück eines aus der Hand gefertigten grossen Kruges (πίζος) zur Abbildung; dasselbe

Nr. 7. Gefäss von Thon mit einem Auswuchs rechts und links. ½ Grösse; Tiefe 4 m.

zeigt einen 52 mm breiten, ausladenden Rand und besteht aus grobem dunkelbraunen Thon; die Wandstärke beträgt 13 mm.

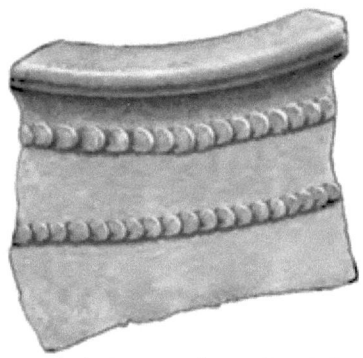

Nr. 8. Bruchstück vom Rande eines grossen Kruges (πίθος). ½ Grösse; Tiefe 4,50 m.

Unter dem Rande gehen zwei Streifen, die besonders gemacht und aufgeknetet sind als der Thon noch feucht war, horizontal um das Gefäss herum; dieselben sind plastisch ausgedrückt gleich aufeinanderliegenden kleinen Münzen. Kruken dieser

Form mit ähnlichen plastisch ausgedrückten Streifen kommen
noch jetzt im Peloponnes vor.

Die Abbildung Nr. 9 veranschaulicht das Bruchstück vom
Bauch eines andern aus der Hand gefertigten grossen Kruges
(πίθος) aus sehr grobem, mit vielen Steinchen gemischten, grauen,
schlecht gebrannten 14 mm dicken Thon. Zwei Streifen von je
35 mm Breite ziehen sich horizontal um den Bauch des Gefässes;

Nr. 9. Bruchstück eines grossen Kruges (πίθος). ¹⁄₂ Grösse; Tiefe 3 m.

dieselben sind reliefartig gepresst und stellen Spiralen dar,
zwischen denen man abwechselnd auf und absteigende Aeste
sieht, welche Tannenreis gleichen. Obgleich dieser Gegenstand
in einer Tiefe von nur 3 m gefunden ist, so schreibe ich ihn
doch mit hoher Wahrscheinlichkeit der ältesten Ansiedelung zu.

Die ersten Ansiedler auf dem Felsen von Tiryns kannten
aber auch den Gebrauch der Töpferscheibe, denn der unter
Nr. 10 dargestellte tiefe Teller, den Herr Dr. Ernst Fabricius
in 5 m Tiefe, auf dem Lehmfussboden eines Häuschens der

ältesten Colonisation fand, ist entschieden auf der Töpferscheibe
gedreht. Derselbe ist von nur zur Hälfte gebranntem, rohen
gelben Thon hergestellt, ungeglättet und daher in jeder Hinsicht
den Tellern sehr ähnlich, die in colossalen Massen in Troja vorkommen.[1] Aehnliche sehr rohe ungeglättete, auf der Töpferscheibe gedrehte Teller kann man auch in den Sammlungen der
assyrischen, ägyptischen und cyprischen Alterthümer im British
Museum in Augenschein nehmen; sie werden auch, wie mir
Professor Joseph Hampel mittheilt, in den Ausgrabungen in
Magyarád in Ungarn gefunden. In Deutschland kommen sie, wie
mir Professor Virchow sagt, nur geglättet vor.

Nr. 10. Tiefer Teller von Thon. ¹/₄ Grösse. Tiefe 5 m.

Ich halte es im Interesse der Wissenschaft, hier auch eine
Beschreibung der übrigen charakteristischen Thongefässe der
urältesten Ansiedelung von Tiryns zu geben, die nur in Bruchstücken vorkommen:

1. Aus der Hand gefertigte Gefässe aus schwarzem, 5 mm
dicken unreinen Thon, deren Aussenseite vor der Brennung mit
einer fast 1 mm dicken Kruste feingeschlemmten dunkelrothen
Thons überzogen ist, und die vor und nach der Brennung auswendig und inwendig geglättet, daher an der Aussenseite glänzend
roth, an der Innenseite glänzend schwarz sind.

2. Aus der Hand gefertigte grosse Schalen mit übergebogenem Rand aus unreinem graugelben Thon, die vor der Brennung

---

[1] Vgl. Schliemann, Ilios, S. 455, 456, Nr. 456—468.

in eine Auflösung schwarzen Thons getaucht und daher aus-
wendig und inwendig schwarz, sowie andere ähnliche, die in eine
Lösung rothen Thons getaucht und infolge dessen roth sind.
Die obere Fläche des Randes dieser letztern Gattung ist in vielen
Fällen schwarz bemalt. Die Thondicke dieser Schüsseln variirt
zwischen 12 und 15 mm.

3. Aus der Hand gefertigte sehr flache Schalen, deren Form
identisch ist mit jener der in der ersten Stadt von Troja sehr
zahlreich vorkommenden schwarzen Schalen.[1] Dieselben sind
aus unreinem rothen Thon hergestellt und vor der Brennung
nur mit der Aussenseite in eine Lösung schwarzen Thons getaucht und auf beiden Seiten gut polirt, infolge dessen haben
sie auswendig eine glänzend schwarze, inwendig eine glänzend
rothe Farbe. Ihre Wanddicke beträgt 4 bis 6 mm.

4. Aus der Hand gefertigte kleine Gefässe aus sehr gut
geschlemmtem grauen Thon, deren Wanddicke nur 2½ mm
beträgt; sie sind auf ähnliche Weise hergestellt wie die vorhergehenden und haben an der Aussenseite eine glänzend schwarze
Farbe, auf der ungeglättet gebliebenen Innenseite aber die matte
graue Farbe des Thons.

5. Von feineren Gefässen der ältesten Ansiedelung muss ich
ferner die mehrfach in Bruchstücken vorkommenden, aus der
Hand gemachten ein- oder zweihenkeligen Vasen aus feinem
röthlichen Thon erwähnen, deren Thondicke an ein und demselben Gefäss zwischen 1 und 4 mm variirt; sie sind ringsherum
mit einem Streifen von 15 bis 17 eingeschnittenen parallelen
Linien decorirt, und vor der Brennung in eine Auflösung feingeschlemmten schwarzen Thons getaucht und mehrfach geglättet,
sodass sie auf beiden Seiten eine glänzend schwarze Farbe haben.

6. Es gehören weiter dahin die aus der Hand gemachten
gutgeglätteten Gefässe aus unreinem, 6 bis 8 mm dicken röth-

---

[1] Vgl. Schliemann, Ilios, S. 261, Nr. 62.

lichen Thon, die an der Innenseite die natürliche matte Farbe
des Thons, an der Aussenseite aber oben und unten mit breiten
Streifen sehr ordinärer rother Farbe und im Zwischenraum mit
parallelen horizontalen braunen Linien und einer Querlinie von
derselben Farbe verziert sind.

7. Ferner die ebenfalls durch einige Fragmente vertretenen,
aus der Hand gemachten, wohlpolirten Vasen aus feingeschlämmtem, 7 mm dicken Thon, die auswendig eine bröckliche braune
Farbe, inwendig am Rande eine Zickzacklinie, und darunter,
auf hellgelbem Grunde, einen Streifen von drei parallelen horizontalen Linien brauner Farbe haben.

8. Auch die aus der Hand gefertigten Gefässe aus circa
6 mm dickem, sehr unreinen rothen Thon, die schlecht oder
gar nicht polirt und unbemalt sind.

9. Dann die durch sehr viele grosse Bruchstücke vertretenen
aus der Hand gemachten Vasen aus sehr unreinem graugelben,
circa 7½ mm dicken Thon, die vor der Brennung in eine hell-
gelbe Thonauflösung getaucht waren, aber nur an der Aussenseite etwas geglättet, und mittels eines mit sehr ordinärer
matter schwarzer oder violetter Farbe (wahrscheinlich Thonfarbe)
hergestellten Linearornaments der verschiedensten Art, oft auch
mit Spiralen, verziert sind. Der Thon ist aber so unrein und
die Glättung so unvollkommen, dass viele der im Thon befindlichen Steinchen an der Oberfläche hervorstehen.

10. Ferner die Bruchstücke grösserer aus der Hand gefertigter Gefässe aus sehr unreinem, schlecht geglätteten, unbemalten
rothen, circa 7 mm dicken Thon, die um den Rand herum einen
separat gefertigten und angekneteten 30 mm breiten, etwa 8 mm
dicken, mit parallelen halbmondförmigen Einschnitten verzierten
Thonstreifen haben.

11. Weiter die Bruchstücke aus der Hand gemachter Gefässe von 6 mm dickem unreinen röthlichen Thon, die augenscheinlich vor der Brennung mit einer Auflösung feingeschlämmten

Thons gefüllt, mit der Aussenseite jedoch nicht in eine solche getaucht wurden, denn sie haben an der letzteren die matte rothe natürliche Thonfarbe, während die Innenseite dunkelroth ist.

12. Wiederum andere aus der Hand gemachte Thongefässe mit einer 5 mm dicken Wandung, die nur mit der Aussenseite in eine Lösung feineren braunen Thons getaucht, daher an dieser braun sind, an der Innenseite aber die natürliche graue Thonfarbe haben.

13. Es kommen aber auch viele Bruchstücke von auf dem Töpferrade gedrehten Gefässen aus feingeschlämmtem Thon vor; davon nenne ich z. B. die Töpfe aus bräunlichgelbem Thon, die vor der Brennung mit einer Auflösung feinen grauen Thons gefüllt und in eine solche von feinem grünen Thon gestellt gewesen sein müssen, denn sie sind inwendig grau, auswendig aber, durch Polirung vor und nach der Brennung, glänzend grün und haben ein hübsches Aussehen.

14. Ganz besonders hebe ich die auf gleiche Weise hergestellten und ebenfalls in vielen Bruchstücken vorkommenden, aus der Hand gefertigten hellgrünen Becher aus schwarzem Thon hervor, die aber wenig oder garnicht polirt sind und daher eine matte Farbe haben. Diese Becher haben genau die Form der im Palaste von Tiryns in unzähliger Menge, freilich nur in zerbrochenem Zustande vorkommenden Becher, wovon ich einen unter Nr. 27 und einen andern auf Tafel XXI, Fig. f, zur Darstellung bringe. Merkwürdigerweise ist dies auch in Mykenae die einzig und allein vorkommende Becherform aus Thon. In der That sehen wir an den Exemplaren sowol in Mykenae als in Tiryns eine Veränderung nur in Farbe und Fabrikation, denn während wir in den mykenischen Königsgräbern und in den untersten Schuttschichten ausserhalb derselben diesen Becher gleichwie in der ersten Ansiedelung in Tiryns von hellgrüner Farbe, aber mit schwarzen Spiralen sehen, finden wir ihn später von einfach grüner Farbe,

aber immer noch aus der Hand gemacht: in den höhern Schuttschichten in Mykenae und in den Ruinen des Palastes in Tiryns
sehen wir ihn entweder von einfacher, glänzend dunkelrother
Farbe, von hellgelber mit zahlreichen Streifen verschiedener
Farben, oder von keiner andern Farbe als der hellgelben oder
weissen des Thons selbst (Nr. 27 und Mykenae, S. 78, 79,
Nr. 83, 84, 88). Bruchstücke von Bechern dieser letztern
Kategorie sind im Palaste von Tiryns sehr zahlreich und sie
kommen in Mykenae in so kolossalen Massen vor, dass ich von
ihren Füssen Tausende von Exemplaren hätte sammeln können.
Auch von Gold habe ich fünf Exemplare dieses Bechers in den
mykenischen Königsgräbern gefunden.[1]

Ein vollkommen ähnlicher, in einem der uralten Gräber in
Nauplia gefundener Becher ist im Mykenischen Museum und
vier in Gräbern in Attika gefundene Exemplare im Nationalmuseum zu Athen; auch sind vier Becher ganz ähnlicher Form
und circa 30 Füsse sowie viele andere Bruchstücke von Bechern
gleicher Art, die in den ältesten Schuttschichten der Akropolis
von Athen gefunden wurden, im Akropolis-Museum. Ein vom
Capitain Andreas Miaoules in einem Grabe auf der Insel Salamis gefundener Becher gleicher Art ist in seiner Sammlung auf
Salamis. Das British Museum enthält 15 Exemplare derselben
Form von Bechern, wovon eins auf der Insel Kos und 14 (bemalte) in Gräbern bei Jalysos auf der Insel Rhodos gefunden
sind. Auch das Musée du Louvre besitzt drei aus Rhodos
stammende bemalte Exemplare, deren Fundort nicht näher angegeben ist; dieselbe Form von Bechern kommt auch in Knossos
auf Kreta[2], sowie in der ersten Stadt von Troja vor.[3] Ferner

---

[1] Schliemann, Mykenae, S. 269, Nr. 343; S. 398, Nr. 528.

[2] Wie mir Herr Dr. Ernst Fabricius mittheilt, sind mehrere Exemplare
dieser Becherform von Minos Kalokairinos auf der Baustelle von Knossos
ausgegraben worden.

[3] Schliemann, Ilios, S. 255, 256, Nr. 51.

6*

enthält das Vorhistorische Museum in Madrid vier Exemplare ähnlicher Becher, aber ohne Henkel, die in zur Steinzeit bewohnten Höhlen in Andalusien gefunden worden sind. Von ähnlichen anderswo gefundenen Bechern, die mit dieser Form einige Aehnlichkeit haben, kann ich nur einen aus Zaborowo in Professor Rudolf Virchow's Sammlung, und einen aus Pilin [1] erwähnen, jedoch sind die Henkel dieser beiden Becher länger und sie zeigen nicht den breiten Fuss, der allen übrigen hier angeführten Bechern dieser Art eigenthümlich ist.

15. Ich erwähne ferner die Bruchstücke von aus der Hand gefertigten Gefässen aus sehr unreinem, mit vielen kleinen Steinen versetzten, gräulich rothen, wenig gebrannten, 12 mm dicken Thon, die vor der Brennung in eine Auflösung schwärzlichen Thons gestellt und daher mattschwarz sind; dieselben sind mit 5 bis 10 mm breiten horizontalen und senkrechten weissen Streifen verziert.

16. Noch erwähnen muss ich die Bruchstücke der etwa 25 cm langen, sehr roh ausgeführten Kellen aus sehr unreinem röthlichen Thon, die ich anfänglich für Füsse grosser Tripodvasen hielt und in denen ich erst nach langer Erwägung wirkliche Kellen vermuthete. Meine Vermuthung wurde aber zur Gewissheit, als mir Dr. Max Ohnefalsch-Richter die Photographie einer von ihm in Soli auf Cypern gefundenen ganz ähnlichen Kelle zeigte, deren Griff nahe am Ende durchbohrt ist.

17. Endlich muss ich auf die im Schutt der urältesten Ansiedelung von Tiryns häufig vorkommenden abgebrochenen Vasenfüsse aufmerksam machen, welche beweisen, dass dort Thongefässe mit drei Füssen in allgemeinem Gebrauch waren. Solche Tripoden von Terracotta kommen zu vielen Hunderten von Exemplaren in den fünf prähistorischen Städten von

---

[1] Joseph Hampel, Antiquités préhistoriques de la Hongrie, Taf. XIX, Nr. 3.

Troja vor[1]; in der That haben die meisten Thongefässe drei
Füsse.

Herr Professor Rudolf Virchow, dem ich einige Topfscherben
der ältesten Ansiedelung in Tiryns zur Untersuchung einsandte,
schreibt mir darüber: „Die gelbe Farbe der Topfscherben ist
erst durch Brennen hervorgebracht. Wo der Thon schwarz ist,
da hat der Brand weniger gewirkt. Aber alle diese Stücke sind
in Rauch gehüllt gewesen und durch Kohle imprägnirt."

Der berühmte Chemiker Dr. Theodor Schuchardt in Gör-
litz, dem ich unter Nr. I—IV vier Topfscherben der ältesten
Niederlassung, unter Nr. V ein Stückchen Wandputz des Palastes und unter Nr. VI und VII zwei Scherben der im Palast
gefundenen Thongefässe einsandte, hatte die Güte dieselben zu
analysiren und mir nachstehenden Bericht darüber zu senden:

I. „Urälteste Auffindung: roth, enthält hauptsächlich Kieselsäure, Thonerde, Eisen, Kalk, sowie geringe Mengen von Magnesia und kaum nachweisbare Spuren von Kali. Ebenso war
der Befund bei VI und VII, als «Topfwaaren des Palastes»
bezeichnet. Die Analyse ergab:

	I		VI		VII	
Kieselsäure	50,7%	50,60%	53,80%	53,75%	53,3%	53,15%
Thonerde	27,0%	27,10%	28,10%	28,20%	28,2%	28,15%
Kalk	19,3%	19,25%	13,00%	12,85%	13,1%	13,05%
Eisenoxyd	2,7%	2,75%	2,15%	2,50%	2,7%	2,75%
	99,7%	99,7%	97,35%	97,30%	97,3%	97,1%

II. Aelteste Auffindung: schwarz: Kieselsäure, Thonerde,
Eisen, Spuren von Kalk und Magnesia.

III. Aelteste Auffindung: grau mit braunen Streifen: Kiesel-

---

[1] Vgl. Schliemann, Ilios, S. 251, Nr. 44; S. 259, Nr. 59; S. 333, Nr. 163;
S. 398—408, Nr. 251—281; S. 591—596, Nr. 1025—1049; S. 615, Nr. 1308,
1310, und Schliemann, Troja, S. 141, Nr. 55; S. 154, Nr. 68, 69; S. 159,
Nr. 74, 75.

säure, Thonerde, Kalk, Magnesia, Kohlensäure und Spuren von
Eisen.

IV. Aelteste Auffindung: blassgelb mit schwarzen Streifen:
wie III, jedoch etwas mehr Eisen.

V. Wandputz des Palastes: Kieselsäure, Kalk, Kohlensäure
und geringe Mengen von Thonerde."

Herr Dr. Schuchardt schreibt mir dabei: „Was nun die
Analysen betrifft, so melde ich Ihnen, dass ich die qualitative
Analyse sämmtlicher sieben Proben persönlich mit zweimaliger
Wiederholung — als Controle, wie dies bei wichtigen Sachen
nothwendig ist — ausgeführt habe. Von dreien Ihrer Proben
sind zwei Analysen ausgeführt, welche eine ganz hübsche abso-
lute Uebereinstimmung beweisen. Dr. Richter hat dieselben mit
grösster Gewissenhaftigkeit ausgeführt. — Die quantitative Analyse von II, III, IV, V konnte wegen unzureichenden Materials
nicht ausgeführt werden. Eine jede Substanz, welche Kohlensäure enthält, muss in grösserer Menge vorhanden sein; dies ist
der Fall bei III, IV und V. Es ist ganz erstaunlich, dass Nr. III
Kohlensäure enthält, ob als Kohlensäure haltiger Kieselkalkstein
oder als kohlensaure Magnesia wage ich nicht zu entscheiden,
genug, das feingeschlämmte Material brauste beim Aufgiessen
mit Säuren stark auf."

Von Idolen aus Terracotta von ähnlicher Form wie die auf
Tafel XXV, Fig. d, dargestellten, kommen auch einige in den
Schuttschichten der ältesten Ansiedelung vor: auch der Gegenstand Nr. 11, welchen ich ebenfalls für das Bruchstück eines
Idols halte. Es ist 60 mm lang, ganz flach und besteht aus
schlecht geglättetem braunen Thon. Oberkörper und Füsse
fehlen. Ich vermuthe, dass es, gleichwie ein von mir in Mykenae gefundenes und im Mykenischen Museum in Athen auf-
gestelltes Idol, keinen Kopf und nur zwei emporstehende horn-
artige Auswüchse hatte, wovon wir die Stummel an einem Ende
zu bemerken glauben. Wenn dem so ist, dann werden viel-

leicht die Brüste durch die rechte und linke der drei aufgeklebten Spiralen und die Vulva durch die mittlere bezeichnet.

Obgleich nichts von Metallen gefunden wurde, das ich mit Bestimmtheit dieser ältesten Ansiedelung von Tiryns zuschreiben könnte, so habe ich doch keinen Grund zu vermuthen, dass nicht Bronze und Kupfer bekannt und im Gebrauch gewesen sein sollten: im Gegentheil glaube ich nicht, dass z. B. die schön polirten Reibsteine und andere Gegenstände aus sehr

Nr. 11. Bruchstück eines Idols aus Terracotta. Fast natürliche Grösse; Tiefe 4 m.

Nr. 12. Gegenstand aus schwarzem Stein. Natürliche Grösse; Tiefe circa 3 m.

hartem Gestein, die wir sogleich besprechen und zur Anschauung bringen werden, ohne bronzene Werkzeuge hergestellt werden konnten. Als bestimmt können wir aber annehmen, dass Eisen fehlte, denn ich habe selbst im obern Palaste von Tiryns nichts davon gefunden und weder in den prähistorischen Schuttschichten von Mykene noch in denen von Orchomenos oder Troja eine Spur davon entdeckt.

Von Silex oder Chalcedon kamen nur ein paar Messer oder Sägen vor, ähnlich den in Troja gefundenen[1], dagegen

---

[1] Schliemann, Ilios, S. 279, Nr. 91—97.

aber in sehr grosser Anzahl Messer und Pfeilspitzen aus Obsidian, ähnlich den unter Nr. 104—111 dargestellten. Die Obsidianmesser, welche von 1—6 cm lang und fast immer zwei-
schneidig und symmetrisch geformt sind, sehen den trojanischen
Messern von gleichem Stein ganz ähnlich.[1] Die Pfeilspitzen
aber (vgl. Nr. 108—111) sind sehr roh gefertigt, ja so roh,
wie die Pfeilspitzen aus Silex, die man in den zur Zeit des
Mammuths und des Renthiers bewohnt gewesenen Höhlen in
der Dordogne in Frankreich findet und die im prähistorischen
Museum in Saint-Germain-en-Laye zahlreich vertreten sind. Ich
habe übrigens ganz ebenso roh gearbeitete Pfeilspitzen aus Obsidian in meiner Ausgrabung des vorhistorischen Tumulus in
der Ebene von Marathon gefunden, den man bis dahin irriger-
weise als das Grab der in der Schlacht von Marathon (490 v. Chr.)
gefallenen 192 Athener angesehen hatte.[2] Das Merkwürdigste
ist aber, dass Obsidianmesser und Pfeilspitzen, ganz ebenso roh
gemacht, auch in kolossalen Massen unter den Trümmern des
königlichen Palastes auf der Oberburg von Tiryns vorkommen
und dass Obsidianmesser gleicher Gestalt ebenso zahlreich in
Mykenae gefunden wurden.[3]

Die vielen Obsidiansplitter sowie die vielen Nuclei, die man
davon in Tiryns und in Mykenae findet, scheinen darauf hinzuweisen, dass die Gegenstände an Ort und Stelle angefertigt
sind. Höchst wahrscheinlich importirte man den Obsidian von
der Kykladeninsel Milo, denn soviel ich weiss, kommt diese
Steinart nur dort in Griechenland vor.

Unter Nr. 12 stelle ich einen Gegenstand aus schwarzem

---

[1] Ebendas., S. 495, Nr. 658—683.
[2] Zeitschrift für Ethnologie, Organ der Berliner Gesellschaft für Anthropologie, Ethnologie und Urgeschichte, XVI. Jahrg., 1884, Heft II,
S. 85—88.
[3] Schliemann, Mykenae, S. 189.

Stein dar, dessen Form den trojanischen Idolen[1] sehr ähnlich sieht.

Von Werkzeugen zum Poliren der Topfwaare wurden zwei verschiedene Arten entdeckt; die eine derselben, wovon nur ein einziges Exemplar gefunden wurde, ist aus sehr hartem feinen gelben Stein und der Form der trojanischen Polirsteine[2] höchst ähnlich. Dieselbe Form von Polirsteinen kommt auch

Nr. 13. Polirstein aus schwarzem, roth und weiss-gefleckten Marmor. Natürliche Grösse; Tiefe 4 m.

Nr. 14. Polirstein aus feinem röthlichen Marmor. ⅓ Grösse; Tiefe 4½ m.

Nr. 15. Polir- oder Reibstein aus feinem schwarzen Granit mit weissem Korn. ⅓ Grösse; Tiefe 4,50 m.

in Mykenae vor, wo ich sechs Exemplare davon fand. Die andere Art von Polirsteinen, wovon ich unter Nr. 13 und 14 zwei Exemplare zur Anschauung bringe, ist in Form eines Cylinders mit eingezogener Mitte: ersterer ist aus schwarzem, roth und weiss geflecktem Marmor und 37 mm lang und hat 27 mm im Durchmesser, letzterer aus feinem röthlichen Marmor und hat 40 mm Länge und 25 mm im Durchmesser. Vier ganz ähnliche Reibsteine, die in den untersten Schichten der Akro-

[1] Schliemann, Ilios, S. 377–379, Nr. 201–222.
[2] Ebendas., S. 193, Nr. 615, 617.

polis von Athen gefunden wurden, sind im Akropolis-Museum
in Athen.

Es fanden sich auch Polir- und Reibsteine dieser Art von
geflecktem Marmor und schwarzem Granit mit weissem Korn in
Form eines stumpfen Kegels oder einer Glocke. Den bemerkens-
werthesten derselben bringe ich unter Nr. 15 zur Anschauung;
derselbe ist 75 mm lang und hat am untern Ende 53 mm im
Durchmesser. Handmühlen von Trachyt in Form eines der
Länge nach durchgeschnittenen Ei finden sich hier dann und
wann; dieselben kommen auch sehr viel in Mykenae[1] und zu
Tausenden in den vorhistorischen Städten Trojas[2] vor. Ich
fand sie auch im Tumulus des Protesilaos auf dem thrakischen Chersones.[3] Sie kommen auch häufig in den Terramare
der Emilia vor und man kann viele davon in den Museen von
Reggio und Parma sehen; andere, in der „Caverna delle Arene
Candide" bei Genua entdeckte, sind im Prähistorischen Museum
des Collegio Romano zu Rom; das Museum von Saint-Germain-
en-Laye enthält sechs ähnliche Handmühlen aus eisenhaltigem
Sandstein, und das Vorhistorische Museum in Genf vier aus den
schweizer Pfahlbauten. Auch sind kürzlich viele ähnliche Handmühlen aus Trachyt in den untersten Schuttschichten in der
Akropolis von Athen gefunden worden. Ich habe bereits wiederholt darauf hingewiesen[4], dass man das Korn zwischen den
flachen Seiten zweier solcher Mahlsteine blos zermalmen und
nur eine Art Grütze, kein Mehl, auf diese Art erzielen konnte.
Ueber die Anwendung des zermalmten Korns, welches nicht
zum Brotbacken gedient haben kann, beziehe ich mich auf
meine Auseinandersetzung in meinem letzten Werke: „Troja",
S. 51—53.

---

[1] Schliemann, Mykenae, S. 86.
[2] Schliemann, Ilios, S. 266, 267, 496, Nr. 74, 75, 678.
[3] Schliemann, Troja, S. 289.
[4] Schliemann, Ilios, S. 267.

Roh geschnittene, bisweilen aber auch ziemlich gut geglättete, nahezu kugelförmige Steinwerkzeuge, die man Kornquetscher nennt, kamen sowol in den Schuttschichten der ältesten Ansiedelung als unter den Trümmern des Palastes zahlreich vor. Sie bestehen aus Granit, Quarz, Porphyr oder Diorit. In Mykenae sammelte ich 50 ähnliche Werkzeuge; drei solcher Kornquetscher, die in den untersten Schuttschichten der Akropolis von Athen gefunden wurden, sind im Akropolis-Museum zu sehen. Dieselben kommen in den prähistorischen Städten Trojas zu Tausenden vor[1] und sind auf den vorhistorischen Baustellen Deutschlands, Frankreichs, Ungarns und Italiens sehr häufig; andere in den uralten Ruinen von Chaldäa gefundene sind in der kleinen chaldäischen Sammlung im Musée du Louvre.

Es kamen in der ersten Ansiedelung auch vielleicht ein Dutzend Hämmer von primitiver Roheit aus Diorit, Kieselstein oder Granit vor, deren Grösse und Schwere uns vermuthen lässt, dass sie nur mit der Hand gefasst wurden und nicht an einem durchlochten Holzgriff befestigt gewesen sein konnten. In Troja sind ähnliche grosse Steinhämmer so zahlreich[2], dass ich Tausende davon hätte sammeln können. Zwei ähnliche in den untersten Schichten der Akropolis von Athen gefundene rohe Steinhämmer sind im Museum der Akropolis; andere gleicher Art, die unter den prähistorischen Trümmern in Chaldäa gesammelt sind, befinden sich im Musée du Louvre; solche rohe Steinhämmer kommen auch häufig in den Terramare der Emilia vor und mehrere Exemplare davon sind in den Museen von Parma und Reggio zu sehen.

Bemerkenswerth ist ferner eine gutpolirte Axt aus sehr hartem rothen Stein, welche ganz die Form der in Troja gefundenen bronzenen Streitäxte hat.[3]

---

[1] Schliemann, Ilios, S. 268, 492, Nr. 80, 81, 638, 639.
[2] Ebendas., S. 270, 491, Nr. 83, 634.
[3] Ebendas., S. 531, Nr. 806—809; S. 542, Nr. 828.

Es fanden sich in den Schuttschichten der urältesten Ansiedelung von Tiryns auch mehrere kegelförmige Spinnwirtel
aus blauem Stein oder Steatit, wovon ich in meinen
Ausgrabungen in Mykenae circa 350 sammeln
konnte.[1] Aehnliche Spinnwirtel aus Steatit kommen in Troja vor, sind dort aber so selten, dass
ich während meiner langjährigen Ausgrabungen
nur vielleicht 70 davon fand, während ich von
kegelförmigen Spinnwirteln aus Terracotta mehr
als 22000 sammeln konnte.

Nr. 16. Sticknadel von
Knochen. Natürliche
Grösse; Tiefe 3 m.

Spinnwirtel aus blauem Stein wurden mehrere
in den uralten Gräbern von Nauplia und 157 Exemplare in den untersten Schuttschichten der Akropolis von Athen[2] gesammelt; ganz ähnliche Steinwirtel, die in den Gräbern bei Kameiros auf
Rhodos gefunden wurden, sind im British Museum.

Von Knochen wurden nur einige Pfrieme und
eine 65 mm lange, am dicken Ende mit vier
herumgehenden Furchen versehene Sticknadel
gefunden, welche ich hier unter Nr. 16 zur
Anschauung bringe. Eine ähnliche Sticknadel
fand ich in Mykenae[3] und Hunderte von ähnlichen oder gleichen Exemplaren in Troja; andere
gleicher Art wurden in den untersten Schuttschichten der Akropolis von Athen gefunden und
sind im Akropolis-Museum zu sehen. Obige
tirynther Sticknadel (Nr. 16) lag bei einem

Nr. 17. Durchbohrter
Schieber aus einer
blaubemalten
Glasmasse. Natürliche
Grösse; Tiefe 3 m.

menschlichen Skelet im Längsgraben der untern Terrasse (vgl.
Plan I). Aus demselben Graben wurden noch drei andere

[1] Schliemann, Mykenae, S. 21. Nr. 15; S. 85. Nr. 126.
[2] Die in der Akropolis gefundenen Spinnwirtel aus Stein sind im
Museum der Akropolis zu sehen.
[3] Schliemann, Mykenae, S. 178. Nr. 229.

Skelete, alle unmittelbar auf dem Fels liegend, hervorgezogen. Neben dem einen derselben fand ich einen durchbohrten Schieber aus blau bemaltem Glas, den ich hier unter Nr. 17 zur Anschauung bringe. Ganz ähnliche Glasschieber zeigten sich sehr zahlreich in den Gräbern von Spata[1]; im Kuppelgrabe von Menidi[2] wurden über hundert Exemplare davon gesammelt. Ein in einem Grabe bei Kameiros auf Rhodos gefundener Schieber derselben Art ist im British Museum. Nach Herrn Professor Xavier Landerer's Untersuchung bestehen diese Glasschieber aus einer mit vielem Bleioxyd versetzten Glasmasse, welche die Eigenschaft hat, die Lichtstrahlen zu brechen, weshalb auch die Schieber einen silberartigen, spiegelnden Schimmer haben. Wie Landerer bemerkt, ist es Natronglas und hat die Eigenschaft, sich in kleine Blättchen oder Splitter zu zertheilen. In Mykenae selbst fand ich nur einen ähnlichen Schieber aus einer Glasmasse von gelblicher Farbe. Ausserdem wurde aus dem Schutt der ersten Ansiedelung nur eine Perle von blauem Kobaltglas gezogen.

Zusammen mit dem Schieber fanden sich nur Bruchstücke von monochromer Topfwaare der ersten Ansiedelung bei dem Skelet. Das zweite Skelet hatte gar keine Beigaben, und ebenso das dritte, welches aber die Eigenthümlichkeit hatte, dass der Kopf vom Rumpfe getrennt und neben den Füssen lag.

An mehrern Stellen im Schutte der ältesten Ansiedelung von Tiryns wurden grosse Massen gebrannter Körner gefunden, wovon ich Proben an Herrn Professor Virchow in Berlin geschickt habe. Dieser Freund hat dieselben Herrn Profesor Witmack zur Untersuchung übergeben, welcher sie als Weintraubenkörner von ungewöhnlicher Grösse erklärt.

---

[1] Schliemann, Mykenae, S. 433.
[2] Das Kuppelgrab bei Menidi, herausgegeben vom Deutschen Archäol. Institut in Athen (Athen 1880), S. 28, Tafel III, Nr. 4, 5, 8, 9.

VIERTES KAPITEL.

DIE FUNDGEGENSTÄNDE IM SCHUTT DER ZWEITEN ANSIEDELUNG IN TIRYNS.

Ich habe bereits (S. 56 und 63) auf die nahe Verwandtschaft der im Palaste von Tiryns gesammelten Topfwaare mit
den in Mykenae, Asine, Nauplia, der Akropolis von Athen,
Eleusis, dem Kuppelgrabe von Menidi, den Gräbern von Spata
und Aliki[1], der Insel Salamis, Jalysos auf Rhodos und in Knossos auf Kreta gefundenen Thongefässen hingewiesen, und Herr
Dr. Lolling macht mich darauf aufmerksam, dass ich dieser Liste
auch die Insel Aegina beifügen kann. Es sind nämlich, wie er
sich überzeugt hat, auch dort mehrere Gräber entdeckt, die ebenfalls den tirynthischen und mykenischen ähnliche Thongefässe geliefert haben. Auch versichert Herr Professor Rhousopoulos in
Athen, dass er in der Akropolis von Megara sowol Bruchstücke
von Thongefässen als Idole des mykenischen Typus gefunden
hat. Ich möchte hinzufügen, dass die Analogie der Thongefässe
an allen diesen Orten durch das Fehlen von lackirten hellenischen Terracotten nur noch mehr hervortritt.[2] In der That

---

[1] Aliki liegt bei Cap Kolias in Attika. Wie mir Dr. Lolling mittheilt,
sind dort in der Nähe des Strandes einige Reihen von Gräbern gefunden,
die aus einem Dromos und einem runden Haupttheile bestehen und den
tirynthischen und mykenischen ähnliche Thongeräthe und dergleichen geliefert haben.

[2] Nur in der Akropolis von Athen, wo die Schuttschichten mehr oder
weniger vermengt sind, kommen dann und wann Thongefässe der ältesten

ist es Dr. Dörpfeld und mir trotz eifrigsten Suchens während
der ganzen Dauer der Ausgrabungen nicht gelungen, in dem

Gattung zusammen mit schwarz lackirten hellenischen Topfwaaren viel
späterer Zeit vor.

Ich muss bei dieser Gelegenheit darauf aufmerksam machen, dass
vier Thongefässe, die in Form, Technik und Decoration den mykenischen
und somit auch den tirynthischen Terracotten höchst ähnlich sind, in
einem Kuppelgrabe nahe bei dem alten Ortygia, dem jetzigen Syrakus,
gefunden sind, welches letztere einst eine phönikische Niederlassung hatte.
W. Helbig schreibt darüber in „Das Homerische Epos aus den Denkmälern
erläutert" (Leipzig 1884), S. 66, 67:

„Eine höchst merkwürdige und ganz vereinzelte Erscheinung ist endlich ein Grab, welches in dem etwa 6 km von Syrakus gelegenen Grund-
stücke Matrensa entdeckt wurde.[1] Die bienenkorbartige Form der in den
Felsen eingearbeiteten Kammer und der in die letztere hineinführende
Dromos[2] erinnern an die alten Kuppelgräber. In der Kammer fanden
sich zwei Thongefässe, die mit bräunlichen Ornamenten — unten parallelen
Streifen, oben einem Schema von Ranken — auf glattem gelblichen Grunde
verziert sind.[3] Sie verrathen in Form[4], Technik und Decoration eine
nahe Verwandtschaft mit Exemplaren, welche aus den mykenischen Schacht-
gräbern und andern ähnlichen Fundschichten stammen. Ausserdem enthielt die Grabkammer zwei Vasen aus schwärzlichem Thon[5], die, wie mir
Löscheke mittheilt, ebenfalls mit der mykenischen Keramik in engem Zusammenhange zu stehen scheinen. Da Syrakus keineswegs die älteste unter
den Niederlassungen war, welche die Griechen im Westen anlegten, und
die griechischen Reste, die sich an andern Stellen Siciliens und Italiens
gefunden haben, durchweg auf ein jüngeres Stadium hinweisen, so scheint
es mir zweifelhaft, ob jenes Grab den korinthischen Colonisten zuzuschreiben ist oder in die vorhellenische Epoche hinaufreicht. Bekanntlich hatten
sich vor Eintreffen der Griechen Phönikier auf einzelnen der an der sicilischen Küste gelegenen Inselchen und der leicht zu vertheidigenden Halb-
inseln angesiedelt, um Handel mit den Eingeborenen zu treiben und dem
Fange der Purpurschnecke obzuliegen[6], und deutliche Spuren lassen darauf

[1] Annali dell' Instituto, 1877, Tav. d'agg. E, S. 56—58.
[2] Ebendas., E, 3. — [3] Ebendas., E, 6. 7.
[4] Furtwängler und Löscheke, Mykenische Thongefässe, T. III, 9, 11.
Am nächsten steht den sicilischen Exemplaren ein auf Kreta entdecktes
Thongefäss, das sich gegenwärtig im Berliner Museum befindet.
[5] Annali dell' Instituto, 1877, Tav. d'agg. E, 4, 5.
[6] Thukyd., VI. 2, 6; Movers, Die Phönikier, II, 2, S. 309 fg.; Olshausen, im Rheinischen Museum, VIII (1853), S. 328; Kiepert, Lehrbuch
der alten Geographie, S. 464, 465.

Schutt des Palastes auch nur die kleinste Scherbe solcher lackirten Topfwaare zu finden, und doch beweist das von mir in der obersten Schuttschicht der Akropolis von Mykenae gefundene Bruchstück vorzüglicher gefirnisster, glänzend schwarzer hellenischer Terracotta mit einer darauf geritzten Inschrift aus dem 6. Jahrhundert v. Chr. (vgl. S. 52) mit voller Bestimmtheit, dass diese Topfwaare zu Mitte des ersten Milleniums vor Chr. längst in allgemeinem Gebrauch war; es ist nämlich von so guter Qualität, wie irgendwelche Terracotta der Art aus späterer Zeit. Unmöglich kann eine so vorzügliche gefirnisste schwarze Topfwaare plötzlich erfunden sein; sie kann nur aus einer Töpferschule stammen, die jahrhundertelang gearbeitet haben muss, um solche Vollkommenheit in ihrer Kunst zu erreichen. Ich habe daher auch keinen Anstand genommen, die von mir in der Ebene von Troja ausgegrabenen Tumuli des Achilles, des Patroklos und des Antilochos dem 9. Jahrhundert v. Chr. zuzuschreiben, obgleich die darin gesammelten monochromen Terracotten, welchen wir nach aller archäologischen Erfahrung wenigstens jenes Alter zuschreiben müssen, mit Bruchstücken primitiver, monochromer, schwarz gefirnisster Topfwaare untermischt waren.[1] Da nun aber sogar diese letztere gänzlich im Palaste von Tiryns fehlt, die darin gefundenen Terracotten aber nothwendigerweise bei den Bewohnern desselben bis zur letzten Stunde im Gebrauch gewesen sein müssen, so nehmen wir keinen Anstand, die grosse Katastrophe, in welcher das Gebäude durch Feuer zerstört wurde, ins letzte Jahrhundert des zweiten Mille-

---

schliessen, dass eine phönikische Niederlassung auch auf Ortygia vorhanden war.[1] Hiernach fragt es sich, ob das Grab von Matrensa nicht von den auf Ortygia ansässigen Phönikern oder von Siculern herrührt, die den Einfluss derselben erfahren und von ihnen jene Thongefässe erhalten hatten."

[1] Schliemann, Troja, S. 279, 280.
[2] Movers, a. a. O., II, 2. S. 325—328.

niums v. Chr. hinaufzurücken, zumal da wir sonst nichts gefunden haben, was dieser Annahme widerspräche. Im Gegentheil nöthigen uns die im Palaste ungemischt vorkommenden prähistorischen Topfwaaren, ganz besonders aber die nur einzig und allein und sehr zahlreich vorkommenden Idole urältester Gestalt, sowie die sich massenhaft dort findenden Messer und Pfeilspitzen allerprimitivster Form von Obsidian und ebenso das gänzliche Fehlen jeder Spur von Eisen aufs entschiedenste dazu, dieses Datum anzunehmen. Ausserdem würde diese Chronologie in merkwürdiger Uebereinstimmung mit dem tragischen Ende der alten Feste von Mykenae stehen, welches — wie meine Ausgrabungen erwiesen haben (vgl. S. 51, 52) — ebenfalls in einer fernen, vorhomerischen Zeit stattgefunden haben muss. Ja wir können mit höchster Wahrscheinlichkeit annehmen, dass sowol Tiryns als Mykenae zur Zeit einer grossen Umwälzung zerstört wurden, in einer Umwälzung, die so vernichtend und verheerend in ihrer Wirkung, so furchtbar in ihren Folgen war, dass die Civilisation Griechenlands vollends unterging, und dass auf ihren Trümmern eine neue, von der frühern durchaus verschiedene Cultur entstand, die daher auch in allen Zweigen des menschlichen Gewerbfleisses etwas von dem frühern durchaus Verschiedenartiges schuf. Und in der That haben wir die zuverlässigste geschichtliche Kunde von einer solchen furchtbaren Umwälzung; hervorgebracht wurde sie durch die Dorische Invasion oder die sogenannte Rückkehr der Herakleiden, welche die Tradition des gesammten Alterthums mit wunderbarer Uebereinstimmung als 80 Jahre nach dem Trojanischen Kriege geschehen, also ungefähr aufs Jahr 1100 vor Chr. feststellt. Die Einwohner des Landes wurden entweder zu Sklaven gemacht oder getödtet, oder sie wurden gezwungen, in Masse zu emigriren, und es entstand so die grosse sogenannte äolische Auswanderung nach Kleinasien.

Durch diese grosse historische Begebenheit erklärt es sich auf sehr natürliche Weise, dass die blühende, aber ganz eigen-

thümliche Civilisation, welche wir in den Alterthümern von
Tiryns und Mykenae vertreten finden, plötzlich spurlos verschwindet. Es kann aber wol keinem Zweifel unterliegen, dass
sich die alles zerstörende grosse Umwälzung nicht, wie man anzunehmen pflegt, blos auf den Peloponnes beschränkte; sie muss
sich auch auf das nordöstliche Griechenland und allerwenigstens,
wenn auch in viel milderm Grade, über Attika ausgedehnt
haben, denn die der tirynthischen und mykenischen so nahe verwandten Culturproducte, die uns in dem Kuppelgrabe von Menidi, auf den Akropolen von Athen und Megara, in Eleusis, in
den Gräbern von Spata und Aliki, sowie in denen der Inseln
Salamis und Aegina entgegentreten, verschwinden auch hier
plötzlich und spurlos.

Es kommen jedoch sowol in Tiryns als in Mykenae auch
sehr zahlreiche Bruchstücke von Thongefässen mit geometrischen
Mustern[1] vor, welche den zu Athen in den Gräbern bei dem
Dipylon entdeckten[2] hinsichtlich der Fabrikation, Form und
Decoration sehr nahe verwandt sind.

Diese Vasen mit geometrischen Mustern, welche in Bruchstücken auch vielfach in den untersten Schuttschichten der Akropolis von Athen vorkommen, wurden bis zum Bekanntwerden
meiner Entdeckungen in Mykenae und somit bis zum Ende des
Jahres 1876 allgemein als die uraltesten Topfwaaren in Griechenland angesehen. Da man aber zu erkennen glaubte, dass die
mykenischen Topfgefässe einem höhern Alterthum angehörten, so
hat man auch gefunden, dass die Dipylongräber aus einer spätern
Zeit stammen müssten, und Helbig[3] schreibt darüber: „Es ist
jetzt allgemein anerkannt, dass diese Gräber einer spätern Zeit

---

[1] Schliemann, Mykenae, S. 115, 116. Nr. 157, 158.

[2] G. Hirschfeld, Vasi Arcaici Ateniesi. Estratto dagli Annali dell'
Instituto di Corrispondenza archeologica (Rom 1872).

[3] W. Helbig, Das Homerische Epos, aus den Denkmälern erläutert
(Leipzig 1884), S. 54.

angehören.[1] Es genügt, daran zu erinnern, dass in ihnen bereits der jüngere Gebrauch der Verbrennung vorherrscht[2], und dass in Athen noch während des 7.[3] und, wie es scheint, sogar noch während des 6. Jahrhunderts[4] v. Chr. Thongefässe im Gebrauche waren, welche den aus jenen Gräbern stammenden entsprachen. Da die zugehörigen Metallgegenstände nur ungenügend bekannt sind[5], so ist die Untersuchung vorwiegend auf die bemalten Vasen angewiesen, deren sich eine beträchtliche Menge gefunden hat. Ihr malerischer Schmuck stellt eine eigenthümliche Richtung der geometrischen Decoration dar — eine Richtung, die man nach diesen Vasen kurz als den Dipylonstil zu bezeichnen pflegt. Doch haben sich derartige Thongefässe nicht nur in Attika, sondern an mehrern andern Stellen des östlichen Griechenlands, ausserdem auf den Inseln des Aegäischen Meeres, besonders auf Melos und Thera, und, wie es scheint, auch in Kleinasien und Nordafrika gefunden.[6] Hiernach ist anzunehmen, dass sie nicht in Attika, dessen Industrie und Handel in der Epoche, der wir die Gräbergruppe vom Dipylon zuschreiben müssen, noch sehr unbedeutend waren, sondern weiter im Osten, sei es auf den Inseln des Aegäischen Meeres, sei es in Kleinasien, gearbeitet sind."

Dass die Vasen mit geometrischen Mustern ins fernste Alterthum hinaufreichen und den Phönikiern ihren Ursprung

[1] Vgl. z. B. Furtwängler, Die Bronzefunde aus Olympia, S. 10.

[2] G. Hirschfeld, a. a. O.

[3] Annali dell' Instituto, 1880, S. 133; Mittheilungen des Deutschen Archäologischen Instituts in Athen, VI, 112.

[4] Annali dell' Instituto, 1878, S. 311. 312. In Olympia lässt sich die Sitte, Bronzebeschläge mit eingravirten Mustern dieses geometrischen Systems zu verzieren, bis zu Ende des 6. oder den Anfang des 5. Jahrhunderts v. Chr. herab verfolgen: Furtwängler, Die Bronzefunde aus Olympia, S. 12.

[5] Annali dell' Instituto, 1872, S. 136. 154, 155.

[6] Annali dell' Instituto, 1872, S. 140. 151, 174; Furtwängler, Die Bronzefunde aus Olympia. S. 19.

verdanken, ist bereits vor zehn Jahren über allen Zweifel von
Helbig[1] nachgewiesen. In der That sehen wir schon geometrische Muster auf den Vasen, welche unter König Thutmes III.
von Aegypten (circa 1600 v. Chr.) als Tribut von Rutenu, d. h.
Südsyrien, Kaft, d. h. Phönikien, und den Inseln des Meeres
nach Aegypten gebracht werden, und von denen manche genau
die später in Griechenland herrschenden Formen zeigen.[2] Thongefässe mit geometrischen Mustern kommen auch in Ninive, auf
Cypern und auf Rhodos vor.[3] Eduard Meyer bekräftigt den
asiatischen, d. h. syrischen Ursprung des geometrischen Stils
und fügt hinzu: „Auch in Aegypten ist der geometrische Stil
im Neuen Reich vielfach verwendet worden; alle Gegenstände,
auf denen er vorkommt, geben sich auf den ersten Blick als
Nachahmungen eines fremden Stils und nicht der einheimischen
Kunst entsprungen zu erkennen.“[4]

Wir können sonach mit höchster Wahrscheinlichkeit annehmen, dass auch die in Tiryns und Mykenae gefundenen Thongefässe mit geometrischen Mustern importirt sind, denn nicht
nur sind alle gross und ist ihre Form, ihr malerischer Schmuck
und die eigenthümliche Art ihrer Anfertigung durchaus ganz
und gar verschieden von allem, was sonst in Tiryns und Mykenae an und auf Thongefässen vorkommt, sondern auch die
besondere Art von Thon, woraus sie gemacht sind, sowie auch
die besondere Art der Brennung des letztern findet sich sonst
an keinem andern Gefässe. Diese Vasen mit geometrischen
Mustern müssen daher schon lange vor der Dorischen Invasion
im Peloponnes importirt worden sein, und ihr Vorkommen in
Attika in spätern Jahrhunderten kommt somit bei unserer Unter-

---

[1] Annali dell' Instituto, 1875, S. 221 fg.
[2] Eduard Meyer, Geschichte des Alterthums (Stuttgart 1884), S. 245.
[3] Ebendas.
[4] Ebendas.

suchung über die Zeitperiode des Untergangs von Tiryns und
Mykenae durchaus nicht mit in Betracht.

I. VASENMALEREIEN MIT GEOMETRISCHEN MUSTERN.

Indem ich nun zur genauern Beschreibung der im Palaste
von Tiryns vorkommenden Terracotten übergehe, will ich — da
ich gerade von Vasen mit geometrischen Mustern gesprochen
habe — diese zuerst in nähere Betrachtung ziehen und fange
mit zwei in einer Tiefe von nur 60—70 cm unter der Oberfläche
gefundenen Bruchstücken vom obern Rande eines grossen Gefässes aus rothem Thon mit weiter Oeffnung an, welche ich auf
Tafel XV unter Fig. a zur Darstellung bringe.[1] Die Aussenseite hat einen hellgelben Untergrund; die Bemalung ist mit rothbrauner Farbe hergestellt, welche je nach der Dicke des Auf-
trages der letztern von verschiedener Schattirung ist. Ueber
dieser Farbe ist eine Verzierung in weiss. Am obern Rande ist
ein breiter Streifen und darunter sind Theile eines Wagens, auf
dem ein Mann steht, der das vorgespannte Pferd leitet. Die Bewegung ist nach rechts. Der Mann hat eine Art Helm auf dem
Kopfe, der aber aus Mangel an Platz nicht ganz ausgezeichnet
werden konnte. Er hält in der einen Hand den doppelten
Zügel, in der andern einen Stab. Sehr primitiv und ungeschickt
ist die Zeichnung des Pferdes, dessen Mähne und Ohren wirklich sehr kindlich naiv dargestellt sind; übrigens ist das Fragment einer andern Vase gefunden, auf dem man den Nacken
eines Pferdes mit vollkommen gleichartiger Mähne und Ohren
sieht (vgl. Tafel XXI, Fig. b). Ganz rechts ist ein Rest der
rothen Umrahmung des Henkelansatzes sichtbar.

---

[1] Bei der Erklärung der in diesem Kapitel vorkommenden Thongefässe
ist Herr Dr. Ernst Fabricius mein Mitarbeiter gewesen und ich wiederhole
ihm hier für die mir geleistete werthvolle Hülfe meinen verbindlich-
sten Dank.

Ueber die Bemalung des Pferdes mit Pünktchen und Kreuzen in weisser Farbe auf dem rothen und braunen Untergrunde verweisen wir auf die Abbildung Tafel XV, Fig. c, welche ein weiteres, in einer Tiefe von 1 m unter der Oberfläche gefundenes Fragment von demselben oder einem andern Gefäss darstellt. Man sieht auf demselben unter dem rothen Rande den Oberkörper eines Mannes, weiter rechts den Kopf eines andern — beide im Profil nach rechts; links ist ein abgebrochener Henkel. Die Farbe dieses Fragments ist etwas mehr roth, die Technik und Bemalung aber mit der der beiden vorgehenden Bruchstücke identisch.

Ein weiteres Fragment, Tafel XV, Fig. b, welches ebenfalls in 1 m Tiefe gefunden wurde, stellt die Hinterbeine eines Pferdes und das Ende des Schwanzes desselben dar; links davon sieht man einen Theil vom Wagen. Der Fussboden ist durch einen Streifen angegeben. Vielleicht gehört dieses Bruchstück zu den beiden Fragmenten Tafel XV, Fig. a. Ein anderes Fragment, Tafel XXI, Fig. a, welches aus gleicher Tiefe stammt, ist ebenfalls von einer Vase aus rothem Thon; auf demselben ist auf hellrothem Untergrunde mit rother Farbe ein Pferd dargestellt, wovon der Untertheil erhalten ist. Die Technik ist dieselbe wie Tafel XV, Fig. a, b, c, die Ausführung etwas weniger sorgfältig. Der Fussboden ist durch zwei horizontale Streifen angegeben.

Alle obigen Fragmente sind inwendig mit Farbe überzogen, die bei Tafel XV, Fig. a, b dunkelbraun, bei Tafel XV, Fig. c roth, bei Tafel XXI, Fig. a hellroth ist. Dieses letztere Fragment und Tafel XV, Fig. c scheinen nach Technik und Farbe von einem Gefäss zu sein. Der Untergrund von Tafel XV, Fig. b, ist röthlicher wie der von Tafel XV, Fig. a. Ich gebe weiter auf Tafel XVII, Fig. b das in einer Tiefe von 1,50 m gefundene Bruchstück eines ähnlichen, auf der Töpferscheibe gedrehten grossen Gefässes aus hellrothem Thon; die Bemalung ist schwarz-

braun mit weissem Auftrag. Oben am Rande sieht man einen
breiten Streifen und darunter zwei Männer im Profil nach rechts.
Der Mann links, von dem der Oberkörper erhalten ist, setzt die
rechte Hand an die Hüfte und hält die linke weit ausgestreckt
in Schulterhöhe nach rechts. Der Mann rechts, von dem nur
die hintere Hälfte erhalten ist, stand auf dem Wagen, wie man
an dem erhaltenen Theile des Wagengeländers (ἄντυξ) und den
kleinern Proportionen dieser Figur erkennt. (Vgl. den Wagen-
lenker auf Tafel XV, Fig. a.) Die Körpercontouren sind durch
netzartig sich kreuzende Linien ausgefüllt. Auf allen schwarzen
Linien der Zeichnung sind weisse Punkte und Linien aufgetragen.
Die Innenseite des Gefässes ist monochrom schwarz.

Ferner auf Tafel XVII, Fig. a, das ebenfalls in einer Tiefe
von 1,30 m gefundene Bruchstück einer grossen auf der Töpferscheibe gedrehten Vase aus röthlichem Thon mit rother Malerei.
Die Wanddicke beträgt 12 mm. Man sieht darauf das Stück
eines Streifens mit stilisirten Frauenfiguren, deren Haupt mit
einem Tuch bedeckt und nach rechts im Profil gewendet ist.
Die Hände sind in Schulterhöhe nach beiden Seiten derart erhoben, dass sich je zwei Hände der benachbarten Frauen berühren und wie gemeinsam einen Zweig zu halten scheinen. Die
Hüfte ist unnatürlich schmal dargestellt, und gibt uns dies die
Vermuthung, dass die Damen schon in jenem hohen Alterthum,
dem diese Vasen angehören, eine Art von Schnürleib trugen, um
schlanker zu erscheinen und die Brüste in grösserer Fülle hervortreten zu machen. Jedoch scheint im classischen Alterthum
nichts der Art im Gebrauch gewesen zu sein, da wir in keinem
alten Schriftsteller eine Anspielung auf die Anwendung eines
Schnürleibs finden und es in der griechischen Sprache kein
Wort dafür gibt, denn στηθόδεσμος [1], und die Diminutiva στηθο-

---

[1] Poll., 7, 66; Antonio Cocchi, Graecorum chirurgici libri, S. 11.

δεσμίς[1] und στηθοδέσμιον[2] bedeuteten nichts weiter als eine Brust-
binde, die die Brustwärzchen fasst und zurückhält. Die Falten des
Gewandes sind auf der rechten Seite durch verticale Striche angedeutet. Während der Hintergrund um den Oberkörper der
Frauen mit Punkten ausgefüllt ist, sind unterhalb der Zweige
die einzelnen Figuren durch Streifen aus horizontalen Schlangenlinien getrennt. Die Figur rechts bildet den Anfang der Reihe
Frauen.

Herr Professor Charles Newton vom British Museum macht
mich aufmerksam auf das in diesem Museum enthaltene Fragment einer ähnlichen geometrischen Vase, welches in einem
Grabe bei Cameiros auf Rhodos gefunden ist, und auf dem eine
fast identische Frauengestalt mit rother Farbe dargestellt ist;
jedoch ist hier die Hüfte naturgemäss und der ganze Stil der Bemalung scheint auf eine spätere Zeit hinzuweisen.

In dem Tuch, mit dem das Haupt der Frauen bedeckt ist,
dürfen wir wol die καλύπτρη oder das κρήδεμνον erkennen,
worüber Helbig[3] wie folgt schreibt: „Ausserdem gehörte zu
der weiblichen Kleidung noch ein mantelartiges Kopftuch, die
καλύπτρη oder das κρήδεμνον. Die erstere[4] wie das letztere[5]
wurde gewöhnlich über den Hinterkopf gezogen und hing von
dem Scheitel über Schultern und Rücken herab. Wenn sich
Penelope den Freiern zeigt, zieht sie züchtig das κρήδεμνον vor
die Wangen[6]. Ebenso verhüllt die trauernde Demeter ihr Ant-

---

[1] Jerem. 2, 32; Jesaj. 3, 24; Galenus, T. 18, 1, S. 823; 17, 824, 2; Phle-
gon. mirabil., S. 118, 26.

[2] Et. M., S. 749, 40.

[3] W. Helbig, Das Homerische Epos, aus den Denkmälern erläutert
(Leipzig 1884), S. 123, 124.

[4] Il., XXII, 406; Od., V, 232, X, 545.

[5] Il., XIV, 184, XXII. 470; Od., I, 334, V, 346, 351, 373, 459, VI, 100,
XVI. 416, XVIII, 210. XXI, 65. Κρήδεμνον, Hymn. V (in Cerer.) 41.

[6] Od., I, 334, XVI, 416, XVIII, 210, XXI, 65: ἄντα παρειάων σχομένη
λιπαρὰ κρήδεμνα.

litz mit der καλύπτρη.[1] Da nach diesen Stellen die καλύπτρη
und das κρήδεμνον in der gleichen Weise verwendet wurden, so
spricht nichts dagegen, die beiden Worte einfach für Synonyme
zu erklären. Höchstens kann es sich um wenig verschiedene
Typen desselben Gewandstückes handeln. Die archaischen Bild-
werke geben dieses Kopftuch sehr oft wieder[2] und stellen auch
Frauen dar, welche dasselbe, wie Penelope, wenn sie sich den
Freiern zeigt, vor das Antlitz halten.“[3]

Auf vier andern Fragmenten, Tafel XVI, Fig. b und c, mit
rother Malerei, die in gleicher Tiefe gefunden sind, augenscheinlich zusammengehören und von einem gleichfalls auf der Töpferscheibe gedrehten Gefässe stammen, ist (b) eine Frauenfigur, im
Profil nach rechts, vollständig erhalten. Sie ist die Endfigur
einer Reihe von vier etwas mehr naturgmäss dargestellten Frauen.
Rechts sieht man einen Theil des Unterkörpers und des Kopfes
der folgenden, darauf den vollständig erhaltenen Kopf der dritten,
und dann den mittleren Theil der vierten Frau. Ganz so wie auf
dem Vasenbilde Tafel XVII, Fig. a, haben auch hier die Frauen
ihre Hände in Schulterhöhe nach beiden Seiten derart erhoben,
dass sich je zwei Hände der benachbarten Frauen berühren und
gemeinsam einen Zweig zu halten scheinen. Der erste Zweig
links ist vollständig, die beiden andern sind nur theilweise erhalten. Die Grösse der erhaltenen Figur (b) ist 92 mm. Sie

[1] Hymn. V (in Cerer.), 197.
[2] Helbig, a. a. O., S. 124, Fig. 24. Man sehe z. B. zwei Frauen auf Vasen
von Melos (Conze, Melische Thongefässe, T. 3 und Vignette von S. V),
Helena auf der »spartanischen Basis« (Annali dell'Inst., 1861, Tav. d'agg. C, 2;
Löschcke, De basi quadam prope Spartam reperta u. 1, S. 7 fg.; Helbig,
a. a. O., S. 124, Fig. 24), die drei Göttinnen auf der Schale des Xenokles
(Raoul-Rochette, Mon. inéd., T. 49, 1; Overbeck, Gal., T. 9, 2).
[3] So z. B. Frauen auf spartanischen Grabstelen (Mitth. des Arch. Inst.
in Athen, II, T. XX, XXII—XXIV), Thetis als Braut auf der Françoisvase
(Helbig, a. a. O., S. 2, Anm. 1), Helena gegenüber dem Menelaos auf dun-
keltigurigen Vasen (Overbeck, Gal., T. 26, 1—3; Mus. Gregorian., II, T. 49, 2;
Helbig, a. a. O., S. 125, Fig. 25. Vgl. Löschcke, a. a. O., S. 7).

ist, gleich den beiden folgenden Frauen, ohne Tuch um den
Kopf und hat, ebenso wie die letzte Figur (c) rechts, eine viel
breitere Hüfte, obwol auch diese immer noch geschnürt erscheint.
Während die Falten des Gewandes bei den Frauen auf Tafel XVII, Fig. a, durch drei senkrechte Striche bezeichnet sind,
sind sie auf dem uns jetzt beschäftigenden Vasenbilde nur durch
eine einzige verticale Zickzacklinie angedeutet. Rechts und
links von der Reihe Frauen sind Streifen verticaler, darüber
ein Streifen von 12 horizontalen Zickzacklinien. Zwischen dem
letztern und dem oben sichtbaren ganz niedrigen Gefässhalse,
befinden sich zwei Streifen, wovon der untere aus zwei parallelen horizontalen, der obere aus liegenden und stehenden Wellenlinien besteht. An den bereits erwähnten verticalen Streifen
zur Rechten der Frauen, der aus 12 Zickzacklinien besteht,
schliesst sich rechts ein Feld mit schachbretartigem Ornament
an. Unten ist ein breiter Streifen, der auf der Figur b aus
3 rothen, auf der Figur c aus 6 dunkelbraunen horizontalen
parallelen Bändern besteht. Die Dicke des Thons, welcher eine
röthliche Farbe hat, beträgt 10 mm. Die Innenseite ist nicht
sorgfältig geglättet. Von derselben Vase sind auch noch weitere
Stücke erhalten, welche abwechselnd Streifen von geraden und
gewellten Linien zeigen.

Im Zusammenhange mit dem Gesammtornamentsystem einer
solchen Vase erscheinen ganz gleichartige Frauenfiguren auf dem
in 1,20 m Tiefe gefundenen Fragment vom obern Theil einer
ebenfalls auf dem Töpferrade gedrehten grossen Vase von röthlichem Thon und gelbem Untergrund, welches ich hier unter
No. 18 gebe. Die Malerei ist schwarz, der Thon 8 mm dick.
Die Oberseite des Randes zeigt abwechselnd schrägstehende
Kreuze und 10 Querstriche. Der ganze, schmale Hals ist mit
einer Reihe von Punkten zwischen Horizontallinien decorirt.
Es folgt ein breiter Streifen von abwechselnd horizontalen und
verticalen Gliedern, der nach unten durch fünf horizontale kräf-

tige Striche abgeschlossen ist. Der Streifen selbst zeigt ein
Gewirr von horizontalen und senkrechten, gewellten, geraden
und Zickzacklinien. Ganz rechts erscheint der Anfang einer
Reihe Frauen nach links im Profil, welche, abgesehen davon, dass
sie nur die halbe Grösse (50 mm) haben, ganz den andern
Frauen gleichen und den Zweig gemeinsam halten. nur haben

Nr. 1·· Vasenfragment mit Frauenfiguren und geometrischen Mustern.
½ Grösse; Tiefe 1,90 m.

sie, gleich den Frauen Tafel XVI, Fig. b, c, kein Tuch um den
Kopf. Die Falten des Gewandes sind hier durch drei senkrechte
Striche angegeben.

Auf Tafel XIX, Fig. b, stelle ich ein grosses Fragment
von der Wandung eines sehr grossen, auf der Scheibe gefertigten Gefässes dar, dessen Thondicke nicht weniger als 18 mm
beträgt. Die Malerei ist braun auf röthlichem Untergrund.
Man unterscheidet vier horizontale Streifen übereinander, die
zweimal durch je drei und einmal durch vier kräftige Linien ge-

trennt sind. Während die beiden untern Streifen einfach mit
Farbe ausgefüllt sind, sieht man im obersten eine Reihe Muscheln
und im zweiten stilisirte Kraniche nach rechts in Profil.

In ganz derselben Weise ist das kleine Fragment eines andern auf dem Töpferrade gemachten Gefässes decorirt, welches
ich hier unter Nr. 19 zur Anschauung bringe, nur dass der

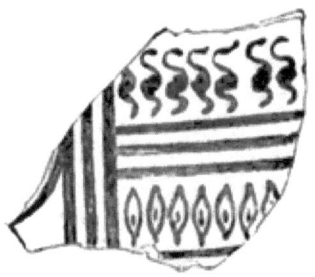

Nr. 19. Vasenfragment mit Kranichen und Muscheln.
½ Grösse; Tiefe 1 m.

Strich stilisirter Kraniche hier oben, der mit den Muscheln unten steht. Links sind drei verticale Linien. Der Thon sowie
der Untergrund sind röthlich, die Bemalung schwarz. Die Innenseite ist roth. Die Thondicke beträgt 12 mm. Diesem sehr
ähnlich ist das Bruchstück vom obern Theil eines grossen, auf
der Töpferscheibe gedrehten Gefässes, welches eine rothbraune
Bemalung auf röthlichem Untergrunde hat. Die Thondicke beträgt 7 mm. Auf dem Hals sind drei horizontale Linien; darauf
folgen zwei Streifen, die durch vier weitere Linien getrennt
sind. Im obern Streifen ist eine Reihe stilisirter Kraniche im
Profil nach rechts; im untern abwechselnd Streifen von je sechs
senkrechten Linien. Dieselben schliessen wie Triglyphen viereckige Felder ein, die mit je zwei horizontalen Zickzacklinien
ausgefüllt sind. Die Innenseite der Vase ist braun.

In ähnlicher Weise ist ferner das Bruchstück vom Bauche

einer grossen auf der Scheibe gedrehten Vase aus röthlichem
Thon decorirt, dessen Wandung eine Dicke von 12 mm hat.
Die Bemalung ist mit brauner Farbe auf röthlichem Untergrunde
und stellt drei Streifen dar, wovon der obere der untere Theil
eines Mäanderornaments ist, der zweite aus drei dicken Strichen,
der untere aus stilisirten Kranichen besteht. Bruchstücke von
Vasen mit geometrischen Mustern, die diesen sehr ähnlich sehen,
wurden auch in Mykenae gefunden.[1]

Ich gebe auf Tafel XVIII die Zeichnung der in einer durch-
schnittlichen Tiefe von 1,50 m gefundenen vier zusammengehöri-
gen Fragmente vom obern Theil einer ähnlichen grossen, auf
der Scheibe gedrehten Vase aus röthlichem Thon, welche ebenfalls auf röthlichem Untergrunde eine braune Bemalung hat.
Die Thondicke beträgt 12—13 mm. Unter dem mit einer
Zickzacklinie decorirten Rande sieht man sieben Streifen, wovon
vier aus je drei Linien bestehen; zwar bemerkt man, des Bruchs
wegen, im untern Streifen nur zwei, jedoch dürfen wir mit hoher
Wahrscheinlichkeit annehmen, dass auch hier, gleichwie in den
obern Streifen, drei Linien waren. Im zweiten Streifen sind,
zwischen vier verticalen Streifen von je sieben Linien, zwei
stehende und ein liegender Mäander; weiter rechts sind sechs
liegende Zickzacklinien. Dann kommt am Bauch ein sehr hoher
Streifen, worin rechts — von zwei Strichen von je sechs verticalen Linien eingeschlossen — eine grosse Rosette sichtbar ist,
zwischen deren Blättern man je ein 卐 sieht. Oberhalb und
unterhalb der Rosette sind zwei horizontale Streifen von je vier
Linien, sowie ein liegender Mäander, bezüglich unten eine
Muschelreihe. Rechts von dieser Gruppe sieht man zunächst
ein Ross nach links im Profil, dann einen Mann im Profil nach
rechts, und weiterhin ein zweites Pferd im Profil nach rechts.
Zwischen den Pferdebeinen sind Fische dargestellt. Der Hin-

---

[1] Schliemann, Mykenae, S. 115, Nr. 157.

tergrund ist überall mit Mäandern, Swastikas (卍) und Muscheln ausgefüllt. Ueber dem Rücken der Pferde sind Felder
mit liegenden Zickzacklinien, die von geraden Linien in Gestalt
von Fenstern umschlossen sind. Zwischen dem fünften und dem
siebenten Streifen ist eine Reihe sehr roh dargestellter Kraniche
im Profil nach rechts. Auf dem innern Rande der Fragmente
(Tafel XVIII) sind fünf braune parallele Streifen; darunter ist
die Farbe monochrom roth.

Das Zeichen 卐 sowie das ebenso häufig vorkommende 卍
habe ich in meinen Werken „Ilios", S. 389—397, und „Troja",
S. 132—137, ausführlich besprochen und gezeigt, dass sie unzählige
mal vorkommen in Mykenae, in den vier obern prähistorischen
Städten von Troja, sowie in Indien (unter andern viermal auf
dem Fussabdruck Buddha's, vgl. „Ilios", S. 363, Nr. 244), in
Baktrien, in China, in Aschanti oder Assiante im Innern der
Goldküste von Afrika, bei den alten Hebräern (vgl. Hesekiel
IX. 4, 6, wo das Zeichen 卍, in der Form des alten Buchstaben
Tau, gleich dem entsprechenden indischen Symbol als das Zeichen des Lebens auf die Stirn geschrieben wird), in Giza, auf
hittitischen Alterthümern, in Lappland, auf Alterthümern aller
andern Länder Europas, in Yucatan, in Paraguay; ich habe gezeigt, dass diese beiden Zeichen gerade so neckische, überall
unvermuthete Kobolde sind wie der Nilschlüssel oder *crux an-
sata*, das als Hieroglyphe *ankh* „der Lebende" gelesene Symbol,
das auf unzähligen Inschriften im Nilthal uns in derselben Gestalt wie auf einer Grabstele des nördlichen Kleinasiens[1] begegnet. Ich verweise daher den Leser auf jene sehr ausführlichen Erörterungen, mache aber ganz besonders aufmerksam
auf die gediegene, hochwichtige Auseinandersetzung über das 卐
und das 卍 aus der Feder meines gelehrten Freundes, des be-

---

[1] Guillaume et Perrot, Exploration archéologique de la Galatie et de
la Bithynie, Atlas, Pl. IX.

rühmten Orientalisten Herrn Professor Max Müller in Oxford, welche sich in „Ilios", S. 389—392, findet; ferner auf das vortreffliche Werk des Herrn Robert Philips Greg. On the Meaning and Origin of the Fylfot and Swastika (Westminster 1884).

Ich erwähne ferner das in 1 m Tiefe gefundene Randstück einer grossen, auf dem Töpferrade hergestellten Vase aus röthlichem, 7 mm dicken Thon, mit roth gemalten geometrischen Mustern auf gelbem Untergrund. Der cylinderförmige Rand ist bemalt. Unten sieht man vier starke Linien, und darüber abwechselnd einen Streifen von 10 stehenden geraden Linien und einen Streifen von 10 stehenden Zickzacklinien, respective eine Reihe von 10 stehenden Muscheln. Unter dem Rande werden durch senkrechte Streifen, von je 10 vertikalen Linien, Felder abgetheilt; ebenso weitere 10, welche mit Zickzacklinien und schrägen Streifen von Wellenlinien angefüllt sind. Die Innenseite ist einfach roth.

Ferner ist hervorzuheben das in derselben Tiefe gefundene Bruchstück eines ebenfalls auf der Scheibe gedrehten weitbauchigen Gefässes aus röthlichem, 13 mm dicken Thon, mit rother Bemalung auf röthlichem Untergrund. Oberhalb dreier breiter horizontaler und paralleler Bänder ist der Rest stehender Streifen von geraden und gewellten Linien, sowie eines Fischgrätenmusters erhalten. Auf der Innenseite sind Farbspuren.

Weiter erwähne ich das in 1,30 m Tiefe gefundene Fragment einer auf dem Töpferrade hergestellten grossen Vase aus 14 mm dickem rothbraunen Thon, auf welchem man in brauner Bemalung dichtaneinander gerückte Zickzacklinien über horizontalen Bändern sieht. Dann ein kleines Bruchstück einer grossen auf der Scheibe gedrehten Vase aus röthlichem, 9 mm dicken Thon, auf dem wir, in röthlich brauner Bemalung, unten einen Streifen aus fünf horizontalen Linien, darüber drei Felder finden, deren beide äusseren unvollständig sind. Das Feld rechts hat ein Schachbretmuster, das mittlere stehende, das linke liegende Wellenlinien.

Die untenstehende Abbildung Nr. 20 stellt das in einer Tiefe
von 1,30 m gefundene Fragment einer grossen auf der Scheibe
gedrehten Vase aus gelbem, 9 mm dickem Thon dar. Die Bemalung ist schwarz auf gelbem Untergrunde. Die Darstellung
ist der auf Tafel XVIII analog. Man sieht ein Pferd mit
buschigem Schwanze nach links im Profil. Zwischen den Beinen
des Thieres sind ein aufrechtstehender Fisch und eine Muschel
(?) und links ein Mann nach links im Profil dargestellt; er hat

Nr. 20. Vasenfragment mit einem Menschen, einem Pferde
und einem Fische. ¹/₄ Grösse; Tiefe 1,30 m.

die Arme hoch erhoben und scheint in der Rechten eine Peitsche
zu halten. Der Raum ist ausgefüllt mit einem Mäander, mit
Muscheln und einem ⊞. Hier, wie überall an den Vasen mit
geometrischen Verzierungen, bemerkt man den *horror vacui* des
primitiven Künstlers. Umgeben ist die Zeichnung von geraden
Linien, oben bemerkt man den Ansatz des Gefässhalses. Die
Innenseite ist schwarzbraun.

Eine ähnliche Darstellung zeigt das Bruchstück einer kleinern auf der Scheibe gedrehten Vase aus 6 mm dickem gelben

Thon. Die Bemalung ist dunkelbraun auf gelbem Untergrund
und zeigt ein Pferd in Profil nach rechts. Zwischen den Beinen des letztern ist aufrechtstehend ein Fisch gemalt und rechts
ein grosser linearer Stern und ein Vogel. Ueber dem Rücken
des Pferdes sieht man die Ecke eines von geraden Linien umzogenen Feldes von Zickzacklinien. Die Innenseite ist monochrom schwarz. Dieses Bruchstück wurde angeblich in einer Tiefe
von 1,10—1,10 m gefunden.

Ich gebe auf Tafel XIX, Fig. a, die Abbildung des in
1,10 m gefundenen Fragments einer auf dem Töpferrade gedrehten
kleinern Vase aus gelbem, nur 3 mm dicken Thon, mit brauner
Bemalung auf gelbem Untergrund. Man sieht den Hintertheil
eines Pferdes, welches nach rechts in Profil dargestellt ist.

Weiter auf Tafel XVI, Fig. a, das in gleicher Tiefe gefundene Fragment einer grossen auf der Scheibe gedrehten Vase
aus ganz gelbem, 11 mm dicken Thon. Die Malerei ist braun
auf gelbem Untergrunde. Oben rechts ist ein Theil der Umrahmung eines grossen kreisförmigen Ornaments, wie solche auch
auf den folgenden Stücken sichtbar ist, bestehend aus concentrischen Kreisen, deren Zwischenraum in den beiden obern mit
Zickzacklinien, der folgende mit Pyramiden ausgefüllt ist. Links
sieht man das Hintertheil eines Pferdes mit mächtigem buschi-
gen Schweif. Unter den Beinen des Pferdes erscheint ein Fisch-
schwanz und vielleicht eine Schlange. In den Zwischenräumen
sind verschiedenartige, schwer zu bezeichnende Ornamente angebracht.

Die umstehende Figur Nr. 21 stellt ein in 1,10 m Tiefe
gefundenes Bruchstück eines grossen auf dem Töpferrade gedrehten Gefässes aus reinerm, 16 mm dicken röthlichen Thon
dar, dessen Bemalung braun auf gelbem Untergrunde ist. Unterhalb eines Streifens aus drei Linien sieht man links den Rest
von concentrischen Kreisen und einer kreisförmigen Zickzacklinie. Weiter rechts ein von Linien umzogenes Kreuz; noch

weiter rechts oben fünf concentrische Kreise, wovon der eine
im Zickzack. Der innerste Kreis ist von einem Kreuze und
zwölf Punkten ausgefüllt. Rechts ganz oben ist ein Stern.

Ich bemerke hier, dass ich noch ein Fragment mit einem
ähnlichen doppelt umzogenen Kreuz mit Punkten gefunden habe.

Nr. 31. Vasenfragment mit concentrischen Kreisen und Kreuzen. ¹⁄₁ Grösse; Tiefe 1,30 m.

Ich gebe auf Tafel XX, Fig. b, das in einer Tiefe von
1,30 m gefundene Fragment einer grossen auf dem Töpferrade
gedrehten Vase aus röthlichem, 8 mm dicken Thon mit brauner
Bemalung auf röthlichem Untergrund. Wir sehen unten einen
von einem Kreise umgebenen Stern, um den sich ein breiter
Mäander herumzieht. Darauf folgen zwischen drei concentrischen Streifen, wovon zwei aus zwei, der äussere aus drei Linien bestehen, ein Kreis von zwei sich durchschneidenden Zickzacklinien und eine einfache Zickzacklinie. Das ganze kreis-

förmige Ornament scheint die Mitte eines oblongen Feldes eingenommen zu haben, von dessen Umrahmung oben drei horizontale Linien erhalten sind. Die Ecken des viereckigen Feldes waren mit phantastischen Verzierungen ausgefüllt, wovon
man noch kleine Reste sieht. Ganz oben folgen Bänder. Die
Innenseite ist rauh und unbemalt.

Auf Tafel XX, Fig. a, stelle ich ferner das in gleicher Tiefe
gefundene Fragment einer weniger grossen, auf der Scheibe gedrehten Vase aus gelbem, 7 mm dicken Thon dar. Die Bemalung
ist schwarz auf gelbem Untergrunde. Wir sehen zwischen einem
am Rande von drei und am Bauch von vier horizontalen Linien
gebildeten Felde zwei verticale Streifen, wovon der linke aus
mindestens sieben Wellenlinien, der rechte aus geraden Linien
gebildet ist. Zwischen beiden sind vier concentrische Kreise,
wovon der äussere mit schräg ablaufenden Strichen umgeben ist.
Oben und unten sieht man je zwei pyramidenförmige Verzierungen, deren Spitzen durch Wellenlinien verbunden sind.
Unterhalb folgt ein schmaler Streifen mit stehenden Wellenlinien.
Den Abschluss nach unten bildet wieder ein Streifen von vier horizontalen Linien. Ganz unten schwarz, die Innenseite ist braun.

So verschieden nun auch die Stilrichtung der Vasengruppe
mit geometrischen Mustern von dem Stil der eigentlichen tirynthischen und mykenischen Gruppe von Thongefässen erscheint,
die ich auf den folgenden Seiten beschreiben werde, so fehlt es
doch — wie Sophus Müller[1] sehr richtig bemerkt — nicht an
Berührungen zwischen beiden Gruppen, denn das geradlinige
Ornamentsystem steht in gewissen Beziehungen zu den Spiral-
motiven. Der eine Stil drückt nämlich in geraden Linien als
Mäander aus, was der andere Stil in Bogenlinien als Spirale
wiedergab; und indem man dergestalt um einen kleinen Schritt

---

[1] Sophus Müller, Ursprung und erste Entwickelung der europäischen
Bronzecultur (1882), deutsche Uebersetzung von Fräulein J. Mestorf.

8*

von dem ursprünglichen Motiv abwich, wurde eine völlig neue
Ornamentik geschaffen. Nur muss ich dabei wiederholen, dass
die Thongefässe mit geometrischen Mustern hinsichtlich Form,
Material und Technik durchaus von den Vasen der eigentlichen tiryuthischen und mykenischen Gruppe verschieden sind.

2. MIT LASURWEISS ÜBERMALTE VASEN.

Das Bild Tafel **XIV** stellt sieben zusammenschliessende
Bruchstücke vom obern Theile eines auf dem Töpferrade gedrehten Gefässes aus gelblichem, 7 mm dicken Thon dar. Die
Aussenseite hat auf geglättetem gelblichen Untergrunde eine
rothe Bemalung mit aufgetragenem Lasurweiss. Die Innenseite
ist unbemalt. Rechts ist ein Henkelansatz. Unterhalb des durch
eine Linie hervorgehobenen Randes zieht sich ein breiter Fries
hin, der unten durch drei breite Streifen abgeschlossen ist.
Rechts ist ein sonderbarer Gegenstand dargestellt, in welchem
Professor Newton vom British Museum das Vordertheil eines
Schiffs erkennt. Darauf folgen zwei Krieger mit Helmen auf
den Köpfen, einem runden Schild in der Linken und die Lanze
zum Wurf bereit in der Rechten. Zwischen den gespreizten
Beinen der Krieger hängt ein langer Schwanz herunter und
Dr. Ernst Fabricius glaubt, es möchte der Schweif eines Thier-
fells sein, das über den Rücken der Männer geworfen ist. Seine
Ansicht scheint in der That richtig zu sein, denn in einem ägyptischen Wandgemälde aus Beit-el-Walli im Britisch Museum,
welches die Eroberung von Kusch oder Aethiopien durch Rame-
ses II. darstellt, sieht man viele Aethiopier mit um die Hüfte
gebundenem Pantherfell, von welchem die Beinzipfel, auf ähnliche
Weise wie der Schwanz bei den tiryuthischen Kriegern, lang
herunterhängen.

Hinter den Kriegern sieht man das Vordertheil eines Pferdes in Profil nach rechts, an das sich vermuthlich weiter zurück
der Wagen schloss. Die horizontalen Linien über dem Rücken

des Pferdes sind wol als Zügel aufzufassen. Die Spiralen darüber und die Bogen darunter dienen zur Raumausfüllung. Zwischen den Beinen des Pferdes springt ein Hund nach rechts mit hocherhobenem Schwanz. Ueber die rothe Grundfarbe der Zeichnung sind bei den Männern und bei dem Pferde parallele Wellenlinien von Lasurweiss gezogen. Die Contouren und feinern Striche sind überall durch punktirte Linien, ebenfalls in Lasurweiss, hervorgehoben. Das Pferd trägt am Halswinkel eine grosse Scheibe. Die Augen sind in einem Punkt in einem ziemlich grossen Kreis angegeben. Der Rand der mit Grundfarbe ganz überzogenen Schilde ist durch zwei concentrische Kreise weisser Punkte hervorgehoben und ebenso ist der Omphalos durch Weiss markirt. Die hochaufflatternden Mähnen sind wieder in merkwürdiger Weise mit weisser Farbe dargestellt.

Interessant ist es, dass dieselbe Kriegerfigur hier zweimal ohne irgendeine Abweichung vorkommt und folglich als stilisirt angesehen werden muss.

Auf Tafel XXII, Fig. e, bringe ich ferner das in gleicher Tiefe gefundene Fragment einer andern auf dem Töpferrade gedrehten Vase aus rothem, ebenfalls 7 mm dicken Thon zur Anschauung. Man sieht auf demselben das Hintertheil eines Pferdes, sowie ein Stück des Wagens. Die technische Behandlung der Malerei entspricht durchaus der vorbeschriebenen Darstellung, die Dimensionen sind jedoch etwas kleiner.

Ich stelle ferner auf Tafel XXIII, Fig. a, das in circa 50 cm Tiefe gefundene Fragment einer ganz flachen, aus der Hand gemachten Platte dar, wovon noch zwei nicht zur Darstellung gebrachte Bruchstücke erhalten sind. Wie letztere zeigen, war der Rand der Platte umgebogen. Der Thon ist von röthlicher Farbe und 10 mm dick. Beide Seiten sind fein geglättet und bräunlichroth bemalt. Der Rand der Oberseite ist mit Mäander in Lasurweiss auf roth gefirnisstem Untergrund decorirt, worauf zwei concentrische, am Rande sich hinziehende Kreise folgen.

Das Innere war mit Figuren ausgefüllt, doch genügen die erhaltenen Reste nicht, um die Darstellung im Ganzen wiederzu-
erkennen. Auf dem obigen Fragment (Tafel XXIII, Fig. s)
sieht man den Unterkörper eines nach links ausschreitenden
Mannes. Die Linien um die Füsse sollen wol die Riemen der
Sandalen andeuten. Das nackte Bein tritt aus dem reich ornamentirten Chiton heraus, und Herr Dr. Ernst Fabricius macht
mich darauf aufmerksam, dass man dieselbe Decorationsweise der Gewänder auf den ältesten Vasen findet. Der Mann
scheint den Fuss auf den nackten Oberschenkel seines besiegten
Gegners zu setzen, von dem sich zur Linken ein Theil erhalten
hat. Man erkennt noch seinen reich verzierten Panzer. Die
Raumausfüllung ist, wie man auf den beiden andern Fragmenten erkennt, mit parallel aufeinander folgenden Dreiecken hergestellt. Links sieht man vielleicht eine Helmspitze.

Auf dem einen der beiden andern Fragmente erkennt man
die Beine eines nach rechts gewendeten, aufrecht stehenden
Kriegers nebst einem Theil des Panzers mit Mäanderstreifen.
Auf der Unterseite des Fragments (Tafel XXIII, Fig. s) erkennt man undeutliche Reste von Malerei in rothem Lack mit
aufgetragenem Lasurweiss.

Wie man an dem naturwahr gezeichneten Beine von Tafel
XXIII, Figur u, sieht, bekunden diese Fragmente, deren Malerei
sich technisch von derjenigen der grossen Bruchstücke (Tafel XIV)
mit den bewaffneten Kriegern nicht merklich unterscheidet, in
künstlerischer Hinsicht einen bedeutenden Fortschritt, wie denn
auch die Darstellung, im Gegensatz zu jener, nicht stilistisch ge-
bunden, sondern als freie Schöpfung erscheint.

Auf Tafel XXVII, Fig. d, gebe ich die Abbildung eines im
untern Graben in 1.30 m Tiefe gefundenen, auf der Scheibe gedrehten Kruges aus gelbem, ziemlich feinen Thon mit einem
Henkel. Die Höhe beträgt 7, die Weite der Mündung 6½, cm:
die Thondicke 3 mm. Der Untergrund ist dunkelblau. Ausser

einem breiten violetten Streifen, auf welchem weisse Blätter dargestellt sind, um den Hals und einem andern schmälern nahe am Fuss ist die Bemalung in Lasurweiss hergestellt und besteht aus einem Streifen am obern Rande, einem schmälern unterhalb des obern violetten Bandes, hübschen Spiralen um den Bauch und einem schmalen Streifen um den Fuss. Die Innenseite ist unbemalt. Der Henkel ist ergänzt.

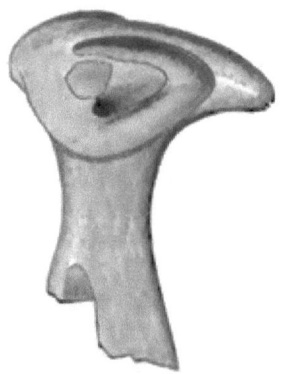

Nr. 22. Widderkopf von Thon. ½ Grösse; Tiefe 1 m.

Ich bemerke hier, dass unter den auf Thera unterhalb drei Schichten Bimstein und vulkanischer Asche gefundenen und in der Französischen Schule in Athen ausgestellten uralten Thonsachen auch mehrere Vasen vorkommen, auf denen die Ornamentation mit weisser Farbe auf dunklem Untergrund hergestellt ist. Bruchstücke von Vasen mit Spiralen sind sowol in Tiryns als in Mykenae[1] ungemein häufig.

Ich gebe ferner auf Tafel XXVI, Fig. d, die Abbildung eines in gleicher Tiefe gefundenen Fragments einer auf der

---

[1] Schliemann, Mykenae, S. 79, Nr. 86; Tafel VIII, Nr. 30, 34; Tafel XII, Nr. 58; Tafel XIII, Nr. 61; Tafel XIV, Nr. 70, 73, 75.

Scheibe gedrehten Vase aus unreinem gelben, 6—7 mm dicken
Thon. Die Bemalung ist ebenfalls mit violetter Farbe und
Lasurweiss auf dunkelblauem Untergrund hergestellt; die Innen-
seite ist unbemalt.

Ferner erwähne ich das in einer Tiefe von 1,50 m gefundene
Randstück einer auf der Scheibe hergestellten Schale aus 5 mm
dicken, feinen röthlichen Thon. Die Innenseite hat eine rothe,
die Aussenseite eine dunkelbraune Bemalung auf hellrothem
Untergrund. Auf dem Rande ist ein schmälerer, unterhalb desselben auf der Innenseite ein breiterer Streifen, auf dem in Lasurweiss zwei sich durchschlingende Schlangenlinien aufgetragen
sind. Aussen unter dem Rande sind zwei breite Streifen.

Der umstehende Holzschnitt Nr. 22 stellt einen in circa
1 m Tiefe gefundenen Gegenstand aus braunem Thon in Form
eines Widderkopfes dar, an welchem das Auge besonders geformt
und angesetzt ist. Dieser Gegenstand ist wahrscheinlich das
Bruchstück eines Henkels und scheint erst schwarz und darauf
mit Lasurweiss überzogen zu sein.

3. VASENMALEREIEN MIT DARSTELLUNG VON VÖGELN ODER HIRSCHEN.

Das auf Tafel XX, Fig. d, dargestellte, in 2 m Tiefe gefundene Fragment ist vom obern Theile einer auf der Scheibe gedrehten grossen Vase von hellgelbem, 11 mm dicken Thon.
Die Bemalung ist schwarz und glanzlos auf hellgelbem Untergrund. Der Rand ist ganz mit Farbe überzogen. Unterhalb
desselben zog sich eine Reihe Wasservögel nach rechts in Profil
hin. Links ist der Kopf eines Vogels mit breitem Schnabel,
rechts der Schwanz und Kopf eines andern. Die Innenseite ist
monochrom schwarz.

Ich zeige ferner auf Tafel XXIII, Fig. b, das in gleicher
Tiefe gefundene Fragment eines auf dem Töpferrade gedrehten
kleinern Gefässes aus rothem, 6 mm dicken Thon. Die Bemalung ist mit braunem Firniss auf rothem Untergrunde hergestellt.

Unter einem breiten Streifen sieht man von einer Reihe Schwänen rechts den obern Theil des einen in Profil nach rechts, und links den zurückgewendeten Kopf eines andern.

.   Auf einem andern, nachstehend unter Nr. 23 dargestellten Fragment, welches in einer Tiefe von 1,50 m gefunden ist und zu einer auf der Scheibe gedrehten Vase von röthlichem, 4 mm dicken Thon gehört, ist die Bemalung schwarz auf gelbem Untergrund und stellt links das Vordertheil eines Schwans nach

Nr. 23. Vasenfragment mit einem Schwan. ²⁄₃ Grosse; Tiefe 1,30 m.

rechts in Profil dar. Die Figur ist durch eine dicke Linie gebildet, an welcher Punkte hinlaufen; eine andere punktirte Linie geht mitten über den Leib. Rechts bemerkt man noch das Schwanzende des vorhergehenden Vogels. Ich mache darauf aufmerksam, dass ich in Mykenae das Fragment eines Thongefässes mit einer sehr ähnlichen Darstellung eines Schwans fand [1], welches im Mykenischen Museum in Athen aufgestellt ist. Dasselbe Museum enthält das in einem Grabe zu Spata gefundene Fragment eines Thongefässes mit gemalter Darstellung eines Schwans, aber in etwas verschiedener Gestalt.

_____

[1] Schliemann, Mykenae, Tafel VIII, Nr. 33.

Auf einem andern, in einer Tiefe von 1,50 m gefundenen
Bruchstück eines auf der Scheibe gedrehten Gefässes aus 8 mm
dickem graugelblichen Thon mit schwarzer Bemalung sieht man
das Hintertheil und die Füsse eines nach rechts gewendeten Vogels.

Das auf Tafel XX, Fig. e, dargestellte, in 1 m Tiefe gefundene Fragment eines auf dem Töpferrade gedrehten, 7 mm
dicken Thongefässes ist aus hellgelbem Thon. Es ist auf der
Innenseite roth und hat auf der Aussenseite auf hellgelbem
Untergrunde eine rothbraune Bemalung, welche unterhalb eines
breiten Streifens den zurückgewendeten Kopf eines von rechts
nach links in Profil dargestellten Hirsches mit mächtigem Ge-
weih zeigt, dessen Enden durch Spiralen gebildet sind.

4. VASENMALEREIEN MIT DARSTELLUNG VON SEETHIEREN.

Die Abbildung Tafel XXII, Fig. b, stellt das in 1 m Tiefe
gefundene Bruchstück vom obern Theil eines auf der Scheibe

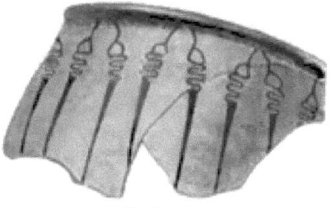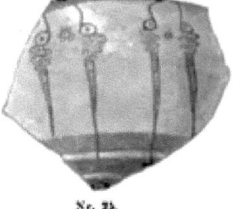

Nr. 24.   Nr. 25.

Vasenfragmente mit der in Mykenae sehr zahlreich und auch in Tiryns häufig vorkommenden Darstellung der Purpurschnecke (murex). 1/3 Grösse.

gedrehten mittelgrossen Gefässes aus röthlichem, 6 mm dicken
Thon dar. Die Bemalung ist schwarzbraun auf röthlichem Untergrund. Unter dem ganz mit Farbe umzogenen Rande folgt
ein breiter Streifen, der nach unten wieder durch ein braunes
Band abgeschlossen wird. In dem freigelassenen Streifen sieht
man ein phantastisches, wahrscheinlich einem Seethier entnom-
menes Ornament, welches bei den alten Tirynthern und Myke-

nern sehr beliebt gewesen sein muss, denn es findet sich vielfältig in den Trümmern beider Städte. Die Innenseite ist monochrom schwarz.

In den nebenstehenden, aus „Mykenae", S. 160. wiederholten
Abbildungen Nr. 24 und 25 bringe ich zwei Vasenfragmente
mit der auf den mykenischen Thongefässen ungemein zahlreich
vorkommenden und auch in Tiryns sehr häufigen Decoration zur
Anschauung. Die mit diesem Muster ornamentirten Vasen sind
immer auf der Töpferscheibe gedreht und bestehen durchweg
aus gelbem, durchschnittlich etwa 5 mm dicken Thon. Die Bemalung in rother Farbe auf gelbem Untergrund stellt ein schmäch-
tiges Ornament sehr ähnlicher Art wie das auf Tafel XXII,
Fig. b, enthaltene, mit einem Fuss dar, welches die Purpurschnecke (*murex*) zeigt und ebenfalls in Jalysos[1], Spata[2],
Knossos[3] ungemein häufig vorkommt. Dasselbe Ornament ist
auch auf einem Vasenfragment von Eleusis[4] und auf einem andern aus den Gräbern in Nauplia[5] zu sehen; es kommt ausserdem auf den Vasen Nr. 2078 und 2081 im Nationalmuseum in
Athen vor, die auch in Attika entdeckt sind, deren Fundort
aber nicht weiter angegeben ist.

5. VASENMALEREI MIT SPIRALORNAMENTIK.

Wie Sophus Müller[6] bemerkt, mag das Spiralmotiv einem
aufgerollten Draht entlehnt sein. „Die Zeichnung wurde dann
auf die Fläche übertragen und entwickelte sich in verschiedener

---

[1] Albert Dumont et Jules Chaplain, Les Céramiques de la Grèce propre (Paris 1881), Pl. III, Nr. 5, 6.
[2] Ebendas., S. 66.
[3] Ebendas., S. 66.
[4] Gazette archéologique, 1879, S. 202.
[5] Dieses letztere Fragment ist im Mykenischen Museum zu Athen zu sehen.
[6] Sophus Müller, Ursprung und erste Entwickelung der europäischen Bronzecultur, deutsche Uebersetzung von Fräulein J. Mestorf (1882), S. 338.

Art; allein die Erscheinung, dass die Spiralen oftmals aus Doppel-
linien gebildet sind und auch in der Mitte der Spiralrolle un-
abgebrochen fortlaufen, erinnert an den Ursprung des Motivs.
Das Kreisornament hingegen kann durch Arbeiten in Bein, Holz
und ähnlichem weichen Metall entstanden sein. Der Mittelpunkt
im Kreise erinnert daran, dass es durch Zirkelschlag entstand,
und die weitere Ausbildung des Motivs beruht nur auf der
Verbindung mit Halbkreisen, Linien und Bändern.“

Das in Tiryns und Mykenae so reichlich vertretene Spiralornament „kommt“, wie Sophus Müller ausführt [1], „auch in
Aegypten überaus häufig vor, sowol als Ausschmückung der
Gefässe und anderer Gegenstände [2], die in manchen Fällen
Kriegsbeute von den Phönikiern und andern orientalischen Völkern sind, als in der architektonischen Decoration, namentlich
in der Nekropole bei Theben aus der letzten Hälfte des zweiten
Jahrtausends v. Chr. Genau so wie in Mykenae sind die Spiralen dort bald frei, bald in der Mitte verbunden, oder sie win-
den sich um ein rundes Feld oder eine Rosette, oder es ist, wie
bei dem Deckenornament von Orchomenos [3], da wo die Linie
sich von der Windung ablöst, eine Blume eingesetzt.“ Sophus
Müller [4] bemerkt ferner: „In Phönikien ist die Spiralornamentik jedenfalls auf einer besondern Art von Alterthumssachen
allgemein [5], und ausserdem finden wir es auf den griechischen
Inseln, wo die Phönikier Colonien hatten.“ Die Spiralornamentik

---

[1] Sophus Müller, a. a. O., S. 333.
[2] Z. B. Rosellini, a. a. O., I, 100, 102, 158, 159; II, 70, 87; III, 17;
Lepsius, Denkmäler, VII, Tafel 187 d; Prisse d’Avennes, Histoire de l’art
égyptien, a. m. O.
[3] Schliemann, Orchomenos (Leipzig 1881).
[4] Sophus Müller, a. a. O., S. 339.
[5] Z. B. Renan, a. a. O., S. 161; Description de l’Égypte, V, Taf. 79—
83 und 89; Leemans, Aegyptische Monumente, I. Taf. 30.
[6] Sehr bezeichnend ist das Vorkommen der Spiralornamente auf Thongefässen von Rhodos (Salzmann, Camirus, Taf. 25, 26). Die Griechen besetz-

weist somit weit über Griechenland hinaus in das ägygto-phöni-
kische Gebiet. Weiter finden wir die zusammenhängende Spirale
auf Monumenten an fast allen Punkten, die von phönikischem
Einfluss berührt worden: auf der Insel Gozzo bei Malta, in
Süditalien und Sardinien und nach Osten in Funden aus den
Ländern des Kaukasus, und zwar überall unter Verhältnissen,
die auf ein hohes Alter hindeuten, aber andererseits nie zusammen mit Dingen, welche dem eigentlichen Bronzealter zuge-
sprochen werden können. Es liegt hiernach die Annahme nahe,
dass das Auftreten der Spiralornamentik an allen genannten
Orten auf phönikischem Einfluss beruht."

Ich füge hinzu, dass wir das Spiralornament ungemein häufig
auf der viele Jahrhunderte lang von den Phönikiern angesiedel-
delten Insel Malta finden: so z. B. an einer Stele in der Ces-
nola-Sammlung im Museum zu Neuyork [1], auf einem Kapitäl von
Kition [2], auf einem Vasenhenkel von Amathus [3], auf zwei Schilden.[4] Ebenso im Gebiet von Carthago auf einem Kapitäl von
Djezza [5] und auf Stelen von Carthago selbst.[6]

Die interessanteste und merkwürdigste Erscheinung ist aber,
dass wir der Spirale sehr häufig auf den Goldsachen der zweiten, der verbrannten Stadt von Troja begegnen.[7] Diese That-

---

ten diese Insel erst 60 Jahre nach der Dorischen Einwanderung; aber von
der Zeit können wir nicht annehmen, dass das Spiralornament zum griechischen Stil gehörte. Es bleibt deshalb kein anderer Ausweg, als diese
Gefässe in eine ältere Zeit zu setzen und sie den Phönikiern zuzusprechen,
die damals Colonien auf Rhodos besassen.
[1] Georges Perrot et Charles Chipiez, Histoire de l'Art dans l'antiquité
(Paris 1884), III, S. 217, Nr. 152.
[2] Ebendas., S. 264, Nr. 198.
[3] Ebendas., S. 282, Nr. 213.
[4] Ebendas., S. 870, 871, Nr. 638, 639.
[5] Ebendas., S. 312, Nr. 235.
[6] Ebendas., S. 52, Nr. 14; S. 54, Nr. 16.
[7] Schliemann, Ilios, S. 514, Nr. 694—704; S. 515, Nr. 752—764; S. 544,
Nr. 834, 835; S. 546, Nr. 836—838, 845, 848—850; S. 547, Nr. 853; S. 551,
Nr. 873, 874; S. 559, Nr. 906, 907, 909.

sache beweist uns nämlich, dass zur Blütezeit Trojas bereits phönikische Kauffahrer das Aegäische Meer befuhren und an der Küste des Hellesponts Handel trieben, und dass folglich die Ruinen Trojas schwerlich auf das ungeheuere Alterthum Anspruch machen können, welches ihnen von mehrern Gelehrten zugeschrieben wird. So z. B. meint Helbig[1], dass die Reste von Hissarlik beträchtliche Zeit vor das 14. Jahrhundert v. Chr. fallen, während Dumont[2] sie sogar für noch viel älter hält als das 16. Jahrhundert v. Chr.

Zuvörderst empfehle ich der Beachtung des Lesers das auf Tafel XXII unter Fig. d dargestellte Randstück einer grossen, auf der Töpferscheibe gedrehten Vase aus feingeschlämmtem grauen, 6 mm dicken Thon mit brauner Bemalung auf hellgelbem Untergrunde. Zwischen dem etwas übergebogenen Rande und drei um den Bauch des Gefässes herumgehenden horizontalen, parallelen Bändern ist ein breiter Streifen von dem griechischen Buchstaben Lambda ähnlichen, auf der linken Seite in Spiralen auslaufenden Verzierungen. Die Innenseite ist monochrom schwarz. Fundtiefe 1 m.

Ferner erwähne ich ein aus der Hand gefertigtes, in 2 m Tiefe gefundenes Gefäss aus grünem, 7 mm dicken Thon. Die Bemalung ist mit sehr ordinärer schwarzer Farbe ausgeführt und auf einen Streifen am Rande und zwei Linien am Bauch beschränkt, wovon die obere dreimal roh gemachte Spiralen bildet. Die hintere Seite ist zerbrochen und daher die Form des Gefässes nicht wohl erkenntlich. Es hatte zwei Henkel.

Weiter ein in 1,50 m Tiefe gefundenes Bruchstück einer auf dem Töpferrade hergestellten Vase aus 3 mm dickem röthlichen Thon mit braungelbem Ueberzug und rother Malerei. Man sieht

---

[1] W. Helbig, Das Homerische Epos, aus den Denkmälern erläutert, S. 37.
[2] Albert Dumont et Jules Chaplain, Les Céramiques de la Grèce propre (Paris 1881), S. 75.

oberhalb eines Streifens von acht feinen Linien eine grosse Spirale,
in deren Auge eine Rosette ist.

Ich bilde auf Tafel XXVI, Fig. c, das in ungefähr gleicher
Tiefe gefundene obere Bruchstück mit Henkel eines auf der Töpfer-
scheibe gemachten kleinen Beckens aus röthlichem, 3 mm dicken
Thon dar. Die Bemalung ist roth auf hellgelbem Untergrund.
Der Rand ist fein umzogen, und wir sehen unterhalb desselben
einen Streifen von Flechtwerk und Spiralen in Linienausführung.

Ich erwähne ferner ein in 1 m Tiefe gefundenes Fragment
von der Schulter einer auf der Scheibe gedrehten Vase aus
röthlichem, 6 mm dicken Thon mit schwarzer Bemalung auf
hellem Grund. Der Halsansatz ist ganz bemalt und von einer
breiten Linie umzogen, und darunter sind grosse Spiralen. Ganz
ähnliche Spiralen sieht man auch auf zwei Fragmenten kleinerer
Schalen in rother und schwarzer Farbe.

Weiter erwähne ich das in 1,30 m Tiefe gefundene Fragment
einer tiefen, auf der Scheibe gedrehten Schale aus feinem gelben,
3 mm dicken Thon. Die Malerei ist schwarzbraun auf gelbem
Untergrund; der Rand wird durch eine Linie hervorgehoben.
Darunter ist durch eine breite und mehrere in der Farbe etwas
hellere Linien ein breiter Streifen abgetrennt, der mit nach links
sich wendenden Spiralen decorirt ist. Im Auge der Spiralen ist
ein grosser, durch sich kreuzende Parallellinien ausgefüllter Kreis.
Je zwei Spiralen sind unter sich durch drei Wellenlinien verbunden.

Ferner das in 1,30 m Tiefe gefundene Bruchstück einer auf
dem Töpferrade gedrehten Vase aus hellbräunlichem, etwas unreinen, 4 mm dicken Thon mit brauner Bemalung auf hellerm
Untergrunde. Man sieht auf der Innenseite mehrere concentrische Kreise und einen breiten Streifen unter dem Rande. Auf
der Aussenseite wird durch drei Linien ein breites, friesartiges
Band abgetrennt, worin sich ein eigenthümliches, nach links ge-
wandtes Spiralornament wiederholt.

Ich gebe auf Tafel XXVI, Fig. f, das in 1 m Tiefe gefun-

dene Fragment vom obern Theil eines kleinen, auf dem Töpferrade hergestellten Gefässes aus röthlichem, 3 mm dicken Thon,
mit dunkelbrauner Bemalung. Unter dem mit Farbe überzogenen Rande lief ein Streifen Spiralen hin, in welchem ein
wagerecht durchbohrter Auswuchs angebracht ist.

Ich erwähne weiter ein in gleicher Tiefe gefundenes Fragment eines auf der Scheibe gedrehten kugelförmigen Gefässes
aus röthlichem, 3 mm dicken Thon mit dunkelbrauner Bemalung, welches ebenfalls einen horizontal durchbohrten Auswuchs in einem Schuppenornament hat. Dies sind die beiden
einzigen im Palast von Tiryns gefundenen Thonsachen, die mit
horizontal durchbohrten Auswüchsen vorkommen. In der
ältesten Ansiedelung in Tiryns[1], sowie in Troja[2] kommen nur einzig und allein Vasen mit senkrecht durchbohrten Auswüchsen vor. Vasen mit horizontal durchbohrten Auswüchsen dagegen finden sich auf einer in den Pfahlbauten der
Steinzeit bei Estavayer[3] gefundenen Vase; ferner auf vier in
französischen Dolmen gefundenen und im Museum von Saint-
Germain-en-Laye aufbewahrten Gefässen; auf einigen Vasenscherben in demselben Museum; auf Gefässen in der Aegypti-
schen Sammlung des British Museum; auf zwei Vasen der Steinzeit im Museum zu Kopenhagen[4]; auf verschiedenen Vasen der
Sammlung germanischer Alterthümer im British Museum; auf
einer aus Cypern im South-Kensington-Museum; auf einigen in
der uralten Nekropole auf der Insel Antiparos gefundenen Vasen[5];

---

[1] Vgl. S. 65, 66, Nr. 1, 2.

[2] Schliemann, Ilios, S. 244, 245, Nr. 23—25; S. 251—253, Nr. 44—46;
S. 398—414, Nr. 251—306.

[3] Ferd. Keller, Etablissements lacustres (Zürich 1866), Taf. XVIII, Nr. 5,
beschrieben von Dr. Victor Gross.

[4] J. J. A. Worsaae, Nordiske Oldsager (1859), Taf. 19, Nr. 95, 98;
Taf. XX, Nr. 99.

[5] J. Theodore Bent, Researches among the Cyclades, in der Zeitschrift
„The Journal of Hellenic Studies", V, 1884, S. 55, Nr. 11.

auf mehrern in den Ausgrabungen zu Pilin [1] in Ungarn gefundenen
Gefässen, und auf vielen Vasen im Museum zu Schwerin. Auch
das Märkische Provinzialmuseum in Berlin enthält eine Menge
solcher Vasen mit horizontalen Ringen zum Aufhängen. Einige
schöne Exemplare davon sind auch in der Sammlung von Professor Rudolf Virchow in Berlin. Auch fanden Consul Frank
Calvert und ich in unserer gemeinschaftlich gemachten Ausgrabung im Tumulus Hanaï Tepeh [2] in der Ebene von Troja ausschliesslich Gefässe mit horizontalen röhrenförmigen Löchern.

6. THONGEFÄSSE VERSCHIEDENER ART.

Tafel XXII. Fig. a, stellt ein in 0,50 m Tiefe gefundenes
Fragment vom obern Theile einer auf der Scheibe gedrehten
kleinen Schale aus röthlichem, nur 3 mm dicken Thon mit
glänzend gelber Oberfläche und brauner Bemalung dar. Man
sieht am Rande eine feine durchgehende Linie und auf der
Aussenseite ein phantastisches Ornament, dessen untere Hälfte
an eine ionische Säule erinnert. Ein gleiches Ornament kommt
auch in Attika auf Bechern von Terracotta zusammen mit der
Purpurschnecke vor. Man sieht es ferner auf zwei Grabstelen
von Carthago [3] sowie auf einer phönikischen Vase. [4]

In einer Tiefe von circa ½ m unter der Oberfläche wurden
ferner mehrere Bruchstücke eines grossen unbemalten, aus der
Hand gemachten Gefässes von rothem, 10 mm dicken Thon
gefunden, die ich zusammengefügt und in umstehendem Holz-

[1] Joseph Hampel, Catalogue de l'Exposition préhistorique des Musées
de province et des collections particulières de la Hongrie (Budapest 1876),
S. 130, Fig. 130, und S. 41, Fig. 28; Antiquités préhistoriques de la Hongrie
(Gran 1877), Taf. XVIII, Fig. 2, 5, 8, 9, 11, 12; Taf. XIX, Fig. 11; Taf. XX,
Fig. 4, 8, 19; Taf. XXI, Fig. 9; Taf. XXII, Fig. 2, 3.

[2] Schliemann, Ilios, S. 787, Nr. 1546, 1547; S. 791, Nr. 1560.

[3] Georges Perrot et Charles Chipiez, Histoire de l'Art dans l'antiquité
(Paris 1884), Bd. III, S. 52, Nr. 14; S. 54, Nr. 16.

[4] Ebendas., Bd. III, S. 714, Nr. 525.

schnitt Nr. 26 abgebildet habe. Das Gefäss ist rund und hat
etwa 40 cm im Durchmesser. Der Rand des Bodens steht
13 mm, der obere Rand 25 mm gerade empor. Die Aussenseite
ist schlecht geglättet. An der Innenseite des Bodens sieht man
vom Rande bis zum Mittelpunkt concentrische Kreise von
6—7 mm tiefen Löchern in Form von umgekehrten Kegeln,
welche gemacht worden sind, als der Thon noch weich war, und
die sich in Abständen von 6—10 mm voneinander befinden.
Keins dieser Löcher durchdringt die Dicke des Thons. An dem
äussern Boden sieht man starke Brandspuren; ohne allen

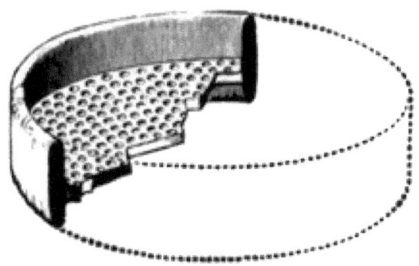

Nr. 26. Gefäss zum Kuchenbacken. ¼ Grösse; Tiefe 0,50 m.

Zweifel hat daher das Gefäss als eine Art Pfanne gedient,
wahrscheinlich zum Backen von Kuchen, auf dem dann die
Form der Löcher in Relief hervortrat.

Von ähnlichen, aber etwas kleinern irdenen Pfannen mit
nicht durchgehenden kegelförmigen Löchern sind viele Bruchstücke gefunden. Dieselbe Art Pfanne ist auch in Mykenae
sehr häufig, kommt aber sonst, soviel ich weiss, nicht vor.

In dem Holzschnitt Nr. 27 und auf Tafel XXI, Fig. f,
gebe ich die Abbildung des in dieser Form in Tiryns und
Mykenae allgemein im Gebrauch gewesenen Bechers aus Terracotta. Die meisten Becher dieser Art sind aus hellgelbem,
schlecht geschlämmten Thon, auf der Töpferscheibe gedreht, un-

polirt und unbemalt; aber in gar vielen Fällen sind sie auch
gut polirt und mit einem glänzend rothen Firniss überzogen; in
seltenen Fällen ist letzterer schwarz. Sehr zahlreich sind aber
die auf glänzend hellgelbem Untergrunde mit braunen parallelen
horizontalen Bändern bemalten Becher. Wie bereits S. 82—84
bemerkt, findet man in den tiefsten Schuttschichten die Bruchstücke der aus grünlichem Thon hergestellten unbemalten und
schlecht geglätteten Becher, welche die ältesten zu sein scheinen.

Nr. 27. Becher. ½ Grosse.

Alle haben einen Henkel, in seltenen Fällen zwei Henkel. Bei
den ordinärsten Bechern ist der Fuss flach, bei den besser hergestellten hohl.

Es kommen auch häufig Bruchstücke solcher Becher aus
feingeschlämmtem gelben, gut polirten Thon vor, deren Aussenseite unbemalt ist, während man auf der Innenseite parallel
laufende rothe Bänder sieht.

Ich habe bereits auf S. 83, 84 eine Liste der Orte gegeben,
wo Becher ähnlicher Form bisjetzt gefunden sind, und verweise
den Leser darauf.

9*

Unter Nr. 28 gebe ich nebenstehend das Bild einer nahe an der Oberfläche gefundenen grossen, auf der Scheibe gedrehten Vase mit zwei Henkeln aus rothem, 9 mm dicken Thon. Ihre Höhe beträgt 23½, die Breite der Oeffnung 20 cm. Sie ist inwendig und auswendig mit einfacher rother Farbe bemalt und nur auf dem Rande, zwischen zwei weissen Linien, sieht man zwei violette, parallel herumlaufende Linien. Diese Vasenform kommt sonst nicht vor.

Nr. 28. Grosse Vase ½. Grösse. Tiefe circa 0,50 m.

Ich gebe ferner Tafel XXIV. Fig. e, die Abbildung einer aus einer Tiefe von 1,50 m stammenden, auf der Scheibe gedrehten Vase mit zwei Henkeln und übergebogenem Rande, von feinem, 4 mm dicken, schön geglätteten grauen Thon. Die Höhe des Gefässes ist 9, die Weite der Oeffnung 15 cm. Die aus glänzend gelbem Firniss hergestellte Bemalung besteht aus einer Linie am äussern Rande, einer zweiten um den Hals, einem Streifen von drei Linien um den Bauch und einer breiten Linie um den Fuss. Die glänzend gelbe Farbe gibt der Schale das Aussehen, als ob sie vergoldet wäre.

Auf Tafel XXVI. Fig. e, bringe ich das Fragment einer auf der Töpferscheibe gedrehten Kanne aus fein geschlämmtem grauen, 6 mm dicken Thon zur Anschauung. Die Bemalung ist braun auf hellgelbem Untergrunde. Zwischen zwei Bändern am Rande ist eine Verzierung von Kreuz- und Querlinien. Das ganze Untertheil des Gefässes ist einfach bemalt; die Innenseite monochrom grau.

Ferner gebe ich im beifolgenden Holzschnitt Nr. 29 die

Nr. 29. Vase mit Ausguss. ½ Grösse; Tiefe circa 0,30 m.

Abbildung einer nahe an der Oberfläche gefundenen kleinen, auf der Scheibe gedrehten Kanne mit gebrochenem Henkel über der 4½ cm weiten Oeffnung. Die Höhe ohne Henkel ist 10 cm; die Thondicke 3 mm. Die Kanne ist aus bläulich grauem feinen Thon, gut geglättet und hat einen vom Bauch hervorstehenden Ausguss. Die Bemalung ist schwarz und besteht aus zwei breiten Bändern um den Bauch und 13 Linien um den Hals.

Kannen vollkommen ähnlicher Form kommen auch in My-kenne und Troja[1] mehrfach vor; sechs solcher in Gräbern in Jalysos gefundenen Kannen sind im British Museum; ein in den untersten Schuttschichten der Akropolis von Athen gefundenes

[1] Schliemann, Ilios, S. 454. Nr. 446.

Exemplar, welches aber den Henkel am Halse hat, ist im Akropolis-Museum.

Weiter findet man nachstehend unter Nr. 30 die Abbildung
einer in einer Tiefe von 1,50 m gefundenen, auf der Scheibe
gedrehten Vase von graugelbem, 3 mm dicken, feinen Thon ohne
Bemalung. Dieselbe hat einen siebartigen Ausguss. Vom Halse

Nr. 30. Vase mit siebförmigem Ausguss.
¹⁄₃ Grösser; Tiefe 1,50 m.

Nr. 31. Kanne.
²⁄₃ Grösser; Tiefe 1 m.

fehlt ein Stück. Drei ähnliche Vasen kommen auch in Thera[1]
vor und sind in der kleinen Sammlung der Französischen Schule
in Athen zu sehen. Das British Museum enthält zehn ähnliche
Kannen mit siebartigem Ausguss, wovon neun aus Gräbern in
Jalysos und eine aus einem Grabe in Kameiros herrühren; acht
der erstern sind Tripoden.

Der obige Holzschnitt Nr. 31 veranschaulicht eine in 1 m
Tiefe gefundene kleine, aus der Hand gemachte Kanne aus

---

[1] Albert Dumont et Jules Chaplain, Les Céramiques de la Grèce propre,
S. 33, 34.

gelbem, fein geschlämmten, 5 mm dicken Thon mit schwarzer
Bemalung auf hellem Untergrund. Um den Hals ist ein hori-
zontaler Streifen, von dem drei Bänder, wovon zwei von je
sechs und einer von fünf verticalen Linien, heruntergehen. Der
Henkel ist abgebrochen. Kannen gleicher Form und ähnlicher
Bemalung kommen sowol in Mykenae[1] als in den Gräbern von
Nauplia vor und sind im Mykenischen Museum in Athen zu

Nr. 32. Krug. Fast natürliche Grösse; Tiefe 0,30 m.

sehen. Kannen ähnlicher Form und Decoration wurden auch in
den untersten Schuttschichten der Akropolis in Athen gefunden
und sind im Akropolis-Museum aufgestellt.

Ferner stelle ich in vorstehendem Holzschnitt Nr. 32 einen
kleinen, dicht unter der Oberfläche des Bodens gefundenen, aus
der Hand gemachten einhenkeligen Krug mit convexem Boden,
aus gelbem, fein geschlämmten Thon dar. Die Malerei ist schwarz,
wo die Farbe dick, und dunkelbraun, wo sie dünn aufgetragen

---

[1] Schliemann, Mykenae, S. 73, Nr. 27.

ist. Auf dem Rande ist ein Streifen, der sich auch an beiden
Seiten des Henkels ausdehnt. Am Halse und Bauche des Gefässes sind drei horizontale Streifen.

Ich erwähne ferner das in einer Tiefe von 1,50 m gefundene
Randstück einer auf dem Töpferrade gedrehten Vase aus röthlichem, 3 mm dicken Thon mit brauner Bemalung auf hellrothem
Untergrund. Der gerade aufsteigende Rand ist mit einem Streifen
bedeckt, bestehend aus zwei parallelen Linien, deren Zwischenraum durch sich kreuzende Zickzacklinien ausgefüllt ist. Der
Bauch des Gefässes scheint, ebenso wie die Innenseite, braun

Nr. 33. Fragment eines Gefässes.   Nr. 34. Vasenhals.
½ Grösse; Tiefe 2 m.   ⅓ Grösse; Tiefe circa 1,50 m.

gewesen zu sein. Es wurde auch das Fragment eines gleichartigen Gefässes gefunden.

Der beifolgende Holzschnitt Nr. 33 stellt das in 2 m Tiefe
gefundene Bruchstück des ausgehöhlten Randes eines auf dem
Töpferrade gedrehten Gefässes aus röthlichem, 4 mm dicken
Thon mit rothbrauner Bemalung auf hellrothem Untergrunde
dar. Auf der Oberseite sind Streifen von je acht Querlinien
aufgetragen. Aussen ist ein Schachbretornament herumgelegt.

Der vorstehende Holzschnitt Nr. 34 stellt das in 1,50 m
Tiefe gefundene Obertheil einer auf der Töpferscheibe gedrehten
Kanne aus fein geschlämmtem röthlichen, 3 mm dicken Thon
dar. Die Bemalung ist dunkelroth auf hellrothem Untergrunde.
Der Rand ist ausgebogen, die Mündung kleeblattförmig. Auf
den breiten Streifen um den Rand folgen vier parallele horizon-

tale Bänder und darauf ein breiter Streifen, in welchem man eine herumgehende Reihe von, dem Buchstaben **Z** ähnlichen Zeichen sieht. Darauf folgen wieder sechs horizontale parallele Bänder und darauf ein Streifen, der mit geraden und schrägen Linien verziert, von dem aber nur ein kleiner Theil erhalten ist. Die Innenseite ist unbemalt. Fundtiefe 1,50 m.

Das in 1,50 m Tiefe gefundene Obertheil eines auf der Scheibe gedrehten Kruges aus röthlichem, 3 mm dicken Thon mit gelbem Ueberzug und brauner Bemalung bringe ich in nebenstehendem Holzschnitte Nr. 35 zur Anschauung. Man sieht

Nr. 35. Obertheil eines Kruges. ½ Grösse; Tiefe 1,50 m.

auf demselben ein Band am Rande und zwei unter dem Halse, wovon das unterste aus einer Reihe von Zeichen besteht, die dem **W** und **N** ähnlich sehen.

Ich erwähne weiter das in 1 m Tiefe gefundene Bruchstück einer auf dem Töpferrade gedrehten Schale aus rothem, 4 mm dicken Thon mit rother Malerei auf hellrothem Untergrund. Der Rand ist mit Farbe überzogen. Unten sieht man einen Streifen von sechs Linien, von denen die oberste und die un-

terste verstärkt sind. In der Mitte ist ein Streifen von gleichartigen, dem **N** ähnlich sehenden Zeichen. Reihen von vollkommen ähnlichen Zeichen kommen oft an den von mir in
Mykenae gefundenen Thongefässen vor.[1] Man sieht dieselben
Zeichen auch auf Fragmenten von Vasen aus den uralten Gräbern in Nauplia, die im Mykenischen Museum, sowie auf zwei
in den untersten Schuttschichten in der Akropolis von Athen
gefundenen Bruchstücken, die im Akropolis-Museum aufbewahrt
werden.

Ich bringe auf Tafel XXVI, Fig. b, das Untertheil eines
auf der Töpferscheibe gemachten cylinderförmigen Gefässes aus
3 mm dickem röthlich gelben Thon zur Anschauung, welches
in einer Tiefe von 1,50 m gefunden ist. Es folgen übereinander
sechs Streifen auf hellgelbem Untergrund. Der unterste zeigt
kleine aufsteigende Dreiecke in rother Farbe. Es folgt ein
Streifen aus fünf feinen rothen Linien, darauf ein breites violettes Band. Der vierte Streifen zeigt zwei Reihen Punkte
zwischen je zwei feinen Linien in Roth. Darüber ist wieder ein
violettes Band, welches abermals von einem Streifen rother Linien
gefolgt ist. Die Innenseite ist rothbraun. Dieses Fragment ist
ausgezeichnet durch seine Bemalung.

Auf Tafel XXVII, Fig. a, bringe ich vor die Augen des
Lesers die in 1,50 m Tiefe gesammelten Ueberbleibsel einer grossen
auf der Töpferscheibe hergestellten Vase aus feinem rothen,
6 mm dicken Thon. Es sind 30 zusammenpassende Fragmente.
Die Malerei ist glänzend roth auf gelbem Untergrund. Der
Rand des Gefässes sowie der des Henkels ist mit Farbe überzogen. Auf der breiten Mittelfläche des Henkels sind keulen-
förmige Flecken. Die ganze Aussenseite ist mit einem Geflecht
von geschwungenen doppelten Linien überzogen und die Zwischen-

---

[1] Schliemann, Mykenae, Tafel IX, Nr. 38; Tafel XIII, Nr. 62.

räume sind mit einem Fischgrätenornament ausgefüllt. Die Innenseite ist unbemalt.

Dies ist ohne Zweifel die schönste von allen von mir in Tiryns oder Mykenae gefundenen Vasendecorationen.

Es kommt jedoch in den uralten Gräbern von Nauplia ein mit einer ähnlichen Ornamentation geschmücktes Ornament vor, welches im Mykenischen Museum zu sehen ist. Auch macht mich Dr. Fabricius darauf aufmerksam, dass sich auf einem Elfenbeindiskus von Spata im Mykenischen Museum dieselben

Nr. 36. Vasenfragment.
¹⁄₁ Grösse, Tiefe nicht angegeben.

Nr. 37. Vasenfragment.
¹⁄₃ Grösse; Tiefe 1,50 m.

doppelten Bogenlinien ganz ebenso aufeinander gestellt finden, sowie auch auf einem von Minos Kalokairinos in Knossos auf Kreta ausgegrabenen Thongefäss.

Der vorstehende Holzschnitt Nr. 36 stellt ein Fragment einer ganz ähnlichen, auf der Scheibe hergestellten Vase aus rothem, 6 mm dicken Thon dar, welche auf gelbem Untergrund ein dem griechischen Buchstaben Epsilon ähnliches Füllhornornament hat.

Erwähnung verdient ferner das in dem obigen Holzschnitt Nr. 37 dargestellte, in 1,50 m Tiefe gefundene Fragment einer auf dem Töpferrade hergestellten grossen Vase aus 6 mm dickem

gelben Thon mit brauner Bemalung auf gelbem Untergrunde.
Man sieht auf demselben oberhalb dreier breiter Bänder ein
Bogenornament mit Sternen in den Zwischenräumen.

Auf Tafel XXII, Fig. c, gebe ich das in gleicher Tiefe gefundene Fragment einer auf dem Töpferrade gedrehten Vase aus
rothem, 5 mm dicken Thon mit einer dunkelbraunen Bemalung
auf hellgelbem Grunde. Am Rande zieht sich ein breiter Streifen hin, dem zwei Bänder am Bauch des Gefässes entsprechen.
Der Zwischenraum ist mit geschweiften Linien und concentri-

Nr. 38. Vasenfragment ½ Grösse. Tiefe 1 m.

schen Kreisen ausgefüllt. Die Innenseite ist monochrom schwarz.
Von derselben Vase haben sich mehrere Bruchstücke gefunden.

Auf Tafel XIX, Fig. c, stelle ich das Seitenfragment einer
auf der Töpferscheibe gedrehten Vase aus röthlichem, 4 mm
dicken Thon dar, die darum sehr merkwürdig ist, weil sie einen
senkrecht durchbohrten Auswuchs in Form einer Brustwarze hat, was ich ganz besonders betone. Ohne Zweifel hatte
die Vase einen vertical durchbohrten Auswuchs ähnlicher Form
an der entgegengesetzten Seite des Bauches. Die Malerei ist
braun auf hellrothem Untergrunde. Unterhalb der Warze sind
zwei breite Streifen nach oben und unten mit Bogenlinien umzogen, und in den Bogen Punkte. Um die Brustwarze, deren

Spitze gefärbt war, gehen drei concentrische Kreise punktirter
Linien. Links sehen wir den Anfang zweier sich durchschneiden-
der Zickzacklinien mit Punkten. Eine Vase mit ähnlich bemalten Brustwarzen kommt auch im fünften Grabe von Mykenae[1] vor.

In dem nebenstehenden Holzschnitte Nr. 38 bringe ich das
Randstück einer grossen, auf der Töpferscheibe gedrehten Schale
aus röthlichem, fein geschlämmten, 4 mm dicken Thon zur Anschauung. Die Bemalung ist dunkelroth auf hellrothem Untergrunde. Der hervorstehende Rand ist bemalt. Zwischen einem
unter demselben befindlichen horizontalen Bande und einem am
Bauch des Gefässes herumgehenden, aus drei stärkern und vier
feinern wagerechten Linien bestehenden Streifen sieht man oben
und unten eine anschliessende Verzierung von vier Halbkreisen,
die durch eine senkrechte Reihe von 12 Punkten verbunden ist.
Rechts und links davon ist ein Fischgrätenornament, welchem
unten eine dem Anscheine nach aus Halbkreisen bestehende Verzierung entgegensteht. Die Innenseite ist monochrom hellroth.
Fundtiefe 1 m.

Auf Tafel XVII. Fig. c, bringe ich das nahe an der Oberfläche gefundene Randstück einer auf der Töpferscheibe hergestellten Vase aus graugelbem, schlecht geschlämmten, 9 mm
dicken Thon zur Anschauung. Die hier viel mehr entwickelte
Malerei ist stark verwischt, jedoch sind die Contouren, welche
zum Theil eingeritzt waren, noch gut erkennbar. Auf dem
cylinderförmigen Rande war ein Wettlauf gerüsteter Krieger,
nach links gerichtet, dargestellt. Die eine Figur ist vollständig
erhalten; von einer zweiten das hintere Bein und die rechte
Hand. Bei der erhaltenen Figur ist das linke Bein weit vor-
gesetzt, während das rechte hinten in der Luft schwebt. Am

---

[1] Schliemann, Mykenae, S. 356.

linken Arme trägt sie den grossen runden Schild, auf dem Kopfe
den Helm mit starkem Kamm. Die rechte Hand ist weit zurückgestreckt. Der ganze Körper scheint mit brauner Farbe überzogen gewesen zu sein. Der Schild war violett gefärbt mit
weissem Kreis am Rande hin und weissen Radien wie Rad-
speichen. Rechts von dem laufenden Krieger ist der Oberkörper
einer Frau erhalten; leider sehr zerstört, doch glaubt man das
Gesicht zu erkennen, das dem Laufenden zugewandt ist. Jedenfalls war die Frau bekleidet. Auf dem Schulterstück der Vase,

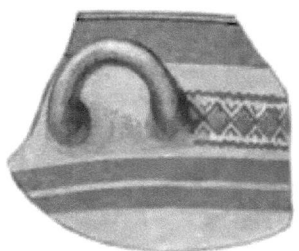

Nr. 39. Vasenfragment.   Nr. 40. Vasenfragment. ¹⁄₃ Grösse.
¹⁄₃ Grösse; Tiefe 1,50 m.   Tiefe 1,50 m.

unter dem Rande, war ein Streifen Fische angebracht. Die Dar-
stellung zeugt von bedeutendem künstlerischen Vermögen; die
Heftigkeit des Laufes kann naturwahrer mit gleich einfachen
Mitteln kaum zum Ausdruck gebracht werden. Es ist in der
That sehr auffallend, dass sich dieses Fragment mitten unter
allerprimitivster Topfwaare findet, und es muss auf irgendeine
Weise von einem andern Orte hierher gekommen sein. Herr
Achilles Postolaccas macht mich aufmerksam auf die Aehnlich-
keit der Pallasköpfe auf den athenischen Tetradrachmen aus der
vorperikleischen Zeit mit dem Kopf des fortstürmenden Kriegers.

Ich zeige ferner im vorstehenden Holzschnitt Nr. 39 das in 1,50 m Tiefe gefundene Bruchstück einer auf der Töpferscheibe hergestellten grossen Kanne mit Henkel aus 5 mm dickem hellen Thon. Das Schulterstück ist schwarz gefirnisst, der Bauch mit engen braunen horizontalen Streifen auf gelblichem Untergrunde decorirt. Zwischen dem zweiten und dem dritten Streifen von oben ist ein horizontaler Streifen keilförmiger schwarzer Verzierung. Der vierfach getheilte Henkel ist mit horizontalen schwarzen Streifen ornamentirt. Die Innenseite ist unsorgfältig schwarz bemalt.

Der nebenstehende Holzschnitt Nr. 40 stellt ein in ungefähr gleicher Tiefe gefundenes Fragment mit Henkel einer ebenfalls auf der Scheibe hergestellten Vase aus hellgelbem, 4 mm dicken Thon dar. Der äussere Rand ist schwarz. Unterhalb desselben sieht man auf gelbem Untergrund horizontale Streifen mit auf der Spitze stehenden Quadraten, die mit sich kreuzenden Linien ausgefüllt sind, und zwischen denselben Keile. Darunter zwei schwarze Streifen. Die Innenseite ist einfach schwarz bemalt.

7. THONGEFÄSSE MIT ARCHITEKTONISCHEM ORNAMENTSYSTEM.

Wir kommen jetzt zu einer besondern Gruppe von Thonsachen, welche nur Gefässe mit weiter Oeffnung enthält. Die Ausschmückung der Aussenseite zeigt ein bestimmtes System, das man passend ein architektonisches nennen kann. Um den Bauch der Gefässe gehen zwei breite Horizontalstreifen, denen ein dritter am obern Rande entspricht. Der Zwischenraum zwischen diesen Streifen ist mit einem Ornamentsystem ausgefüllt aus verticalen (tragenden) und gerundeten (ausfüllenden) Gliedern, die den Triglyphen und Metopen der dorischen Bauweise entsprechen, wie auch in ähnlicher Weise die Vertheilung der Ornamente auf den Friesen zu beobachten ist. Von dieser Gattung fand ich in Tiryns zahlreiche ähnliche Fragmente; ich

begnüge mich aber damit, nur einige davon zur Darstellung
zu bringen.

Ich mache besonders darauf aufmerksam, dass auch auf den
mykenischen Vasen die Theilung der Streifen durch tragende
Decoration (Triglyphe) und durch ausfüllende Ornamentation
(Metope), ähnlich wie bei den obigen Gefässen, öfter vorkommt
(vgl. z. B. „Mykenae", Tafel XI, Nr. 53, Tafel XII, Nr. 59,
Tafel XIV, Nr. 68, 69, und S. 79, Nr. 86).

Nr. 41. Vasenfragment.   Nr. 42. Vasenfragment.
½ Grösse, nahe an der Oberfläche gefunden.   ½ Grösse, fast an der Oberfläche gefunden.

Der Holzschnitt Nr. 41 stellt ein nahe an der Oberfläche
gefundenes Bruchstück eines grossen, auf dem Töpferrade hergestellten Gefässes dar, aus röthlich gelbem, 7 mm dicken Thon
mit rothbrauner Bemalung, die an Stellen, wo die Farbe dick
aufgetragen ist, schwarz erscheint. Am Rande ist ein, am
Bauche sind zwei horizontale Streifen, zwischen denen man abwechselnd verticale Streifen und Spiralornamente sieht. Die verticalen Streifen bestehen aus zweimal je sechs Linien, die durch
horizontale Zickzacklinien verbunden sind. Die Innenseite ist
einfach schwarz bemalt.

Die vorstehende Abbildung Nr. 42 stellt ein nahe an der

Oberfläche gefundenes Fragment einer grossen, auf dem Töpferrade gedrehten Vase aus sehr feingeschlämmtem, 7 mm dicken
hellgelben Thon dar. Die Bemalung ist rothbraun auf hellgelbem
Untergrunde. Unter dem bemalten Rande sieht man zwei senkrechte Streifen von je sieben Linien, und zwischen denselben
eine senkrechte Reihe auf der Spitze stehender Quadrate, die
ebenfalls mit sich kreuzenden Linien ausgefüllt sind. Nach
aussen anliegend sind vier von einer punktirten Linie umgebene
concentrische Halbkreise.

Nr. 13. Vasenfragment. Circa ⅓ Grösse, Tiefe 1,50 m.

Ich erwähne weiter ein in 1,50 m Tiefe gefundenes Bruchstück einer auf der Scheibe gedrehten Vase mit Henkel aus
graugelblichem, 5 mm dicken Thon. Die Malerei ist schwarz
auf hellem Untergrund. Um den Rand zieht sich ein breiter
horizontaler Streifen, der mit den beiden ebenfalls horizontalen
Streifen am Bauch durch verticale Bänder von je zehn Linien
mit nach aussen anliegenden Bogen verbunden ist. Die Innenseite ist einfach schwarz.

Ein ähnliches Ornament sehen wir auch auf einem in glei-

cher Tiefe gefundenen Fragment einer auf dem Töpferrade hergestellten Vase aus feingeschlämmtem, 5 mm dicken röthlichen
Thon mit brauner Bemalung. Um den Rand und am Bauche
sind breite horizontale Streifen, die durch senkrechte Bänder von
je sechs oder fünf Linien, an deren Aussenlinien Zickzacklinien
anliegen, verbunden sind. Die Innenseite ist dunkelbraun
gefirnisst.

Ein ähnliches Ornament erkennt man ferner auf dem im umstehenden Bilde Nr. 43 zur Anschauung gebrachten, in ungefähr
gleicher Tiefe gefundenen Bruchstück eines auf der Scheibe gedrehten Gefässes aus hellgelbem, 6 mm dicken Thon mit
schwarzbrauner Malerei. Am Rande ist ein, am Bauche sind
zwei horizontale Streifen, die durch senkrechte Bänder verbunden
sind. Diese bestehen aus zweimal je drei Linien, deren Zwischenraum durch fünf senkrechte Reihen birnenförmiger Punkte ausgefüllt ist. Nach aussen anliegend sieht man kleine Trauben-
ornamente. In den Feldern zwischen den verticalen Streifen
sind Rosetten.

Ein vollkommen ähnliches Muster findet sich auf einem
andern Fragment. Wir sehen auch ein vollkommen identisches
Muster auf zwei in den untersten Strata in der Akropolis von
Athen gefundenen Vasenfragmenten, die im Akropolis-Museum
ausgestellt sind.

In der nebenstehenden Zeichnung Nr. 44 bilde ich ein weiteres
in 1 m unter der Oberfläche des Bodens gefundenes Bruchstück
einer auf dem Töpferrade gedrehten Vase aus feinem röthlichen,
4 mm dicken Thon ab, dessen Bemalung dunkelbraun ist. Es
hat einen breiten Randstreifen und darunter verticale Bänder,
bestehend aus je drei Linien, welche durch einen fischgräten-
ähnlichen Ornamentstreifen miteinander verbunden sind. Die
Innenseite ist braun bemalt.

In dem nachstehenden Holzschnitt Nr. 45 gebe ich die Abbildung des in gleicher Tiefe gefundenen Bruchstücks einer auf

der Scheibe gedrehten Vase aus feingeschlämmtem röthlichen, 4 mm dicken Thon. Die Malerei ist roth auf röthlichem Untergrunde. Am Rande ist ein breiter horizontaler rother Streifen. Darunter zwei verticale Streifen, deren einer von je zwei Linien, die durch Zickzacklinien verbunden sind; der andere aus sieben Linien. Diese beiden Streifen sind durch ein horizontal liegendes Traubenornament verbunden. Rechts ist ein Ast dargestellt. Die Innenseite ist einfach roth.

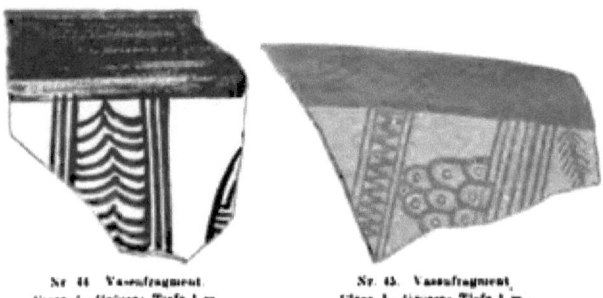

Nr. 44. Vasenfragment.
Circa ⅔ Grösse; Tiefe 1 m

Nr. 45. Vasenfragment.
Circa ½ Grösse; Tiefe 1 m.

Ich erwähne ferner ein in 1,50 m Tiefe gefundenes Fragment einer auf der Töpferscheibe hergestellten Vase aus feingeschlämmtem gelben, 4 mm dicken Thon. Die Malerei ist schwarz auf gelbem Untergrund. Die Ornamentation besteht aus einem senkrechten Streifen aus je zwei Linien, an welche sich nach innen je eine Reihe kleiner Bogen anschliesst. Nach aussen ist auf jeder Seite ein bogenförmiges Ornament. Die Innenseite ist schwarz gefirnisst.

Weiter ein in gleicher Tiefe gefundenes Bruchstück eines auf dem Töpferrade gemachten Gefässes aus etwas gröberm gelben, ebenfalls 4 mm dicken Thon mit schwarzer Bemalung auf gelbem Untergrund. Die Ornamentation stellt auch wieder einen verticalen Streifen dar, dessen mittlerer Theil durch ein

10*

Schlangenornament ausgefüllt wird. An der Aussenseite sieht
man auch hier je eine Reihe anschliessender kleiner Bogen.

Ferner das in derselben Tiefe entdeckte Fragment einer
auf dem Töpferrade gedrehten Vase aus feingeschlämmtem rothen
Thon mit brauner Malerei auf hellgelbem Untergrunde. Man
findet auch hier einen horizontalen Streifen, dessen inneres Feld
durch Reihen kleiner horizontaler Bogenlinien ausgefüllt ist,
während sich nach aussen je eine Reihe kleiner Bogen anschliesst.
Die Innenseite ist einfach schwarz.

8. VASEN MIT VERSCHIEDENARTIGER ORNAMENTATION.

Der nebenstehende Holzschnitt Nr. 46 bringt zwei in einer
Tiefe von 1,50 m gefundene Bruchstücke einer grossen, auf dem

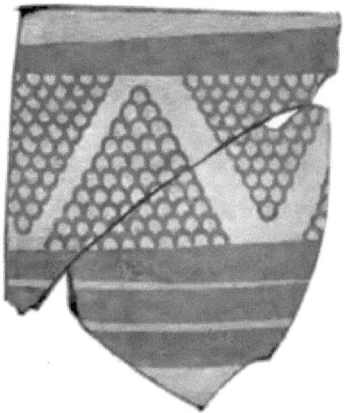

Nr. 46. Vasenfragment. Circa ¹⁄₂ Grösse, Tiefe 1,50 m.

Töpferrade gearbeiteten Vase mit weiter Oeffnung zur Anschauung. Der Thon ist gelb und 8 mm dick; die Bemalung
rothbraun auf gelbem Untergrund. Man sieht unter dem Halse
des Gefässes einen horizontalen Streifen und parallel damit drei

horizontale Bänder auf dem Bauche. Dazwischen sind aufsteigende und absteigende Trauben angebracht, deren jede zehn
Reihen Beeren hat. Die Innenseite ist einfach gelb bemalt.
Eine ähnliche Ornamentation kommt auf einer in Cypern gefundenen Vase[1], sowie auch auf einer Vase aus Jalysos[2] vor.

In dem nachstehenden Holzschnitt Nr. 47 bringe ich das
Fragment einer kleinern, auf der Töpferscheibe gedrehten Vase
aus hellgelbem, 4 mm dicken Thon zur Darstellung. Die Oeff-

Nr. 47. Vasenfragment.   Nr. 48. Vase.
Circa ⅓ Grösse; Tiefe 1 m.   Circa ⅓ Grösse; Tiefe 1 m.

nung ist weit, die Bemalung röthlichbraun auf hellem Untergrund.
Der Rand ist mit einem, der Bauch mit zwei horizontalen Streifen
decorirt, zwischen denen aufrechtstehende, mit Farbe ausgefüllte
Halbkreise angebracht sind, längs deren Gerndseite eine Linie
ist. Inwendig ist einfache braune Bemalung.

Ferner bringe ich in der obenstehenden Figur Nr. 48 eine
in circa 1 m Tiefe gefundene, auf der Scheibe gedrehte, unver-
sehrte kleine Vase mit zwei Henkeln aus feinem gelben Thon
mit rother Bemalung zur Anschauung. Das ganze Gefäss ist
an der Aussenseite mit horizontalen Ringen verziert. Auf der

[1] Louis Palma di Cesnola, Cyprus (London 1877), S. 247.
[2] Albert Dumont et Jules Chaplain, Les Céramiques de la Grèce propre,
Taf. III, Nr. 15.

Schulter ist ein Streifen von elf Linien mit nach unten gerichteten
kleinen Bogen, denen aufsteigende Bogen entsprechen, die auf
einem breiten Streifen um den Bauch stehen. Die Innenseite ist
monochrom roth bemalt.

Der folgende Holzschnitt Nr. 49 zeigt eine in gleicher
Tiefe gefundene, auf dem Töpferrade hergestellte Vase aus sehr
fein geschlämmtem röthlichen Thon, die ursprünglich bestimmt
war, an den drei aufrechtstehenden Schulterhenkeln aufgehängt
zu werden. Am Halse ist ein kleiner Bruch. Die Bemalung

Nr. 49. Vase. Circa ¹/₃ Grösse; Tiefe 1 m.

ist roth auf hellrothem Untergrund. Der Rand ist mit vier
Reihen von je 16 Strichen decorirt. Die Aussenseite hat sechs
horizontale rothe Streifen. Zwischen dem zweiten und dritten
derselben ist eine Reihe senkrechter Zickzacklinien; zwischen
dem vierten und fünften und dem fünften und sechsten sind
zwei Streifen von je sechs horizontalen parallelen Linien. Der
Fuss ist verhältnissmässig klein, der innere Rand roth.

Die nachstehende Figur Nr. 50 bringt die Abbildung eines
auf der Töpferscheibe gedrehten Gefässes aus feingeschlämmtem gelben, 4 mm dicken Thon mit rother Bemalung. Das Gefäss ist auf der einen Seite gebrochen und hatte wahrscheinlich
zwei Henkel, wovon nur der eine, im Bilde sichtbare, erhalten
ist. Zwischen einem breiten horizontalen Streifen am Rande

und einem schmalen am Fusse sieht man am Bauche zwei herumgehende horizontale Bänder, wovon das obere aus einer dicken
Wellenlinie, das untere aus sieben wagerechten parallelen
Linien besteht. Der Henkel ist bemalt. Die Innenseite ist
monochrom hellroth.

Weiter gebe ich in dem nebenstehenden Holzschnitt Nr. 51
die Abbildung eines in ungefähr 1 m Tiefe gefundenen einhenkeligen, auf dem Töpferrade gedrehten Gefässes aus 3 mm
dickem röthlichen Thon mit rother Bemalung. Der Rand, der
Henkel, sowie der ganze untere Theil sind roth. Um den Bauch

Nr. 50. Gefäss,
⅓ Grösse; Tiefe nicht angegeben.

Nr. 51. Gefäss,
⅓ Grösse; Tiefe 1 m.

sieht man den horizontalen gelben Streifen des geschlämmten
Thons, worin das Gefäss vor Auftragen der Malerei getaucht
war. Fast in der Mitte des Bauchs ist ein brustförmiger Auswuchs, der wahrscheinlich auch an dem an der andern Seite abgebrochenen Stück war. Die Innenseite ist roth gefirnisst; nur
am Boden ist ein heller Kreis.

Ich erwähne ferner ein in gleicher Tiefe gefundenes, auf der
Scheibe gedrehtes einhenkeliges Gefäss. Dasselbe ist aus feinem
gelben, 3 mm dicken Thon und hat eine rothbraune Malerei auf
hellem Untergrunde. Unter dem Rande ist ein etwas schwarz
gerathener breiter Streifen, woran eine Zickzacklinie und weiter
unten am Bauche ein Streifen folgt, der aus sechs feinen und

einer starken Linie besteht. Auch der Fuss ist bemalt. Inwendig sieht man den Rand roth bemalt und den Boden mit
zwei concentrischen Ringen decorirt.

Ich bringe ferner in dem nebenstehenden Holzschnitt
Nr. 52 ein in derselben Tiefe gefundenes, auf dem Töpferrade
hergestelltes gebrochenes Gefäss mit einem Henkel zur Darstellung, welches höchst wahrscheinlich zwei Henkel hatte. Es
ist sehr leicht gemacht und aus grauröthlichem, 3 mm dicken
Thon mit schwarzer Malerei auf hellrothem Untergrunde. Auf
dem Rande ist eine Reihe Punkte; am Henkel fünf Flecken.

Nr. 52. Gefäss mit Rosette.
¹⁄₃ Grösse; Tiefe 1 m.

Nr. 53. Gefäss mit Rosette.
¹⁄₃ Grösse; Tiefe 1 m.

An beiden Seiten zwischen den Henkeln ist eine von Punkten
umgebene Rosette; sonst keine Bemalung.

Nr. 53 stellt eine in ungefähr gleicher Tiefe gefundene,
auf dem Töpferrade hergestellte gebrochene Vase aus sehr fein
geschlämmtem gelben, nur 3 mm dicken Thon dar, die sehr
leicht gearbeitet und mit rother Bemalung decorirt ist. Oben
auf dem Rande ist eine herumgehende Reihe von Punkten; am
Henkel ein grosser Flecken. Auf dem Bauche — in der Mitte
zwischen den Henkeln — sieht man eine kleine Rosette. Der
Fuss ist klein. Diese Vase hat mit der vorhergehenden (Nr. 52)
eine auffallende Aehnlichkeit, nur ist sie feiner und sorgfältiger
gearbeitet und weniger gebrannt. Die Grösse beider Vasen ist
ungefähr dieselbe.

Beachtung verdient ferner das in 1,50 m Tiefe gefundene
Fragment von obern Theile einer auf dem Töpferrade gedrehten
tiefen Schale aus feinem röthlichen, 3 mm dicken Thon, welches
ich auf Tafel XXVI, Fig. a, zur Anschauung bringe. Die Bemalung ist schwarz auf gelbem Untergrund. Man sieht eine
Linie um den Rand und darunter eine grosse Rosette aus drei
concentrischen Kreisen, deren äusserer punktirt ist und wovon
die beiden innern von einem Kreuz durchschnitten sind, in dessen
rechten Winkeln vier Punkte stehen.

Es haben sich noch zwei Fragmente von Thongefässen mit
ähnlichen Rosetten in Tiryns gefunden, wovon ich das eine in

Nr. 54.   Vasenfragment mit Rosette.   ¹⁄₃ Grosse; Tiefe nicht angegeben.

nebenstehendem Holzschnitt Nr. 54 zur Anschauung bringe.
Das Bruchstück besteht ebenfalls aus feinem röthlichen, 3 mm
dicken Thon mit schwarzer Bemalung auf gelbem Untergrunde.
Die Rosette liegt hier in einer Spirale und das Feld wird unten
durch einen Streifen von acht fast wagerechten, parallelen Linien
und links durch ein Band von zwei stehenden Linien abgeschlossen, an die sich nach aussen eine Reihe kleiner Bogen
anlehnt.

Eine ähnliche Verzierung findet man auf einem aus einem
der uralten Gräber in Nauplia stammenden und im Mykenischen Museum in Athen aufbewahrten Gefäss.

Wir finden die Rosette ungemein häufig in der altorientalischen, sowol ägyptischen als assyrischen Kunst, und vielfältig

begegnen wir ihr auf den trojanischen [1] und mykenischen [2] Thongefässen und Goldsachen. Die merkwürdige skulptirte Decke
des von mir in der minyischen Schatzkammer in Orchomenos [3]
entdeckten Thalamos ist mit nicht weniger als 184 grossen
Rosetten geschmückt. Rosetten kommen auch auf den Thongefässen aus den Gräbern von Jalysos [4] vor; ebenso auf den
Basreliefs Thoutmes' III. (XVIII. Dynastie), wo die Khetas
(Phönikier) dem Pharao Vasen darbringen, welche mit Rosetten
decorirt sind.

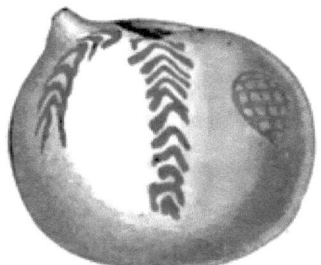

Nr. 55. Kanne. Circa ⅓ Grösse; Tiefe 1,50 m.

Professor Sayce glaubt, dass die Rosettenverzierung in
Babylonien erfunden worden, dann in die Handarbeit der Phönikier übergegangen und von diesen nach Westen gebracht
worden sei. [5]

Weiter gebe ich im nebenstehenden Holzschnitt Nr. 55 die
Abbildung einer in 1,50 m Tiefe gefundenen, aus der Hand gemachten kugelrunden Kanne mit convexem Boden aus feinem

[1] Schliemann, Ilios, S. 384, Nr. 230; S. 514, Nr. 835; S. 516, Nr. 842,
843, 847; S. 554, Nr. 873.
[2] Schliemann, Mykenae, S. 262, Nr. 396; S. 264, Nr. 337; S. 270, Nr.
344; Taf. XII, Nr. 56, 57; Taf. XIII, Nr. 67.
[3] Schliemann, Orchomenos, Taf. I.
[4] A. H. Sayce, in „The Contemporary Review", December 1878.
[5] Ebendas.

gelben Thon. Der Hals und der Henkel sind abgebrochen. Die Bemalung ist theils dunkelbraun, theils hellbraun. Um den Hals geht ein horizontaler Streifen, von dem an zwei Seiten je zwei senkrechte Streifen aufeinander folgender bogenförmiger Verzierungen heruntergehen. Die Decoration wird durch zwei Rosetten vervollständigt, wovon eine auf jeder Seite ist.

In beifolgendem Holzschnitt Nr. 56 gebe ich ferner das Bild einer in gleicher Tiefe gefundenen kleinen, auf der Töpferscheibe gedrehten Vase aus hellrothem Thon. Anstatt des gewöhnlichen

Nr. 56. Gefäss. Circa ⅔ Grösse. Tiefe 3,50 m.

Henkels ist hier nur ein kleiner gerader, wenigstens zur Hälfte fehlender Griff. Das Gefäss ist, auf gelbem Untergrund, bis auf die Mitte roth bemalt; darunter sind braune horizontale Linien.

Das Thongefäss, dessen Form sowol in Tiryns als in Mykenae unter den verschiedenen Formen am allermeisten vorkommt, bringe ich in umstehender Figur Nr. 57 zur Darstellung. Es ist eine nahe an der Oberfläche gefundene kugelförmige Kanne mit kleinem flachen Fuss aus gelbem Thon. Oben ist ein Henkel mit einer mittlern Stütze zur Bequemlichkeit für die Finger und zur grössern Solidität. Etwas unterhalb der Stütze ist der Ausguss. Die Malerei ist in gelber und rothbrauner Farbe. Oben um die Stütze herum sind vier

Zeichen in Form von Lambdas; auf der Stütze selbst concentrische Kreise. Auf dem Bauche des Gefässes liegen von oben
nach unten aufeinander folgende horizontale Streifen verschiedener
Farbe und Stärke, die auf der Drehscheibe gemacht sind.

Es muss eine Zeit gegeben haben, als genau dieselbe Form
von Thongefässen überall, wo das grosse asiatische Volk in der
griechischen Welt Ansiedelungen gehabt hat, äusserst beliebt

Nr. 57. Gefäss mit röhrenförmigem Ausguss.
¹⁄₂ Grösse, unmittelbar an der Oberfläche gefunden.

und in allgemeinem Gebrauch war, denn in Mykene und Tiryns
findet man Tausende von Fragmenten davon, sowie auch sehr
viele ziemlich gut erhaltene Exemplare; in den paar in Spata
geöffneten Gräbern waren fünf Exemplare vorhanden, in denen
von Nauplia und im Kuppelgrabe von Menidi je eins, und alle
diese Funde sind im Mykenischen Museum ausgestellt. Ausserdem
enthält das Nationalmuseum in Athen acht in Attika gefundene
Exemplare davon, deren Fundorte nicht angegeben sind. Das
Museum der Akropolis enthält fünf ganze Exemplare und
Fragmente von sechs andern, die in den untersten Schuttschichten der Akropolis gefunden sind. Der Director des Schiffs-

arsenals auf Salamis, Kapitän Andreas Miaoulis, besitzt in seiner
Sammlung ein in einem Grabe auf Salamis gefundenes Exemplar. Die kleine Sammlung uralter Thongefässe aus Thera in
der Französischen Schule zu Athen enthält ein Exemplar.[1] In
Knossos auf Creta wurden fünf Exemplare entdeckt.[2] In
Cypern kommt genau dieselbe Vasenform häufig vor[3], und vier
dort gefundene Exemplare sind im Musée du Louvre. Dasselbe
Museum enthält auch zwei aus Aegypten stammende Exemplare,
in welchem Lande diese Vasenform sehr häufig vorkommt.[4]
Das British Museum enthält nicht weniger als 51 Exemplare
ganz genau derselben Form; 5 davon stammen aus Athen,
3 aus Aegypten und 43 aus den Gräbern der im hohen Alterthum jahrhundertelang von den Phöniciern bewohnt gewesenen
Stadt Jalysos auf Rhodos.

Noch erwähne ich, dass ich in Tiryns auch den obern Theil
eines solchen Gefässes fand, welches in jedem Henkel drei Löcher
zum Aufhängen hatte.

Ich gebe auf Tafel XXVII, Fig. b, die Abbildung einer
der von mir im Palast von Tiryns gefundenen sechs aus der
Hand gemachten kleinen Schalen aus feinem gelben Thon,
die nicht viel grösser als ein Löffel und theilweise am Rande
durchbohrt sind. Bei den meisten derselben ist die Verzierung
durch sich rechtwinkelig kreuzende, aus je vier Linien bestehende
Streifen rothbrauner oder schwarzer Farbe hergestellt. Bei kleinern Exemplaren ist nur eine gemalte Linie. Es kam auch eine

---

[1] Albert Dumont et Jules Chaplain, Les Céramiques de la Grèce propre,
S. 38 und 65.
[2] Ebendas., S. 65.
[3] Ebendas., S. 44.
[4] Sophus Müller, Ursprung und Entwickelung der europäischen Bronzecultur (1882), deutsche Uebersetzung von Fräulein J. Mestorf, S. 333;
Rosellini, I monumenti dell' Egitto e della Nubia, II. Taf. 56, Nr. 99;
Leemans, Aegyptische Monumente, II, Taf. 66, Nr. 415.

ähnliche kleine Schale mit zwei kleinen sich gegenüberstehenden
Griffen vor; sie ist auf der Innenseite mit Deckweiss überzogen,
worauf zwei sich schneidende rothe Streifen gemalt sind.

9. VERSCHIEDENARTIGE FUNDSTÜCKE AUS GEBRANNTEM THON.

Eine der merkwürdigsten in Tiryns vorgekommenen Thonsachen ist das auf Tafel XXIV, Fig. d und e, abgebildete, in
1,50 m Tiefe gefundene Fragment einer grossen Badewanne. Es ist
0,70 m lang und hat einen 55—60 mm dicken Rand. Die Wandung selbst ist nur 15 mm dick. Es besteht aus grobem rothen
Thon mit vielem Kiesel, infolge dessen die Politur mangelhaft
ist. An der Seite ist eine grosse Handhabe in Gestalt eines
Henkels erhalten. Das ganze Stück ist auf gleiche Weise ge-
schweift wie unsere Badewannen. Die Malerei ist in weisser
Farbe auf den röthlichen Thongrund aufgetragen. Quer über
die breite Oberseite des Randes gehen Streifen. Inwendig, dem
Rande folgend, laufen drei breite horizontale Linien; darunter
grosse Spiralen. Auf der Aussenseite sind unter dem weit ausladenden Rande nur noch zwei Streifen sichtbar. Der Henkel
ist mit acht verticalen Streifen verziert.

Von eigentlichen Kruken (πίθοι) der trojanischen Form
(vgl. „Ilios“, S. 423, Nr. 344) kamen nur Fragmente vor; eins
derselben hatte einen vielfach senkrecht durchbohrten Rand;
zwei andere Fragmente waren mit Bleiklammern zusammen-
geflickt. Wir fanden auch viele einzelne Bleiklammern, die auf
ähnliche Weise verwandt sein mögen.

Es fanden sich auch in einem Gemach des Palastes neben-
einanderstehend zwei cylinderförmige Kruken aus sehr unreinem
dunkelbraunen, etwa 30 mm dicken, äusserlich und auf der
Innenseite ungeglätteten Thon, wovon die eine 0,66 m, die andere 0,54 m im Durchmesser hatte. Beide waren oben abgebrochen und hatten in ihrem jetzigen Zustande 0,66 m Höhe,
wonach wir vermuthen, dass sie bis 1 m hoch gewesen sein

mögen. Ein diesen vollkommen ähnliches Gefäss wurde in einem
andern Zimmer angetroffen. Cylinderförmige Gefässe, aber etwas
kleiner und besser gearbeitet, fanden sich auch unter den Trümmern der ersten und urältesten Stadt von Troja, in welcher die
in der zweiten, dritten, vierten und fünften Stadt zu vielen Hunderten vorkommenden grossen Pithoi der gewöhnlichen Form
durchaus fehlen.

Nr. 58. Fackelträger. ⁷⁄₄₄ Grösse.

Vorstehender Holzschnitt Nr. 58 zeigt die Abbildung eines
merkwürdigen Gegenstandes aus dunkelrothem Thon, der nichts
anderes gewesen sein kann als ein Fackelträger. Die Höhe
desselben ist 225 mm, der Durchmesser der Röhre 48 mm. An
einer nach oben sich erweiternden Röhre ist in der Mitte eine
Art von Schale angebracht, deren Ränder jetzt weggebrochen
sind. Drei ähnliche Fackelträger aus Thon, sowie Bruchstücke
von anderen, welche in den untersten Schuttschichten in der
Akropolis zu Athen gefunden sind, werden im Museum der

Akropolis aufbewahrt. Professor Charles T. Newton vom British
Museum macht mich auf Tafel II, unter Nr. 6 in Mionnet's
Recueil des Planches aufmerksam, wo ein sehr ähnlicher Fackelträger mit brennender Fackel auf einer Münze von Amphipolis
dargestellt ist.

Es geht daraus hervor, dass ähnliche Fackelträger auch
noch in classischer Zeit in Gebrauch waren, jedoch sind meines
Wissens die drei in der athener Akropolis und der eine in
Tiryns die einzigen Exemplare, die je gefunden sind.

Nr. 59.   Nr. 60.   Nr. 61.

Vasendeckel mit durchbohrtem Henkel ½ Grösse. Fundtiefe unbekannt.

Die drei Holzschnitte Nr. 59, 60 und 61 stellen einen merkwürdigen Vasendeckel von drei Seiten gesehen dar. Derselbe
besteht aus braunem, wohlgeglättetem, aber unbemalten Thon,
und hat oben einen horizontal durchbohrten Auswuchs, der zu
beweisen scheint, dass der Deckel zu einer Vase gehörte, die
an zwei Seiten je einen senkrecht durchbohrten Auswuchs hatte.
Die Vase konnte, wie ich es in „Ilios“, S. 399, Nr. 252, gezeigt
habe, mittels einer durch die Seitenlöcher und den Deckel gezogenen Schnur aufgehängt oder getragen und fest verschlossen
werden. Auf der Unterseite des Deckelbodens (Nr. 61) sieht
man ein Kreuz und 15 Punkte eingeschnitten.

Auf Tafel XXVII, Fig. c, bringe ich ein in einer Tiefe
von 1,30 m gefundenes aus der Hand gemachtes kleines Gefäss
von schlauchartiger Form aus röthlichem, 4 mm dicken Thon
mit rother Bemalung zur Anschauung. Dasselbe ist am Bauch
mit einem Linearornament, auf dem Rücken mit kleinen Bogen

verziert. Der Henkel war abgebrochen und ist in der Zeichnung
ergänzt. Der Gebrauch dieses sonderbaren Gefässes ist uns ein
Räthsel; als Lampe kann es nicht gedient haben, und überdies
habe ich unter prähistorischen Trümmern noch nie eine Spur
von Lampe gefunden; auch waren, wie ich bewiesen habe[1], sogar noch dem Homer jegliche Art von Lampen durchaus unbekannt.

Zwei vollkommen ähnliche Gefässe wurden in den Ausgrabungen in der Akropolis zu Athen, in den untersten Schutt-

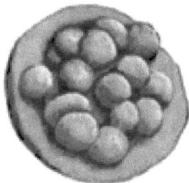

Nr. 62. Schüssel mit kheoofür-
migen Kugeln.
Natürl. Grösse; Tiefe 1 m.

Nr. 63. Standplatte mit einem Hunde.
Natürliche Grösse; Tiefe 1,50 m.

schichten gefunden und sind im Akropolis-Museum zu sehen.
Zwei andere Analoga befinden sich in einer Privatsammlung in
Athen, stammen aber aus Mykenae[2]; ein drittes, welches angeb-
lich aus Cypern stammt, ist im Museum zu Triest. Auch ent-
hält das Musée du Louvre sechs Gefässe vollkommen ähnlicher
Form in der cyprischen und vier in der etruskischen Sammlung.

Noch erwähne ich ein grosses in 1 m Tiefe gefundenes
Bruchstück eines Gefässes aus 3—4 mm dickem grauen Thon,
welches vor der Brennung in eine Auflösung grünen Thons getaucht ist und daher eine grüne Farbe hat. Nur der äussere
Rand und die innere Seite sind schwarz bemalt.

---

[1] Schliemann, Ilios, S. 691, 692; Schliemann, Troja, S. 161.
[2] Albert Dumont et Jules Chaplain, Les Céramiques de la Grèce propre.
S. 57, 58, Nr. 34, 35.

In dem umstehenden Holzschnitt Nr. 62 stelle ich einen
in 1 m Tiefe gefundenen Gegenstand von hellgelbem Thon dar;
derselbe ähnelt einer Schüssel mit klossförmigen Kugeln und hat
32 mm im Durchmesser.

Das Bild Nr. 63 zeigt eine in 1,30 m Tiefe gefundene ovale
Standplatte aus röthlichem Thon. Links ist eine Figur weggebrochen, deren Standspuren noch sichtbar sind; rechts ist ein
roh dargestellter Hund, auf dessen Rücken man vier Punkte
sieht. Am Rande der Platte herum ist ein schwarzer Streifen.

 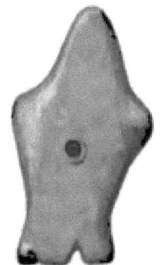

Nr. 64. Stöpsel von Thon.   Nr. 65. Gegenstand von Thon.
Circa ¹/₂ Grosse; Tiefe circa 1 m.   Natürl. Grosse; Fundtiefe unbekannt.

Die vorstehende Abbildung Nr. 64 stellt einen kegelförmigen Stöpsel von grobem rothen Thon dar. Derselbe ist
85 mm lang und hat an beiden Seiten Auswüchse. Ein ähnlicher
Gegenstand ist meines Wissens anderswo noch nicht gefunden.

In Nr. 65 bringe ich einen horizontal durchbohrten Gegenstand aus röthlichem Thon zur Anschauung, dessen Gebrauch
uns ein Räthsel ist. Derselbe ist viereckig und hat etwas
heraustretende Ecken.

Nr. 66 stellt einen flachen kreisförmigen Gegenstand dar
aus feinem gelben Thon mit einem kleinen durchbohrten Griff.

Seine Länge beträgt 60, seine Breite 44 mm. Gebrauch ebenfalls unbekannt.

Nr. 66. Gegenstand aus Thon.
Natürl. Grosse; Fundtiefe unbekannt.

Nr. 67. Ohr von Thon.
½ Grosse; Tiefe ungewiss.

Der vorstehende Holzschnitt Nr. 67 veranschaulicht einen Gegenstand aus sehr unreinem gelben Thon in Form eines Ohrs. Er ist gar nicht geglättet und, wie der Bruch an der rechten

Nr. 68. Gegenstand von Thon in Form eines Fusses.
½ Grosse; Tiefe 2 m.

Seite zu beweisen scheint, an etwas anderem befestigt gewesen und abgebrochen. Unten ist ein durchgehendes Loch und an vielen Stellen sieht man Spuren einstiger rother Bemalung. Die

11 *

Tiefe, in welcher dieser Gegenstand gefunden wurde, ist ungewiss.

In umstehendem Holzschnitt Nr. 68 bringe ich einen
höchst sonderbaren, wohlgeglätteten, in 2 m Tiefe gefundenen
Gegenstand aus wenig gebranntem schwarzen Thon zur Anschauung. Derselbe ist in Form eines Fusses, auf dem durch
Einschnitte die zum Befestigen der Sandalen gebrauchten Riemen oder Bindfaden dargestellt zu sein scheinen. Er ist 17 cm
lang, an der breitesten Stelle 78 mm breit und 25—31 mm dick.

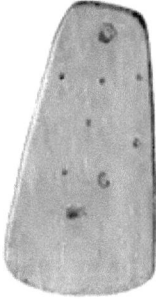 

Nr. 69. Gegenstand von Thon mit 9 Durchbohrungen. ⅓ Grösse. Fundtiefe 1 m.

Nr. 70. Gegenstand von Thon
circa ½ Grösse. Tiefe 1 m.

Er hat unten eine Rundung und vorn ein schräg hervorstehen-
des rundes Stück, als hätte man eine Stütze machen wollen, um
ihn festhinstellen zu können. Am breitesten Ende weist die
rauhe Fläche auf gewaltsamen Bruch hin, daher liegt die
Vermuthung nahe, dass wir hier den Fuss einer primitiven
Statue aus Thon vor uns haben.

In dem obigen Holzschnitt Nr. 69 bringe ich einen Gegenstand aus stark gebranntem rothen Thon zur Darstellung.
Seine Länge ist 135 mm, seine Dicke 25 mm; die Breite ist
oben 35 mm, unten 70 mm. Oben ist ein grosses durchgehen-

des Loch und weiter unten sind acht kleine durchgehende Löcher. Gebrauch unbekannt.

Es kamen auch 16 Gegenstände aus unreinem, wenig oder
gar nicht gebranntem braunen Thon vor, wovon ich hier einen
unter Nr. 70 zur Darstellung bringe. Die Länge derselben beträgt 80 mm; der obere und untere Durchmesser 72 mm. Nach
der Mitte zu ist eine Verengung. Aehnliche Gegenstände aus
wenig gebranntem oder ungebranntem Thon sind in Mykenae

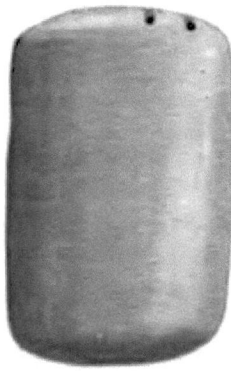 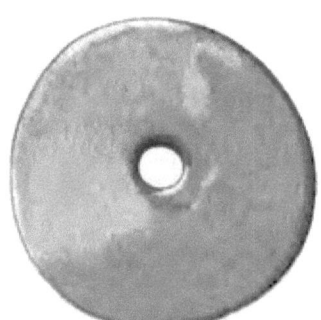

Nr. 71. Cylinder mit 2 Durchbohrungen. ½ Grösse. Tiefe 1 m.

Nr. 72. Thonscheibe circa ½ Grösse.
Tiefe circa 1 m.

sehr häufig, und kommen sowol von Thon als von Stein in
Troja vielfältig vor. Wahrscheinlich haben sie als Gewichte an
Webstühlen gedient. Es ist kaum denkbar, dass sie als solche
an Fischnetzen gebraucht gewesen sein könnten, da sich der
ungebrannte Thon im Wasser auflösen würde.

Auch Cylinder von ungeglättetem, wenig gebranntem braunen Thon in der im obenstehenden Holzschnitt Nr. 71 ver-
anschaulichten Form kommen vor. Dieselben sind 10 cm hoch,
haben 6½ cm im Durchmesser und der Länge nach zwei Durch-

bohrungen. Höchst wahrscheinlich sind sie ebenfalls als Gewichte an Webstühlen gebraucht worden.

Dergleichen Cylinder mit doppelten Durchbohrungen waren
auch in Mykenae vorhanden, doch glaube ich nicht, dass sie
noch anderswo gefunden sind.

Es kamen auch viele im Centrum durchbohrte Disken aus
wenig gebranntem, sehr unreinem gelben Thon vor, wovon ich
eine Probe unter Nr. 72 zur Anschauung bringe. Die Aussenseite ist nicht geglättet. Sie haben durchschnittlich eine
Dicke von 62 mm, und einen Durchmesser von 140 mm und
eine Lochweite von 25 mm. Sie sind von dieser Grösse
auch in Mykenae und Orchomenos gefunden worden: in Troja
dagegen sind alle Disken von dieser oder annähernd von dieser
Grösse aus Stein, und es kommen dort nur sehr kleine im Centrum durchbohrte Scheiben aus Thon vor. Der Gebrauch der
grossen Disken aus fast ungebranntem Thon ist uns ein grosses
Räthsel, denn als Wurfscheiben können sie wegen ihrer Zer-
brechlichkeit nicht gut gedient haben.

Hier wurden auch einige unverzierte kleine durchbohrte kegelförmige Kreisel von braunem Thon gefunden, sowie andere, welche
vollkommen die Form des auf Tafel XXI, Fig. g. abgebildeten
steinernen Kreisels haben. Von Terracotta-Wirteln ähnlicher Formen, aber meistentheils mit eingeschnittenen Verzierungen, habe
ich in Troja mehr als 22000 sammeln können.[1] Auch in Mykenae
fanden sich circa 50 von solchen unverzierten Wirteln. In
Tiryns kamen auch mehrere durchbohrte, schwarz gefirnisste
Kegel von Terracotta vor, deren Höhe und Durchmesser durchschnittlich 62 mm beträgt, sowie ein paar ähnliche durchbohrte, aber 320 mm hohe und breite Kegel aus ungebranntem

---

[1] Vgl. das Wort „Wirtel" im Index von „Ilios" und das Wort „Spinnwirtel" im Index von „Troja".

braunen Thon, die etwas zerbrochen, aber als sie noch ganz
waren, wenigstens 25 kg gewogen haben müssen.

Ich bringe hier ferner in dem untenstehendem Holzschnitt
Nr. 73 einen radförmigen, ringsherum eingezackten, mit schwarzem Firniss überzogenen Ring aus gelbem Thon zur Anschauung. Derselbe hat einen äussern Durchmesser von 38 mm und
einen innern von 23 mm. Es wurden mehrere Exemplare davon
gesammelt; diese Form ist aber weder in Mykenae noch sonst-
wo vorgekommen.

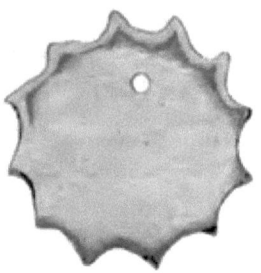

Nr. 73. Radförmiger Thonring.
Natürl. Grösse. Fundtiefe nicht angegeben.

Nr. 74. Radförmige Thonscheibe
Natürl. Grösse. Tiefe nicht angegeben.

Der vorstehende Holzschnitt Nr. 74 stellt einen Gegenstand in Form einer Scheibe aus braunem Thon dar und man
erkennt darauf Spuren von Bemalung mit rothem Firniss.
Der Durchmesser beträgt 45 mm. Der Rand ist ringsherum
gezackt, und nahe an demselben sieht man ein durchgehendes
Loch. Genau von derselben Form wurden eine Menge von
Exemplaren gefunden. Ich glaube aber nicht, dass Scheiben
dieser Art anderswo gefunden sind.

Die Abbildung Tafel XXIII, Fig. c, veranschaulicht einen
in 1½ m Tiefe gefundenen Gegenstand aus röthlichem Thon in
Form eines dreifüssigen Sessels mit doppelter Lehne, deren
oberer Theil an der rechten Seite abgebrochen ist. Die Bemalung ist roth. Die Aussenseite der Lehnen und Füsse ist mit

breiten Streifen, die Innenseite derselben mit concentrischen Halbkreisen und Wellenlinien verziert. Die obere Seite des Sitzes
ist monochrom bemalt. Die Höhe des Sessels ist 67 mm; die
Breite 62 mm. Aehnliche Miniatursessel aus Terracotta kommen
auch in Mykenae vor und sind im Mykenischen Museum in
Athen zu sehen.

In nebenstehendem Holzschnitt Nr. 75 bringe ich ein sonder-
bar gestaltetes Thier aus wenig gebranntem, braunen, schlecht
geglätteten Thon zur Anschauung, welches, wie die abgebroche-

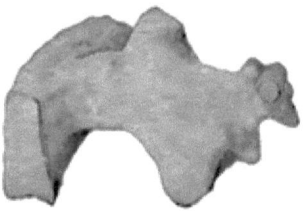

Nr. 75. Griff von Thon in Form eines Thiers.
Natürl. Grosse. Fundtiefe nicht angegeben.

nen Seiten des hinteren Endes zu beweisen scheinen, als Griff
an einem andern Gegenstande gedient haben mag. Von der
Form des letztern können wir uns allerdings keinen Begriff
machen; wie die nach vorn gewandte Bogenform des Hinter-
theils zeigt, kann es keine Vase einer uns bekannten Art gewesen
sein. Für den Gebrauch des Thiers als Henkel scheint aber
der auf seinem Rücken befindliche Höcker zu sprechen, der
wol nur zur Bequemlichkeit der Finger beim Anfassen gedient
haben kann. Der Kopf ist dem eines Schafs ähnlich. Die
Augen sind besonders geformt und aufgeklebt als der Thon
noch feucht war.

10. IDOLE AUS GEBRANNTEM THON.

Der nachstehende Holzschnitt Nr. 76 bringt eine in 60 cm
Tiefe gefundene, 70 mm hohe unbemalte Figur aus gelbem Thon

zur Darstellung. Sie befindet sich vor einer runden Säule,
worauf eine Schale steht, in der sie Brot backt. Der Kopf der
Figur fehlt.

In dem weiteren Holzschnitt Nr. 77 veranschauliche ich
ein in circa 1 m Tiefe gefundenes allerrohestes und unbemaltes
Idol aus schlecht geschlämmtem gelben Thon. Der untere Theil
sowie die Hände sind abgebrochen, die Augen sowie der Mund

 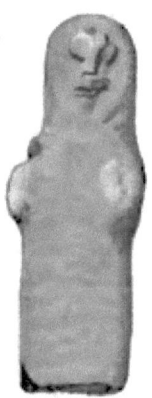

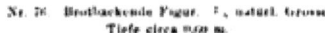

Nr. 76. Brotbackende Figur. ⅔ natürl. Grosse.   Nr. 77. Idol. Natürl. Grosse.
Tiefe circa 0,50 m.   Tiefe circa 1 m.

sehr gross dargestellt. An der linken Seite und auf dem Rücken
sind Reste der Haarflechten. Die Höhe der Figur ist 90 mm.

Ein anderes sehr rohes 78 mm hohes Idol stellt unsere
Abbildung Nr. 78 dar. Dasselbe ist gleichfalls unbemalt und
besteht aus hellgelbem Thon. Das Gesicht ist einfach mit zwei
Fingern zusammengedrückt und ohne Angabe von Augen, Mund
und Brüsten. Vom rechten Arm ist ein Stück erhalten; der
linke ist abgebrochen.

Ein vollkommen ähnliches, 78 mm hohes unbemaltes weibliches Idol aus hellgelbem Thon bieten wir in Nr. 79. Brüste
und Augen sind angegeben, der Mund fehlt; von den Armen
ist ein Theil erhalten. Die Fundtiefe ist mit 2 m angegeben.

Ein weiteres ähnlich rohes, unbemaltes Idol veranschaulicht unser Holzschnitt Nr. 80. Das Gesicht sowie die Ohren
sind auch hier durch Zusammendrücken mit zwei Fingern her-

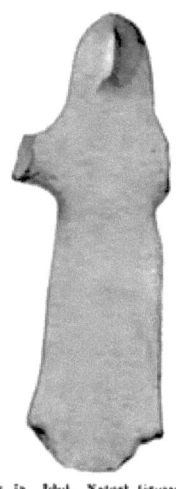 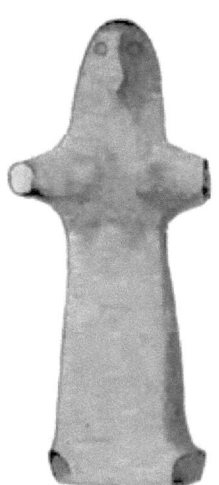

Nr. 78. Idol. Natürl. Grösse.   Nr. 79. Idol. Natürl. Grösse.
        Tiefe 1,50 m.   Tiefe 2 m.

gestellt. Ein Mund ist nicht angedeutet. Der rechte Arm
ist erhalten, der linke abgebrochen. Die Verengung des Körpers unterhalb der Brust scheint anzudeuten, dass der primitive Künstler ein weibliches Idol darzustellen beabsichtigte.
Angegebene Tiefe 1,50 m.

Diese fünf Idole (Nr. 76—80) sind überaus roh, ja sie sind
so roh, dass wir uns kaum denken können, dass der Urmensch
in seinen ersten Versuchen, die menschliche Figur plastisch dar-

zustellen, etwas Unvollkommeneres hätte anfertigen können.
Die Thatsache indess, dass sie in den Räumen des königlichen
Palastes von Tiryns gefunden sind, beweist zur Genüge, dass
sie noch zur Zeit der Zerstörung der Residenz bei den Bewohnern derselben in allgemeinem Gebrauch waren. Da nun aber
die Roheit ihrer Anfertigung in schroffem Widerspruch steht

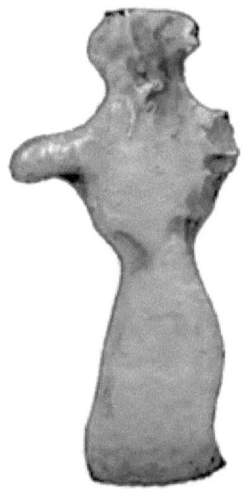 

Nr. 80. Idol. Naturl. Grösse.   Nr. 81. Idol. Naturl. Grösse.
         Tiefe 1,50.   Tiefe 1 m.

mit dem Kunstsinn und der Geschicklichkeit, welche uns in der
Anfertigung der Thongefässe und ihrer Bemalung, sowie in den
Wandmalereien des Palastes entgegentritt, so müssen wir annehmen, dass die alten Tirynthier mit religiösem Eifer an der
primitiven Darstellung einer Gottheit hingen, einer Form, die
durch den Gebrauch von Jahrhunderten zu einer geheiligten
Gestalt geworden war. War es aber eine Gottheit, die unter
dieser rohen Form nur in Tiryns verehrt wurde? Nein, in den

untersten Schuttschichten der Akropolis von Athen sind 89 unbemalte Idole von Terracotta gefunden, die den tirynthischen
Idolen Nr. 77—79 höchst ähnlich sehen und diese in der Roheit
der Herstellung womöglich noch übertreffen. Dieselben sind
im Akropolis-Museum zu sehen. Auch wurde eine grosse Zahl
ähnlicher und ebenso roher Terracotta-Idole bei den Ausgrabungen
der Archäologischen Gesellschaft am Fusse des Tempels der Demeter in Eleusis gefunden. Merkwürdigerweise haben aber weder
meine Ausgrabungen in Mykenae, Orchomenos und Troja ein
auch nur annähernd so rohes Idol ergeben; auch hat kein Museum etwas Aehnliches aufzuweisen.

Auf Tafel XXV, Fig. k, veranschauliche ich ferner ein
ganz flaches, 11 cm hohes einfach schwarz bemaltes Idol, dessen
Herstellungsweise schon mehr Kunstsinn verräth. Auf dem
Kopf ist ein Polos, unter welchem im Nacken ein Haarzopf
emporsteht. Die Augen sind gross: ein Mund ist nicht angegeben:
die Arme sind abgebrochen. Angegebene Fundtiefe 1,50 m.

Der umstehende Holzschnitt Nr. 81 stellt ein rohes unbemaltes weibliches Idol von 60 mm Höhe dar, dessen Gesicht
auf gleiche Weise wie die früheren hergestellt ist. Die Augen
und Brüste sind durch kleine aufgesetzte Klumpen bezeichnet;
Mund ist nicht angegeben. Der rechte Arm ist ganz abgebrochen; vom linken ist ein Stummel erhalten. Angegebene
Tiefe 1 m.

Ich erwähne weiter ein 48 mm hohes rohes Idol aus gelbem Thon. Das Untertheil ist abgebrochen, ebenso der rechte
Arm; vom linken Arm ist nur ein Stummel erhalten. Die
Augen, welche aus kleinen aufgeklebten Klumpen bestehen, sind
durch die Ungeschicklichkeit des primitiven Künstlers unterhalb
der Nase dargestellt. Ein Mund ist nicht angegeben. Der
Unterkörper bis zu den Armen ist schwarz bemalt.

Ferner zeige ich in Figur Nr. 82 ein 80 mm hohes rohes
Idol aus röthlichem Thon mit einem Polos auf dem Kopfe.

Die grossen Augen sind durch aufgeklebte Klumpen dargestellt.
Ein Mund ist nicht angegeben. Von beiden Armen sind nur
noch Stummel übriggeblieben. Der untere Theil des Körpers ist roth, der obere mit Lasurweiss bemalt. Angegebene
Tiefe 1,50 m.

Das British Museum enthält drei Idole aus Terracotta von
Jalysos und vier von Cypern, welche diesem und dem letzt-
beschriebenen an Form und Technik nahekommen.

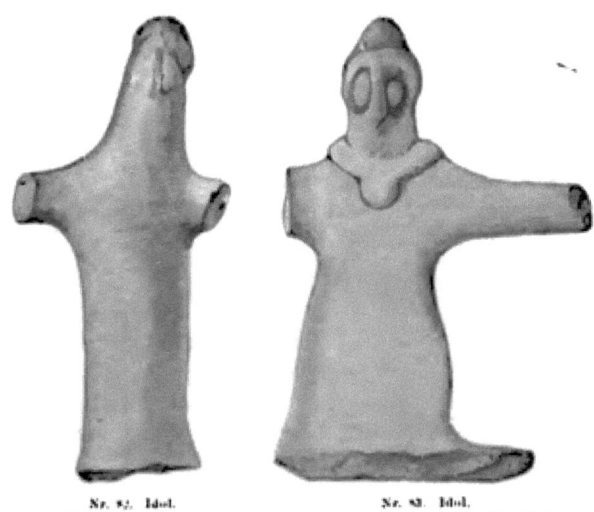

Nr. 82. Idol.   Nr. 83. Idol.
Natürliche Grösse; Tiefe 1,50 m.   Natürliche Grösse; Tiefe 0,50—0,60 m.

In beigefügtem Holzschnitt Nr. 83 gebe ich die Abbildung
eines besser dargestellten Idols aus feinerm röthlichen Thon mit
einer turbanähnlichen Kopfbedeckung, welche, nachdem das Idol
schon formirt war, aufgeklebt ist. Dasselbe ist mit den Augen
und dem Halsschmuck geschehen. Ein Mund ist nicht angegeben.
Der linke Arm ist weit ausgestreckt, der rechte abgebrochen.

Der Oberkörper zeigt Spuren von Bemalung. Angegebene Fundtiefe 50—60 cm.

Der auf die Brust herabhängende Halsschmuck ist der Homerische Hormos. denn, wie Helbig[1] sehr richtig bemerkt, „war der Hormos[2] nicht ein den Hals umschliessendes Band. sondern fiel vom Nacken über die Brust herab und entfaltete sich demnach im besondern auf der Büste. Dieser Sachverhalt ergibt sich auf das schlagendste aus zwei Stellen der Homerischen Hymnen. In der einen[3] wird geschildert, wie die Horen die Aphrodite „an dem zarten Nacken und der silberweissen Brust" mit goldenen Hormoi behängen. In der andern[4] heisst es. dass die Liebesgöttin schöne goldene Hormoi um den Hals trägt und „an der zarten Brust wie von Mondschein erglänzt". Auch sind derartige auf die Büste herabreichende Halsbänder auf orientalischen[5], altgriechischen[6] und etruskischen[7] Denkmälern dargestellt und entsprechende Exem-

---

[1] W. Helbig, Das Homerische Epos. aus den Denkmälern erläutert. S. 182.

[2] Il. XVIII, 401; Od. XV. 460, XVIII, 295; Hymn. Homer.. I (in Apoll. Del.), 103, IV (in Vener.), 88, VI, 11.

[3] Hymn. Homer.. VI, 10: δειρῇ δ' ἀμφ' ἁπαλῇ καὶ στήθεσιν ἀργυρέοισιν
ὅρμοισι χρυσέοισιν ἐκόσμεον, οἷσί περ αὐταὶ
Ὧραι κοσμείσθην χρυσάμπυκες,

[4] Hymn. Homer.. IV, 88: ὅρμοι δ' ἀμφ' ἁπαλῇ δειρῇ περικαλλέες ἦσαν,
καλοί, χρύσειοι, παμποίκιλοι, ὡς δὲ σελήνη
στήθεσιν ἀμφ' ἁπαλοῖσιν ἐλάμπετο, θαῦμα ἰδέσθαι.
Hiermit stimmt auch die beträchtliche Länge des Hormos, welchen Iris der Eileithyia verspricht in dem Hymn. Homer., I, 103: μέγα ὅρμον,
χρύσειον, ἠλέκτροισιν ἐερμένον, ἐνεάπηχυν.

[5] Z. B. an einem chaldäischen Idol der Istar: Heuzey, Les figurines du Louvre. Taf. II; Perrot et Chipiez, Histoire de l'Art, II, S. 82, Fig. 16. An cyprischen Astartefiguren: Cesnola-Stern, Cypern, Taf. 50, 3, S. 235, Taf. 45. Gerhard, Gesammelte akademische Abhandlungen, Taf. XLVII.

[6] So an einer archaischen Frauenfigur aus Kameiros: Salzmann, Nécropole de Camiros, Taf. 15.

[7] Micali, Mon. ined., Taf. XXVI, 3.

plare haben sich in etruskischen Gräbern gefunden, deren Inhalt
Berührungspunkte mit der Homerischen Kunst darbietet.[1]

Der nachstehende Holzschnitt Nr. 84 bringt den 62 mm
hohen Obertheil eines unbemalten Idols aus gelbem Thon zur
Anschauung. Die Augen, sowie der Polos und die auf dem
linken Scheitel erhaltene Haarflechte sind angeklebt. Der Mund

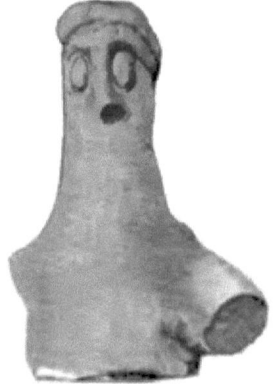

Nr. 84. Idol.
Natürliche Grösse; Tiefe 0,50—0,60 m.

Nr. 85. Idol mit einem Kinde auf dem Arme.
Natürliche Grösse; Tiefe 1,50 m.

ist nicht angegeben. Der rechte Arm fehlt; vom linken ist ein
Stummel erhalten. Angegebene Fundtiefe 50—60 cm.

Ferner gebe ich in obigem Holzschnitt Nr. 85 die Ab-
bildung des 42 mm hohen Obertheils eines rohen unbemalten
Idols aus gelbem Thon, welches ein Kind auf dem Arme hält.
Von den Augen ist das rechte erhalten; von dem linken sieht
man nur das kleine Loch, worin der das Auge darstellende
Klumpen befestigt war. Der Mund ist halbmondförmig an-

[1] Z. B. Grifi, Mon. di Cere, Taf. III, 2, 3; Mus. Gregor., I, Taf. LXVII,
3—5, Taf. LXXVII, 1; Mon. dell' Instit., VI, Taf. XLVI, b; Mus. Gregor.,
I, Taf. LXXIX, 5; Taf. LXXXI, 1, 2.

gegeben. Das Kind sowol als der am Halse angegebene Schmuck
sind ebenfalls später angesetzt. Angegebene Fundtiefe 1,30 m.

Der nachfolgende Holzschnitt Nr. 86 veranschaulicht den
obern Theil eines unbemalten Idols aus braunem Thon. Die
Höhe desselben ist 80 mm, die Armweite 135 mm. Beide Arme
sind erhalten, nur ist von dem rechten die Hand abgebrochen.
Der Kopf ist ein formloser Klumpen ohne Angabe von Augen,
Nase oder Mund. Die Brust ist mit sechs angesetzten Thonstreifen geschmückt, in denen man Früchte und Kornähren dargestellt zu sehen glaubt. Angegebene Tiefe 50—60 cm.

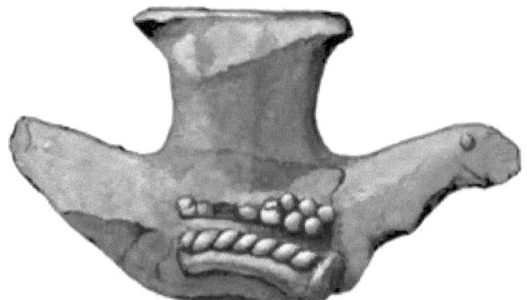

Nr. 86. Obertheil eines Idols. Etwas über ¹⁄₂ Grösse; Tiefe 0,50—0,60 m.

Die Figur Nr. 87 stellt ein 110 mm hohes Idol aus röthlichem Thon dar, welches auf einem Stuhl sitzend wiedergegeben ist. Der linke Arm ist erhalten, der rechte abgebrochen.
Sehr charakterisisch ist die hinten lang herunterhängende Kopfbedeckung, welche als besonderes Stück aufgesetzt und angeklebt ist, und an deren Vorderseite man eine Scheibe sieht.
Die Augen, die Kreise an beiden Seiten des Halses, welche wol
Ohrringe andeuten sollen. das Halsband (ὅρμος) mit einem
grossen Kreise in der Mitte, sowie die beiden jederseits in eine
Scheibe auslaufenden Bänder an der Brust sind separat gemacht
und aufgelegt, als die Figur noch ungebrannt und feucht war.

Ein Mund ist nicht angegeben. Ein Theil des Untertheils des Körpers sowie der Füsse des Sitzes sind abgebrochen. Der Stuhl hatte nur zwei Füsse, denn die andern sind durch das Vordertheil des Idols ergänzt zu denken. Angegebene Tiefe 1,50 m.

Der weitere Holzschnitt Nr. 88 veranschaulicht ebenfalls ein sitzendes, 90 mm hohes Idol. Es ist aus rothem Thon, un-

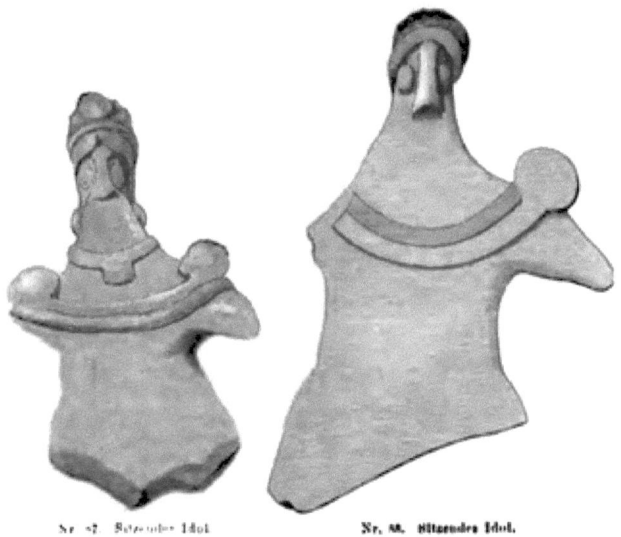

Nr. 87. Sitzendes Idol.
Fast ½ Grösse; Tiefe 1,50 m.

Nr. 88. Sitzendes Idol.
Natürliche Grösse; Tiefe 1,50 m.

bemalt und dem vorhergehenden vollkommen ähnlich; der einzige Unterschied ist, dass hier der Halsschmuck, die Füsse des Stuhls, sowie auch der untere Theil des Körpers fehlen. Die linke Hand ist vorhanden, die rechte Hand sowie auch die Scheibe auf der rechten Schulter sind abgebrochen. Angegebene Tiefe 1,50 m.

In umstehendem Holzschnitt Nr. 89 bringe ich ein drittes sitzendes Idol zur Darstellung; es ist von röthlichem Thon

90 mm hoch und den beiden vorhergehenden vollkommen ähnlich, mit Ausnahme der Kopfbedeckung, die hier eine Krone
darzustellen scheint. Der untere Theil des Körpers, sowie ein
Fuss fehlen. Die Fundtiefe ist nicht angegeben.

Als Analoga zu diesen drei Idolen (Nr. 87, 88, 89) erwähne
ich zwei sehr ähnliche, in den untersten Schuttschichten der Akropolis zu Athen gefundene sitzende Idole, welche im Museum der

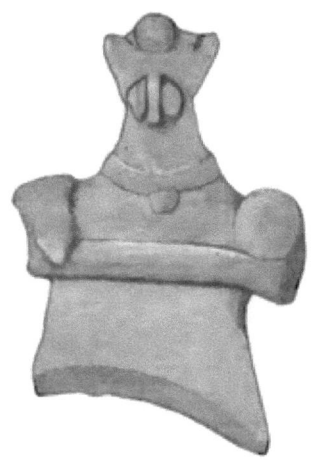

Nr. 89. Sitzendes Idol. Natürliche Grösse; Fundtiefe nicht angegeben.

Akropolis ausgestellt sind. Ausserdem enthält das Nationalmuseum in Athen unter Nr. 1501—1531 dreissig angeblich aus den
Gräbern bei Tegeae stammende sitzende Idole, die aber meistens
weniger primitiv sind und sämmtlich einer spätern Zeitperiode
anzugehören scheinen.

In nebenstehendem Holzschnitt Nr. 90 bilde ich das 110 mm
hohe Untertheil eines sitzenden Idols ab. Der Sessel hatte vier
Füsse, wovon zwei erhalten sind. Angegebene Tiefe 60—70 cm.

Der weiterfolgende Holzschnitt Nr. 91 veranschaulicht ein

sitzendes Idol aus braunem Thon, dessen Füsse auf dem Sessel
ausgestreckt sind. Kopf, Arme, sowie die vier Füsse des Stuhls
sind abgebrochen. Vom Halsbande (ὅρμος) ist der in der Mitte
befindliche runde Schmuck erhalten. Die Länge des Idols ist
50 mm, die Breite 55 mm. Die angegebene Fundtiefe ist
50—60 cm.

Ich bringe ferner in umstehendem Holzschnitt Nr. 92 das
50 mm hohe Obertheil eines unbemalten Idols aus gelbem Thon

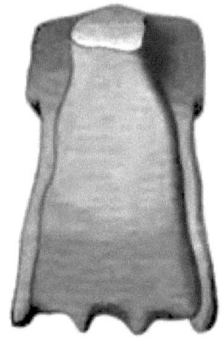
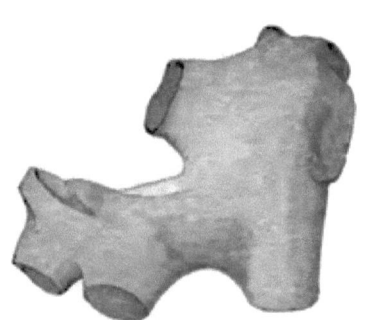

Nr. 90. Untertheil eines sitzenden Idols.
¹⁄₁ Grösse; Tiefe 0,60—0,90 m.

Nr. 91. Sitzendes Idol.
Natürliche Grösse; Tiefe 0,50—0,60 m.

zur Darstellung. Nur ein Auge ist erhalten; vom andern sieht
man blos das Grübchen, in welchem der das Auge bezeichnende
Klumpen befestigt war. Ein Mund ist nicht angegeben. Die
Kopfbedeckung ist identisch mit der der Idole Nr. 82, 84 und
88. Fundtiefe ist nicht angegeben.

In dem ferneren Holzschnitt Nr. 93 gebe ich den 35 mm
hohen Kopf eines Idols mit phrygischer Mütze, die hier durch
einen hervorstehenden Streifen als mittels eines Riemens oder
Tuches um den Hals befestigt dargestellt wird. Fundtiefe nicht
angegeben.

Die umstehende Abbildung Nr. 94 veranschaulicht das

12*

40 mm hohe Obertheil eines unbemalten Idols aus gelbem Thon,
dessen Untertheil abgebrochen ist. Die Arme sind erhalten.

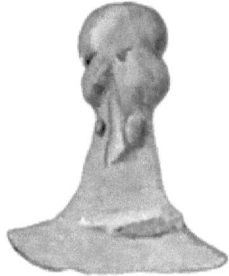 

Nr. 92. Obertheil eines Idols.   Nr. 93. Kopf eines Idols mit phrygischer Mütze.
Circa ¾ Grösse; Fundtiefe nicht angegeben.   ⅔ Grösse; Fundtiefe nicht angegeben.

Die als in langen Flechten herunterhängend dargestellten Haare
sind besonders gemacht und auf die Figur gelegt, als diese noch
feucht war. Das Gesicht ist durch blossen Druck mit zwei

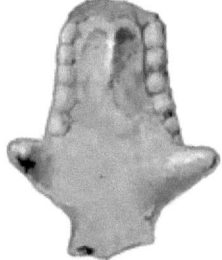 

Nr. 94. Obertheil eines Idols.   Nr. 95. Obertheil eines Idols.
Natürliche Grösse; Tiefe 0,15 m   Natürliche Grösse; Tiefe nicht angegeben.

Fingern hergestellt, jedoch sind Augen. Nase und Mund —
erstere durch zwei aufgeklebte Klumpen — bezeichnet. Fundtiefe mit 0,15 m angegeben.

In dem vorstehenden Holzschnitt Nr. 95 gebe ich die
Abbildung des 35 mm hohen Kopfes eines unbemalten Idols,
welcher von bedeutender Kunstfertigkeit zeugt. In der That ist
es höchst auffallend, diesen naturgemäss gemachten Kopf zwischen den Massen allerrohester Idole zu finden. Stirn, Augen,
Nase, Mund und Kinn sind alle symmetrisch hergestellt und die
Gesichtszüge schön zu nennen. Die Ohren sind mit Ohrringen
in Form zweier concentrischer Kreise decorirt. Die Haarflechten
sind sowol auf der Stirn liegend als an beiden Seiten des Kopfes
herunterhängend dargestellt und auf der Rückseite durch Einschnitte ebenfalls als herunterhängend angegeben. Die Fundtiefe
ist nicht bezeichnet.

Ein 132 mm hohes Idol aus rothem Thon stelle ich ferner
dar auf Tafel XXV, Fig. c. Der Kopf, die Arme und die
hervorstehenden Füsse sind abgebrochen. Ueber den Schultern liegen zwei hervorstehende Streifen Thon, welche, wie Professor James Fergusson meinte, eine Aegis darstellen sollen, die
aber besonders gemacht und angeklebt sind, als der Thon noch
feucht war. Der untere Thonstreifen hat eine Verzierung von
sechs verticalen Einschnitten, und die auf diese Weise hergestellten Fächer sind mit je zwei, drei oder vier hervorstehenden
Punkten decorirt. Diese letztern sind in Gestalt von kleinen
Kügelchen separat angefertigt und, als der Thon noch feucht
war, in kleine dazu hergestellte Grübchen geklebt. Auf ähnliche Weise sind auch die hervorstehenden Punkte auf den obern
Thonstreifen hergestellt. Die Figur ist mit netzartig sich kreuzenden rothen Linien bemalt, welche die Farbe des Kleides zu
bezeichnen scheinen. Die Fundtiefe ist mit 0,80 m angegeben.

Ein in einem Grabe bei Tegeae gefundenes ähnliches Idol
befindet sich im Nationalmuseum zu Athen.

Ich stelle ferner auf Tafel XXV, Fig. h und i, zwei 45
resp. 39 mm hohe Idole aus gelbem Thon dar, welche mit
einem Polos geschmückt sind und die Hände auf den Brüsten

halten. Die Bemalung ist roth und braunroth. Um den Rand
des Polos ist eine Linie mit anliegenden Halbkreisen. Um den
Oberkopf ist eine horizontale Linie, von welcher kleine feine Striche
unter rechtem Winkel niederhängen und wahrscheinlich den
Schleier andeuten. Die Nase und die Augen sind bemalt und
ebenso die Arme. Das Haar ist hinten durch vier parallele
horizontale Striche angedeutet. Vorn und hinten sind zwei
senkrechte parallele Linien. Der Fuss erweitert sich nach unten
und ist hohl. Die angegebene Fundtiefe ist 2 m.

Bemalte Idole genau derselben oder sehr ähnlicher Form
kommen oft in Tiryns und sehr zahlreich in Mykenae[1] vor.
Auch enthält das Musée du Louvre ein aus Assyrien stammendes sehr ähnliches Exemplar.

Ich mache ferner aufmerksam auf das auf Tafel XXV,
Fig. a, b, zur Anschauung gebrachte Frauenidol, welches 120 mm
hoch und von röthlichem Thon ist. Die Bemalung ist roth. Es
hat ein flach eingedrücktes Gesicht, einen bemalten Kopf, aber
keinen Polos. Die Haare sind als lang herunterhängend auf
dem Rücken angegeben. Zwischen zwei horizontalen Bändern,
wovon sich der eine am Halse, der andere unter dem Bauche
befindet, ist der mittlere Körper in Form einer Scheibe, welche
den Vollmond andeuten mag, und auf der zwei runde Auswüchse die Brüste bezeichnen. Der Fuss ist dem des vorhergehenden Idols gleich: derselbe ist mit geraden, die Scheibe
dagegen auf beiden Seiten mit Wellenlinien decorirt. Die Fundtiefe ist mit 1,30 m angegeben.

Ein ähnliches, aber nur 55 m hohes Frauenidol stellt die
nachfolgende Figur Nr. 96 dar. Die Augen und die sehr
plumpe Nase sind besonders hergestellt und aufgeklebt, als der
Thon noch feucht war; das Untertheil des Körpers ist flach und

[1] Schliemann, Mykenae, Taf. A, Fig. c, Taf. C, Fig. 1, Taf. XVIII,
Nr. 99—101.

nicht hohl, wie das der vorhergehenden Idole. Diese Figur hatte eine einfache schwarze Bemalung, wovon man am Kopfe und an der Nase noch Spuren erkennt.

Von ähnlichen Idolen, deren mittlerer Körper in Form einer Scheibe und deren Fuss hohl ist (wie Tafel XXV, Fig. a. b), wurden in Tiryns mehrere Exemplare und viele Fragmente gefunden; in Mykenae kamen dieselben sehr zahlreich, aber fast nur in Bruchstücken vor.[1] Das Nationalmuseum zu Athen enthält ein solches angeblich in Böotien gefundenes Idol.

Nr. 38. Idol. ¹⁄₄ Grosse, Fundtiefe nicht angegeben.

Ein weibliches Idol anderer Form biete ich auf Tafel XXV unter Fig. d. Es ist aus schwarzem Thon, hat eine schwarze Bemalung und ist 122 mm hoch. Aus der Brustgegend steht an jeder Seite ein Auswuchs in Form eines Hornes hervor, sodass die beiden Auswüchse zusammen die Form einer Mondsichel darstellen. Der Kopf ist mit hohem Polos bedeckt; das Gesicht platt gedrückt. Der Fuss erweitert sich nach unten und ist hohl. Am obern Rande des Polos ist ein herumgehender Streifen, bestehend aus einer Linie und einer sich von unten daranschliessenden Reihe von Bogen. Ueber der Stirn ein anderer herumlaufender einfacher Streifen, der wol den Abschluss des Polos angeben soll; die Nase hat eine zweigförmige Decoration. Ausserordentlich gross sind die Augen dargestellt. Zwei schräg emporsteigende Linien am Halse scheinen den Abschluss des Gesichts darzustellen. Der mittlere Körper ist auf Vorder- und Rückseite mit senkrechten dünnen, der untere Theil mit senkrechten dicken Linien decorirt. Die Fundtiefe ist nicht angegeben.

---

[1] Schliemann, Mykenae, S. 81, Nr. 112; Taf. C, Fig. m.

Idole dieser Form sind in Tiryns sehr häufig und kommen in Mykenae, wenigstens in Bruchstücken, in unzähliger Menge vor.[1] Vollkommen ähnliche Idole, die in den uralten Gräbern in Nauplia gefunden sind, befinden sich im Mykenischen Museum in Athen. Das Akropolis-Museum enthält zwei der Form nach vollkommen ähnliche Idole, die in den urältesten Schuttschichten der Akropolis gefunden sind. Auch hat das Nationalmuseum in Athen zwei angeblich in Böotien gefundene Idole dieser Art.

Dass die Phönikier Idole genau derselben Form hatten, scheint daraus hervorzugehen, dass ein Idol dieser Art in einem Grabe bei Jalysos, welche Stadt, wie bereits erwähnt, im hohen Alterthum viele Jahrhunderte lang von den Phönikiern bewohnt war, gefunden wurde. Dasselbe ist im British Museum zu sehen; ebendaselbst findet man auch ein ähnliches Idol aus Griechenland, dessen Fundort nicht näher angegeben ist.

Ich stelle auf Tafel XXV, Fig. g, noch ein kleines in Tiryns gefundenes Idol dieser Art dar. Dasselbe ist 60 mm hoch, von rothem Thon und hat eine Bemalung mit rothen horizontalen Streifen. Im übrigen ist die Form genau so wie die des vorhergehenden Idols. Fundtiefe nicht angegeben.

Der auf Tafel XXV, Fig. e, dargestellte Kopf ist dem des soeben beschriebenen Idols vollkommen ähnlich.

Einen etwas verschiedenen Kopf eines ähnlichen Idols stelle ich auf Tafel XXV, Fig. f, dar. Derselbe ist aus hellgelbem Thon und trägt einen oben sehr breiten Polos. Die Malerei ist braun. An den Rand des Polos schliesst sich eine Reihe herunterhängender Bogen. An beiden Seiten läuft vom Oberkopf eine Linie schräg hinunter, von der jederseits sechs feine Linien, welche wol den Schleier bezeichnen sollen, unter rechtem Winkel kammartig ablaufen. Im Gegensatz zu den beiden

---

[1] Schliemann, Mykenae, S. 13, Nr. 8, 10; S. 80, Nr. 111; Taf. A, Fig. d; Taf. B, Fig. e und f.

vorhergehenden Figuren sind die Augen der Figur f ungemein klein ausgeführt.

Auch fand ich wiederum grosse Massen von Bruchstücken von Idolen in Form kleiner Kühe aus Terracotta, sowie auch eine Menge gut erhaltener Exemplare, wovon ich auf Tafel XXIV. Fig. a, b. zwei zur Anschauung bringe. In meinen Ausgrabungen in Tiryns im Jahre 1876 hatte ich elf solcher Kuhidole gefunden[1], auch in Mykenae viele Hunderte von mehr oder weniger zerbrochenen Exemplaren, sowie 56 goldene Kuhköpfe, einen silbernen mit goldenen Hörnern, und mehrere auf Gemmen gravirte Kuhköpfe.[2] Die meisten Kuhidole aus Terracotta haben auf hellgelbem Untergrunde eine Bemalung von lebhaft rother oder brauner Farbe; schwarze Bemalung ist übrigens nicht selten.

Vollkommen ähnliche Kühe aus Terracotta wurden auch von Professor Castorches in den uralten Gräbern von Nauplia gefunden und dieselben sind im Mykenischen Museum in Athen zu sehen. Ferner befinden sich im Museum der Akropolis drei solcher Kühe, die in den untersten Schuttschichten der Akropolis gefunden wurden. Weiter enthält das British Museum zwei solche Kühe von derselben Grösse und ganz ähnlicher Bemalung, die in den uralten Gräbern von Jalysos entdeckt wurden.

Ich habe bereits in meinen frühern Werken[3] darauf hingewiesen, dass, gleichwie die Hunderte weiblicher Idole und Vasen mit Eulenköpfen und charakteristischen Zeichen der Frau, die ich in Troja fand, nur eine Göttin und zwar nur Pallas

---

[1] Schliemann, Mykenae, S. 11, 12, Nr. 2—7, und Taf. A, Fig. a, b.

[2] Ebendas., S. 80, 117; Taf. A, Fig. d; Taf. B, Fig. e und f; Taf. C, Fig. k, und S. 250, 251, Nr. 327, 328; S. 252, Nr. 329, 330; S. 354, Nr. 471; S. 409, Nr. 531; S. 412, Nr. 541.

[3] Schliemann, Mykenae, S. 11—15; Ilios, S. 318—328. Ich empfehle die an diesen Stellen und in Ilios S. 318—328 gegebenen Erörterungen der Epitheta γλαυκῶπις und βοῶπις der ganz besondern Aufmerksamkeit des Lesers.

Athene, die Schutzgöttin Trojas, darstellen können — um so mehr als Homer sie beständig γλαυκῶπις (buchstäblich übersetzt: „mit dem Eulenantlitz") nennt und niemals irgendeiner andern Göttin oder einem sterblichen Weibe dieses Epitheton gibt — ebenso die in Tiryns und Mykenae in unzähliger Menge vorkommenden Idole in Form von Kühen aus Terracotta, Kuhköpfen von Gold, Frauen mit zwei kuhhornartigen, halbmondförmigen, von den Brüsten ausgehenden Vorsprüngen, oder Frauen mit Oberkörper in Form einer Vollmondscheibe, auch die in Mykenae vorkommenden Idole mit Kuhköpfen[1] nur die Schutzgöttin von Tiryns und Mykenae, Hera, darstellen können, um so mehr als Homer dieser Göttin beständig das Epitheton βοῶπις beilegt, welches ursprünglich keine andere Bedeutung gehabt haben kann, als „mit dem Kuhgesicht". Ich habe ferner darauf hingewiesen, dass Tiryns und Mykenae in unmittelbarer Nähe des berühmten Heraion liegen und mir sogar der Name Mykenae von dem Brüllen (μυκᾶσθαι, bei Homer jedoch stets μυκᾶν) der Kuh entstanden zu sein scheint. Diese meine Theorie wurde sofort sowol vom gelehrten Premierminister Englands, W. E. Gladstone[2], sowie von dem verstorbenen François Lenormant[3] als richtig anerkannt, welcher letztere eine der grössten Autoritäten auf dem Gebiete der altorientalischen Literatur war; auch glaube ich, dass sich die Gelehrten jetzt allgemein der Annahme derselben zuwenden.

II. FUNDGEGENSTÄNDE VON METALL.

Von Gold wurde nur ein kleiner Gegenstand gefunden, den ich auf Tafel XXI, Fig. c, d, e, zur Darstellung bringe. Derselbe hat Aehnlichkeit mit den in dem Relief über dem Löwen-

---

[1] Schliemann, Mykenae, Taf. D, Fig. n, o, p.
[2] Vgl. W. E. Gladstone's Vorrede zu meinem Mykenae, S. IX, X.
[3] François Lenormant, in der „Gazette des Beaux-Arts", 1. Febr. 1879, S. 108.

thor in Mykenae dargestellten Postamenten, auf denen sowol die Säule als auch die Vorderfüsse der beiden Löwen ruhen.

Von Bronze wurden ausserdem nur wenige interessante Gegenstände gefunden. In dem nebenstehenden Holzschnitt Nr. 97 bringe ich eine 92 mm hohe bronzene Figur[1] zur Anschauung, welche einen aufrechtstehenden bartlosen Krieger darstellt, der im Kampf begriffen ist. Der Kopf ist mit einem Helm mit sehr hoch emporstehendem Kegel bedeckt. Der übrige Körper ist nackt. Nase und Augen sind ziemlich gut erhalten; der untere Theil des Gesichts ist beschädigt; ausser Verhältniss gross sind die Ohren. Die Lanze, welche die emporgehobene rechte Hand hielt, sowie der an der linken Hand befestigt gewesene Schild sind nicht mehr vorhanden. Unter den Füssen sieht man zwei senkrecht herabgehende Stäbchen, welche uns genau das Maass der doppelten Giesslöcher angeben, durch welche das Metall in die Giessform gegossen worden ist. Diese Reminiscenzen der beiden Giesslöcher, die man nicht fortzuschaffen wusste, weil es noch an Feilen fehlte, sowie auch das Gepräge der Ungeschicklichkeit, welches die ganze Figur beurkundet, weisen auf ein hohes Alterthum hin. Ich mache aufmerksam auf die merkwürdige Aehnlichkeit dieser Statuette

Nr. 97. Gehelmter Krieger von Bronze. Natürl. Grosse. Tiefe 3 m.

mit einer bei Tortosa in Spanien gefundenen phönikischen Bronzefigur, welche im Musée du Louvre aufbewahrt wird.[2]

---

[1] Diese Figur wurde bereits in meinen Ausgrabungen von 1876 von mir gefunden und ist hier aus meinem Werk „Mykenae", S. 16, Nr. 12, wiederholt.

[2] Georges Perrot et Charles Chipiez, Histoire de l'Art, III, S. 404, 405. Fig. 277.

Der untenstehende Holzschnitt Nr. 98 stellt einen bronzenen
Meissel dar, welcher in dieser Gestalt auch in Mykenæ vorkommt[1] und die grösste Aehnlichkeit hat mit der Form der

Nr. 98. Bronzener Meissel. ⅔ Grösse.   Nr. 99. Werkzeug unbekannten Gebrauchs.
          Tiefe 1—1,20 m.   ⅔ Grösse; Tiefe 1—1,20 m.

trojanischen Streitäxte.[2] Derselbe ist 90 mm lang, die Schneide
30 mm breit. Im Griff ist eine 20 mm lange eingeschnittene
Linie. Es wurden zwei Exemplare davon in einer angeblichen
Fundtiefe von 1—1,20 m entdeckt. Sieben ganz ähnliche Bronze-
meissel befinden sich im Museum zu Kopenhagen.[3]

[1] Schliemann, Mykenæ, S. 350, Nr. 463.

[2] Schliemann, Ilios, S. 531, Nr. 806—810; S. 542, Nr. 828; Troja,
S. 181, Nr. 80, 81.

[3] Sophus Müller, Ursprung und erste Entwickelung der europäischen
Bronzecultur, 1882, deutsche Uebersetzung von Fräulein J. Mestorf, S. 348.

Unter Nr. 99 gebe ich die Abbildung eines bronzenen Werkzeugs in Form einer 135 mm langen, 6 mm dicken, in eine Schneide auslaufenden Stange. Aehnliche Werkzeuge kamen auch in Mykenae[1] sowie in Troja[2] vor. Angebliche Tiefe 1—1,20 m.

Der Holzschnitt Nr. 100 zeigt ferner die Abbildung einer 205 mm langen, 45 mm breiten, in der Mitte mit einem durchgehenden langen ovalen Loch versehenen zweischneidigen Axt von Bronze. Angebliche Fundtiefe 1—1,30 m. Zwei ähnliche

Nr. 100. Doppeläxt von Bronze. ¼ Grösse. Tiefe 1—1,30 m.

Doppeläxte von Bronze fanden sich in meinen Ausgrabungen in Mykenae.[3] Auch auf den goldenen Schmucksachen in den königlichen Gräbern in Mykenae fand ich Doppeläxte ähnlicher Gestalt sehr häufig dargestellt; so z. B. zwischen den Hörnern von 56 Kuhköpfen.[4] Eine solche zweischneidige Axt sehen wir ferner auf einem goldenen Siegelringe archaisch-babylonischen Stils[5] und eine andere auf einer merkwürdigen Gemme aus Achat.[6]

[1] Ein solches in Mykenae gefundenes Werkzeug befindet sich im Mykenischen Museum in Athen.

[2] Schliemann, Ilios, S. 538, Nr. 846, 847.

[3] Schliemann, Mykenae, S. 125, Nr. 173.

[4] Ebendas., S. 252, Nr. 329, 330.

[5] Ebendas., S. 102, Nr. 530.

[6] Ebendas., S. 412, Nr. 541.

Eine ähnliche zweischneidige Axt aus Kupfer wurde in
Ungarn gefunden.[1]   Diese zweischneidigen Aexte waren charakteristisch für Kleinasien, und Zeus Labrandeus in Karien leitete
seinen Namen von *labranda* ab, was auf Karisch eine zweischneidige Axt bedeutete, weshalb auch diese letztere auf kari-
schen Münzen als Symbol figuriet.   Man sieht sie ebenfalls
auf den Münzen von Tenedos.   Auch in Assyrien und in
Babylonien kommen sie häufig von Bronze vor.   Eine ähnliche
zweischneidige Axt, aber aus Kupfer, fand man in den Pfahlbauten bei Lüscherz[2]; eine andere an der untern Donau.[3]   Eine
ähnliche zweischneidige Axt, gleichfalls von reinem Kupfer, wurde
von Dr. Victor Gross in den Pfahlbauten bei Locras im Bieler
See in der Schweiz entdeckt.[4]

Eine aus Cypern stammende bronzene Axt gleicher Art,
von phönikischem Fabrikat, ist in der Bibliothèque Nationale in
Paris aufbewahrt.[5]   Dieselbe Form einer zweischneidigen Doppel-
axt ist uns auch sonst aus Assyrien, Kleinasien, Südrussland,
Mitteleuropa und Sardinien, sowie auch aus späteren griechischen
Denkmälern bekannt.[6]   Das Museum in Kopenhagen enthält

---

[1] Joseph Hampel, Catalogue de l'Exposition préhistorique des Musées
de province, S. 139, Nr. 147.

[2] Vgl. Sitzungsbericht der Berliner Gesellschaft für Anthropologie,
Ethnologie u. s. w. vom 18. Oct. 1879, Tafel XVII, Nr. 2a und 2b.

[3] Ebendas., Nr. 3a und 3b.

[4] Victor Gross, Les dernières trouvailles dans les habitations lacustres
du Lac de Bienne (Porrentruy 1879), Tafel I, Nr. 1.

[5] Georges Perrot et Charles Chipiez, Histoire de l'Art, III, 867, Nr. 634.

[6] Sophus Müller, Ursprung und erste Entwickelung der europäischen
Bronzecultur, 1882, deutsche Uebersetzung von Fräulein J. Mestorf, S. 329;
Rawlinson, The Five Great Monarchies (London 1862), II, 65; Perrot et
Delbet, La Galatie et la Bithynie (Paris 1872), S. 338; La Marmora, Voyage
en Sardaigne (Paris et Turin), Taf. 34, 3; Lindenschmit, Alterthümer
unserer heidnischen Vorzeit, II, 3, 2, Fig. 1.   Auch sehen wir die Doppel-
axt auf manchen Münzen aus Italien und Griechenland.

13 solcher bronzener Doppeläxte.[1] Sophus Müller erwähnt[2]:
„An Votiväxten sind in Olympia einige und zwanzig Stück
gefunden, 2—7 cm lang, alles Doppeläxte mit mehr oder weniger geschweifter Schneide. Nur bei einigen ist der Stil erhalten,
bei den meisten ist er verloren und bei einigen ist das Stilloch
zwar angegeben, aber nicht ganz durchgehend. Dass von diesen
Sächelchen wenigstens einige bis in die älteste Zeit Olympias
zurückreichen, geht daraus hervor, dass die Votivgegenstände
durchweg in den tiefsten der untersuchten Schichten lagen, eins

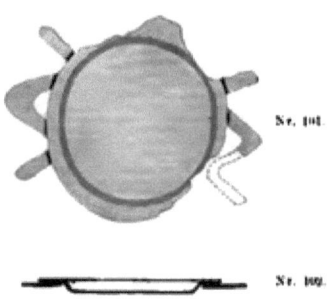

Nr. 101.

Nr. 102.

Schälchen von Bronze. ⅓ Grösse. Fundtiefe nicht angegeben.

der Schwerter und eine Axt sogar unter dem Opisthodomom
des Heraion, neben einer Menge äusserst roher primitiver Votiv-
thiere. Auf eine gemeinschaftliche europäische Bronzecultur
sind sie jedoch ebenso wenig zurückzuführen, wie die andern
hier beschriebenen Gegenstände. Die Formen sind nämlich griechisch und Votivsachen dieser Art findet man in Europa nicht
über den Gürtel hinaus bis wohin überhaupt altgriechische Erzeugnisse gelangten. Bei Olbia sind ähnliche Objecte in Blei
gefunden (Eremitage in St.-Petersburg), und aus Siebenbürgen

[1] Sophus Müller, a. a. O., S. 348.
[2] Ebendas., S. 344.

kennen wir bronzene Votiväxte von derselben Art wie die hier
erwähnten, doch mit drei Blättern."[1]

Unter Nr. 101. 102 bringe ich ein im Palast gefundenes
flaches bronzenes Schälchen zur Anschauung, dessen Gebrauch
uns ein Räthsel ist. Es hatte zwei Henkel, deren einer nur
noch zur Hälfte vorhanden ist, und auf beiden Seiten eines jeden
derselben einen eben so langen Griff.

Dr. Dörpfeld meint, dass der Gegenstand am wahrschein-
lichsten als Schmuck an irgendeinem Geräth angebracht gewesen ist.

Von anderen im Palaste von Tiryns gefundenen Bronzesachen erwähne ich zwei Punzen, ein Armband, dessen Enden
in Spiralen auslaufen, eine durch eine bleierne Perle gesteckte
Tuchnadel mit kugelförmigem Kopf, 13 sehr ordinäre Ringe
und eine 55 mm lange Pfeilspitze sehr primitiver Art ohne Widerhaken, die den trojanischen Pfeilspitzen auffallend ähnlich
sieht[2], nur etwas länger ist. Auf der jedenfalls in späterer
Zeit überdacht und bewohnt gewesen Rampe des Thors, an
der Ostseite der Oberburg, fanden sich, nebst vielen Ziegeln
aus griechischer Zeit und vielen Fragmenten von schwarz und
roth glasirter Topfwaare, die aus dem 5. bis zum 2. Jahrhundert v. Chr. zu stammen scheint, eine bronzene Lampe und eine
eiserne Lanzenspitze mit Oese für den Schaft, jedoch können
wir diese Gegenstände hier nicht weiter in Betracht ziehen, da
sie einer verhältnissmässig modernen Zeit angehören.

Die oben beschriebenen Werkzeuge aus Tiryns sind noch
nicht analysirt. Die von dem berühmten Chemiker und Metal-
lurgen Dr. John Percy in London analysirten Bronzesachen
aus Mykenae ergaben nachstehendes Resultat:

---

[1] Die Funde von Klein-Propstorf und Schelken im Museum von Her-
mannstadt.

[2] Vgl. Ilios, S. 564, Nr. 931, 933, 942, 944, 946.

Das Bruchstück eines Schwerts. Zusammensetzung
in Procenten.

		I		II		Im Durchschnitt
Kupfer	. .	86,11	—	86,31	=	86,20
Zinn	. . .	13,05	—	13,07	=	13,06
Blei	. . .	—	—	0,11	=	0,11
Eisen	. . .	0,12	—	—	=	0,12
Nickel	. . .	0,15	—	—	=	0,15
Kobalt	. . .	Spuren	—	—	=	Spuren
						99,95

Das Bruchstück eines Vasenhenkels. Zusammensetzung
in Procenten.

Kupfer	. . .	89,69
Zinn	. . .	10,08
		99,77

Es ist daher wol zu vermuthen, dass die tirynther Bronzesachen
eine ähnliche Mischung haben.

Ausser der, wie erwähnt, auf der Rampe gefundenen eisernen Lanzenspitze aus späterer Zeit, wurde in den Ausgrabungen in Tiryns keine Spur von Eisen entdeckt.

Von Silber wurde nur ein einfacher Siegelring mit einem darauf gravirten Stern gefunden, jedoch können wir, in Betracht der zahlreichen in den Königsgräbern von Mykenae gefundenen Sachen aus diesem Metall, nicht bezweifeln, dass auch die Bewohner des Palastes von Tiryns Silber in allgemeinem Gebrauch hatten.

Blei fanden wir an vielen Stellen und dieses Metall wurde von den Tirynthern unter anderm zur Ausbesserung zerbrochener grösserer irdener Gefässe angewandt; es wurden nämlich viele mit bleiernen Klammern verbundene Fragmente von grossen Vasen und Kruken, sowie viele einzelne Bleiklammern gefunden, die zu gleichem Zweck gedient haben müssen. Wir fanden auch viele grosse geschmolzene Bleiklumpen, sowie ein grosses Stück

Blei in Form einer halben Mulde, und mehrere Fragmente von
gewalztem Blei.

Von Gegenständen aus Stein erwähne ich zuvörderst ein
kleines, nur 70 mm langes Becken aus hartem Kalkstein, welches
ich in nachstehendem Holzschnitt Nr. 103 dem Leser verau-
schauliche; es hat zwei solide scheibenförmige Henkel und einen
convexen Fuss.

Nr. 103. Becken aus hartem Kalkstein. Natürl. Grösse. Tiefe circa 1 m.

Wie bereits (S. 91) bemerkt kamen rohgeschnittene, nahezu
kugelförmige Kornquetscher aus Granit, Quarz, Porphyr oder
Diorit auch in den Ruinen des Palastes in grosser Menge vor,
sowie mehrere sehr roh hergestellte Hämmer von Kieselstein
oder Granit ohne Durchbohrung und ein paar ovale Handmühl-
steine aus Trachyt von der bereits beschriebenen Art (vgl. S. 90).
Von Aexten aus Diorit fand sich nur ein einziges Exemplar im
Palast; es ist vollkommen ähnlich sowol den von mir in Mykenae[1] entdeckten, als dem im neolithischen Gräberfelde von
Tangermünde an der Elbe gefundenen Exemplar[2]; es hat eine
Länge von 54 mm, eine Breite von 38 mm an der Schneide
und 25 mm am hintern Ende; seine grösste Dicke beträgt 10 mm
und liegt dieselbe ungefähr in der Mitte der Länge. Die bei-

---

[1] Schliemann, Mykenae, S. 85, Nr. 126.
[2] Zeitschrift für Ethnologie, Organ der Berliner Gesellschaft für Anthropologie, Ethnologie und Urgeschichte, 1884, Heft III, S. 117, Fig. 2.

den Flächen sind daher in der Mitte gewölbt; die Seitenflächen
sind gerade, die Politur ist gut. In den untersten Schuttschichten in der Akropolis zu Athen wurden 4 schöngeschliffene
Beile aus Diorit gefunden, die im Akropolis-Museum zu sehen
sind.

Gleichwie in Troja und Mykenae, sind auch in Tiryns
steinerne Werkzeuge gleichzeitig mit bronzenen im Gebrauch
gewesen. Ich möchte bei dieser Gelegenheit erwähnen, dass nach
Professor Heinrich Brugsch Schlachtbeile mit Steinhämmern sich

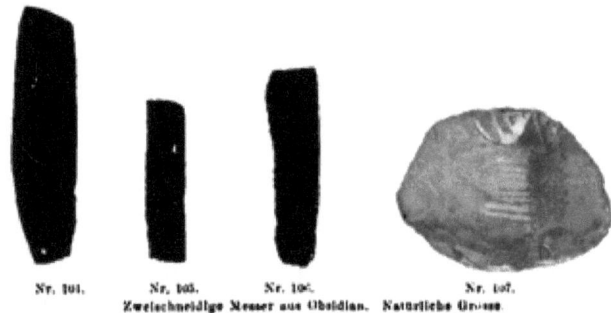

Nr. 104.   Nr. 105.   Nr. 106.   Nr. 107.
Zweischneidige Messer aus Obsidian.   Natürliche Grösse.

unter der Beute befanden, welche Thutmes III., zusammen mit
Waffen und Rüstungen aus Bronze und mit goldenen und silbernen Kunstwerken, von den hochcivilisirten Staaten Westasiens
heimbrachte.[1]

Von Schleifsteinen aus Schiefer kam ein hübsches Exemplar
vor; es ist 342 mm lang, 61 mm breit und 30 mm dick und
verengt sich etwas nach dem Ende zu. Auch ein schönes
Exemplar aus feinem Thonschiefer, welches 84 mm lang, 58 mm
breit und 20 mm dick ist.

Wenn die auf den vorhergehenden Seiten beschriebenen

[1] Heinrich Brugsch, Geschichte Aegyptens, S. 344.

13*

primitiven Topfwaaren noch nicht hinreichen sollten, uns zu bezeugen, dass der Palast von Tiryns in prähistorischer Zeit zerstört ist, so müssen uns dies die in demselben gefundenen unzähligen Messer und Pfeilspitzen aus Obsidian völlige Gewissheit geben, denn, wie bereits bemerkt (vgl. S. 88), müssen diese
zur Zeit des Untergangs des Gebäudes noch bei dessen Bewohnern in allgemeinem Gebrauch gewesen sein.

Von den Messern bringen die Holzschnitte Nr. 104—107,
von den Pfeilspitzen Nr. 108—111 gute Durchschnittsmuster

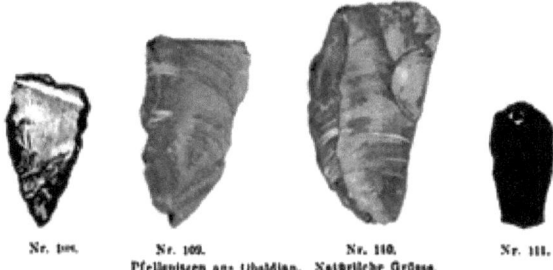

Nr. 108.   Nr. 109.   Nr. 110.   Nr. 111.
        Pfeilspitzen aus Obsidian.   Natürliche Grösse.

zur Darstellung. Aehnliche Messer aus Obsidian wie Nr. 104
—107 sind allerdings auch in Mykenae ungemein zahlreich.[1]
Dagegen haben die mykenischen Pfeilspitzen aus Obsidian zwei
Widerhaken, und sind sowol die in den obern Schuttschichten
davon gefundenen 3[2], als die im vierten königlichen Grabe gefundenen 35[3] Exemplare sehr sorgfältig hergestellt und haben ein
und denselben Typus. In der That sind diese mykenischen
wahre Meisterwerke im Vergleich zu den in Tiryns nur einzig
und allein vorkommenden allerrohesten und primitivsten Pfeilspitzen ohne Widerhaken (vgl. Nr. 108—111).

[1] Schliemann, Mykenae, S. 85, Nr. 126.
[2] Ebendas.
[3] Ebendas., S. 313, Nr. 435.

Dass die Messer und Pfeilspitzen an Ort und Stelle gemacht sind, scheint sowol durch die Obsidiansplitter als durch die *nuclei* von Obsidian, wovon die Werkzeuge abgehauen waren und die wir besonders auf der Mittelburg in grosser Menge fanden, zu Genüge bewiesen zu werden.

Ich erwähne ferner ein 20 cm langes, 2 cm breites flaches Werkzeug aus grünem Stein von unkanntem Gebrauch, sowie ein Ei aus Alabaster, welches den in Troja gefundenen Eiern aus Aragonit[1] ähnlich sieht und ein Weihgeschenk sein mag.

Von Spinnwirteln aus blauem Stein fanden wir sehr viele, auch einige von Steatit (*lapis ollaris*): fast alle haben eine Kegelform, sind senkrecht durchbohrt und vollkommen den in Mykenae gefundenen circa 350 Steinwirteln ähnlich.[2] Es kamen jedoch auch einige Steinwirtel in Form eines abgestumpften Kegels vor und darunter ein sehr merkwürdiger von violettblauer Farbe, den ich auf Tafel XXI unter Fig. g abbilde. Die Oberfläche desselben hat eine eingravirte Verzierung von zwei herumgehenden Streifen, wovon der untere, zwischen zwei parallelen horizontalen Linien, mit einem Zickzackbande, der obere, zwischen zwei schräg stehenden Kreuzen, dessen Arme in Kreise auslaufen, mit dreieckförmig zusammenlaufenden schrägen Linien ausgefüllt ist.

Dieselbe Form von Steinwirteln kommt auch vor in den uralten Gräbern in Nauplia, Spata und Jalysos auf Rhodos, sowie in Knossos und in sehr grosser Menge in den untersten Schuttschichten der Akropolis von Athen; die dort gefundenen 157 Wirtel von *lapis ollaris* und 90 von blauem Stein sind im Akropolis-Museum. Auch fanden wir viele Exemplare kleiner, nur durchschnittlich 20 mm im Durchmesser haltender Scheiben aus Steatit, die auf der einen Seite in der Mitte eine um 5—10 mm

[1] Schliemann, Ilios, S. 180, Nr. 556.
[2] Schliemann, Mykenae, S. 21, Nr. 15.

hervorstehende Röhre, auf der andern Seite um den durchbohrten Mittelpunkt herum eine Höhlung haben und die wegen ihrer
Kleinheit und Leichtigkeit unmöglich als Spinnwirtel verwendet
worden sein können. Die hervorstehende Röhre, die sich bei
allen findet und deren Herstellung dem primitiven Künstler nicht
geringe Mühe gemacht haben mag, muss einen besondern Zweck
gehabt haben, und ich meine, dass diese Gegenstände vielleicht als Decoration an den Thüren dienten, in denen sie mit
der Röhre befestigt waren, und dass in der Höhlung an der
andern Seite ein kleiner Schmuck von Bronze oder Kobaltglas
angebracht gewesen sein mag. In meinen Ausgrabungen in
Mykenae fand ich diese Gegenstände in sehr grosser Zahl, und
ich beziehe mich wegen ihrer Form auf die Abbildungen oben
rechts und links auf S. 85. Nr. 126 in meinem „Mykenae". Vollkommen ähnliche Gegenstände haben sich in den Gräbern in
Nauplia und in Spata[1] gefunden, sowie in den Ausgrabungen
in der Akropolis von Athen, wo 12 vollkommen ähnliche Exemplare aus Steatit und 55 etwas mehr kegelförmige aus demselben
Stein gesammelt und im Akropolis-Museum zu sehen sind. Das
National-Museum in Athen hat zwei in Attika gefundene Exemplare. Auch enthält das British Museum mehrere in den Gräbern von Jalysos gefundene Gegenstände gleicher Art.

Von andern Sachen aus Stein kann ich nur noch ein paar
Gewichte aus schön geschliffenem Hämatit erwähnen.

13. FUNDGEGENSTÄNDE AUS ELFENBEIN, HOLZ UND GLAS.

Von Elfenbein wurde nur ein zerbrochener Kamm, von gewöhnlichem Knochen ein Pfriem und ein 78 mm langes und an
der breitesten Stelle 28 mm breites Instrument gefunden, welches die Form einer Lanzenspitze hat und als Pfeilspitze gebraucht sein mag.

[1] Schliemann Mykenae, S. 436.

Von Holz war nur ein angebranntes Stück Tannenholz zu entdecken.

Ich erwähne weiter eine Perle von Kobaltglas und einige kleine Gegenstände aus einer Glasmasse. Völlig ähnliche blaue Glasperlen kommen in den nordischen Funden vor und sind davon mehrere im Museum zu Kopenhagen zu sehen.[1] Ganz gleichartige Gegenstände finden wir in Aegypten.

---

[1] Sophus Müller, Ursprung und erste Entwickelung der europäischen Bronzecultur, S. 340.

FÜNFTES KAPITEL.

DIE BAUWERKE VON TIRYNS.

Von Dr. Wilhelm Dörpfeld.

A. Die Burg und ihre Ringmauer.

Auf einem isolirten Kalksteinfelsen, der ursprünglich als Insel im Argivischen Golfe aufragte, aber wahrscheinlich schon in vorhistorischer Zeit rings von Land umgeben war, ist Tiryns erbaut worden. Der Fels bildet einen von Norden nach Süden laufenden Bergrücken von 300 m Länge und fast 100 m Breite; seine höchste Spitze liegt ungefähr 22 m über dem Meere und 18 m über der jetzigen Höhe des umliegenden Terrains. Da der Fels in seiner nördlichen Hälfte um einige Meter niedriger ist als im Süden, so wurde im nördlichen Theile die Niederburg, im südlichen die Hochburg erbaut. Beide Abtheilungen sind annähernd gleich gross und haben beide ungefähr die Form einer Ellipse. Von der obern Burg ist ein kleiner, etwas tiefer gelegener Abschnitt abgetheilt, welcher die Hochburg von der Niederburg trennt und den wir mittlere Burg nennen werden.

In dem obersten Theile der Burg, der mit einer doppelten Ringmauer umgeben war, lag die Wohnung des Herrschers, der Königspalast; die mittlere Burg, durch eine schmale Hintertreppe mit dem Palaste in directer Verbindung stehend, enthielt vermuthlich Wohnungen für die Dienerschaft; in der Unterburg endlich werden Wirthschaftsräume, Stallungen für Pferde und Wohnungen für das Gefolge gelegen haben.

Die beiden erstern Theile sind im Sommer 1884 von Herrn Schliemann ganz ausgegraben worden und haben überraschende Resultate geliefert. Auf der Hochburg ist fast der ganze Palast mit seinen Thorgebäuden, Höfen, Sälen und Gemächern deutlich zu erkennen; die meisten Wände stehen noch $\frac{1}{2}$—1 m hoch aufrecht, zahlreiche Säulenbasen sind noch an ihrer Stelle, und in den Thüren liegen noch die mächtigen steinernen Thürschwellen. Die mittlere Burg lieferte nur Reste von Fundamentmauern; die Gebäude waren hier schlechter construirt als der Palast auf der Oberburg und sind daher im Alterthum öfters umgebaut und auch bei der Zerstörung der Burg mehr beschädigt worden. Die Unterburg ist noch nicht ausgegraben; nur durch einen Längsgraben und einen Quergraben, die bis auf den gewachsenen Fels hinabgeführt wurden, liess sich constatiren, dass auch hier die Fundamente von verschiedenen Bauwerken erhalten sind. Welchen Grundriss diese Bauten der Unterburg hatten, ist aber noch unbekannt.

Die gewaltigen Mauern, welche die ganze Burg umgeben, sind aus grossen, nicht regelmässig bearbeiteten Kalksteinblöcken hergestellt. Ohne Mörtel sind die mächtigen Steine aufeinander gethürmt und werden nur durch ihr grosses Gewicht in ihrer Lage gehalten. Die Fugen sind mit kleinen Steinen ausgefüllt. Man nennt diese Bauweise bekanntlich die cyklopische, weil uns die Sage berichtet, dass sich König Proitos, der Gründer von Tiryns, die bauverständigen Cyklopen habe kommen lassen, damit sie ihm die gewaltigen Burgmauern erbauten. Man bewunderte also schon im Alterthum die mächtigen Mauern und glaubte, dass sie nicht von gewöhnlichen Werkleuten errichtet sein könnten. Die Erzählung des Pausanias, dass ein Maulthiergespann nicht einmal den kleinsten der Steine von Tiryns fortbewegen könne, beruht allerdings auf Uebertreibung, denn manche Steine der Burgmauer können von einem einzigen Arbeiter fortgewälzt werden. Aber im Durchschnitt sind die

Blöcke in der That von sehr grossen Abmessungen: Steine von
2—3 m Länge, 1 m Höhe und 1 m Dicke findet man unter ihnen
vielfach. In Griechenland dürfte es auch wol schwerlich eine
zweite Burg geben, deren Mauern aus ebenso grossen Blöcken
in roher Weise aufgebaut ist. In Mykenae z. B. sind die Steine
im Durchschnitt entschieden kleiner. Die Mauern von Tiryns
stehen also wirklich in Bezug auf Grossartigkeit ganz vereinzelt
da und verdienten daher wohl, von Pausanias mit den Pyramiden
Aegyptens verglichen zu werden.

Bei dem Fehlen eines festen Mörtels verdanken 'wir die
verhältnissmässig gute Erhaltung der Mauern lediglich der
Grösse der einzelnen Steine; denn wären diese kleiner gewesen,
so würden entweder die Mauern im Laufe der Jahrhunderte von
selbst eingestürzt sein oder ihr Material wäre von den Bewohnern der umliegenden Städte und Dörfer weggeschleppt und
zum Bau von Wohnhäusern benutzt worden. Wie Pausanias
die Mauern 600 Jahre nach ihrer Zerstörung durch die Argiver
gesehen hat, so stehen sie auch ungefähr noch heute da, obwol
mehr als 2300 Jahre seit dieser Zerstörung vergangen sind.

Da sich die Ausgrabungen fast ausschliesslich auf das Innere
der Burg beschränkt haben, so ist für die Reconstruction des
Grundrisses und Durchschnittes der Burgmauer nur sehr wenig
neues Material gewonnen. Nur in einzelnen Punkten lässt sich
die von Herrn Hauptmann Steffen vor Beginn der Ausgrabungen
gemachte Aufnahme [1] ergänzen. Bevor nicht weitere Ausgrabungen
angestellt werden und die ganze Mauer ringsherum freigelegt
wird, kann auch der Zweck und die Bedeutung der verschiedenen Mauern mit ihren Thürmen und Thoren nicht vollständig
erkannt und dargelegt werden.

---

[1] Karten von Mykenai, auf Veranlassung des Kaiserl. Deutschen Ar-
chaeologischen Instituts aufgenommen und mit erläuterndem Text herausgegeben von Hauptmann Steffen. Blatt II.

Der Lauf der Mauer ist dargestellt auf Tafel I, welche im
Anschluss an die ältern Pläne die ganze Burg mit ihrer nächsten Umgebung im Maassstabe 1:1000 veranschaulicht. Diejenigen Theile der Mauer, welche noch jetzt sichtbar sind, habe
ich kreuzweise schraffirt. Eine einfache Schraffirung ist dagegen
bei denjenigen Theilen angewendet, welche entweder zerstört oder
durch Trümmer und Erde verdeckt sind.

Rings um die Unterburg ist die Mauer eine einfache, sie
hat oben und unten dieselbe Stärke, ohne irgendeinen Absatz.
Die Dicke schwankt zwischen 7 und 8 m, beträgt aber an den
meisten Stellen etwa 7,60 m. Die Höhe kann nicht bestimmt
werden, weil an keiner Stelle ein oberer Abschluss erhalten ist.
Wo die Mauer noch am höchsten aufrecht steht, beträgt die
jetzt messbare äussere Höhe ungefähr 7,30 m, und dieser Punkt
liegt etwa 3 m über dem antiken Fussboden im Innern der
Unterburg.

An der Innenseite der östlichen Mauer sind mehrere
Nischen ausgespart, von denen die südlichste noch genau messbar ist (3,20 m Breite zu 3,50 m Tiefe); die andern sind mit
Trümmern gefüllt und konnten nur annähernd bestimmt werden.
Vermuthlich waren diese Nischen einst durch allmähliches Aus-
kragen der obern Steine spitzbogenförmig geschlossen. Denn etwas
weiter südlich ist in der Nähe des grossen Thurmes an der
Ostseite der mittlern Burg eine auch auf dem Plane verzeichnete Nische vorhanden, welche ihren spitzbogenförmigen obern
Abschluss noch jetzt besitzt. Wenn dieselbe auch in ihren
horizontalen Abmessungen kleiner ist als die Nischen der Unterburg, so war doch wol die Abdeckung bei allen eine gleichmässige.

Der Zweck dieser Nischen ist nicht mit Sicherheit anzu-
geben: möglicherweise dienten sie zur Aufbewahrung von irgend-
welchen Gegenständen. Wahrscheinlicher erscheint mir aber,
dass man sie aus dem Grunde angelegt hat, um beim Bau der

Mauer an Material zu sparen. Oben auf der Mauer war nämlich für eine bequeme Vertheidigung eine möglichst grosse
Breite des Umganges erwünscht, während weiter unten die
Mauer beträchtlich dünner sein konnte. Beide Bedingungen
liessen sich am besten dadurch erfüllen, dass man an der Innenseite der Mauer Nischen aussparte und diese unterhalb des obern
Umganges wieder schloss. In ähnlicher Weise sind auch in
späterer Zeit bei vielen Völkern Festungsmauern gebaut worden; an der Innenseite verstärkte man die Mauern mit weit
heraustretenden Pfeilern, verband letztere durch gewölbte Bogen
und gewann so einen breiten obern Umgang. In den Nischen
der Burgmauern von Tiryns dürfen wir vielleicht die Anfänge
dieser Construction erkennen.

Noch eine andere bemerkenswerthe Eigenthümlichkeit bietet
uns die Mauer der Unterburg. An ihrer Aussenseite gewahrt
man nämlich an mehrern Stellen eine durch die ganze Höhe der
Mauer reichende verticale Stossfuge. Wer Tiryns zum ersten
mal besucht und bei einem Umgang um die Mauer die erste
derartige Fuge findet, glaubt gewöhnlich, dass hier eine jüngere
Mauer an eine ältere Mauerecke angebaut sei, dass also eine
spätere Erweiterung der Burg vorliege. Sobald man aber die
Mauer weiter verfolgt und noch mehrere solche Fugen findet,
erkennt man die Unrichtigkeit dieser Erklärung. Die Mauer
der Unterburg kann unmöglich aus ebenso vielen Perioden
stammen, als durchgehende Stossfugen vorhanden sind, sondern
ist unzweifelhaft in ihrer ganzen Ausdehnung zu derselben Zeit
erbaut. Wir müssen uns deshalb nach einer andern Erklärung
umsehen. Da die Stossfugen gerade an einem ein- oder ausspringenden Winkel liegen, so könnte man vermuthen, dass die
Erbauer diejenigen Ecken, deren Winkel sich einem gestreckten
nähern, nicht gut mit rohen Steinen herstellen konnten und dass
sie es deshalb vorzogen, zwei stumpf gegeneinander stossende
Ecken zu mauern.

Grössere Wahrscheinlichkeit hat aber wol eine andere Erklärung für sich. Zwischen zwei solchen Fugen an der Ostseite der Unterburg habe ich nämlich eine Entfernung von
11,30 m gemessen. Da dieses Maass ganz genau mit der innern
Breite des grossen Thurmes neben dem Haupteingange der Burg
übereinstimmt, und da auch zwischen diesem Thurme und dem
anstossenden Mauerstücke eine durchgehende verticale Stossfuge
vorhanden ist, so glaube ich, dass das Mauerstück zwischen
den beiden Stossfugen ebenso ein Thurm war. Die Fugen
sind in diesem Falle wahrscheinlich dadurch entstanden, dass
man zuerst die Thürme an besonders hierzu geeigneten Stellen
des Felsens errichtete und sie dann erst durch Zwischenmauern
verband. Diese Erklärung, welche sich in mancher Beziehung
empfiehlt, ist mir erst nach meiner Abreise von Tiryns eingefallen und ich habe daher nicht mehr controliren können, ob
sie auch für alle andern Stossfugen passt.

Die Unterburg wird von der mittlern Burg durch eine
Mauer getrennt, deren Zug wir zwar aus mehreren noch sichtbaren
Stücken kennen, deren Stärke und Höhe uns aber gänzlich unbekannt sind, weil gerade hier die Ausgrabungen aufgehört
haben. Sie ist als Futtermauer construirt, stützt die höher
gelegene Mittelburg und hat nur nach Norden eine sichtbare
Aussenfront. An ihrem östlichen Ende scheint ein Thor vorhanden gewesen zu sein, welches die Unterburg mit dem weiter
südlich gelegenen Haupteingang zur Burg verband.

Die Umfassungsmauer der Oberburg ist nicht so einfach
construirt wie diejenige der Unterburg. Das Plateau der Oberburg lag zu hoch über dem Fusse des Burgfelsens, als dass es
möglich gewesen wäre, eine verticale Mauer vom Fusse des Felsens bis zur Höhe des Burgplateaus aus unbearbeiteten Steinen
ohne Mörtel zu errichten. Eine solche Mauer hätte vom Schube
der dahinter lagernden Erde umgestürzt werden können. Ohne
genaue Bearbeitung der Lagerfugen und ohne Anwendung von

Mörtel wird eine hohe Futtermauer am besten in der Weise
hergestellt, dass man entweder die Aussenseite böscht, d. h. sie
unter einem spitzen Winkel aufmauert, oder dass man die
Aussenseite in treppenförmigen Absätzen nach oben zurück-
treten lässt. Die erstere Bauart eignete sich namentlich für
kleinere Bruchsteine und ist daher bei der Akropolismauer des
alten Ilion angewendet worden; die zweite Art finden wir bei
der Oberburg von Tiryns. Hier ist zunächst auf dem Felsen
eine verticale Untermauer errichtet, und über dieser folgt eine
ebenfalls verticale Obermauer, welche durchschnittlich um $6\frac{1}{2}$ m
gegen die erstere zurücktritt.

Auf Tafel III ist ein Durchschnitt durch die östliche Mauer
der Oberburg im Maassstabe 1 : 250 gegeben. Die erhaltenen
Theile habe ich kreuzweise, die restaurirten nur einfach schraffirt. Der Durchschnitt ist östlich von dem grössern Propylaion
(Nr. I auf Plan II) genommen, weil die Mauer an dieser
Stelle am besten erhalten und auch schon theilweise vom Schutte
befreit ist.

Die gesammte Stärke der Mauer beträgt 10.30 m, und zwar
ist die Obermauer 4.65, der Absatz der Untermauer 6.45 m breit.
Die totale Höhe, von dem am Fusse der Burg gelegenen Wege
bis zum Fussboden des obern Maueranganges gerechnet, beträgt
etwa 16 m, wovon fast 5 m auf die Obermauer entfallen. Der
Rest von 11 m, welcher die Höhe der Krone der Untermauer über
der Ebene angibt, umfasst zwei Maasse, nämlich die Höhe des
ansteigenden Felsens und die Höhe der untern Mauer. Wie
gross jedes einzelne dieser Maasse ist, wissen wir für die Ostseite der Oberburg nicht, weil daselbst noch die ganze Untermauer mit grossen Steinblöcken und Schutt bedeckt ist. Das im
Plan für die Höhe der Untermauer angegebene Maass von 6 m
ist an einer andern Stelle der Burg genommen, wo der Fels zu
Tage liegt.

Während der untere Theil der Mauer, soweit wir wissen,

ein durchgeschichteter, massiver Mauerklotz ist, finden wir im
Innern der Obermauer Galerien ausgespart, welche schon oft
untersucht und beschrieben worden sind. Ihre Lage und Construction ist aus dem Querschnitt deutlich zu erkennen. Zwei
parallele Mauern, von denen die äussere 1,15, die innere 1,85 m
dick ist, schliessen einen Gang von 1,45 m Breite ein. Bis zu
einer Höhe von etwa 1,75 m sind beide Mauern aus mehrern
Steinschichten vertical aufgemauert; darüber treten die Steine
aber allmählich nach innen zusammen und bilden so eine spitz-
bogenförmige Decke. Zu dieser Ueberdeckung sind meist solche
Steine gewählt, welche bei horizontaler Lagerfläche von Natur
eine schräge Seitenfläche haben. Man erreichte hierdurch, dass
die Ueberkragung allmählich und nicht in treppenförmigen Absätzen geschah. Von innen sehen daher die Decken dieser
Galerien wie richtige Spitzbogengewölbe aus, obwol sie in Wirklichkeit gar keine Gewölbe sind. Es mögen zwar einige Steine,
weil sie kein ganz horizontales Lager haben, einen Schub nach
innen ausüben, und an einigen Stellen mag der oberste Stein
wie ein wirklicher Schlussstein beim Gewölbe wirken, aber richtige Gewölbe darf man in den Galerien doch nicht erkennen,
weil im allgemeinen kein Seitenschub vorhanden ist.

Von diesem bedeckten Gange, dessen aus einem Lehmestrich bestehender Fussboden in gleicher Höhe mit dem Plateau
der Untermauer liegt, führt eine Reihe von Thüren auf die
Untermauer hinaus. Dieselben sind 1,30 — 1,50 m breit und bis
zu ihrem Scheitel ungefähr 2,05 m hoch. Ihre Entfernung beträgt
von Mitte zu Mitte gerechnet durchschnittlich 4,75 m. Auf
Tafel III rechts unten ist ein Längenschnitt durch ein Stück
der Galerien mit einer Ansicht der Thüren und darunter ein
Grundriss dieses Stückes dargestellt. Auch die umstehende
Zeichnung Nr. 112 gibt einen Durchschnitt durch die Obermauer
mit einer perspectivischen Innenansicht. Aus beiden Abbildungen
erkennt man, dass die Thüren durch Auskragung der obern

Steine spitzbogenförmig überdeckt sind. Meist sind nur zwei
sehr grosse Blöcke hierzu verwendet, welche entweder mit ihrer
Oberkante direct aneinanderstossen oder sich gegen einen dritten
mittlern Stein lehnen.

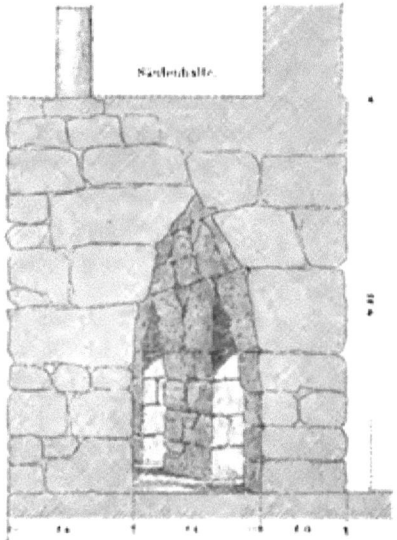

Nr. 112. Galerie in der Ostmauer.

Ueber den Zweck dieser Galerien ist man lange im Unklaren gewesen; man vermuthete in ihnen Räume zur Aufbewahrung von Mundvorrath und Waffen für die Besatzung der Burg
oder auch Stallräume für Pferde und Schlachtvieh.[1]   Erst

---

[1] Curtius, Peloponnes, II, 387. — Göttling (Archäol. Zeitung, 1845,
S. 17 fg.) glaubt sogar in den Galerien die von Pausanias II, 25, 9, erwähnten Thalamoi der Töchter des Proitos zu erkennen.

Steffen hat in dem Texte zu seinen Karten von Mykenae die Galerien richtig erklärt: Es sind verdeckte Gänge innerhalb der Obermauer, aus denen die Vertheidiger auf die Untermauer heraustreten und die angreifenden Feinde abwehren konnten. Kleine Treppen oder Rampen werden von der Oberburg zu diesen Galerien heruntergeführt haben, doch ist bisjetzt keine derselben freigelegt worden. Möglicherweise ist von den beiden in der südlichen Mauer befindlichen Galerien die obere ein solcher Gang, der zur untern Galerie hinunterführt. Zum Zwecke der Vertheidigung muss die Untermauer an ihrem obern Rande entweder eine Brüstung oder einen bedeckten Umgang gehabt haben; jetzt ist nichts mehr von denselben erhalten, weil der obere Theil der Mauer überall zerstört ist. In dem Querschnitt auf Tafel III habe ich deshalb vermuthungsweise eine einfache Brüstung gezeichnet.

Es ist als ein besonderer Glücksfall zu betrachten, dass dagegen von dem obern Abschluss der Obermauer an einer Stelle noch wichtige Reste erhalten sind, und dass wir dadurch über die Gestaltung der obern Mauer besser unterrichtet sind als über denjenigen der Untermauer. Die bei den Ausgrabungen zu Tage gekommenen Reste bestehen in vier Säulenbasen, welche an der Innenkante der Ostmauer gegenüber dem grössern Propylaion *in situ* aufgefunden sind. Die Basen bestehen aus je einem grossen Stein, an welchem oben ein Kreis erhaben ausgearbeitet ist. Der Durchmesser der Kreise misst durchschnittlich 0,ss m. Die erste, zweite und vierte dieser Säulenbasen liegen fast genau in einem Niveau, während die dritte, ein grösserer quadratischer Steinblock, um 0,2s m höher ist. Es unterliegt wol keinem Zweifel, dass wir hier die Reste einer Säulenhalle gefunden haben, die einen obern bedeckten Mauerumgang bildete. Ueber die Construction dieser Halle wissen wir zwar sehr wenig, wir können uns aber nach einer spätern griechischen Mauer, deren Construction wir genau kennen, ein ungefähres

Bild derselben machen. Aus der bekannten Inschrift über die Wiederherstellung der Mauern Athens (C. I. A. II, 167) wissen wir, dass auf diesen aus Lehmziegeln erbauten Mauern ein bedeckter Umgang angebracht war. Derselbe bestand nach innen aus einer Reihe einzelner Pfeiler, nach aussen aus einer geschlossenen Lehmziegelwand, welche fensterartige, mit hölzernen Klappen verschliessbare Oeffnungen enthielt; er war überdeckt mit einem Dache aus starken Holzbalken, Lehm und gebrannten Ziegeln.

In ähnlicher Weise ist auch vermuthlich der Umgang auf der Burgmauer von Tiryns eingerichtet gewesen. An der Innenseite der 4,65 m breiten Mauer standen auf den steinernen Basen Stützen von Holz in Entfernungen von etwa 2,65 m; an der Aussenseite müssen wir eine geschlossene Ziegelmauer ergänzen, welche die Rückwand der Halle bildete und mit fensterartigen Oeffnungen zur Vertheidigung versehen war. Dass diese Wand in der That aus Lehmziegeln bestand, geht aus der grossen Menge halbgebrannten Ziegelschuttes hervor, welcher sich auf der Obermauer und auf dem Absatze der Untermauer vorfindet. Ein einfaches Dach aus Holz und Lehm wird über diesem hallenartigen Umgange gelegen haben.

Die Rückwand der Halle lag jedenfalls mit der Aussenfläche der grossen Obermauer in einer Flucht und bildete eine für die Vertheidigung sehr werthvolle Erhöhung der nicht ganz 5 m hohen Steinmauer. Da zur Bestimmung der Höhe der Säulenhalle jeder Anhaltspunkt fehlt, musste die auf Tafel III angenommene Höhe willkürlich gewählt werden.

Die östliche Mauer der Oberburg von Tiryns gewährt uns hiernach ein höchst interessantes und auch verhältnissmässig vollständiges Bild einer altgriechischen Festungsmauer. Die technische Nothwendigkeit, die Mauer in zwei Absätzen zu erbauen, war in fortificatorischem Sinne zur Anlage einer doppelten Vertheidigungslinie sehr geschickt ausgenutzt. Der Feind musste

zuerst die Untermauer angreifen, und hatte er diese nach langem
Kampfe genommen, so fand er in der Obermauer eine zweite
Befestigungslinie, die nach dem Verschliessen der zur Untermauer führenden Treppen mindestens ebenso schwer einzuneh-
men war als die erste.

Ob die Mauer im Westen und Süden der Oberburg genau
in derselben Weise eingerichtet war wie die östliche, lässt sich
vor vollständiger Freilegung der ganzen Burgmauer nicht mit
Sicherheit entscheiden. Reste von ähnlichen Galerien in der Südmauer lassen eine solche Uebereinstimmung allerdings vermuthen.

Am südlichen Ende der Westmauer ist ein grosser Thurm
in ansehnlichen Resten erhalten; er lehrt uns, dass die Untermauer nicht in einem ununterbrochenen Zuge um die ganze
Oberburg herumlief, sondern dass sich an mehreren Stellen auf
der Untermauer Thürme erhoben, welche eine freie Communi-
cation auf der letztern verhinderten. Wenn daher auch der
Feind an einer Stelle die Untermauer erstiegen hatte, so war
noch nicht die ganze erste Vertheidigungslinie genommen, sondern der Angreifer sah sich auf einem ziemlich engen Raume
nach drei Seiten den Geschossen der Vertheidiger preisgegeben,
denn diese konnten nicht nur von der Obermauer, sondern auch
von den beiden einschliessenden Thürmen Steine und Geschosse
auf die Angreifer schleudern.

In ältern Beschreibungen von Tiryns findet man gewöhnlich
die Angabe, dass die Burg zwei Haupteingänge gehabt habe,
den einen im Südosten, den andern in der Mitte der Ostseite.
Dies ist aber nicht richtig, denn die Ausgrabungen haben ergeben, dass an der Südostecke kein Eingang gewesen sein kann,
und dass demnach die Burg nur einen einzigen Haupteingang
gehabt hat. Wie der Abschluss an der Südostecke war, ist
allerdings noch nicht festgestellt, weil die Burgmauer daselbst
noch nicht ganz freigelegt ist. Aber schon jetzt lässt sich aus
den Terrainverhältnissen deutlich erkennen, dass hier höchstens

14*

eine kleine Nebenpforte gelegen haben kann, wie solche an
mehrern Stellen der Burg vorkommen.

Das einzige Hauptthor lag ungefähr in der Mitte der Ostmauer, also auf der dem Lande und nicht dem Meere zugewand-
ten Seite. Eine aus grossen Steinen aufgemauerte Rampe führte
von Norden her an der Ostmauer entlang zur Burg hinauf. Sie
ist noch jetzt verhältnissmässig gut erhalten und könnte mit geringen Kosten wieder ganz hergestellt werden. Ihre Breite
beträgt 4,30 m; ihre Länge lässt sich nicht angeben, weil der
untere Theil noch von den Trümmern der Burgmauer bedeckt
ist, und deshalb können wir auch das Steigungsverhältniss des
Weges nicht berechnen. Am obern Ende der Rampe angelangt,
findet man einen ebenfalls 4,30 m breiten Durchgang durch die
Mauer, der unten durch seitlich aufgebaute Blöcke bis auf etwa
2,50 m eingeengt ist. Wir hofften bestimmt an dieser Stelle
irgendeinen Thorverschluss zu entdecken, doch sind unsere Nach-
forschungen resultatlos geblieben; weder eine steinerne Schwelle
noch ein Thorpfosten haben sich gefunden.

An der Nordseite des Durchganges erhebt sich noch heute
ein mehr als 7 m hoher Thurm, aus gewaltigen Steinen aufgebaut. Seine Grundfläche ist ein Rechteck von 7,30 m Breite
und 10,30 m Länge; letzteres Maass ist an der Innenseite noch
um 1 m grösser. Der Thurm beherrschte den Aufgang vollständig, denn er liegt, den Regeln der alten Befestigungskunst
entsprechend, auf der rechten, unbeschildeten Seite der Angreifer.
Ob wir auf der Südseite des Durchganges einen zweiten Thurm
zu ergänzen haben, ist aus den erhaltenen Mauerresten zwar
nicht mehr zu ersehen, lässt sich aber aus der Lage der Rampe
im Verhältniss zu der südlich anstossenden Untermauer mit
Wahrscheinlichkeit folgern. Man hätte von dem obern Ende
der Rampe bequem auf die ungefähr in gleicher Höhe gelegene
Untermauer gelangen können, wenn diese nicht durch einen
Thurm gegen die Rampe abgeschlossen worden wäre.

Hat man den Durchgang passirt, so gelangt man in einen
von Norden nach Süden laufenden Weg, der beiderseits von
hohen Mauern eingeschlossen ist. Nach rechts, also nach Norden, führt er zunächst zur mittlern Burg und dann weiter hinab
zur Unterburg; nach links gehend erreicht man bald ein grosses
Thor und kann durch dasselbe auf sanft ansteigenden Wege zu
dem auf der Oberburg liegenden Palaste hinaufgehen. Dieses
Thor und den Weg zur Oberburg werden wir weiter unten bei
der Beschreibung des Palastes näher kennen lernen.

Der nach rechts zur Unterburg führende Weg ist noch
nicht ganz ausgegraben, und daher wissen wir nicht, ob auch
besondere Thore die mittlere und untere Burg abschlossen; gewaltige Steinblöcke, welche von den seitlichen Mauern heruntergefallen sind, versperren jetzt den Weg. Wir haben viele derselben mit grosser Mühe weggeschleppt, sind aber bis zum
Schlusse der Ausgrabungen, der durch den Eintritt der Sommerhitze bedingt war, mit dieser Arbeit nicht ganz fertig geworden.

Ausser diesem Haupteingange hat die Burg noch mehrere
Nebenpforten gehabt, die wahrscheinlich zum Theil nur Ver-
theidigungszwecken dienten. Pforten dieser Art sind noch jetzt
am nördlichen Ende und in der südwestlichen Ecke der Unterburg zu sehen; ihre Einrichtung und Construction kann erst
durch weitere Ausgrabungen festgestellt werden. Von besonderm Interesse ist die kleine Pforte, welche sich auf der Westseite der Oberburg in dem grossen halbkreisförmigen Anbau
befindet. Wir hatten gerade mit der Ausräumung derselben
begonnen, als auch hier der Eintritt der starken Sommerhitze
der Fortsetzung der Ausgrabungen ein Ziel setzte. Der Zweck
des grossen Vorbaues ist daher auch jetzt noch nicht ganz aufgeklärt. Hauptmann Steffen vermuthet, dass es ein Waffenplatz
war, wo sich die Krieger zu einem Ausfalle sammelten, und
der durch Treppen mit der Oberburg in Verbindung stand.
Diese Treppen und Mauergänge sind höchst wahrscheinlich noch

erhalten, und es ist daher eine lohnende Aufgabe, hier die
Ausgrabungen fortzusetzen und jene Pforte, sowie ihre Verbindung mit der Oberburg aufzudecken.

Indem ich hiermit die Beschreibung der Burgmauer und
ihrer Thore schliesse, kann ich den dringenden Wunsch nicht
unterdrücken, dass die ganze Burgmauer möglichst bald ebenso
freigelegt werde, wie es im Innern der Oberburg durch Herrn
Dr. Schliemann geschehen ist. Erst dann wird es möglich sein, die
interessante Mauer mit ihren Thürmen, Galerien, Thoren und
Pforten ganz zu verstehen und diejenigen Fragen, welche jetzt
leider noch offen bleiben mussten, bestimmt zu beantworten.

B. Der Palast auf der Oberburg.

Um die Baubeschreibung der einzelnen Räume besser zu
verstehen, suchen wir zunächst einen allgemeinen Ueberblick
über den Palast, seine Thorgebäude, seine Höfe und seine Gemächer zu gewinnen.

Steigen wir auf der grossen Rampe an der Ostseite zum
Haupteingange hinauf und wenden uns, wenn wir an dem
grossen Thurme vorüber sind, nach Süden, so befinden wir uns
in einem von hohen Mauern eingeschlossenen Thorwege und erreichen nach wenigen Schritten ein grosses zweiflügeliges Thor,
das in seinen Maassen und seiner Construction genau mit dem
Löwenthore von Mykenae übereinstimmt. Haben wir dieses
durchschritten, so führt uns ein ansteigender Weg zwischen der
östlichen Burgmauer und der Terrassenmauer der Oberburg hindurch zu einem grössern Vorplatz, an dessen Ostseite wir eine
Säulenhalle, den bedeckten Umgang auf der Burgmauer, gewahren. An der Westseite des Platzes, der Säulenhalle gerade
gegenüber, liegt ein stattliches Thorgebäude. Das zweiflügelige
Thor ist mit einer geräumigen Vor- und Hinterhalle ausgestattet,
welche beide die bekannte Form des *templum in antis*, d. h.

zwei Säulen zwischen zwei Anten, zeigen. Wir durchschreiten dieses Propylaion und betreten einen grossen Vorhof, in welchem wir noch zwei kleine Säulenhallen und einige Gemächer erkennen. Doch sind die Bauten dieses Vorhofes fast ganz zerstört, weil hier im Mittelalter über den ältern Mauern eine kleine byzantinische Kirche erbaut wurde, deren Fundamente erhalten sind.

An der Nordwestecke des Vorhofes liegt ein zweites Propylaion, etwas kleiner in seinen Abmessungen als das erste, aber ebenfalls aus einer säulengeschmückten Vor- und Hinterhalle bestehend. Durch die Doppelthüre dieses Thorgebäudes betreten wir den Haupthof des Palastes, den Hof der Männerwohnung. Auf allen vier Seiten desselben sind Säulenhallen angeordnet: an der Südseite neben der Hinterhalle des Propylaion eine zweisäulige schmale Stoa, an der Nordseite die geräumige Vorhalle des Megaron und an den beiden andern Seiten je eine dreisäulige Halle. Der Fussboden des Hofes ist noch jetzt mit einem starken Estrich aus kleinen Kieseln und Kalk versehen und macht noch immer einen stattlichen Eindruck. In der Mitte der Südseite, unmittelbar neben der nordöstlichen Ante des Propylaion steht ein grosser Altar, aus Bruchsteinen erbaut. Er war vermuthlich dem Zeus geweiht, ebenso wie der Altar im Palaste des Odysseus.

Das Megaron, der Saal der Männer, liegt mit seinen Vorräumen an der Nordseite gerade in der Axe des Hofes. Zunächst betritt man die schon erwähnte Vorhalle, von zwei Säulen und zwei Parastaden gebildet. Drei nebeneinander liegende zweiflügelige Thüren führen uns in einen geräumigen Vorsaal, und aus diesem gelangen wir weiter durch eine breite Thür in den grossen Hauptsaal. Vier Säulen trugen die Decke dieses mächtigen Raumes, der fast 10 m breit und 12 m lang ist. Ein grosser Kreis in der Mitte des Saales bezeichnet wahrscheinlich die Stelle des Heerdes.

Der Vorsaal besitzt an seiner Westwand noch eine kleine
Nebenthür, durch welche man zu mehrern Corridoren und Zim-
mern gelangen kann. Von letztern interessirt uns namentlich das
Badezimmer, dessen Fussboden aus einem einzigen gewaltigen
Steinblocke besteht.

Neben dem grossen Hofe der Männerwohnung enthält der
Palast noch einen zweiten kleinern Hof mit Säulenhallen und
Gemächern, in welchem wir ohne Bedenken die Frauenwohnung
erkennen dürfen. Nur auf Umwegen und durch schmale Corridore ist diese von der Männerwohnung zu erreichen. Wie sich
an den grossen Hof das Megaron der Männer anschliesst, so
liegt an der Nordseite dieses kleinern Hofes das Megaron der
Frauen mit einer offenen Vorhalle. Ein besonderer Vorsaal wie
bei der Männerwohnung ist hier nicht vorhanden, sondern aus
der Vorhalle tritt man direct durch eine breite einflügelige Thür
in den Frauensaal. Ein viereckiger Platz im Fussboden deutet
auch hier auf einen in der Mitte des Gemaches befindlichen
Heerd hin.

Auf drei Seiten ist der Frauensaal von Corridoren umgeben,
aus denen man in weitere Gemächer gelangen kann. Eins derselben scheint eine Treppe zum Obergeschoss oder zum Dach
enthalten zu haben. Im äussersten nordöstlichen Winkel des
Palastes liegt ein abgeschlossener Corridor, von welchem vier
Gemächer von verschiedener Grösse zugänglich sind.

Oestlich vom Hofe der Männerwohnung sind schliesslich
noch mehrere Mauerfundamente aufgedeckt, doch ist es infolge
ihrer grossen Zerstörung nicht möglich, einen auch nur einiger-
massen verständlichen Grundriss der dort vorhandenen Räume
herzustellen.

Das Bild, welches wir bei dieser Wanderung durch die
Burg von dem Palaste und seiner Einrichtung gewonnen haben,
ist zwar in einigen Nebenpunkten noch unklar, muss aber im
grossen und ganzen als ein überraschend vollständiges bezeich-

net werden. Das Wohnhaus der Herrscher aus der Heroenzeit kannten wir bisher fast nur aus der Beschreibung Homer's. Nichts war von dem Palaste des Menelaos, des Odysseus und der andern Helden erhalten; die wenigen krummen Mauern auf Ithaka, welche man in den Architekturgeschichten gewöhnlich als Palast des Odysseus abgebildet findet, verdienen diesen Namen in der That keineswegs. Höchstens können neuerdings die vor zwei Jahren ausgegrabenen Gebäude in der zweiten Schicht von Hissarlik, die Wohnung des Herrschers von Troja, als antiker Königspalast angeführt werden; allein diese Bauten sind so sehr zerstört, dass man von dem Zusammenhang der einzelnen Räume auch in Troja keine Anschauung bekommen kann.

Wie klar tritt uns dagegen jetzt aus den Funden von Tiryns das Bild eines uralten Königshauses entgegen! Wir sehen die mächtigen Mauern mit ihren Thürmen und Thoren, können durch säulengeschmückte Propyläen das Innere des Palastes betreten, erkennen den mit Säulenhallen umgebenen Männerhof mit dem grossen Altar, sehen weiter das stattliche Megaron mit seinem Vorsaal und seiner Vorhalle, besuchen sogar das Badezimmer und gewahren schliesslich noch die Frauenwohnung mit einem besondern Hofe und zahlreichen Zimmern. Das ist ein Bild, wie es jedem Leser Homer's z. B. bei der Schilderung von Odysseus' Heimkehr und dem Freiermorde vorschwebt und wie es schon mancher Gelehrte nach den Angaben Homer's zu reconstruiren versucht hat.

Alle bisherigen Versuche, ein Bild des homerischen Herrscherhauses zu entwerfen, mussten nothwendigerweise bis zu einem gewissen Grade unbefriedigend bleiben, weil Homer die Paläste seiner Helden nicht ausführlich beschreibt, sondern nur gelegentlich kurze Notizen über dieselben gibt. Es blieben immer noch viele Fragen übrig, auf welche auch der grösste Scharfsinn der Homerforscher keine Antwort aus den Worten des Dichters herausfinden konnte. Manche dieser Räthsel löst jetzt der Palast von Tiryns. Gewiss wird er in einzelnen Punkten von den Palästen des Odysseus, des Alkinoos und des Menelaos abweichen, aber im allgemeinen liefert er uns ohne Zweifel ein getreues Bild eines homerischen Wohnhauses.

Nachdem wir einen allgemeinen Ueberblick über den Palast von Tiryns gewonnen haben, wenden wir uns zur Betrachtung der einzelnen Gebäudetheile.

1. DAS THOR DER OBERBURG.

Zwischen der östlichen Burgmauer und der Terrasse der Oberburg, etwa 15 m südlich vom Haupteingange, wird der zur Oberburg führende Weg durch ein Thor abgesperrt. Dasselbe stimmt in seiner Einrichtung und seinen Maassen fast vollständig mit dem berühmten Löwenthor in Mykenae überein. Auf einer mächtigen Thürschwelle von 1,45 m Breite und über 3 m Länge erheben sich zwei gewaltige Thürpfosten aus Breccia, 1,40 m breit, 0,95 m tief und 3,20 m hoch; der eine von ihnen steht noch aufrecht, von dem andern, dem östlichen, ist die obere Hälfte abgebrochen. Die Pfosten sind nicht einfach rechtwinkelig, sondern an der Aussenseite ist ein besonderer Thüranschlag angearbeitet (vergl. den Grundriss auf Plan II), gegen den sich die beiden grossen Thürflügel legten. Zwischen diesen Anschlägen beträgt die Breite des Thores 2,88 m, ein Maass, das genau in derselben Breite beim Löwenthor in Mykenae wiederkehrt und daher vermuthlich ein rundes Maass von alten Ellen oder Fussen sein wird (wahrscheinlich 6 Ellen oder 9 Fuss). An der Innenseite misst das Thor in der Breite 3,16 m. Da seine Höhe 3,20 m beträgt, so waren die beiden Thorflügel zusammen gerade quadratisch. In der Steinschwelle ist unmittelbar hinter jedem Anschlag ein rundes Loch von 0,15 m Durchmesser erhalten, in welchem sich der Thorzapfen drehte; zwei entsprechende Löcher werden in dem obern Thorbalken gewesen sein. Letzterer ist nicht

mehr vorhanden, bestand aber vermuthlich, ebenso wie am
Löwenthore, aus einem grossen Steinblock, über welchem ein
Entlastungsdreieck angeordnet war. Von einem Relief, welches
dieses Dreieck hätte ausfüllen können, hat sich nichts gefunden.
Dagegen lässt sich die Vorrichtung zum Schliessen des Thores
noch gut erkennen. In den beiden Thürpfosten befindet sich
nämlich 1,35 m über der Schwelle, also gerade in halber Höhe
des Thores, je ein cylindrisches Loch von 0,17 m Durchmesser,
das zur Aufnahme eines grossen hölzernen Riegels bestimmt war.
Dieser Riegelbalken war rund und konnte, wenn das Thor geöffnet werden sollte, durch den östlichen Pfosten hindurch in
die Burgmauer hineingeschoben werden. Hatte man das Thor
wieder geschlossen, so zog man den mächtigen Riegel aus der
Mauer hervor und schob ihn bis in den westlichen Thorpfosten
hinein, dessen Loch nur eine Tiefe von 0,41 m hat.

Die westlich vom Thorwege befindliche breite Mauer, welche
die grosse östliche Futtermauer des Palastes beträchtlich verstärkt, ist offenbar zur Vertheidigung des Thores und des Thorweges erbaut. Da nämlich die Zimmer des Palastes bis unmittelbar an den östlichen Rand der Terrasse herantraten, so
konnten auf der letztern die Vertheidiger keinen Platz finden.
Man hatte deshalb noch eine besondere Mauer vor die Terrasse
vorgelegt und konnte von deren Krone aus den Thorweg völlig
beherrschen. Durch diese Mauer wurde gleichzeitig noch der
zweite Vortheil erzielt, dass der Thorweg beträchtlich schmaler,
also auch vertheidigungsfähiger wurde.

2. DAS GROSSE PROPYLAION DER OBERBURG.

Haben wir das eben beschriebene Burgthor passirt und sind
weiter zur Oberburg hinaufgestiegen, so liegt vor uns ein
grosser Vorplatz, dessen Westseite ein stattliches Thorgebäude
einnimmt. Die eigentliche Thorwand, welche eine zweiflüge-

lige Thür enthält, ist nach Osten mit einer Vorhalle, nach
Westen mit einer Hinterhalle ausgestattet. Beide Hallen sind als
ναοὶ ἐν παραστάσι gebildet, d. h. ihre Fronten bestehen aus je
zwei Säulen zwischen zwei Eck-Anten. So einfach der Grundriss
des Thores auch ist, für die Geschichte der griechischen Baukunst ist er doch von sehr grosser Wichtigkeit, weil wir in ihm
die Gestalt der spätern griechischen Thorgebäude schon fast
vollständig ausgebildet finden. Das Motiv, die eigentliche Thorwand mit einer Vor- und Hinterhalle zu versehen, ist in Griechenland zu allen Zeiten im wesentlichen beibehalten worden, von
unserm aus der Heroenzeit stammenden Thorgebäude an bis zu
den reichen Propyläen der Akropolis von Athen.

Das Thorgebäude ist verhältnissmässig gut erhalten; die
grosse Thorschwelle aus Stein liegt noch an ihrer alten Stelle,
das ganze Gebäude zeigt im Innern noch den alten Estrich. die
Mauern erheben sich meistens noch bis 0,50 m über den Fussboden, bei drei Anten ist noch der unterste grosse Steinblock
erhalten und von den vier Säulen sind noch alle Basen *in situ*.
Ueber die Gestalt des Grundrisses kann daher auch nicht der
geringste Zweifel herrschen.

Die Vorhalle, 5½ m tief und 11¼ m breit, ist auf drei Seiten
von Mauern umgeben, die aus Kalkbruchstein und Lehm errichtet und 1,05 — 1,48 m stark sind. Die Nordwand hat eine un-
gleichmässige Stärke, weil sie den Unterschied in der Richtung
des Propylaion und der nördlich anstossenden Zimmer ausgleichen
muss. Von der nördlichen Ante liegt noch ein grosser Block
oberhalb des Fussbodens an seiner Stelle, von der südlichen
dagegen existiren nur noch die Fundamente. Der erhaltene
Block besteht aus Kalkstein und ist oben mit runden Bohr-
löchern zum Befestigen der hölzernen Anten versehen. Die
beiden Säulenbasen werden von grossen, unregelmässig begrenzten Kalksteinen gebildet, an welchen auf der Oberseite ein Kreis
von 0,95 m Durchmesser etwa 4 cm hoch ausgearbeitet ist. Wir

werden später beweisen, dass die Säulen selbst und die obern Theile der Anten aus Holz bestanden.

Die grosse Thürschwelle wird gebildet von einem fast 4 m langen, unregelmässig begrenzten Kalksteinblock von beinahe 2 m Breite. Damit er auf dem Fundamente ein möglichst festes Auflager finde, liegt er nur an beiden Enden auf, in der Mitte reicht das Fundament nicht bis an seine Unterkante heran. An ihrer Oberfläche ist die Schwelle ganz geglättet und in ihrer Mitte ein der Wandstärke entsprechender Streifen von 1,95 m Breite um etwa 3 cm erhaben angearbeitet. Dieser Streifen bildete die sichtbare Thürschwelle, gegen die sich die hölzernen Thürflügel anlehnten. Der tiefer gelegene, unregelmässige Theil der Schwelle wurde vom Estrich des Fussbodens überdeckt und war daher nicht sichtbar. In dem über die Flucht der Wand vortretenden Theile der Schwelle sind auch die Pfannen angebracht, in denen sich die Zapfen der mächtigen Thürflügel drehten. Es sind runde Löcher von 0,21 m Durchmesser und 0,04 m Tiefe, deren Gestalt einem Kugelabschnitt ähnlich ist. Ihr Abstand beträgt von Mitte zu Mitte 3,12 m, woraus sich ergibt, dass die Breite der Thüre im Lichten wahrscheinlich gerade so gross gewesen ist, wie die Breite des oben beschriebenen Thores (2,96 m). Die beiden Thürflügel bestanden aus Holz und waren aus mächtigen Balken gezimmert, wie die Grösse der Zapfenlöcher (0,21 m) aufs bestimmteste lehrt. Bei der allgemeinen Beschreibung der Thüren (S. 321) werden wir sehen, dass sich der Holzpfosten nicht direct in der steinernen Pfanne drehte, sondern dass er unten mit einem bronzenen Schuh versehen war. Es drehte sich also Bronze auf Stein und nicht Holz auf Stein. Ueber die Art der Verschlussvorrichtung ist aus der Ruine nichts zu entnehmen.

Die Hinterhalle, in welche man durch die Doppelthür eintritt, ist ebenso angelegt wie die Vorderhalle, nur hat sie eine etwas grössere Tiefe (6,73—6,85 m gegenüber 5,85 m). Die

Front wird von zwei Säulen zwischen zwei Anten gebildet. Von erstern gewahren wir die beiden unregelmässigen Basenblöcke, welche oben einen erhabenen Kreis von 2, resp. 3 cm Höhe zeigen. In den beiden Eckintercolumnien liegen jetzt niedrige Mauern, welche von den Anten ausgehen und nicht ganz bis an die Säulen herantreten. Sie endigen ebenfalls in besondern Antenblöcken. Ich vermuthete, dass diese Mauern später hineingesetzt seien und dass man zu gleicher Zeit die beiden Säulen cassirt habe, denn die nördliche Säulenbasis war bei der Ausgrabung etwa zur Hälfte mit einem spätern Estrich bedeckt. Gegen diese Annahme spricht aber der Umstand, dass die grossen Eck-Anten nach der Innenseite nicht regelmässig bearbeitet sind, also schwerlich jemals ganz sichtbar gewesen sein können. Es liegen demnach zwei Möglichkeiten vor. Entweder bestand die Front der Hinterhalle ursprünglich aus zwei Säulen zwischen zwei Anten, man entfernte später die Säulen und baute die beiden Zwischenmauern, um nur einen einzigen breiten Eingang zu haben; oder die beiden Zungenmauern sind zugleich mit den Säulen aufgeführt worden und nur etwa 1—2 m hoch gewesen. Die Wegnahme der Säulen müsste in letzterem Falle später stattgefunden haben. Im Plane habe ich mich für die erstere Möglichkeit entschieden und demnach die beiden kleinen Mauern als späteres Mauerwerk bezeichnet.

Der ganze Fussboden war mit einem Estrich von Kieselsteinchen und Kalk versehen, der fast überall noch sehr gut erhalten ist. An einigen Stellen erkennt man spätere Reparaturen, die mit einem Materiale gemacht sind, das fast ausschliesslich aus Kalk besteht und daher weniger dauerhaft ist als der ältere Estrich. Die etwa 2 m langen Löcher, welche man an einigen Stellen im Fussboden sieht, sind byzantinische Gräber, welche wir bei Beschreibung der byzantinischen Kirche besprechen werden.

Im mittlern Durchgange des Thores, den ich auf dem Plane durch zwei Linien angedeutet habe, ist der Estrich

um etwa 0,30 m gegen den Fussboden der beiden Seitenschiffe
gesunken, sodass die Thürschwelle, welche ihre ursprüngliche
Lage behalten hat, jetzt um ebenso viel über den Estrich des
Mittelschiffes erhaben ist. Der Grund für diese Erscheinung liegt
in der Verschiedenheit der Fundamentirung. Die Seitenschiffe
ruhen nämlich in ihrer ganzen Breite auf mächtigen Fundamentmauern, während das Mittelschiff oder vielmehr der mittlere
Durchgang gar nicht fundamentirt ist. Der aufgeschüttete Boden unter dem Estrich des letztern hat sich schon im Alterthum
bedeutend gesetzt, ebenso wie der ganze Hof westlich vom
Propylaion. Der Estrich des mittlern Durchgangs ist infolge
dessen auch gesunken, während der untermauerte Fussboden der
Seitenräume ungefähr seine alte Höhenlage behielt.

Weshalb hat man aber die grossen seitlichen Fundamente
von 7½ m Stärke gemacht? Es liegt nahe, die athenischen
Propylaien zur Vergleichung heranzuziehen: bei diesen ist auch
der mittlere Durchgang, im Gegensatz zu den Seitenschiffen,
nicht fundamentirt, und zwar deshalb nicht, weil das Mittelschiff
für Pferde und Wagen passirbar sein musste. Aus dem gleichen
Grunde könnte vielleicht auch in Tiryns der mittlere Durchgang
nicht untermauert worden sein. Es bleibt hierbei jedoch unver-
ständlich, wie man mit Wagen die hochgelegene Thürschwelle
passiren konnte, nachdem der mittlere Gang sich schon beträchtlich gesenkt hatte; auch ist es auffallend, dass auf der grossen
Thürschwelle keine Spur von Wagengeleisen erkennbar ist.
Herr Architekt Siebold, der bei längerm Aufenthalte in Tiryns
die Güte hatte, die sämmtlichen Bauten mit mir zu besprechen,
hat eine andere Erklärung der Fundamentirung der Seitenschiffe
vorgeschlagen, die manches für sich hat, und die ich deshalb
nicht übergehen will. Er glaubt, dass die starken Mauern mit
dem Mittelgange von etwa 2¼ m Breite die Ueberbleibsel eines
ältern Thores sind, dessen Fussboden beträchtlich tiefer lag und
das von dicken Mauern eingefasst war. Für diese Hypothese

lassen sich verschiedene Gründe anführen: erstens sind an
mehrern Stellen des Palastes sichere Spuren von ältern, etwas
tiefer gelegenen Gebäuden erhalten; zweitens ist der Vorplatz
östlich vom Propylaion durch Anschüttung von rothem, also
gebranntem Ziegelschutt hergestellt, was auch auf eine ältere,
zerstörte Anlage hinweist; drittens würde es sich in diesem Falle
auch besser erklären lassen, dass das Fundament unter der Mitte
der grossen Thürschwelle nicht bis an diese heranreicht, sondern
beträchtlich tiefer liegt.

In der Nordwand der Hinterhalle ist eine Seitenthür aufgedeckt
worden, welche zu einigen Nebenräumen (XXXVIII) und vermittelst eines langen Corridors zur Frauenwohnung führt. In diesem
langen Verbindungsgange ist der aus Kalk bestehende Fussboden
fast überall noch gut erhalten, sodass man noch jetzt zwischen den
etwa 1 m hohen Mauern bequem auf dem alten Estrich zu dem
höher gelegenen Hofe der Frauenwohnung hinaufsteigen kann.

Von dem Oberbau des Thorgebäudes können wir uns nur
ein ganz oberflächliches Bild machen, weil wir von den Höhen-
abmessungen und den künstlerischen Details so gut wie gar
nichts wissen. Die nach Osten gewendete Hauptfront wurde von
vier Stützen, zwei Säulen zwischen zwei Parastaden, gebildet:
die letztern waren 1,33 m breit. den untern Durchmesser der
Säulen können wir nach dem Durchmesser der Basen annähernd
auf 0,65 m bestimmen. Das mittlere Intercolumnium war etwas
weiter als die beiden andern; es betrug ungefähr 3,65 m im
Lichten, während jene circa 3,15 m gross waren. Dieser Unterschied war aber nur durch die verschiedene Stärke der Stützen
veranlasst; denn alle drei Axweiten hatten, von Mitte zu Mitte
gerechnet, genau dasselbe Maass, nämlich ungefähr 4,10 m. Ueber
die Form der Säulen wissen wir nichts Bestimmtes, wir können
nur vermuthen, dass die Kapitelle denjenigen an dem grossen
Kuppelgrabe von Mykenae und an dem Löwenrelief daselbst
nicht unähnlich waren.

Ueber den vier Stützen lag sicherlich ein Epistyl, welches die Enden der grossen Deckenbalken aufnehmen musste. Denn bei der Breite des Thores (11¼ m im Lichten) konnten die letztern unmöglich parallel zur Front liegen, sondern waren sicherlich rechtwinkelig zu derselben angeordnet. Die Kopfenden der Balken waren vielleicht aussen über dem Epistyl sichtbar und nach Art des Triglyphon verziert; sie können auch rund gewesen sein, in ähnlicher Weise wie die Balkenköpfe an den Gräberfaçaden und dem Löwenrelief in Mykenae. Ueber diesen grossen Deckbalken haben wir uns Bohlen zu denken, die als schützendes Gesimse nach aussen weit über die Vorderkante des Gebälkes hervorragten. Sie waren vermuthlich mit Rohr und einer starken Lehmschicht überdeckt, die ein horizontales Dach bildeten. Um einen bessern Abfluss für das Regenwasser zu schaffen, machte man jedenfalls die Lehmschicht in der Mitte beträchtlich stärker als an den Seiten. Dadurch erhielt das Dach im Aeussern die Form einer ganz flachen Kuppel, wie wir sie an dem Thetis-Tempel auf der bekannten Vase des Ergotimos und Klitias in Florenz sehen. Die Ansicht der Hinterhalle wird im wesentlichen mit dem geschilderten Bilde der Vorhalle übereingestimmt haben.

Was die homerische Bezeichnung dieses Propylaion betrifft, so kann es wol keinem Zweifel unterliegen, dass wir es mit dem πρόθυρον (oder πρόθυρα) Homer's identificiren dürfen. Der Palast des Odysseus hatte nach Homer scheinbar nur ein πρόθυρον, das Thor des Hofes; sobald aber ein Palast grösser war und ausser dem Hofe noch einen Vorhof hatte, wird auch dieser letztere ein eigenes πρόθυρον gehabt haben.

3. DER GROSSE VORHOF.
(Nr. 11 auf Tafel II.)

Haben wir das Propylaion durchschritten, so gelangen wir in einen grossen Hof von unregelmässiger Gestalt, der von

Säulenhallen und einzelnen Zimmern umgeben ist. An seiner
Ostseite liegt unmittelbar südlich vom Propylaion eine kleine
Säulenhalle (Nr. XXXIX auf dem Plane). Sie war als *templum
in antis* gebildet; von ihren beiden Säulen sind die steinernen
Basen, welche einen Durchmesser von 0,47 m haben, noch *in situ*;
sie sind aus Kalkstein hergestellt und haben die Form eines abgestumpften Kegels oder ungefähr eines umgekehrten dorischen
Kapitells. Auch von der südlichen Ante liegt noch ein grosser
Kalksteinblock an seiner alten Stelle; er hat an seiner Oberfläche keine Dübellöcher, wie sie sich bei den andern Anten
finden. Die nördliche Ante ist nicht mehr vorhanden. Die
Axweite der Säulen beträgt 2,86 m, die Tiefe der Halle ungefähr
2,40 m. Der hinter der Rückwand liegende schmale Raum von
1,30 m Breite ist ziemlich tief ausgegraben worden, doch liess sich
nicht constatiren, welchen Zweck er gehabt hat und ob er überhaupt zugänglich war.

Eine zweite Säulenhalle von ganz ähnlicher Gestalt scheint
im Süden der byzantinischen Kirche gelegen zu haben; sicher
lässt sich das aber nicht bestimmen, weil die Säulenbasen
selbst nicht mehr erhalten sind. Durch den Bau der byzantinischen Kirche ist nicht nur diese Halle, sondern auch die
übrigen Bauten im Süden des Hofes sehr beschädigt worden.
Man sieht nur noch Fundamente, und selbst diese sind fast alle
so sehr zerstört, dass man den Zusammenhang der verschiedenen
Mauern nicht mehr erkennen kann.

Noch schlimmer steht es um den Westen des Hofes. Zu
irgendeiner Zeit ist hier die grosse Burgmauer umgefallen; die Burg-
terrasse hat dadurch ihre Stützmauer verloren und ist mit allen Gebäuden und Fundamenten herabgerutscht. Im Westen des Hofes
fehlt daher jede Spur eines antiken Bauwerkes. Die westliche Burgmauer selbst wird zwar in ihren untern Schichten noch erhalten
sein; es müssen aber umfangreiche Grabungen vorgenommen werden, um ihre Fluchtlinie und ihre Construction genau festzustellen.

Die Nordseite des Vorhofes ist zum Glück besser erhalten. An das grosse Propylaion schliesst sich westlich zunächst ein kleiner Corridor an, der mit Thüren abgeschlossen ist und eine directe Nebenverbindung zwischen dem Haupthofe und dem Vorhofe herstellt. Der Fussboden in diesem Verbindungsgange ist noch erhalten und besteht aus Kalkestrich. Da der Höhenunterschied der beiden Höfe an dieser Stelle mehr als 1 m beträgt, so führt der Weg mit einer starken Steigung zum Männerhofe hinauf. Nach Westen folgen zwei Gemächer, zuerst ein grösseres von 6,22 m Breite und dann ein kleineres von 3,0 m Breite; beide sind 4,29 m tief. Die Lage ihrer Thüren ist nicht mehr zu erkennen. Da aber in den Zimmern noch Reste des Estrichs erhalten sind, liess sich constatiren, dass ihr Fussboden nur um wenige Centimeter höher als der Vorhof, aber um 0,67 m tiefer als der Hof der Männerwohnung lag, und dass sie mithin vom Vorhofe und nicht vom Innenhofe aus zu betreten waren. Die Thüren müssen daher an derjenigen Stelle der Südwand gewesen sein, wo jetzt das aufgehende Mauerwerk fehlt. Ueber die Bestimmung der beiden Zimmer kann nichts Sicheres mitgetheilt werden; man kann nur vermuthen, dass sie zur Unterbringung der Thürhüter gedient haben.

4. DAS THOR ZUM HOFE DER MÄNNER.

(Πρόθυρον τῆς αὐλῆς.)

Westlich von den oben beschriebenen Zimmern liegt ein Thorgebäude (Nr. III auf dem Plane II), welches den Vorhof mit dem Haupthofe verbindet. Der Grundriss stimmt im wesentlichen mit demjenigen des grossen Propylaion überein, nur sind alle Abmessungen etwas kleiner. Auch hier ist die eigentliche Thorwand, welche eine zweiflügelige Thür enthielt, mit einer Vorhalle und einer Hinterhalle ausgestattet, die sich vermuthlich beide mit zwei Säulen zwischen zwei Anten öffneten. Ich sage

15*

vermuthlich, weil wir die südliche Halle so zerstört vorfanden,
dass ihre Gestalt nicht mehr genau zu erkennen war. Durch
den Einsturz der westlichen Burgmauer ist nämlich auch das
Thorgebäude sehr beschädigt worden; seine ganze Westwand
fehlt und von der südlichen Mauer sind nur noch geringe Fundamente vorhanden. Die Hinterhalle ist dagegen glücklicher-
weise verhältnissmässig gut erhalten: an ihrer Nordseite stehen
noch zwei Säulenbasen und zwei Antenblöcke, von denen der
westliche nur etwas von seiner Stelle gerückt ist; in der Ostwand sehen wir ferner eine grosse steinerne Schwelle, einer
Nebenthüre angehörig, die in die Südhalle des Hofes führte; in
der eigentlichen Thorwand liegt noch die grosse Thürschwelle
aus Breccia mit zwei Zapfenlöchern für das doppelflügelige Thor;
auch der aus Kalk bestehende Estrich ist fast in der ganzen
Hinterhalle erhalten.

Da in der Vorhalle keine Spur einer Säule aufgefunden ist,
so kann vielleicht jemand zweifeln, ob das Gebäude überhaupt
ein Propylaion war. Er könnte sich denken, dass die nach Norden gerichtete Halle die Vorhalle eines nach Süden sich
anschliessenden Gemaches sei. Diese Annahme lässt sich jedoch
leicht als unhaltbar nachweisen. Zunächst würde es merkwürdig
sein, wenn das mit einer Vorhalle versehene Gemach nicht tiefer
wäre als die Halle selbst. Ferner sind die wohlerhaltenen
Zapfenlöcher für die Thorflügel innerhalb der Nordhalle angebracht und beweisen daher schlagend, dass diese Halle der
innere Theil des Bauwerkes und das nach Süden liegende Gemach in der That der Vorraum oder die Vorhalle war. Endlich
steigt der von dem grossen Propylaion kommende Weg nach
Westen beträchtlich an und erreicht erst südlich von unserm
Gebäude die Höhe des Männerhofes; gerade an dieser Stelle
müsste man daher nach den Höhenverhältnissen die Verbindung
zwischen den beiden Höfen annehmen, selbst wenn nichts von
dem Propylaion erhalten wäre.

Hiernach ist es sicher, dass unser Bau ein Thorgebäude ist,
dessen zerstörten Vorraum wir nach der gut erhaltenen Hinterhalle und auch nach den beiden Hallen des grossen Propylaion
als offene Halle mit zwei Säulen zwischen zwei Anten reconstruiren dürfen.   •

Die noch vorhandenen Fundamente des Thores bestehen
sämmtlich aus Kalkbruchstein; aufgehendes Mauerwerk (d. h.
solches, welches sich über den Fussboden erhebt) ist nur an der
Ostwand erhalten und zeigt dasselbe Material mit Lehmmörtel.
Das Fundament der Mittelwand ist nach Süden treppenförmig
erweitert, wahrscheinlich weil hier der aufgeschüttete Baugrund
ein breites Fundament verlangte. An eine wirkliche Treppe
darf man bei diesen treppenförmigen Absätzen nicht denken.
Die grosse Thürschwelle der Mittelwand ist aus einem einzigen
Brecciablock hergestellt, der eine Länge von $3\frac{1}{2}$ m hat; nach
Süden ist er mit der Mauerfläche glatt abgeschnitten, während
er nach Norden unregelmässig begrenzt über die Wand vorspringt. In diesem überstehenden Theile sind die beiden Zapfenlöcher von je 0,12 m Durchmesser angebracht. Ihre Entfernung
beträgt, von Mitte zu Mitte gemessen, 2,83 m; die Thürweite
war also um einige Centimeter kleiner als die Thüre im grossen
Propylaion. Die kleinere Thürschwelle in der Ostwand der
Hinterhalle besteht aus Kalkstein und enthält scheinbar kein
Zapfenloch. Sie ist auffallend lang im Verhältniss zu der Breite,
welche die Nebenthüre gehabt haben kann, und muss daher nach
Süden weit in die Mauer eingegriffen haben.

Die beiden Antenblöcke der Hinterhalle sind aus Breccia
hergestellt und zeigen oben Bohrlöcher für runde Holzdübel,
die zur Befestigung der hölzernen Parastaden dienten. Ihre
Vorderansicht ist 1,10 m breit. Zwischen ihnen liegen die zwei
runden Säulenbasen aus Kalkstein; sie haben einen Durchmesser
von 0,70 m, wonach sich der Durchmesser der Holzsäule auf
etwa 0,50 m bestimmen lässt. Die Axweite der Säulen beträgt

3,07 m, die Eckaxweite nur 2,07 m: das mittlere Intercolumnium
ist daher bedeutend weiter als die beiden andern (3,07 m gegen
1,07 m). Dieser beträchtliche Unterschied, welcher den beim grossen
Propylaion bemerkten weit übertrifft, scheint dadurch veranlasst
zu sein, dass man trotz der ziemlich geringen Breite des ganzen
Propylaion den mittlern Durchgang möglichst breit anlegen wollte.

Nach homerischem Sprachgebrauch heisst unser Thor πρόθυρον oder πρόθυρα. Aehnlich wie in Tiryns muss auch im Palast
des Odysseus, wenigstens nach der Vorstellung Homer's, das
Thor des Hofes gelegen haben: Athene steht auf der Schwelle
des Thores und erblickt die Freier, wie sie sich im Hofe vor
dem Eingange zum Männersaal am Spiel ergötzen. [1]

5. DER HOF DER MÄNNERWOHNUNG.

(ἡ αὐλή.)

Durch das Prothyron treten wir in einen grossen Hof,
der rings von Säulenhallen umgeben ist. Es ist der Hof der
Männerwohnung, das Centrum des ganzen Palastes. Sein Grundriss bildet annähernd ein Rechteck von $15^3\!/_4$ m Tiefe und
$20^1\!/_4$ m Breite, ohne die Tiefe der Säulenhallen. Der ganze
Fussboden ist noch jetzt mit einem starken Kalkestrich versehen,
der nur an einzelnen Stellen Schäden aufweist. In dem grossen
in der Nordostecke des Hofes vorhandenen Schachte, den Dr.
Schliemann im Jahre 1876 gegraben hat, lassen sich die einzelnen Schichten dieses Estrichs deutlich erkennen. Zu unterst
auf dem angeschütteten Erdboden liegt eine 40—70 mm starke
Schicht aus Steinen und Kalk, eine Art Beton, die bestimmt ist,
dem eigentlichen Estrich eine feste Unterlage zu liefern; darüber

---

[1] Od. 1. 103: στῆ δ' Ἰθάκης ἐνὶ δήμῳ ἐπὶ προθύροις Ὀδυσῆος,
οὐδοῦ ἐπ' αὐλείου· παλάμῃ δ' ἔχε χάλκεον ἔγχος,
εἰδομένη ξείνῳ, Ταφίων ἡγήτορι, Μέντῃ.
εὗρε δ' ἄρα μνηστῆρας ἀγήνορας· οἱ μὲν ἔπειτα
πεσσοῖσι προπάροιθε θυράων θυμὸν ἔτερπον.

folgt eine zweite Lage von etwa 25 mm Stärke, welche aus kleinen
Steinchen und einem sehr festen, etwas röthlichen Kalk besteht; zu
oberst liegt endlich eine etwa 18 mm dicke Schicht, die aus Kalk
und kleinen Kieselsteinchen zusammengesetzt ist und einen sehr
dauerhaften Estrich liefert. An einigen Stellen, namentlich an
der östlichen Säulenhalle, sind schon im Alterthum Reparaturen
vorgenommen worden, und zwar mit einem weniger dauerhaften
Mörtel, der fast ausschliesslich aus Kalk besteht.

Für den Abfluss des Regenwassers ist vorzüglich gesorgt,
denn die Oberfläche des Estrichs bildet keine horizontale Ebene,
sondern ist so angeordnet, dass das Wasser nach einem einzigen
Punkte an der Südseite zusammenläuft. Dort gewahren wir
einen verticalen Schacht, aus Bruchsteinen gemauert und mit
einer Steinplatte abgedeckt. Durch ein Loch in diesem Deckstein fiel das Wasser in den Schacht und gelangte durch diesen
in einen gemauerten horizontalen Kanal, der es vermuthlich
in irgendein Reservoir abführte. Von einem solchen Reservoir,
das einige Meter unter dem Fussboden des Palastes gelegen
haben müsste, ist zwar bisjetzt nichts gefunden worden: wir
dürfen aber mit einiger Sicherheit die Existenz eines solchen
annehmen, weil die Bewohner der Burg schwerlich das von den
Dächern und Höfen zusammenströmende Wasser haben unbenutzt
wegfliessen lassen. Curtius (Peloponnes. II, 388) erwähnt allerdings eine Cisterne, die nahe an der südlichen Mauer gelegen
haben soll. Wir haben aber keine Spur von derselben gefunden.

Die Südseite des Hofes wird von zwei Säulenhallen eingenommen, von denen wir die westliche als Hinterhalle des Thorgebäudes schon kennen gelernt haben. Die andere (Nr. XXXV)
besteht ebenfalls aus zwei Säulen zwischen zwei Anten und
schliesst sich unmittelbar an die Thorhalle an. Der Standplatz
ihrer Säulen ist nur durch zwei unregelmässige Steine bestimmt,
welche an ihrer Oberfläche keinen erhabenen Kreis zeigen, wie
wir ihn bei den früher besprochenen Säulenbasen finden. Die

Axweite der Säulen konnte daher nur ungefähr auf 3,90 m festgestellt werden. Durch eine Nebenthür steht die Halle mit der
Hinterhalle des Thores in directer Verbindung, sodass beide
eigentlich eine einzige fortlaufende Stoa bilden; jedoch ist die
Thorhalle bedeutend tiefer als die andere (3,46 m gegen 1,60 m).

An der Westseite des Hofes liegen drei Säulenbasen und
ein viereckiger Pfeiler; es sind die Säulen, welche Dr. Schliemann im Jahre 1876 ausgegraben hat und welche schon von
vielen Reisenden gemessen und beschrieben worden sind. Der
viereckige Pfeiler ist ein unregelmässiger Kalksteinblock, an
dessen Oberseite ein Quadrat von 1,02 m angearbeitet ist; er
bildete vermuthlich das östliche Ende einer von Westen kommenden Mauer, doch ist von der letztern keine Spur mehr
erhalten. Die Säulenbasen bestehen ebenfalls aus unregelmässig
begrenzten Kalksteinen, auf deren Oberfläche sich ein Kreis von
etwa 0,80 m Durchmesser um wenige Centimeter erhebt. Die
Axweite der Säulen misst 3,20 m. Im Norden schliesst die
Säulenstellung mit keiner besondern Parastas ab, wie man er-
wartet, sondern das über den Säulen liegende Epistyl ging
direct auf die Querwand über.

Leider lässt sich nicht sagen, ob diese Säulenreihe einer
schmalen Stoa oder einem tiefen Saale angehört hat, weil von
der Rückwand nicht einmal Fundamente aufzufinden waren.
Wahrscheinlich wird aber das erstere der Fall sein, denn wir
dürfen wol annehmen, dass auch im Westen, ebenso wie an den
andern Seiten des Hofes, eine Säulenhalle angeordnet war.
Zwischen der Südante dieser Halle und der Nordwestecke des
Thorgebäudes scheint ein schmaler Corridor in die weiter westlich
gelegenen, aber jetzt nicht mehr vorhandenen Gemächer geführt
zu haben. Bei Tiefgrabungen in der Nähe der westlichen
Halle stiessen wir etwa 1 m unter dem Fussboden des Hofes auf
Reste eines ältern Estrichs, der beweist, dass auch in diesem
Theile des Palastes in ältester Zeit Neubauten vorgekommen sind.

Im Osten des Hofes liegt eine von drei Säulen zwischen zwei Eckpfeilern gebildete Halle (Nr. XXXIV). Ihre südliche aus Breccia bestehende Ante gehört gleichzeitig der Südhalle des Hofes an. Die drei Säulenfundamente sind nicht so gut gearbeitet wie diejenigen an der Westseite des Hofes, sondern bestehen aus unregelmässigen, oben etwas geglätteten Steinen; nur aus ihren gleichen Abständen konnten wir erkennen, dass sie Säulen getragen haben. Die nördliche Ante besteht aus zwei hochkantig gestellten Sandsteinen, die auf einer steinernen Basis ruhen; besonders bemerkenswerth an ihnen ist die genaue Bearbeitung der Stossfuge, deren dichter Schluss schon an spätere griechische Quaderbauten erinnert. Auf der Oberfläche dieser Ante sind viereckige Löcher für hölzerne Dübel vorhanden. Zur Bestimmung der Höhe und auch des Durchmessers der Säulen fehlt uns jeder Anhaltspunkt: ihre Axweite lässt sich dagegen auf etwa 3,20 m feststellen. Die Tiefe der Halle misst ohne die Säulen beinahe 1,90 m.

Der oben erwähnte Verbindungsgang (Nr. XXXVII), welcher den Hof mit dem grossen Vorhofe verbindet, bildet genau die südliche Verlängerung der östlichen Säulenhalle. Am nördlichen Ende führt eine Thüre in das kleine Gemach Nr. XXXIII, welches von der Säulenhalle Nr. XXXI durch eine sehr schmale Mauer getrennt ist. Leider wissen wir nicht, ob diese Mauer hochgeführt war oder ob sie nur eine Art von Schwelle bildete. War das letztere der Fall, so existirte hier eine Verbindung zwischen der Männer- und Frauenwohnung; doch ist das Vorhandensein dieses Verbindungsganges immerhin sehr fraglich.

In der Mitte der Südseite des Hofes, neben der nordöstlichen Ante des kleinern Propylaion, fanden wir bei der Ausgrabung einen viereckigen Mauerklotz, der aus plattenförmigen Bruchsteinen und Lehm aufgebaut ist. Er hat eine Länge von 3,25 m und eine Breite von 2,63 m. An seiner Westseite, aber nicht genau in der Mitte, ist ein kleineres Viereck angefügt.

Ueber die Bedeutung dieses Bauwerkes konnten wir nicht im Zweifel sein: es war ein grosser Altar, der genau in der Mittelaxe des Hofes gegenüber dem Megaron lag. Seine Grösse reichte vollkommen aus, um ein ganzes Opferthier auf einmal zu verbrennen. Der Ansatz an der Westseite ist vielleicht der Standplatz des opfernden Priesters gewesen. Wie der Altar früher im Aeussern ausgesehen hat, wissen wir nicht; wol keinenfalls war das schlechte Bruchsteinmauerwerk selbst sichtbar, sondern die Aussenseiten waren sicherlich mit Putz oder einem andern Material überzogen: jetzt ist allerdings von einer Verkleidung nichts mehr erhalten. Die Höhe des Altars können wir auch nicht bestimmen, das erhaltene Mauerwerk erhebt sich jetzt nur bis zu 0,15 m über den Estrich des Hofes.

Einen solchen Altar finden wir bei Homer öfters im Innern des Hofes; auf ihm pflegte der Hausherr als Priester des Hauses Opfer darzubringen. So erzählt Nestor, wie er mit Odysseus zu Peleus gekommen sei und diesen beim Opfer gefunden habe [1]:

Der alte reisige Peleus
Brannte dem Donnerer Zeus die gefetteten Schenkel des Stieres
In dem umschlossenen Hof, und hielt den goldenen Becher.
Sprengend den funkelnden Wein in die heilige Flamme des Opfers.
Und Ihr ordnet beide das Stierfleisch; jetzo erschienen
Wir an der Pforte des Hofs.

Auch im Palaste des Odysseus stand ein Altar des Zeus, denn während der Ermordung der Freier überlegt der im Megaron be-

―― ― ―― ―

[1] Ilias, XI, 772—777.

γέρων δ'ἱππηλάτα Πηλεύς
πίονα μηρί' ἔκαιε βοὸς Διὶ τερπικεραύνῳ
αὐλῆς ἐν χόρτῳ· ἔχε δὲ χρύσειον ἄλεισον
σπένδων αἴθοπα οἶνον ἐπ' αἰθομένοις ἱεροῖσιν·
σφῶϊ μὲν ἀμφὶ βοὸς ἕπετον κρέα, νῶϊ δ'ἔπειτα
στῆμεν ἐνὶ προθύροισιν·

findliche Sänger Themios, ob er zu dem Altare des Zeus laufen
und sich dort niedersetzen solle[1]:

> Dieser stand, in den Händen die hellerklingende Harfe.
> Nahe der Seitenthür und sann in zweifelndem Herzen.
> Ob er heimlich entfloh' und an des grossen Kronions
> Schönen Altar auf dem Hofe sich setzte, auf welchem Laertes
> Und Odysseus die Lenden so vieler Stiere geopfert.

Ausser dem Altare wird im Hofe des Palastes des Odysseus
noch eine Tholos erwähnt, über deren Form und Bedeutung
die Ansichten der Homerforscher weit auseinandergehen. Da im
Hofe von Tiryns leider keine Spur eines Rundbaues entdeckt
worden ist, hat jene Frage auch jetzt noch keine endgültige
Lösung gefunden. Von einigen Gelehrten wird auch der Thalamos des Telemach mitten in den Hof gesetzt; dies beruht
aber nur auf einer, wie mir scheint, unrichtigen Deutung der
Worte περισκέπτῳ ἐνὶ χώρῳ. Ich glaube, dass diejenigen Erklärer
recht haben, welche diesen Thalamos dicht an die Aussenmauer
des Palastes an eine solche Stelle verlegen, von welcher Telemach eine weite Aussicht auf die Umgegend hatte. Derartig
gelegene Thalamoi kann es in Tiryns, z. B. an der Westseite
des Hofes, mehrere gegeben haben, im Innern des Hofes dagegen
ist wenigstens in Tiryns nichts von einem Thalamos gefunden
worden. Hier enthält der Hof ausser dem Altare kein anderes
Bauwerk unter freiem Himmel.

Bei Beschreibung des griechischen Wohnhauses sagt Vitruv[2],

---

[1] Odyssee. XXII, 332—336.

> ἔστη δ', ἐν χείρεσσιν ἔχων φόρμιγγα λίγειαν,
> ἄγχι παρ' ὀρσοθύρην· δίχα δὲ φρεσὶ μερμήριζεν,
> ἢ ἐκδὺς μεγάροιο, Διὸς μεγάλου ποτὶ βωμὸν
> ἑρκείου ἵζοιτο τετυγμένον, ἔνθ' ἄρα πολλὰ
> Λαέρτης 'Οδυσεύς τε βοῶν ἐπὶ μηρί' ἔκηαν·

[2] Vitruv, De arch., VI. 7. Id peristylion in tribus partibus habet por-
ticus; in ea parte, quae spectat ad meridiem, duas antas inter se spatio
amplo distantes .... Hic locus apud nonnullos προστάς, apud alios
παραστάς nominatur. In his locis introrsus constituuntur oeci magni .....

dass der griechische Hof (peristylion) auf drei Seiten Säulenhallen habe, und zwar im Westen, Süden und Osten, und
dass an der Nordseite die Prostas angelegt werde, eine Vorhalle, an welche sich grosse Säle anschlössen. Genau dieselbe
Einrichtung und Orientirung zeigt der Hof in Tiryns. An der
Südseite liegt die Hinterhalle des πρόθυρον und eine kleine
αἴθουσα αὐλῆς, im Osten und Westen je eine grössere αἴθουσα,
und an der Nordseite ist zwischen zwei vorspringenden Anten
das Megaron mit einer Vorhalle (αἴθουσα δώματος) angeordnet.

Diese Uebereinstimmung ist schlagend und darf als wichtiger Beleg dafür angeführt werden, dass sich der Grundriss
des griechischen Wohnhauses der spätern Zeit aus dem homerischen Wohnhaus entwickelt hat.

Schliesslich erwähnen wir noch die beiden Epitheta, welche
Homer den Hallen des Hofes beilegt, ξεστός und ἐρίδουπος.
Ersteres bezieht sich wahrscheinlich auf den geglätteten Putz,
welcher die Rückwand der Halle bedeckte, und auf die geglätteten Holzsäulen, die vielleicht noch mit Metall verkleidet waren;
letzteres auf das laute Echo, welches die mit Hallen versehenen
Wände des Hofes erzeugten.

6. DER MÄNNERSAAL.
(τὸ μέγαρον.)

An der Nordseite des Hofes liegt der grösste Saal des
Palastes, das Megaron der Männer, mit einem Vorsaal und einer
Vorhalle. Den jetzigen Zustand dieser drei Räume veranschaulicht der Grundriss des Palastes auf Plan II, in welchem durch
einen hellen Ton die erhaltenen Fundamente, durch einen dunk-
lern die noch aufrecht stehenden Wände angegeben sind. Einen
restaurirten Grundriss derselben stellt die nebenstehende Figur 113
dar, auf die wir uns bei der folgenden Besprechung beziehen
werden. Der helle Ton bezeichnet hier das Mauerwerk, der
dunkle die aus Holz bestehenden Bautheile. Die kleinen Qua-

drate geben die durch eingeritzte Linien hergestellte Musterung
des Estrichs an.

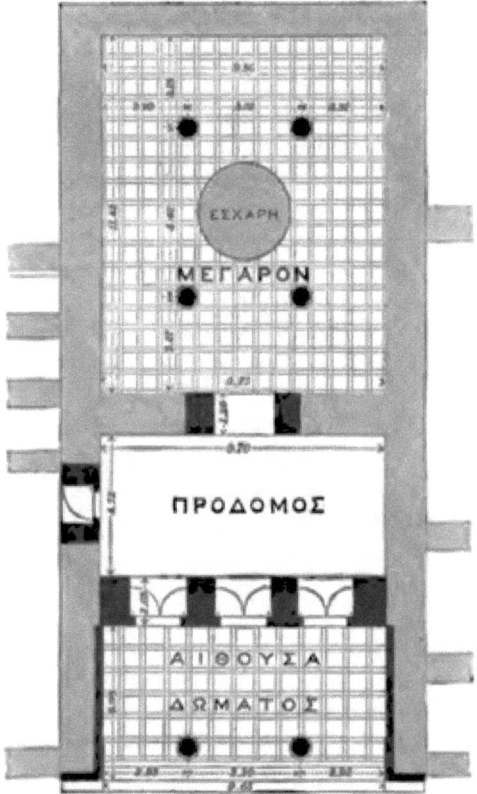

Nr. 111. Der Männersaal mit Vorsaal und Vorhalle.

Das Megaron mit seinen Vorräumen ist der wichtigste Theil
des Palastes und auf manche Weise schon äusserlich als solcher
gekennzeichnet. Erstens nimmt es den höchsten Punkt der gan-

zen Burg ein, wie man aus den in den Plan II eingeschriebenen
rothen Nivellementszahlen leicht ablesen kann; von dem Thore
der Oberburg steigt man zum ersten Propylaion 3,33 m, von da
zum zweiten Propylaion 1,67 m, und der Fussboden des Megaron
liegt um weitere 0,64 m höher. Zweitens ist die Vorhalle des
Megaron der einzige Bau, dessen Front nach Art der griechischen
Tempel mit durchgehenden Stufen ausgestattet ist, da zwei

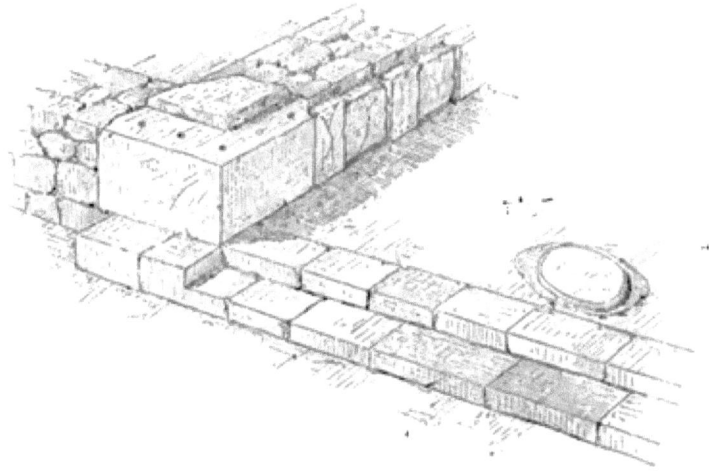

Nr. 114. Westliche Ante von der Vorhalle des Megaron.

sauber bearbeitete Steinstufen von dem Hofe zur Vorhalle
hinaufführen. Drittens ist das Megaron der grösste bedeckte
Raum der Burg und hat deshalb auch stärkere Wände, als alle
übrigen Gemächer des Palastes. Viertens deutet schon die Lage
des Megaron im Verhältniss zum Hofe auf die Wichtigkeit
dieses Gebäudes hin. Die Nordseite des Hofes ist nämlich
symmetrisch zur Axe des Megaron angelegt; an die Front der
Vorhalle schliessen sich zunächst auf beiden Seiten Mauerstücke

von 3 m Länge an, und dann springen beiderseits Quermauern
vor, die vorn in Parastaden endigen. Auch der Altar ist gerade
in der Axe des Megaron erbaut. Alle diese Punkte weisen
darauf hin, dass das Gebäude an der Nordseite des Hofes den
wichtigsten Theil des Palastes, den Männersaal mit seinen Vorräumen bildet.

Betrachten wir zunächst die einzelnen Theile des Baues und
ihre Construction. Die Vorhalle ist als ναὸς ἐν παραστάσι gebildet, ihre Front besteht also aus zwei Säulen zwischen zwei
Parastaden. Auf der nebenstehenden perspectivischen Skizze
(Fig. 114) ist die südliche Parastas und eine der Säulenbasen
abgebildet; vor denselben sieht man die beiden Stufen, um
welche sich die Halle über den Fussboden des Hofes erhebt.
Die obere Stufe besteht aus rothen Kalksteinplatten von verschiedener Länge, deren Stossfugen eine sehr genaue Arbeit
zeigen. Die Höhe der Stufe beträgt 0,₂₅ m, ist also eine ausserordentlich geringe; der Auftritt misst 0,39 m. Die untere Stufe
wird von Sandsteinplatten gebildet, deren Höhe und Breite mit
den Maassen der Oberstufe übereinstimmen; die Länge der einzelnen Platten ist bei der Unterstufe aber grösser. Wie aus
der Skizze und den Grundrissen zu ersehen ist, liegt die Oberstufe nur zwischen den beiden Parastaden, während sich die
Unterstufe noch bis an die äussersten Ecken derselben erstreckt;
unmittelbar vor den Parastaden hat die Unterstufe aber die
doppelte Höhe.

Die beiden Säulenbasen sind grosse, unregelmässige Kalksteine mit einem oben angearbeiteten Kreis von 0,₇₀ m Durchmesser. Ihre Axweite beträgt 3,₅₀ m. Jede der beiden Parastaden besteht aus einem grossen Brecciablock, der nur nach
zwei Seiten bearbeitet ist. Die andern beiden Seiten durften
roh bleiben, weil sie vom Mauerwerk verdeckt wurden. Die
Art der Herstellung dieser Anten werden wir in dem Abschnitt
über die Baumaterialien näher besprechen. Die beiden sicht-

baren Flächen sind durchschnittlich 1,63 m breit und 0,81 m hoch.
Auf der Oberseite ist parallel zu den beiden Aussenseiten ein
Streifen von 0,30 m glatt bearbeitet und mit fünf runden Dübellöchern versehen; der übrige Theil ist roh geblieben und um
mehrere Centimeter höher (siehe Fig. 114). Daraus ergibt sich
mit Nothwendigkeit, dass auf dem untern Block kein zweiter
Stein gelegen haben kann, denn um einen weitern Block aufzunehmen hätte die Oberseite des vorhandenen Steines wenigstens
annähernd eine Ebene bilden müssen. Wir dürfen vielmehr aus
der Form der Oberfläche schliessen, dass der obere Theil der
Parastaden aus Holzpfosten bestand, die mit dem Basisblock
durch hölzerne Dübel verbunden waren. Die Pfosten müssen
etwa 0,30 m stark gewesen sein. Aus der Anzahl der Dübellöcher könnte man folgern, dass jede Ante aus fünf verticalen
Pfosten gebildet war, doch darf man nicht vergessen, dass möglicherweise auf der Steinante zunächst ein horizontales Holz gelegen
hat, und zwar derselbe Balken, welcher als Längsholz durch die
ganze Mauer hindurch ging. Das Holz der Anten ist vermuthlich mit Metall verkleidet gewesen, denn dass die Metallver-
kleidung in den homerischen Palästen eine grosse Rolle gespielt
hat, ist ja allgemein bekannt. Sichere Reste einer solchen Verkleidung sind allerdings, wie ich noch besonders hervorhebe, in
Tiryns nicht gefunden worden.

Wer den Grundriss der Vorhalle mit Aufmerksamkeit betrachtet, dem wird die merkwürdige Stellung der Säulenbasen
im Verhältniss zu den Parastaden auffallen. Während nämlich
die Säulen nach dem Innern der Vorhalle mit den Anten bündig liegen, bleiben sie nach aussen um ungefähr 0,36 m hinter
der vorderen Flucht der Anten zurück. Wodurch ist diese Anordnung veranlasst und wie haben wir uns den über den Säulen
liegenden Architrav zu denken? Mir scheinen drei Möglichkeiten
der Erklärung vorzuliegen. Wenn der Architrav ungefähr dieselbe Stärke wie der Durchmesser der Basen hatte und genau

über den Mitten der Säulen lag, so traten die Parastaden nach
vorn um etwa 0,56 m gegen den Architrav vor und waren vermuthlich bis unter das vorspringende Geison hinaufgeführt. Hatte
der Architrav dagegen dieselbe Breite wie die Anten (1,42 m), so
begreift man nicht, warum die Säulen nicht mitten unter den
Architrav gestellt waren, zumal letzterer doch gewiss aus mehrern
nebeneinander liegenden Balken bestand und daher vor allem in
der Mitte einer Stütze bedurfte. Drittens können wir annehmen,
dass der Architrav so wie im ersten Falle lag, dass aber die
Vorderseite der Anten nach aufwärts sich so weit schräg zurück-
neigte, dass sie oben mit dem Architrav bündig war. Wäre
diese Neigung der Ante weniger stark, so würde man sich wol
allgemein für die letztere Möglichkeit entscheiden, weil ja in den
spätern griechischen Bauten immer eine Verjüngung der Parastaden nach oben stattfand. Bei unserer Vorhalle müsste die
Neigung aber so bedeutend sein, dass man sich nicht unbedingt
für den dritten Erklärungsversuch entscheiden kann, sondern
auch die zuerst genannte Möglichkeit, dass nämlich die Parastas
vor den Architrav vorspringt und bis an das Geison hinaufgeführt ist, als beachtenswerth gelten lassen muss.

   Ueber die Proportionen der Façade wissen wir nichts, weil
auch hier, wie bei den andern Gebäuden der Burg, die Höhen-
maasse sämmtlich unbekannt sind. Wir können uns nur ein
ungefähres Bild von dem Aeussern der Vorhalle machen, das
im wesentlichen mit der oben (S. 224) beschriebenen Ansicht
des grossen Propylaion übereinstimmt. Auf zwei niedrigen
Stufen erheben sich zwei Säulen und zwei Eckanten; der Durchmesser der erstern ist kleiner als 0,75 m, die Anten sind mindestens doppelt so breit. Die vier Stützen stehen, von Mitte
zu Mitte gerechnet, fast gleichweit voneinander entfernt; da
aber die Anten bedeutend breiter sind als die Säulen, so müssen
die Intercolumnien an den Ecken enger sein als in der Mitte.
Die genaue Form des Gebälks kennen wir nicht; wir wissen nur,

dass die Deckbalken über der Vorhalle jedenfalls nicht parallel,
sondern senkrecht zur Front gelegen haben und dass sie daher
auf dem Epistyl und nicht auf den Seitenwänden aufgelagert
waren. Möglicherweise waren ihre Köpfe aussen über dem Architrav sichtbar und zur Anordnung eines Triglyphenfrieses benutzt.

Im Innern der Vorhalle weisen die beiden kurzen Seitenwände noch eine bemerkenswerthe Eigenthümlichkeit auf. Unmittelbar hinter den Parastaden wird nämlich die aus Kalkbruchstein mit Lehm hergestellte Wand um etwa 0,10 m dünner,
offenbar weil hier eine Bekleidung aus einem andern Material
angebracht war. Nun finden sich in der That an der südlichen
Wand noch die Reste eines prachtvollen Alabasterfrieses, die
wir später ausführlich besprechen werden; sie nehmen genau den
ganzen Raum zwischen der Ante und der Querwand ein. Es
lässt sich aber, wie wir später sehen werden, bestimmt nachweisen, dass der Fries ursprünglich nicht an dieser Stelle gestanden haben kann, sondern an irgendeinem andern Orte angebracht war. Wir müssen mithin für die Wandverkleidung der
Vorhalle ein anderes Material annehmen; ich vermuthe, dass es
Holz gewesen ist. Da die Rückwand der Vorhalle erwiesener-
massen ganz aus Holz bestand, und da ferner die Säulen und
Anten mit Ausnahme der Basis und des Sockels auch aus Holz
hergestellt waren, so würden die kurzen Seitenwände die einzigen verputzten Flächen der Vorhalle gewesen sein, wenn man
nicht auch sie mit Holz verkleidet hätte. Ob diese Holzflächen
ganz mit Bronze oder einem andern Metall überzogen waren,
lässt sich nicht entscheiden, ist jedoch immerhin wahrscheinlich.

Der Fussboden der Vorhalle war mit einem Estrich aus
fast reinem Kalk belegt, der im westlichen Theile noch erhalten
ist; unter der etwa 15 mm starken obern Schicht befindet sich
eine Unterlage aus weniger festem Mörtel. Die Oberkante des
Estrichs liegt mit der obersten Stufe genau in einer Höhe, während
die beiden Säulenbasen um etwa 2 cm über den Estrich erhaben

sind. In der nordwestlichen Ecke kann man noch deutlich erkennen, dass der Fussboden durch eingeritzte Linien in Quadrate
und schmale Rechtecke eingetheilt war; das Muster habe ich
in dem restaurirten Grundrisse (Fig. 113) angegeben. Die
Länge der Vorhalle wird von 13, die Tiefe wahrscheinlich von
6 Quadraten eingenommen. Letztere Zahl lässt sich nicht genau
bestimmen, weil vorn an den Stufen keine Linien mehr erhalten
sind. Jede in dem Grundriss verzeichnete Linie war in Wirklichkeit durch je drei parallele Striche gebildet, wie dies Fig. 116
für den Fussboden des Megaron angibt.

Drei grosse zweiflügelige Thüren verbinden die Vorhalle
mit dem Vorsaal (Nr. VI auf Plan II); sie nehmen fast die
ganze Zwischenwand ein, sodass nur vier schmale Thürpfosten
übrig bleiben. Die drei mächtigen Thürschwellen liegen noch
an ihrer Stelle, bestehen aus Breccia und sind 1,50—1,60 m breit
und ungefähr 2,30 m lang. An den kurzen Seiten sind sie
unregelmässig begrenzt, an den langen Seiten aber glatt abgeschnitten, im Gegensatz zu den Schwellen aus Kalkstein,
welche meist ringsherum noch unbearbeitet sind. Jede Schwelle
besitzt zwei Löcher für die Drehzapfen der Thüren von etwa
90 mm Durchmesser und 25 mm Tiefe, deren Distanz durchschnittlich 1,72 m beträgt. Dieselben befinden sich nicht, wie
bei den früher beschriebenen Thürschwellen, ausserhalb der
Mauerflucht, sondern sind auf der Schwelle selbst, etwa 0,15 m
von ihrem vordern Rande angebracht. Daraus folgt, dass die
drei Thüren vorn einen besondern Anschlag von etwa 0,30 m
Stärke gehabt haben, gegen welchen sich die geschlossenen
Flügel lehnten. Oeffnete man die Thüren, so schlugen die
Flügel gegen die Zwischenpfeiler und verschwanden, ohne die
Thüröffnung zu verengen, hinter den Anschlägen. In dem
restaurirten Grundrisse ist die Art, wie sich die Thüren öffneten,
durch punktirte Bogen angedeutet. Bei dem geringen Abstande
der Thüren voneinander musste diese Anordnung gewählt

16 *

werden, weil bei der gewöhnlichen Art und Weise der Thür-
einrichtung die geöffneten Flügel im Innern des Prodomos gegeneinander gestossen wären.   Auf die Pfeiler zwischen den Thüren,
die σταθμοί Homer's, werden wir bei Besprechung der Thüren
im allgemeinen näher eingehen; hier sei nur kurz ausgesprochen,
dass die vier Pfeiler jedenfalls aus Holz bestanden haben. Ausser
den Fundamenten konnte daher auch nichts von ihnen übrig bleiben.

Der Vorsaal selbst, in welchen wir durch die drei grossen
Thüren eintreten, hat ungefähr dieselbe Gestalt und Grösse wie die
Vorhalle.   Er ist circa 4.72 m tief und 9.70 m breit, seine Tiefe und
Breite stehen also ungefähr in dem Verhältniss von 1:2. Auf dem
Fussboden sind noch Reste des Estrichs erhalten, der aus Kalk
mit kleinen Kieseln besteht; eingeritzte Linien sind auf demselben
nicht mehr zu erkennen. Die in der Westwand angebrachte
Thür, durch welche man zu dem Badezimmer und andern westlich vom Megaron gelegenen Räumen gelangen konnte, besitzt
noch ihre grosse Thürschwelle aus Breccia mit einem einzigen
Zapfenloch; sie war daher nur einflügelig, wie auch der restau-
rirte Grundriss (Fig. 113) zeigt. Mächtige Holzpfosten, die vorn
mit einem besondern Anschlag versehen waren, schlossen die
Thür von beiden Seiten ein.   Mit Ausnahme weniger Holz-
kohlenreste ist zwar von diesen Pfosten selbst nichts mehr erhalten, aber ihre Existenz wird durch die anstossenden Mauerstücke bewiesen, welche vollständig verbrannt und zu einer
festen Masse geworden sind.

Als wir die kleine Thür aufdeckten, hofften wir an der
Ostwand des Vorsaales eine entsprechende Nebenthür zu finden, welche eine directe Verbindung der Männerwohnung mit
dem Hofe der Frauenwohnung hergestellt hätte. Diese Vermuthung hat sich aber nicht bestätigt: es befindet sich in der
Ostwand keine Thür und es scheint auch niemals eine solche
daselbst gewesen zu sein, denn das Mauerwerk der ganzen Wand
ist noch erhalten und geht ohne Unterbrechung durch.

Eine grosse, etwa 2 m breite Thür in der Mitte der Nordwand führt uns in den Männersaal. Die mächtige Thürschwelle aus Breccia, 1,25 m breit und etwa 3 m lang, liegt noch
an ihrer alten Stelle. Links von der Thüre stehen auch noch,
wie der Grundriss auf Tafel II zeigt, zwei hochkantig gestellte
Steinplatten als Abschluss des Bruchsteinmauerwerks. Die Thürpfosten selbst bestanden aus Holz und sind bei der Zerstörung der Burg untergegangen; in Fig. 114 habe ich sie durch
einen dunkeln Ton bezeichnet. Seltsamerweise ist in der Thürschwelle kein Zapfenloch vorhanden, wenigstens haben wir kein
solches finden können. Man muss daher annehmen, dass die
Thür nicht verschlossen werden konnte, sondern nur mit einem
Teppich verhängt wurde.

Das Megaron ist ein geräumiger Saal von 11,51 m Länge
und 9,75—9,86 m Breite[1], hat also eine Grundfläche von 115¾ qm.
Es übertrifft an Grösse die Cellen sehr vieler Tempel Griechenlands; so hat z. B. die Cella des Theseion in Athen nur 75½ qm.
Da ein so grosser Raum nicht gut mit einer frei schwebenden
Decke überspannt werden konnte, waren vier Innensäulen angeordnet, auf welchen die zur Unterstützung der Balken dienenden starken Träger auflagen. Die runden steinernen Basen,
welche von diesen Säulen übrig geblieben sind, haben einen
Durchmesser von 0,73 m und erweitern sich nach unten noch
um einige Centimeter. Auf ihrer Oberfläche erkennt man einen
innern Kreis von etwa 0,65 m, innerhalb dessen der Stein ziemlich gut conservirt ist, während der ihn umgebende Rand vom

---

[1] An den verschiedenen Seiten des Saales stimmen die Maasse nicht
ganz überein, weil kleine Fehler beim Bauen vorgekommen sind, und die
Mauern sich verschieden gesetzt haben. Ausserdem ist zu beachten, dass
die rohen Bruchsteinmauern keine genaue Messung gestatten. Während
ich deshalb in den meisten Fällen nur Durchschnittsmaasse angegeben
habe, empfahl es sich in diesem Falle wegen der grossen Differenz beide
Maasse mitzutheilen.

Feuer angefressen und theilweise abgeblättert ist. Wir dürfen aus
diesem Zustande der Basen schliessen, dass die Säulen aus Holz
bestanden und einen kleinern Durchmesser hatten als die Basen.

Ueber die Anordnung der hölzernen Epistyle können wir
keine genaue Mittheilung machen, weil sichere Anhaltspunkte
zur Bestimmung ihrer Zahl fehlen. Entweder lagen nur zwei
grosse Träger von der Südwand über je zwei Säulen hinweg bis
zur Nordwand und theilten den Saal in drei Langschiffe; oder
zwei Träger reichten von der Westwand, ebenfalls über je zwei
Säulen, bis zur Ostwand; oder alle diese vier Träger waren
gleichzeitig angeordnet; oder endlich es lag nur ein Kranz von
Architraven auf den vier Säulen, ohne bis zu den Wänden
zu reichen. Welche von diesen Möglichkeiten die grössere
Wahrscheinlichkeit für sich hat, wage ich nicht zu entscheiden.
Mit einiger Sicherheit kann man jedoch die zuletzt genannte
Anordnung ausschliessen, weil sie vier Diagonalbalken und sehr
viele Stichbalken verlangt, eine Construction, die man gewiss
auch im Alterthum möglichst vermieden hat.

Eng verbunden mit der Frage der Deckenconstruction ist die
Beleuchtungsfrage. Es kann wol kaum einem Zweifel unterliegen, dass das spärliche Licht, welches durch die Thür ins
Megaron eindrang, zur Beleuchtung desselben nicht ausreichte.
Denn vor dieser Thür lag nicht nur die grosse Vorhalle, sondern auch noch der ebenso tiefe Vorsaal. Directes Sonnenlicht
konnte durch die gerade nach Süden gerichtete Thür nie in den
grossen Saal hineinfallen, und das wenige indirecte Licht allein
reichte schwerlich aus, ihn genügend zu erhellen. Der Saal muss
daher noch auf eine andere Weise Licht bekommen haben. Man
könnte allerdings gegen diesen Schluss anführen, dass Homer
dem Megaron den Beinamen σκιόεις gibt, und dass es daher
stets halbdunkel gewesen sei. Jedoch bezeichnet σκιόεις hier
nur den schattigen Theil der Männerwohnung im Gegensatz zu
den sonnigen Räumen, dem Hofe und seinen Hallen.

Auf welche Weise erfolgte aber die Zuführung des Lichtes? Fenster in unserm gewöhnlichen Sinne, d. h. Oeffnungen in dem untern Theile der Aussenwände kann das Megaron nicht gehabt haben, weil es rings von andern Räumen umgeben war. Nur an der Südostecke stösst es an den Hof der Frauenwohnung, aber gerade dort wird man schwerlich eine Oeffnung in erreichbarer Höhe angebracht haben. Dagegen ist es sehr wohl denkbar, dass die den Saal umgebenden Corridore und Gemächer niedriger waren als das Megaron, und dass mithin oberhalb der Dächer dieser Nebenräume noch Lichtöffnungen in den Aussenwänden des Megaron existirten. Gerade bei horizontalen Dächern, wie wir sie für Tiryns annehmen müssen, liessen sich solche Fenster leicht anbringen; bei schrägen Dächern hätte ihre Anlage grössere Schwierigkeiten verursacht. Um solche Lichtöffnungen zu erhalten, empfahl es sich in mancher Beziehung, die Zwischenräume der Deckbalken als Fenster zu benutzen, und ich zweifle nicht, dass dies auch in Tiryns wirklich in manchen Zimmern geschehen ist. In dem Megaron selbst können wir uns aber noch eine andere Art der Fenster denken.

Die Anordnung der vier Säulen und des grossen Herdes in ihrer Mitte scheint mir nämlich darauf hinzuweisen, dass in der Mitte des Saales irgendeine Oeffnung in der Decke war. Wir könnten nun annehmen, dass das ganze Viereck zwischen den Säulen unbedacht gewesen sei; allein eine so grosse Oeffnung würde trotz des südlichen Klimas von Tiryns das Megaron im Winter zeitweise unbewohnbar gemacht haben. Viel vortheilhafter war es, wenn man das von den Säulen eingeschlossene Viereck nach Art einer Basilika mit einem höher gelegenen Dach versah: in den verticalen Wänden des Aufbaues konnten dann kleinere oder grössere Oeffnungen angelegt werden, durch welche nicht nur Licht in den Saal eindrang, sondern auch der Rauch des Herdfeuers einen bequemen Abzug fand. In dieser Weise

habe ich in dem Längenschnitt auf Tafel III das Megaron
restaurirt. [1]

Die basilikale Ueberhöhung eines Gebäudetheiles über den
andern bietet in mancher Hinsicht so grosse Vorzüge, dass man
schon in den ältesten Zeiten dieses Mittel zur Erlangung von
Licht und Luft für dicht nebeneinanderstehende Bauwerke ausgenutzt hat. Dass die Säulensäle der ägyptischen Tempel vielfach durch basilikales Oberlicht erleuchtet wurden, ist durch
monumentale Funde erwiesen, und dass die Basilika bei römischen Privat- und öffentlichen Bauten eine vielfach angewandte
Gebäudeform war, ist ja allgemein bekannt. Obgleich griechische
Gebäude mit seitlichem Oberlicht nicht mehr erhalten sind, so
kann ihre Existenz doch nicht zweifelhaft sein. [2] Gewiss wird
es von den ältesten bis zu den spätesten Zeiten in Griechenland
viele Gebäude gegeben haben, die einen basilikalen Querschnitt
hatten, also durch seitliches Oberlicht erhellt wurden.

Zu diesen Gebäuden gehörte wahrscheinlich auch das Megaron von Tiryns: sein Mittelbau war vermuthlich über das
Dach des Saales hinausgeführt und enthielt in den verticalen
Wänden unterhalb des Gesimses fensterartige Oeffnungen. Wir
haben aber noch zu untersuchen, ob das ganze Mittelschiff über-
höht war, oder nur der von den vier Säulen eingeschlossene
Theil. Ich glaube, dass uns die Grundrissbildung ein Mittel
an die Hand gibt, diese Frage zu beantworten. Wäre nämlich das ganze Mittelschiff höher geführt gewesen, so müss-

---

[1] Die Höhenmasse dieser Reconstruction des Megaron sind, worauf
ich noch besonders aufmerksam mache, sämmtlich willkürlich und dürfen
daher in keiner Weise benutzt werden.

[2] Konrad Lange wird in einem demnächst erscheinenden Buche: „Haus
und Halle, Studien zur Geschichte des Wohnhauses und der Basilika" die
wichtige Frage nach Entstehung und Verbreitung der Basilika ausführlich
behandeln. Schon bevor er den Grundriss des Megaron von Tiryns kannte,
glaubte er beweisen zu können, dass das Megaron des homerischen Wohnhauses gewöhnlich basilikal erleuchtet war.

ten von der Vorderwand bis zur Rückwand über die Säulen hinweg zwei starke Balken als Epistyle gelegt haben. Die zur Unterstützung eines jeden Epistyls dienenden zwei Säulen hätte man in diesem Falle vermuthlich so aufgestellt, dass die drei entstehenden Intercolumnien ungefähr einander gleich geworden wären. Dies ist jedoch nicht geschehen; die Distanz zwischen je zwei Säulen ist bedeutend grösser als ihr Abstand von den Wänden. Daraus scheint mir hervorzugehen, dass nicht über dem ganzen Mittelschiff, sondern nur über seinem mittlern Theile ein überhöhtes Dach hergestellt war.

Nehmen wir eine solche basilikale Beleuchtung an, so folgt daraus für die Deckenconstruction, dass über den Säulen zwei oder vier grosse Träger lagen, welche unmittelbar die Balken des niedrig gelegenen Theiles des Daches trugen. Die den Mittelbau überdeckenden Hölzer lagen etwas höher. Ueber den Balken beider Theile des Daches waren Querhölzer angeordnet, welche wahrscheinlich eine Lage Rohr oder Stroh und darüber eine mächtige Lehmschicht trugen. Ein solches Lehmdach ist zwar sehr schwer und erfordert daher mächtige Holzbalken, lässt aber in Bezug auf Solidität wenig zu wünschen übrig, sobald man nur von Zeit zu Zeit den durch den Regen verminderten Lehm um eine neue Schicht vermehrt.

Hinsichtlich der Namen, welche Homer den einzelnen Constructionstheilen der Decke gibt, scheint mir Buchholz (Homerische Realien, S. 109) und diejenigen, welchen er gefolgt ist, im wesentlichen das Richtige getroffen zu haben. Ich theile daher seine Worte einfach mit. Er citirt zunächst die auf die Decke bezügliche Stelle der Odyssee (XIX, 36—39):

ὦ πάτερ, ἦ μέγα θαῦμα τόδ' ὀφθαλμοῖσιν ὁρῶμαι·
ἔμπης μοι τοῖχοι μεγάρων, καλαί τε μεσόδμαι,
εἰλάτιναί τε δοκοὶ καὶ κίονες ὑψόσ' ἔχοντες,
φαίνοντ' ὀφθαλμοῖς, ὡσεὶ πυρὸς αἰθομένοιο·

und fährt dann fort:

„Schon die Art und Weise, wie hier die τοῖχοι, μεσόδμαι,
δοκοί und κίονες zusammengestellt werden, scheint darauf hinzu-
deuten, dass sie wie Glieder eines Systems zusammengehören.
Fragen wir aber nach der Bedeutung dieser architektonischen
Termini, so kann rücksichtlich der τοῖχοι und κίονες kein Zweifel
obwalten: unter jenen sind die Wände und Mauern der Andronitis, unter diesen die Säulen und Pfeiler zu verstehen, welche
das Gebälk der Decke tragen. Schwieriger ist die Erklärung
der μεσόδμαι und ihres Verhältnisses zu den δοκοί. Galen[1] gibt
von der μεσόδμη folgende Definition: τὸ μέγα ξύλον ἀπὸ τοῦ
ἑτέρου τοίχου πρὸς τὸν ἕτερον δῆκον. Demzufolge ist also μεσόδμη
ein Balken, der von einer Wand zur andern sich erstreckt, und
damit steht die Notiz des Etymologicum Magnum[2], dass μεσόδμη
durch Synkopirung aus μεσοδόμη entstanden sei, in völliger
Uebereinstimmung, insofern das Wort zufolge seiner Ableitung
von μέσος und δέμω etwas zwischen zwei Dinge oder Gegenstände Eingefügtes bezeichnet, wodurch eine Verbindung derselben erzielt wird. Hiernach hindert also nichts, unter den
μεσόδμαι Querbalken zu verstehen, welche zwischen den τοῖχοι
des μέγαρον angebracht sind und eine Verbindung derselben be-
wirken, womit dann auch die Auffassung von Rumpf im Ein-
klange steht, der μεσόδμη durch *transversaria trabs* wiedergibt.[3]
Fragen wir aber weiter, in welchem Verhältnisse die μεσόδμαι
zu den δοκοί stehen, so kann hier, wie ich glaube, der Scholiast
zu XIX, 37 auf die richtige Spur führen, welcher μεσόδμαι durch
τὰ μεταξὺ δοκῶν glossirt, wonach die μεσόδμαι transversale Balken sind, die sich zwischen den Längebalken, den δοκοί, hin-
ziehen.

---

[1] Εἰς τὸ Ἱπποκρατους περὶ ὄρθρων ὑπόμνημα Δ ed. Kuehn. Tom. XVIII.
Pars I, p. 738.

[2] 581, 5: μεσόδμη συγκοπή.

[3] Rumpf, De aed. hom., Pars II, p. 30: Μεσόδμη illa fuisse transversaria trabs cuivis videbitur.

„Sämmtliche μεσόδμαι und δοκοί bilden zusammengenommen das zur Decke gehörige Balkensystem, auf welchem die Decke (ἡ ὀροφή) ruht und welches Homer mit dem Ausdrucke μέλαθρον bezeichnet, woraus erhellt, wie schon alte Erklärer das μέλαθρον geradezu mit der Decke identificiren konnten. So glossirt der Scholiast zu XXII. 239: μέλαθρον, τὴν ὀροφήν; und eine Note zum Etym. M. lautet: μέγαρον δέ ἐστιν ὁ οἶκος· μέλαθρον δὲ ἡ ὀροφή, ἀπὸ τοῦ μελαίνεσθαι ὑπὸ τοῦ καπνοῦ, ὡς Ὅμηρος (χ 239).[1] Wie die Andronitis, so sind auch die übrigen Gemächer mit einem μέλαθρον versehen, wie der ehemalige Thalamos des Hephaistos[2] und der Jokaste.[3] In erweitertem Sinne wird dann μέλαθρον auch für das Dach (στέγη) gesetzt, wie z. B. von dem räuberischen Adler, den Penelope im Traume sieht, gesagt wird, er sei nach Erwürgung der Gänse aufgeflogen und habe sich dann ἐπὶ προὔχοντι μελάθρῳ niedergesetzt[4]; wo an das äusserste Ende des Daches zu denken ist, welches gesimsartig aus der Mauer vorspringt."

Ich füge diesen Worten nur noch hinzu, dass das Verhältniss der μεσόδμαι zu den δοκοί vielleicht nicht ganz richtig aufgefasst ist; mir scheinen vielmehr die μεσόδμαι die Hauptträger, die δοκοί aber die Deckbalken zu sein.

Genau in der Mitte des Saales und daher innerhalb des von den Säulen eingeschlossenen Vierecks ist im Fussboden ein Kreis von annähernd 3,30 m Durchmesser aufgedeckt worden. Er wird ringsherum von einem aufrechtstehenden Streifen aus Putz eingefasst, welcher es wahrscheinlich macht, dass der Kern des über den Fussboden erhabenen Kreises aus Lehm oder Lehmziegeln bestand und mit Mörtel überzogen war. Jetzt ist von diesem Kern

---

[1] Adn. ad Et. M. ed. Kulenkamp, p. 960, wo Bloch die obige Glosse aus dem cod. Havn. beibringt. Vgl. Rumpf, De aed. hom., Pars II, p. 31.

[2] VIII, 279: πολλὰ δὲ καὶ κατώρηρε μελάθρων ἐξεκάχοντο.

[3] XI, 277: ἡ δ' ἔβη εἰς Ἀΐδαο πυλάρταο κρατεροῖο, ἁψαμένη βρόχον αἰπὺν ἀφ' ὑψηλοῖο μελάθρου,

[4] XIX, 544: ὣς δ' ἕζετο κατ' ἄρ' ἔπειτ' (αὐτὸς) ἐπὶ προὔχοντι μελάθρῳ·

nichts mehr erhalten. Man kann wol kaum daran zweifeln, dass
dieser Kreis in der Mitte des Megaron die Stelle des Herdes
bezeichnet. Der Herd war im ganzen Alterthum der Mittelpunkt des Hauses, um den sich die Familie versammelte, auf dem
die Speisen zubereitet wurden und an dem auch der Gastfreund
seinen Ehrenplatz bekam. Er wird daher von Dichtern und
Philosophen vielfach als Nabel und Mitte des Hauses bezeichnet.[1] In den ältesten Zeiten war er aber nicht nur der symbolische, sondern auch der räumliche Mittelpunkt der Wohnung
und speciell des Megaron. Erst in der spätern Zeit wurde er, namentlich in den grossen Palästen der Römer, aus den Haupträumen
verbannt und oft in einem kleinen Nebenzimmer untergebracht.

Homer nennt den Herd gewöhnlich ἐσχάρη; nur in der
Schwurformel:[2]

> Zeus von den Göttern bezeug' es und diese gastliche Tafel
> Und Odysseus' heiliger Herd, zu welchem ich fliehe.

kommt das Wort ἱστίη vor. An welcher Stelle des Megaron
der Herd zu stehen pflegte, gibt Homer zwar nicht genau an,
aber aus seiner Beschreibung der Wohnung des Alkinoos können wir den Schluss ziehen, dass dort der Herd in ähnlicher
Weise aufgestellt war, wie in Tiryns. Nausikaa ertheilt nämlich
dem Odysseus den Rath, als Schutzflehender zu ihrer Mutter
Arete zu gehen und deren Knie zu umfassen. Sie schildert ihm
den Weg zum Palaste und sagt dann von ihrer Mutter:[3]

> Sie sitzt am glänzenden Feuer des Herdes
> Drehend die zierliche Spindel mit purpurfarbener Wolle,
> An die Säule gelehnt.

---

[1] Winckler, Die Wohnhäuser der Hellenen, S. 120 fg.
[2] Odyssee, XIV, 158, 159: ἴστω νῦν Ζεὺς πρῶτα θεῶν, ξενίη τε τράπεζα,
    ἱστίη τ' Ὀδυσῆος ἀμύμονος, ἣν ἀφικάνω.
[3] Odyssee, VI, 305—307.
        ἡ δ' ἧσται ἐπ' ἐσχάρῃ ἐν πυρὸς αὐγῇ
        ἠλάκατα στρωφῶσ' ἁλιπόρφυρα, θαῦμα ἰδέσθαι,
        κίονι κεκλιμένη· δμωαὶ δέ οἱ εἵατ' ὄπισθεν.

Diese Schilderung passt auch sehr gut auf die Einrichtung des Megaron von Tiryns, denn die vier Säulen stehen in solchem Abstande von dem runden Herde, dass diejenigen, welche sich einst an den Herd setzten, sich gewiss auch vielfach an eine der Säulen gelehnt haben. Höchst wahrscheinlich ist die Grundrissform des Megaron von Tiryns eine typische gewesen und in ganz ähnlicher Weise in vielen Heroenpalästen vorgekommen. Die Anordnung ist auch in der That höchst einfach und praktisch: der Herd steht in der Mitte des Saales, von allen Seiten kann man an ihn herantreten und sich im Winter um das wärmende Feuer herum setzen. Die vier Säulen, welche den Herd umgeben, sind in solchem Abstande angeordnet, dass man noch bequem zwischen ihnen und dem Herd hindurchgehen und sich auch dort niedersetzen kann. Der Rauch des Feuers füllt nicht das ganze Gemach an, sondern findet direct oberhalb des Herdes durch die Oeffnungen des mittlern Aufbaues einen bequemen Abzug.

In einer spätern Mauer, welche innerhalb des Megaron erbaut worden ist, haben sich zwei Sandsteine gefunden, deren Aussenseite gekrümmt ist und die daher einem Kreisbau angehört haben müssen. Wir glaubten anfänglich, dass sie zum Aufbau des Herdes gehörten; doch stellte sich heraus, dass der Radius ihrer Krümmung kleiner ist als derjenige des Herdes. Ihre Zugehörigkeit ist daher nur möglich, wenn wir annehmen, dass der Herd nach oben treppenförmig kleiner wurde.

Es ist schwerlich ein zufälliges Zusammentreffen, dass auch in der Mitte des grössten Saales auf der Pergamos des Homerischen Troja (zweite Stadt auf Hissarlik) ein grosser Kreis auf dem Estrich zu erkennen ist. Wir wussten bisher nicht recht, welche Bestimmung der grosse Saal von Hissarlik und der in demselben befindliche Kreis hatte. Nachdem wir jetzt den Grundriss von Tiryns kennen, unterliegt es kaum noch einem Zweifel, dass auch in Troja der geräumige Saal mit seiner Vor-

halle (der sog. Tempel A) das Megaron war, und dass der
grosse Kreis in der Mitte desselben die Stelle des Herdes bezeichnet. Ein besonderer Vorsaal fehlt zwar in Troja, dafür
haben aber sowol die Vorhalle als auch der Saal selbst grössere

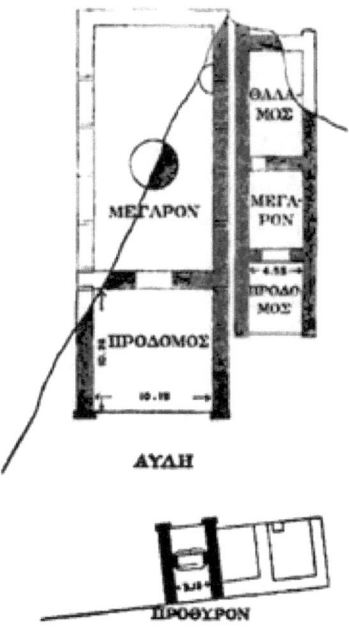

Nr. 115. Mittlerer Theil der Pergamos von Troja.

Abmessungen als die entsprechenden Räume in Tiryns. Auch
der Durchmesser des trojanischen Herdes, der allerdings nur
annähernd auf 4 m bestimmt werden konnte, übertrifft das
Maas des Herdes von Tiryns um ungefähr ³⁄₄ m.

In der vorstehenden Figur 115 ist zur Vergleichung der
mittlere Theil der Akropolis von Troja dargestellt. Von den

drei einzelnen Bauten enthielt der grösste den Männersaal mit
einer Vorhalle. Das kleinere daneben liegende Gebäude besass
ausser dem Megaron und der Vorhalle noch ein grosses Hinter-
gemach. In welchem Verhältnisse dieser zweite Bau zu dem
ersten stand, ob der kleinere die Frauenwohnung und der grössere die Männerwohnung enthielt, oder ob der kleinere eine
besondere zweite Männerwohnung bildete, lässt sich nicht entscheiden. Ebenso wie in Tiryns liegt auch in Troja dem Megaron gegenüber ein kleines Thorgebäude, dessen Thür mit einer
grossen, steinernen Schwelle[1] versehen ist. Letztere zeigt fast
genau dieselbe Bearbeitung wie die Thürschwellen von Tiryns.
Diese Uebereinstimmung zwischen den Burgen von Troja und
Tiryns in Bezug auf ihren Grundriss und ihre constructiven
Details ist selbstverständlich von sehr grosser Wichtigkeit und
liefert uns einen weitern werthvollen Beitrag zur Lösung der
trojanischen Frage.

Rings um den Herd war in Tiryns der ganze Fussboden
des Megaron mit einem vorzüglichen Kalkestrich versehen, der
noch jetzt einen grossen Theil des Saales einnimmt. Er besteht
aus zwei übereinanderliegenden Schichten, die nicht etwa aus
verschiedenen Perioden stammen, sondern von denen die untere,
weniger feste, nur als Unterlage für die gleichmässiger hergestellte Oberschicht dient. In die geglättete Oberfläche sind
Linien tief eingeritzt, deren Muster aus der umstehenden
Figur 116 und aus dem restaurirten Grundriss (Fig. 113) zu
erkennen ist. Das Schema ist mit demjenigen der Vorhalle
identisch; die Abmessungen der einzelnen Quadrate sind aber
etwas kleiner. Im nördlichen Theile des Saales erkennt man
in den mittleren grossen Quadraten noch deutliche Spuren rother

---

[1] In dem Plane der Akropolis in Schliemann's Buch „Troja" ist durch
ein Versehen des Lithographen an Stelle der Thür eine durchgehende
Mauer gezeichnet.

Farbe, in den die Quadrate trennenden schmalen Streifen dagegen schwache Reste von blauer Farbe. Der Fussboden zeigte
also früher ein einfaches buntes Teppichmuster.

Ich erwähne hier noch ein kleines Bassin, welches im Me-
garon vor der Mitte der Ostwand zu Tage gekommen ist (vgl.
Plan II). Es wird von einer nur wenige Centimeter über dem
Fussboden erhabenen Plattenreihe gebildet, die ein längliches
Viereck umschliesst. Der Umstand, dass unter diesen Platten
mehrere waren, welche auf der verdeckten Seite ein Spiralen-

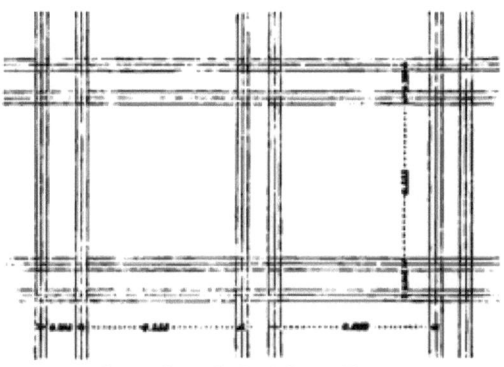

Nr. 116. Muster des Fussbodens im Megaron.

ornament in Relief zeigen, beweist, dass das Bassin nicht gleichzeitig mit dem Megaron erbaut sein kann, sondern aus einer
spätern Epoche stammen muss. Der Zweck des kleinen Bassins,
wie wir es der Kürze halber genannt haben, ist uns unbekannt.

Die den Saal umgebenden Aussenwände sind mit Ausnahme
der nordwestlichen Ecke überall noch 0,40 m hoch erhalten; sie
bestehen aus Kalkstein mit Lehmmörtel. Die einzelnen Steine
sind durchschnittlich etwa 0,45 m lang und 0,15 m hoch, und
grösser als die bei den andern Mauern des Palastes verwendeten
Bruchsteine. Die Mauer besteht, soweit sie jetzt erhalten ist,

nur aus einer einzigen Steinschicht; auf der Ostmauer kommt allerdings noch höheres Mauerwerk vor, dasselbe rührt aber von dem spätern gänzlichen Umbau des Megaron her. Ueber der untersten Steinschicht scheinen sowol an der Aussen- als auch an der Innenseite der Mauern Längshölzer gelegen zu haben, wie wir solche z. B. auch an den Bauten in Troja finden. Oberhalb dieser Balken bestanden die Umfassungsmauern wahrscheinlich aus Lehmziegeln, da das Innere des Megaron fast ganz mit halbgebranntem Ziegelschutt angefüllt war. Ueber diese Ziegel ist in dem Abschnitt über die Baumaterialien (S. 293) Näheres mitgetheilt. Die Mauer war auf beiden Seiten mit einem Lehmputz von 1—8 cm Stärke und darüber mit einem guten Kalkputz überzogen; von beiden sind an der Westmauer noch Stücke erhalten, die zum Theil starke Brandspuren aufweisen. Der Lehmputz ist durch das Feuer stellenweise zu rother Terracotta geworden.

Fast alle Gelehrte, welche sich mit dem homerischen Hause beschäftigt haben, nehmen an der Rückwand des Megaron eine Thür an, die direct zur Frauenwohnung führe. Sie berufen sich auf eine Reihe von Stellen (Od., I, 333; XVI. 415; XVIII, 209; XXI. 64, 236), in welchen dieselbe erwähnt sein soll. An den vier ersten Stellen ist aber von den Thürpfosten der grossen Eingangsthüre zum Megaron die Rede, und in dem letzten Verse spricht der Dichter nur von den wohlgefügten Thürflügeln des Frauensaales, ohne im geringsten anzudeuten, dass diese Thür zugleich im Männersaale liege. Wir können sogar aus dem Umstande, dass an der letztern Stelle Odysseus die Thür des Frauensaales deshalb zu schliessen befiehlt, damit die Frauen ruhig in ihrer Wohnung bleiben, und nicht etwa, damit die Freier nicht entwischen können, den Schluss ziehen, dass diese Thür zur Frauenwohnung nicht unmittelbar an den Männersaal stiess, in welchem die Freier nachher eingeschlossen wurden. In dem Megaron von Tiryns ist eine directe Verbindungsthür zwischen

diesem und der Frauenwohnung nicht vorhanden und auch, wie
man mit ziemlicher Sicherheit sagen kann, niemals vorhanden
gewesen. Wer vom Männersaale zur Frauenwohnung gelangen
wollte, musste grosse Umwege machen, da lange Corridore und
mehrere Thüren zu passiren waren.

In der Odyssee wird bei Beschreibung des Freiermordes
noch eine andere Thür des Megaron erwähnt, über deren Lage
die Homerforscher ganz verschiedener Ansicht sind; es ist die
ὀρσοθύρη, welche Od., XXII, 126, 132 und 333 genannt wird.
Die letzterwähnte Stelle haben wir oben schon besprochen
(S. 235); die beiden erstern lauten im Zusammenhange:

> Ὀρσοθύρη δέ τις ἔσκεν ἐϋδμήτῳ ἐνὶ τοίχῳ,
> ἀκρότατον δὲ παρ' οὐδὸν ἐϋσταθέος μεγάροιο
> ἦν ὁδὸς ἐς λαύρην, σανίδες δ' ἔχον εὖ ἀραρυῖαι·
> τὴν δ' Ὀδυσεὺς φράζεσθαι ἀνώγει δῖον ὑφορβόν
> ἑσταότ' ἄγχ' αὐτῆς· μία δ' οἴη γίγνετ' ἐφορμή.
> τοῖς δ' Ἀγέλεως μετέειπεν, ἔπος πάντεσσι πιφαύσκων·
> „Ὦ φίλοι, οὐκ ἂν δή τις ἀν' ὀρσοθύρην ἀναβαίη,
> καὶ εἴποι λαοῖσι, βοὴ δ' ὤκιστα γένοιτο;"

Voss übersetzt dies:

> Rechts in der zierlichen Wand war eine Pforte zur Treppe.
> Und von der äussern Schwelle der schön gebaueten Wohnung
> Führt' ein Weg in den Gang mit festverschlossener Thüre.
> Diesen befahl Odysseus dem edlen Hirten Eumäos
> Nahestehend zu hüten; denn einen nur fasste die Oeffnung.
> Und Agelaos begann und sprach zu der Freier Versammlung:
> Freunde, könnte nicht einer zur Treppenthüre hinaufgehn,
> Und es dem Volke sagen? Dann würde plötzlich ein Aufruhr.

Schon die Alten haben die in diesen Versen vorkommenden
Ausdrücke ὀρσοθύρη und λαύρη in verschiedener Weise gedeutet,
und auch unter den neuern Erklärern Homer's gibt es kaum
zwei, welche die gleiche Ansicht über die Bedeutung der beiden
Ausdrücke haben. Leider können die Funde von Tiryns diese
Streitfrage nicht ganz entscheiden. Es sind zwar schmale Corridore aufgefunden, welche mit den λαῦραι identisch sein können,

aber von einer ὀρσοθύρη ist nirgends etwas zu sehen. Allerdings
kann die letztere eine besondere Eigenthümlichkeit des Palastes
in Ithaka gewesen sein und braucht daher in Tiryns nicht vor-
zukommen. Aber nehmen wir selbst an, dass es in Tiryns auch
eine ὀρσοθύρη gab, so kann schon deshalb von derselben jetzt
nichts mehr erhalten sein, weil sie nach Homer's Worten unzweifelhaft nicht unten auf dem Fussboden, sondern im obern
Theile der Wand oder in der Decke angebracht war. Letztere
Theile des Megaron fehlen aber in Tiryns vollständig. Unter
diesen Umständen ist es zwecklos, uns mit der ὀρσοθύρη noch
länger zu beschäftigen; denn die schon vorhandenen Hypothesen
über die Lage und den Zweck dieser Thür um eine neue zu vermehren, kann nicht die Aufgabe dieses Buches sein. Ebenso steht
es mit den ξύγες μεγάροιο, welche Od., XXII, 143 erwähnt
werden; die einen erkennen in denselben schmale Gänge, die
andern eine Treppe zum Obergeschoss. Wir lassen diese Streitfrage unentschieden, da uns die Ausgrabungen kein Material zu
ihrer endgültigen Beantwortung geliefert haben.

Schliesslich haben wir noch den Umbau zu erwähnen, dem
in späterer Zeit das Megaron unterzogen worden ist. Die vor-
genommenen Veränderungen sind aus Plan II zu ersehen, in
welchem ich die spätern Mauern durch eine gelbe Farbe kenntlich gemacht habe. Der neue Grundriss bildet ein langgezogenes
Rechteck und besteht aus einer quadratischen Vorhalle und einem
Saale von 15 m Länge bei etwa 6 m Breite. Die westliche
Längswand musste ganz neu gebaut werden; ein besonderes
Fundament bekam sie nicht, sondern man benutzte einfach den
alten Estrich als Fundament. Die östliche Längsmauer wurde
auf den Resten der alten, dickern Mauern erbaut. Ueber den
Zeitpunkt dieses Umbaues lässt sich sehr wenig sagen, nur soviel dürfte sicher sein, dass er erst nach der gänzlichen Zerstörung des alten Megaron stattgefunden haben kann. Die Thürpfosten und Säulen können nicht mehr aufrecht gestanden haben,

17*

als die neuen Mauern errichtet wurden. Auch die Thatsache,
dass die letztern keinerlei Brandspuren zeigen, kann als Beweis
für ihre spätere Erbauung angeführt werden. Es scheint mir
nicht undenkbar, dass hier auf der Spitze des Hügels in griechischer Zeit ein Tempel errichtet worden ist, und dass die erhaltenen Mauern die Fundamente desselben sind. Möglicherweise
gehören sogar die dorischen Architekturglieder, welche wir
weiter unten besprechen werden, diesem Bau an. An einigen
Stellen haben wir kleine Stücke der Mauer wegbrechen müssen,
um die von ihnen verdeckten Theile das alten Baues freizulegen;
ursprünglich war die Mauer so, wie sie Plan II zeigt.

7. DAS BADEZIMMER UND DIE ANDERN WESTLICH VOM MEGARON GELEGENEN RÄUME.

Die nordwestliche Ecke des Palastes wird von einer Menge
kleiner Gemächer und Corridore eingenommen, deren Zusammenhang und Bestimmung man nur in sehr geringem Maasse erkennen kann: theils sind die Mauern zu sehr beschädigt, theils
sind sie ganz vernichtet. Wir werden die Räume im Folgenden
einzeln besprechen.

Unmittelbar an den grossen Hof stösst das Zimmer VIII; seine
südliche Hälfte ist so sehr zerstört, dass man nicht mehr feststellen kann, ob die Thüre im Süden oder im Westen gelegen
hat. Der nördliche Theil ist besser erhalten, die Bruchsteinmauern stehen noch $\frac{1}{2}$ m hoch, und der Estrich ist noch an
seiner alten Stelle. Auf zwei Seiten wird das Zimmer von
einem Corridor (IX) umschlossen, der von der westlichen Säulenhalle des Hofes zum Vorsaal führt. An beiden Enden konnte
er durch Thüren, die mit steinernen Schwellen versehen sind,
abgeschlossen werden. Eine dritte Thür führte in einen kleinen
Vorraum und dann in das Badezimmer (XI). Die Lage des
letztern war eine recht günstige; denn wenn ein Fremder,
bevor er das Megaron betrat, ins Badezimmer geführt werden

sollte, so konnte er von der Westhalle des Hofes durch den Corridor IX das Bad schnell erreichen. Hatte er sich gebadet und gesalbt, so ging er durch denselben Corridor direct zum Vorsaal und trat dann in das Megaron ein.

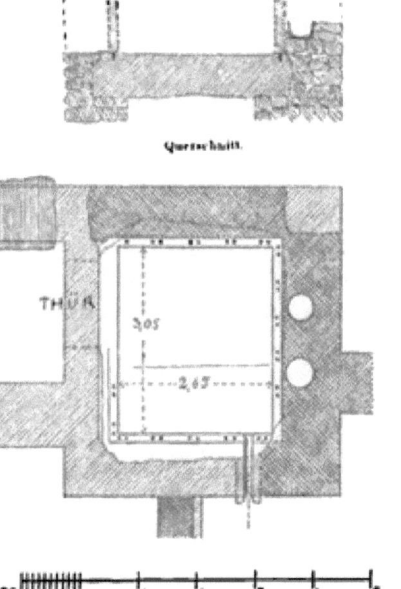

Nr. 117. Grundriss des Badezimmers.

Das Badezimmer gehört unbedingt zu den interessantesten Funden von Tiryns; denn wer hätte geahnt, dass man jemals eins der Zimmer finden würde, in welchen sich die Homerischen Helden gebadet und gesalbt haben. Die vorstehende Figur 117 gibt einen Grundriss und einen Querschnitt des Bades. Die das Zimmer umgebenden Mauern sind kreuzweise schraffirt; die-

jenigen Theile derselben, wo nur die Fundamente erhalten sind,
zeigen eine einfache Schraffirung.

Der ganze Fussboden des Zimmers wird eingenommen von
einem einzigen colossalen Kalksteinblock, der über 3 m breit,
fast 4 m lang und durchschnittlich 0,70 m dick ist. Er enthält
also im ganzen ungefähr 8½ kbm und wiegt mehr als 20000 kg.
Ringsherum ist der Stein wenig bearbeitet, nur an der Südseite
zeigt er eine angearbeitete glatte Kante; die Unterseite ist ganz
roh, die Oberseite dagegen vollständig geebnet und geglättet.
Zur Fundamentirung des gewaltigen Blockes hat man keinen
massiven Mauerklotz hergestellt, sondern hat jenen nur an den
vier Seiten auf Mauern aufgelegt und die Mitte hohl gelassen.
Am wichtigsten ist die Oberfläche des Steines: die sauber geglättete Mitte bildet ein Rechteck von 2,83 m Breite und 3,63 m
Länge, um dieselbe läuft ein 0,12—0,13 m breiter Rand, der
durchschnittlich um etwa 3 mm höher liegt. Die ringsherum
noch überstehenden Stücke des Blockes sind oder waren vom
Mauerwerk der Wände überdeckt. In dem an den Wänden
entlang laufenden Streifen befinden sich eine grosse Anzahl
Bohrlöcher von etwa 3 cm Durchmesser, die ich im obigen
Grundriss durch Punkte angegeben habe. Sie sind nicht willkürlich vertheilt, sondern zeigen regelmässige Abstände, die so
geordnet sind, dass eine Distanz von 0,11—0,12 m mit einer solchen von 0,30—0,32 abwechselt (letzteres Maass ist nur an den
Ecken etwas kleiner). Ueber die Bedeutung dieser Löcher kann
man nicht im Zweifel sein, sie haben runde hölzerne Dübel aufgenommen, die zur Verbindung einer Wandbekleidung mit dem
Fussboden dienten. Der Zustand der noch aufrechtstehenden
Mauerstücke zeigt uns deutlich, dass diese Verkleidung aus hölzernen Bohlen bestand; denn die Bruchsteine des Mauerwerks
sind zum Theil zu Kalk, der Lehmmörtel zu rother Terracotta
gebrannt. Die Bohlen waren ungefähr 0,12 m stark und, wie
man aus der Anordnung der Dübellöcher mit Sicherheit schliessen

kann, 0,41—0,44 m breit. Sie standen aufrecht nebeneinander und waren unten an beiden Ecken verdübelt; die verticalen Stossfugen trafen also stets zwischen die zwei nahe zusammenliegenden Dübellöcher. An den kurzen Seiten des Zimmers standen je vier, an der langen Seite fünf solcher Bohlen; an den Ecken waren besondere Pfosten aufgestellt.

Wäre diese Verkleidung an allen vier Wänden in gleicher Weise vorhanden gewesen, so hätte man in dem Bauwerke ein grosses Wasserbassin erkennen können. Die Dübellöcher fehlen aber in dem grössten Theile der Südseite; nur an ihrem östlichen Ende sind vier derselben vorhanden. Die südliche Wand hat daher nur eine einzige aufrechtstehende Bohle gehabt, der übrige Theil war unbekleidet. Da nun gerade an dieser Stelle der kleine Vorraum liegt, so ist daselbst sicherlich eine Thür gewesen, die mit ihren seitlichen Pfosten die Breite von vier Bohlen einnahm. Damit ist natürlich die Annahme, dass das Bauwerk ein Wasserreservoir gewesen sein könne, widerlegt. Was ist es denn aber gewesen? Auf die richtige Spur bringt uns eine andere Eigenthümlichkeit des Steines. An seiner Nordostecke ist nämlich eine viereckige Rinne angearbeitet, welche alles auf den Fussboden gelangende Wasser aufnimmt und nach Osten ableitet; wo der grosse Stein zu Ende ist, schliesst sich eine aus einem besondern Stein hergestellte Wasserrinne an, welche durch die Ostmauer hindurchreicht. Aus der Existenz dieser Rinne in Verbindung mit der ganzen Einrichtung des Zimmers dürfen wir meines Erachtens schliessen, dass wir hier die Badestube gefunden haben, die gewiss in keinem homerischen Palaste fehlte.

In dem Zimmer muss natürlich eine Badewanne gestanden haben, die mit Wasser gefüllt wurde und in die der Badende hineinstieg. Es ist ein besonders glücklicher Zufall gewesen, dass wir von einer solchen Badewanne noch ein Fragment gefunden haben, welches uns lehrt, dass sie aus starker Terracotta

hergestellt war, dass ihre Form ungefähr mit derjenigen unserer
Badewannen übereinstimmte, dass sie oben mit einem Rande
und seitlich mit starken Griffen versehen war und dass sie im
Innern aufgemalte Spiralen enthielt. So müssen wir uns also
die ἀσάμινθοι ἐΰξεσται, die „wohlgeglätteten Badewannen" vorstellen, welche Homer an mehreren Stellen erwähnt.

Die Aufstellung der Badewanne bedingte die Herstellung
des Fussbodens aus Stein: denn wäre der Fussboden nur mit
einem Estrich aus Kalk versehen gewesen, so würde dieser
durch das Wasser gewiss bald zerstört worden sein. Es sind
gewiss üble Erfahrungen gewesen, welche den Baumeister ver-
anlassten, den Boden des Badezimmers in so opulenter und
kostspieliger Weise aus einem einzigen mächtigen Steine herzustellen. Das Wasser brauchte jetzt nach Beendigung des Bades
nur auf den Boden gegossen zu werden, um von selbst durch
die Rinne abzulaufen, ohne den Fussboden zu beschädigen.
Auch das Lehmmauerwerk der Wände würde gewiss bald durch
das Badewasser beschädigt und zerstört worden sein, wenn man
es nicht mit starken Bohlen verkleidet hätte, die vermuthlich
ähnlich wie die Wände eines Schiffes sauber gefugt und gut
verdichtet waren.

Das Badezimmer besitzt noch eine andere eigenthümliche
Einrichtung, deren Zweck wir allerdings nicht mit Sicherheit
angeben können. Wie der Grundriss und der Querschnitt zeigen, sind nämlich in der Nordwand zwei runde Behälter angelegt, die im Innern mit einem 25 mm starken Kalkputz versehen
und gut geglättet sind. Ihr Durchmesser beträgt oben 0,41—
0,48 m und nimmt nach unten etwas ab. Wie hoch sie waren,
lässt sich nicht mehr bestimmen, jetzt beträgt ihre Höhe nur
noch 0,30 m; mit ihrem Boden liegen sie 0,25 m über der grossen
Steinplatte. Wir vermuthen, dass diese Behälter zur Aufbewahrung von Wasser oder noch eher von Oel dienten, welches
letztere ja nach dem Bad in reichlicher Menge von den Alten

benutzt wurde. Wem der Kalkputz der Behälter zur Aufbewahrung von Oel nicht sicher genug erscheint, der mag annch-
men, dass grosse Thonkrüge in der Wand vermauert waren.
Von Fremden, welche Tiryns während der Ausgrabung besuch-
ten, sind noch manche andere Vermuthungen über den Zweck
dieser Hohlräume geäussert worden, doch erschien mir keine
derselben annehmbar.

Die Beleuchtung des Bades ist entweder durch hohes Sei-
tenlicht in der Weise erfolgt, dass das Badezimmer über die
umliegenden Räume hinausgeführt war und in den Obermauern
Fenster enthielt; oder der anstossende Raum X war nicht über-

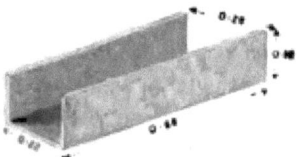

Nr. 118. Wasserrinne aus Thon.

deckt, und dann konnte das Bad nach dieser Seite hin ein
gewöhnliches Fenster haben. Der Raum X besitzt einen aus
Steinplatten hergestellten Fussboden, der ein starkes Gefälle
hat und 0,50—0,75 m unter dem Niveau des Bades liegt. In
seinem südlichen Theil mündet der aus der Badestube kommende
Kanal: das ausströmende Wasser wurde durch kastenförmige
Rinnen aus gebranntem Thon in einen grössern gemauerten
Kanal geleitet, der es unterirdisch nach Südosten abführte. Ich
vermuthe, dass der letztere mit einem Kanal identisch ist, welchen Herr Schliemann schon im Jahre 1876 in dem Zimmer XXXII östlich vom Megaron aufgefunden hat.

Die Form der Thonrinne wird durch die obenstehende
Fig. 118 veranschaulicht; sie besteht aus einzelnen Stücken von
0,65 m Länge, die einen viereckigen Querschnitt haben und oben

offen sind. Ein Zusammenfügen dieser Stücke ist dadurch er-
möglicht, dass sie an dem einen Ende beträchtlich schmaler sind,
wie an dem andern, und daher einfach ineinandergelegt werden
konnten. Der Thon, aus welchem die Rinne besteht, ist sehr
unrein und auch nur sehr ungenügend gebrannt. Aehnliche
Thonrinnen sind vor kurzem auf Samos in der berühmten Wasserleitung des Eupalinos aufgefunden worden (vgl. E. Fabricius
in den Mitth. des Deutschen Archäol. Instit. in Athen, 1884,
S. 185). Die einzelnen Stücke derselben haben fast genau dieselben Dimensionen, wie diejenigen aus Tiryns; ein wesentlicher
Unterschied besteht aber in der Art und Weise ihrer Zusam-
menfügung. Die Breite der Kasten im Lichten ist nämlich
überall dieselbe und doch konnte man die einzelnen Stücke
bequem ineinanderlegen, weil die Wandstärke beider Rinnen
an der Berührungsstelle auf die Hälfte vermindert war. Diese
Construction ist entschieden eine vorgeschrittenere als diejenige
der Thonrinne von Tiryns, und deshalb muss die letztere älter
sein als die aus dem 6. Jahrhundert stammende Wasserleitung
des Eupalinos.

Der Raum X, welcher die Thonrinne enthält, ist für uns
noch besonders deshalb wichtig, weil hier die grössten und schönsten Topfscherben und auch die meisten und besten Stücke
bemalten Wandputzes gefunden worden sind. Dieser Raum
muss schon im Alterthume als Ablagerungsstätte für zerbrochene
Gefässe und allerlei Schutt gedient haben, denn die zahllosen
hier gefundenen Gegenstände waren mit ganz schwarzer Erde
vermischt, wie sie sonst an keiner Stelle des Palastes vorkam.

An der Westseite des Badezimmers liegt ein langer Corridor (XII auf Plan II), welcher verhältnissmässig gut erhalten
ist. Fast überall besitzt er noch seinen alten Kalkestrich und
auch der Kalkbewurf der Wände ist an mehreren Stellen conservirt. In seinem südwestlichen Theil erkennt man auf dem
Fussboden sogar noch Reste der frühern Bemalung. Mit rother

Farbe waren geometrische Ornamente auf den weissen oder gelben Estrich gemalt. In einem Felde sieht man ein aus geraden Linien zusammengesetztes Zickzackmuster, in einem andern wellenförmige rothe Linien. Obgleich diese Spuren einer Bemalung des Fussbodens mit Ornamenten nur sehr gering sind, so dürfen wir sie doch als wichtigen Beweis für die reiche Ausstattung des ganzen Palastes anführen. Denn wenn schon in einem Nebencorridor der Fussboden mit aufgemalten Ornamenten versehen war, so wird der Estrich der grossen Zimmer sicherlich nicht unbemalt geblieben sein.

In dem Corridor XII sind ferner noch drei Schwellen aus Kalkstein für einflügelige Thüren vorhanden; eine dieser Thüren führte zur Badestube, die beiden anderen zu Zimmern, welche an die westliche Burgmauer stiessen und jetzt fast ganz verschwunden sind. In der noch stehen gebliebenen Ecke eines dieser Zimmer (XIII) ist ein Stück Kalkestrich mit rother Farbe erhalten. Eine vierte Thür führte zu dem Corridor XIV. Sie besitzt keine steinerne Thürschwelle und hat auch nie eine solche gehabt; ihre Schwelle bestand vielmehr aus Holz, wie verkohlte Reste dieses Materials deutlich zeigen. Solche Holzschwellen werden wir noch bei mehreren Thüren finden.

Die Bedeutung der Mauern, welche zwischen dem Corridor XIV und dem Raume X liegen, ist unklar. Obgleich sie höher als der Fussboden des Corridors erhalten sind, zeigen sie keinerlei Thüröffnungen. Die von ihnen umschlossenen Räume können aber aus einem uns unbekannten Grunde ihren Fussboden in grösserer Höhe gehabt haben, sodass die Thüren in den oberen, jetzt zerstörten Mauertheilen anzunehmen wären. Auch ist die Möglichkeit nicht ausgeschlossen, dass hier eine Treppe zum Dach oder zum Obergeschoss gelegen hat. Sichere Spuren einer solchen Treppe haben sich aber nicht gefunden. Es ist übrigens beachtenswerth, dass diese Mauern, ebenso wie die nordwestlich von ihnen gelegenen, eine etwas andere Rich-

tung haben, als die Mauern des Megaron und des Bades. Diese
Abweichung scheint durch die Orientirung der anstossenden
westlichen Burgmauer veranlasst zu sein.

Von dem Corridor XIV kann man auf einer verhältnissmässig gut erhaltenen Steintreppe zur mittleren Burg hinunter-
steigen; 9 Stufen und eine grosse Podestplatte sind noch zu
erkennen. Es ist auffallend, dass auch hier, ebenso wie bei den
beiden Stufen der αἴθουσα δώματος, die Höhe der Stufen so sehr
gering ist im Verhältniss zu ihrem Auftritt. Jene beträgt durchschnittlich nur 0,10 m, dieser dagegen 0,44 m. In der späteren
griechischen Zeit hat man die Treppen nicht mehr so bequem
gemacht, und auch heutzutage wird ein solches Steigungsverhältniss nur höchst selten vorkommen. Die Stufen bestehen aus
Steinplatten von verschiedener Länge, die sehr regelmässig bearbeitet und ohne Bindemittel zusammengefügt sind.

8. DER HOF DER FRAUENWOHNUNG.
(XVI auf Plan II.)

Im nordwestlichen Theile des Palastes liegt ein kleinerer
Hof mit Hallen und anstossenden Gemächern, der keine directe
Verbindung mit dem Haupthofe hat: es ist der Hof der Frauenwohnung. Man musste mehrere Thüren und Corridore passiren,
um diesen innern Theil des Palastes zu erreichen. Drei Wege
zur Frauenwohnung scheinen existirt zu haben: Erstens konnte
man von der Hinterhalle des grossen Propylaion durch den
langen Verbindungsgang XXXVI zur Säulenhalle XXXI, und
von dieser durch den Vorhof XXX zur östlichen Säulenhalle
des Frauenhofes gelangen. Zweitens ging man vom grossen
Hofe oder vom Megaron am Badezimmer vorbei zum Corridor XII und musste dann noch nacheinander die Gänge XIV,
XV und XIX durchschreiten, um die Vorhalle des Frauensaales
zu erreichen. Ein dritter Weg führte wahrscheinlich von der
östlichen Säulenhalle des grossen Hofes durch das Gemach

XXXIII in die Säulenhalle XXXI und weiter auf dem zuerst genannten Wege zum Hofe der Frauenwohnung. Alle drei Zugänge sind an mehreren Stellen durch Thüren gesperrt, und die Frauenwohnung war daher von dem grossen Saale und dem Hofe der Männer vollständig getrennt.

Die Erklärer Homer's haben vielfach darüber gestritten, ob der Heroenpalast ebenso einen besonderen Frauenhof gehabt habe, wie dies nach Vitruv in dem späteren griechischen Wohnhause der Fall war. Ein neuerer Homerforscher (E. Buchholz, Die Homerischen Realien, II. S. 93) schliesst eine Untersuchung über diese Frage mit den Worten: „Ueberall (bei Homer) ist von einer αὐλή, nirgends von αὐλαί die Rede, sodass die Ansicht derer, welche dem homerischen Hause eine doppelte αὐλή vindicirt haben, als erledigt zu den Acten gelegt werden darf." Dieser Satz wird durch den Palast von Tiryns vollständig widerlegt. Es mag zwar auch zu Homer's Zeiten Paläste gegeben haben, welche nur einen einzigen Hof enthielten, aber wir wissen jetzt, dass auch solche mit zwei Höfen existirten. Wer aus dem Umstande, dass Homer immer nur von dem Hofe der Königsburgen spricht, den Schluss zieht, dass diese neben dem Haupthofe (dem Hofe κατ' ἐξοχήν) nicht auch einen Nebenhof gehabt hätten, der vergisst, dass Homer keine genaue Beschreibung der Wohnungen gibt, sondern deren einzelne Theile nur erwähnt, soweit die Kenntniss derselben zur Schilderung der in ihnen vorgehenden Handlungen nothwendig oder wenigstens erwünscht war. Im homerischen Palaste ist der Hof der Männerwohnung die αὐλή, der Frauenhof spielt ihm gegenüber nur eine Nebenrolle und wird daher gar nicht einmal erwähnt.

Der Hof der Frauenwohnung ist in Tiryns ein Rechteck von 18,43 m Länge und 9,20 m Breite. In dem Plane habe ich ihn, ebenso wie den grossen Hof, durch sich kreuzende Linien bezeichnet, damit man die beiden Höfe auf den ersten Blick als solche erkenne. Sein Fussboden besteht aus Sand und grobem

Kies; an einigen Stellen (namentlich an der Nordseite) kommen unter diesem Material aber auch Reste eines Kalkestrichs vor. Vor der Vorhalle zum Frauensaale finden sich mehrere Centimeter unterhalb dieses Putzes noch Stücke eines älteren vorzüglich geglätteten Estrichs, die ein starkes Gefälle nach Norden haben und bis unter die Schwelle der Vorhalle hinuntergehen. Sie weisen auf Umbauten hin, die schon in alter Zeit hier vorgekommen sind.

Wie in dem grossen Hofe für den Abfluss des Regenwassers gut gesorgt war, so besass auch der Hof der Frauenwohnung eine sehr gute Kanalisation. An seiner tiefsten Stelle befindet sich nämlich ein aus Bruchsteinen gemauerter verticaler Schacht, der oben mit einem Deckstein von 0,50 m zu 0,55 m Grösse überdeckt ist. Durch ein Loch in der Mitte dieses Steines lief das im Hof zusammenfliessende Wasser in den Schacht und durch diesen gelangte es in einen ebenfalls aus Bruchsteinen gemauerten, horizontalen Kanal, der es dann weiter abführte. Die Oberkante des Decksteines liegt um 0,55 m tiefer als der Fussboden des Frauensaales und um 0,55 m tiefer als derjenige des Männersaales. Nähere Angaben über die Niveauverhältnisse des Hofes und seiner Umgebung kann man aus den Nivellementszahlen des Planes II ablesen.

An der Ostseite des Hofes lag eine Säulenhalle, deren Front aus zwei Säulen zwischen zwei viereckigen Pfeilern bestand. Beide Säulenbasen aus Kalkstein sind noch an ihrer Stelle und haben einen Durchmesser von ungefähr 0,41—0,45 m. Den nördlichen Eckpfeiler bildet ein Sandsteinblock von 0,76 m Breite, 0,85 m Länge und 0,55 m Höhe, auf dessen Oberseite 10 viereckige Dübellöcher angebracht sind. Eines dieser Löcher war bei der Ausgrabung des Steines noch mit Holzkohle angefüllt und lieferte also den Beweis, dass die Löcher hölzerne Dübel enthalten haben, welche zur festen Verbindung des oberen aus Holz bestehenden Theiles des Pfeilers mit dem Basisblock dien-

ten. Die auffallend grosse Anzahl der Dübel erklärt sich dadurch, dass der Pfeiler aus mehreren nebeneinander stehenden
Hölzern zusammengesetzt war. Der südliche Pfeiler der Halle
ist bedeutend länger als der nördliche, weil er zugleich die
Seitenwand eines kleinen Vorraumes bildet, welcher vor der
Haupteingangsthür zur Frauenwohnung liegt. Diese Thür, deren
Kalksteinschwelle noch vorhanden ist, war einflügelig und führte
nicht direct auf den Hof, sondern in die östliche Halle, sodass
man von allen Zimmern der Frauenwohnung auch beim Regen
trockenen Fusses zur Eingangsthür gelangen konnte. An die
Osthalle schliesst sich auf der Nordseite des Hofes unmittelbar
eine zweite kleinere Stoa an, welche nur eine einzige Säule
zwischen zwei Pfeilern besitzt. Die runde Säulenbasis aus Kalkstein ist 0,62 m breit und zeigt starke Brandspuren. In ihrer
Mitte ist ein Kreis von 0,30 m erkennbar, der fast gar nicht vom
Feuer gelitten hat, während der äussere Rand stark zerstört ist.
Wir schliessen hieraus, dass der Durchmesser der verbrannten
Holzsäule nur wenig stärker als 0,30 m war. Deutliche Spuren
auf dem Estrich des Fussbodens und an dem Putz der Rückwand weisen darauf hin, dass in beiden Hallen Sitzbänke aufgestellt waren, die vermuthlich aus Holz bestanden. Ihre Breite
beträgt durchschnittlich 0,45 m.

Bei Besprechung des Hofes haben wir schliesslich noch des
Umbaues zu gedenken, der in seiner Südostecke vorgenommen
worden ist. Man hat dort ein Zimmer eingerichtet, das von der
Osthalle aus zu betreten war. Obgleich seine Wände aus demselben Bruchsteinmauerwerk bestehen, wie die Mauern des
Palastes, und obwol sein Fussboden ebenfalls mit einem wohlgeglätteten Kalkestrich versehen ist, muss dieses Zimmer doch
eine spätere Zuthat sein, weil es den Hof entstellt und einen
Theil der Osthalle verdeckt. Es muss aber gleichwol noch vor
der Zerstörung der Burg erbaut sein, denn seine Mauern zeigen
zum Theil deutliche Spuren des grossen Brandes, welcher den

ganzen Palast vernichtete. Ob vor Erbauung dieses Gemaches
in der Südostecke des Hofes eine zweite Thür als directe Verbindung zwischen dem Hofe und dem Vorhofe vorhanden war,
oder ob, wie ich in dem Plane durch punktirte Linien angedeutet habe, die Südwand des Hofes sich ununterbrochen bis
zur Osthalle erstreckte, lässt sich nicht mit Sicherheit entscheiden. Die grössere Wahrscheinlichkeit spricht allerdings für
die letztere Lösung.

3. DER FRAUENSAAL UND SEINE VORHALLE.

Wie an der Nordseite des grossen Hofes der Männersaal
mit seinen Vorräumen liegt, so ist an der Nordseite des kleinen
Hofes das Megaron der Frauenwohnung angeordnet. Die Aehnlichkeit der beiden Säle in Bezug auf Lage und Grundrissbildung fällt sofort in die Augen, wenn man den Plan des
Palastes betrachtet. Der Frauensaal mit seiner Vorhalle ist
eine reducirte Copie des grossen Megaron; fast alle seine Dimensionen sind bedeutend kleiner als die entsprechenden der Männerwohnung, und der Vorsaal, welcher zwischen dem Männersaal
und der Vorhalle vorhanden ist, fehlt bei der Frauenwohnung ganz.

Die Vorhalle bildet ein Rechteck von 5,65 zu 5,25 m, also
annähernd ein Quadrat. In der Mitte der nördlichen Wand
befindet sich die Hauptthür, welche zum Saale führt. Die
beiden Seitenwände enthalten je eine Nebenthür und endigen
vorn in Parastaden. Die dem Hofe zugewendete Südseite der
Vorhalle ist ganz geöffnet. Der Abstand der beiden Parastaden
voneinander ist so gering (5,50 m), dass der über ihnen liegende
Architrav keiner Zwischenstütze bedurfte. Die beiden jetzt noch
vorhandenen Antenblöcke sind 1,03—1,04 m breit, 0,58 m hoch
und in maximo 1,22 m lang; ihr Material ist dichter Kalkstein.
Nur die sichtbaren Flächen sind gut bearbeitet, die vom Mauerwerk verdeckten dagegen mehr oder weniger roh geblieben.

Auf der Oberseite erkennt man runde Dübellöcher, von denen seltsamerweise je zwei immer so dicht nebeneinander gebohrt sind, dass sie zusammen ein einziges längliches Loch bilden. An ihrer Vorderkante sind die Anten durch eine Steinschwelle verbunden, welche den Fussboden der Vorhalle von demjenigen des Hofes trennt. Eine solche Schwelle scheint den ganzen Hof umgeben zu haben, denn auch vor der Osthalle ist sie, wenngleich sehr beschädigt, in ihrer ganzen Länge noch erkennbar.

Der Fussboden der Vorhalle besteht jetzt aus einem Kalkestrich von 5—15 mm Stärke, der an mehrern Stellen über die Schwelle hinweggeht. Dieser ist aber nicht der ursprüngliche Fussbodenbelag, sondern unter ihm erkennt man stellenweise noch Reste eines ältern Estrichs mit vorzüglich geglätteter Oberfläche, welcher mit dem im Hofe aufgedeckten ältern Estrich vollkommen übereinstimmt.

Die Existenz der beiden Nebenthüren, welche von der Vorhalle in einen das Megaron umgebenden Corridor führten, ist durch die beiden grossen Schwellen aus Kalkstein gesichert, welche noch die Zapfenlöcher für die einflügeligen Thüren aufweisen. Die eine dieser Thüren, deren Grundriss Figur 121 darstellt, werden wir bei Beschreibung der Thüren im allgemeinen genauer besprechen. Dasselbe gilt von der Hauptthür in der Mitte der Rückwand, welche die Vorhalle mit dem Frauensaal verbindet. Ihren Grundriss gibt Fig. 119.

Das Megaron der Frauen, ein Rechteck von 5,6 zu 7,60 m, ist zwar beträchtlich kleiner als der grosse Männersaal, muss aber immerhin, auch nach unsern Begriffen, als grosses Zimmer gelten: eine beträchtliche Anzahl Personen konnte in ihm bequem Platz finden. Seine beiden Seitenwände stehen in ihrer südlichen Hälfte noch fast ${}^{1}/_{2}$ m hoch aufrecht, auch die Vorderwand ist gut erhalten, von der Rückwand dagegen sind nur die Fundamente übrig geblieben. Alle diese Mauern bestehen aus Bruchsteinen mit Lehmmörtel und waren mit einem Lehmputz

und darüber mit einem Kalkputz versehen. In der Südostecke
hat sich dieser Bewurf noch sehr gut conservirt, selbst die
frühere Bemalung ist hier noch zu erkennen. Diese spärlichen
Reste der Wandmalerei haben für uns aus dem Grunde einen
hohen Werth, weil alle die Stücke bemalten Wandputzes, welche
in andern Zimmern gefunden sind, sich schon von den Wänden
losgelöst hatten. Das Frauengemach ist die einzige Stelle des
Palastes, wo wir die Malerei noch an Ort und Stelle studiren
konnten. In dem Abschnitt über die Wandmalerei werden wir
auf diese erhaltenen Reste zurückkommen. Der Fussboden des
Saales ist noch fast ganz mit dem alten Kalkestrich bedeckt, der
aus zwei Schichten von je 18 mm Stärke besteht. Die obere
derselben zeigt an einigen Stellen eingeritzte Linien und
rothe Farbe.

In der Mitte des Zimmers erkennt man im Fussboden eine
rechteckige Stelle, an welcher der obere Putz fehlt; ihre Breite
beträgt 1,70 m, die Länge ist nicht genau messbar. Nach Analogie des Männersaales dürfen wir in diesem Rechteck die Stelle
des Herdes erkennen, zumal ein Herd auch in dem Frauengemach gewiss nicht fehlte. Der Rauch des Herdfeuers wird
entweder durch die Thür oder durch hohe seitliche Fenster
seinen Abzug gefunden haben. Letztere Möglichkeit ist wol die
wahrscheinlichere und zwar deshalb, weil sich solche hoch angebrachte Oeffnungen auch für die Beleuchtung des Gemaches
sehr empfahlen. Man muss in letzterer Beziehung allerdings
zugeben, dass die Thür allein, wenn sie ganz geöffnet war,
schon genügend Licht zur Erhellung des Saales liefern konnte.
Da es jedoch nicht zu allen Tages- und Jahreszeiten durchführ-
bar war, die Thür vollständig offen zu halten, so kann diese
allein als Lichtquelle und Abzugsöffnung für den Rauch nicht
ausgereicht haben. Oeffnungen, welche beiden Zwecken in voll-
kommener Weise dienten, liessen sich aber leicht herstellen,
wenn das Dach des den Saal umgebenden Corridors niedriger

lag als dasjenige des Saales selbst; man brauchte dann nur einige Balkenzwischenräume (die spätern Metopen) offen zu lassen, um reichliches Licht und eine vorzügliche Ventilation zu erzielen. Ich stehe nicht an, das Vorhandensein eines solchen Beleuchtungsmodus für das Megaron der Frauen zwar nicht als vollständig gesichert, aber doch wenigstens als höchst wahrscheinlich zu bezeichnen.

In der südwestlichen Ecke des Megaron ist ein nicht ganz regelmässiger viereckiger Einbau freigelegt worden, den ich auf Plan II durch einen gelben Ton kenntlich gemacht habe. Er gehört nicht dem ursprünglichen Bau an, sondern ist eine spätere Zuthat. Gleichwol hat er schon vor Zerstörung der Burg bestanden, denn er zeigt deutlich die Wirkungen des grossen Brandes. Die Lehmziegel nämlich, aus denen er besteht, sind einschliesslich des Mörtels vollständig zu Backsteinen geworden. In der Nähe der hölzernen Thürpfosten, wo die Glut naturgemäss am grössten war, sind die Ziegel sogar an ihrer Oberfläche geschmolzen und jetzt mit einer dicken Glasur überzogen. Ueber die Bestimmung dieses Einbaues wage ich nicht einmal eine Vermuthung auszusprechen.

Auf drei Seiten werden das Megaron und seine Vorhalle von dem Corridor XIX umschlossen, welcher 1,33—1,46 m breit ist. Sein Zweck scheint hauptsächlich der gewesen zu sein, eine solche Verbindung der Männerwohnung mit dem in der Nordostecke des Palastes gelegenen Thalamoi herzustellen, bei welcher die Frauenwohnung nicht passirt zu werden brauchte. An seinem südwestlichen Ende war der Gang mit einer Mauer abgeschlossen, welche zwar jetzt zerstört ist, für deren frühere Existenz aber sichere Anzeichen vorhanden sind; an seinem südöstlichen Ende dagegen liegt eine steinerne Thürschwelle, welche das einstige Vorhandensein einer einflügeligen Verbindungsthür zwischen dem Gang und der Nordhalle des Frauenhofs bezeugt. Die an der Ostseite dieser Thür noch aufrechtstehende Eckante ist aus Sandstein hergestellt und mit viereckigen Dübellöchern versehen.

18*

14. DIE THALAMOI IN DER NORDOSTECKE DES PALASTES.

In dem Palaste des Odysseus lagen nach Homer's Beschreibung im äussersten Winkel des Hauses (ἐν μυχῷ δόμου) eine Reihe von Gemächern, unter denen das eheliche Schlafgemach, das Waffengelass und die Schatzkammer ausdrücklich genannt werden. Die letztere wird Od. XXI, 8—9, als θάλαμος ἔσχατος bezeichnet, lag also am weitesten von dem Thore der Burg ab. In Tiryns finden wir nun in derjenigen Ecke des Palastes, die am weitesten vom grossen Hofe und seinem Prothyron entfernt ist, nämlich in der Nordostecke, eine Anzahl Gemächer, welche wir wegen ihrer Lage und Gestalt ohne Bedenken mit den genannten Zimmern in Odysseus' Palast identificiren dürfen. Da ist zunächst der Thalamos XXII, ein Quadrat von ungefähr 5 m; er besass eine breite doppelflügelige Thür, deren grosse Schwelle aus Kalkstein noch an Ort und Stelle liegt. Ein besonderes Vorzimmer (XXI) musste man passiren, um dieses Gemach von dem Corridor XIX aus zu erreichen. Aus dem Vorzimmer gelangte man in einen rings abgeschlossenen Gang (XXIII), an den sich drei weitere Thalamoi anschlossen. Der grösste derselben (XXIV) nimmt die nordöstliche Ecke des Palastes ein und war durch eine einflügelige Thür, deren Schwelle wir aufgefunden haben, vom Corridor aus zugänglich. Neben ihm liegt der kleine Thalamos XXV, welcher mit einem sehr kleinen Vorraum versehen ist und also doppelt verschlossen werden konnte; in beiden Thüren finden wir die Schwellen aus Kalkstein noch *in situ*. Der dritte Thalamos (XXVI) ist wieder direct vom Gange aus zu erreichen; seine Thür scheint keine steinerne, sondern eine hölzerne Schwelle gehabt zu haben. Ausser diesen Zimmern und Gängen liegen im nordöstlichen Theile des Palastes noch zwei schmale Räume nebeneinander (Nr. XX), welche ihrer Grösse nach (beide sind durchschnittlich nur 1,50 m breit) keine Zimmer gewesen sein können. Ich glaube in ihnen den Platz der Treppe zum Dach resp. zum Obergeschoss erkennen zu dürfen und werde sie bei Besprechung des ὑπερῷον näher beschreiben.

In dem μυχός unsers Palastes haben wir also ausser den Corridoren vier Thalamoi mit zwei Vorzimmern. Will man sie einzeln mit den Gemächern im Palaste des Odysseus vergleichen, so würde Raum XXII am besten für das eheliche Schlafgemach und der doppelt verschlossene Raum XXV am meisten für die Kleinodienkammer passen; die beiden übrigen Gemächer könnten zur Aufbewahrung von Waffen und andern Gegenständen gedient haben. Da jedoch diese Bestimmungen nicht gesichert sind, habe ich die entsprechenden Benennungen in den Plan II nicht aufgenommen.

Was die Construction der Thalamoi und ihre innere Einrichtung betrifft, so lässt sich hier weniger sagen als bei den übrigen Räumen des Palastes, weil diese am Rande der Oberburg gelegenen Gemächer naturgemäss am meisten beschädigt sind. Die Aussenwände, welche zugleich die Grenzmauer der Oberburg bildeten, sind an keiner Stelle oberhalb des Fussbodens der Thalamoi erhalten, und daher wissen wir weder, wie stark die Aussenwände in ihrem obern Theil waren, noch können wir die Dimensionen der einzelnen Gemächer genau bestimmen. Die im Plane II angegebenen Breitenmasse der Aussenmauern beziehen sich nur auf ihre Fundamente, d. h. auf die Terrassenmauer der Oberburg. Von den Zwischenwänden der Thalamoi stehen dagegen noch mehrere etwa 1 m hoch aufrecht, auch ihr Bewurf ist noch stellenweise erhalten. Sowol die Mauern mit ihrem Putz als auch die Reste von Estrich, die sich in einzelnen Gemächern finden, sind in derselben Weise hergestellt, wie wir dies bei den andern Räumen des Palastes gesehen haben.

Als wir in der Mauer zwischen dem Gange XXIII und der Osthalle des Frauenhofes die zwei Steinpfeiler auffanden, welche im Plane verzeichnet sind, vermutheten wir, dass zwi-

schen ihnen eine Thür vorhanden sei. Ob eine solche Verbin-
dungsthüre ursprünglich projectirt war, lässt sich schwer entscheiden; sicher ist nur, dass sie bei der Zerstörung der Burg
nicht existirte, denn noch jetzt ist die Mauer zwischen den
beiden Parastaden vorzüglich erhalten und auf ihrer Ostseite
noch theilweise mit dem alten Wandputz versehen.

11. DER VORHOF XXX UND DIE ANSTOSSENDEN GEMÄCHER.

Südöstlich von dem Frauenhof liegt ein freier Platz, den
wir am besten als Vorhof der Frauenwohnung bezeichnen. Dass
er nicht überdeckt war, wird sowol durch seine Abmessungen
als auch durch das Vorhandensein einer Säulenhalle an seiner
westlichen Seite bewiesen. Weder Spuren eines Estrichs noch
ein Wasserabflussloch ist in dem Vorhofe gefunden worden. Die
Front der im Westen liegenden Stoa wurde von zwei Säulen
zwischen zwei Anten gebildet. Beide Säulenbasen wie auch die
Unterblöcke beider Parastaden sind noch an Ort und Stelle.
Das nördliche Intercolumnium ist durch eine später erbaute
Lehmziegelmauer geschlossen worden. In diese Stoa mündet,
von Süden kommend, der lange Verbindungsgang zwischen Propylaion und Frauenwohnung, der bei seinem Eintritt in die
Säulenhalle durch eine Thür mit hölzerner Schwelle geschlossen
war. Die drei kleinen Gemächer im Westen der Halle sind
höchst wahrscheinlich von hier aus zugänglich gewesen; mit
Bestimmtheit kann dies jedoch nur von dem Zimmer XXXII
gesagt werden, in dessen Ostwand eine Thür sicher zu constatiren ist. Zwischen den beiden andern Zimmern findet man
zwar deutliche Anzeichen für die frühere Existenz einer Verbindungsthür, im übrigen sind aber ihre Mauern zu sehr beschädigt, als dass auch die Anlage der andern Thüren mit
Sicherheit erkannt werden könnte.

In dem Zimmer XXXII hat Herr Schliemann im Jahre
1876 einen Schacht gegraben (auf Plan II mit S bezeichnet), in

welchem eine schon oben erwähnte Wasserleitung zum Vorschein
gekommen ist. Dieser Kanal ist aus Kalkbruchsteinen mit Lehmmörtel aufgemauert und mit Platten aus demselben Material
überdeckt. Damit das durch den Kanal fliessende Wasser denselben nicht beschädigte, war seine Sohle von einer viereckigen,
oben offenen Rinne aus gebranntem Thon gebildet, ähnlich derjenigen, welche wir östlich von der Badestube gefunden haben.
Die einzelnen Stücke sind aber in ihren Abmessungen kleiner
als die früher beschriebenen, auch sind sowol im Innern wie an
den beiden Enden die Ecken abgerundet. Die Stärke der
Wandung beträgt an der Sohle 23 mm, am obern Rande
12 mm. Das Material, aus dem die Rinne besteht, ist un-
reiner Thon, der nur sehr wenig gebrannt worden ist. Die
Sohle der Leitung liegt etwa $1\frac{3}{4}$ m unter dem Fussboden des
Gemaches. Es ist mit Sicherheit zu vermuthen, dass dieser
Kanal mit der Wasserrinne der Badestube, mit dem Abflusskanal
im Hofe der Frauenwohnung und auch mit dem verticalen
Schacht im grossen Hofe in Verbindung steht, dass also der
ganze Palast ein vollständig ausgebildetes Kanalsystem besass.

Von den Gemächern im Osten und Nordosten des Hofes
sind nur XXVII und XXVIII noch soweit erhalten, dass man
wenigstens die Stelle der Thüren erkennen kann. In dem letztern Gemach sind drei seltsame Thoncylinder aufgefunden worden, deren Stellung der Plan II angibt. Ihre Bearbeitung ist
eine sehr rohe, da weder im Aeussern noch im Innern eine
glatte Fläche vorkommt. Sie haben einen Durchmesser von
durchschnittlich $\frac{1}{2}$ m und eine Höhe von etwa 1 m, doch sind
sie oben abgebrochen. Bei der Auffindung waren sie mit rothem
gebrannten Ziegelschutt angefüllt. Ueber die Bestimmung dieser cylindrischen Gefässe wage ich keine Vermuthung auszusprechen.

Die nach Süden sich anschliessenden drei Räume sind theils
bei der Zerstörung der Burg, theils bei späteren Umbauten so

sehr beschädigt oder verändert, dass ich den ursprünglichen
Grundriss nicht mehr vollständig herstellen konnte. Sie haben
namentlich deshalb sehr gelitten, weil unmittelbar östlich von
ihnen der um 4 m tiefer liegende Weg zur Oberburg vorbei-
führt, in welchen ein grosser Theil der Mauern hinunterge-
stürzt ist.

Noch schlimmer steht es um den südlich vom Vorhof XXX
liegenden Theil der Burg; man sieht dort nur ein Chaos von
durcheinander und übereinander laufenden Mauern, aus denen
man auch mit dem besten Willen keinen verständlichen Grundriss herausfinden kann. Manche Mauern sind so zerstört, dass
man nicht einmal mehr erkennt, wie sie orientirt sind. Schon
die verschiedene Richtung der im Plane verzeichneten Mauern
zeigt deutlich, dass wir hier Bauten aus ganz verschiedenen
Epochen vor uns haben. Auf Plan II habe ich diejenigen dünnen Mauern, welche sämmtlich ungefähr dieselbe Orientirung
zeigen, gelb colorirt, um sie als spätere Bauten zu bezeichnen.
Sie müssen zum Theil wieder aus verschiedenen Perioden stammen, weil die einen über die andern hinweggehen und einige
fundamentirt sind, andere aber nicht. Wann diese dünnen
Mauern erbaut sind, wissen wir nicht; nur das Eine können
wir mit einiger Bestimmtheit sagen, dass sie jünger sein müssen,
als die meisten andern Mauern des Palastes, weil diese ausnahms-
los eine grössere Stärke haben.

In gleicher Höhe mit diesen späteren Mauern sind zwei
Wasserleitungen freigelegt worden, die auf Plan II verzeichnet
stehen. Die westlichere ist aus hochkantig gestellten Steinplatten erbaut und mit ebensolchen Platten überdeckt; die öst-
lichere besteht aus viereckigen Thonkasten. Die einzelnen Stücke
der Rinne stimmen in ihrer Form mit den oben beschriebenen,
in der Nähe der Badestube und im Zimmer XXXII gefundenen
überein, doch sind die Maasse des Profils kleiner. Die kasten-
förmigen Stücke sind $0{,}62$ m lang, $0{,}07$ $0{,}10$ m im Lichten breit

und 0,95 m im Lichten tief. Die Wandstärke schwankt zwischen
35 mm (am Boden) und 15 mm (oben an den Seitenwänden);
die Ecken sind abgerundet. Beide Leitungen haben Gefälle
nach Süden und scheinen das aufgesammelte Regenwasser in
irgendein weiter südlich gelegenes Reservoir geführt zu haben.

An einigen Stellen kommen, wie Plan II zeigt, unter den
dünnen Mauern Reste älterer Fundamente von grösserer Stärke
zum Vorschein, welche merkwürdigerweise fast dieselbe Richtung
wie das grosse Propylaion haben. Wir schliessen aus diesen
Fundamentmauern, dass der östliche Theil des Palastes ursprünglich eine ganz andere Eintheilung gehabt hat. Zur nähern
Bestimmung dieses ältern Grundrisses reichen aber die erhaltenen spärlichen Reste nicht aus. Was für Gemächer in späterer
und in früherer Zeit in diesem Theile der Burg gelegen haben,
ob hier etwa Arbeitsräume für die weibliche Dienerschaft oder
die Schlafräume derselben untergebracht waren, lässt sich nicht
bestimmen.

Die östliche Futtermauer der Palast-Terrasse scheint an
dieser Stelle besonders stark gewesen zu sein, doch können bei
der intensiven Zerstörung keine sichern Masse angegeben werden.
Nur an ihrem Südende, wo der zur Oberburg ansteigende Weg
sich zu einem grössern Vorplatz erweitert, ist die Mauer verhältnissmässig gut erhalten und hat hier die beträchtliche Stärke
von 5,30 m. Vermuthlich war an dieser Ecke ein Thurm zur
Vertheidigung des Burgweges angeordnet. Wie weit sich derselbe nach Norden erstreckte, ist nicht mehr bestimmbar.

Schliesslich besprechen wir hier noch kurz die Räume unmittelbar nördlich vom grossen Propylaion, von denen zwei
westlich und drei östlich von dem langen, zur Frauenwohnung
führenden Gange liegen. Von den zwei ersteren Gemächern
ist das nördliche von dem grossen Hofe aus zugänglich, während
das andere durch eine Thür mit dem kurzen Verbindungsgang
zwischen dem grossen Propylaion und dem Männerhof in Ver-

bindung steht. Die Oeffnung, welche sich in der Ostwand dieses Gemaches befindet, ist keine Thür, sondern eine von Herrn
Schliemann im Jahre 1876 durch Grabung eines Schachtes hergestellte Lücke. Die drei östlich liegenden Gemächer sind derartig mit Thüren untereinander verbunden, dass man stets
die beiden ersten zu passiren hat, um in das dritte zu gelangen.
Dieses letzte besitzt allerdings jetzt auch durch eine Oeffnung
in der Westwand eine directe Verbindung mit dem Corridor
XXXVI, doch ist auch dieses Loch von Herrn Schliemann im
Jahre 1876 gemacht worden. In der nordöstlichen Ecke des
Zimmers XXXVIII ist ein grosser rober Thoncylinder zu Tage
gekommen, wie wir solche schon im Gemach XXVII kennen
gelernt haben. Was die Bestimmung dieser verschiedenen
Räume betrifft, so liegt die Vermuthung nahe, dass einer oder
mehrere derselben für die Thürhüter bestimmt waren; doch
lässt sich keinerlei sichere Angabe hierüber machen.

12. DAS DACH UND DAS OBERGESCHOSS.
(zu Tafel...)

Wir haben bei Besprechung des grossen Propylaion und
des Männersaales schon darauf hingewiesen, dass dieselben mit
horizontalen Dächern versehen waren. Solche Dächer haben wir
für den ganzen Palast anzunehmen, wie wir später bei Erörterung der Dachconstruction noch nachweisen werden. Platte
Dächer, auf denen man umhergehen und schlafen kann, sind
noch heute im Orient vielfach im Gebrauch. Dass sie auch im
Alterthum eine ganz gewöhnliche Erscheinung waren, lehren
uns viele Aussprüche antiker Schriftsteller und manche Stellen
der Bibel (vgl. Winckler, Die Wohnhäuser der Hellenen, S. 56).
Wie noch jetzt vielfach die Griechen und Orientalen im Sommer auf Dächern und Balkons unter freiem Himmel schlafen,
so wird man dies auch im Alterthum gethan haben. So schildert z. B. Homer in der Odyssee (X, 552—560 und XI, 60—65),

wie Elpenor in der Wohnung der Kirke das Dach besteigt und, vom Weine berauscht, dort einschläft; als er von dem Lärm der Gefährten plötzlich aufwacht, vergisst er, dass er sich auf dem Dache aufgehalten und findet durch einen Fehltritt seinen Tod. Auf dem freien Dach zu schlafen, war natürlich nur bei sehr gutem Wetter möglich; man wird deshalb wahrscheinlich schon in den ältesten Zeiten auf dem Dache mehr oder weniger geschlossene Gemächer hergestellt haben, in denen man gegen den Wind geschützt war und sich doch des Zutritts der kühlen Nachtluft erfreuen konnte. War der Bauplatz beschränkt und das Raumbedürfniss der Familie gross, so hat man gewiss viele verschiedenartige Zimmer im Obergeschoss eingerichtet. Im allgemeinen war aber das antike Wohnhaus, wie schon aus seinem Grundriss hervorgeht, ein eingeschossiger Bau: das Obergeschoss enthielt höchstens einige Schlafzimmer.

In Tiryns konnte von dem Obergeschoss selbst nichts gefunden werden, weil ja die Mauern höchstens 1 m hoch erhalten sind, dagegen sind Spuren einer Treppe zu Tage gekommen, die zum Dach resp. Obergeschoss geführt haben muss. Das Zimmer XX, zwischen der Frauenwohnung und den Thalamoi gelegen, ist nämlich durch eine Querwand in zwei schmale Räume von etwa 1½ m Breite getheilt. Im nördlichen derselben ist der aus einem Kalkestrich hergestellte Fussboden noch erhalten und zwar steigt er von Westen nach Osten ziemlich bedeutend an. Ich vermuthe nun, dass am östlichen Ende des südlichen Raumes die eigentliche Treppe beginnt, dass sie in diesem Raume von Osten nach Westen ansteigt, dann in den nördlichen Gang hinübergeht und in diesem in westöstlicher Richtung bis zum Dache hinaufreicht. Auf diese Weise lässt sich Form und Lage der beiden schmalen Räume sehr gut erklären. Dass der Fussboden im nördlichen Gange zuerst nur wenig ansteigt, kann dadurch veranlasst sein, dass auch von dem Corridor XXIII aus ein Betreten der Treppe möglich sein sollte.

Bei Besprechung der Gemächer südlich vom Megaron wurde
gesagt (S. 267), dass dort möglicherweise auch eine Treppe zum
Dach gelegen habe, doch sind die erhaltenen Spuren noch ge-
ringfügiger, als bei der Treppe in der Frauenwohnung. Es ist
aber immerhin denkbar, dass an zwei Stellen Treppen vorhanden waren.

Ob man auf diesen Treppen nur zum Dach hinaufstieg oder
ob auf dem Dach auch noch Zimmer (ein ὑπερῷον) angeordnet
war, können wir nicht entscheiden. Die erhaltenen Mauern
des Untergeschosses sind jedenfalls stark genug, um auch noch
die Wände oberer Zimmer zu tragen.

Hiermit schliessen wir die Baubeschreibung des Palastes ab.
Dieselbe ist sehr ausführlich ausgefallen, manchem Leser vielleicht
zu ausführlich. Ich hatte aber einen doppelten Grund, die Beschreibung der einzelnen Räume und namentlich diejenige der
wichtigen Säle und Höfe möglichst eingehend zu machen. Die
Ruinen von Tiryns gehören nach den letzten Ausgrabungen unbedingt zu den wichtigsten Denkmälern der griechischen Archi-
tekturgeschichte. Nicht nur der Architekt und der Archäologe,
sondern überhaupt jeder Gebildete wird den Grundriss von
Tiryns mit Interesse betrachten und studiren. Schon deshalb
hielt ich es für meine Pflicht, dem Plane zum leichtern und
bessern Verständniss eine möglichst genaue Beschreibung beizu-
geben. Es kam aber noch ein anderer Grund hinzu. Diejenigen
Theile des Palastes, welche aus einem schlechten Material bestehen, wie z. B. die Fussböden aus Kalk und die Mauern aus
Bruchstein und Lehm, gehen ihrem sichern Untergange entgegen. Allerdings beabsichtigt die griechische Regierung, einen
grossen Theil des Palastes mit einem schützenden Dach zu versehen und auch auf andere Weise für die Conservirung der
Mauern und Fussböden zu sorgen, allein solche Massregeln können das allmähliche Zugrundegehen nur aufhalten, nicht aber

verhindern. Deshalb war es dringend nothwendig, den jetzigen
Zustand der Ruine genau und eingehend zu beschreiben, damit
auch für spätere Zeiten festgestellt ist, was von dem Palaste in
Tiryns bei seiner Ausgrabung noch vorhanden und was schon
zerstört war.[1]

C. Die baulichen Reste einer älteren Ansiedelung.

Bei der Beschreibung des Palastes haben wir an mehreren Stellen Reste von Mauern oder Fussböden zu erwähnen gehabt, welche
bei Zerstörung der Burg schon von spätern Bauten überdeckt
waren, also älter sein müssen als der Palast, wie ihn unser Plan II
zeigt. Wir dürfen diese Ueberbleibsel aber nicht sämmtlich
einer älteren Ansiedelung zuschreiben, sondern wir haben bei
ihnen zu unterscheiden zwischen solchen Ba--resten, welche schon

---

[1] Hoffentlich genügt der Plan II und die eingehende Beschreibung
desselben, um den Herrn Artillerie-Hauptmann Bötticher, den Entdecker
der antiken Leichenverbrennungsöfen, davon zu überzeugen, dass Tiryns
keine „Feuernekropole von terrassirtem Aufbau", sondern ein bewohnter
Palast war. Man wird es gewiss billigen, wenn ich einer so originellen
Hypothese kein einziges Wort der Widerlegung widme. Ich kann mir
aber nicht versagen, zur Characterisirung des Herrn Hauptmannes a. D.
der königl. preussischen Artillerie und zugleich zur Erheiterung der Leser
einige Sätze aus dem neuesten „epochemachenden" Aufsatze desselben
mitzutheilen (Zeitschrift für Museologie etc. 1884, S. 189—194): „Ein
Jahr ist vergangen, seit meine Feuernekropole in die Lande leuchtet....
Die Anerkennung der Nekropolen von Hissarlik und Tiryns ist von ausserordentlicher Tragweite. Sie ist der Beginn einer neuen Epoche (sic!) der
Alterthum-wissenschaft und zieht noch weitere Kreise! Kein Wunder,
wenn überlebte (!) und bedrohte Systeme sich dagegen sträuben. Sie
werden stürzen, denn sie sind auf Irrthum, auf Verwechselung von Grab-
und Wohnstätten aufgebaut und wissen das Geräth der Todten, wenn es
ärmlich und oft absonderlich ist, nur aus Unkultur zu erklären, als sei
dasselbe stets Gebrauchsgeräth der Lebenden gewesen. Bauen wir die
Vorgeschichte des Menschen auf durchaus veränderter Grundlage auf,
schön und herrlich, denn einen so thierischen Zustand desselben, wie
gewisse Theorien ihn malen, hat es nie gegeben!"

Das wird jedem Leser genügen.

dem grossen Palaste angehörten und erst bei einem partiellen
Umbau desselben ausser Function gesetzt sind, und solchen,
welche wirklich aus einer viel älteren Epoche stammen. Zu
der ersten Kategorie gehören die meisten der von uns schon
namhaft gemachten älteren Baureste. Bei einer sorgfältigen Betrachtung des Grundrisses (Plan II) wird sich gewiss jeder davon überzeugen, dass dieser unmöglich in einem Gusse entstanden sein kann. Im grossen und ganzen mag der Palast
schon anfangs dieselbe Anordnung gehabt haben, welche er
heute zeigt; im einzelnen sind aber sicher im Laufe der Jahr-
zehnte oder Jahrhunderte mancherlei Abänderungen vorgekommen. Auf diese Umbauten des Palastes können wir hier
nicht näher eingehen, denn die Zahl der uns bekannten älteren
Baureste reicht nicht aus, den ursprünglichen Grundriss und
seine verschiedenen Abänderungen im einzelnen erkennen zu
lassen. Bevor eine Baugeschichte des Palastes von Tiryns geschrieben werden kann, müssen noch an vielen Stellen der
Burg Tiefgrabungen vorgenommen und die alten Mauerstücke
ganz aufgedeckt werden.

Die älteren Baureste der zweiten Kategorie wollen wir dagegen einer kurzen Besprechung unterziehen, um daraus den
wichtigen Schluss herzuleiten, dass Tiryns schon vor Erbauung
des Palastes bewohnt war. Die wichtigsten Spuren einer älteren
Ansiedelung sind in der Südwestecke der mittlern Burg gefunden worden. In einem Schacht, welcher unmittelbar westlich
von der kleinen Verbindungstreppe zwischen Oberburg und
Mittelburg abgeteuft wurde (auf Plan I mit S bezeichnet), kam
in einer Tiefe von 3,20 m unter der letzten Treppenstufe ein
Estrich zum Vorschein, der aus Lehm besteht und starke Brandspuren zeigt. Beim Weitergraben traten auch zwei Mauern
von etwa ³/₄ m Höhe zu Tage, welche aus Bruchsteinen mit
Lehmmörtel bestehen. Sie gehören einem Zimmer an, dessen
Fussboden von jenem Lehmestrich gebildet wird. Der Schutt,

welcher das Zimmer mehrere Meter hoch bedeckte, bestand zum
grössten Theil aus Lehm. Holzkohle und roth gebranntem
Ziegelschutt. Unter letzterem befanden sich auch Stücke ver-
brannter Ziegelsteine, sogar einige ganze Ziegel waren darunter;
dieselben sind 0,26—0,37 m lang, 0,21 m breit und 0,12—0,13 m
hoch und bestehen aus Lehm und Stroh. In diesem Schutte wurde
ferner fast ausschliesslich monochrome Topfwaare gefunden, über
welche im dritten Kapitel berichtet worden ist (vergl. S. 63—86).

Es kann wol keinem Zweifel unterliegen, dass wir hier
Reste einer Ansiedelung vor uns haben, welche älter ist, als der
Palast: denn erstens gehören alle hier gefundenen Gegenstände
aus Thon einer trübern Epoche an, als die im Palaste ausgegrabenen Funde; zweitens wird das hohe Alter durch die grosse
Tiefe bezeugt, in welcher sich die Mauern und der Estrich befinden; drittens lässt sich an Ort und Stelle deutlich erkennen,
dass das tiefliegende Gemach längst verschüttet war, als die
Treppe und die Grenzmauer der Oberburg erbaut wurden.
Namentlich dieser letzte Grund scheint mir entscheidend zu sein:
an dem westlichen Theile der Terrassenmauer der Oberburg
kann man sich leicht davon überzeugen, dass für die Herstellung
des Fundaments dieser Mauer ein Graben in dem Ziegelschutt
ausgehoben, und dass nach Fertigstellung des Fundaments der
übriggebliebene leere Raum mit Lehm und Sand ausgefüllt worden ist. Die Terrassenmauer ist daher sicher erst erbaut worden,
als der rothe Ziegelschutt schon mehrere Meter hoch das alte
Haus mit dem Lehmfussboden bedeckte.

In den andern Schachten, welche sowol auf der mittlern
Burg als auch im Palast gegraben wurden, sind gleiche ganz
unzweideutige Reste einer ältern Ansiedelung nicht gefunden
worden; sie haben aber fast alle wenigstens geringe Spuren
einer solchen geliefert. Mehrere enthielten einen oder zwei tiefliegende Fussböden aus Lehm, andere zeigten Reste älterer
Mauern und fast in allen fanden sich Holzkohlen und Topf-

scherben. Auch Schutt von verbrannten Luftziegelmauern kam
in mehreren Schachten vor. In dem grossen kreuzförmigen
Graben, welchen Herr Schliemann schon 1876 im südlichen
Theile der Burg ausgehoben hat, sind bei einer Verbreiterung
2 m unter dem Fussboden des Palastes mehrere Stücke Kalkputz mit Farbenspuren gefunden worden, welche den im
Palaste entdeckten Putzstücken vollkommen ähnlich sehen. Ob
diese Fragmente den Gebäuden der älteren Ansiedelung angehören, oder ob sie von den Wänden des Palastes stammen und
erst bei dem Zusammensturz der westlichen Burgmauer und
der ihr benachbarten Bauwerke in eine so grosse Tiefe gerathen
sind, liess sich nicht entscheiden.

Die Existenz einer älteren Niederlassung auf dem Hügel
von Tiryns ist somit zwar constatirt, aber über ihre Grösse
und Form wissen wir fast gar nichts. Es ist uns nicht einmal
bekannt, ob sie schon mit einer Burgmauer umgeben war. Denn
dass die jetzt noch erhaltene grossartige Burgmauer nicht dieser
ersten Ansiedelung angehört, sondern gleichzeitig mit dem stattlichen Palast erbaut ist, darüber kann, meines Erachtens wenigstens, kein Zweifel herrschen.

D. Baumaterialien und Bauconstruction.

1. DIE MAUERN.

Die hauptsächlichsten Baumaterialien, welche bei den Mauern
von Tiryns vorkommen, sind Kalkstein, Breccia, Sandstein, Lehm,
Kalk und Holz. Betrachten wir zunächst die verschiedenen
Steinsorten.

Der Kalkstein ist als Bruchstein und als Haustein zur Verwendung gekommen, in ersterer Form bei den Festungsmauern
und bei den Fundamenten und dem aufgehenden Mauerwerk
der Hauswände, in letzterer zu Thürschwellen, Antenblöcken,
Säulenbasen, Treppenstufen und zum Fussboden des Bade-

zimmers. Er ist in der Nähe von Tiryns an den östlich und
südlich gelegenen Felsen gebrochen worden, wo man jetzt noch
sichere Spuren von antiken Steinbrüchen erkennt. Zur Verwendung als Bruchstein wurden die vom Felsen losgelösten
Blöcke nicht weiter bearbeitet, sondern höchstens mit dem Hammer
etwas zurecht gehauen; sollten sie aber als Hausteine zu Anten,
Treppenstufen etc. verwendet werden, so wurden die Aussenflächen mit Säge, Hammer und andern Instrumenten regelrecht
bearbeitet. Die grössern Blöcke verbrauchte man zur Burgmauer,
die kleinern zu den Mauern der innern Gebäude.

Breccia, ein Kieselconglomerat, hat man als Haustein zu
Thürschwellen und Antenblöcken benutzt; auch die mächtigen
Pfosten des Thores der Oberburg bestehen aus diesem Material.
Im Verhältniss zum Kalkstein ist die Breccia nur sehr wenig
zur Verwendung gelangt; sie ist härter als jener und liess sich
daher auch schwerer brechen. Woher die in Tiryns vorkommenden Blöcke stammen, lässt sich nicht bestimmen. Es wäre möglich, dass sie bei dem Dorfe Charvati, in der Nähe von Mykenae,
gewonnen sind, denn dort existiren grosse Breccialager, welche
auch das Material für die Bauten in Mykenae geliefert haben.
Jedoch kann es auch in grösserer Nähe von Tiryns am Fusse
der östlichen Berge Breccialager geben, die mir nicht bekannt
geworden sind.

Der Sandstein ist noch weniger verwendet worden als
Breccia; wir finden ihn nur bei einigen Antenblöcken und bei
der untern Stufe des grossen Megaron. Wo diese Blöcke gewonnen sind, habe ich nicht ermitteln können.

Unter den mit diesen Steinsorten erbauten Mauern haben
wir zwei Arten zu unterscheiden, je nachdem Mörtel angewendet
worden ist oder nicht. Ohne Mörtel sind die Festungsmauern
und die Fundamente der Häuser errichtet, während zu den aufgehenden Hausmauern stets Lehmmörtel benutzt ist. Bei den
Festungsmauern konnte der Mörtel fehlen, weil nur grosse

Steinblöcke verwendet wurden, welche durch ihr grosses Eigen-
gewicht in ihrer Lage blieben und daher keines Bindemittels
bedurften. Obwol man zu den Fundamenten der Häuser kleinere
Steine nahm, brauchte man doch keinen Mörtel, weil die auf
beiden Seiten der Fundamente befindlichen Erdmassen ein Aus-
weichen der einzelnen Steine verhinderten. Mörtel und zwar
ausschliesslich Lehmmörtel musste dagegen zu den verhältnissmässig dünnen Hausmauern selbst benutzt werden. Das Mauerwerk der letztern, aus Kalkbruchstein und Lehm bestehend, ist
in derselben Weise gemacht, wie es auch heute noch, nicht nur
in Griechenland, sondern auch in vielen andern Ländern hergestellt wird. Alle Zwischenräume der meist sehr unregelmässigen Steine sind mit Mörtel und kleinen Steinchen ausgefüllt.
Dieser Mörtel besteht aus Lehm und Wasser, dem Stroh oder
Heu beigemischt ist.

Gebrannter Kalk war den Erbauern von Tiryns zwar bekannt,
denn sie haben den Verputz der Wände aus reinem Kalk und
denjenigen der Fussböden aus Kalk mit Kies gemacht, aber als
Bindemittel für Bruchsteinmauerwerk haben sie ihn nicht verwendet. Dies stimmt genau zu der schon bekannten Thatsache,
dass die Griechen Wandputz und Estrich schon in den ältesten
Zeiten aus Kalk hergestellt haben, dass aber die Verwendung
des Kalkes als Bindemittel bei Bruchstein- oder Ziegelmauern
erst in später Zeit bei ihnen üblich geworden ist.[1] Nur bei

---

[1] Nissen (Pomp. Studien, S. 45) führt zwei Beispiele an, wo schon in
verhältnissmässig früher Zeit in Griechenland Kalkmörtel verwendet sein
soll, nämlich erstens bei der Fundamentirung der langen Mauer von Athen
und zweitens beim Philippeion in Olympia. Wäre bei diesen Bauten wirklich Kalkmörtel angewendet, so wäre unser obiger Satz unrichtig; aber
beide Beispiele sind zum mindesten sehr zweifelhafter Natur. Das erste
ist Plutarch's Beschreibung der langen Mauer entlehnt (Plut. Cim. 13), wo
er sagt: χάλικι πολλῇ καὶ λίθοις βαρέσι τῶν ἑλῶν κατέδυσεν. Das Wort χάλιξ
braucht aber hier durchaus nicht Kalk zu bedeuten, sondern wird richtiger
mit Kies übersetzt. Eine Fundamentirung mit Kieseln und grössern Steinen war für sumpfiges Terrain jedenfalls vortheilhafter als eine solche mit

Wasserleitungen scheinen die Griechen schon in früher Zeit den Kalk als Mörtel verwendet zu haben.

Die Mauern aus Bruchstein und Lehm würden den directen Einwirkungen der Witterung nicht Stand gehalten haben, wenn sie nicht im äussern mit einem guten Putz überzogen worden wären, denn der Regen hätte an den Aussenseiten den Lehm aus den Fugen herausgespült und so in kurzer Frist ihren Zusammensturz herbeigeführt. Ein solcher Wandputz besteht in Tiryns zunächst aus einer Schicht Lehm, die von verschiedener Stärke ist, weil sie die Unebenheiten des Mauerwerks auszugleichen hat, und darüber aus einer Schicht Kalk, die 1—2 cm stark, aussen geglättet und bemalt ist.

Neben diesem schützenden Wandputz ist zur Verstärkung der Mauern noch ein anderes Mittel angewendet worden. Man mauerte durchgehende Längshölzer an den Aussenseiten ein und gewann so einen die Mauer zusammenhaltenden Anker. Diese Construction ist noch jetzt im Orient sehr beliebt und wurde, wie wir aus Schriftstellernachrichten wissen, auch im Alterthum häufig angewendet.[1] Das unterste Längsholz lag in

---

Steinen und Kalkmörtel, denn der Kalk würde, wenn er nicht hydraulisch war, im Sumpfe doch nicht hart geworden sein. Dass die Griechen aber feinen und groben Kies vielfach zu Fundamentmauern benutzt haben, ist durch Ausgrabungen zur Genüge erwiesen.

Das zweite Beispiel haben die Ausgrabungen in Olympia widerlegt. Aus der Nachricht des Pausanias, dass das Philippeion aus gebrannten Ziegeln bestanden habe, schliesst nämlich Nissen, dass bei demselben auch Kalkmörtel vorkommen müsse. Es hat sich aber gezeigt, dass die Cellawand des Philippeion aus Porosquadern bestand. Die Angabe des Pausanias ist also falsch und soll sich vielleicht auf das Dach beziehen, das in der That aus gebrannten Ziegeln hergestellt war. Demnach darf man das Philippeion jetzt nicht mehr als Backsteinbau und noch weniger als einen Bau mit Kalkmörtel aufführen.

[1] Vgl. Winckler, Die Wohnhäuser der Hellenen, S. 77 fg. Solche Bruchsteinmauern mit Längshölzern sind ferner auf Thera gefunden worden (Bursian, Geographie von Griechenland, II, 523). Auch in Troja ist in einer Mauer aus Bruchsteinen ein rundes Längsloch für einen Holzbalken erhalten.

19 *

denjenigen Mauern von Tiryns, bei welchen überhaupt eine solche
Construction vorhanden war, 0,15—0,20 m über dem Fussboden; von
dem Holze selbst ist zwar nichts mehr erhalten, aber an mehrern
Stellen erkennt man deutlich den leeren Raum in der Mauer,
den es hinterlassen hat. In der Südostecke des Zimmers XVIII
wurden in diesem Hohlraume noch Holzkohlen gefunden.

Um einen Längsbalken einmauern zu können, musste zunächst vermittelst dünner Steinplatten ein horizontales Unterlager hergestellt werden. Diese Platten findet man noch in mehrern Mauern. Gewöhnlich ist dann das darüber befindliche
Mauerstück, wo es noch erhalten ist, stark verbrannt; ein weiterer Beweis dafür, dass in diesen Hohlräumen hölzerne Längsbalken lagen. Ob neben den Längshölzern in den Bruchsteinmauern auch Querbalken zur Anwendung gekommen sind, liess
sich nicht constatiren.

Während die Untertheile sämmtlicher Hausmauern aus
Bruchsteinmauerwerk bestehen, kommt bei den Obertheilen
neben diesem Material auch der Lehmziegel vor. Seine Anwendung muss in Tiryns eine sehr ausgedehnte gewesen sein, weil
fast alle Zimmer des Palastes mit halbgebrannten Ziegeln und
rothem Ziegelschutt angefüllt waren. Leider ist aber nur an
sehr wenigen Punkten des Palastes Ziegelmauerwerk erhalten;
denn die Mauern stehen höchstens noch 1 m über dem Fussboden
aufrecht, und meist fing erst in dieser Höhe das Ziegelmauerwerk
an. Nur an zwei Stellen (im Frauensaale XVIII und im Hofe
XXX) sind Lehmziegelmauern bis auf den Fussboden heruntergeführt und daher jetzt noch sehr gut erhalten. Bei der Zerstörung
der Burg wurden diese beiden Mauern so vollständig gebrannt, dass
aus den Luftziegeln Backsteine geworden sind. An der erstern
Stelle sind sogar diejenigen Ziegel, welche unmittelbar an einen
grossen hölzernen Thürpfosten stiessen, vollständig verglast.

Wenn man die zum Theil sehr gut gebrannten Ziegel sieht,
so kann man zuerst auf den Gedanken kommen, sie wären wirk-

lich Backsteine, die vor ihrer Verwendung gebrannt seien. Allein der Umstand, dass der Lehmmörtel zwischen den Ziegeln in der gleichen Weise gebrannt ist, wie diese selbst, beweist zur Genüge, dass der Brand erst stattgefunden hat, nachdem die Mauer aufgeführt war. Den gebrannten Lehmmörtel kann man übrigens nicht nur bei den noch *in situ* befindlichen Ziegelmauern constatiren, sondern auch an den einzeln in den Zimmern gefundenen Ziegeln, die vielfach mit dem Mörtel zu einem Klumpen zusammengebacken sind. Für das Brennen der Ziegel sind nun zwei Möglichkeiten denkbar. Entweder wurden die Mauern, nachdem sie aus Lehmziegeln aufgebaut waren, absichtlich gebrannt, oder das Brennen ist erst beim Untergange der Stadt durch das von den Eroberern angelegte Feuer erfolgt. Bei den Ziegelmauern von Troja habe ich aus bestimmten technischen Indicien anfangs allerdings an die Möglichkeit der erstern Brennungsart geglaubt, allein später überzeugte ich mich an Ort und Stelle von der Unrichtigkeit dieser Annahme. Die trojanischen Burg- und Hausmauern sind bis zur Zerstörung der Stadt ungebrannte Lehmziegelmauern gewesen, und die Löcher in denselben waren zur Aufnahme von hölzernen Längs- und Querbalken bestimmt.

Ebenso wie in Troja waren auch die gebrannten Ziegelsteine von Tiryns ursprünglich an der Luft getrocknete Lehmziegel, die erst bei der Zerstörung der Burg zu Backsteinen wurden. Dass bei den Ausgrabungen fast nur gebranntes Ziegelmauerwerk gefunden ist, hat offenbar darin seinen Grund, dass erstens die nicht gebrannten Theile der Mauern im Laufe der vielen Jahrhunderte untergegangen sind, und dass man zweitens bei den Ausgrabungen die wenigen noch erhaltenen rohen Lehmziegel nur mit der allergrössten Aufmerksamkeit erkennen und retten kann. Man wundert sich vielleicht auch darüber, dass die starken Lehmziegelmauern, welche in Troja gefunden sind, durch das Feuer beim Untergange der Burg so stark und so gleichmässig gebrannt werden konnten, wie dies in der That der Fall

ist. Diese Erscheinung erklärt sich aber sehr einfach aus dem
Materiale der Ziegel. Dem Lehm, aus welchem Ziegel und
Mörtel bestehen, war nämlich eine Menge Stroh beigemischt,
welches beim Brande selbst Brennstoff lieferte und dessen Hohlräume der Hitze ein schnelles Eindringen in den Ziegel und in
die Mauer ermöglichten. Auch die in die Mauern eingebauten
Balken haben, wenn sie nicht vor der Zerstörung der Burg schon
verfault waren, dem Feuer überall reichliche Nahrung gegeben.

Bei der Bedeutung, welche der Luftziegelbau im ganzen
Alterthum und vornehmlich in der ältesten Zeit gehabt hat,
dürfte es angebracht sein, hier im Anschluss an die Nachrichten
Vitruv's [1] und auf Grund der aufgefundenen antiken Ziegelmauern
einige genauere Angaben über den Luftziegel und seine Anwendung zu machen.

Als Material für den Luftziegel eignete sich nach Vitruv's
Angabe am besten eine Kreideerde (*terra cretosa*) oder ein thon-
haltiger Sand (*sabulo masculus*), doch hat man factisch alle mög-
lichen Erdsorten dazu genommen. Besonders beim Festungsbau
war man wenig wählerisch und verwendete gewöhnlich die beim
Ausheben des Festungsgrabens gewonnene Erde zur Herstellung
der Ziegel, mochte dieselbe sich auch schlecht zum Ziegel-
streichen eignen. Der zu verwendende Lehm sollte ferner möglichst rein sein; aber auch diese Forderung ist lange nicht
immer erfüllt worden. So enthalten z. B. die Ziegel von Troja
zahllose kleine und grosse Muscheln, und sowol in Troja als in
Tiryns habe ich mehrfach Vasenscherben und grössere Kiesel-
steine in den Ziegeln gefunden.

Um den Ziegel fester zu machen und zugleich sein Austrocknen zu erleichtern, wurde dem Lehm geschnittenes Stroh

---

[1] Die beiden wichtigsten Stellen sind Vitruv. II, 3, und II, 8, 8—18.
Vgl. auch Blümner, Technologie bei Griechen und Romern, S. 8 fg., und
Nissen, Pompej. Studien, S. 22 fg.

zugesetzt, dessen einstiges Vorhandensein man selbst in den verbrannten Ziegeln noch deutlich erkennen kann. Der Lehm wurde mit Wasser geknetet, mit Stroh vermengt und dann geformt. Das Trocknen geschah entweder unter freiem Himmel oder besser unter einem schützenden Dach und dauerte sehr lange Zeit. Sollten die Ziegel vollständig austrocknen, so mussten sie vor der Benutzung zwei volle Jahre hindurch liegen bleiben, weil erst nach Ablauf dieser Zeit auch das Innere des Steins seine Feuchtigkeit ganz verloren hatte. In Utica durften, wie Vitruv berichtet, die Lehmziegel sogar erst dann verbaut werden, wenn sie fünf Jahre alt waren, und wenn durch ein obrigkeitliches Zeugniss dieses Alter garantirt wurde.[1] Für die Anfertigung der Ziegel eignet sich am besten der Frühling oder der Herbst, denn im Sommer werden sie von der starken Hitze im Aeussern so schnell und so vollständig getrocknet, dass die im Innern befindliche Feuchtigkeit fast gar nicht mehr entweichen kann: werden solche Ziegel dann benutzt, so zerreissen sie bald und das Mauerwerk ist nicht dauerhaft.

Die Formate der Ziegel sind sehr verschieden. Nach Vitruv gibt es drei Arten: 1) der lydische Ziegel, 1½ Fuss lang und 1 Fuss breit (0,44 m — 0,30 m), namentlich in Italien üblich; 2) der Pentadoron, welcher 5 Palme (0,37 m) im Quadrat hielt und namentlich bei den öffentlichen Gebäuden der Griechen an-

----

[1] Herr Hauptmann Bötticher behauptet in der Zeitschrift für Museologie, 1884, S. 190, dass es „einfach unmöglich" sei, aus trockenen Lehmziegeln und nassem Lehmmörtel eine Mauer herzustellen; Lehmziegel könne man nur in nassem Zustande verwenden, weil sie sich sonst nicht mit dem Mörtel verbänden. Denn Herrn Hauptmann ist offenbar noch nicht bekannt geworden, was Vitruv über den Luftziegelbau im Alterthume schreibt; auch weiss er jedenfalls nicht, dass man noch heute im Orient viele Häuser, ja ganze Städte genau in derjenigen Weise erbaut werden, welche er für „einfach unmöglich" hält. Wenn der „Dorfbaumeister", welchen der Herr Hauptmann als Gewährsmann anführt, diese Bauart noch nicht kennt, so kann ich sie demselben aus eigener Erfahrung aufs beste zur Nachahmung empfehlen.

gewendet wurde; 3) der Tetradoron, von 4 Palmen (0,30 m) im Quadrat, der bei griechischen Privathäusern im Gebrauch war.

Zur Zeit des Vitruv mögen allerdings gewöhnlich nur diese Formate üblich gewesen sein. Die aus frühern Jahrhunderten stammenden Ziegel von Troja, Hanaï-Tepeh, Tiryns, Mykenae und Eleusis zeigen aber meist andere Formate. Zur bessern Uebersicht stelle ich die hauptsächlichsten Ziegelmasse, welche ich in diesen verschiedenen Städten gesammelt habe, tabellarisch zusammen; die Zahlen bedeuten Centimeter.

		Länge	Breite	Höhe	
Troja	1.	67—72	44—48	12—13	
	2.	66	30	12	} II. Stadt
	3.	69—71	19—20	11—12	
	4.	30	30	7	} III.— V. Stadt.
	5.	12	?	8	
Hanaï-Tepeh	6.	28	11	7	
	7.	25—28	20—25	6—7	
	8.	15—18	30—31	7	
	9.	41	21	9	
	10.	19	24	7	
Tiryns	11.	47—48	36	10	im grossen Megaron
	12.	36—37	21	12—13	in der altern Ansiedlung
	13.	52—53	?	9	im Zimmer XXX
	14.	43	25—26	9	im Zimmer XVIII
Mykenae	15.	?	35	8—9	
Eleusis	16.	44	44	9	

Dieses Verzeichniss lehrt, wie ausserordentlich mannichfaltig die Formate der antiken Ziegel waren. Es befinden sich offenbar unter den aufgeführten Ziegeln nur sehr wenige, deren Maasse mit den von Vitruv angegebenen Arten übereinstimmen. Hieran wird zum Theil auch die Verschiedenheit der Ellen, welche in den einzelnen Städten im Gebrauch waren, die Schuld tragen:

---

[1] Die Ziegel von Hanaï-Tepeh sind beschrieben von Frank Calvert in Schliemann's „Ilios", S. 795; die meisten derselben habe ich auch selbst gemessen.

denn es macht einen nicht unbedeutenden Unterschied für die
Grösse der Ziegel, ob wir die griechisch-römische Elle von
0,44 m oder etwa die samische von 0,52 m zu Grunde legen. So
ist z. B. der lydische Ziegel Vitruv's im ersten Falle 0,44 : 0,59 m,
im zweiten Falle 0,52 : 0,17 m. Um die aufgezählten Formate
mit den Angaben Vitruv's vergleichen zu können, müssten wir
daher zunächst wissen, welche Elle in Troja, in Mykenae, in
Tiryns u. s. w. in Gebrauch war. Diese Vorfrage über die
Grösse der einzelnen Ellen kann hier aber natürlich nicht erledigt werden; ich führe jedoch für diejenigen, welche die Vergleichung der mitgetheilten Ziegelformate mit den Angaben
Vitruv's im einzelnen durchführen wollen, wenigstens kurz an,
dass nach meinen Berechnungen in Troja eine Elle von etwa
0,51—0,52 m, in Mykenae und Tiryns eine Elle von 0,6 m, und
in Eleusis die attische Elle von 0,44 m im Gebrauch gewesen zu
sein scheint. Die erstere ist die samische Elle Herodot's, deren
Abbild man neuerdings auf einem Messtische in Assos gefunden
hat, die zweite ist die sogenannte olympische Elle, welche an
den ältern Bauten Olympias angewendet ist und nach welcher
Herakles das Stadion daselbst abgemessen haben soll. Diese
Angaben sind aber nur die Ergebnisse einer Wahrscheinlichkeits-
rechnung und daher keineswegs vollständig gesichert. Wir verzichten deshalb hier darauf, die Maasse der gefundenen Ziegel
mit den Abmessungen der Ziegelsorten Vitruv's zu vergleichen,
und werden nur die verschiedenen Ziegelformate der obigen
Tabelle ohne Rücksicht auf ihre absoluten Maasse zusammen-
stellen.

Quadratische Ziegel gibt es unter ihnen nur wenige, näm-
lich Nr. 14 aus den Dörfern über den Ruinen von Troja und
Nr. 16 aus Eleusis. Da aber bei einer Mauer, welche mehr als
einen Stein stark ist, mit quadratischen Ziegeln ein regelrechter
Verband ohne Halbziegel nicht möglich ist, so müssen wir zur
Klasse der quadratischen Ziegel auch diejenigen rechnen, deren

Länge doppelt so gross ist als die Breite. Solcher Halbziegel
finden wir in der Tabelle mehrere, nämlich Nr. 2 aus Troja,
Nr. 6, 9 und 10 aus Hanaï-Tepeh und vielleicht auch Nr. 13
aus Tiryns. Alle andern aufgeführten Ziegel sind Rechtecke und
gleichen daher dem lydischen Ziegel Vitruv's; doch kommen
neben dem Verhältniss von 2:3, welches die Seiten des letztern
besassen, auch 3:4 und 3:5 vor. Mit den Ziegeln dieses Formates lässt sich auch ohne Halbziegel ein richtiger Verband herstellen, bei welchem weder im Aeussern noch im Innern der
Mauer zwei Fugen vertical übereinander trafen.

Der gewöhnliche Ziegel von Tiryns scheint Nr. 11 gewesen
zu sein; mehrere ganz erhaltene Exemplare dieser Sorte haben
sich im grossen Hofe sowie im Männersaale gefunden. Die
Länge von 0,41—0,45 m entspricht wahrscheinlich einer Elle oder
sechs Händen, während die Breite von 0,35 m gleich 4 1/2 Händen
ist. Bei der Mauer des Megaron, welche 1,24 m stark ist,
konnte ein guter Verband am besten in der Weise hergestellt
werden, dass zwei Ziegellängen und eine Ziegelbreite die Mauerstärke bildeten. Jede Schicht enthielt dann zwei Bindereihen und
eine Läuferreihe, und diese wechselten so ab, dass in der einen
Schicht die Läufer nach innen, in der folgenden Schicht nach
aussen lagen. Jedoch lassen sich sichere Mittheilungen über den
in Tiryns gewählten Verband nicht machen, weil die beiden einzigen gut erhaltenen Ziegelmauern nur 1/2 Stein stark sind. In
Troja dagegen konnten wir bestimmen, dass mit den Ziegeln des
Formates Nr. 1 eine Mauer in der Weise aufgeführt ist, dass
die Schichten abwechselnd aus zwei Bindereihen und drei Läufer-
reihen bestehen. Der Verband der beiden nur 1/2 Stein starken Mauern in Tiryns ist ein einfacher Blockverband, der aber
nicht ganz regelmässig ausgeführt ist; es treffen nämlich die Stossfugen meist nicht genau auf die Mitten der darunterliegenden Ziegel.

Dass in Tiryns auch in den Ziegelmauern Längs- und Querhölzer angeordnet waren, lässt sich aus dem Vorhandensein

solcher Hölzer in dem Sockel einiger Mauern mit ziemlicher
Sicherheit schliessen. Die Art, wie diese Balken zur Befestigung
und Sicherung der Ziegelmauern verwendet wurden, lernen wir
am besten aus den Ruinen Trojas kennen. In den beiden Ge-
bänden A und B, deren Grundriss Fig. 115 wiedergibt, waren
aussen und innen übereinander mehrere Längshölzer einge-
mauert, und zwar beim Gebände A in jeder fünften Schicht.
Zur Verbindung dieser Längsbalken waren in Entfernungen von
je 4 m Querhölzer angeordnet, welche eine Höhe von drei
Ziegelschichten hatten und daher gerade von einem Längsbalken
bis zu dem darüberliegenden reichten. Die Hölzer bildeten beim
Gebände A also ein festes Gerüst, das mit Ziegeln und Lehmmörtel ausgefüllt war. (Vgl. „Troja", Fig. 20—22. [1])

Die Luftziegelmauern sind gewiss in derselben Weise mit
einem Lehm- und Kalkputz überzogen gewesen, wie dies bei
den Bruchsteinmauern der Fall war. Reste desselben haben sich
allerdings nicht erhalten.

2. DIE PARASTADEN.

Da alle Mauern aus Bruchsteinen oder Lehmziegeln, also aus
vergänglichem Material bestanden, mussten ihre Stirnflächen
mit einem festern Material, etwa Haustein oder Holz, verstärkt
werden. Ohne eine solche Vorsichtsmaassregel würden alle
freistehenden Ecken in kurzer Zeit beschädigt und zerstört worden
sein. Auf diese Weise entstanden die Parastaden oder Anten,
welche beim spätern griechischen Steintempel niemals fehlten, aber
daselbst keinen constructiven, sondern nur noch einen künstlerischen Zweck erfüllten. Die Parastaden wurden nicht an jeder
Mauerecke angebracht, sondern nur da, wo ein Mauerende von

---

[1] In Fig. 20—22 sind die Stellen, wo die Holzbalken gelegen haben,
irrthümlicherweise als Hohlräume gezeichnet.

drei Seiten frei lag, so namentlich bei den Stirnmauern der Vorhallen und bei allen Thüröffnungen.

Während die Parastaden in Troja aus nebeneinander gestellten
Holzpfosten gebildet waren, die auf einer gemeinsamen niedrigen Basis aus Stein standen, war in Tiryns ihr unterer Theil
ganz aus Stein und nur ihr oberer Theil aus Holz hergestellt.
Bei Beschreibung der einzelnen Bauten haben wir diese Parastaden schon kennen gelernt. Der aus Stein hergestellte Sockel
ist meist 0,55—0,70 m hoch und wird entweder von einem einzigen Block oder von mehreren zusammengefügten hochkantigen
Platten gebildet. Im ganzen sind noch 26 solcher Antensteine
in den verschiedenen Theilen des Palastes in situ. Sie bestehen
theils aus Breccia, theils aus Sandstein und theils aus dichtem
Kalkstein. Besonders interessant ist die Art und Weise, wie
die glatten Flächen der Breccia- und Kalksteinblöcke hergestellt
sind. Aus dem jetzigen Zustande der verticalen Aussenflächen
kann man nämlich deutlich erkennen, dass dieselben weder mit
einer Spitzhaue noch mit einem Meissel, sondern mit einer Säge
bearbeitet worden sind. Denn an den Steinen sieht man vielfach bogenförmige Linien, die nur durch Hin- und Herbewegen
einer Säge entstanden sein können. In Fig. 114 sind an der
Vorderfläche der Ante diese Curven deutlich verzeichnet. Man
hat diesen Stein von oben, von links unten und von rechts unten so lange gesägt, bis er nur noch in der Mitte an einer kleinen
Stelle mit dem abzutrennenden Stück zusammenhing; dann
brach man das Stück ab, und dadurch blieb auf dem Steine eine
Bruchfläche sichtbar, welche die Gestalt eines sphärischen Drei-
ecks zeigt.

Da alle auf dem Steine sichtbaren Spuren der Säge concav sind,
so können sie nicht von einer gewöhnlichen Steinsäge herrühren,
die an beiden Enden von je einem Arbeiter hin- und hergezogen
wird, denn dann müssten die erhaltenen Spuren gerade Linien
oder convexe Curven sein. Vielmehr muss die Säge die Form

eines gewöhnlichen Messers gehabt haben, welches ein einziger
Arbeiter am Griffe festhielt und mit dessen Spitze er den Einschnitt machte. Die Säge hatte jedenfalls keine Zähne, denn
mit der Zahnsäge lassen sich nur die allerweichsten Steine zerschneiden. Der dichte Kalkstein und namentlich die Breccia von
Tiryns gehören aber zu den harten Gesteinen, die nur mit einer
glatten Säge und einem besonders scharfen Sande (Schmirgel)
durchschnitten werden können. An mehreren Steinen von Tiryns
und auch an einigen von Mykenae lässt sich die Breite des mit
der Säge hergestellten Einschnittes messen, sie beträgt nur 2 mm.
War der Stein einige Centimeter tief gesägt, so wurde das zu
entfernende Stück, soweit der Einschnitt reichte, abgeschlagen
und dann wieder von neuem gesägt. Diese einzelnen Einschnitte
sind es, welche die noch auf den Steinen sichtbaren Curven
zurückgelassen haben. Die primitive Art des Sägens hatte zur
Folge, dass die gesägte Fläche nicht ganz eben, sondern oft sehr
windschief war. Deshalb sind auch die Anten wahrscheinlich
sämmtlich noch mit einem Kalkputz überzogen gewesen, obwol
sich nur noch an einigen von ihnen Reste dieses Putzes gefunden haben.

Das Zerschneiden der Steine mittels der Säge (λιθοπρίστης
πρίων) ist im Alterthum sehr üblich gewesen; viele Schriftstellernachrichten berichten uns darüber, und in Aegypten, Griechenland, Italien und Deutschland sind in alten Steinbrüchen oder
an den Bauwerken sichere Spuren der Steinsäge gefunden worden. [1] Den schon bekannten Zeugnissen reihen sich jetzt die Bauten von Tiryns und Mykenae würdig an. Für Griechenland und
Italien dürften diese beiden Burgen die ältesten Beispiele für
die Verwendung der Steinsäge im Alterthum sein.

[1] Vgl. Blümner, Technologie bei Griechen und Römern, II, S. 216—
222, und III, S. 75—78, wo alle Nachrichten über die Säge zusammengestellt sind.

Als Steine, bei welchen man in Tiryns die Spuren der Säge
am besten erkennen kann, führe ich namentlich an: die Anten
der Vorhalle des Männersaales, diejenigen des grossen Propylaion und diejenigen der Vorhalle des Frauensaales. In Mykenae
liegt in dem Zwischenraume zwischen dem Plattenringe der Gräber und der äussern Burgmauer ein Brecciablock, an welchem
man die Art des Sägens ganz vorzüglich studiren kann; selbst
die Breite des gesägten Einschnittes lässt sich an diesem Steine
noch sehr gut messen.

Während die als Anten und Thürschwellen verwendeten
Blöcke aus dichtem Kalkstein und Breccia wegen ihrer grossen
Härte wahrscheinlich alle gesägt worden sind, können bei dem
weichern Sandstein möglicherweise auch andere Instrumente
benutzt worden sein, doch lässt sich nichts Bestimmtes darüber
sagen. Die Aussenfläche der Sandsteinblöcke ist fast überall
vom Feuer zu sehr beschädigt, um die Art der Bearbeitung
erkennen zu lassen.

Denselben Unterschied, welcher sich in der Art der Bearbeitung der verschiedenen Steinsorten zeigt, finden wir auch bei
der Herstellung der Dübellöcher auf der Oberseite der Antenblöcke wieder. Während nämlich die beiden harten Steine ge-
bohrte runde Löcher aufweisen, besitzen die Sandsteine eingeschnittene viereckige Vertiefungen. In den weichen Sandstein
konnte man mit einem scharfen Instrumente ohne grosse Schwierigkeit ein viereckiges Loch einschneiden oder einhauen; bei der
harten Breccia oder dem dichten Kalkstein war dies aber kaum
möglich. Man musste deshalb für diese harten Gesteine den
Bohrer benutzen.

Dass dieses Instrument den Alten bekannt war, ist durch
zahlreiche Schriftstellernachrichten und durch die an Bauwerken
und Statuen aufgefundenen Bohrlöcher erwiesen.[1] Zum Bohren

---

[1] Vgl. Blümner, Technologie bei Griechen und Römern, III, S. 223—226.

in Stein eignete sich natürlich nicht der Handbohrer, sondern
dazu war ein Drill- oder Drehbohrer nothwendig, der im Alterthume gewöhnlich durch eine darumgeschlungene Bogenschnur
in Bewegung gesetzt wurde. Diese Art des Bohrens schildert
uns Homer sehr deutlich in der Stelle Od. IX, 382—386 [1], wo
Odysseus dem Kyklopen den brennenden Knittel ins Auge bohrt:

Und sie fassten den spitzen Olivenknittel und stiessen
Ihn dem Kyklopen ins Aug', und ich, in die Höhe mich reckend,
Drehete, wie wenn ein Mann, den Bohrer lenkend, ein Schiffholz
Bohrt, die untern ziehen an beiden Enden des Riemens,
Wirbeln ihn hin und her, und er flieget in dringender Eile.

Ein solcher Drehbohrer, der mittels einer Schnur hin- und
herbewegt wurde, ist jedenfalls auch in Tiryns benutzt worden.
Das untere Ende des Bohrers selbst hat jedoch eine andere Form
gehabt als die gewöhnlichen antiken Bohrer, welche Blümner
a. a. O. zusammenstellt, und die unsern modernen Bohrern vollkommen gleichen. Der Zustand der tirynthischen Bohrlöcher
lehrt uns vielmehr, dass sie mit einem einfachen, im Innern
hohlen Cylinder hergestellt sind, dass also der Bohrer die Form
eines starken Schilfrohrs hatte. Selbst bei sehr schneller Um-
drehung hätte man mit einem solchen Bohrer kein Loch in einen
harten Stein bohren können, wenn nicht, ebenso wie beim Sägen,
ein scharfer Sand (Schmirgel) ins Bohrloch eingestreut worden
wäre. Indem der Sand vom Bohrer hin- und herbewegt wurde,
rieb er kleine Partikelchen von dem Steine fort, und so entstand allmählich ein cylindrisches Loch, in dessen Mitte ein
dünner Cylinder aus Stein stehen blieb. Hatte das Loch die
gewünschte Tiefe erlangt, so wurde der mittlere Kern mit
irgendeinem Instrument abgebrochen und das Dübelloch war

[1] οἱ μὲν μοχλὸν ἑλόντες ἐλάϊνον, ὀξὺν ἐπ' ἄκρῳ,
ὀφθαλμῷ ἐνέρεισαν· ἐγὼ δ' ἐφύπερθεν ἐρεισθεὶς
δίνεον, ὡς ὅτε τις τρυπᾷ δόρυ νήϊον ἀνὴρ
τρυπάνῳ, οἱ δέ τ' ἔνερθεν ὑποσσείουσιν ἱμάντι
ἁψάμενοι ἑκάτερθε, τὸ δὲ τρέχει ἐμμενὲς αἰεί·

fertig. Natürlich brach der mittlere Steincylinder bei dieser Procedur nicht immer ganz an seinem untern Ende ab, sondern es blieb meist an dem Boden des Loches ein Stück desselben übrig. Diese stehengebliebenen Reste der kleinen Cylinder kann man jetzt in vielen Dübellöchern noch gut erkennen, und sie sind es, welche uns über die Methode des Bohrens Auskunft geben. Der Durchmesser der Löcher schwankt zwischen 28 und 45 mm, die Tiefe zwischen 40 und 60 mm.[1]

Während bei den meisten Anten die Bohrlöcher einzeln in grössern Distanzen voneinander stehen, finden wir bei den Anten der Vorhalle des Frauensaales stets zwei Löcher unmittelbar nebeneinander, sodass beide zusammen ein einziges längliches Dübelloch bilden, welches etwa diese Gestalt ⬭ hat. Seine Breite ist 29, seine Länge 55 und seine Tiefe 45 mm. Welchen Vortheil diese gekuppelten Löcher vor den einfachen Dübellöchern hatten, ist nicht recht ersichtlich; es müsste denn der sein, dass der darin steckende Dübel und folglich auch der obere Holzbalken der Ante sich nicht um seine Axe drehen konnte.

Die Parastaden aus Sandstein haben viereckige Dübellöcher, die theils quadratisch, theils rechteckig sind; die Dimensionen eines solchen Dübelloches sind beispielsweise: Breite 30, Länge 52 und Tiefe 80 mm. Die Zahl dieser Dübellöcher ist bei den

---

[1] Der englische Altertumsforscher Flinders Petrie hat in seinem Werke „The Pyramids and Temples of Gizeh" Untersuchungen über die Geräthschaften veröffentlicht, welche die alten Aegypter bei Bearbeitung der harten Steinsorten benutzt haben. Er kommt zu dem Resultate, dass die harten Steine, ebenso wie in Tiryns, mit Sagen und cylindrischen Bohrern aus Metall bearbeitet sind, glaubt aber, dass die Schneiden und Spitzen dieser Geräthe mit eingesetzten Edelsteinen versehen gewesen wären. Ich entnehme diese Notiz dem „Centralblatt der preussischen Bauverwaltung", 1884, S. 24, und weiss daher nicht, ob man solche Instrumente in Aegypten wirklich gefunden hat. Ich glaube, dass man auch ohne eingesetzte Edelsteine mit gewöhnlichem Schmirgel sehr harte Steinsorten schneiden und anbohren konnte.

einzelnen Anten sehr verschieden; bei einigen sind nur drei vorhanden, bei andern beträchtlich mehr. Der nordöstliche Eckpfeiler des Frauenhofes hat sogar zehn Dübellöcher.

Wir haben schon oben bei Besprechung der beiden Parastaden in der Vorhalle des Megaron bewiesen, dass über dem Steinsockel Holzbalken gestanden haben. Wir schlossen dies namentlich aus der Oberfläche der betreffenden Ante, die zur Aufnahme eines weitern Steinblockes ganz ungeeignet ist. Dieser Beweis gilt nicht ohne weiteres für alle andern Parastaden, denn die meisten derselben sind oben vollkommen geglättet und würden also immerhin noch eine zweite Quader getragen haben können. Es lässt sich jedoch auch für diese Anten beweisen, dass sie nur einen steinernen Sockel hatten und dass ihr oberer Theil aus Holz bestand.

In dem Palaste kommen im ganzen 26 noch *in situ* befindliche Anten vor, und bei allen 26 ist nur eine einzige Steinschicht über dem Fussboden erhalten. An fünf Stellen fehlen die Sockelsteine ganz, und zwar liegen diese Stellen fast alle an der Peripherie des Palastes; im Innern desselben fehlt nur ein einziger Sockelstein, nämlich an der Thüre zum Männersaal. Diese Zahlen zeigen zunächst, dass die Zerstörung des Palastes nicht in der Weise erfolgt ist, dass die Zerstörer Baumaterial weggeschleppt haben, um es anderweitig zu verwenden, sondern dass sie den Palast zwar verbrannt und vielleicht auch die Dächer eingerissen, aber alle Baumaterialien an Ort und Stelle gelassen haben. Ist dies aber der Fall, so darf man es gewiss als unmöglich bezeichnen, dass auf den erhaltenen Anten jemals noch eine weitere Steinquader gelegen hat; denn wenigstens auf einem der Antenblöcke müsste sich dann eine solche Quader erhalten haben. Hiergegen darf auch nicht angeführt werden, dass der ganze Palast bis zur Höhe der untersten Antenblöcke zerstört sei; denn an vielen Stellen sind die schlechten Bruchsteinmauern

noch über 1 m hoch erhalten, während die Anten überall nur
etwa ½ m hoch sind.

Erwägen wir nun, dass fast alle Antenblöcke oben Dübellöcher enthalten und daher ein anderes Material als Bruchstein
oder Lehmziegel getragen haben müssen, so kann es meines Erachtens keinem Zweifel mehr unterliegen, dass der obere Theil
sämmtlicher Parastaden aus Holz bestand.

Ueber die Construction dieser Holzanten lässt sich nicht
viel sagen, weil keine derselben mehr erhalten ist. Aus der Stellung der Dübellöcher und der Bearbeitung der Oberseite des
Sockels können wir nur schliessen, dass die Holzverkleidung
der Mauerenden 0,25–0,30 m stark war und aus Pfosten oder
Bohlen von dieser Stärke bestand. Solche Anten waren nicht
nur an den Stirnflächen der Mauern, sondern auch überall da
angebracht, wo ein Epistylbalken auf die Mauer traf. Genau an
denselben Stellen stehen aber auch im griechischen Steintempel
die Anten, obwol sie keinen constructiven Zweck mehr erfüllen.
Während also in Tiryns die Anten noch dazu dienen, die Ecken
der aus weniger festem Material bestehenden Mauer zu verstärken und den Druck des schweren Architravbalkens auf die
Mauer aufzunehmen, üben sie bei den spätern griechischen Stein-
bauten diese Functionen nicht mehr aus, sondern deuten dieselben nur künstlerisch an. Wir haben demnach hier ein wichtiges Beispiel für die Thatsache, dass die griechischen Kunstformen des spätern Steinbaues aus constructiven Baugliedern
der ältern Bauten entstanden sind.

3. DIE SÄULEN.

Die Säule spielt in dem Palaste von Tiryns eine grosse
Rolle; 31 Säulenbasen sind noch jetzt auf der Oberburg erhalten
und ausserdem lassen sich noch mehrere Säulen, deren Basen
fehlen, mit Sicherheit ergänzen. Für einen einzigen Palast ist
diese Zahl eine recht bedeutende, besonders wenn man erwägt,

dass bisher dem Homerischen Hause gewöhnlich nur wenige Säulen zugeschrieben wurden.

Ueber die Form der Säulen und ihren künstlerischen Schmuck wissen wir leider fast gar nichts, weil nur die steinernen Basen erhalten, der Säulenschaft und das Capitäl aber untergegangen sind. Unter den aufgefundenen Basen haben wir zwei verschiedene Sorten zu unterscheiden: erstens grosse, unregelmässig begrenzte Kalksteine, auf deren bearbeiteter Oberfläche sich ein Kreis von etwa 3 cm Höhe erhebt, und zweitens unregelmässige Fundamentsteine, die an ihrer Oberseite nur geglättet sind. Die erstere Sorte ist die gewöhnlichere und auch die ältere; die zweite Sorte, welche nur an der Ost- und Südhalle des grossen Männerhofes vorkommt, rührt von einem spätern Umbau des Palastes her.

Wie die Säulenbasen der erstern Sorte aussehen, zeigt Fig. 114, auf welcher die westliche Basis der Vorhalle des Megaron abgebildet ist. Der an seinen Seiten und an seiner Unterfläche gar nicht bearbeitete Steinblock liegt stets so tief in der Erde, dass die rohen Flächen nicht sichtbar sind, und der Kalkestrich des Fussbodens gerade den tieferliegenden Theil seiner Oberfläche bedeckt. Der mittlere Kreis ragt noch um 1—2 cm aus dem Estrich hervor. Da der Durchmesser der Säule etwas kleiner war als der Durchmesser des Fundaments, so bildete dieses eine sichtbare Basis für die Säule; in ähnlicher Weise sind auch die ägyptischen Säulen meist mit einer einfachen, ziemlich weit überstehenden Basis versehen (vergl. Perrot u. Chipiez, Aegypten, deutsche Ausgabe S. 103).

Sämmtliche Säulen einschliesslich ihrer Capitäle bestanden, wie sich leicht beweisen lässt, aus Holz. Erstens ist keine einzige Säulentrommel aus Stein gefunden worden, während von 26 Parastaden der unterste, steinerne Block noch erhalten ist: es ist aber ganz undenkbar, dass alle Säulentrommeln spurlos verschwunden sein sollten, wenn sie aus Stein gewesen wären.

Sie müssen also aus einem Materiale bestanden haben, welches
bei Zerstörung der Burg untergehen konnte. Zweitens beweisen
die Durchmesser der Basen, die bedeutend schmaler sind als die
Parastaden, dass die Säulen nicht aus Stein hergestellt gewesen
sein können. Drittens bestanden, wie wir vorher gesehen haben,
sämmtliche Anten aus Holzpfosten: zu hölzernen Anten gehören
aber nothwendigerweise auch hölzerne Epistyle und hölzerne
Säulen, denn wenn man die Säulen aus Stein gemacht hätte, so
würde man gewiss auch zu den Anten dieses Material genommen
haben. Viertens dürfen wir auch noch den jetzigen Zustand einiger
Säulenbasen als Beweis anführen. Mehrere Basen sind nämlich
ringsherum sehr stark vom Feuer verbrannt, während ihre Mitten
nur geringe Brandspuren aufweisen; diese Eigenthümlichkeit ist,
wie mir scheint, nur dann zu erklären, wenn der Säulenschaft
aus Holz bestand. Gerieth eine solche hölzerne Säule in Brand,
so konnte der mittlere Theil der Basis nur wenig beschädigt
werden, während der äussere Rand ganz der zerstörenden Wirkung des Feuers preisgegeben war.

Diese Gründe sind so überzeugend, dass gewiss niemand an
die Existenz von steinernen Säulen denken würde, wenn nicht
auf der Oberburg ein altes dorisches Capitäl aus Sandstein gefunden worden wäre, das wir in dem Abschnitte über die
Architekturglieder näher besprechen werden (vgl. Fig. 122).
Allein dieses Capitäl lag nicht etwa in den Zimmern des Palastes,
sondern war in eine spätere, rohe Mauer verbaut, welche in
einem Bogen über den grossen Hof hin lief. Oberhalb des
Altars haben wir einige Blöcke dieser nur aus einer Steinreihe
bestehenden Mauer *in situ* gelassen, den übrigen Theil aber fort-
genommen. Als diese Mauer erbaut wurde, war der Palast sicher
schon verschüttet, und daher kann das Capitäl sehr wohl im
Mittelalter von einem andern Theile der Burg hierher geschleppt
worden sein. Es ist ferner beachtenswerth, dass zwei Fragmente
eines dorischen Giebelgeison aus genau demselben Sandstein am

östlichen Abhange der Oberburg in der Nähe des Thores gefunden sind, an derselben Stelle, wo auch mehrere Dachziegel aus Thon, einige griechische Vasenscherben und Gegenstände aus Eisen zu Tage gekommen sind. Hiernach scheint es sicher zu sein, dass in frühgriechischer Zeit in der Nähe des Hauptaufganges zur Burg ein dorisches Gebäude errichtet worden ist, welchem das Capitäl, das Geison und die Dachziegel angehörten. Ich habe oben (S. 260) die Vermuthung ausgesprochen, dass die im Megaron des Palastes ausgegrabenen spätern Mauern die Fundamente eines dorischen Tempels sind. Ist diese Vermuthung richtig, so müsste der Palast schon in sehr früher Zeit zerstört worden sein, denn das Capitäl und der wahrscheinlich zu demselben Bau gehörige Stirnziegel scheinen älter als das 5. vorchristlichen Jahrhundert zu sein.

Zum alten Palaste können aber weder das Capitäl noch die andern Bauglieder gehören, denn hätten die Säulen und Gesimse des Palastes aus Sandstein und die Dächer aus Thonziegeln bestanden, so müsste in dem Schutte, welcher den Hof und die Gemächer anfüllte, doch wenigstens ein Splitter eines Sandsteines oder eines Dachziegels zum Vorschein gekommen sein. Dies ist aber nicht geschehen und daher ist die Zugehörigkeit dieser Bauglieder zum Palaste ausgeschlossen.

Bestanden die Säulen des Palastes aus Holz, so erklärt sich erst, warum sie eine über den Fussboden erhabene Basis besassen. Die Holzsäule durfte nämlich nicht bis auf den Fussboden hinuntergehen, damit die Feuchtigkeit nicht das Holz erreichen und es bald zerstören konnte. Der Schaft war vermuthlich aus einem einzigen Stamme hergestellt; denn wäre er aus mehrern nebeneinanderstehenden Pfosten zusammengesetzt worden, so hätte man sicherlich die einzelnen Pfosten mit der steinernen Basis durch Dübel verbunden, ebenso wie man es bei den Anten gethan hat. Für einen einzigen dicken Baum war aber kein Dübel nothwendig.

Was die Capitäle anbetrifft, so können wir höchstens vermuthen, dass sie diejenige Form zeigten, welche wir in Mykenae
am Relief des Löwenthores und an dem Eingange zum sogenannten Schatzhause des Atreus [1] finden. Die genaue Uebereinstimmung dieser beiden Säulencapitäle, der einzigen, die wir aus
der Zeit der Erbauung von Tiryns und Mykenae besitzen, gibt
dieser Vermuthung grosse Wahrscheinlichkeit.

4. DIE DECKE UND DAS DACH.

Bei Beschreibung der einzelnen Theile des Palastes haben
wir schon mehrfach die Frage nach der Form der Decke und
des Daches gestreift. Um diese Frage beantworten zu können,
haben wir zunächst das Eindeckungs-Material zu bestimmen:
denn es liegt auf der Hand, dass es für die Form des Daches und
auch der Decke von grossem Einfluss ist, ob man gebrannte
Ziegel oder Schilfrohr oder Lehm oder irgendein anderes Material zur Eindeckung benutzt.

In den Gemächern und Höfen des Palastes ist, wie wir
schon mehrfach betont haben, kein einziger Dachziegel aus gebranntem Thon gefunden worden, und daher können seine Dächer
unmöglich mit Thonziegeln eingedeckt gewesen sein. Zwischen
dem Haupteingange zur Burg und dem Thore der Oberburg
sind zwar einzelne gute griechische Dachziegel und ein archaischer Stirnziegel ausgegraben worden, und in der Nähe der
byzantinischen Kirche am südlichen Ende der Burg haben sich
auch manche byzantinische Dachziegel gefunden, aber beide
Ziegelsorten können nicht für die Dächer des Palastes in Anspruch genommen werden. Die Eindeckung muss mit einem
Material geschehen sein, welches entweder bei der Zerstörung des

---

[1] In dem neuesten Werke über die „Architektonik der Hellenen"
von Dr. R. Adamy (S. 84) wird das Capital vom Schatzhause des Atreus
noch als Säulenbasis abgebildet, obwohl dasselbe schon längst als Capital
erwiesen ist.

Palastes verbrannt ist, oder wenigstens keine jetzt sichtbaren
Spuren zurückgelassen hat. Es scheinen mir aus diesem Grunde
nur zwei Materialien in Betracht zu kommen, nämlich Schilfrohr und Lehm.

Mit Rohr war das Zelt des Achilleus eingedeckt, wie wir
Il. XXIV, 450—451 [1] lesen:

...... und obenher zur Bedeckung
Deckten mit wolkigem Schilf, aus sumpfigen Wiesen gesammelt.

Dächer aus Rohr hatten nach Herodot (V, 101) auch die
Häuser von Sardes zu der Zeit, als diese Stadt von den Ioniern
eingenommen wurde (καλάμου εἶχον τὰς ὀροφάς). Wenn dem-
nach Schilfrohr im Alterthume auch vielfach zum Eindecken der
Häuser benutzt worden ist, können die Dächer des tiryuthischen
Palastes, wie sich leicht beweisen lässt, doch nicht in dieser
Weise eingedeckt gewesen sein. Ein Dach aus Schilf verlangt
nämlich ebenso wie ein Strohdach eine sehr starke Neigung,
damit das Wasser nicht eindringt, sondern an den einzelnen
Halmen herunterläuft. Ein steiles Dach eignet sich allerdings
sehr gut für ein alleinstehendes Haus, aber für einen grossen
Häusercomplex, wie den Palast von Tiryns, ist es nicht zu
verwenden. Denn wenn man den ganzen Bau mit einem einzigen steilen Satteldach versieht, so wird die Höhe des Daches
in der Mitte viel zu gross; wenn dagegen die einzelnen Gebäude gesonderte Satteldächer bekommen, so entstehen Regen-
rinnen zwischen den einzelnen Dächern, die mit Rohr selbstverständlich niemals dicht gemacht werden können.

Es bleibt uns also nur die Eindeckung mit Lehm übrig.
Jedes Lehmdach muss annähernd horizontal sein, damit nicht
jeder Regenguss alles Material herunterspült. Wie wir uns
ein solches Dach zu denken haben, ist oben schon angedeutet.

---

[1] ὕπαρ καταρρέφων ὄρηφον
λαχνήεντ᾽ ὄροφον λειμώνων ἀμήσαντες.

Ueber den grossen Epistylien und Trägern lagen die eigentlichen
Deckbalken entweder in grössern Abständen oder dicht aneinander gereiht, wie die Rundhölzer an der Façade der Kuppelgräber und am Löwenrelief von Mykene. Im erstern Falle
wurden die Zwischenräume mit Querhölzern oder Bohlen überdeckt, im letztern Falle genügte Rohr, um eine dichte Unterlage
für den Lehm herzustellen. Da den Erbauern von Tiryns Kalk
nicht unbekannt war, so könnte man auf die Vermuthung kommen, dass sie das Dach mit einem Kalkestrich statt mit Lehm
abgedeckt hätten. Allein erstens ist ein gewöhnlicher Kalkestrich
für das Dach durchaus nicht besser als eine Lehmschicht, denn
er bekommt leicht Risse und ist dann nicht mehr undurchlässig.
Zweitens hätten wir aber auch, wenn das Dach mit Kalkmörtel
eingedeckt war, im Innern des Palastes Stücke dieses Estrichs
finden müssen. Da dies nicht der Fall gewesen ist, so müssen
wir annehmen, dass das ganze Dach in der noch heute im
Orient vielfach üblichen Weise mit einer starken Lehmschicht
versehen war.

Während man bei ansteigenden Dächern oft im Innern der
Häuser eine besondere horizontale Decke hatte, war beim horizontalen Dach die Decke stets mit diesem identisch. In den
meisten Zimmern von Tiryns bestand daher die Decke entweder
aus vielen dicht nebeneinanderliegenden Deckbalken, oder aus
einer geringen Anzahl von Balken, deren Zwischenräume mit
Querhölzern überdeckt waren. In den grössern Sälen, namentlich im Männersaale, kamen noch starke Träger oder Unterzüge
hinzu, um die Spannweite der Deckbalken zu vermindern. Alle
diese Hölzer der Decke werden, soweit sie sichtbar waren,
gewiss sauber geglättet gewesen sein, zumal Homer die aus Holz
hergestellten Theile des Palastes oft „glänzend" oder „schim-
mernd" nennt. Da das Feuer des Herdes und der Fackeln die
Decke allmählich schwärzte, gibt ihr Homer auch das Epitheton
„russig" (αἰθαλόεις). Die Instrumente, mit welchen die Be-

arbeitung des Holzes in der Homerischen Zeit geschah, beschreibt
Helbig in seinem Buche: „Das Homerische Epos“, S. 76.
Die Homerischen Namen für die einzelnen Theile der Decke
haben wir schon oben (S. 250) angeführt.

5. DER FUSSBODEN.

Homer schildert uns den Fussboden im Palaste des Odysseus
als einen einfachen gestampften Lehmboden (Od. IV, 627 und
XVII, 169), in welchen Telemachos beim Bogenwettkampf die
Beile hineinsteckt (Od. XXI, 120). In dieser Weise ist im
Megaron und in mehrern andern Gemächern der Pergamos von
Troja der Fussboden hergestellt. Beim Untergange der Stadt
hat er sich infolge der Gluthitze theilweise mit einer Glasur
überzogen, bestand aber ursprünglich unzweifelhaft aus einer
gestampften Lehmschicht. Einen Fussboden derselben Gattung
finden wir auch in der ältesten Ansiedelung auf dem Hügel von
Tiryns, deren Reste wir oben (S. 286) beschrieben haben.

Der tirynthische Palast zeigt dagegen durchweg eine andere
Art von Fussboden, nämlich einen Estrich, der aus Kalk und
kleinen Steinchen oder lediglich aus Kalk gebildet ist. Wir
haben in der Baubeschreibung der einzelnen Gemächer schon
die verschiedenen noch erhaltenen Theile dieses Estrichs erwähnt
und brauchen daher hier die verschiedenen Arten nur kurz zu-
sammenzustellen. In einigen Gemächern liegt nur eine einzige
Mörtelschicht unmittelbar auf einer aus Erde und Lehm bestehenden
Unterlage, in andern Gemächern hat man diese Schicht ver-
doppelt und zwar in der Weise, dass man eine dicke, weniger
feste Mörtelschicht als Unterlage für den obern festern Estrich
angeordnet hat. Kieselsteinchen sind dem Estrich namentlich
da zugesetzt, wo er den Einflüssen der Witterung sehr ausgesetzt war, so z. B. im grossen Männerhofe und im grossen
Propylaion. Im letztern Gebäude überwiegen die Steinchen

so sehr den Mörtel, dass man seinen Fussboden auch als Kiesel-
mosaik bezeichnen kann.

In den Wohnräumen fehlen meist die Steinchen und der
Fussboden hat daher eine glattere Oberfläche. In mehrern
Zimmern ist der Estrich durch eingeritzte Linien mit einem
Teppichmuster versehen. Ein solches ist noch zu erkennen im
Männersaale und seiner Vorhalle und im Frauensaale. Reste
rother und blauer Farbe, die in mehrern Räumen gefunden sind,
beweisen, dass man den Estrich auch bemalte. An einer Stelle
(im Corridor XII) haben wir noch eine Bemalung des Fuss-
bodens mit rothen geometrischen Ornamenten (Zickzacklinien und
Wellenlinien) constatiren können.

Fussböden aus Holz oder aus Steinplatten, wie sie jetzt fast
ausschliesslich üblich sind, kennt der tirynthische Palast nicht,
denn den Fussboden der Badestube, der aus einem einzigen
grossen Steinblocke besteht (vgl. S. 261), kann man nicht zu den
Plattenfussböden rechnen.

6. DIE THÜREN.

Die Ausgrabungen haben unsere Kenntniss der Thüreinrich-
tung im Homerischen Palaste sehr wesentlich bereichert. Von etwa
10 Thüren sind mehr oder weniger deutliche Reste erhalten. Unter
denselben sind sieben sicher als zweiflügelige zu erkennen, einzelne scheinen nur mit Teppichen verhängt gewesen zu sein; alle
übrigen waren einflügelig. Die Doppelthüren befanden sich im
Thore der Oberburg, in den beiden Propyläen, in der Vorhalle
des Männersaales und im Thalamos XXII, welcher vermuthlich
das Schlafgemach des Herrschers bildete. Homer nennt den
Thürflügel θύρα oder θύρετρον; der Plural θύραι oder θύρετρα
bedeutet meist nur eine zweiflügelige Thür, seltener mehrere
Thüren.

In Bezug auf das Material der Schwelle unterscheidet
Homer zwischen Thüren mit steinernen, eichenen, eschenen und

chernen Schwellen (λάϊνος, δρύϊνος, μέλινος und χάλκεος οὐδός [1]).
Ebenso finden wir auch in Tiryns theils steinerne, theils hölzerne
Schwellen.   Zweiundzwanzig   wohlerhaltene   Steinschwellen
liegen noch an ihrer alten Stelle; die hölzernen sind zwar nicht
mehr vorhanden, aber Reste von Holzkohlen bezeichnen ihre
Stelle. Man könnte vermuthen, dass diese Holzkohlen von den
Thürflügeln herrührten und dass ursprünglich auch diese Thüren
steinerne Schwellen hatten. Bei einigen Thüren mag diese Vermuthung zutreffen, bei den meisten kann man sich aber davon
überzeugen, dass sie niemals eine steinerne Schwelle gehabt
haben können. Von den 22 gefundenen Steinschwellen bestehen
nur 6 aus Breccia, alle übrigen aus dichtem Kalkstein. Aus
welcher Holzart die hölzernen Schwellen hergestellt waren, ist
nicht bekannt; ebenso wenig wissen wir, ob etwa einige derselben
mit Bronzeblech überzogen waren.

Um die Einrichtung und Construction der Thüren im einzelnen zu beschreiben, wähle ich zwei Beispiele aus, die besonders
gut erhalten sind. Betrachten wir zunächst die Thür zum
Frauengemach, deren Grundriss die umstehende Figur 119
zeigt. Der jetzige Zustand ist folgender: In der Mitte der Querwand zwischen dem Frauengemach und seiner Vorhalle liegt
eine grosse Thürschwelle aus Kalkstein, sie ist auf allen Seiten
unregelmässig begrenzt und ihre maximalen Maasse sind 2 m zu
1,35. Ihre Oberfläche ist ganz geglättet, bildet aber nicht eine
einzige Ebene, sondern in der Mitte ist ein Streifen von 0,50 m
Breite um etwa 2 cm höher als der unregelmässige Rand. Der
tiefer liegende Theil wurde vom Estrich des Fussbodens überdeckt, war also nicht sichtbar, während der höhere mittlere
Theil sichtbar blieb und die eigentliche Thürschwelle bildete,
die sich nur um ein Geringes über den Fussboden der Gemächer
erhob. An die kurzen Seiten der Schwelle schliessen sich

[1] Od., VIII, 80; XXI, 43; XVII, 339; und Il., VIII, 15.

beiderseits je drei unregelmässige Steine an, deren glatte Ober-

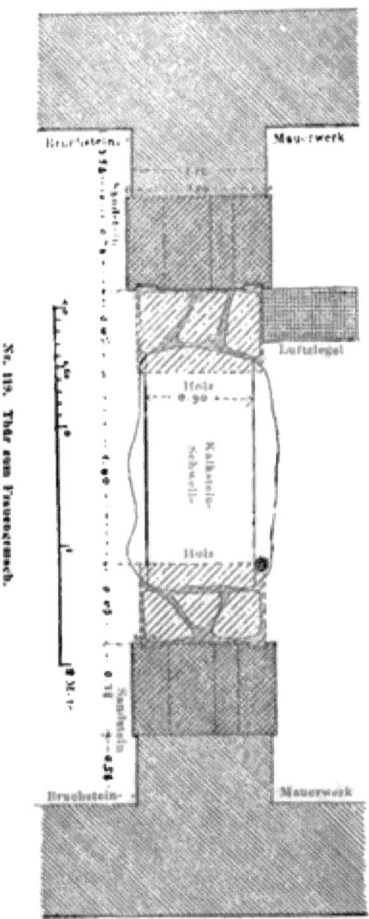

fläche mit der Schwelle in einer Höhe liegt. Auf diese folgen
beiderseits grosse, regelmässig bearbeitete Sandsteinblöcke, deren

Gestalt aus dem Grundriss ersichtlich ist. Jeder dieser Pfeiler ist aus zwei Stücken von verschiedener Grösse zusammengesetzt und hat eine Breite von 0,75 m, eine Tiefe von 1,20 m und eine Höhe von 0,40 m. An der zur Thüröffnung hingewandten Seite sind zwei Falze von je 0,13—0,16 m Breite und 0,03—0,04 m Tiefe angearbeitet, welche 0,04 m von der Aussenkante abstehen. Auf der Oberseite ist sowol nach der Vorhalle wie nach dem Frauengemache hin je ein um 0,03—0,04 m vertiefter Streifen von 0,28—0,32 m Breite angebracht, welcher vermuthlich das unterste Längsholz der anstossenden Bruchsteinmauer aufnahm.

Wäre die Thürschwelle nicht mehr vorhanden, so würde wol jeder glauben, dass die beiden Sandsteinpfeiler die Parastaden der Thür seien, und dass letztere mithin eine lichte Weite von 2,30 m gehabt habe. Höchstens hätte man aus den Falzen der Sandsteinpfeiler auf eine dünne Verkleidung geschlossen und deshalb einige Centimeter von dem Breitenmasse der Thür in Abzug gebracht. Die Thürschwelle lehrt uns aber aufs bestimmteste, dass ein solcher Schluss falsch ist: die Thür hat nur eine Breite von 1,60 m gehabt und ist beiderseits von starken Holzpfeilern eingefasst gewesen, welche ungefähr 0,35 m breit und 1,34 m tief waren. Die Thatsachen, aus welchen wir dies schliessen, sind folgende: Zunächst können weder die unregelmässigen kurzen Seiten der Schwelle, noch die anstossenden rohen Fundamentsteine sichtbar gewesen sein; ferner muss die Schwelle an beiden Enden schon deshalb die Thürpfosten getragen haben, weil es der wichtigste Zweck jeder Thürschwelle ist, für die Pfosten eine feste und einheitliche Unterlage zu bilden. Sodann ist auf der Schwelle an der verschiedenen Art der Erhaltung der Oberfläche deutlich zu sehen, dass die betretbare Thüröffnung nur etwa 1,60 m breit gewesen ist. Hiermit stimmt auch überein, dass gerade dort, wo nach den erhaltenen Spuren der östliche Thürpfosten aufhört, die Pfanne für den Thürzapfen angebracht ist. Endlich weist auch die Existenz einer

Luftziegelmauer, welche von Norden an den westlichen Thürpfosten stösst, darauf hin, dass die Thüröffnung nicht bis an den
Sandsteinpfeiler herangereicht haben kann. Alle diese Gründe
beweisen zur Genüge, dass die Thüröffnung nur 1,50 m gross
war und beiderseits von mächtigen Pfosten eingefasst wurde.

Aus welchem Materiale bestanden aber diese Pfosten?
Schon das Vorhandensein der Falze in den Sandsteinpfeilern
deutet an, dass jene aus Holz hergestellt waren, denn zur Verbindung eines Steines mit einem andern Steine macht man nicht
solche Einschnitte. Auch der Zustand der Sandsteinpfeiler und
besonders der Luftziegelmauer weist auf hölzerne Pfosten hin,
denn beide haben vom Feuer sehr gelitten, die Luftziegel sind
sogar in der Nähe des Pfostens vollständig verglast. Entscheidend für Holz ist schliesslich der Umstand, dass nicht nur bei
dieser Thür, sondern bei allen Thüren des Palastes die
seitlichen Pfosten fehlen. Diese Thatsache kann aber nur dadurch erklärt werden, dass die Pfosten bei Zerstörung der Burg
verbrannt sind. Und in der That sind auch in der Nähe aller
Thüren die erhaltenen Mauern total verbrannt, und an vielen
Thüren fanden sich bei der Ausgrabung noch Reste von Holzkohle.

Ich habe den Beweis für die ehemalige Existenz der hölzernen
Thürpfosten so eingehend geführt, weil diese Frage für die ganze
antike Baukunst von nicht zu unterschätzender Bedeutung ist. Die
hölzernen Thürpfosten waren für die Griechen und speciell für
die Dorier so eng mit dem Begriff der Thür verbunden, dass
selbst bei Marmorbauten des 5. Jahrhunderts, z. B. beim Par-
thenon und bei den athenischen Propyläen, die Thürgewände
aus Holz hergestellt waren, obwol eine solche Construction an
Marmorbauten für unser Verständniss geradezu unbegreiflich
ist. Die Vorliebe für hölzerne Thürpfosten ist nur dadurch zu
erklären, dass der regelmässige Quaderbau erst sehr spät und
immer nur vereinzelt in Griechenland vorgekommen ist und dass

vielmehr in den ältesten Zeiten alle, in der spätern Zeit wenigstens bei weitem die meisten Gebäude aus schlechterm Material,
d. h. aus Bruchstein mit Lehmmörtel und aus Lehmziegeln hergestellt waren.

In Bezug auf unsere tirynthischen Thürpfosten haben wir
aber noch zu untersuchen, ob sie aus einem starken Baumstamme
oder aus Bohlen mit einem innern Hohlraume gebildet waren.
Während das Fehlen von Dübellöchern in der Schwelle für die
erstere Annahme spricht, lässt sich das Vorhandensein der beiden
Falze mit einigem Recht als Beweis für eine Construction der
Pfosten aus Bohlen von etwa 0,16 m Dicke anführen. Mir
scheint aber die erstere Annahme die grössere Wahrscheinlichkeit für sich zu haben und zwar deshalb, weil vermutlich für
einen aus mehreren Bohlen zusammengefügten, hohlen Pfosten
ein einheitliches Fundament gewählt worden wäre. Doch glaube
ich nicht etwa, dass der ganze Pfosten von einem einzigen
Stamme gebildet wurde, sondern dass er mindestens aus zwei
Stämmen (von je 0,57 zu 0,65 m) zusammengesetzt war.

In der Fig. 119 habe ich dem Thürpfosten einen genau
rechteckigen Querschnitt gegeben, in Wirklichkeit wird er aber,
ebenso wie die Thüreinfassung am sogenannten Schatzhause des
Atreus in Mykenae, fascienartig profilirt gewesen sein. Dadurch
erklärt sich auch, weshalb der Thürpfosten unmittelbar an dem
Sandsteinblock eine Tiefe von 1,24 m hat, während die Breite
der Thürschwelle nur 0,90 m ist. Die Abnahme der Dicke des
Pfostens betrug daher auf jeder Seite 0,07 m.

Waren die Thürpfosten aus Holz hergestellt, so entsteht
die Frage, welchen Zweck die neben ihnen liegenden Sandsteinblöcke gehabt haben. Lägen sie mit der Bruchsteinmauer bündig,
so könnte man annehmen, dass sie nur das unregelmässige Bruchsteinmauerwerk der Wand abschliessen sollten; da sie aber
antenartig um 4 cm vor die Wand vorspringen, so sind sie in
der That Pilaster gewesen, welche die Thüre auf beiden Seiten

einfassten. Sie gleichen also den beiden Halbsäulen am Schatzhause des Atreus, welche auch die von einer doppelten Fascie
umrahmte Thür einschliessen. Aehnliche Parastaden kommen
in Tiryns nur noch bei der grossen Thür des Männersaales
und wahrscheinlich auch beim Propylaion des Hofes vor; alle
übrigen Thüren haben nur eine hölzerne Umrahmung gehabt.

Ueber den obern Abschluss der Thüröffnung geben uns die
Ruinen von Tiryns keinerlei Auskunft; wir sind daher, wenn
wir uns ein Bild von der Thür machen wollen, auf die Thüren

Nr. 120. Bronzener Schuh für den Drehzapfen einer Thür.

der Kuppelgräber von Mykenae, Orchomenos, Menidi u. s. w.
angewiesen. Sie alle stimmen darin überein, dass das seitliche
Gewände mit demselben oder wenigstens einem ähnlichen Profil
auch die obere Thüreinrahmung, den Thürsturz, bildet. In
dieser Weise haben wir also auch die Thüren von Tiryns zu
restauriren.

Das Vorhandensein von nur einem Zapfenloch in der
Schwelle der Thür zum Frauengemach beweist, dass diese
Thür trotz ihrer Breite von 1,ω m eine einflügelige war. Ueber
die äussere Gestalt dieses Thürflügels wissen wir gar nichts.
Ein gütiges Geschick hat es aber gefügt, dass wir über die

Drehvorrichtung der Thür sehr gut unterrichtet sind. Bei der
Ausgrabung der Thür fanden wir nämlich den grossen Zapfen
aus Bronze, der in Fig. 120 dargestellt ist, noch in dem Zapfenloch. Aus seiner Stellung konnte man ersehen, dass die Thür
halb offen stand, als sie vom Feuer ergriffen wurde und ver-
brannte. Der Zapfen besteht aus einem hohlen Cylinder von
118 mm innerm Durchmesser, der unten kugelförmig geschlossen
ist. Er bildete also einen Schuh für den starken hölzernen
Drehpfosten der Thür, mit dem er durch drei Nägel verbunden
war. Der rechteckige Ausschnitt des Cylinders ist zur Aufnahme des untern Rahmens der Thür bestimmt, welcher letz-

Nr. 121. Seitenthür in der Vorhalle des Frauengemaches.

tere mit dem seitlichen als Drehpfosten dienenden Balken ver-
zapft war. Der untere Rahmen ist, nach den 'Maassen des
Ausschnittes zu schliessen, 75 cm breit und 95 mm dick gewesen. Beim Oeffnen der Thür drehte sich also der bronzene
Zapfen in der an die steinerne Schwelle angearbeiteten Pfanne.
In welcher Weise die Führung des obern Zapfens der Thür
bewirkt war, wissen wir nicht.

Ausser dieser Thür zum Frauengemach geben wir in
Fig. 121 als zweites Beispiel eine einfachere Thür, nämlich eine
der Seitenthüren der Vorhalle des Frauengemaches. Auch bei
dieser Thür erkennt man an den erhaltenen Spuren deutlich
die mächtigen Holzpfosten, welche die Thüröffnung eingefasst
haben. An diese Pfosten schlossen sich direct die Wände aus
Bruchsteinen und Lehmziegeln an; besondere Parastaden, wie

bei der vorher beschriebenen Thür, waren nicht vorhanden.
Die Thürschwelle aus Kalkstein ist in derselben Weise bearbeitet, wie bei der Thür zum Frauensaal: ihre Begrenzungslinie
im Innern der Vorhalle muste ich durch punktirte Linien andeuten, weil sie vom Estrich bedeckt und daher nicht sichtbar
ist. Der wesentliche Unterschied zwischen beiden Thüren besteht in der Art und Weise, wie der Thürflügel angebracht ist.
Während nämlich bei der Thür zum Frauensaal der Flügel
von aussen gegen die Thürpfosten anschlägt, war hier der Thürpfosten mit einem besondern Anschlag versehen, gegen welchen
sich der Flügel beim Schliessen der Thür legte. Im geöffneten
Zustande schlug der Flügel gegen die Innenseite des Thürge-
wändes. Von den Thüren, deren Steinschwellen erhalten sind,
zeigen die meisten die zuletzt beschriebene Einrichtung. Nur
die Thüren der beiden Propylaien öffneten sich so wie die Thür
des Frauengemaches; sie unterscheiden sich von dieser aber dadurch, dass sie zweiflügelig waren.

Was die Thüren mit hölzernen Schwellen anbetrifft, so
werden dieselben vermuthlich ebenso eingerichtet gewesen sein,
wie diejenigen mit steinernen Schwellen. Der Drehzapfen war
jedoch wahrscheinlich nicht mit einem ehernen Schuh versehen, sondern es drehte sich das Holz unmittelbar in der hölzernen Pfanne. So war es wenigstens nach Homer's Schilderung
bei der Thür, die zur Waffenkammer des Odysseus führte,
denn „wie der Pflugstier brüllt auf blumiger Au, so krachten
die prächtigen Flügel" (Od. XXI, 49). Wer jemals den Lärm
gehört hat, welchen die primitiven orientalischen Karren verursachen, wenn sich ihre hölzerne Achse in dem hölzernen Lager
dreht, der wird das Gleichniss Homers sehr wohl verstehen.

Ueber die Verschluss-Vorrichtungen an den Thüren der
Homerischen Paläste haben wir durch die Ausgrabungen nichts
Neues gelernt. Ich verzichte deshalb hier auf eine Be-
sprechung der Riegel und Schlüssel und verweise in dieser Be-

ziehung auf die Ausführungen von Winckler („Die Wohnhäuser
der Hellenen", S. 42) und von Protodikos („De aedibus home-
ricis", S. 64 fg.), welche das bisher bekannte Material zusammengestellt haben.

Schliesslich theile ich noch kurz die wichtigsten Namen mit,
welche Homer den einzelnen Theilen der Thür beilegt. Dass
die Schwelle bei ihm οὐδός heisst und dass er vier verschiedene
Arten derselben kennt, habe ich schon früher erwähnt. Er legt
ihr mehrfach das Epitheton ξεστός bei (Od. XVIII, 33 und
XXII, 72), welches auf die glatten Steinschwellen von Tiryns
vorzüglich passt. Für den Thürpfosten kommt sehr häufig das
Wort σταθμός vor (z. B. Od. VI, 19, XVII, 96, XXII, 120);
im Palaste des Odysseus waren dieselben zum Theil aus Cypressen-
holz hergestellt (κυπαρίσσινος, Od. XVII, 340) und im Palaste des
Alkinoos mit Silber verkleidet (ἀργύρεος, Od. VII, 89). Der
Thürsturz heisst ὑπερθύριον (Od. VII, 90). Die Thürflügel bestanden aus einzelnen Bohlen (σανίδες), die „geglättet", wohl
„verbunden" und „fest gefügt" waren (εὔξεσται, κολληταί und
πυκινῶς ἀραρυῖαι, Od. XXI, 137, II, 344). Auch den Thürflügeln
selbst werden diese Epitheta beigelegt (Od. XXIII, 194).

E. Einzelne Architekturfunde.

In diesem Abschnitt sollen diejenigen einzelnen Architekturglieder besprochen werden, welche auf der Oberburg gefunden
wurden, von denen aber unbekannt ist, welche Stelle sie in dem
Palaste eingenommen haben oder zu welchem Gebäude sie gehörten. Es sind dies namentlich ein grosser Fries aus Alabaster
mit eingelegten Glaspasten, ein sculptirtes Spiralenornament, ein
dorisches Capitäl und ein archaischer Stirnziegel.

1. DER KYANOSFRIES.

In der Vorhalle des Männersaales fanden wir an der Westwand einen grossen, aus mehrern Alabasterplatten zusammen-

gesetzten Fries, welcher den ganzen Raum zwischen der Ante
und der Südwand der Vorhalle einnahm. Auf Tafel IV ist in
der Mitte links eine Skizze des Frieses gegeben, wie er bei
seiner Auffindung aussah. Links erkennt man die Ante der
Vorhalle, an die sich nach rechts sieben Platten anschliessen;
vier derselben sind weniger breit als hoch und gleichen dorischen
Triglyphen, die drei andern sind quadratisch und sehen den Metopen
sehr ähnlich. Aus dem kleinen Grundriss unterhalb der restaurirten Ansicht auf Tafel IV ersieht man, dass die schmälern Platten
in derselben Weise über ihre quadratischen Nachbarsteine hinüber-
greifen, wie bei vielen dorischen Gebäuden die Triglyphen über
den Rand der Metopen fassen. Alle Platten sind sehr beschädigt, am meisten die linksstehenden, auf denen man keine Spur
mehr von den Ornamenten erkennen kann. Wie die kleine
Skizze zeigt, sind dagegen die Untertheile der rechtsstehenden
Platten am besten erhalten. Auf ihnen sieht man noch deutlich,
dass der Fries mit sculptirten Ornamenten versehen und mit
eingelegten blauen Glaspasten ausgestattet war. Nach den hier
erhaltenen Resten ist die Reconstruction auf Tafel IV oben gemacht. Da sich leider an keiner Platte die Art des obern Abschlusses erkennen lässt, mussten wir die Reconstruction nach
oben unbeendet lassen. Ebenso mussten einige Stellen des
Frieses unausgefüllt bleiben, weil nicht mehr zu bestimmen
war, welches Ornament daselbst angebracht gewesen ist.

Die Reconstruction zeigt links eine halbe Triglyphe (wie
wir der Kürze halber die schmälern Platten nennen wollen),
daneben eine Metope, dann eine Triglyphe und rechts nochmals
ein Stück einer Metope. Die sculptirten Ornamente sind durch
Schattirung, die eingelegten blauen Steinchen durch blaue Farbe
kenntlich gemacht. Die Triglyphe zeigt an ihrem untern Rande
eine Reihe viereckiger Pasten, von denen jede 19 mm breit und
24 mm hoch ist; darüber folgt ein durchgehender, 9 mm breiter
Streifen von Glas. Der obere Theil wird durch vier verticale

Reihen kleiner Glaspasten (10—13 mm) in drei Felder getheilt,
von denen die beiden äussern mit Rosetten verziert sind. Das
mittlere Feld ist, wie der Grundriss zeigt, im Profil abgerundet
und scheint keinerlei Ornament gehabt zu haben. Die Form
der Rosetten liess sich nicht mehr genau bestimmen, weil die
äussern Enden der Blätter abgebrochen sind. Die Mitte jeder
Rosette wird von einem runden Steinchen gebildet, dessen
Durchmesser 26 mm ist. Wie viele Rosetten jedes Feld gehabt
hat, bleibt unsicher, weil wir nicht wissen, welche Höhe die
Triglyphe hatte, und ob nicht an ihrem obern Rande ein
dem untern entsprechender Streifen vorhanden war.

Noch reicher als die Triglyphen sind die Metopen ornamentirt. Zwei etwas überhöhte Halbkreise, welche sich in der Mitte
der Platte berühren, nehmen die ganze Fläche ein. Jeder derselben ist als grosse Rosette mit 19 Doppelblättern gebildet.
Wie das Centrum gestaltet war, wissen wir nicht. Die Rosette
wird von einem breiten Bande umrahmt, das aus einer Spiralen-
reihe und zwei sie einfassenden Streifen eingelegter Steinchen
besteht. Die Pasten des innern Kreises sind Rechtecke von 9
zu 16 mm, die des äussern von 8 zu 18 mm. Die Augen der
Spiralen werden von runden Glaspasten gebildet.

Alle einzelnen ornamentalen Elemente, aus welchen sich der
Fries zusammensetzt, sind uns von andern, derselben Epoche an-
gehörigen Funden aus Mykenae, Menidi, Orchomenos u. s. w.
schon bekannt. Die Rosette ist ja das beliebteste Ornament
dieser Epoche, und das von zwei Reihen kleiner Rechtecke eingefasste Spiralenband kommt z. B. fast in derselben Weise an
den Halbsäulen und an den Capitälen vom Schatzhause des
Atreus vor. Aber nicht nur die einzelnen Ornamente, sondern
auch die gesammte Composition des Frieses begegnet uns hier
nicht zum ersten mal, denn unter den Funden von Mykenae
befinden sich zwei verschiedene Steinfriese, welche dieselbe
Reihenfolge von Metopen mit zwei Halbkreisen und triglyphen-

artigen Verticalstreifen aufweisen, und auch im Kuppelgrabe von
Menidi sind kleine Stücke Glasfluss mit derselben Composition
gefunden worden. Einer der Friese von Mykenae und die Glaspaste aus Menidi habe ich auf Tafel IV unten rechts zur Vergleichung in Skizzen wiedergegeben. Die mykenischen Friese
sind kleiner als unser Alabasterfries und daher auch nicht so
reich ausgestattet; vor allem fehlen ihnen aber auch, was unsern
Fund so besonders werthvoll macht, die eingelegten blauen Glaspasten.

Das Glasstück von Menidi ist im Maassstabe noch beträchtlich kleiner und infolge dessen auch in seinen Ornamenten noch
mehr reducirt. Es ist aber deshalb von grossem Werthe, weil
es uns lehrt, dass wir die Composition des Frieses bisher falsch
aufgefasst haben. Nicht die beiden Halbkreise, welche auf einer
sogenannten Metope zusammenstehen und sich tangiren, gehören
zusammen, sondern die zwei Halbkreise, welche beiderseits an
jede sogenannte Triglyphe anstossen, bilden eine zusammengehörige Gruppe. Sie stellen die Theile einer langgestreckten
Ellipse dar, die in der Mitte durch ein Band verbunden sind.
Jede Ellipse fassen wir am besten als eine reich ausgebildete
Agraffe auf; der ganze Fries ist dann eine Kette aneinander-
gereihter Agraffen. Dass bei unserm Alabasterfriese die Zer-
legung in einzelne Theile nicht mit dieser theoretischen Eintheilung des Ornaments übereinstimmt, ist lediglich durch
technische Gründe veranlasst. Einerseits wären die einzelnen
Blöcke zu gross geworden, wenn man nur an der Berührungsstelle je zweier Ellipsen eine Fuge gemacht hätte, und andererseits hätte in diesem Falle auch über den Halbkreisen ein grosser
Theil der Plattendicke weggearbeitet werden müssen. Die von
dem alten Künstler gewählte Zusammensetzung des Frieses war
unzweifelhaft die vortheilhafteste und in technischer Beziehung
die richtigste, wenn ihre Fugen auch nicht mit den Abtheilungen
des Ornaments übereinstimmten. Unsere Bezeichnung der ein-

zelnen Platten als Triglyphen und Metopen ist daher nicht ganz
richtig; äusserlich ist allerdings mancher Vergleichungspunkt
zwischen unserm Friese und dem Triglyphon eines dorischen
Gebäudes vorhanden, aber die Form des Ornaments gestattet
nicht, den Fries von Tiryns etwa als protodorisches Triglyphon
zu bezeichnen.

Ein ganz allgemeines Interesse verschafft unserm Friese der
Umstand, dass Homer einen mit blauem Glase geschmückten
Fries im Palaste des Alkinoos erwähnt. Bei Beschreibung dieses
Palastes sagt nämlich Homer (Od. VII, 86—87):

χάλκεοι μὲν γὰρ τοῖχοι ἐρηρέδατ' ἔνθα καὶ ἔνθα,
ἐς μυχὸν ἐξ οὐδοῦ· περὶ δὲ θριγκὸς κυάνοιο·

oder nach der Uebersetzung von Voss:

Eherne Wände liefen an jeglicher Seite des Hauses
Tief hinein von der Schwelle, gekrönt mit blauem Gesimse.

Es ist das Verdienst von Professor R. Lepsius („Die Metalle
in den ägyptischen Inschriften“, Abhandlungen der Berliner Aka-
demie, 1871), zuerst bewiesen zu haben, dass κύανος nicht,
wie man früher fast allgemein glaubte, den Blaustahl, sondern
entweder den natürlichen Lasurstein und die echte Ultramarinfarbe oder das künstliche blaue ägyptische Glas bezeichne.
Herr Prof. Helbig hat dies in seinem Buche „Das Homerische
Epos“ (S. 79 fg.) vollständig acceptirt und weiter ausgeführt.
Es wird dem Leser gewiss willkommen sein, wenn ich die interes-
santen Ausführungen Helbig's hier im Auszuge mittheile:

„Kyanos wird in der Regel für blauen Stahl erklärt — eine
Annahme, die noch ganz neuerdings in Evans[1] einen eifrigen
Vertreter gefunden hat. Doch widerspricht ihr die Thatsache,
dass dieses Wort in der spätern griechischen Sprache stets eine
andere Bedeutung hat. Es bezeichnet nämlich erstens den sonst

---

[1] L'Age du bronze, S. 14 fg.

σάπφειρος benannten Lasurstein (lapis lazuli), zweitens die blaue
Ultramarinfarbe, welche durch Pulverisirung dieses Steines gewonnen wurde, und drittens Mineralien, deren man sich zur
Nachahmung dieses Steines selbst oder des echten Ultramarins
bediente. Die classische Stelle findet sich bei Theophrast in der
Abhandlung über die Steine (§ 55). Dieser Schriftsteller unterscheidet zunächst zwischen selbstgewachsenem, d. i. natürlichem
(κύανος αὐτοφυής) und künstlich hergestelltem (σκευαστός) Kyanos.
Dass unter dem erstern der Lasurstein zu verstehen ist, ergibt
sich aus einer andern Stelle derselben Abhandlung (§ 39), wo
als Eigenthümlichkeit des natürlichen Kyanos die für den Lasurstein bezeichnenden Goldstäubchen angeführt werden.   Theophrast fährt, nachdem er den Unterschied zwischen dem natürlichen und künstlichen Kyanos hervorgehoben, folgendermassen
fort: «Es gibt drei Arten von Kyanos, den ägyptischen, den
skythischen und drittens den kyprischen. Der beste für die tiefern
Farben ist der ägyptische, für die hellern der skythische. Der ägyptische ist künstlich zubereitet. Und die, welche über die Könige
schreiben, berichten auch, welcher König zuerst, um den selbst-
gewachsenen nachzuahmen, den geschmolzenen Kyanos (κ. χυτός)
bereitet habe, und geben an, dass von andern und auch aus
Phönikien ein Tribut von Kyanos geschickt werde, theils von
ungebranntem, theils von gebranntem (τοῦ μὲν ἀπύρου, τοῦ δὲ
πεπυρωμένου).»

    „Durch Interpretation der ägyptischen Inschriften und Bild-
werke, wie durch chemische Analysen, die er an ägyptischen
Kunstwerken vornehmen liess, ist es Lepsius gelungen, alle die
von dem griechischen Schriftsteller angeführten Gattungen genau
zu bestimmen. Die verschiedenen Materialien, welche die Griechen κύανος nennen, werden auf den ägyptischen Inschriften durch
das Wort χesbet bezeichnet. Der Lasurstein und die aus ihm
gewonnene Ultramarinfarbe heissen χesbet-ma, d. i. echter χesbet,
bisweilen «guter χesbet aus Babylon» oder «guter χesbet aus

Tefrer (Tefiel)». Der Hauptfundort des Lasursteines ist die
Tartarei, namentlich das heutige Badaschkan. Von hier gelangte
der kostbare Stein über Parthien und Medien nach Babylon
und an die Küsten des Mittelmeeres. Tefrer oder Tefiel wird
nicht das Fundgebiet, sondern wie Babylon eine der Zwischen-
stationen gewesen sein, welche der Lasurstein auf seinem Wege
nach Aegypten berührte. Da nun das heutige Badaschkan, wo
sich die grösste Menge des Lasursteines findet, von den nach-
herodotischen griechischen Schriftstellern zu Skythien gerechnet
wird, so scheint es zweifellos, dass unter dem skythischen Kyanos
des Theophrast eben dieses Material und die aus ihm gewonnene echte Ultramarinfarbe zu verstehen sind.

„Von dem echten χesbet wird in den ägyptischen Inschriften
der χesbet-iri-t, d. i. der künstliche, unterschieden, der dem
κύανος σκευαστός des Theophrast entspricht. Es war dies ein
mit Kupfererzen, bisweilen auch mit Kobalt blaugefärbter Glasfluss, der den Lasurstein nachahmte. Die Aegypter gossen oder
schnitzten daraus kleine Figuren, Amulete, z. B. Skarabäen, und
Schmuckstücke, wie Bestandtheile von Halsbändern und Busen-
geschmeiden. Ausserdem zerstiess man diesen Glasfluss und
benutzte das blaue Pulver als Surrogat für das echte Ultramarin
— ein Verfahren, welches bereits unter den altmemphitischen
Dynastien nachweisbar ist. Endlich wurden auch kleinere oder
grössere Gegenstände aus Thon oder Stein mit blauer oder
grünlicher χesbet-Masse faïenceartig überzogen und diese Gegenstände kurzweg als aus χesbet gearbeitet bezeichnet. In näherer
Beziehung zu unserer Untersuchung steht der Gebrauch, mit derartig emaillirten Ziegeln Theile der Wände zu bekleiden. Dass auch
dieser Gebrauch in die Zeiten des Alten Reichs hinaufreicht, beweist
die grosse Pyramide von Sakkarah, in welcher der Eingang einer
Kammer durch mehrere Lagen blau glasirter Ziegel eingefasst ist. [1]

---

[1] Perrot et Chipiez, Histoire de l'Art, I, 822—826.

„Der vom Feuer unberührte (ἄπυρος) Kyanos des Theophrast endlich war offenbar der Farbstoff, der dem Glase beigemischt wurde, die Kupferlasur oder das Bergblau. Dieses Material kommt in Krystallen oder in mehr erdiger Form in der Nähe von Kupferlagern vor, und es lässt sich aus ihm ein blaues Farbenpulver gewinnen, das jedoch infolge der Einwirkung der Luft auf das Kupfer leicht den Ton verändert — ein Uebelstand, dem die Aegypter eben dadurch zu begegnen suchten, dass sie die Kupferlasur mit Glasfluss verbanden und diesen pulverisirt als Farbstoff verwendeten. Da wir als Hauptfundstätte des Kupfers in dem südöstlichen Gebiete des Mittelmeeres Kypros kennen und die Phönikier lange Zeit hindurch diese Insel unbeschränkt beherrschten, so spricht alle Wahrscheinlichkeit dafür, dass der vom Feuer unberührte Kyanos, den die Phönikier nach Theophrast den Pharaonen lieferten, die im Bereiche der dortigen Bergwerke gefundene Kupferlasur war.

„Es gilt nunmehr zu bestimmen, welche Art von Kyanos wir im Megaron des Alkinoos vorauszusetzen haben. Da der Lasurstein nur in kleinen Stücken gefunden wird, so ist zunächst die Annahme auszuschliessen, dass grössere Wandstreifen, wie es die Simse sein würden, mit Platten dieses kostbaren Materials inkrustirt worden wären. Ebenso wenig darf an eine Bemalung mit Ultramarin oder einer dasselbe nachahmenden Farbe gedacht werden; denn der Dichter konnte einen solchen Sims unmöglich als aus Kyanos bestehend bezeichnen. Also bleiben nur blauer Glasfluss oder Smalt übrig. Die mykenischen[1] und die ihnen verwandten Funde bezeugen, dass mancherlei aus diesen Materialien gearbeitete Gegenstände bei den Griechen schon in der vorhomerischen Epoche gebräuchlich waren. Es gehören dazu

---

[1] In einem der Schachtgräber fanden sich mit Kobalt blau gefärbte, gläserne Cylinder (Schliemann, Mykenae, S. 183—184), in zwei andern Gegenstände aus bläulichem Smalte (S. 278, Nr. 350, 351; S. 279, Nr. 352).

auch quadratische, oblonge oder kreisrunde Plättchen aus bläulichem oder grünlichem Smalte, deren Decoration verschiedene
der für jenes Stadium bezeichnenden Ornamente aufweist. Da
weitaus die meisten dieser Plättchen mit Löchern oder Hülsen
versehen sind und die gleichartig ornamentirten Stücke in demselben Grabe durch mehrere und bisweilen sehr zahlreiche Exemplare vertreten zu sein pflegen[1], so dürfen wir mit Sicherheit
annehmen, dass diese Plättchen, auf irgendwelcher Unterlage
aneinandergeheftet, friesartige Schemata bildeten. Allerdings
bleibt es zweifelhaft, ob diese in solcher Weise zusammen-
gesetzten Friese gerade an den Wänden der Gräber angebracht
waren. Vielmehr scheint die verhältnissmässige Kleinheit der
Plättchen auf hölzerne Sarkophage oder Kästen hinzuweisen.
Aber auch in dem letztern Falle sind jene Friese für unsere
Untersuchung von Wichtigkeit; denn es bedurfte keiner besonders kühnen Phantasie, um dieselben von einem Möbel auf eine
Wand zu übertragen. Besonders nahe lag diese Uebertragung,
wenn die damaligen Ionier, was ja leicht geschehen konnte, von
dem in Aegypten, Chaldäa und Assyrien üblichen Gebrauche,
Theile der Wand mit blau markirten Ziegeln zu überziehen,
Kunde erhalten hatten. Hiernach scheint mir die Vermuthung
nicht gewagt, dass sich der Dichter den obersten Wandstreifen
im Megaron des Alkinoos mit blauem Glasflusse oder Smalte
überzogen dachte."

Helbig's Vermuthung ist durch die Auffindung unseres
Frieses aufs glänzendste bestätigt worden und es kann jetzt

---

[1] Ein solches Exemplar wurde zu Mykenae nicht in einem Schacht-
grabe, sondern in dem Schutte gefunden: Schliemann, Mykenae, S. 123 u.
166 (vgl. die Formen S. 121 u. 122). Aus Menidi gehören hierher: Das
Kuppelgrab von Menidi, T. III, 12, 13, T. IV, 3, 12, 13, 15, 17, 19, T. V,
32, 43, 45. Aus Spata: Bulletin de correspondance hellénique, II (1878), S.
192—204. Aus Jalysos: Dumont et Chaplain, Les Céramiques de la Grèce
propre, I, S. 61, Fig. 36.

wol keinem Zweifel mehr unterliegen, dass Homer mit seinem
Θρυγκὸς κυάνοιο einen Fries gemeint hat, welcher ebenso wie
derjenige von Tiryns mit eingelegten blauen Glaspasten verziert war.

Ueber die chemische Zusammensetzung des zum Friese verwendeten Materials schreibt Prof. Virchow: „Das Gestein besteht aus schwefelsaurem Kalk (Gyps), aber in jener Form, die
stellenweise in das durchscheinende Blau des Alabasters über-
geht. Die Glaspasten bestehen aus einem Calciumglase, das mit
Kupfer gefärbt ist; eine Beimischung von Kobalt enthält dasselbe nicht.“

Eine wichtige Frage müssen wir noch zu beantworten suchen:
Welche Stelle hat der Alabasterfries im Palaste von Tiryns eingenommen? Wir haben ihn an der westlichen Wand der Vorhalle des Männersaales aufgefunden; er stand in der Höhe des
Fussbodens und nahm die ganze Fläche zwischen der Ante und
der Rückwand der Halle ein. Allein diese Stelle kann
nicht sein ursprünglicher Standort gewesen sein, wie sich durch
sichere Indicien beweisen lässt: 1) In der nordwestlichen Ecke
der Vorhalle ist der Fussbodenestrich noch ziemlich gut erhalten: seine westliche Grenze, welche deutlich als solche zu erkennen ist, verläuft in gerader Linie. Nun bildet die untere
Begrenzung des Frieses aber eine gebrochene Linie, da die sogenannten Metopen um 4 cm gegen die Triglyphen zurückspringen;
der hierdurch entstehende Zwischenraum zwischen dem Fuss-
punkte der Metopen und der Begrenzungslinie des Estrichs
ist mit Erde ausgefüllt. Daraus geht mit Sicherheit hervor,
dass der Fries noch nicht aufgestellt war, als der Estrich angefertigt wurde. 2) Die einzelnen Platten haben eine Stärke von
0,15—0,20 m, während die Einziehung der Mauer an der Stelle, wo
der Fries steht, fast 0,30 m beträgt. Die Platten konnten daher
nicht den ganzen Raum einnehmen und ist deshalb der Zwischenraum zwischen ihnen und der Wand mit Schutt ausgefüllt.

Das ist aber keine Construction, wie sie sich für einen so
prächtigen Fries geziemt. Die Verringerung der Mauerstärke
um 0,30 m diente, wie wir oben (S. 242) schon ausgesprochen
haben, wahrscheinlich dazu, eine Wandverkleidung von starken
Hölzern aufzunehmen. An der Ostwand der Vorhalle war bei
der Ausgrabung der ausgesparte Raum bis zur halben Höhe mit
einer Schicht unregelmässiger Steine ausgefüllt; von einem
Alabasterfries war dort nichts zu sehen. 3) Die Triglyphen
haben an ihrer Unterfläche zunächst einen ziemlich glatten,
0,10 m breiten Rand und dann einen um 0,02 m sich erhebenden
Zapfen von 0,07 m Breite. Dieser zapfenförmige Ansatz hat an
der Stelle, wo der Fries jetzt steht, wenig Zweck; er deutet
vielmehr darauf hin, dass der Fries ursprünglich in einer gewissen
Höhe angebracht war, und dass der Zapfen dazu diente, ein
Herunterfallen der Platten zu verhindern.

Dies sind die Gründe, welche uns zu der Annahme bewogen
haben, dass der Fries erst in später Zeit an die Westwand
der Vorhalle versezt worden ist, und dass er früher eine andere
Stelle eingenommen hat. Welche Stelle dies gewesen sein mag,
lässt sich, wie mir scheint, auf keine Weise ermitteln.

2. SCULPTIRTES SPIRALENBAND.

Auf Tafel IV links unten ist ein sculptirtes Ornament abgebildet, von welchem mehrere Stücke im Männersaale gefunden sind. Das dargestellte Fragment ist ein Eckstück, das
Ornament ist links beendet und setzt sich auf der anstossenden
Fläche fort. Das Material ist ein heller, grüner Stein von sehr
grosser Härte; der Erhaltungszustand ist infolge dessen zum
Theil sehr gut. Die meisten Stücke lassen sich zusammensetzen:
sie bildeten ein fortlaufendes, 0,12 m hohes Gesims, welches
etwa 0,3 m tief in die Mauer hineinreichte. Auf der Unter-
und Oberfläche sind Bohrlöcher vorhanden von 26 mm Durch-

messer und 15—25 mm Tiefe; dieselben haben sicherlich hölzerne Dübel enthalten, mit denen das Gesimse befestigt war.

Das Ornament stellt ein Spiralenband dar, wie es genau in derselben Ausführung schon aus Mykenae bekannt ist und auch unter den Wandmalereien von Tiryns (Tafel VIII, 1) wiederkehrt. Die Ecken zwischen den einzelnen Spiralen sind mit Blüten ausgefüllt. Obgleich die Spiralen nicht ganz regelmässig gezeichnet sind, ist doch die Ausführung des ganzen Ornaments so vorzüglich und die Profilirung so fein, dass der Verfertiger offenbar schon sehr vollkommene Werkzeuge gehabt haben muss.

Der Fundort gibt uns leider keinen Anhalt zur Bestimmung der Stelle, welche dieses Gesimse früher im Palaste eingenommen hat. Wir fanden die einzelnen Stücke nämlich in dem kleinen Bassin, welches sich im Männersaale in der Mitte der Ostwand befindet. Bei einem spätern Umbau des Palastes, als ein Theil desselben schon zerstört war, sind sie als gewöhnliche Mauersteine in der Weise verbaut worden, dass das Ornament gar nicht sichtbar war.

3. DORISCHES CAPITÄL.

In einer spätern Mauer, welche sich quer durch den grossen Hof etwa ½ m über dem Estrich hinzog, wurde ein altdorisches Capitäl gefunden, dessen Grundriss, Ansicht und Durchschnitt Fig. 122 darstellt. Das Material ist ein porösartiger Sandstein von heller Farbe, der nicht sehr witterungsbeständig ist und daher mit einem feinen, 1—2 mm starken Kalkputz überzogen war. Obgleich das Capitäl nur theilweise erhalten und in mehrere Stücke zerschlagen ist, liessen sich zum Glück doch noch alle wichtigen Maasse nehmen. Das einzige, was nicht mehr genau zu bestimmen war, ist der obere Abschluss der Cannelluren und die Form der Ringe.

Das Capitäl gehört wahrscheinlich zu den ältesten dorischen Capitälen, die existiren; jedenfalls ist es älter als das 5. Jahr-

hundert v. Chr. Es hat 16 flache Canelluren, welche oben
scheinbar als überfallende Blätter endigten. Der Echinus ist
sehr stark gekrümmt und wird unten durch zwei schmale Ringe

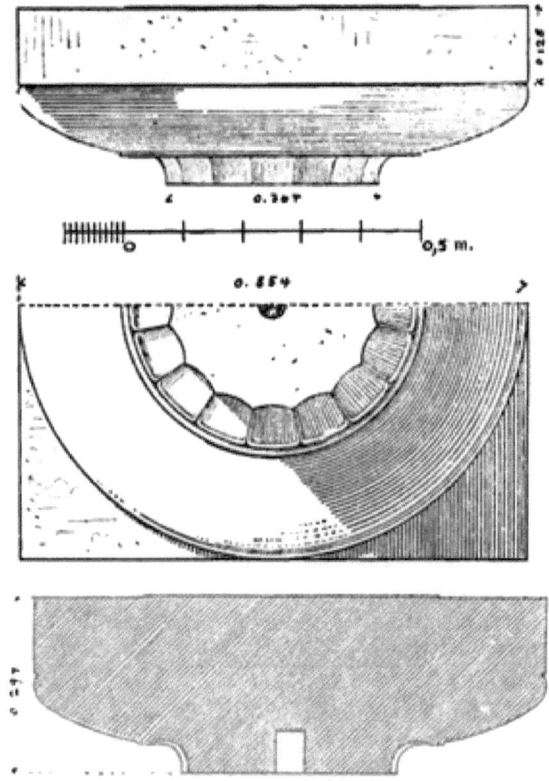

Nr. 192. Dorisches Capitäl. (Ansicht, Grundriss und Durchschnitt.)

mit dem Schaft verbunden. Der Abakus ist verhältnissmässig
hoch, noch etwas höher als der Echinus. Die Ausladung des
Capitäls muss als sehr bedeutend bezeichnet werden, denn der

obere Durchmesser verhält sich zur Abakusbreite wie 3 : 7. Die
untere Anschlussfläche ist glatt gearbeitet und besitzt ein rundes
Dübelloch von 44 mm Durchmesser und 70 mm Tiefe. Die
Oberfläche zeigt ein viereckiges Scamillum und ein unregel-
mässiges Loch, welches letztere möglicherweise erst später eingearbeitet ist.

Zu welchem Gebäude das Capitäl gehörte, ist leider nicht
mit Sicherheit zu bestimmen; Vermuthungen darüber sind oben
(S. 260) ausgesprochen worden. Von einem zugehörigen Säulenschaft aus Stein, der sicher einst vorhanden war, hat sich nichts
gefunden. Dagegen sind zwischen dem Thore zur Oberburg und
dem Haupteingange zwei Fragmente einer Blattwelle ausgegraben
worden, die höchst wahrscheinlich einem Giebelgeison angehörten.
Sie bestehen aus demselben Material wie das Capitäl und dürfen daher auch wol demselben Bau zugeschrieben werden.

Ich mache hier nebenbei auf die Thatsache aufmerksam,
dass auf der Burg von Mykenae ebenfalls Baustücke eines altdorischen Gebändes gefunden sind, welche aus einem ähnlichen
Material bestehen wie das Capitäl von Tiryns. In Mykenae
sind aber ausser dem Capitäl auch Triglyphen, Metopen und ein
Architrav erhalten.

4. ARCHAISCHER STIRNZIEGEL.

In dem Thorwege nördlich vom Thore der Oberburg
fanden wir zusammen mit einer Anzahl griechischer Dachziegel
einen Stirnziegel aus gebranntem Thon, dessen Vorder- und
Seitenansicht die Figur Nr. 123 zeigt. Er bildet das Ende eines
gewöhnlichen dachförmigen Deckziegels, welcher ungefähr 0,31 m
breit war. Das Material des Ziegels ist ein heller, gelber Thon
mit vielen rothen Steinchen: seine ganze Aussenseite war mit
einer feingeschlämmten gelblichen Thonschicht überzogen, auf
welche das in der Zeichnung schraffirte Ornament mit rothbrauner Farbe aufgetragen ist. Das Muster ist nicht vor der Be-

malung aufgezeichnet, sondern, wie dies bei Stirnziegeln vielfach geschah, als Basrelief eingepresst.

Dieser Stirnziegel zeigt eine beachtenswerthe Eigenthümlichkeit, welche darin besteht, dass er genau das Profil des Deckziegels beibehält und nicht in der gewöhnlichen Weise bedeutend über denselben hinausragt. Infolge dessen ist die Pal-

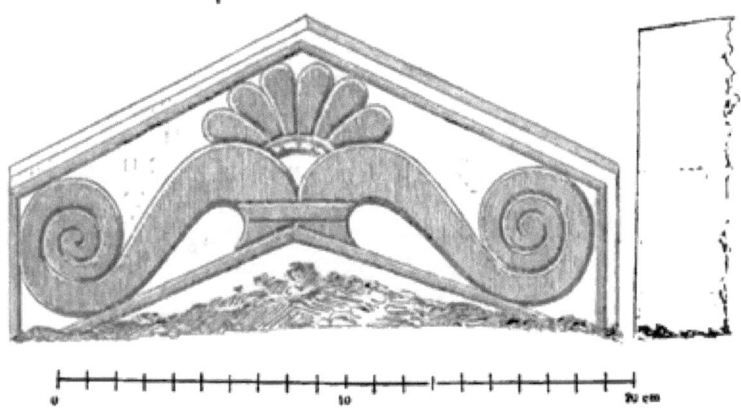

Nr. 133. Archaischer Stirnziegel aus Thon. (Vorder- und Seitenansicht.)

mette, welche aus den beiden Ranken herauswächst, zu klein ausgefallen im Verhältniss zu den mächtigen Ranken. Sie macht deshalb auch einen sehr alterthümlichen Eindruck. Wahrscheinlich stammt der Stirnziegel von demselben Gebäude, welchem das dorische Capitäl angehört.

Ein Stirnziegel von ähnlicher Gestalt, welcher auch eine auffallend kleine Palmette enthält, ist vor kurzem bei den Ausgrabungen in Eleusis gefunden worden.

F. Die Wandmalerei.

Unter den Funden von Tiryns nehmen die zahlreichen Reste
von Wandmalerei eine der ersten Stellen ein. Da von griechischer Malerei bisher fast nichts bekannt war, so würden schon
die kleinsten Stücke von grossem Interesse gewesen sein. Um
so mehr dürfen die zahlreichen im Palaste von Tiryns gefundenen Stücke von Putz, welche nicht nur eine grosse Zahl verschiedener Ornamente, sondern auch sogar figürliche Darstellungen
zeigen, auf allgemeine Beachtung rechnen.

Sämmtliche Wände des Palastes waren mit einem Lehm-
bewurf und darüber mit einem Kalkputz versehen. Trotz der
grossen Zerstörung, welche der Palast im Laufe der vielen
Jahrhunderte erfahren, lässt sich dies mit Sicherheit beweisen,
weil in fast allen Gemächern wenigstens kleine Stücke des
Wandputzes noch vorhanden sind. Allerdings ist die frühere
Bemalung fast überall verschwunden; denn bei der geringen
Stärke der Humusschicht, welche die Trümmer überdeckte,
konnte das Regenwasser leicht den Putz erreichen und die Farben vernichten. Das einzige Zimmer, in welchem wir noch
Reste von Malerei auf dem Wandputz gefunden haben, ist der
Frauensaal; in seiner Südostecke erkennt man noch ziemlich gut
die Gestalt der Ornamente, weniger gut die Farben selbst.
Dagegen haben sich viele Putzfragmente mit gut erhaltenen
Farben in dem Schutt der verschiedenen Gemächer gefunden,
die meisten in dem nordöstlich an das Badezimmer angrenzen-
den Raume. Alle diese Fragmente waren von den Wänden
heruntergefallen und durch den sie bedeckenden Schutt gegen
die Einwirkungen der Witterung geschützt. Am besten sind
die Farben an denjenigen Stücken erhalten, welche mit der bemalten Seite nach unten lagen. Im ganzen haben wir mehrere
Körbe voll solcher Putzstücke gesammelt. Die werthvollsten
Fragmente hat man nach Athen geschafft, die grosse Mehr-

zahl ist aber in dem bei Tiryns eingerichteten Museum verblieben.

Eine Auswahl der am besten erhaltenen Stücke ist auf den Tafeln V—XIII abgebildet. Die aufgefundenen Fragmente der ornamentalen Malerei sind mit ihren Farben, die Ergänzungen mit einem schwarzen Tone wiedergegeben. Die Farben sind nicht bei allen Stücken facsimilirt, sondern nach den am besten conservirten Farbenresten habe ich den Ton auch für die mehr beschädigten bestimmt. Die Tafeln V—XI enthalten Ornamente in halber natürlicher Grösse. Um aber auch einen Begriff von dem wirklichen Zustande der Malereien in natürlicher Grösse zu geben, ist auf Tafel XII ein Fragment als genaues Facsimile abgebildet. Tafel XIII enthält einen Stier, in Bezug auf die Farben facsimilirt, aber etwas verkleinert.

Bei allen diesen Malereien kommen, wie mir scheint, nur fünf verschiedene Farben vor, nämlich weiss, schwarz, blau, roth und gelb. Alle Zwischentöne fehlen: selbst die grüne Farbe ist vollkommen ausgeschlossen.[1] Allerdings sieht man auf den gefundenen Stücken oft blaue oder rothe Farbe von ganz verschiedener Nüancirung; jedoch verdanken diese Abweichungen nicht verschieden gemischten Farben, sondern nur dem verschiedenen Grade der Erhaltung der einzelnen Stücke ihre Entstehung. Man kann sich hiervon am besten überzeugen, wenn man zwei zusammengehörige Fragmente, die aber an verschiedenen Stellen gefunden sind, miteinander vergleicht; dieselben zeigen vielfach sehr differirende Farbentöne, obwol sie ursprünglich doch gewiss mit derselben Farbe bemalt waren. Grössere oder geringere Feuchtigkeit des Schuttes, in welchem die einzelnen Fragmente Jahrhunderte hindurch lagen, oder auch eine ver-

---

[1] Bei den ägyptischen Wandgemälden kommen nach Perrot und Chipiez (Aegypten, S. 743) die sechs Farben weiss, schwarz, roth, gelb, blau und grün vor.

22*

schiedene Zusammensetzung dieses Schuttes hat die Farben in
verschiedener Weise geändert.

Die Bemalung geschah *al fresco*, wie man an mehreren
Fragmenten noch erkennen kann. Während nämlich diejenigen
Stellen, welche weiss sind und den Grundton des Kalks zeigen,
meist vollständig glatt geblieben sind, kann man an bemalten
Stücken oft deutlich wahrnehmen, wie der Pinsel in den Kalk
eingedrungen ist und die Oberfläche rauh gemacht hat. Be-

Nr. 124. Sculptirte Decke von Orchomenos.

sonders bei einigen blau bemalten Stücken sind mir solche
Pinselstriche aufgefallen.

Betrachten wir jetzt die einzelnen, auf den Tafeln V—XIII
abgebildeten ornamentalen und figürlichen Malereien.

Tafel V zeigt ein aus vier Fragmenten zusammengesetztes
Ornament, in dem man auf den ersten Blick das Muster der Decke
von Orchomenos (Fig. 124) wiedererkennt. Wir sehen einen aus
zwei Reihen von Spiralen gebildeten Fries, der oben von einfachen Streifen, unten von Streifen und einer Reihe Rosetten
eingefasst ist. Die grossen Spiralen sind mit schwarzen Linien

auf weissem Grunde gezeichnet; ihre Mittelpunkte sind roth. Die
Zwischenräume zwischen je drei Spiralen werden von grossen
Blumen ausgefüllt, die denselben zweiblätterigen Kelch und
denselben langen Griffel haben wie die Blumen in Orchomenos.

Die obere Einfassung besteht aus einem gelben Streifen mit
rothen Strichen und einem blauen Streifen mit schwarzen Strichen. Diese schmalen Bänder, welche scheinbar Nachahmungen
der aneinandergereihten bunten Steinchen des Alabasterfrieses
sind, kehren bei sehr vielen Malereien wieder, so z. B. beim
Stier (Tafel XIII) und bei dem im Frauensaale noch *in situ*
befindlichen Ornament. Auch bei der Decke von Orchomenos
und bei den Säulen vom Schatzhause des Atreus kommen sie
plastisch vor.

Der untere Rand wird von einer Reihe einzelner Rosetten
gebildet, welche wiederum auf beiden Seiten von dem oben beschriebenen Doppelstreifen eingefasst ist. Die Rosetten, einfacher als diejenigen der Decke von Orchomenos, können uns
als lehrreiches Beispiel dafür dienen, dass die ganze Wandmalerei von Tiryns nicht mit Schablonen, sondern aus freier
Hand hergestellt ist. Keine Rosette gleicht nämlich vollständig
der andern; die meisten sind schief und unregelmässig, und man
sieht ihnen deutlich an, wie flott die ganze Malerei gemacht ist.

Tafel VI stellt unten einen grossen seltsamen Gegenstand
dar. Seine Bedeutung ist mir erst nach meiner Abreise von
Tiryns klar geworden, und es war mir daher nicht mehr möglich, unter den vielen gefundenen Putzstücken nach anpassenden
Fragmenten zu suchen. Das seltsame Bild ist nämlich ein Stück
eines grossen geflügelten Wesens, von welchem der Hals und
ein Flügelansatz erhalten sind. Am besten erkennt man den
Halsschmuck, der aus einer Reihe aufgeschnürter, länglicher
rother und blauer Perlen und aus drei Schnüren tropfenförmiger
Perlen derselben Farben gebildet wird. Das einem Gesicht
ähnliche Ornament, welches sich an den Schmuck anschliesst,

scheint eine Agraffe zu sein, mit welcher der Flügelarm an den
Körper befestigt war. Der Arm selbst ist mit mehreren Spiralen
bedeckt, die nach dem Ende zu allmählich kleiner werden. An
der letzten Spirale erkennt man den Ansatz von Federn. Der
eigentliche Flügel, welcher sich unmittelbar an den Arm anschloss,
ist auf Tafel VII abgebildet.

Weiter haben wir vorläufig von der geflügelten Figur
noch nichts gefunden; aber die vorhandenen Stücke genügen,
um erkennen zu lassen, dass das dargestellte Wesen eine ähnliche Gestalt haben muss, wie mehrere kleine, in Mykenae gefundene Goldfiguren mit Flügeln. Eine dieser letztern ist zur Vergleichung auf Tafel VI links oben abgebildet (vgl. Schliemann,
„Mykenae“. Nr. 277). Auch bei dieser Figur gewahrt man den
Halsschmuck und glaubt die Agraffe und die Spiralen des Flügel-
armes zu erkennen.

Auf derselben Tafel VI ist oben noch ein Fragment mit
Spuren eines andern ähnlichen geflügelten Wesens gezeichnet:
der Halsschmuck wird hier aus kleinen herabhängenden Blüten
gebildet, die mit kleinen Perlen abwechseln. Der Flügel sass
hier rechts von der Agraffe. Erhalten ist nur eine Ecke der
Spiralen und Ansätze von Federn. Zur Vergleichung habe ich
daneben ein Elfenbein-Ornament aus Menidi gezeichnet, das offenbar eine ganz gleiche Agraffe darstellt.

Ferner habe ich oben rechts ein Flügelfragment abgebildet,
welches dadurch besonders interessant ist, dass die Federn von
einer Mittellinie nach rechts und links gerichtet sind. Das Fragment muss daher zu einer solchen Figur gehört haben, deren beide
Flügel unten zusammenstiessen.

Tafel VII zeigt einige Fragmente eines Flügels in halber natürlicher Grösse. Derartige Fragmente befinden sich in grosser
Menge unter den aufgefundenen Putzstücken, ein Beweis dafür,
dass geflügelte Wesen mehrfach in den Wandmalereien des
Palastes vorkamen. Dem Flügelansatze zunächst gewahrt man

kleine Federn, die mit rother Farbe auf gelbem Grunde gemalt
sind. Ihnen schliessen sich vier Reihen grösserer Federn an,
und zwar nacheinander eine gelbe, blaue, gelbe und weisse
Reihe. Die Trennungsstriche der einzelnen Federn werden
durch schwarze, die Mittellinien durch rothe Farbe bezeichnet. Die
radial gerichteten langen Linien, welche die einzelnen Feder-
gruppen trennen, sind nicht nur bemalt, sondern auch tief in
den Putz eingeschnitten.

Mit wie geringer Sorgfalt die Wandmalerei stellenweise
ausgeführt worden ist, dafür liefert uns dieser Flügel ein gutes
Beispiel. Nicht nur haben die einzelnen Federn ganz verschiedene
Form und sind zum Theil sehr unregelmässig gezeichnet, sondern
besonders charakteristisch ist auch die ungenaue Bemalung der
verschiedenfarbigen Federn: die Spitzen der grossen gelben
Federn zeigen oft blaue, die der blauen oft gelbe Farbe. Diese
Ungenauigkeit ist dadurch entstanden, dass der Maler zuerst
einen blauen und einen gelben Streifen von gleicher Breite her-
stellte und dann auf diesem die einzelnen Federn durch schwarze
und rothe Striche abtheilte, ohne zu beachten, dass die Spitze
der Feder oft in den Nachbarstreifen hinüberreicht.

Auf Tafel VIII habe ich sechs verschiedene Spiralen zusammengestellt, alle in halber Grösse der Originale. Fig. a zeigt
eine aus zwei Fragmenten combinirte Spirale, welche vollkommen mit dem auf S. 333 beschriebenen sculptirten Ornament
übereinstimmt. Jede Spirale wird von einem blauen und einem
gelben Bande gebildet, welche auf einen weissen Kreis auf-
gewickelt erscheinen. Die Spirale Fig. b ist einfacher und auch
unregelmässiger gezeichnet. Man könnte zweifelhaft sein, ob
man sie noch als Spirale bezeichnen darf, weil sie nur eine einzige Windung macht. Sie stimmt überein mit dem plastischen
Spiralenbande auf den Metopen des Kyanosfrieses. Fig. c sieht
den vorhergehenden Mustern ähnlich: die Spirale ist mit einem
breiten schwarzen Strich auf weissem Grunde gezeichnet, das

Auge ist roth. Fig. d zeigt das Fragment einer roth auf weissem Grunde gemalten Spirale. Die Bedeutung des anstossenden gelben Fleckens ist unbekannt. Fig. e ist eine auf gelbem Grunde schwarz gezeichnete Spirale; an ihrer unregelmässigen Form sieht man, dass sie schnell aus freier Hand gemacht ist. Das unter Fig. f dargestellte Fragment enthält rothe Spiralen auf gelbem Grunde, die scheinbar nach rechts immer kleiner werden.

Tafel IX gibt fünf verschiedene Fragmente. Fig. a zeigt sechs nach rechts schreitende Stierfüsse auf blauem Hintergrunde. Unterhalb derselben kommen die oben bei Tafel V besprochenen bunten Streifen mit Querstrichen vor. Darunter sind verschiedenfarbige Blätter auf schwarzem Grunde aneinander gereiht und zwar in der Reihenfolge: gelb, roth, weiss, blau, gelb. Aehnliche Blätter befinden sich unter den Funden von Mykenae als Glaspasten. Fragment Fig. b enthält in seinem obern Theile Rosetten wie die auf Tafel V abgebildeten, in seinem untern Theile Blätter, welche den vorher genannten sehr ähnlich sind. Als Fig. c habe ich ein Stück einer Blume von dem Muster auf Tafel V abgebildet, weil an diesem Stück die zwischen dem Kelche und dem Griffel dargestellten Blättchen oder Staubgefässe in anderer Weise gemalt sind. Durch die aneinandergereihten Halbkreise wird die Blume derjenigen in der Decke von Orchomenos noch ähnlicher. Die Darstellung auf Fig. d ist nicht recht verständlich. Fig. e, aus zwei Fragmenten zusammengesetzt, zeigt eine sehr grosse Spirale, schwarz auf weissem Grunde.

Auf Tafel X habe ich mehrere ganz verschiedenartige Muster zusammengestellt. Fig. a zeigt Spiralen von ganz kleinem Maasstabe, mit schwarzer Zeichnung auf gelbem Grunde. Die Fragmente Fig. b und c gehören einer bildlichen Darstellung an; wir erkennen darin Seesterne, deren Arme mit rother und blauer Farbe auf schwarzem Grunde gemalt sind. Die weissen

Punkte sind auf dem Original mit Deckweiss aufgetragen. Die Fig. d—e geben mir zu Bemerkungen keinen Anlass; einige derselben (Fig. f und l) sind ganz unerklärlich.

Tafel XI enthält drei Variationen eines Motivs, welches in der spätern griechischen Kunst vielfach verwendet worden ist und auch heute bei uns als Tapetenmuster oft benutzt wird. In Fig. a ist das Muster mit rother Farbe auf gelbem Grunde gemalt. Was der in den einzelnen Feldern des Ornaments angebrachte kammähnliche Gegenstand bedeuten soll, ist mir nicht klar. Die Fragmente Fig. b und c geben dasselbe Muster in schwarzer und rother Farbe; das erstere ist in seinen Proportionen breiter, das letztere beträchtlich kleiner. Ein ganz ähnliches Muster kommt auf Vasen vor, vergl. Tafel XXVIIa.

Tafel XII gibt ein Stück des auf Tafel VI dargestellten geflügelten Wesens, nämlich die Agraffe des Flügels, in der natürlichen Grösse des Originals und als Facsimile wieder. Die Farben sind genau so gewählt, wie sie jetzt an dem Stück noch existiren, und es fehlt ihnen daher ihre frühere Lebhaftigkeit; dieselbe kehrt aber an dem Originale wieder, so lange man dasselbe befeuchtet.

Auf Tafel XIII ist das grösste aller erhaltenen Bruchstücke von Wandbewurf in etwas verkleinertem Maassstabe abgebildet; es zeigt eine figürliche Darstellung und beansprucht deshalb ein besonderes Interesse. Herr Dr. E. Fabricius, welcher sich eingehend mit diesem Stück beschäftigt hat, hatte die Güte, mir die folgenden ausführlichen Bemerkungen über dasselbe zur Verfügung zu stellen:

„Auf einem friesartigen Streifen, der oben durch ein gemaltes Ornament abgeschlossen ist, ist in wildem Rennen nach links im Profil ein mächtiger Stier dargestellt. Er hat den Kopf erhoben, die langen geschweiften Hörner reichen bis oben in den Rand hinein, das Maul ist geschlossen. Die Wildheit des Thieres hat der Maler besonders durch das grosse kreisrunde Auge zum

Ausdruck gebracht. Die Brust ist sehr hoch, die dicken und
kurzen Vorderbeine sind wie zum Sprunge weit vorgestreckt.
Die Hinterbeine gingen weit zurück. Der lange Schweif ist hoch
erhoben und nach vorn geschwungen. Die Geschlechtstheile sind
angegeben. Ueber dem Rücken des Thieres sieht man einen
Mann in höchst eigenthümlicher Stellung, ebenfalls im Profil
nach links gewendet: er kniet mit dem rechten Knie auf dem
Rücken des Stieres, sodass nur das Knie selbst und die Zehen-
spitze die Rückenlinie berühren, und hat das andere Bein weit
zurückgestreckt, so hoch, dass die Ferse fast den obern Rand
des Frieses berührt. In dieser künstlichen Stellung hielt sich
die Figur mit der rechten Hand am Horn des Stieres fest, die
linke Hand befand sich unterhalb der Brust.

„Die bei dem Gemälde angewendeten Farben sind die folgenden: Der Grund rings um die Figuren ist blau, und
zwar ist die blaue Farbe um den mit Weiss zuerst grundirten
Stier herumgezogen, dessen Contour sich von dem hier dicker
aufgetragenen Blau deutlich abhebt. Mit feinen blauen Linien
ist die Schnauze des Stieres ausgezeichnet. Während also der
Stier direct mit Weiss grundirt ist, hat der Maler die Figur
des Mannes auf den blauen Grund mit Deckweiss aufgetragen. An Stellen, wo das Deckweiss abgesprungen ist, kommt
der blaue Grund wieder zum Vorschein. Mit Roth sind am
Stier dem ganzen Contour folgend grosse halbkreisförmige Flecken
gemalt; kleine Fleckchen, zu drei und vier gruppirt, sind zwischen den grössern im weissen Grunde angebracht. Mit etwas
dickerer Farbe, die deshalb dunkler erscheint, sind in den
grossen Flecken Wellenlinien eingezeichnet, die das Ganze be-
leben. Mit Roth sind ferner hervorgehoben: an den Füssen die
Stelle über den Hufen, durch eine feine Linie die Schulterblätter,
die obere Hälfte des Schweifes und die Geschlechtstheile. Das
Auge des Stieres ist mit Schwarz ausgezogen und hier und da
ist der Contour durch eine schwarze Linie hervorgehoben, so an

dem ausgestreckten Bein des Mannes und am Schweif des Stieres. Am Leibe des letztern war eine schwarze Linie, gewissermassen als Schattenlinie, hingezogen, die jetzt fast ganz abgewaschen ist, wodurch die Geschlechtstheile vom Leibe getrennt scheinen. Mit schwarzen und gelben Linien sind die Muskeln und Geschlechtstheile des Mannes hervorgehoben und das ausgestreckte linke Bein ist mit schwarzen Querstreifen bedeckt. Gelbe Streifen bemerkt man auch an den Hufen des Stieres. Das ornamentirte Band am obern Rande der Darstellung besteht, von oben nach unten gezählt, aus einem blauen, gelben und weissen Streifen, im gelben Streifen sind rothe Verticallinien aufgetragen.

„Maasse: Die Dicke des Stückes misst zwischen 0,02 und 0,04 m. Länge 0,07 m, Höhe 0,29 m, Höhe des Ornamentstreifens oben 0,011—0,012 m. Alle Einzelmaasse sind aus der Zeichnung zu entnehmen.

„Erhaltung: Unten und auf den Seiten sieht man deutlich Bruchflächen. Das Ganze ist in sieben Stücken gefunden worden. Es fehlt ein Theil gerade aus der Mitte durch folgende vier Punkte bestimmt: Rückenansatz des Stieres, Mitte des Rückens, Mitte des Leibes und Ansatz der Vorderbeine mit dem rechten Knie des Mannes, und ferner fehlen die Hinterbeine des Stieres, die ursprünglich weit zurückgingen. Das Stück, auf welchem der Kopf des Stieres sich erhalten hat, ist sehr verwaschen. Bei der Figur des Mannes ist das Deckweiss am vorgestreckten rechten Arme, am Oberschenkel des linken Beines, an Kopf, Schultern und Brust abgesprungen, doch ist im wesentlichen der Contour noch erkennbar. Ferner ist an vielen Stellen das Blau des Untergrundes ziemlich stark abgewaschen. Infolge dieses Umstandes sind Theile einer ursprünglichen Untermalung des Stieres zum Vorschein gekommen: man sieht, der Künstler hatte den Stier zuerst etwas länger gemalt, den Schwanz zweimal anders grundirt, bevor er ihm die Lage gab, die er nachher beibehalten hat, und ebenso waren die Vorderfüsse ursprünglich etwas höher gezeichnet. Die Theile der ersten Untermalung waren, wie man deutlich an erhaltenen Resten erkennt, ganz mit der blauen Deckfarbe des Grundes überzogen.

„Die Zeichnung ist überaus flott und gewandt. Die Körperformen sind wie auf den frübarchaischen Vasengemälden allzu schlank, der Kopf des Stieres (Höhe ohne Hörner 0,035, Hörner 0,075 m) ist zu kurz im Vergleich zu der Brusthöhe (circa 0,109 m) und zum Rücken.

„Da sowol die Technik des Gemäldes und die Beschaffenheit der Farben wie die Art der Ornamentik am obern Randstreifen ganz dieselben sind, wie bei den übrigen Resten von Wandmalerei aus Tiryns, wo besonders auch das gelbe Band mit rothen Verticalstreifen oft vorkommt, so ist der Gedanke ausgeschlossen, das Stück mit dem Stier könne einer andern Epoche angehören, wie jene übrigen Fragmente.

„Was endlich die Erklärung oder Deutung der Darstellung anbelangt, so könnte man wol daran denken, dass der Mann auf dem Rücken des Stieres als Reitkünstler oder Stierbändiger aufzufassen sei, der seine Fertigkeit zeige, im wilden Laufe auf den Rücken des Thieres zu springen, ähnlich wie der an der bekannten Stelle der Ilias (XV, 679) erwähnte Rossebändiger, der in raschem Dahinjagen von dem Rücken des einen der vier Rosse, die er zusammengekoppelt führt, auf ein anderes hinüberspringt.“

Alle diese Malereien, sowol die ornamentalen als die figürlichen, waren unzweifelhaft an den Wänden der Zimmer angebracht: denn die Decke bestand jedenfalls aus Holz und war nicht verputzt, und der Estrich des Fussbodens hatte, wo er überhaupt colorirt war, eine einfachere Bemalung. Es fragt sich aber, wie die Malereien vertheilt waren, ob sie die ganzen Wände bedeckten, oder ob sie nur Friese am Fusse und am oberen Ende der Wand bildeten. Ueber diese Vertheilung würden wir ganz im Unklaren sein, wenn nicht in der südöst-

lichen Ecke des Megaron der Frauen noch ein grosser Theil
des Wandputzes mit seiner Bemalung erhalten wäre. Wir
sehen dort, dass von der Wandfläche ein unterer Sockel von
etwa 0,60 m Höhe abgetrennt ist, der mit Ornamenten bemalt
und mit einem aus mehrfarbigen Sreifen bestehenden Bande abgeschlossen war. Letzteres ist dem auf Tafel V abgebildeten
Saume vollkommen gleich und besteht aus einem gelben Streifen
mit rothen Querstrichen und einem blauen Streifen mit schwarzen Strichen. Die Abtrennung eines unteren Wandsockels war
durch die Construction der Wand vorgeschrieben, denn diese
bestand sehr oft in ihrem unteren Theile aus einem andern
Materiale als im oberen. Wenn nämlich die Wand aus
Luftziegeln hergestellt war, musste sie, um vor Feuchtigkeit
bewahrt zu bleiben, mit einem Sockel von Stein versehen werden. Im Palaste von Tiryns finden wir also schon denselben gemalten Wandsockel, wie ihn die meisten Häuser von
Pompeji zeigen.

Die oberhalb des Sockels befindliche Wandfläche hat in
Tiryns wahrscheinlich theils einen einfachen einheitlichen Farben-
ton gehabt (Stuckfragmente mit einfacher blauer und rother
Farbe sind in grosser Anzahl gefunden worden), theils war sie
gewiss mit Ornamenten und figürlichen Darstellungen bedeckt.

Da Homer an keiner Stelle, weder in der Ilias noch in
der Odyssee, ausdrücklich von verputzten oder bemalten Wänden berichtet, so schliesst Prof. Helbig, dass man zu jener
Zeit den Putz und die Wandmalerei in Griechenland noch nicht
gekannt habe; er sagt (Das homerische Epos, S. 76): „Ebenso
haben wir uns die Wände (des homerischen Palastes), auch
wenn sie aus Stein aufgeführt waren, auf der Innenseite mit
einem hölzernen Getäfel überzogen zu denken; denn der Stuckbewurf war, wie bereits bemerkt, unbekannt." Da aber jetzt
in Tiryns und auch in Mykenae bemalter Wandputz vorkommt,
ist dieser Satz Helbig's nicht mehr richtig. Wenn auch Homer

den Wandputz nicht direct erwähnt, so dürfen wir doch vielleicht
in dem Epitheton ξεστάς, welches er den Säulenhallen, und παμ-
φανάας, welches er den Wänden (ἐνῶπα) gibt, einen Hinweis
auf den glatten bemalten Stuckbewurf der Wände erkennen.

6. Spätere Bauten auf der Burg.

Wann der stattliche Palast mit seinen vielen Säulen und
Wandmalereien untergegangen ist, lässt sich leider nicht genau
bestimmen. Alle architektonischen Funde, welche wir auf der
Burg gemacht haben, sind älter als das V. vorchr. Jahrhundert
und bestätigen daher allerdings die überlieferte Nachricht, dass
Tiryns im Jahre 468 zerstört und nicht wieder aufgebaut worden ist. Aber unter diesen Funden befinden sich mehrere (das
dorische Capitäl, das Geison und der Stirnziegel), welche nicht
dem Palaste angehören, sondern einem Gebäude, das wahrscheinlich erst nach der Zerstörung des Palastes aufgeführt worden
ist (vergl. S. 260). Ist diese Annahme richtig, so muss der
eigentliche Palast schon lange vor dem Jahre 468 untergegangen
sein. Diesem widersprechen die architektonischen Kunstformen
des Palastes, soweit wir sie kennen, durchaus nicht; denn der
sculptirte Kyanosfries, die Wandmalereien und die Construction
der Parastaden und Säulen können nicht nur, sondern müssen
sogar älter als die gefundenen dorischen Bauglieder sein. Obwol es hiernach sehr wahrscheinlich ist, dass der grosse Palast
schon lange vor dem V. Jahrhundert zerstört wurde und dass
sich die Nachricht von einer Zerstörung durch die Argiver im
Jahre 468 auf eine zweite Einnahme der Akropolis und die
Zerstörung des dorischen Tempels bezieht, so ist trotzdem die
Möglichkeit nicht ausgeschlossen, dass der Palast erst im V. Jahrhundert gleichzeitig mit dem dorischen Gebäude untergegangen ist.

Nach dieser Zerstörung durch die Argiver scheint die Burg
unbewohnt geblieben zu sein; denn von spätern griechischen

oder römischen Bauten hat sich auch nicht die geringste Spur
auf der Akropolis gefunden. Die Burg bildete damals einen
grossen Schutthügel, aus dem nur die mächtigen Burgmauern
hervorsahen. So sah Tiryns auch aus, als es von Pausanias besucht wurde.

Erst in byzantinischer Zeit regte sich wieder die Bauthätig-
keit auf der Burg. Am südlichsten Ende derselben, über den
Gebäuden des grossen Vorhofes, wurde eine christliche Kirche
erbaut, deren Fundamente bei der Ausgrabung zu Tage traten.
Was von derselben erhalten ist, kann man auf Plan III erkennen, wo die aufgefundenen Reste roth colorirt sind. Der
Grundriss der Kirche lässt sich zwar wegen der totalen Zerstörung, welche auch diese wieder erfahren hat, nicht genau bestimmen, doch erkennt man deutlich die nach Osten orientirte
Apsis und die drei Schiffe. Wie die Kirche in den Maassen
sehr klein war, so ist auch ihre architektonische Ausschmückung
nur eine ärmliche gewesen, denn ausser einer schlecht profilirten
Marmortafel sind nur einige rohe Stuckgesimse und Reste bemalten Wandputzes gefunden worden. Da unter diesen Funden
weder Säulen noch byzantinische Sculpturen sind, so fehlen alle
Anhaltspunkte zur Bestimmung der Erbauungszeit.

Innerhalb der Kirche und rings um dieselbe herum stiessen
wir bei der Ausgrabung auf eine grosse Menge von Gräbern,
die sämmtlich nach Osten orientirt waren. Theils aus Steinplatten, theils aus Bruchsteinen mit Kalkmörtel und theils aus
halbrunden Dachziegeln hergestellt, waren fast alle nur so tief
angelegt, dass sie den antiken Fussboden nicht erreichten. Nur
an einzelnen Stellen, wo die Schuttschicht gering war, gingen
sie bis unter den antiken Estrich herunter; so z. B. im grossen
Propylaion und im Thor des Männerhofes. Auf Plan III habe
ich einige Gräber angegeben und mit rother Farbe bezeichnet.
Im ganzen sind etwa 50 Gräber gefunden worden; sie enthielten
ausser den Knochen immer nur ein schlechtes Thongefäss, aber

keinerlei Gegenstände, welche zu einer sichern chronologischen
Bestimmung hätten benutzt werden können.

Kirche und Friedhof sind auch wieder untergegangen und
von einer Humusschicht überdeckt worden. Gerade über der
Kirche am Südende der Burg lag bei Beginn der Ausgrabungen
eine aus Steinen erbaute moderne Dreschtenne, vermuthlich ein
Bauwerk unsers Jahrhunderts.

SECHSTES KAPITEL.

DIE AUSGRABUNGEN DES JAHRES 1885.

Von Dr. Wilhelm Dörpfeld.

Die Beschreibung der Burgmauer (vergl. oben S. 200—214) hatten wir mit dem Wunsche geschlossen, dass die ganze Festungsmauer möglichst bald ebenso freigelegt werden möge, wie dies mit dem im Innern der Burg liegenden Palaste durch Herrn Dr. Schliemann geschehen sei. „Erst dann wird es möglich sein, die interessante Mauer mit ihren Thürmen, Galerien, Thoren und Pforten ganz zu verstehen und diejenigen Fragen, welche jetzt leider noch offen bleiben mussten, bestimmt zu beantworten."

Dieser Wunsch ist schneller in Erfüllung gegangen, als man hoffen durfte. Herr Dr. Schliemann entschloss sich, selbst diese Arbeit vorzunehmen, und übertrug mir die Leitung der Grabungen. Die Arbeiten begannen Mitte April und wurden Mitte Juni mit Eintritt der Sommerhitze abgeschlossen. Während dieser beiden Monate wurde, einige Feiertage und einen Regentag abgerechnet, ununterbrochen gegraben; die Zahl der Arbeiter schwankte zwischen 30 und 40. Als Aufseher fungirte wieder, wie im Jahre 1884, Ilos aus Maguliana. Zu meiner Unterstützung bei der Beaufsichtigung der Grabungen und bei Anfertigung der Zeichnungen hatte Herr Dr. Schliemann bereitwilligst einen zweiten Architekten, Herrn Georg Kawerau aus Berlin, engagirt.

Die griechische Regierung hatte für die ganze Dauer der
Ausgrabungen den Phylax der Alterthümer, Herrn Georgios
Chrysaphis, als ihren Vertreter in Tiryns angestellt; derselbe
hat die Sammlung und Bergung der Funde mit unübertreff-
licher Sorgfalt und grossem Interesse besorgt.

Kurz vor Beendigung der Ausgrabungen, als Herr Dr.
Schliemann behufs Entgegennahme der ihm verliehenen Medaille
für Kunst und Wissenschaft bereits nach London abgereist war,
kam Herr Dr. Ernst Fabricius für mehrere Tage nach Tiryns,
um die gefundenen Thongefässe, Bronzen, Idole u. s. w. zu
untersuchen. Weiter unten findet der Leser seinen Bericht über
diese Gegenstände (s. S. 397—413). Während der letzten Tage
der Ausgrabung, schon nach der Abreise des Herrn Dr. Fabricius,
machten wir in einer einspringenden Mauerecke an der Südostseite einen grossen Fund von Thonfiguren, welchen Herr
Dr. Koepp die Güte hatte zu beschreiben (s. S. 414—424).

Die uns gestellte Aufgabe war eine doppelte. Es galt zunächst, die grossen Schuttmassen, welche im vorigen Jahre bei
der Ausgrabung der Oberburg auf die Abhänge des Burghügels
geworfen worden waren, zu entfernen, und sodann, die Umfassungsmauer der Oberburg von allen Seiten freizulegen. Die
Erde musste auf den rings um die Burg liegenden Feldern planirt
und die vielen kleinen und grossen Steine an besondern Stellen
zusammengetragen werden.

Wir begannen die Grabungen an der Südseite der Burg,
indem wir die auf der Mauer liegenden Schuttmassen entfernten
und die daselbst befindlichen schon bekannten beiden Galerien
ausräumten. Es stellte sich bald heraus, dass die obere Galerie,
wie wir schon früher vermuthet hatten, eine zur untern hinab-
führende Treppe enthält. Ganz unerwartet und überraschend
war uns aber die weitere Entdeckung, dass sich an die untere
Galerie fünf überwölbte Gemächer anschliessen, welche durch je
eine Thür mit der Galerie in Verbindung stehen.

Als wir mit den Reinigungsarbeiten zur Westseite der Burg übergingen, trat an der Südwestecke ein grosser, vor die Burgmauer vorspringender Thurm zu Tage, welcher zwei durch eine Zwischenmauer getrennte Innenräume enthält. Die sich nördlich anschliessende Mauer ist sehr zerstört und konnte daher erst, nachdem viele Steinblöcke fortgewälzt und grosse Erdmassen entfernt waren, in ihren untern Schichten aufgedeckt werden. Die grössten Schwierigkeiten bereitete uns der grosse runde Vorbau in der Mitte der Westmauer. Da sein Inneres ganz mit gewaltigen, von der Oberburg heruntergestürzten Steinblöcken angefüllt und der Zutritt nur vermittelst der kleinen Pforte an der Westseite möglich war, liess sich die Ausräumung nur unter den grössten Schwierigkeiten bewerkstelligen und war mit beständiger Lebensgefahr für die Arbeiter verknüpft. Viele der gewaltigen Steinblöcke mussten erst mühsam zerspalten werden, um mit unsern starken Hebewerkzeugen bewegt und herausgeschafft werden zu können. Mehrmals glaubten wir schon im Hinblick auf die grossen Schwierigkeiten und die in Aussicht stehenden, vielleicht nur geringen Resultate, von der Durchführung der Arbeit abstehen zu müssen, und waren daher hocherfreut, als plötzlich eine wohlerhaltene Steintreppe innerhalb des Vorbaues zum Vorschein kam, von welcher wir allmählich 65 Stufen aufdeckten. Weiter nördlich bot die Westmauer keine besondern Schwierigkeiten. Nach Entfernung des Schuttes und weniger Steinblöcke trat die Mauer sowol als der Fels, auf welchem diese erbaut ist, zu Tage.

Nachdem die ganze Westmauer der Oberburg freigelegt war, wandten wir uns der Ostmauer zu und begannen an der Südostecke mit der Entfernung der neuen und alten Schuttmassen und mit der vollständigen Ausräumung der grossen, schon längst bekannten Galerie. Wie zu erwarten war, stellte sich auch diese Galerie als ein Corridor heraus, welcher noch jetzt durch sechs Thüren mit ebenso vielen überwölbten Ge-

23*

mächern in Verbindung steht. Obgleich wir die Abkarrung der
Erdmassen an dieser Seite nicht ganz zu Ende führen konnten,
weil der Eintritt der grossen Sommerhitze der Fortsetzung der
Arbeiten ein Ziel setzte, so haben wir doch fast den ganzen
Zug der Ostmauer bestimmt. Nur eine geringe Arbeit ist übriggeblieben; dieselbe kann aber leicht nachgeholt werden, wenn
einmal die Unterburg, welche im vorigen Jahre nur durch einen
schmalen Graben erforscht, in diesem Jahre aber ganz unberührt
geblieben ist, vollständig ausgegraben wird.

Da bei den Grabungen zum grossen Theil nur solcher
Schutt fortgekarrt werden musste, welcher im vorigen Jahre
von der Oberburg herabgeworfen und daher schon einmal durch-
sucht worden war, so durften wir nicht auf viele Funde rechnen.
Vasen und andere Gegenstände konnten erst entdeckt werden,
sobald wir an die ältern Schuttlagen kamen. Trotzdem ist die
Zahl der Funde verhältnismässig gross gewesen. Namentlich
zwei Stellen, die Oberfläche des runden Vorbaues an der Westseite und eine einspringende Ecke an der Südostseite der Burg,
gaben eine besonders reichliche Ausbeute. Hier wurden sehr
viele Terracottafiguren und kleine Vasen aus späterer Zeit, dort
eine grosse Menge alter Vasenscherben (geometrischen und mykenischen Stils) und zahlreiche Fragmente bemalten Wandputzes
gefunden.

Im übrigen traten die Funde nur vereinzelt auf und zwar
kamen, wie es bei der Art der gegrabenen Erde natürlich war,
sehr alte Vasen mit spätern untermischt vor. Denn der Schutt,
welcher die Mauern bedeckte, ist im Laufe der Jahrhunderte
heruntergefallen und muss daher Erzeugnisse der verschiedensten
Perioden und der verschiedensten Erdschichten enthalten. Unter
diesen Umständen wäre es zwecklos, ja sogar leicht irreführend
gewesen, wenn wir bei den einzelnen Fundstücken die Tiefe,
in welcher sie unter der Oberfläche lagen, angegeben hätten.

Zur speciellen Beschreibung der Resultate unserer Grabungen

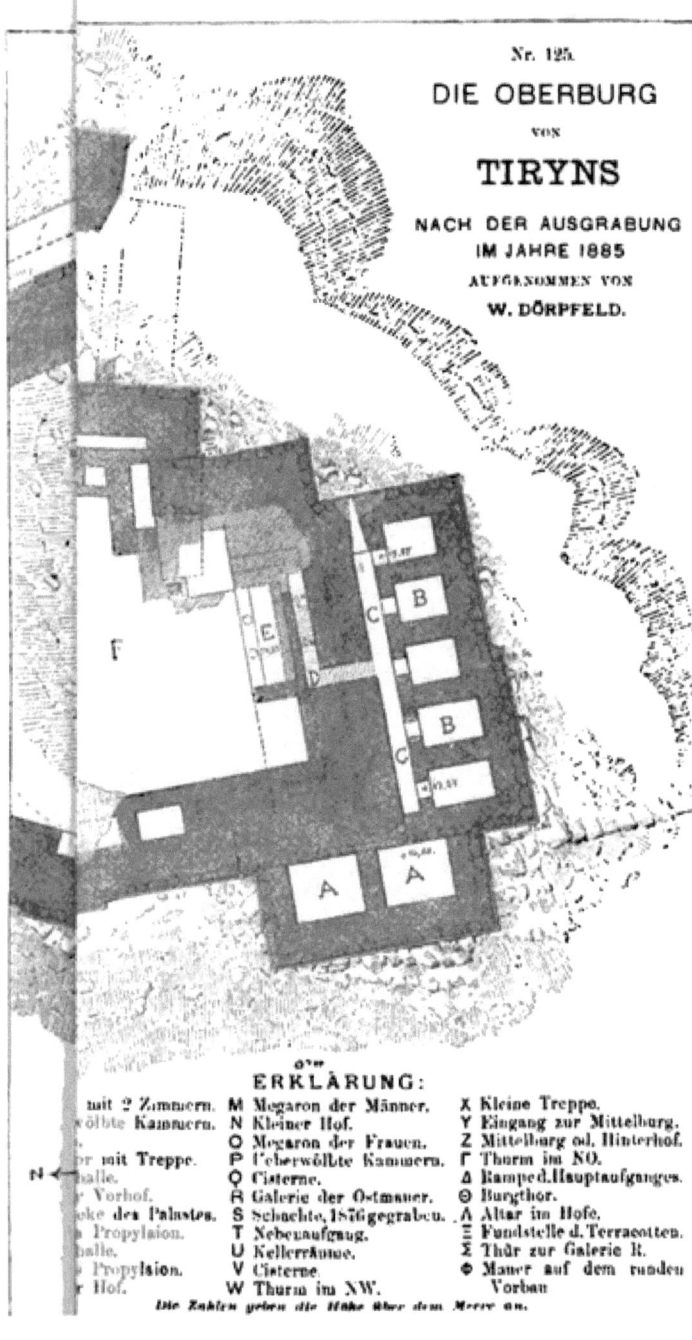

Nr. 125.

DIE OBERBURG

VON

TIRYNS

NACH DER AUSGRABUNG
IM JAHRE 1885

AUFGENOMMEN VON

W. DÖRPFELD.

ERKLÄRUNG:

mit 2 Zimmern.   **M** Megaron der Männer.   **X** Kleine Treppe.
wölbte Kammern.   **N** Kleiner Hof.   **Y** Eingang zur Mittelburg.
   O Megaron der Frauen.   **Z** Mittelburg od. Hinterhof.
r mit Treppe.   **P** Ueberwölbte Kammern.   **Γ** Thurm im NO.
halle.   **Q** Cisterne.   **Δ** Rampe d. Hauptaufganges.
r Vorhof.   **R** Galerie der Ostmauer.   **Θ** Burgthor.
ke des Palastes.   **S** Schacht, 1876 gegraben.   **Λ** Altar im Hofe.
Propylaion.   **T** Nebenaufgang.   **Ξ** Fundstelle d. Terracotten.
halle.   **U** Kellerräume.   **Σ** Thür zur Galerie R.
Propylaion.   **V** Cisterne.   **Φ** Mauer auf dem runden
r Hof.   **W** Thurm im NW.   Vorbau.

Die Zahlen geben die Höhe über dem Meere an.

übergehend, erwähne ich noch, dass von den Funden die besten
Stücke nach Athen gebracht worden sind, um mit den im vorigen Jahre gefundenen Gegenständen im Mykenae-Museum aufgestellt zu werden. Die weniger wichtigen Funde sind dagegen
in Tiryns verblieben und werden in dem kleinen Wächter-
häuschen aufbewahrt.

A. Die Ringmauer.

Als Grundlage für die Beschreibung der Burgmauer dient
uns der nebenstehende Plan Nr. 125, welcher, im Maassstabe
1 : 400 gezeichnet, durch das photographische Verfahren auf
etwa $^3/_4$ reducirt worden ist. Die Orientirung habe ich so gewählt, dass der magnetische Nord genau nach links, also Osten
gerade nach oben zeigt. Für diejenigen, welche eine genaue
Angabe über die Orientirung wünschen, sei bemerkt, dass die
Axe des Megaron von der magnetischen Nordlinie um $6^1/_2°$ ab-
weicht. Der Plan umfasst nicht die ganze Burg, sondern nur
denjenigen Theil, auf welchen sich die neuen Ausgrabungen
erstreckt haben, nämlich den eigentlichen Palast mit seinem
Vor- und Hinterhof. Die Unterburg, welche auf Tafel I dargestellt ist, habe ich nicht in den neuen Plan aufgenommen,
weil sich ihr Bild durch die neuen Ausgrabungen in keiner
Weise verändert hat, und weil ich so den Vortheil gewann,
einen grössern Maassstab für die Oberburg nehmen zu können.
Dem Plan ist zwar eine kurze Legende beigefügt, doch scheint
es mir nothwendig, hier noch einige Bemerkungen zur Erläu-
terung hinzuzufügen. Die Festungsmauer habe ich, soweit sie
erhalten und jetzt sichtbar ist, durch eine kreuzweise Schraffur
gekennzeichnet und ausserdem ihre Aussenseite durch eine
doppelte Linie hervorgehoben. Wo diese doppelte Linie fehlt,
haben wir die Aussenflucht nicht aufgefunden. Durch eine einfache Schraffirung werden dagegen diejenigen Mauerstücke bezeichnet, welche nur in ihren Fundamentschichten erhalten oder

jetzt nicht sichtbar sind. Da die jetzige Oberfläche der Ringmauer an vielen Stellen nach innen unter der Höhe des Palast-
fussbodens bleibt, während sie nach aussen mehrere Meter über
dem tiefer liegenden Fels liegt, so musste die Mauer im Plane
vielfach nach aussen dunkel, nach innen aber hell schraffirt
werden, obwol die Innenkante fast überall höher erhalten ist
als die Aussenseite. Da ferner bei den Galerien die ideelle
Durchschnittsfläche nahe über ihrem Fussboden angenommen ist,
hätten die oberhalb der östlichen Galerie befindlichen Säulen
eigentlich im Grundrisse nicht zur Darstellung gelangen können.
Ihr Vorhandensein auf dem Plane schien mir aber unbedingt
nothwendig, und ich habe deshalb die vier erhaltenen Säulenbasen ganz schwarz, die ergänzten mit einfachen Kreisen in die
schraffirte Mauerfläche eingezeichnet.

Von den Innenmauern des Palastes zeigen ebenfalls diejenigen, welche nur in ihren Fundamenten erhalten sind, eine
einfache Schraffirung, während die sich über den Fussboden
erhebenden doppelt schraffirt worden sind. Die drei offenen
Innenhöfe des Palastes sind, um auf den ersten Blick kenntlich
zu sein, durch ein Quadratnetz hervorgehoben. Die eingeschriebenen Zahlen geben die Höhe des betreffenden Punktes über
dem Meere in Metern an.

Die Fundamente der byzantinischen Kirche, welche am südlichen Ende der Burg gefunden und auf Tafel II abgebildet
sind, habe ich auf dem neuen Plane weggelassen, um die antike
Planbildung des grossen Vorhofes besser zur Anschauung zu
bringen.

Eine Vergleichung unsers neuen Planes mit dem im vorigen
Jahre gezeichneten (Tafel I) und mit demjenigen des Herrn
Hauptmann Steffen (Karten von Mykenae Bl. II) zeigt sofort,
wie erfolgreich die diesjährigen Ausgrabungen gewesen sind.
Bisher hatte man die wenigen sichtbaren Mauerecken durch
punktirte Linien verbunden und so ein Bild der Burg

gewonnen, welches sich jetzt als sehr wenig richtig herausstellt.
An Stelle der langen, wenig unterbrochenen Mauerlinien haben
wir zahlreiche aus- und einspringende Ecken gefunden und an
Stelle des einheitlichen Mauerprofils, wie wir es für die ganze
Oberburg glaubten annehmen zu müssen, hat sich eine sehr
grosse Verschiedenheit der Stärke und Gestalt der Mauer heraus-
gestellt. Es gibt unter den zahlreichen Abschnitten der Ringmauer kaum zwei Stellen, welche in gleichen Dimensionen
und in gleicher Weise erbaut sind. Diese Erscheinung ist um
so bemerkenswerther, als die Mauer der Unterburg in ihrer
ganzen Ausdehnung dasselbe Profil und fast genau dieselbe
Stärke besitzt. Man muss annehmen, dass diese Verschiedenheit
theils durch die Formation des Burgfelsens, theils durch die
Anlage der Aufgänge, theils durch den Wunsch, Magazine und
Cisternen innerhalb der Mauer anzulegen, entstanden ist.

Bevor wir uns zur Beschreibung der einzelnen Mauerabschnitte wenden, suchen wir zunächst einen allgemeinen Ueberblick über den dargestellten Theil der Burg zu gewinnen.

Den Kern der Oberburg bildet der eigentliche Palast mit
getrennter Männer- und Frauenwohnung. Wie sich nach Süden,
also auf unserm Plane nach rechts, der etwas tiefer gelegene
grosse Vorhof anschliesst, so stösst im Norden, ebenfalls um
einige Meter tiefer gelegen, derjenige Abschnitt an, welchen wir
mittlere Burg genannt haben. Diese drei Theile besitzen eine
starke gemeinsame Ringmauer, welche, im grossen betrachtet,
ein von Nord nach Süd sich erstreckendes längliches Rechteck
bildet. Die einzelnen Abschnitte sind unter sich durch dünnere
Mauern abgeschlossen. Die Verbindung zwischen dem Palast
und dem Vorhof (F) ist durch das Thor K und zwei Nebenthüren, zwischen dem Palast und der mittlern Burg (Z) durch
die Treppe und Thür X hergestellt.

An der östlichen Längenseite des grossen Vierecks liegt der
Hauptaufgang zur Burg. Der befahrbare Weg beginnt an der

Nordostecke, steigt nach Süden allmählich bis zur Burghöhe an
und endigt bei dem Vorhofe F mit dem grossen Thorgebäude H.
Nach aussen ist dieser lange Weg durch eine starke Festungsmauer geschützt. Ein zweiter Aufgang, der aber nur als Nebenaufgang diente und für Pferd und Wagen nicht passirbar war,
liegt an der Westseite. Man steigt hier in umgekehrter Richtung, also von Süd nach Nord, auf Treppenstufen hinauf, betritt zunächst die mittlere Burg und kann dann auf der Treppe X
zu dem höher gelegenen Palast hinaufgehen. Auch dieser Aufgang ist durch eine starke Festungsmauer, welche an ihrem
untern Ende in einen grossen Halbkreis ausläuft, gegen feind-
liche Angriffe geschützt.

Drei nebeneinander liegende Abschnitte, von denen der
mittelste, am höchsten gelegene, von dem Palaste eingenommen
wird, ein grosser befahrbarer Aufgang an der Ostseite, welcher
in den südlichen Abschnitt mündet, und ein als Treppe ausge-
bildeter Nebenaufgang, welcher zu dem nördlichen Abschnitt
führt, — das ist das allgemeine Bild, welches uns nach den
diesjährigen Ausgrabungen die Oberburg von Tiryns bietet.
Diese Eintheilung der Oberburg werden wir auch der folgenden
Beschreibung zu Grunde legen, indem wir zuerst die Umfassungsmauer des eigentlichen Palastes, darauf diejenige des südlichen
Abschnittes, des grossen Vorhofes, und weiter diejenige des
nördlichen Abschnittes, der mittlern Burg, betrachten; zum
Schluss besprechen wir dann die beiden Aufgänge mit ihren
Vertheidigungsmauern.

1. DIE UMFASSUNGSMAUER DES PALASTES.

Im fünften Kapitel konnten wir die Grenzen des Palastes
nur im Norden, Osten und Süden feststellen, die Grenzmauer an
der Westseite war dagegen damals noch unbekannt. Diese
Lücke ist jetzt einigermaassen ausgefüllt. Wenn auch die Mauern
im westlichen Theile des Palastes meist vollständig zerstört sind,

so ist doch die grosse Umfassungsmauer selbst übriggeblieben.
Sie besteht nach aussen aus sehr grossen Steinblöcken, während
nach innen auch kleinere Steine verwendet sind. Welche Dimensionen die Mauer oberhalb des Fussbodens des Palastes hatte,
und ob an der Westseite ebenso wie im Norden ein Corridor
an der Mauer entlang lief, lässt sich nicht bestimmen, weil die
Mauer bis mehrere Meter unterhalb des obern Fussbodens verschwunden ist. In ihrem untern erhaltenen Theil hat sie, wie
man aus dem Plane ersehen kann, eine sehr bedeutende Stärke,
welche sich zwar nicht genau messen lässt, aber stellenweise bis
zu 12 m beträgt. In ihrer Südwestecke (bei U im Plane) enthält die Mauer einige kellerartige Räume, deren Fussboden,
aus Kalkestrich hergestellt, zum Theil noch gut erhalten ist; er
liegt 21,so m über dem Meere, also etwa 4,so m unter dem Fussboden des Palastes. Die Decke dieser Räume war nicht aus
Stein, sondern jedenfalls aus starken Holzbalken hergestellt,
denn in keinem Theile des Palastes erkennt man so deutlich wie
hier die Spuren der grossen Feuersbrunst, welche den Untergang der Burg herbeigeführt hat. In dem rothen Schutte, mit
welchem das Innere angefüllt war, fanden wir auch noch grosse
Stücke verbrannten und unverbrannten Holzes. Die Räume
waren jedenfalls auf einer hölzernen Treppe von den obern
Zimmern aus zugänglich und werden vermuthlich als Keller zur
Aufbewahrung von Lebensmitteln und dgl. benutzt worden sein.
Ihre Lage innerhalb der grossen Umfassungsmauern ist aus dem
Profil Fig. 130 zu erkennen, wo sie durch punktirte Linien an-
gedeutet und mit dem Buchstaben e bezeichnet sind.

Beachtenswerth ist die Thatsache, dass die westliche Grenzmauer des Palastes keine gerade Linie ist, sondern ebenso wie
die nördliche und östliche Umfassungsmauer eine ganze Reihe
ein- und ausspringender Winkel bildet. Diese vielen Ecken sind
durchaus nicht willkürlich angeordnet, sondern entsprechen, wie
man auf dem Plane erkennt, den innern Mauern des Palastes.

Ringmauer und Palast stehen also in engem Zusammenhang und darin dürfen wir einen werthvollen Beweis für den schon mehrfach ausgesprochenen Satz erkennen, dass die Erbauung des Palastes und der Festungsmauern gleichzeitig erfolgt ist. Es lässt sich zwar nicht leugnen, dass in einigen Fällen auch die Gestaltung des Felsens, auf welchem die Mauer erbaut werden sollte, die Anlage von Vorsprüngen vorgeschrieben hat; allein man kann in Tiryns selbst deutlich erkennen, dass an vielen Stellen, wo die Formation des Burgfelsens durchaus keine einspringenden Winkel verlangte, lediglich der innern Eintheilung des Palastes zu Liebe Ecken angeordnet sind.

Bei der westlich vom Thorgebäude K gelegenen Ecke G endet die westliche Ringmauer des Palastes. Sie biegt hier im rechten Winkel um und läuft genau nach Osten auf das Thorgebäude zu. Es war also der Palast auch auf der Südseite durch eine Festungsmauer von dem Vorhofe F getrennt, und diese Mauer war gleichzeitig mit der Westmauer des Palastes, aber etwas früher als die Umfassungsmauer des Vorhofes errichtet.

2. DIE UMFASSUNGSMAUER DES VORHOFES F.

An der Westseite des Vorhofes waren vor Beginn der neuesten Ausgrabungen nur sehr geringe Spuren der Festungsmauer sichtbar und daher konnte dieselbe auf Tafel I nur mit punktirten Linien in hypothetischer Form angegeben werden. Die vorgeschlagene Gestalt der Mauer hat sich aber als falsch erwiesen, denn letztere liegt, wie Plan 125 zeigt, in Wirklichkeit um mehrere Meter weiter östlich. Ihre verhältnissmässig geringe Stärke ist der Grund für ihre fast gänzliche Zerstörung gewesen. Nur in ihrem südlichen Theile, wo der grosse Thurm vorgebaut ist, steht sie noch mehrere Meter hoch aufrecht, im nördlichen haben wir nach langen Grabungen dagegen nur ein bis zwei Steinschichten der Aussenseite freigelegt. Hier liegt die jetzige Oberkante durchschnittlich 8—9 m unter dem Fussboden des Vorhofes.

Die Aussenkante der Mauer bildet eine gebrochene Linie, die aus einzelnen geraden Stücken von 10—12 m Länge besteht. Ein Grund für diese geringe Abweichung von der geraden Linie ist nicht ersichtlich, durch die Formation des Felsens kann sie unmöglich veranlasst worden sein. Während die Mauer in der Nähe des Thurmes eine Breite von 8,15 m hat, ist sie weiter nördlich nur halb so stark (4,10 m); als Ersatz für diese Verringerung ist im Innern in einem geringen Abstande eine zweite parallele Mauer von 1,65 m Breite gezogen, welche aus kleinern Steinen besteht und mit der äussern durch mehrere kurze Quermauern verbunden zu sein scheint. Eine solche Quermauer ist wenigstens zu Tage gefördert. Der Zwischenraum zwischen der äussern und innern Mauer ist jetzt mit Erde gefüllt und scheint auch im Alterthume kein Hohlraum gewesen zu sein. Die Vermuthung liegt nahe, dass die innere Mauer, welche sich in ganz ähnlicher Weise noch an andern Stellen der Burg findet, das Fundament für eine an der Innenseite der Burgmauer entlang laufende Säulenhalle gewesen ist.

Am südlichen Ende der Westmauer springt ein mächtiger Thurm weit vor die Flucht der Mauer vor; seine Breite misst 8,10 m, seine Länge 19,20 m. Er ist auf einem natürlichen Vorsprunge des Burgfelsens errichtet worden, denn noch jetzt tritt der Fels auf allen drei freiliegenden Seiten des Thurmes zu Tage. Im Innern befinden sich zwei Zimmer von gleicher Grösse (4,95 m zu 6,0 m), durch eine 1,70 m starke Scheidewand von einander getrennt. Sie waren also vollständig isolirt und konnten nur von oben vermittelst hölzerner Treppen oder Leitern betreten werden. An der Westmauer des nördlichen Zimmers findet sich nach aussen eine Verbreiterung der Mauer, welche man auf den ersten Blick leicht für eine von aussen hinaufführende steinerne Treppe halten kann. Allein eine genauere Untersuchung wird jeden bald davon überzeugen, dass lediglich die Gestalt des Felsens an jener Stelle die Verbreiterung des Mauerfusses veranlasst hat.

Da im Innern der Zimmer fast gar keine Steine, sondern fast ausschliesslich halbgebrannte Luftziegel und rother Schutt gefunden worden sind, kann ihre Decke unmöglich aus Stein bestanden haben, wie dies bei den Decken der Kammern B und P der Fall war, sondern muss aus starken Holzbalken hergestellt gewesen sein. Beim Untergang der Burg geriethen die Balken in Brand und durch die so entstehende Glut wurden die aus Luftziegeln bestehenden obern Theile des Thurmes roth gebrannt. Die Trümmer der angebrannten Ziegelmauern füllten später die Zimmer an. Wie viele Etagen der Thurm gehabt hat, lässt sich nicht entscheiden. Da zwischen dem Fussboden der Zimmer (+ 16,00 m) und demjenigen des Vorhofes (+ 24,50 m) eine Differenz von etwa 8 m ist, so haben vermuthlich bis zur Sohle des Vorhofes schon allein zwei Etagen existirt.

Für die Bestimmung des Zweckes der Zimmer würde es von grosser Wichtigkeit sein, wenn sich ermitteln liesse, ob sie durch Fenster erleuchtet waren. Leider ist jedoch von ihrer 3,30 m starken Westwand nur eine einzige Schicht über dem Fussboden erhalten, und da die Fenster jedenfalls in den obern Schichten angebracht gewesen sein müssten, so geben uns die Ruinen keinen Anhalt zur Beantwortung jener Frage. Waren die Räume dunkel, so können sie Cisternen gewesen sein; andernfalls müssen wir an Gefängnisse oder an Vorrathskeller denken. Für Cisternen sprechen noch zwei Umstände, die ich anführen will, obwol sie nicht vollständig beweiskräftig sind. Erstens sind die Umfassungsmauern der beiden Räume mit Lehmmörtel erbaut, den man noch jetzt an den Innenwänden deutlich zwischen den Steinen erkennt. Da die Mauern also in der That wasserdicht waren, so können die beiden Zimmer sehr wohl als Cisternen gedient haben. Nothwendig ist dies jedoch nicht, denn durch die letz-

ten Ausgrabungen ist constatirt worden, dass fast alle Mauern,
die äussern Festungsmauern sowol, wie die Innenmauern des
Palastes, mit Lehmmörtel gebaut sind. Wenn die bisher
sichtbaren Theile der Burgmauer keinen Mörtel, sondern nur
kleine Steine in den Fugen zwischen den grossen Blöcken zeigen,
so ist das die natürliche Folge des Regens, welcher Jahrtausende
hindurch die Mauer getroffen und den Lehm herausgespült hat.
Auch hat die Minirarbeit von Eidechsen und Ratten, welche zu
Hunderten in den Mauern wohnen, dazu beigetragen, den Lehm
aus den Fugen zu entfernen. Fast überall, wo wir Mauerstücke
freigelegt haben, die schon seit vielen Jahrhunderten mit Schutt
bedeckt waren, zeigte sich der Mörtel innerhalb der Fugen noch
wohl conservirt, und zwar hob sich die helle Farbe des Thons
oder Lehms deutlich von der schwarzen Humuserde und dem
rothen Ziegelschutt ab. Zweitens ist zu beachten, dass es auf
der Burg unbedingt mehrere Behälter zur Aufbewahrung des
Regenwassers gegeben haben muss (vergl. S. 231). Wenn wir
daher zwei Räume finden, welche sich wegen ihrer Construction,
ihrer Dimensionen und ihrer Höhenlage sehr wohl zu Cisternen
eignen, dürfen wir sie immerhin mit einiger Wahrscheinlichkeit
als Cisternen in Anspruch nehmen.

Einen Querschnitt durch den Thurm sieht man auf Fig. 127
links bei b; der erhaltene Theil seiner Mauer ist dunkel, der
ergänzte heller gezeichnet. Die daselbst angedeutete Theilung
der Höhe durch eine Zwischendecke ist unsern obigen Angaben
gemäss nur Hypothese.

Eine im höchsten Grade interessante Anlage ist die südliche
Festungsmauer des Vorhofes mit ihren überwölbten Gängen
Kammern. Es war zwar längst bekannt, dass die Südmauer
zwei Galerien enthielt, aber welche Gestalt diese überwölbten
Gänge hatten, wusste man nicht, da beide theils zusammen-
gestürzt, theils bis oben hin mit Schutt angefüllt waren. Diese
Frage zu erledigen musste eine unserer ersten Sorgen sein.

Der Ausräumung stellten sich aber grosse Schwierigkeiten entgegen. An vielen Stellen war die Decke eingefallen, und die
grossen Steinblöcke derselben hatten sich in dem schmalen Raum
so fest ineinandergeschoben, dass sie nur mit sehr grosser Mühe
entfernt werden konnten. Ferner drohte an mehrern Stellen
die noch erhaltene Decke, oder die noch aufrecht stehende Seitenwand während der Ausräumung einzustürzen. Da dies natürlich auf jede Weise verhindert werden musste, sahen wir uns
genöthigt, die gefährlichen Stellen der Decke durch starke Eisen-
stangen abzustützen und die baufälligen Theile der Wände mit
Cementmauerwerk auszubessern. Erst nachdem diese Sicherungs-
arbeiten vorgenommen waren, liessen sich die Galerien ohne
Lebensgefahr für die darin beschäftigten Arbeiter ausräumen.
Das Ergebniss dieser Arbeiten entschädigte uns reichlich für
alle Mühe und Ausgaben. Innerhalb des zum Theil noch überwölbten Ganges D sind neun Stufen einer hinabführenden Steintreppe erhalten; etwas weiter westlich biegt der Gang im rechten Winkel nach Süden um und mündet kurz darauf in den
breitern und höhern Gang C. An der Südwand des letztern
sind fünf überwölbte Thüren vorhanden. Als wir diese auffanden, glaubten wir, dass sich aussen vor den Thüren das
Plateau der Untermauer ausdehnen würde. Aber wie gross war
unser Erstaunen, als wir anstatt der Untermauer fünf einzelne
Zimmer fanden, welche einst sämmtlich mit gewaltigen Steinblöcken spitzbogenförmig überwölbt waren.

Sobald wir diese Entdeckung gemacht hatten, untersuchten
wir mit einigen Arbeitern auch die grosse schon bekannte
Galerie (R) in der Ostmauer, um zu constatiren, ob auch dort
ähnliche Zimmer vorhanden wären. Es zeigte sich bald, dass
in der That auch dort die sechs vorhandenen Thüren in sechs
einzelne überwölbte Kammern führten. Durch diesen Fund war
mit einem Schlage alles, was wir oben S. 209 fg. im Anschlusse
an den Erklärungsversuch des Herrn Hauptmann Steffen über

den Zweck der Galerien gesagt haben, als unhaltbar erwiesen.
Eine freie, oben begehbare Untermauer, wie wir sie oben beschrieben haben, hat es in Tiryns an keiner Stelle gegeben,
sondern die ganze Untermauer war von Zimmern eingenommen und
über der gewölbten Decke dieser Kammern lag erst der Mauerumgang, von welchem aus die Burg vertheidigt werden konnte.

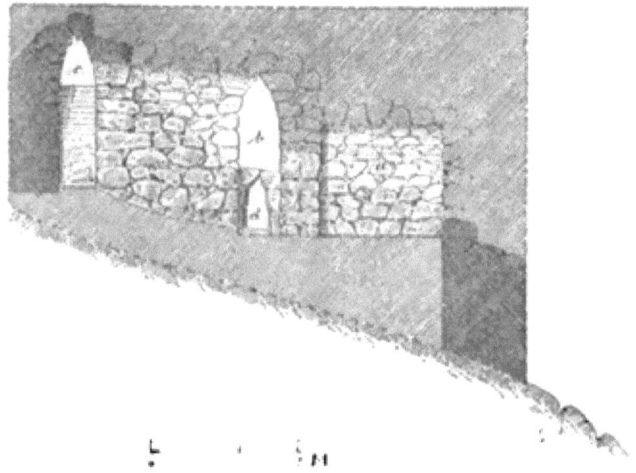

Nr 126.   Querschnitt durch die Südmauer.
a überwölbte Kammer; b Galerie; c Galerie mit Treppe; d Fenster der Galerie b

Um den Zweck der kasemattenartigen Kammern und Corridore untersuchen zu können, wird eine kurze Baubeschreibung
derselben nöthig sein. Wir legen derselben den Grundriss
Fig. 125, den Querschnitt durch die Südmauer Fig. 126 und
den Längendurchschnitt durch dieselbe Fig. 127 zu Grunde.
Der Querdurchschnitt (Fig. 126) zeigt rechts das mittelste der
fünf Zimmer (a), durchschneidet weiter links die Thür desselben
und die grosse Galerie (b) und folgt dann dem nordsüdlichen
Arme des zweiten Corridors (c). Im Hintergrunde sieht man

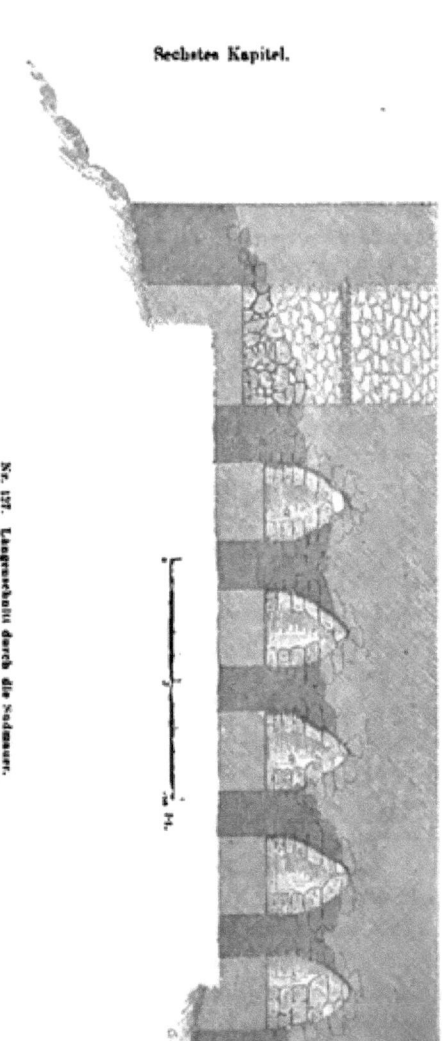

Nr. 197. Längenschnitt durch die Südmauer.
a überwölbte Kammern; b Innenraum der Thermen.

rechts die östliche Wand des mittlern Zimmers, in der Mitte
das Fenster (d) am Ostende des Ganges (b) und links den
zweiten Arm des Corridors c mit den erhaltenen Treppenstufen.
Der Längenschnitt (Fig. 127) ist durch alle fünf überwölbte
Kammern (a) und durch den Thurm (b) gelegt; man erblickt
die Wand mit den fünf Thüren, hinter welcher die Galerie liegt.
Die erhaltenen Bautheile sind in beiden Profilen dunkel, diejenigen, welche mit Sicherheit ergänzt werden konnten, hell
gezeichnet.

Beide Arme des obern Ganges (D im Grundriss) sind
etwa 1,35 m breit und enthielten eine grosse steinerne Treppe,
auf welcher man von dem Vorhof zu dem Corridor C hinab-
steigen konnte. Von dieser Treppe sind neun aus rohen Kalksteinplatten hergestellte Stufen noch *in situ*. Die Steigung
einer jeden Stufe beträgt 0,16, ihr Auftritt 0,31 m. Da nun die
unterste erhaltene Stufe noch 3,20 m über dem Fussboden des
Corridors C liegt, so müssen unterhalb derselben noch etwa 20
jetzt zerstörte Stufen gelegen haben. Gerade so viele Stufen
lassen sich aber, wie die im Grundrisse punktirten Linien beweisen, in das unterste Ende des Ganges hineinzeichnen. Nach
oben fehlen der Treppe, wenn wir die Höhe des Vorhofes an
jener Stelle auf etwa 25 m ansetzen, noch etwa 18 Stufen.
In welcher Weise diese angeordnet waren, lässt sich nicht mehr
bestimmen, weil wir nicht wissen, an welcher Stelle die Treppe
in den Vorhof mündet. Beim Bau der byzantinischen Kirche,
deren Fundamente ich der bessern Uebersicht wegen auf dem
neuen Plan fortgelassen habe, ist mit den übrigen antiken Bauten in dieser Gegend der Burg auch der obere Theil der Treppe D
untergegangen. Dass auch der untere Theil der Treppe in
byzantinischer Zeit zerstört worden ist, schliessen wir aus der
Auffindung eines byzantinischen Grabes und mehrerer byzantinischer Gefässe unterhalb der untern zerstörten Theile der
antiken Treppe.

Der Corridor C, welcher ebenfalls mit einer spitzbogenförmigen Steindecke versehen war, ist in seiner östlichen Hälfte
1.80 m, in seiner westlichen nur 1.50 m breit. Sein westliches
Ende ist durch eine 2,50 m starke Mauer gegen das etwas tiefer
liegende Thurmgemach A abgeschlossen. Am östlichen Ende
ist die Abschlussmauer beträchtlich stärker (4.00 m) und enthält
einige Centimeter über dem Fussboden ein Fenster, das sich
nach aussen verengt, also die Gestalt einer Schiessscharte hatte.
Von innen gesehen ist es dreieckig, 1,30 m breit und 1,50 m
hoch. Wie gross seine Breite an der Aussenseite der Mauer
war, lässt sich nicht mehr messen, weil der äussere Theil der
Mauer an dieser Stelle zerstört ist, nach der Verjüngung des
erhaltenen Theiles des Fensters können wir aber seine äussere
Breite auf 0,10 bis 0,20 m berechnen. Obwol also das Fenster
im Aeussern so schmal war, dass man es kaum von einer Fuge
unterscheiden und auch unmöglich von aussen hineinsteigen
konnte, lieferte es doch wegen seiner innern Erweiterung genügend Licht zur Beleuchtung des ganzen Corridors. Das
Profil des letztern ist aus dem Querschnitt (Fig. 126) zu ersehen; während seine Breite im wesentlichen mit derjenigen
der Ostgalerie (S. 208) übereinstimmt, ist seine Höhe um einen
ganzen Meter grösser. Von der aus mächtigen vorgekragten
Kalksteinblöcken gebildeten Decke sind nur einige Stücke erhalten, der grössere Theil ist eingestürzt. Der Grund hierfür
liegt zum Theil in der schlechten Construction der dicken Nordwand, welche in ihrem Innern aus ziemlich kleinen Bruchsteinen
und Lehmmörtel besteht und nur nach aussen mit einer Schicht
grosser Steine verkleidet ist.

Die zu den Kammern führenden Thüren sind noch alle
fünf erhalten, theilweise allerdings sehr beschädigt; ihre Breite
misst 1,15 m (bei der östlichsten Thür nur 1,25 m), ihre Höhe
beträgt bis zum Scheitel gemessen ungefähr 2,50 m. Jede
Thür ist mit einer grossen steinernen Schwelle versehen. Vor-

richtungen zum Verschliessen haben wir nicht mehr auffinden können.

Von den fünf Gemächern sind die zwei westlichen 5,10 m, die drei östlichen 4,30 m tief, ihre Breite beträgt 3,10 m, nur das östliche ist 3,05 m breit. Die grössere Tiefe der beiden westlichen Kammern ist jedenfalls durch den Vorsprung veranlasst, welchen die Aussenkante der Mauer nach Süden macht; denn das Umgekehrte, dass dieser Vorsprung in der Absicht hergestellt sei, zwei grössere Kammern zu bekommen, erscheint mir aus mehrern Gründen sehr unwahrscheinlich. Die Kammern waren, wie man aus Fig. 127 ersieht, mit Steinblöcken in der Weise überdeckt, dass die Zwischenwände von einer bestimmten Höhe ab nach beiden Seiten so weit auskragten, bis sie sich oben gegenseitig berührten. Stücke dieser schweren spitzbogenförmigen Steindecken sind noch erhalten, der grösste Theil derselben ist aber zusammengestürzt und ihre Trümmer füllten die Kammern an. Aus vier Kammern haben wir die Trümmer herausgeschafft, nur in einer (der zweiten von Westen) haben wir sie liegen lassen.

Da die Scheitel der Gewölbe parallel zu den Zwischenwänden lagen, so hob sich der geringe Schub, welchen die Decken möglicherweise auf die Zwischenwände ausübten, gegenseitig auf; nur die Aussenwände des ersten und fünften Gemachs hatten den etwa vorhandenen Schub zu tragen. Sie sind dafür auch breiter als die Zwischenwände angelegt (2,15 m gegenüber 1,30 m). Die südliche Aussenwand ist in allen fünf Kammern sehr zerstört, weil die zusammenstürzenden Decken diese Mauer mit sich gerissen haben. Nur von der untersten Steinschicht sind noch mehrere Quadern erhalten, sodass wenigstens ihre Dicke (2,35 m) gemessen werden konnte. Ohne Zweifel waren diese Aussenwände bis an die Decken der Kammern herangeführt, sodass letztere ganz geschlossen waren. Dagegen lässt sich nicht bestimmt entscheiden, ob diese Wände auch

24*

Fenster zur Beleuchtung der Kammern enthielten. Da jedoch
der Corridor C ein Fenster hat, so wird wahrscheinlich auch
jedes Zimmer ein ähnliches Fenster besessen haben. Dieselben
mussten natürlich so klein sein, dass sie von aussen entweder
gar nicht, oder doch nur sehr wenig sichtbar waren.

So interessant und wichtig das ganze System dieser kasemattenartigen Räume schon an und für sich ist, es erhält noch
eine grössere Bedeutung durch den Umstand, dass eine ganz
ähnliche Anlage in mehrern phönikischen Colonien
an der Nordküste Afrikas, nämlich in den punischen Städten
Carthago, Thapsus, Hadrumetum, Utika und Thysdrus gefunden
ist.[1] Nach Perrot und Chipiez (Hist. de l'art, III. S. 351) gebe
ich in Figur 129 einen Theil des Grundrisses der Mauer von
Byrsa (der Akropolis von Carthago) und füge unter Fig. 128
zur Vergleichung ein in demselben Maassstabe gezeichnetes Stück
des Grundrisses der Ostmauer von Tiryns hinzu. Obwol in
Byrsa die Kammern nach der Innenseite der Burg liegen und

---

[1] Herr Professor R. Virchow macht mich darauf aufmerksam, dass
Herr Professor P. Ascherson ihn daran erinnert hat: „dass uns über die
Bauart der Mauer des punischen Carthago und der Bestimmung der in
denselben enthaltenen Räume ein schriftliches Zeugniss aus dem Alterthum
überliefert ist. Der Alexandriner Appianos (Hist. Romana, 1 ed. Bekker,
1842, p. 220, 1—8), dessen Bericht wahrscheinlich auf der verloren gegan-
genen Erzählung des Polybios beruht, der bekanntlich im Gefolge des
jüngern Scipio Augenzeuge der Einnahme und Zerstörung Carthagos war,
schildert diese ebenso grossartige als eigenthümliche Anlage folgender-
maassen:« Der obere Theil jeder der (dreifachen) Mauern war mit doppeltem
Dache versehen und in dem hohlen und bedachten Raume standen unten
300 Elefanten, und befanden sich dabei Magazine für das Futter derselben; über ihnen waren Stallungen für 4000 Pferde nebst Vorrathskammern
für Grünfutter und Gerste, sowie Quartiere, und zwar an Infanterie für
20000 und an Cavallerie für 4000 Mann. Eine so grosse Streitmacht fand
in den Mauern allein Unterkunft: Διώροφον δ' ἦν ἑκάστου τείχους τὸ ὕψος καὶ
ἐν αὐτῷ κοῖλά τε ὄντα καὶ στεγανά κάτω μὲν ἐστεγασμένα ἐλέφασιν τριακοσίοις, καὶ
θησαυροὶ παρέκειντο αὐτοῖς τῶν τροφῶν, ἱπποστάσια δ' ὕπὲρ αὐτοὺς ἦν τετρακισ-
χιλίοις ἵπποις καὶ ταμιεῖα φάτο τε καὶ κριθῇς, ἀνδρῶσι τε καταγωγαὶ πεζοῖς μὲν
ἐς δισμυρίους ἱππεῦσι δὲ ἐς τετρακισχιλίους τοσήδε παρασκευὴ, πολέμου διατέτακτο
σταθμεύειν ἐν τοῖς τείχεσι μόνοις.«   H. Schliemann.

nicht viereckig, sondern rund abgeschlossen sind, kann man doch
unmöglich die grosse Aehnlichkeit in der gesammten Anlage
verkennen. Die Uebereinstimmung geht sogar so weit, dass Länge
und Breite der Kammern in Byrsa fast genau bei den beiden
mittlern Zimmern in der Südmauer von Tiryns wiederkehren
(3,50 m Breite zu 4,20 m Tiefe). Diese überraschende Aehnlichkeit für eine zufällige zu erklären, wird wol schwerlich jemand
wagen. Sicherlich liegt hier ein innerer Zusammenhang vor.

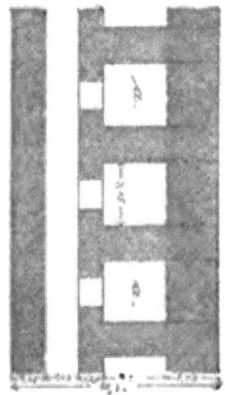 

Nr. 124. Grundriss der Ostmauer von Tiryns. a überwölbte Kammern, b Galerie. Nr. 125. Grundriss der Mauer von Byrsa a überwölbte Kammern; b Galerie.

Entweder waren es phönikische Bauleute, welche sowol in Nordafrika, als auch in der argivischen Ebene die Burgmauern erbaut haben, oder wir haben es hier mit einer Anordnung zu
thun, welche, in der ältesten Zeit von irgendeinem Volke erfunden, allmählich typisch geworden war und so von mehrern
Völkern in gleicher Weise ausgeführt wurde. Allerdings berichtet Strabo, dass die Cyklopen, die Erbauer von Tiryns,
aus Lykien gekommen seien. Die Alten wussten also nichts
von phönikischen Bauleuten, welche Tiryns erbaut hätten. Trotzdem gebe ich der ersten jener beiden Möglichkeiten den Vorzug.

Solange nicht eine ähnliche Kasemattenanlage in Lykien oder
an einem andern Punkte Kleinasiens, der nicht von den Phönikiern besucht war, aufgefunden ist, muss man meines Erachtens die Uebereinstimmung zwischen Tiryns und Byrsa als Beweis dafür ansehen, dass beide von phönikischen Werkleuten
erbaut worden sind.

Die Bauart der Mauer von Byrsa erscheint allerdings nach
den Angaben Beulé's, des Entdeckers dieser Mauer, eine vorgeschrittenere zu sein, als diejenige der Befestigungswerke von
Tiryns, aber erstens kann dieser Unterschied zum Theil sehr
wohl durch die Verschiedenheit des Baumaterials veranlasst sein
(die Mauern von Tiryns bestehen aus hartem Kalkstein, diejenigen von Byrsa aus weichem Tuff), und zweitens würde auch
eine Differenz von einigen hundert Jahren zwischen den Er-
bauungszeiten der beiden Burgen keineswegs gegen unsere Annahme sprechen.

Während man früher, als in Tiryns nur die Galerien bekannt waren, über den Zweck derselben viel hin- und her-
gestritten hat, wird jetzt, nachdem die Kammern entdeckt sind,
wol bald jede Meinungsverschiedenheit über die Bestimmung
der unterirdischen Räume aufhören. An einen fortificatorischen
Zweck kann man jetzt gar nicht mehr denken: denn wenn wir
auch annehmen, dass jedes der Zimmer ein als Schiessscharte
zu benutzendes Fenster hatte, so hätten innerhalb der ganzen
Südmauer doch nur sechs kämpfende Vertheidiger Platz finden
können. Und für sechs Vertheidiger wird man doch nicht eine
so grossartige Anlage gemacht haben! Die Kammern und Corridore können nichts anderes als kellerartige Magazine gewesen
sein, in welchen man allerlei Arten von Lebensmitteln und
andere Gegenstände praktisch und sicher aufbewahren konnte.

Beulé (Fouilles à Carthage, S. 60) schreibt eine gleiche Bestimmung auch den Kammern in der Mauer von Byrsa zu.
Perrot (Hist. de l'art, III, 352) dagegen ist anderer Ansicht.

Er sieht nach dem Vorgange anderer französischer Gelehrter (Daux, Recherches sur les origines des emporia phéniciens, S. 190—192, und Graux, Note sur les fortifications de Carthage, S. 196) in den kellerartigen Räumen Cisternen für Wasser. Diese Hypothese scheint mir sehr wenig zutreffend zu sein, für Tiryns ist sie jedenfalls ganz unhaltbar. Denn erstens hat man sicherlich einem Wasserbassin noch niemals eine solche Grundrissform gegeben, wie sie in Tiryns und auch in Nordafrika vorkommt. Zu einer Cisterne nimmt man entweder einen einzigen grossen Raum oder, wenn man mehrere Bassins gebraucht, richtet man sie wenigstens so ein, dass der eine Behälter gefüllt bleiben kann, wenn der andere geleert wird. Zweitens widerspricht dieser Hypothese aufs entschiedenste die Existenz des Fensters in dem Gange von Tiryns, das mit einer Cisterne absolut nicht zu vereinigen ist. Drittens passen auch die Thüren mit ihren steinernen Schwellen und die stattliche Steintreppe sehr wenig zu einer Cisterne. Für ein Magazin ist dagegen die Grundrissdisposition ganz vorzüglich geeignet, da man die kellerartigen Räume sehr gut zur Aufbewahrung verschiedener Gegenstände benutzen und dabei jeden einzelnen Raum für sich verschliessen konnte.

Oben über den Kammern und den Gängen vereinigten sich die verschiedenen Wände zu einem einzigen massiven Mauerkörper, welcher die ungeheure Stärke von 17,5 m hatte. Was auf dem Plateau dieser breiten Mauer stand, ob dort Magazine oder Wohnungen erbaut, oder ob daselbst nur ein breiter Umgang hergestellt war, darüber lässt sich nichts Bestimmtes ermitteln. Einige erhaltene Reste ehemaliger Mauern weisen vielleicht auf das erstere hin. An die Innenseite der Mauer scheint sich eine Säulenhalle (E) angelehnt zu haben, wenigstens sind dort einzelne Fundamente vorhanden, welche scheinbar für Säulen bestimmt gewesen sind.

An der Ostseite des grossen Vorhofes ist die Burg-

mauer nach aussen noch einige Meter hoch erhalten und bildet
auch hier mehrere weit vortretende Ecken. In einem der einspringenden Winkel (bei Ξ in Fig. 125) wurden auf einem Haufen
die vielen Terracottafiguren gefunden, welche Herr Dr. Koepp
S. 414—422 beschreibt. Die Mauer besteht auch hier aus
zwei parallelen Mauerzügen, von denen der äussere 4,20 m breit,
der innere, aus kleinern Steinen hergestellte, nur 1 m breit ist.
Den Zwischenraum beider haben wir hinter der kleinen Säulenhalle J etwa 3 m tief bis zum Fels ausgegraben; er war mit
Schutt angefüllt, der wahrscheinlich schon seit Erbauung der
Mauer dort gelegen hat. Den nördlichen Theil der Ostmauer
nimmt das grosse Thorgebäude (H) ein, welches wir schon im
fünften Kapitel beschrieben haben.

3. DIE UMFASSUNGSMAUER DER MITTLERN BURG.

Der mittlere Theil der Burg, welchen man im Gegensatze
zu dem grossen Vorhof im Süden des Palastes auch Hinterhof
nennen kann, liegt durchschnittlich 2—3 m tiefer als der Fussboden des Palastes. Seine südliche Grenzmauer ist die
schon beschriebene nördliche Abschlussmauer des Palastes, welche
die kleine Steintreppe X enthält. Im Osten wird er durch
eine 6,50 m starke Mauer begrenzt, welche ihn von dem Hauptaufgang trennt. Diese Mauer scheint in ihrem nördlichen Theil
ein Thor enthalten zu haben, doch müssten, um etwas Sicheres
erkennen zu können, zuvor die vielen dort herumliegenden Steinblöcke fortgeschafft werden. Den nördlichen Abschluss des
Hinterhofes bildet die starke Festungsmauer, welche die Oberburg von der Unterburg scheidet. Ein grosser Theil derselben,
den ich auf Plan 125 mit einem hellen Tone bezeichnet habe,
ist noch von Erde und Gestrüpp bedeckt und kann erst zugleich
mit der Unterburg ganz freigelegt werden. Möglicherweise
besteht sie aus zwei parallelen Mauerzügen, die durch einen

schmalen Zwischenraum getrennt sind. Im Westen finden wir
als Grenzmauer des Hinterhofes in der nördlichen Hälfte eine
5,93 m starke Mauer, vor welche ein gewaltiger Thurm (W) von
11,60 Breite und 8,95 m Tiefe vorgebaut ist. Letzterer ist leider
so sehr zerstört, dass man nicht mehr sicher entscheiden kann,
ob er auch, worauf manches hindeutet, dem Thurm A entsprechend im Innern ein Zimmer gehabt hat. Unmittelbar südlich
von denselben ist eine kleine Cisterne (V) aufgefunden worden,
deren Wände und Fussboden noch jetzt theilweise mit einem
Lehmputz überzogen sind; sie ist 2 m zu 2,20 m breit und etwa
3 m tief; ihre Sohle liegt 16,55 m über dem Meere. Thurm und
Cisterne bilden den nördlichen Abschluss der grossen Steintreppe,
welche wir im folgenden Abschnitt beschreiben werden. Die
südwestliche Grenze des Hinterhofes wird von einer Mauer
gebildet, welche nur 2 m stark ist, deren Fundament sich nach
innen aber um 3 m verbreitert. Zwischen dieser und der kleinen Cisterne (V) ist die Grenzmauer (Y) noch schmäler und
nur sehr niedrig. Hier ist höchst wahrscheinlich die Stelle, wo
der von der grossen Treppe gebildete Weg die mittlere Burg
erreichte.

1. DER NEBENAUFGANG ZUR OBERBURG.

Ausser dem befahrbaren Hauptaufgang zur Burg an der Ostseite ist durch die neuen Grabungen im Westen ein Nebenaufgang zu Tage gefördert, der nur für Fussgänger benutzbar war.
Ueber seine Entdeckung ist schon oben bei Besprechung des
Verlaufs der Ausgrabungen kurz berichtet worden. Seine Lage
und Gestalt ersieht man aus dem Grundriss (Fig. 125), aus dem
Querschnitte (Nr. 130) und aus der perspectivischen Ansicht
(Nr. 131). Der Querschnitt zeigt rechts die Eingangspforte (a).
weiter links einen Schnitt durch die untersten Treppenstufen (b)
mit einer Ansicht der Felsen (c), zwischen denen die Treppe
hindurchgeht, und gibt ganz links ein Profil der starken West-

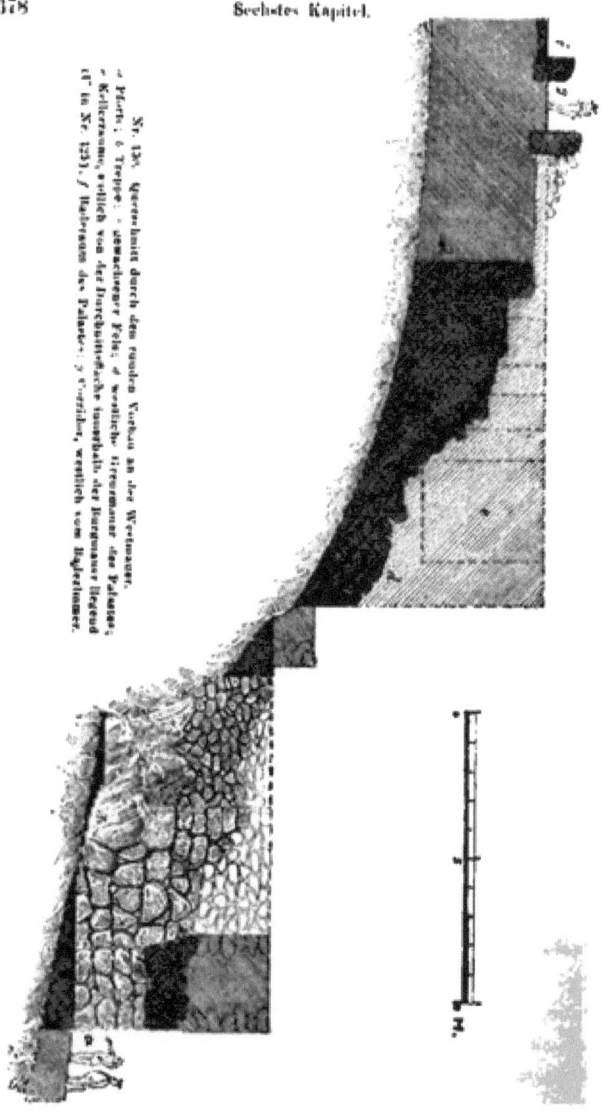

Nr. 130. Querschnitt durch den runden Vorbau an der Westmauer.
a Pforte; b Treppe; c gewachsener Fels; d westliche Aussenmauer der Palaste;
e Kellerraum, westlich von der Durchschnittsfläche innerhalb der Burgmauer liegend
(f' in Nr. 129). f Halenraum des Palastes; g Cisterne, westlich vom Palastraum.

mauer des Palastes (d), deren erhaltener Theil dunkel schraffirt
ist. Fig. 131 zeigt dagegen einen Blick auf die Treppe von
der Oberfläche des runden Vorbaues aus; links sieht man die
äussere Festungsmauer (a), in der Mitte die Treppe mit den sie
einfassenden Wänden, rechts oben den Anfang der grossen Umfassungsmauer des Palastes (d).

Nr. 131. Blick von der Krone des runden Vorbaus auf die Treppe des Nebenaufganges.
a Äussere Festungsmauer; b Fels; c Wangenmauer der Treppe; d Grenzmauer des Palastes

Man betritt den Nebenaufgang bei der kleinen Pforte (T im
Grundriss), welche in der Mitte des runden Vorbaues angelegt
ist. Dieselbe war schon früher bekannt, man wusste nur nicht,
wohin sie führte. Sie hat im Aeussern eine Breite von 2 m, die
nach oben allmählich in der Form eines Spitzbogens abnimmt.
Der Durchgang durch die 7,s m starke Mauer ist nur auf ein

Drittel seiner Länge überwölbt; der übrige Theil war unbedeckt,
ebenso wie die ganze übrige Treppe. Die Breite des Durchganges vermindert sich im ersten Drittel etwas, steigt dann aber
allmählich bis auf 3,20 m. Tritt man durch die Pforte ein, so
ist anfangs der Fussboden mit grossen Steinen gepflastert und
steigt nur sehr wenig an; in einer Entfernung von 5,10 m vom
Eingange beginnen die Stufen. Die beiden untersten sind in
den Burgfels eingehauen, während alle übrigen aus Kalksteinplatten bestehen und ebenso construirt sind, wie diejenigen in
dem Gange D. In ihrem untersten Theile hat die Treppe eine
westöstliche Richtung, biegt aber ungefähr bei der 8. Stufe um
und nimmt eine südnördliche Richtung an. Die lichte Breite
beträgt bis zur 20. Stufe, bis wohin die Treppe auf beiden Seiten
von gewachsenem Fels eingefasst ist, etwa 1,50 m; von da ab
wird sie plötzlich 2,10 m, fällt allmählich wieder auf 1,75 m, steigt
wieder auf 2,15 m und beträgt schliesslich an ihrem obern Ende
(bei der 65. Stufe) 1,65 m. Die Höhe der Stufen schwankt
zwischen 0,10 und 0,17 m und beträgt im Mittel 0,135 m; die
unterste Stufe liegt 8,77 m, die oberste 17,50 m über dem Meere.
Für die Breite der Auftritte einer jeden Stufe kann man als
Durchschnittsmaass 0,15 m angeben.

Leider ist über die 65. Stufe hinaus keine einzige Stufe
mehr *in situ* erhalten; man würde daher über den weitern
Verlauf der Treppe im Zweifel sein können, wenn nicht
ungefähr 10 m nördlich von der letzten Stufe eine Mauer zum
Vorschein gekommen wäre, in welcher man wol unbedenklich
ein Stück vom Fundamente der Treppe erkennen darf. Ihre
Höhenlage ist gerade so, dass die Treppe darüber hinweggeführt
werden kann. In unserm Plan (Fig. 125) haben wir demnach
die punktirte Linie, welche die Richtung des Aufganges bezeichnen
soll, durch die Mauer hindurchgezogen. Leider ist dieses Fundament nur in einer Länge von 6½ m erhalten; wo es endigt,
hört zugleich jede weitere Spur der Treppe auf. Für die Be-

stimmung des Endes unsers Aufganges sind wir daher lediglich
auf Vermuthungen angewiesen. Zunächst ist es klar, dass die
Treppe nicht weiter nach Norden geführt haben kann, denn
hier ist die kleine Cisterne V im Wege. Eine nordöstliche
Richtung kann sie auch nicht gehabt haben, weil die Mauer
östlich von der Cisterne noch jetzt so hoch erhalten ist, dass
die Treppe nicht über sie hinweggegangen sein kann. Der Weg
muss deshalb sicher nach Osten umgebogen sein und die dünne
Mauer Y überschritten haben. Die Oberkante der letztern
liegt nur 22,31 m über dem Meere, ein Höhenmaass, welches
die Treppe bequem erreichen konnte. Ich vermuthe, dass die
Mauer Y der Rest eines Thorgebäudes ist, durch welches man
den Hinterhof des Palastes betrat. Wollte man zum Innern des
Palastes selbst gehen, so benutzte man die kleine Treppe X,
welche wir schon von den Ausgrabungen des vorigen Jahres
her kennen.

An der Stelle, wo jetzt die grosse Treppe endet, also bei
der 65. Stufe, scheint ein schmaler Weg sich nach rechts abge-
zweigt zu haben, auf welchem man wieder zurückgehend, aber
in derselben Höhe verbleibend, oben auf den halbkreisförmigen Vorbau gelangen konnte. Diese Vermuthung stützt sich
auf die Beobachtung, dass die östliche Seitenwand der Treppe
von der hochanragenden westlichen Futtermauer des Palastes
stets in einem Abstand von mindestens 2 m bleibt und dass die
Oberkante der Mauer Φ, deren östlicher Arm vielleicht eine
Stützmauer eben dieses Weges ist, mit der 65. Stufe genau in
derselben Höhe liegt. Wie die Oberfläche des halbrunden Vorbaues, welche man auf diesem schmalen Wege betreten konnte,
ausgebildet war, ist vollständig unbekannt. Ich bemerke nur,
dass der höchste jetzt erhaltene Punkt des Vorbaues (+ 17,44 m)
noch 9 m unter dem Fussboden des Palastes liegt, und dass
deshalb der Vorbau schwerlich bis zur Höhe des Palastes hin-
aufgereicht hat. Vermuthlich wird seine Höhe nicht viel grösser

gewesen sein, als wir in dem Profil (Fig. 130) angenommen
haben.

Es verdient noch erwähnt zu werden, dass in dem einspringenden Winkel der Mauer Φ eine sehr grosse Menge der
ältesten Vasen, alter bemalter Stuckfragmente und anderer Gegenstände gefunden worden ist. Die ganze Ecke war mit allerlei
Funden ebenso dicht angefüllt wie das oben S. 266 beschriebene
Gemach neben dem Badezimmer, und es muss hier im Alterthum
ein Ablagerungsplatz für zerbrochene Vasen, abgefallenen Wandputz und dergleichen gewesen sein.

Fragen wir uns schliesslich, warum der Erbauer von Tiryns
neben dem Hauptaufgange zur Oberburg an der Ostseite noch
diesen Nebenaufgang im Westen geschaffen hat, so können wir
nicht zweifeln, dass es hauptsächlich fortificatorische Gründe
gewesen sind, welche ihn hierzu veranlasst haben. Aber auch
für die Bedürfnisse des täglichen Lebens in Friedenszeiten wird
ein Aufgang an der zum Meere gerichteten Westseite sehr
wünschenswerth gewesen sein. Auf jeden Fall hat der Erbauer
die ihm gestellte Aufgabe vorzüglich gelöst. Denn auf dem
kürzesten Wege stieg die Treppe zum Hinterhof des Palastes
hinauf, indem sie sich dicht an den Fels und die Burgmauer
anschmiegte; auch war sie durch eine starke Festungsmauer,
welche genau ihrer Richtung folgte, gegen jeden feindlichen Angriff geschützt. Die Lage und Stärke dieser Mauer zeigt der
Grundriss.

5. DER HAUPTAUFGANG ZUR BURG.

Den Hauptaufgang an der Ostseite der Oberburg kennt der
Leser schon aus dem fünften Kapitel (S. 212 fg.). Das dort
Gesagte ist durch die neuen Ausgrabungen voll bestätigt worden.
Es gab nur diesen einen für Wagen und Pferde passirbaren
Weg zur Oberburg. Um die beträchtliche Höhe von 20 m in
sanfter Steigung erreichen zu können, liess der Erbauer die Auf-

gangsrampe möglichst weit im Norden beginnen, führte sie an
der ganzen Ostseite der Oberburg entlang und liess sie in den
am südlichen Ende der Burg gelegenen Vorhof münden. Der
erste Theil dieses Weges war eine durch eine starke Mauer ge-
stützte Rampe, die ausserhalb der Burg lag und nach aussen
keine besondere Festungsmauer hatte. Der obere Theil dagegen
war durch eine äussere Mauer gedeckt. Die Gestalt der letztern,
obwol in einigen Einzelheiten noch nicht aufgeklärt, ist doch
jetzt im allgemeinen bekannt, wie der Plan Nr. 125 zeigt.

Das wichtigste Stück dieses Mauerzuges ist dasjenige, welches die stattliche Galerie (R) enthält. Dass sich auch an
diese Galerie nach aussen sechs Kammern (P) anschliessen,
haben wir oben schon erwähnt. In ihrer Einrichtung und Construction stimmen diese Gemächer vollständig mit denjenigen in
der Südmauer überein, nur in Bezug auf ihre Maasse weichen
sie etwas von ihnen ab. Ihre Breite beträgt nämlich durchschnittlich 3,05 m, die Stärke ihrer Zwischenwände 1,10 m, während
die entsprechenden Maasse bei der Südmauer 3,10 m, resp. 1,20 m
sind. Die Tiefe der Kammern lässt sich leider nicht bestimmen,
weil bei keiner einzigen auch nur der geringste Rest der äussern
Abschlussmauer erhalten ist. Wir haben deshalb auf unserm
Plan den innern Theil der Abschlussmauer nur mit einer hellen
Schraffur versehen. Da wir aber die Tiefe der Kammer mit
Einschluss der äussern Mauer messen können (das Maass beträgt 6,05 m), und wir annehmen dürfen, dass die Abschlussmauer wenigstens ungefähr ebenso stark wie bei den Zimmern
der Südmauer (2,75 m) gewesen sein wird, so ergibt sich als
muthmaassliche Tiefe der Kammern 6,05 — 2,75 = 3,30 m.

Das auf Tafel III unten links gegebene, reconstruirte Profil
der Ostmauer ist jetzt dahin zu ergänzen, dass über der Untermauer ein Schnitt durch die Kammer in der Weise gezeichnet
wird, wie dies der Querschnitt durch die Südmauer (Nr. 126)
angibt. Wir haben darauf verzichtet, diese Ergänzung hier vor-

zunehmen und einen neuen restaurirten Querschnitt der Ostmauer zu geben, weil gar keine Anhaltspunkte zur Bestimmung
ihres obern Abschlusses vorliegen, und phantastische Recon-
structionen zu geben, ist nicht der Zweck dieses Buches. Dass
sich eine Säulenhalle oben auf der Mauer befand, ist zwar durch
die Existenz der Säulenbasen gesichert, aber wo die Rückwand
dieser Halle lag, und ob ausser der Säulenhalle oben auf der
Mauer noch Zimmer und ein besonderer Mauerumgang mit Brustwehr angelegt war, ist vollständig unbekannt.

Wir geben dafür unter Nr. 132 ein Bild des jetzigen
Zustandes der guterhaltenen östlichen Galerie (R). Es ist
ein Blick von Süden in die Galerie hinein. An der rechten
Wand des Ganges erkennt man sechs Thüren (a), welche zu den
Kammern führen; durch die erste Thür sieht man in eine der
letztern hinein und erkennt noch ein Stück der Zwischenmauer
(b) zwischen der ersten und zweiten Kammer. Die letzte Thür
liegt unmittelbar an der hintern Abschlusswand.

Südlich von diesem Magazine enthält die Mauer einen
rechteckigen Raum (Q), der von keiner Seite zugänglich ist und
daher vermuthlich eine Cisterne bildete. Erst am letzten Tage
der Ausgrabungen kam dieser Raum zum Vorschein und konnte
daher nicht mehr ganz ausgeräumt werden. Er enthielt, ebenso
wie die Cisterne V, fast ausschliesslich rothen Ziegelschutt.

Da die Sohle der Kammern ungefähr 5,30 m unter der
Schwelle des grossen Propyläon liegt, so muss im Alterthum
eine Treppe zu dem Magazine in der Ostmauer hinunterge-
führt haben. Nach Analogie der in der Südmauer vorhandenen
Treppe dürfen wir annehmen, dass dieselbe von der Thür Σ
in westlicher Richtung an der aufgedeckten Mauer entlang hin-
aufführte und vielleicht innerhalb der kleinen Säulenhalle (J)
endete. Es standen also beide Magazine, sowol das in der Ostmauer als auch dasjenige in der Südmauer, mit dem grossen
Vorhofe in directer Verbindung. Allerdings haben wir von

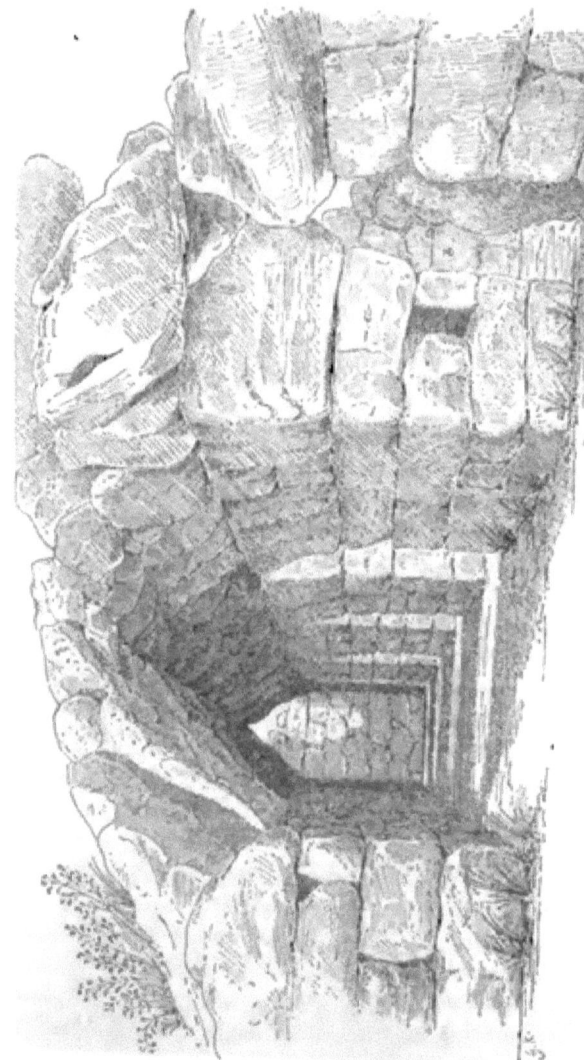

Nr. 132. Blick in die Galerie der Ostmauer.
a Thüren zu den Kammern; b Zwischenwand der Kammern.

jener Treppe keine Spur mehr gefunden, denn dieser Theil der
Burgmauer ist ganz besonders stark zerstört. Einige Mauerstücke, welche wir im Plane I an dieser Stelle gezeichnet hatten,
stellten sich bei den neuen Grabungen als moderne, wahrscheinlich von Hirten aufgebaute Mauern heraus, da sie keinerlei
Fundament hatten. Wir mussten uns daher vorläufig damit
begnügen, die Mauer durch punktirte Linien anzudeuten. Man
wird noch tiefer graben müssen, als wir es gethan haben, um
auch hier die Reste der Burgmauer aufzufinden.

Die grosse Zerstörung fast aller antiken Mauern an dieser
Stelle erklärt sich übrigens vielleicht aus dem Umstande, dass
das Magazin der Ostmauer jahrhundertelang als Schafstall benutzt und dass zu diesem Zweck von Süden her unter Abbruch
der antiken Mauern ein Aufgang hergerichtet worden ist. Wie
beliebt der kühle unterirdische Raum bei den Hirten der Argolis stets gewesen sein muss, zeigt die Thatsache, dass fast alle
scharfen Ecken der untern Steinschichten im Innern der Galerie
durch die Schafe abgeschliffen und mehrere Steine an ihrer ganzen
Aussenfläche glatt polirt sind.

Dass im Alterthum an der Südostecke der Burg kein Hauptaufgang gewesen sein kann, haben wir schon im fünften Kapitel
(S. 211) dargelegt. Durch die neuen Ausgrabungen sind jene
Sätze nur bestätigt worden. Wenn hier ein Aufgang existirte,
so kann es wegen des grossen Terrainunterschiedes nur eine in
mehrern Windungen angelegte Treppe, also nur ein Nebenaufgang gewesen sein. Höchst wahrscheinlich hat aber überhaupt
kein Aufgang in der Südostecke der Burg existirt.

B. Technische Bemerkungen.

Zu den starken Burgmauern und den dünnern Wänden
des Palastes sind als Baumaterial hauptsächlich Kalksteine
verwendet, welche an den beiden Bergen in der Nähe von Tiryns

gebrochen worden sind. Unter diesen Steinen kommen zwei
verschiedene Arten vor, von denen die eine im Innern hell-
grau, die andere röthlich aussieht. Während die erstere sehr
hart und ausserordentlich wetterbeständig ist, gibt es unter den
rothen Steinen viele, welche im Laufe der Jahrhunderte ganz
mürbe geworden sind und keine starke Last mehr tragen können.
Wahrscheinlich sind es daher diese rothen Kalksteine gewesen,
welche den Einsturz der meisten Steindecken und die Zerstörung mancher Mauer bewirkt haben; es brauchte nur ein einziger Stein zu verwittern, um alle über ihm liegenden und in
weiterer Folge den ganzen obern Theil der Mauer zum Einsturz
zu bringen. An mehrern Ecken haben wir deshalb schlecht-
gewordene rothe Kalksteine durch Cementmauerwerk ersetzt.

In den alten Steinbrüchen von Tiryns sind wahrscheinlich
die Steinblöcke mit Metallkeilen oder einfachen Spitzhacken
gelöst worden, zumal der Kalkfels in ziemlich regelmässigen
Schichten und sehr lose gelagert ist. Dass man die Steine zum
Theil aber auch in anderer Weise gewonnen hat, zeigen Bohrlöcher, die wir an einzelnen Blöcken der Burgmauer gefunden
haben. Zwei solcher Steine sind unter Nr. 133 und 134 abgebildet. Bei dem einen sitzt das Loch in der Mitte einer Seite,
bei dem andern gerade an der Ecke. Wir vermuthen, dass man
die Löcher ebenso wie die Zapfenlöcher in den Antenblöcken
mit Hohlbohrern hergestellt, dann mit trockenen Holzstäben
ausgefüllt und schliesslich durch Befeuchtung des Holzes die
Steine gesprengt hat.

In Bezug auf die Bearbeitung der grossen Steinblöcke
kann man an den nur wenig verwitterten, erst jetzt freigelegten
Mauerstücken erkennen, dass die einzelnen Steine doch mehr
bearbeitet sind, als man bisher gewöhnlich annimmt. Fast alle
Steine sind nämlich, bevor sie benutzt wurden, an einer oder
mehrern Seiten mit einem spitzen Hammer bearbeitet worden,
dem einen hat man auf diese Weise eine bessere Lagerfläche,

25*

dem andern eine glatte Aussenfläche verschafft. Man darf also
bei den Mauern von Tiryns nicht von unbearbeiteten, sondern
nur von wenig bearbeiteten Steinen reden.

Auf die wichtige Thatsache, dass alle Mauern von Tiryns
mit Lehmmörtel erbaut sind und dass letzterer da, wo er sich
jetzt nicht mehr in den Fugen findet, vom Regen oder auf
andere Weise entfernt ist, haben wir schon oben bei Besprechung
des Thurmes A (S. 365) hingewiesen. Nur bei einigen Fundamenten scheinen die Steine ohne Mörtel zusammengelegt
worden zu sein.

Nr. 133. Stein mit Bohrloch.   Nr. 134. Stein mit Bohrloch.

Die horizontale Schichtung der Steinblöcke ist bei den
äussern Mauern in regelmässigerer Weise erfolgt, als man gewöhnlich annimmt. An den meisten Stellen sieht man die einzelnen Steinschichten ziemlich genau horizontal durchlaufen. Als
charakteristisches Beispiel für eine solche regelmässige Bauart
diene ein Stück der Westmauer auf dem Bilde Nr. 135. Ein
zweites Bild (Nr. 136) zeigt dagegen ein anderes Mauerstück,
bei welchem nicht sämmtliche Schichten durchgehen, sondern
ein unregelmässigerer Verband vorhanden ist.

Bezüglich des Sägens der im Innern des Palastes verwendeten Werksteine haben wir an einer Thürschwelle (südlich vom Badezimmer) die Beobachtung gemacht, dass das
Sägen erst erfolgt ist, nachdem der Stein schon an seine richtige
Stelle gelegt war. Bei dieser Thürschwelle geht nämlich der

eine mit der Säge hergestellte Einschnitt auch auf den daneben-
liegenden Fundamentstein über.

C. Ergänzungen zu Kapitel V.

I. DER ALTAR IM HOFE DER MÄNNERWOHNUNG.

Bei Besprechung des dorischen Capitäls (S. 334) erwähnte
ich eine späte rohe Mauer, welche sich quer durch den grossen
Hof hinzog und in der jenes Capitäl verbaut war. Da die

Nr. 135. Stück der westlichen Burgmauer.

Mauer nicht einmal bis auf den Estrich des Hofes hinabreichte,
musste sie sehr jungen, vielleicht sogar modernen Ursprungs
sein. Wir trugen daher kein Bedenken die Mauer abzubrechen,
und liessen nur über dem Altar ein Stück stehen, damit auch
später die Besucher von Tiryns die Form und Lage der Mauer
untersuchen könnten. Dieses auf einer breiten Erdschicht
stehende Mauerstück ist die Veranlassung gewesen, dass wir im
vorigen Jahre einen wichtigen Bestandtheil des Altars übersehen
haben.

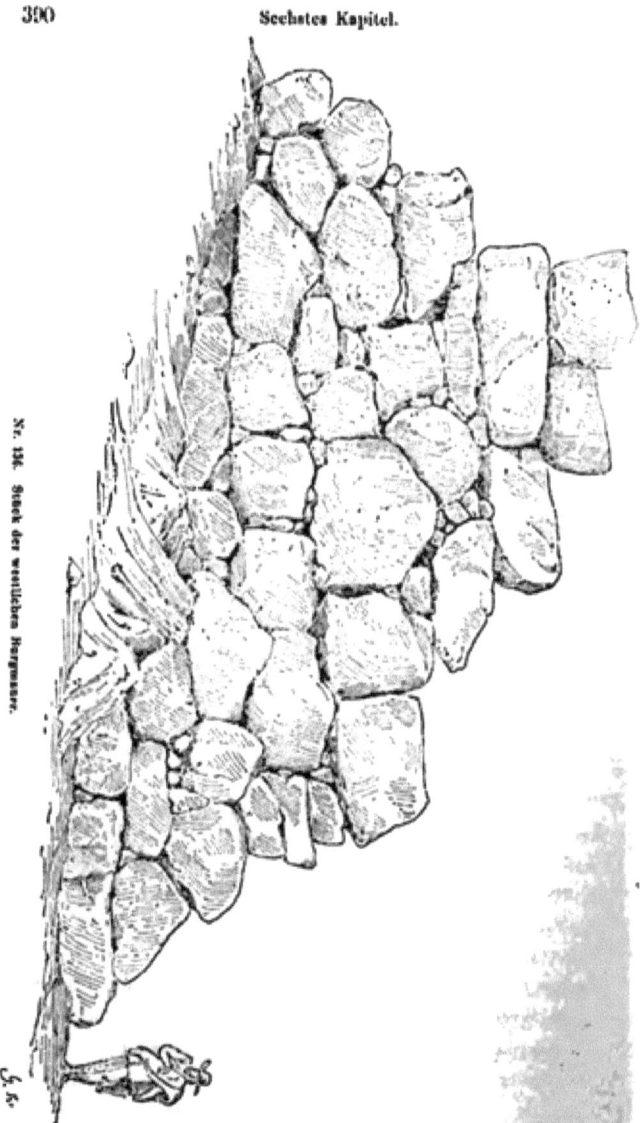

Nr. 136. Stück der westlichen Burgmauer.

Während der diesjährigen Ausgrabungen bemerkte ich nach einem starken Regen zufällig, dass in der Mitte des Altars unter der späten Mauer einige runde Steine lagen. Ich liess alsbald die späte Mauer wegschaffen, und es kam zu unserm Erstaunen eine von einer Sandsteinschicht eingefasste runde Oeffnung von 1,16—1,21 m Durchmesser zum Vorschein. Anfangs dachten wir, dass unser Altar nun eine Cisterne oder ein Brunnen sein müsse. Als wir aber das mittlere Loch ausgraben liessen, zeigte sich,

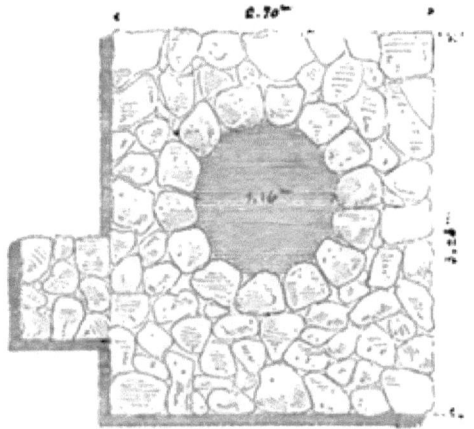

Nr. 137. Grundriss des Altars (Opfergrube).

dass das runde Mauerwerk nur bis zu einer Tiefe von 0,80 m hinabging. Weiter nach unten gab es weder gemauerte Seitenwände noch irgendeinen künstlich befestigten Fussboden. Da somit das Loch unbedingt weder Cisterne noch Brunnen sein kann, muss es wol eine Opfergrube gewesen sein. Eine andere Erklärung weiss ich nicht.

Wie das Bauwerk jetzt aussieht, zeigen die beiden Figuren 137 und 138. Erstere gibt einen Grundriss, letztere einen Durchschnitt. Der mittlere Ring des Grundrisses ist aus Sand-

steinen, das ihn umgebende Viereck aus kleinen Kalksteinplatten
hergestellt. Der erstere scheint älter zu sein als das Viereck,
denn wie man aus dem Querschnitt erkennt, reicht der Estrich
des Hofes unter das äussere Mauerwerk aus Kalksteinen hinunter.

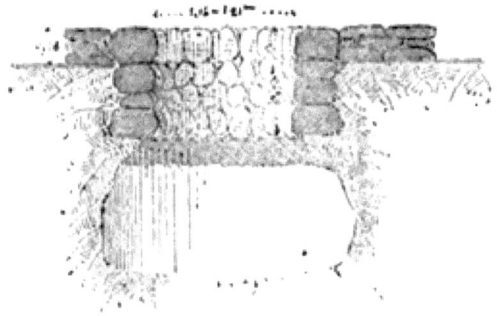

Nr. 138. Querschnitt durch die Opfergrube.

Indem ich eine Würdigung dieses Fundes Berufenern über-
lasse, erwähne ich nur, dass ähnliche Opfergruben im Asklepi-
eion zu Athen (Köhler, Mitth. des Athen. Instit., II, 233) und
in Samothrake (Unters. auf Samoth., I, 20, und II, 21) gefunden
worden sind.

2. DAS THORGEBÄUDE DES MÄNNERHOFES.
(K auf Plan Nr. 125.)

Bei Beschreibung dieses Thorgebäudes (S. 228) hatten wir
darauf hingewiesen, dass in seiner südlichen Vorhalle keine
Säulenbasis mehr *in situ* sei. Nachdem der Winterregen die
Mauern gründlich gereinigt hat, zeigt sich jetzt, dass die östliche der beiden Säulenbasen doch noch existirt. Allerdings ist
sie stark beschädigt und daher nur schwer als Basis zu erkennen,
aber gleichwol scheint mir ihre Identität nicht zweifelhaft zu
sein. Unsere Reconstruction des Thores wird durch diesen Fund

vollständig bestätigt. Südlich von der Vorhalle waren wahrscheinlich eine oder zwei Stufen angelegt; denn so erklärt sich am besten das nach Süden vor die Säulen vorspringende Fundament.

3. DAS MEGARON DER MÄNNER.

Herr Dr. Philios, welcher während des verflossenen Winters im Auftrage der griechischen Regierung die Estrichböden des Palastes, um sie zu conserviren, 10—20 cm hoch mit Erde bedeckt hat, machte mich darauf aufmerksam, dass im Innern des Megaron an der nördlichen Rückwand 12 Kreise im Fussboden sichtbar wären, und sprach die Vermuthung aus, dass diese Kreise die Standplätze von 12 Sesseln seien. Ich habe infolge dessen jene Kreise auch untersucht. Ueber dem bemalten Estrich des Fussbodens befindet sich ein roher Mörtel, und in diesem Mörtel sind Kreise sichtbar, welche, wie man deutlich erkennt, von Thongefässen herrühren. An der Rückwand des Megaron scheint also eine Reihe grosser Pithoi gestanden zu haben. Es lässt sich aber nicht entscheiden, ob dies schon in der ältesten Zeit der Fall war, als das Megaron noch ein einziger grosser Saal war, oder ob die Pithoi erst aufgestellt wurden, nachdem das Megaron gänzlich umgebaut worden war (vergl. S. 259).

4. EIN ABFLUSSKANAL.

Zu den bisher bekannten und im fünften Kapitel beschriebenen Kanälen ist noch ein neuer hinzugekommen. In dem kleinen Zimmer westlich von der Vorhalle des Megaron befindet sich nämlich die eine Hälfte einer grossen viereckigen Sandsteinplatte, in welche ein rundes Loch von 0,51 m Durchmesser eingearbeitet ist. Unter dem letztern befindet sich ein niedriger verticaler Schacht, der unten in einen horizontalen Kanal mündet. Ich vermuthe, dass dieser Kanal mit dem vom Badezimmer ausgehenden identisch ist und habe deshalb auf Plan Nr. 125 beide durch eine punktirte Linie miteinander verbunden.

5. DIE DACHZIEGEL AUS GEBRANNTEM THON.

Während bei den Ausgrabungen von 1884 gebrannte Ziegel
aus Thon nur vereinzelt in der Nähe der byzantinischen Kirche
aufgefunden wurden, haben wir in diesem Jahre solche Ziegel
sehr oft in dem ausserhalb der Burg liegenden Schutte angetroffen. Besonders zahlreich kamen sie in der Nähe des Nebenaufganges an der Westseite vor, und zwar waren es ausschliesslich einfache gebogene Ziegel schlechter Construction, wie sie

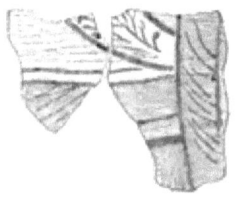

Nr. 140. Fragment von bemaltem
Wandputz.

Nr. 139. Fragment von bemaltem
Wandputz.

noch jetzt in Griechenland üblich sind. Sie stammen vermuthlich von einem spätgriechischen Gebäude her, welches an der
Stelle, wo die grosse Steintreppe jetzt endet, errichtet war.
Selbstverständlich ändert diese Thatsache nichts an dem im
fünften Kapitel wiederholt ausgesprochenen Satze, dass innerhalb des eigentlichen Palastes keine Dachziegel gefunden sind,
und dass daher der Palast wahrscheinlich mit horizontalen
Dächern aus Erde bedeckt war.

6. NEUE WANDMALEREIEN.

Wir erwähnten bereits (S. 382), dass neben der auf Plan 125 mit Φ bezeichneten Mauer oben auf dem halbrunden Vorbau der Westseite zahlreiche alte Vasenscherben und Fragmente von Kalkputz gefunden worden sind. Die meisten dieser Stuckfragmente zeigen aufgemalte Ornamente, welche mit den im fünften Kapitel besprochenen und auf den Tafeln V—XII

Nr. 141. Fragment von bemaltem Wandputz.

abgebildeten Mustern übereinstimmen. So fanden sich unter ihnen Fragmente des Spiralenornaments (Taf. V), welches auch in der Tholos von Orchomenos vorkommt, ferner Stücke der grossen Flügel (Taf. VII), die wir einem sphinxartigen Wesen zuschreiben, endlich auch einige neue Stücke des auf Taf. X b abgebildeten Seesterns. Unter den neuen Ornamenten sind namentlich die beiden Bruchstücke Nr. 139 und 140 beachtens-

werth. Von einem gelben Hintergrunde hebt sich ein schwarz
umrändertes weisses Blatt ab, welches schwarze und rothe
Stengel und Blüten oder Blättchen enthält. Das grosse Blatt
wächst aus einem schwarz und weiss eingefassten blauen Bande
heraus. Bei dem kleinern Fragmente schliessen sich an das Blatt
zwei blau und schwarz gezeichnete Federn an. Letztere scheinen
irgendeinem grossen geflügelten Wesen anzugehören, da auch
sehr viele Stücke derselben Sorte, welche leider nicht aneinander-
passen, gefunden sind.

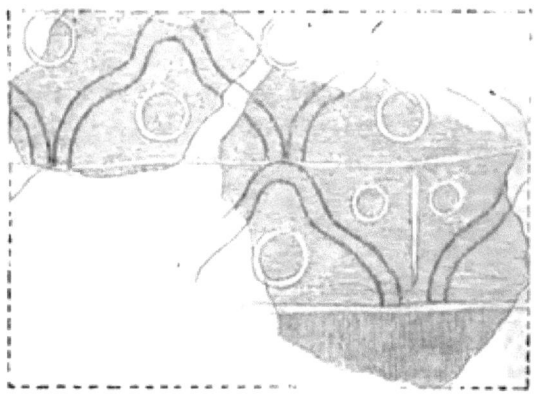

Nr. 142. Fragment von bemaltem Wandputz.

Das unter Fig. 141 abgebildete Fragment ist deshalb erwähnenswerth, weil es den untern Abschluss einer Wand gebildet hat. Es enthält viele parallele bunte Streifen, welche in
folgender Reihenfolge angeordnet sind: weiss, blau, weiss, roth,
blau mit schwarzen Strichen, gelb mit rothen Strichen, und
schliesslich eine schwarze Zeichnung auf gelbem Grunde. Was
die letztere darstellt, ist nicht zu erkennen. Die beiden vor-
letzten Streifen kehren in ähnlicher Weise bei vielen der publicirten Malereien wieder, nur sind sie nirgends so regelmässig

ausgeführt als hier. In bestimmten Zwischenräumen sind nämlich die kleinen feinen Striche durch breitere Striche ersetzt,
und zwar wechseln die rothen und schwarzen breiten Striche
in regelmässiger Weise ab.

Unter Fig. 142 ist endlich ein Fragment abgebildet, welches
das auf Tafel XI in drei verschiedenen Exemplaren dargestellte
Ornament zeigt. In der Form des Ornaments weicht es nur
sehr wenig von diesen ab (es fehlen die kleinen verticalen Querstriche); ganz verschieden ist aber die Farbenvertheilung. Während der untere breite Streifen dunkelroth ist, zeigt der Untergrund des Ornaments eine hellrothe Farbe; die beiden Linien
des schuppenförmigen Ornaments sind schwarz, die kleinen
Kreise und Striche im Innern der Schuppen weiss. Besonders
beachtenswerth ist das gleichzeitige Vorkommen zweier verschiedener Nuancen der rothen Farbe, eine Erscheinung, die
unter den andern ornamentalen Malereien bisher noch nicht
beobachtet war.

D. Die Einzelfunde des Jahres 1885.

Von Dr. Ernst Fabricius.

Nachdem die Ausgrabung des Königspalastes in Tiryns im
Sommer 1884 eine reiche Fülle interessanter Einzelfunde namentlich an mehr oder minder vollständig erhaltenen Thongefässen ergeben hatte, über die Herr Dr. Schliemann oben im
dritten und vierten Kapitel eingehend gehandelt hat, sind bei
der vollständigen Freilegung der alten Festungsmauern der
Oberburg im Sommer 1885 wiederum grosse Massen von Thon-
scherben nebst manchen beachtenswerthen Gegenständen aus
anderm Material zum Vorschein gekommen. Diese neuen
Funde, wenn auch an Wichtigkeit hinter jenen der ersten Campagne weit zurückstehend, ergänzen und erweitern doch immer-

hin das früher gewonnene Material, sodass es wünschenswerth
schien, eine kurze Uebersicht darüber zu geben.[1]

1. **Thonwaare.** Da die Ausgrabungsarbeiten des zweiten
Jahres lediglich auf die Reinigung und Freilegung der Festungs-
werke gerichtet waren, so erklärt es sich, dass, während bei der
Aufdeckung des Palastes doch eine grössere Anzahl von ganzen
Gefässen und von recht stattlichen, sich aneinander fügenden
Bruchstücken gefunden worden sind, die neuen Vasenfunde fast
ausschliesslich aus kleinen Fragmenten bestehen, die der Zufall
in die die alten Mauern bis vor kurzem noch bedeckenden
Schuttmassen zerstreut hatte. Nur in wenigen Fällen gelang
es, zusammengehörige Stücke herauszufinden. Andererseits steht
aber quantitativ das neugefundene Material hinter den Vasen-
funden des Vorjahres nur verhältnissmässig wenig zurück. Ganze
Berge von Scherben waren an der Ausgrabungsstätte aufgehäuft
worden, an deren oberflächlicher Reinigung mehrere Arbeiter
tagelang zu thun hatten.

Die Durchsicht dieser Massen von Scherben und Scherbchen,
die zur Auslese der brauchbaren Stücke unternommen werden
musste, gestattete gleich eine rein statistische Beobachtung zu

---

[1] Bei der Aufnahme der dem nachstehenden Bericht zu Grunde liegenden Notizen, zu der nur zwei Tage zur Verfügung standen, konnten
die im Vorjahre gemachten Funde leider nicht wieder herangezogen, ge-
schweige denn, wie es nöthig gewesen wäre, an Ort und Stelle mit dem
Neugefundenen verglichen werden. Auf Veranlassung der griechischen
Regierung sind die unscheinbaren Fundgegenstände, namentlich die acht
bis zehn Körbe füllenden kleinern Vasenscherben, in das Museum von
Charvati (Mykenae) übergeführt worden, während alle werthvollern Stücke,
die gegenwärtig im Polytechnikum in Athen aufbewahrt werden, noch
nicht zugänglich gemacht waren. Andererseits konnte ich, da der Bericht
in Kleinasien abgefasst werden musste, weder Herrn Dr. Schliemann's ausführliche Beschreibung der Funde von 1884 und die zugehörigen Abbildungen einsehen, noch irgendwelches literarisches Material benutzen, weshalb die Nachweise, lediglich aus der Erinnerung und aus zufälligen Notizen geschöpft, nothgedrungen sehr dürftig ausgefallen sind. Einige Ci-
tate nachzutragen hatte mein Freund Herr Dr. Koepp in Athen die Güte.

machen, die der nachstehenden Uebersicht über die einzelnen
Fundgegenstände vorangestellt zu werden verdient.

Von einer nicht geringen Anzahl sehr schöner Fragmente
byzantinischer Gefässe[1], die durch Form und Technik ohne
weiteres kenntlich sind, abgesehen, zeigte das ganze Material
eine sehr beachtenswerthe Einheitlichkeit. Auf tausend Fragmente derjenigen Thonwaare, die man als die Mykenaeische zu
bezeichnen pflegt, kommt wol nur ein einziges Bruchstück
einer jüngern Sorte! Und diese Scherben jüngerer Technik
nehmen im gleichen Maasse numerisch ab, als sich die mit
Sicherheit oder Wahrscheinlichkeit zu bestimmende Zeit ihrer Entstehung von der Kunstepoche der „mykenaeischen" Vasen entfernt.

Die kurze Uebersicht der aufgefundenen Ueberreste von
Erzeugnissen jüngerer Vasentechnik wird dazu dienen, jene für
die Geschichte von Tiryns immerhin nicht unwichtige Thatsache
zu beweisen.

Beginnen wir mit den Stücken jüngster Technik. Von
Fragmenten rothfiguriger griechischer Vasen ist so gut wie nichts
gefunden worden. Einige kleine Scherben, an denen der schwarze
Firniss allein wohlerhalten war, sind die einzigen Vertreter jener
Technik aus der Blütezeit griechischer Vasenfabrikation. Kaum
anders steht es mit den schwarzfigurigen Vasen: auch hier ist
nur ein einziges Fragment, auf dem sich zwei Pferdebeine erhalten haben, zu verzeichnen. Ebenso sind Scherben von Vasen
der korinthischen Gattung höchst selten: ein kleines, aber un-
verkennbares Fragment mit einem *en face* gestellten Thierkopf
(schwarz und rothbraun auf gelbem Grund, Zeichnung eingeätzt)
lässt indessen über das Vorkommen keinen Zweifel.

---

[1] Diese byzantinischen Gefässe, welche im Innern meist mit gelber
oder grüner Glasur überzogen und mit byzantinischen Ornamenten und
Figuren verziert, im Aeussern aber unglasirt sind, wurden fast sämmtlich
in Gräbern und in der Nähe der byzantinischen Kirche gefunden. Auch in
den Galerien traten sie vereinzelt zu Tage. (D.)

In grösserer Anzahl erscheinen erst Scherben einer eigenthümlichen Gattung von kleinen Vasen, für deren Decorations-
system feine, parallele, auf der Drehscheibe gezogene Linien in
leuchtend rothem oder gelblich braunem Firniss auf sehr fein
geglättetem, glänzend gelbem Grunde charakteristisch sind. Das
besterhaltene Stück dieser Gattung, das bei den Ausgrabungen
zum Vorschein gekommen ist, zeigt die nachstehende Abbildung Nr. 143 in ungefähr halber natürlicher Grösse. Es ist
dies der untere Theil einer kleinen, sehr fein und leicht aus
gelblichem Thon gearbeiteten Flasche mit flachem Boden (Breite
0,065, erhaltene Höhe 0,030 m). Die Bemalung ist braun; Hals
und Henkel sind abgebrochen, doch hat sich von letzterm der

Nr. 143. Gefäss mit braunen parallelen Linien.

Ansatz, von ersterm um die Bruchstelle herum der decorative
untere Abschluss, sechs nach unten gerichtete Blättchen, erhalten. Der Bauch des Gefässes ist mit 22 in bewunderungswür-
diger Gleichmässigkeit mittels der Drehscheibe gezogenen, parallelen Linien decorirt. Eine Flasche ganz entsprechender Form
ist aus Sicilien bekannt, wo überhaupt die einzigen bisjetzt ver-
öffentlichten Vertreter dieser Vasengattung gefunden worden
sind, abgebildet Annali dell' Instituto 1877, tavol. ag. CD 1.
Auch zu den übrigen auf dieser Tafel abgebildeten sicilischen,
nach Form und Decorationsweise gleich eigenthümlichen Gefässen fanden sich in Tiryns ganz entsprechende Fragmente in
mässiger Anzahl. Ausser in Sicilien kommt diese Gattung in
Aegina und Eleusis vor, wo ich sie mit Herrn Dr. Ferdinand
Dümmler gefunden habe, der die Uebereinstimmung mit jenen
sicilischen Stücken erkannt hat.

Die meisten Scherben endlich nicht speciell „mykenaischer" Sorte in Tiryns gehören Gefässen des geometrischen Decorationssystems an, besonders der durch die Dipylonvasen vertretenen Gattung. Eine grosse Anzahl von Bruchstücken, die erst bei den Ausgrabungen der zweiten Campagne zum Vorschein gekommen sind, braucht hier nicht im einzelnen besprochen zu werden, weil diese Bruchstücke augenscheinlich zu denselben, oder ganz gleichartigen Gefässen gehören, von denen Herr Dr. Schliemann bereits im ersten Jahre der Ausgrabungen Fragmente gefunden und im Vorstehenden beschrieben und abgebildet hat.

Auch von solchen Vasen, die gewissermassen die Vorstufe darstellen für die Decorationsweise der Dipylongefässe, und den Zusammenhang erkennen lassen zwischen den letztern und den Mykenae und Tiryns eigenthümlichen Vasen, hat sich die Zahl der Fragmente wieder um einige Beispiele vermehrt. So ist unter anderm ein neues grosses Bruchstück des auf Tafel XVIII abgebildeten Gefässes mit Pferden und Fischen zwischen den Beinen derselben aufgefunden worden.

In demselben numerischen Verhältniss wie die angeführten Scherben der äginetisch-sicilischen Sorte und der Dipylongattung stehen zur Hauptmasse der gefundenen Vasenfragmente auch die Ueberreste von jener ganz alten, einfarbigen Topfwaare, von der Herr Dr. Schliemann bereits eine Anzahl Vertreter unter den vorjährigen Funden Kapitel III, Seite 65 fg., behandelt hat.

Wenden wir uns nun den Ueberresten der in Tiryns so auffallend vorherrschenden Vasenfabrikation zu, deren Erzeugnisse man nach ihrer eigenartigen Decorationsweise Vasen des „naturalistischen Stils" genannt hat, und die hauptsächlich vertreten wird durch die Funde von Mykenae, Nauplia, Spata, Jalysos und Knossos.

1. Was zunächst die Formen anlangt, so begegnet unter den diesjährigen Funden wiederum in grosser Anzahl die so

eigenthümliche Bügelkanne (s. S. 155, Nr. 57), jenes ungefähr kugelförmige Gefäss mit dem bügelförmigen, in der Mitte mit einer
Stütze versehenen Henkel auf dem Scheitel und dem etwas tiefer
zur Seite der Mittelstütze des Henkels angebrachten Ausguss,
das an allen den obengenannten Orten vorkommt und geradezu
charakteristisch ist für diese ganze Epoche der Vasenfabrikation.
Unter den von mir durchgesehenen Scherben habe ich Bruchstücke von mindestens neunzehn Exemplaren gezählt. Während
die Grössenunterschiede nur gering sind (Durchmesser bis 0,15 m,
Breite des Bügels 0,07—0,08 m), ist die Bemalung (concentrische
Kreise auf der Mitte des Bügels, ebenfalls concentrische Kreis-
bogen auf dem Schulterstück, und horizontale Linien und
Streifen am Bauch des Gefässes) bald roth oder rothbraun,
bald schwarz.

Gegenüber dem Vorjahr neu hinzugekommen sind eine
ganze Reihe von Bruchstücken grosser Krüge, welche dieselbe
Form des Henkels und des Ausgusses aufweisen, wie die Bügel-
kannen, aber eine sehr viel schlankere Form zeigen. Die ursprüngliche Höhe dieser Krüge muss zwischen 0,40 und 0,50 m
betragen haben, die Breite der Bügel, deren ich allein elf verschiedene Exemplare gezählt habe, misst durchschnittlich 0,20 m.
Der Thon dieser Gefässe ist meist wenig fein geschlämmt, die
Bemalung beschränkt sich auf flüchtig um Bügel und Ausguss
aufgemalte Linien, horizontale Streifen und Wellenlinien am
Bauch. Ein prachtvolles Beispiel eines solchen Bügelkrugs besitzt die Sammlung der Archäologischen Gesellschaft zu Athen
(Nr. 1944). Es stammt aus Kreta, ist 0,40 m hoch und zeigt in
rother Farbe auf gelblichem Grund ein grosses Seewesen (Oktopus), dessen wellenförmig gewundene Fangarme den ganzen
Bauch des Gefässes umziehen. Mehrere Exemplare gleicher
Form und Grösse, nur mit grossen, jenen Fangarmen ganz ähnlichen Wellenlinien verziert, kenne ich aus Knossos, woher auch
jenes in Athen befindliche Exemplar stammen dürfte.

Ebenso, wie die Bügelkanne in der Epoche der Vasenfabrikation, von der wir hier handeln, ungemein häufig ist, nachher aber völlig verschwindet, begegnet auch eine zweite Gefässform fast ausschliesslich an den oben genannten Fundstätten. Es ist dies ein trichterförmiger Becher auf hohem und dünnem, cylindrisch geformtem Fuss mit breiter Ausladung unten, und mit ein oder zwei kleinen Ohren an den Seiten nahe dem obern Rande (vergl. Schliemann, „Mykenae", S. 270, Nr. 343 und oben S. 131, Nr. 27; Taf. XXIf). In Tiryns kommt dieser Typus in zwei nach Grösse und Bemalung voneinander verschiedenen Sorten vor. Die grössere Sorte (Höhe ca. 0,25 m), von welcher verhältnissmässig wenige Exemplare vorlagen (10—12, alle nur in Fragmenten nachweisbar), zeigt auf dem cylindrischen Theil des Fusses horizontale Streifen, auf der Platte unten (ca. 0,10 m Durchmesser) meist drei oder vier concentrische Ringe in rothbrauner Bemalung. Am obern Rande des Bechers ist entweder eine feine Linie angebracht, oder eine Reihe von Punkten, während die Mitte des Gefässes zwischen den Ohren auf beiden Seiten entweder je eine Rosette von den in Fig. 144 abgebildeten Formen ziert, oder aber eins jener der ganzen Epoche so eigenthümlichen Ornamente, die sogenannte Purpurschnecke, murex (Schliemann, „Mykenae", S. 160, „Tiryns" Taf. XXII, b, S. 123, Nr. 24, 25). Die zweite, kleinere Gattung von Bechern kommt geradezu in Hunderten von Exemplaren in Tiryns vor, leider alle ohne Ausnahme zerbrochen. Ihre Höhe beträgt durchschnittlich nur etwa die Hälfte jener erstern Sorte, wechselt indessen sehr, je nachdem die Form mehr oder minder schlank ist. Der Thon ist überall hellgelb und feingeschlämmt, niemals bemerkt man eine Spur von Bemalung.

Bei kleinen Fragmenten ist es meist kaum möglich zu entscheiden, ob sie zu Bechern der erstgenannten Gattung gehört haben, oder zu einer in Tiryns ungemein häufigen Sorte von tiefen Schalen. Diese letztern, von denen Herr Dr. Schliemann

oben Seite 159, Nr. 52, 53 (vergl. Taf. XXIV, c, S. 132) einige
Exemplare besprochen hat, haben durchschnittlich eine Höhe von
0,10 m, sind mit zwei ungefähr in halber Höhe angebrachten Ohren
versehen, haben stets eine sehr feine, aus gut geschlämmtem, meist
gelblichem Thon hergestellte Wandung und zeigen ein zwei-
faches System der Bemalung. Entweder sind nämlich, wie bei
einigen oben von Herrn Dr. Schliemann mitgetheilten Exemplaren, zwischen den Ohren Rosetten angebracht, oder es
ist durch ein horizontales Band feiner, paralleler Linien oben
ein breites Halsstück friesartig abgetrennt, das durch jederseits
zwei verticale Streifen zwischen den Ohren in rechteckige Felder
eingetheilt ist. Die letztgenannten Streifen bestehen aus verti-

Nr. 146.   Rosetten von verschiedener Form.

calen Linien, zwischen welche Wellen- oder Zickzacklinien eingezeichnet sind; nach aussen schliessen sich kleinere oder grössere
Halbkreise an.

2. Die Bruchstücke grösserer Vasen sind fast ohne Ausnahme so klein, dass die ursprüngliche Form der betreffenden
Gefässe nicht mehr zu erkennen ist. Sie können daher nur
wegen der erhaltenen Ornamente Interesse beanspruchen.

Schon bei der Besprechung der Becher erwähnten wir das
der ganzen „mykenaeischen" Vasenklasse so eigenthümliche, aus
geraden und geschweiften Linien und Punkten zusammengesetzte
Ornament, das man als Nachbildung der Purpurschnecke hat
erklären wollen (Taf. XXII, b). In Tiryns erscheint dieses
Ornament auch auf Scherben grosser Gefässe mit dicker Wandung, die ja immer im Verhältniss zur Grösse des Gefässes sein
muss. Neu ist hingegen ein Ornament, das mit der Purpurschnecke (ich bediene mich nur der Kürze halber dieses Aus-

drucks) grosse Verwandtschaft hat, und, mit dieser zusammen,
wenn auch in nicht ganz so reicher Ausbildung, sondern in der
einfachern Form, welche auch das Fragment Taf. XXII,a aufweist, auf einem Becher aus Attika vorkommt, Nr. 2078 der
Sammlung der Archäologischen Gesellschaft in Athen. Dieses
prächtige Ornament, von dem unter Nr. 145, a und b, zwei Bruchstücke abgebildet sind, war auf einem grossen Gefäss (Wandung 6—7 mm) von röthlichem Thon in sorgfältiger Zeichnung
mit schwarzbrauner Farbe mindestens zweimal wiederholt. Sieben

Nr. 145 a und b. Zwei Fragmente eines Ornaments.

Fragmente, davon zwei vom obern Rande des Gefässes, unter
dem das Ornament angebracht ist, gestatten, die ursprüngliche
Form desselben nahezu vollständig zu reconstruiren. Danach
liegt auf einer Stütze, gebildet von sechs verticalen Linien, an
die sich nach aussen kleine Halbkreise anschliessen, ein horizontaler Abschluss, dessen Form an das ionische Capitäl erinnert.
Darüber erhebt sich eine reiche Bekrönung aus zweimal drei
und einmal (in der Mitte) vier concentrischen Bogen, Reihen
von Punkten und stark betonten Mittellinien.

Während ich für die Entstehung dieses, wie gesagt, auf jenem
attischen Gefäss mit der vermeintlichen Purpurschnecke ver-

bundenen Ornaments viel eher eine Anlehnung an Vorbilder der
Pflanzenwelt annehmen möchte, lässt sich für die Decoration
eines zweiten, gleichfalls recht grossen Gefässes mit weiter
Oeffnung, von dem zwei mittelgrosse Fragmente erhalten sind,
obwol die Formen zunächst auch an pflanzliche Vorbilder denken
lassen, doch der animalische Ursprung vielleicht nachweisen.
Jene Fragmente (Nr. 146 a und b) haben 5 mm Wandstärke,
der Thon ist hellröthlich, auf der Vorderseite sehr gut geglättet.
die Bemalung ist in dunkelbrauner Farbe ausgeführt.   Die

Nr. 146 a und b. Zwei Fragmente eines Ornaments.

Fragmente lassen eine Reihe von in Spiralen endigenden, fächer-
artig ausgebreiteten Streifen erkennen. In den Zwickeln zwischen dem durch einen farbigen Streifen hervorgehobenen Rand
und den Spiralen bemerkt man eine jener Rosetten aus concentrischen Kreisen, die ein Band von Punkten umgibt, wie sie in
der gleichen oder wenig variirten Form den stehenden Schmuck
so vieler Schalen und Becher in Tiryns bilden. Was nun aber
die Deutung jenes Fragments anlangt, so ergibt sich eine Möglichkeit wenigstens aus dem Vergleich mit einem grossen Krug
aus Spata, der in der Sammlung der Archäologischen Gesellschaft in Athen aufbewahrt wird (abgebildet Bulletin de corresp.

hellénique, II, 1878. pl. XIX). Zwischen den drei Griffen dieses
Kruges ist je einmal ein grosses dem Oktopus nicht unähnliches
Seewesen dargestellt, das seine vier obern (die untern sind nicht

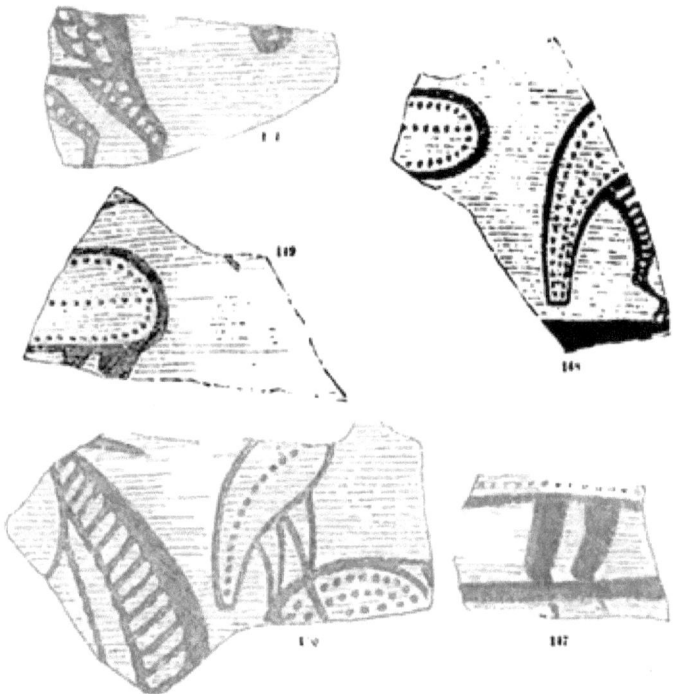

Nr. 147. Beine eines Vogels.   Nr. 148. Bruchstücke von zwei Vögeln.
Nr. 149. Korper eines Vogels.   Nr. 150. Bruchstücke verschiedener Thiere.
Nr. 151. Fragment eines Pferdes.

erhalten) in Spiralen endigenden Fangarme weit ausstreckt. Vielleicht sind daher auch jene in Spiralen endigenden Streifen auf
den Scherben von Tiryns als Fangarme eines Seewesens aufzufassen.

Neben diesen phantastischen Umgestaltungen von Vorbildern
aus Pflanzen- und Thierwelt zu decorativen Zwecken erscheinen
nun aber auch auf zahlreichen Fragmenten namentlich Thierfiguren in treuer Nachahmung der Natur. Leider befinden sich
unter den neugefundenen Scherben so gut wie gar keine grössern
Stücke, die jene Figuren vollständig erkennen liessen. Es begegnen Schwäne, nach rechts gewendet, den Kopf abwärts ge-

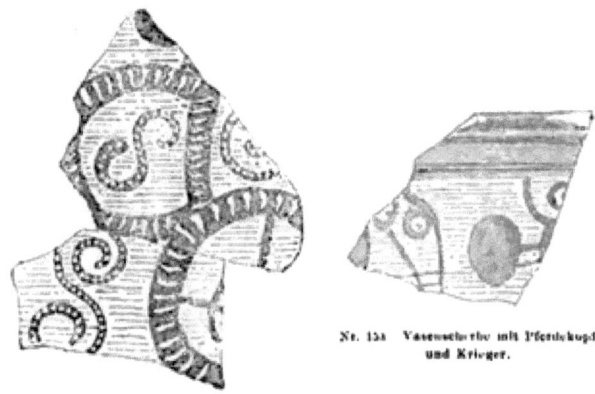

Nr. 151.   Vasenscherbe mit Pferdekopf
und Krieger.

Nr. 152.   Fragment eines Wagens.

bogen, den Leib mit Reihen von Punkten verziert, und andere
Wasservögel, auch Pferde, den Leib wie mit Schuppen bedeckt
(Nr. 147 bis 151). Dazu kommen dann wieder Fragmente jener
reichverzierten Gefässe, auf denen Krieger dargestellt sind,
jeder mit einem Fell bekleidet, dessen Schweif zwischen den
Beinen des Kriegers sichtbar wird (Taf. XIV), Theile von
Wagen und nach rechts laufende Hunde (ebenda), alles in
rother und rothbrauner Farbe ausgeführt und mit aufgetragenen
weissen Punkten und Streifen verziert (Nr. 152).

Als stilistisch sehr merkwürdig verdienen zwei Fragmente
genannt zu werden, die von einer und derselben grossen Vase zu

stammen scheinen (gelblicher Thon, dunkelrothbraune Bemalung, die Innenseite des Gefässes war ganz gefärbt). Abgebildet sind die Fragmente unter Nr. 153 und 154. Die eine der beiden Scherben ist Randstück und zeigt unterhalb des Streifens, der den Rand umgibt, rechts, wenn wir nicht irren, Kopf, Arm und Schild eines Kriegers, links den Kopf eines Pferdes (?) mit Zügel. Auf dem andern Fragment erkennt man deutlich die Vorderfüsse eines nach links galopirenden Pferdes. Vergl. dazu die Vase aus Mykenae, Schliemann, „Mykenae“, Taf. X, Nr. 47. [1]

Nr. 154. Vasenscherbe mit Pferdefüssen.

Nr. 155. Vasenscherbe
mit Krieger und Wagen.

Die grosse Masse der übrigen Scherben lässt nur einzelne der sonst schon bekannten Ornamente erkennen, auf die es genügt, hier nur kurz hinzuweisen. Da erscheinen zunächst in vielen Hunderten von Exemplaren die Spiralen in allen Farbschattirungen zwischen roth und gelb einerseits und schwarz andererseits (vergl. S. 123 fg.). Die meisten dieser Spiralen dienten zum Schmuck grosser Schalen; sie waren zum Theil nicht

---

[1] Später wurde noch die unter Nr. 155 abgebildete höchst merkwürdige Scherbe desselben Stils gefunden. Es waren zwei Gespanne übereinander dargestellt und zwar so, dass die Hinterbeine des einen obern Pferdes (von einem zweiten ist keine Spur erhalten) auf dem vorgestreckten linken Arm des Mannes stehen, der mit eingelegter Lanze auf dem untern Wagen steht. (K.)

einfach aneinandergereiht, sondern die äussern Enden der ge-
wundenen Linie wie zu einer Schlinge umgebogen. Nächst den
Spiralen sei das eigenthümliche Ornament aus geschweiften
Linien erwähnt, das mitunter netzartig ein ganzes Gefäss über-
zieht, wie bei dem prachtvollen auf Tafel XXVII,a abgebildeten
Gefäss, das die vorjährigen Ausgrabungen zu Tage gefördert
haben. Auch unter den Wandmalereien (auf Taf. XI) kommt
dasselbe Ornament vor. Auf Seite 138 fg. hat bereits Herr Dr.
Schliemann auf die vielfachen Analogien dieser Decorationsweise
unter den Funden von Jalysos, Spata, Nauplia und Knossos
hingewiesen. Die in beiden Campagnen gefundenen Scherben
zeigen, dass das gleiche Ornament in Tiryns, wie an jenen andern
Orten, auch nur als einfacher Streifen, nicht netzartig verbunden, Verwendung gefunden hat. Und zwar erscheint es bald
als einfache geschweifte Linie, bald in doppelter und dreifacher
Linie. In den Zwischenräumen (Zwickeln) zwischen dem obern
Rand des ganzen Streifens und den einzelnen Blättern — denn als
solche hat man doch wol die Glieder des Ornaments aufzufassen —
sowie im Innern der Blätter selbst sind concentrische Kreise,
Winkelornamente und dergl. angebracht (vergl. Taf. XI und
XXII, c, auch Nr. 141).

Ferner verdient hervorgehoben zu werden, dass sich auf
Scherben, namentlich solchen von kleinen Gefässen, sehr häufig
(von mindestens 13 verschiedenen Vasen lagen mir Bruchstücke
vor) das aus lauter aneinandergereihten N zusammengesetzte
Ornamentband vorfindet, den Beweis liefernd für die weitgehende
Anwendung dieses eigenartigen Schmuckes. Neu ist hingegen
in Tiryns ein Fragment, auf dem sich ein Streifen von aneinandergereihten Ɔ ornamental verwendet erhalten hat (matte,
schwarze Farbe auf gelbem Untergrund, das Gefäss aus rothem
Thon).

Wol am allerhäufigsten sind endlich die Scherben mit Resten
einer Bemalung, deren System, ein Wechsel von tragenden und

blos ausfüllenden Gliedern auf einen friesartigen Streifen vertheilt, wegen der bereits von Herrn Dr. Schliemann hervorgehobenen Aehnlichkeit mit dem dorischen Triglyphenfries mit
Recht ein architektonisches genannt werden kann. Eine Besprechung jener Scherben im einzelnen können wir hier unter-
lassen, da sich wesentlich Neues unter den Funden der zweiten
Campagne nicht befindet.

3. Sonstige Funde. Terracotten. Wieder ist eine
grosse Anzahl von Thonidolen zum Vorschein gekommen, die,
bis auf einen einzigen, in drei Exemplaren vorhandenen neuen

Nr. 156. Idol zum Aufhängen.

Typus, die aus Mykenae und den frühern Ausgrabungen von
Tiryns bekannt gewordenen Formen wiederholen. Jene neuen
Idole sind kleine, nur ca. 0,03 m hohe, kegelförmig gebildete
Thonfigürchen (abgebildet Fig. 156), die oben dreiseitig enden
und auf der Oberfläche etwas vertieft sind. Die eine der drei
Seiten der Bekrönung ist durchbohrt. Das Ganze war also zum
Aufhängen bestimmt und wurde vielleicht als Amulet getragen.
Vier bis fünf horizontale Linien sind der ganze Schmuck dieses
höchst primitiven Kunstwerkes. Auch eine Anzahl Thierfiguren
ist wiederum gefunden worden, die mit jenem auf Tafel XXIV
abgebildeten Exemplar ganz übereinstimmen.

Einer vermuthlich viel spätern Zeit gehört eine rohgeformte
Terracottagruppe (Nr. 157) an; sie stellt einen auf eine Kline
gelagerten Mann dar, zu dessen Füssen, links vom Beschauer,

eine Frau sitzt, *en face*, das Gewand über den Hinterkopf geschlagen, gerade wie auf den Reliefs mit der Darstellung des
sogenannten Todtenmahles in der spätgriechischen Kunst. Die
Gruppe ist 0,095 m lang, 0,085 m hoch, aus rothem Thon gearbeitet und unten offen. Der Kopf des Mannes ist halb abgebrochen. Bemerkenswerth ist endlich das Fig. 158 abgebildete
Thongewicht mit einem sauber eingeschnittenen Zeichen, welches
einer auf dem Kopf stehenden arabischen 4 gleichsieht.

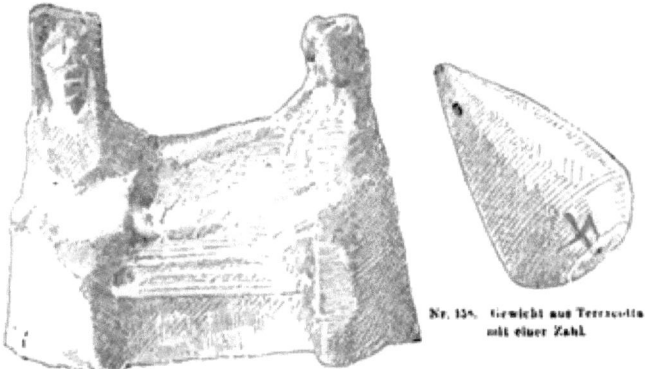

Nr. 158. Gewicht aus Terracotta
mit einer Zahl.

Nr. 157. Terracottagruppe. 2 Personen auf einem Lager sitzend.

Bronzen. Die Zahl der Bronzen, die bei den diesjährigen
Ausgrabungen gefunden worden sind, ist wiederum sehr gering.
Besonders hervorzuheben ist der obere Theil vom Bein eines
mittelgrossen Dreifusses, 0,11 m lang, an dem noch die Platte
(0,6 m breit, 0,05 m hoch, aber nicht vollständig erhalten) ansitzt,
mit welcher das Bein an den Kessel des Dreifusses angeschlossen
war. Auch die Nieten sind noch vorhanden, die zur Verbindung
beider, der Platte und des Kessels, gedient haben. Der Dreifuss hatte gleiche Grösse und gleiche Form wie jener von Mykenae, der bekannte Vorläufer der zahlreichen Dreifüsse von
Olympia, Delos und Kreta. Der mykenaeische Dreifuss ist im

vierten Grab gefunden und abgebildet Schliemann, „Mykenae“, S. 319, Nr. 440.

Ferner ist ein Ohrring aus Bronze zu nennen, gebildet durch einen Drahtring (Durchmesser 38 mm), der unten zum Oeffnen und Schliessen eingerichtet ist, und auf dessen einer Hälfte drei kleine Kugeln etwa im doppelten Abstand ihrer Durchmesser angebracht sind, aus je zwei hohlen Halbkugeln zusammengesetzt. Ganz gleichartige Ohrgehänge, und zwar vollständige Paare, aus Gold, Silber und Bronze, besitzt die Sammlung der Archäologischen Gesellschaft in Athen. Endlich erwähnen wir noch den wie zur Befestigung an eine Stange gerundeten Theil eines schweren, wie eine Lanzenspitze geformten Gegenstandes, 0,₁₅ m lang, 0,₀₆ m breit, der, obwol aus Bronze, doch als Pflugschar gedient haben könnte.

E. Der an der Südostecke der Burg gemachte Terracottenfund.

In den letzten Tagen der Ausgrabungen wurde in einem einspringenden Winkel der südöstlichen Burgmauer (bei Ξ auf Plan 125) ganz nahe unter der Oberfläche eine grosse Menge von Figuren und andern Gegenständen aus Terracotta gefunden. Sämmtliche Stücke lagen dicht an der Ringmauer, aber ausserhalb derselben, und müssen daher zu irgendeiner Zeit von der Burg heruntergeworfen worden sein. Es darf uns deshalb nicht wundernehmen, dass die meisten aufgefundenen Gegenstände zerbrochen waren. Wenn trotzdem so viele noch wohlerhaltene Figuren und Gefässe zu Tage gefördert sind, so ist das namentlich der grossen Sorgfalt des griechischen Phylax Herrn G. Chrysaphis zu verdanken, welcher mehrere Tage lang unermüdlich selbst die Fundstücke mit einem Messer vorsichtig aus der Erde gezogen hat.

Da die Gegenstände fast sämmtlich Weihgeschenke zu sein scheinen, müssen sie von irgendeinem Heiligthume stammen, welches oben auf der Burg existirte. Wo lag dieses Heiligthum? Irgendwelche Baureste, welche wir mit Sicherheit einem solchen zuschreiben könnten, gibt es mit Ausnahme des Altars im grossen Hofe nicht. Es ist aber sehr wohl denkbar, dass an derselben Stelle, wo die Christen später ihre Kirche erbaut haben, nämlich am südlichen Ende der Burg, in ältern Zeiten ein Tempel oder ein anderes Heiligthum bestand. Bei Erbauung der Kirche hat man vielleicht die Weihgeschenke, welche man in der Nähe des alten Heiligthums fand, gesammelt und von der Burgmauer hinuntergeworfen.

Da bei Auffindung der Terracotten Herr Dr. Fabricius schon nach Pergamon abgereist war, hatte Herr Dr. Friedrich Koepp die Güte, die nachstehende Beschreibung derselben für dieses Buch anzufertigen:

„Dass man hier Idole uralten Stils neben Götterbildchen einer ziemlich späten Zeit, und dass man kleine Gefässe, die einem praktischen Zweck unmöglich gedient haben können, in grosser Anzahl aufgefunden hat, macht es wahrscheinlich, dass man es mit einem Depositum ausgemusterter Weihgeschenke eines überfüllten Heiligthums zu thun hat, wie man deren auch anderwärts gefunden hat. Die Inhaberin dieses Heiligthums aber scheint Demeter gewesen zu sein; wenigstens ist ihr Bild unter denjenigen, welchen wir überhaupt einen Namen geben können, weitaus am häufigsten.

„Namenlos muss wol das Idol einer sitzenden Göttin bleiben, welches, wenn es nicht in der That uralt ist, doch sicherlich den ältesten Typus repräsentirt: dass solche hochalterthümliche Idole in späterer Zeit, als die Kunst schon eine weit höhere Stufe erreicht hatte, noch nachgebildet worden sind, nimmt man heute wol allgemein an. Das Idol, von dem hier eine ganze Reihe von Exemplaren, mehr oder weniger zerbrochen, gefunden worden ist (Fig. 159, Seitenansicht Nr. 160, vergl. oben S. 173 fg., Nr. 87, 88, 89), stellt eine sitzende Frau dar, bretartig flach gebildet, mit grossen

hervorquellenden Augen, bügelartig vorspringender Nase, ohne
Andeutung des Mundes. Den Kopf schmückt eine Stephane,

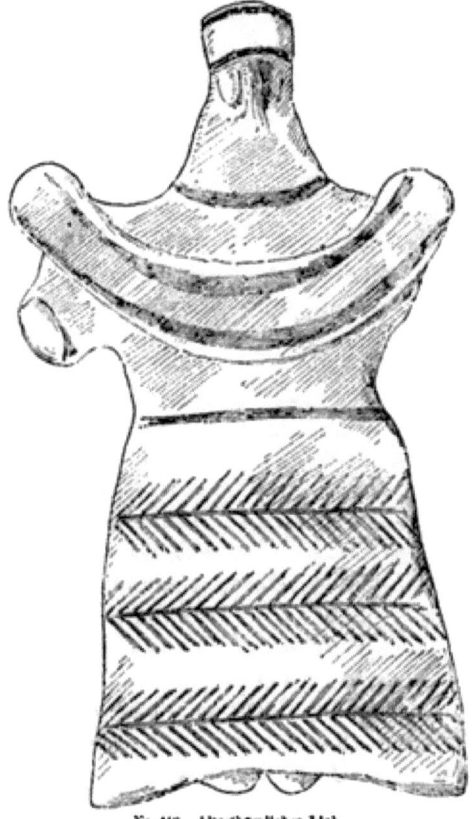

Nr. 139. Alterthümliches Idol.

die Brust der vielen archaischen Terracotten eigene Brustschild,
dessen Enden über die Schultern hinausragen (vergl. Schliemann
S. 173 fg.). Am Hinterkopf scheint der Haarschopf angedeutet

zu sein. Die Arme sind ganz misgestaltet, man könnte sagen
verkümmert, vorgestreckt und volutenartig gekrümmt, ohne
Hände. Die Fussspitzen sind sichtbar. Statt eines Stuhles erhalten zwei scheinbar aus dem menschlichen Körper heraus-
wachsende Beine das Idol in der sitzenden Stellung; begreiflicher-
weise sind diese Beine meist ganz oder zum Theil abgebrochen.
Die Höhe der Figur beträgt ungefähr 0,120 m. Einige Exemplare zeigen noch wohlerhaltene Bemalung: einen breiten rothen
Streifen am obern und untern Rande des Brustschildes, eine
gleiche aber schmälere Umrahmung des Diadems, einen rothen
Streifen um den Hals und einen um die Hüften, endlich auf
dem Gewande drei Horizontalstreifen, die wol Zweige vorstellen
sollen. Ganz ähnliche Idole befinden sich in der Sammlung der
Ἀρχαιολογικὴ Ἑταιρία (aus Tanagra), das gleiche Ornament auf
trojanischen Gefässen, s. «Ilios», S. 402 fg. und S. 426 (Ver-
brannte Stadt), vgl. Sayce, S. 779.

„Derselben Grundform, aber einer spätern Entwickelungsstufe
gehört ein Idol an, das zwar noch dieselbe Art des Sitzens und
dieselben verkümmerten Arme zeigt, aber andererseits menschliche Gesichtszüge und auch sonst eine feinere Ausbildung aufweist. Unter der Stephane sehen wir einen Kranz von Löck-
chen; auf beiden Seiten fallen lange Locken auf die Schultern
herab; die Brust ist etwas angedeutet, die Einförmigkeit des
bretartigen Gewandes durch Steilfalten auf beiden Seiten einigermaassen gegliedert, die Füsse sind auf einen Schemel gestellt.
Höhe circa 0,120 m (Fig. 161). Angesichts dieser geschicktern
Bildung und der vollständig wagerechten Stellung der Schulter-
voluten könnte man denken, der Verfertiger habe damit vielmehr
die Rücklehne des Sitzes andeuten wollen, wenn sich sonst von
Armen irgendeine Spur fände. — Eine andere Figur sonst derselben Art hat nicht mehr die verkümmerten Arme, sondern
scheint die Arme steif am Körper, die Hände auf dem Schos
liegen zu haben.

„Wiederum einen Fortschritt bezeichnet ein kleines Sitzbild
(Höhe 0,035 m), das, wenn man Kleines mit Grossem vergleichen
soll, schon eher an die Figuren vom Heiligen Weg bei Milet
erinnern könnte. Auf einem hohen Sitz von geringer Tiefe sitzt
eine Frau in steifer Haltung, die Hände auf die Seitenlehne
gelegt, die Füsse parallel gestellt. In Halshöhe ragen die Ecken
der Rückenlehne nach beiden Seiten weit vor. Diadem. Schulter-

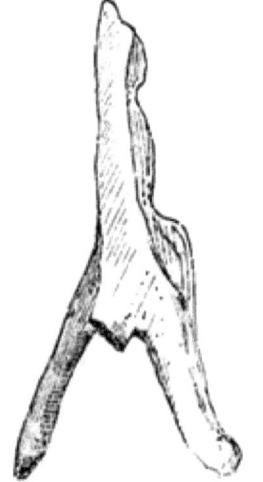

Nr. 160. Alterthümliches Idol. Seitenansicht.   Nr. 161. Sitzendes Idol.

locken. Am Rock zu beiden Seiten eine breite, in der Mitte
drei schmale Falten.

„Ein ähnliches, aber wieder mit grösserm Verständniss ge-
bildetes Figürchen (Höhe 0,035 m) zeigt uns eine Frau mit einem
Vogel auf dem Schos, also Aphrodite.

„Zahlreicher ist die Gruppe der stehenden weiblichen Figürchen. Darunter sind die wichtigsten diejenigen einer Frau, die
im linken Arm ein Schwein hält. Das Schwein war der De-

meter heilig, und ähnliche Darstellungen der Göttin hat man gerade unter den Terracotten auch anderwärts gefunden. Eine Thonfigur aus Eleusis hat F. Lenormant in der «Archäologischen Zeitung» 1865, Taf. CXC publicirt, eine andere hat Newton im Bezirk der Demeter von Halikarnass gefunden (Discoveries, S. XLVII, 4), eine befindet sich in der Sammlung der Ἀρχαι-

Nr. 162. Thonfigur, Frau mit Schweinchen.   Nr. 163. Thonfigur, Frau mit Schweinchen.   Nr. 164. Oberthell einer Frau mit Schweinchen.

λογική Ἑταιρία (Nr. 16, Martha, Nr. 576 aus Tegea; publicirt «Nuove Memorie» Taf. VI, 6); eine aus Sardinien ist publicirt «Annali d. I.», LV, 1883, tav. d'agg. D.

«Der rechte Arm ist meist ganz oder theilweise abgebrochen; bei einem Exemplar ist er erhalten, aber das Attribut der rechten Hand, ein runder Gegenstand, ist nicht zu erkennen. Bei diesem Exemplar steht die Figur auf ziemlich hoher Plinthe

(Höhe 0,145 m, Fig. 162). Ein anderes (Höhe 0,170 m, Fig. 163)
hat keine Plinthe, sondern ist unten offen; die Füsse sind in
ihrer vordern Hälfte ausge-
arbeitet. Beide Figuren haben lange Locken, die letztere einen sehr schlanken
Hals, wie er auch noch bei
andern der stehenden Frauen
wiederkehrt. Eine dritte Figur, von welcher Unterkörper und rechter Arm abge-
brochen sind (Höhe vom Gürtel bis zum Scheitel 0,082 m,
Fig. 164), hat einen kürzern
Hals, keine Locken, einen
vorgestreckten Kopf; die
Brust ist stärker angedeutet, der rechte Arm und das
Schwein sind ganz besonders
roh gebildet. Alle Figuren
haben für Demeter ein ziemlich jugendliches Aussehen,
keine ist alterthümlich, alle
von flüchtiger oder roher
Arbeit. Eine exacte Zeit-
bestimmung ist bei solchen
Erzeugnissen nicht möglich;
doch wird man sie kaum für
älter halten dürfen, als das
3. Jahrhundert vor Chr., möglicherweise für viel jünger.
Eine Frau ganz ähnlicher
Art hält in der Linken statt

Nr. 163. Stehende Frau aus Terracotta.

27*

des Schweins einen Gegenstand, der wol am ersten eine tiefe
Schale sein dürfte, wie sie auch zwei Thonfiguren aus Halikarnass in der Hand halten (Newton, „Discoveries“, pl. XLVII,
3 und 6). Auch diese Figur steht auf einer unten offenen Plinthe.
Ihr rechter Unterarm ist vorgestreckt, aber die seitlich geöffnete
Hand, deren Finger abgebrochen sind, hat schwerlich ein Attribut gehalten (Fig. 165).

Nr. 166. Torso einer archaischen Thonfigur.   Nr. 167. Kopf mit Polos
                                                         aus Terracotta.

    „Eine andere stehende Figur, von der nur noch der Torso
erhalten ist, macht einen alterthümlichen Eindruck und erinnert
durch ihre schmalen und steilen parallelen Falten, die nur durch
eine ganz geringe Biegung andeuten, dass das rechte Bein Spiel-
bein ist, an die archaische sogenannte Hestia. Das Motiv der
Arme ist nicht mehr zu erkennen (Höhe ca. 0,115 m, Fig. 166);
der als zugehörig bezeichnete Kopf (Höhe vom Kinn zum Scheitel 0,050 m) sitzt auf einem schlanken Hals; welliges dickes Haar
umrahmt das Gesicht, lange Locken fallen auf die Schultern.

    „Einen archaischen Eindruck machen auch die Unterbeine

einer stehenden Frau auf hoher Plinthe, mit parallelen Falten
zu beiden Seiten und in der Mitte des Gewandes.

„Erwähnenswerth sind vielleicht noch Kopf und Schultern
einer Frau mit Polos (Höhe vom Kinn bis zur Polosspitze 0,050 m,
Fig. 167) von roher Arbeit, massiv und hinten abgeplattet —
und zwei parallel stehende Füsse auf Plinthe, an welchen Zehen
und Sandalen ziemlich sorgfältig ausgearbeitet sind. Von Frauen
mit Polos finden sich noch mehrere unbedeutende Exemplare
mehr oder weniger verstümmelt vor.

Nr. 168. Frauenkopf mit Diadem.

„Unter den einzelnen Köpfchen ist nichts Alterthümliches.
Einige verrathen orientalischen Einfluss, aber auch sie scheinen
später Zeit anzugehören. Ein Köpfchen von recht geschickter
Arbeit mit üppigem Lockenhaar und hoher Blätterkrone hat
runde weichliche Formen. Die aufrecht stehenden Blätter des
Diadems sind einzeln in eingedrückte Pfännchen eingesetzt; zwei
sind ausgebrochen. Der Hinterkopf ist abgebrochen oder war
nicht ausgearbeitet (Höhe vom Kinn zur Blattspitze 0,045 m).
Orientalischer sieht ein anderer Kopf derselben Art aus (Höhe
vom Kinn zur Blattspitze 0,042 m, Fig. 168). Unter dem Blätter-
diadem zwei Reihen üppiger Locken. Lange Locken fallen in

Schlangenlinien auf die Schultern herab. Besonders charakteristisch sind die dicken Lippen, die hervorquellenden Augen
und das Band um den Hals, welches in der Mitte einen runden
Knopf trägt. Ein dickerer Knopf sitzt auf der rechten Schulter,
ein gleicher auf der linken wird wol abgebrochen sein.

„Ein gleiches Band mit Medaillon hat ein roherer etwas
höherer Kopf derselben Art, bei dem alle Blätter ausgebrochen
und das Diadem selbst verletzt ist (Höhe vom Kinn zum Rande
des Diadems 0,065 m).

„Aus besserer Zeit stammt eine weibliche Protome, welche in
drei Stücke gebrochen ist, die aber aneinander passen. Sie ist über
der Brust abgebrochen; es fehlt aber schwerlich mehr als diese.
Den Kopf schmückt eine hohe Stephane mit Blätterkranz; darunter
zwei Reihen Locken. Lange Schulterlocken von sonderbarer Form
(Höhe vom Kinn bis zum obern Rand der Stephane 0,042 m).

„Von alterthümlichem Charakter, aber von roher Arbeit ist
der Kopf einer Protome mit Diadem, von flachen Locken umrahmt (Höhe vom Kinn zur Diademspitze 0,060 m).

„Von einigen kleinern Köpfchen ist besonders eins erwähnenswerth, das an die schönsten Köpfchen aus Tanagra erinnert.
Der Scheitel ist sehr tief eingeschnitten, die Haare sonst leidlich
bearbeitet, im Nacken der Rest eines Schopfes. Das Kinn ist
voll und rund. Der Typus ist dem der Aphrodite verwandt
(Höhe 0,040 m). Ein anderes Köpfchen ist auffallend durch die
von vorn nach hinten plattgedrückte Form und die sonderbare
breite Frisur (Höhe 0,025 m).

„Der Vordertheil eines Schweines könnte vielleicht zu einer
der oben beschriebenen Demeterfiguren gehört haben, die aber
dann ziemlich gross gewesen sein müsste. Möglicherweise war
das Thier auch ein selbständiges Weihgeschenk an die Göttin.

„Einer ziemlich grossen stehenden weiblichen Figur hat ein
erhaltener Unterarm von guter Arbeit angehört.

„Die Gefässe sind alle so klein, dass der Gedanke an praktischen Gebrauch bei den meisten der Form wegen ausgeschlossen
ist. Andererseits stimmen sie untereinander in der Grösse alle
überein. Es sind flache Näpfchen mit etwas hochgewölbtem

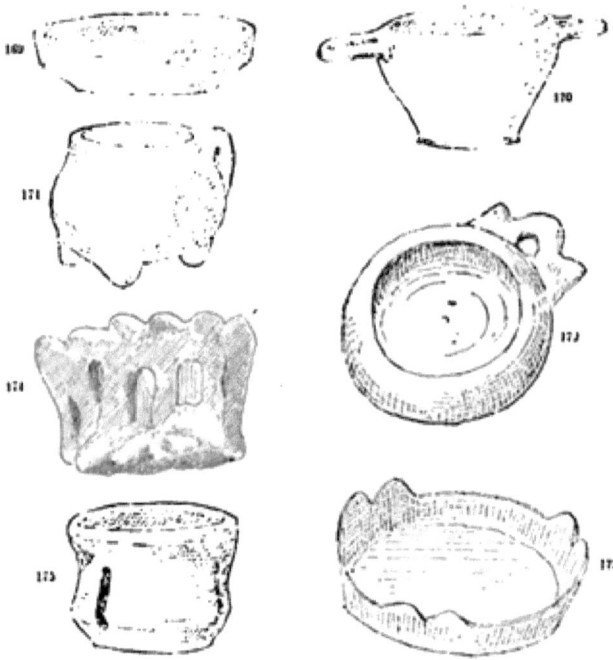

Nr. 169. Kleiner Napf.   Nr. 170. Tasse mit zwei Henkeln.   Nr. 171. Dreibeiniger Kessel
Nr. 172. Kleine Pfanne.   Nr. 173. Kleiner Teller.   Nr. 174. Durchbrochenes Körbchen
aus Thon.   Nr. 175. Gefäss mit drei Ausschnitten.

Boden (Fig. 169, oberer Durchmesser 0,04 m), zweihenkelige
Tassen (Fig. 170, oberer Durchmesser 0,015 m), dreibeinige Kessel
(Fig. 171) u. a. Bemerkenswerth ist der Henkel des Pfänn-
chens Fig. 172 (Durchmesser in der Mitte 0,055 m) und die drei
Doppelohren des Tellers Fig. 173, besonders aber sind es zwei

Körbchen von durchbrochener Arbeit mit gezacktem obern Rande
(Fig. 174), welche ein Seitenstück haben in einem Gefäss in
der Sammlung der Archäologischen Gesellschaft, bei welchem

Nr. 176. Gefäss mit zwei Henkeln.

Nr. 177. Kleine Kanne
mit zwei Henkeln.

indessen die Ausschnitte ganz regelmässig rechteckig geformt
sind, während sie bei den Gefässen aus Tiryns vielfach verbogen
und zerdrückt sind. Auch ein Gefäss in Skyphosform hat zwei,

Nr. 178. Teller in Gestalt einer Blume.

ein anderes (Fig. 175) drei rechteckige Ausschnitte. Neben den
beiden Gefässchen (Fig. 176 und 177) nenne ich schliesslich
noch einen seltsamen flachen Teller in Gestalt einer Blüte, von
welchem Fig. 178 einen Grundriss und Querschnitt gibt (Durchmesser von einer Blattspitze zur andern 0,081 m).“

ANHANG.

. .

DER MYKENISCHE BERNSTEIN.

Herr Panagiotes Stamatakes, Generaldirector der Alterthümer in Griechenland, hatte die Güte, mir ein paar Bernsteinperlen aus den mykenischen Königsgräbern zur Untersuchung
zu überlassen. Ich sandte dieselben an den bekannten Chemiker
Herrn Otto Helm in Danzig, dessen mit grösster Genauigkeit
gemachte Analysen ich im Anhange gebe. Es geht aus denselben die hochinteressante Thatsache hervor, dass der Bernstein
aus der Ostsee stammt und dass daher schon in jener fernen
prähistorischen Zeit (dem zweiten Millenium v. Chr.), der die
Königsgräber angehören, ein Handelsverkehr zwischen Griechenland und den Völkern der baltischen Küste stattfand. Es wird
aber wahrscheinlich ewig ein Räthsel bleiben, ob dieser Verkehr
auf dem Seewege durch phönikische Schiffe oder auf dem Land-
wege stattgefunden hat. In letzterm Falle liegt aber die Vermuthung nahe, dass der Handel, gleichwie es in viel spätern
Zeiten und namentlich im Mittelalter geschah, seinen Weg durch
Russland und die Balkanhalbinsel genommen hat. Oder sollte
der Bernstein vielleicht durch Russland nach Colchis und von
da mit phönikischen Schiffen nach Griechenland gebracht sein?
Jedenfalls sehen wir, das einzige mal, wo Homer Bernstein als
zum Verkauf ausgeboten erwähnt, denselben in den Händen
eines Phönikiers:

Denn ein listiger Mann (ein Phönikier vom Schiffe) kam hin zum Palaste
des Vaters,
Bringend ein Busengeschmeid' aus Gold, und besetzt mit Elektron.
Aber die Mägd' im Saale zugleich und die treffliche Mutter,
Rings in die Hand' es fassend, und wohl mit den Augen betrachtend,
Handelten über den Preis; und heimlich winkt er dem Weibe.
Als er ihr zugewinkt, da kehrt' er zum räumigen Meerschiff.

Odyssee XV, 459—464.

ἤλυθ' ἀνὴρ πολύιδρις ἐμοῦ πρὸς δώματα πατρός,
χρύσεον ὅρμον ἔχων, μετὰ δ' ἠλέκτροισιν ἕερτο·
τὸν μὲν ἄρ' ἐν μεγάρῳ δμωαὶ καὶ πότνια μήτηρ
χερσίν τ' ἀμφαφόωντο, καὶ ὀφθαλμοῖσιν ὁρῶντο,
ὦνον ὑπισχόμεναι· ὁ δὲ τῇ κατένευσε σιωπῇ.
ἦτοι ὁ κανεύσας κοίλην ἐπὶ νῆα βεβήκει·

Dass der Bernsteinhandel in vorgeschichtlichen Zeiten, wenigstens in seinem letzten Stadium, in den Händen der Phönikier
war, darüber kann gar kein Zweifel obwalten.

H. S.

A.

Danzig, 20. November 1884.

Herr Dr. Schliemann in Athen hatte die grosse Freundlich-
keit, mir einige Bruchstücke von Bernsteinperlen zu übersenden,
welche derselbe eigenhändig aus den Königsgräbern von Mykenae
genommen hatte. Ich bezweckte, diese Stücke chemisch zu
prüfen, um ihre etwaige Zugehörigkeit zu dem an der baltischen
Küste gefundenen Bernstein zu constatiren. Mein Interesse für
diese Ermittelung stützte sich auf die von mir vor drei Jahren
ausgeführten chemischen Untersuchungen von Bernsteinartefacten
aus den Nekropolen Ober- und Mittelitaliens, welche der ältesten Eisenzeit und der sogenanten etrurischen Epoche angehören
(siehe „Schriften der Naturf. Gesellschaft zu Danzig", Jahrg. 1882).
Ich wies damals nach, dass die untersuchten Bernsteinartefacten einst
aus baltischem Bernstein gefertigt wurden und nicht aus Bern-

stein, welcher heute in Sicilien oder Oberitalien gefunden wird.
Als hauptsächlichsten Beweis für diese Behauptung erachtete
ich den hohen Gehalt dieser Artefacten an Bernsteinsäure
(4,1—6,3 Proc.). Ein gleiches wies ich neuestens von Bernsteinartefacten aus Hallstadt nach.

Die mir heute vorliegenden Bruchstücke von Bernsteinperlen
aus den Königsgräbern von Mykenae boten leider ein sehr geringes Material zur chemischen Untersuchung dar; sie wogen
nur 2 Gramm. Ich verbrauchte den grössten Theil derselben zur
quantitativen Bestimmung der darin enthaltenen Bernsteinsäure
und erhielt durch trockene Destillation 1,6 Proc. reine Bernsteinsäure daraus. Daneben befanden sich 3,2 Proc. mineralische
Bestandtheile, aus Kieselerde, Kalkerde, Eisenoxyd, Kohlensäure
und Schwefelsäure bestehend.

Die Bernsteinstückchen waren ausserordentlich stark ver-
wittert, sie zerkrümelten beim Drücken zwischen den Fingern
sehr leicht. Die grosse Menge an mineralischen Substanzen ist
offenbar erst im Laufe der Jahrtausende in die verwitternde
Bernsteinmasse hineindiffundirt, denn unverwitterter Bernstein
jeglicher Art enthält etwa nur den zehnten Theil der hier gefundenen Mineralsubstanzen. Es ist zugleich anzunehmen, dass
auch der organische Theil des Bernsteins durch diese Verwitterung starke Einbusse und Veränderung erlitten hat und dass
der Gehalt an Bernsteinsäure ursprünglich ein höherer gewesen
ist. Baltischer Bernstein gibt durch Destillation 3—8 Proc.
Bernsteinsäure aus.

Von dem Mykenae-Bernstein zeigten die meisten Stücke
eine dunkelhyacinthrothe Farbe, namentlich im Bruch; es ist
dies dieselbe Farbe, welche klarer baltischer Stein nach der Verwitterung annimmt. Ein Stückchen des Mykenae-Bernsteins
hatte Wachsfarbe und war dadurch von gewissen baltischen
Bernsteinen ebenfalls nicht unterschieden. Der Mykenae-Bernstein hauchte beim Verbrennen denselben charakteristischen

Geruch aus, wie baltischer Bernstein. Er unterschied sich vom letztern eigentlich nur durch den Mindergehalt an Bernsteinsäure.

Ich kann deshalb heute nicht mit absoluter Sicherheit behaupten, dass hier ein aus den Ostseeländern stammender Bernstein vorliegt; ich kann nur aussprechen, dass ich kein anderes fossiles Harz kenne, welches heute vorkommt und welches dem Mykenae-Bernstein näher stände, als der baltische Bernstein.

Sicilianischer Bernstein liegt bestimmt nicht vor, auch keiner aus den Apenninen; ich untersuchte diese fossilen Harze in verschiedenen Stücken und fand sie alle bernsteinsäurefrei. Im Bernstein vom Libanon, wie ihn Herr Professor Fraas sammelte und mir einige Stücke zur Verfügung stellte, fand ich ebenfalls keine Bernsteinsäure. K. John konnte in der braungelben Sorte dieses Bernsteins geringe Mengen Bernsteinsäure nachweisen, in dem rothen Harze ebenfalls keine.

In den dunkelrothen fossilen Harzen Galiziens (Schrauffit) und einigen andern in Ungarn und Oesterreich gefundenen fossilen Harzen wurden ebenfalls Spuren von Bernsteinsäure gefunden, doch kommen diese Harze äusserst selten und sporadisch vor; dasselbe gilt von dem rumänischen Bernstein und von dem in der Bukowina gefundenen. Letztere sind ebenso bernsteinsäurehaltig als der baltische Bernstein, doch unterscheidet der Kenner sie leicht durch ihre Farbe, Härte und Verwitterungsschicht vom baltischen Bernstein. Es existirt auch meines Wissens keine auf uns gekommene Nachricht, dass die vorbenannten, sehr selten in der Erde vorkommenden Harze den alten Bewohnern dieser Länder schon bekannt waren.

Ich kann nach diesen Untersuchungen und Erwägungen die von Herrn Dr. Schliemann aus den Königsgräbern von Mykenae entnommenen Bernsteinartefacte mit hoher Wahrscheinlichkeit als aus baltischem Bernstein gefertigte bezeichnen.

OTTO HELM.

B.

Danzig, 17. December 1884.

Das zweifelhafte Resultat meiner am 20. November huj. ausgeführten Untersuchung von Mykenae-Bernstein veranlasste Herrn Dr. Schliemann, mir freundlichst noch ein Stück des aus den alten Königsgräbern entnommenen Bernsteins zu senden, welches ich am 15. und 16. d. M. untersuchte.

Das Stück stellte ein besseres Untersuchungsobject als das zuerst erhaltene dar, es war das Theilstück einer grossen Perle, wog 4,1 Gramm und zeigte eine geringe Verwitterung.

Die Farbe des Stückes war nach Beseitigung der äussern erdigen Theile hellrubinroth und ganz durchsichtig. Die obern Schichten liessen sich mittels eines Messers leicht abschaben; je tiefer dieses Abschaben fortgesetzt wurde, desto härter und von Farbe heller wurde der Bernstein. Die Rubinfarbe änderte sich in die des Hyacinths, dann in ein helles Orangeroth um, schliesslich blieb ein harter Kern von dem schönsten klaren Bernstein übrig. Dieser letztere war fast wasserklar. Die Perle muss einst von grosser Kostbarkeit gewesen sein, denn diese Farbe ist heute auch bei baltischem Stein eine selten vorkommende und gesuchte. Ich kenne kein anderes fossiles Harz, welches bei gleichem Härtegrade diese Farbe trüge. Auch die Verwitterungsschicht, vom hellen Weingelb zum Rubinrothen übergehend, ist für Ostseebernstein charakteristisch. Gleich charakteristisch zeigte sich der Geruch, wenn ein Theilchen auf einem Platinbleche erhitzt und zum Verdampfen gebracht wurde; der Geruch war mit einem heftigen Hustenreiz verbunden, wie beim baltischen Bernstein.

Ich nahm nun mit zwei Gramm der abgelösten Theile eine quantitative Bestimmung der darin enthaltenen Bernsteinsäure vor. Ich bringe hier zur Vervollständigung meines ersten Berichts eine Beschreibung dieser von mir häufig ausgeführten Procedur. Ich schütte den zerkleinerten Bernstein in eine tubulirte gläserne Retorte, verbinde dieselbe mit einer geräumigen Vorlage und erhitze dann die Retorte im Sandbade. Zunächst entwickeln sich dicke Rauchwolken in der Retorte, welche in die Vorlage abfliessen, dann schmilzt der Bernstein und geräth allmählich ins Sieden; die Rauchwolken condensiren sich zu einer trüben Flüssigkeit und einem braunen Oel. Ich setze die Destillation so lange fort, als noch Dämpfe übergehen. Dann unterbreche ich dieselbe, lasse erkalten und schneide den untern Theil der Retorte mittels eines geeigneten Instruments ab. Den Hals derselben und die Vorlage spüle ich sorgfältig mit heissem destillirten Wasser ab, erhitze das Gemisch von wässeriger Flüssigkeit und Oel zum Sieden und trenne beide mittels eines Papierfilters; das letztere wasche ich dann noch mit etwas destillirtem Wasser nach. Die durchfiltrirte Flüssigkeit verdunste ich im Dampfbade bis zur Trockne. Wasser und flüchtige Säuren verdampfen hierdurch und die Bernsteinsäure bleibt in glänzenden Krystallen zurück. Ich reinige die letztere noch durch Wiederauflösen, Filtriren und Umkrystallisiren, wäge sie dann und recognoscire sie durch die ihr eigenthümlichen chemischen Reactionen und ihre physikalische Gestalt.

In dem hier vorliegenden Falle und nachdem ich bei der ersten Untersuchung die Erfahrung gemacht hatte, dass in die Bernsteinsubstanz eine nicht unbedeutende Menge erdiger Substanzen, namentlich Kalkerde und Eisenoxyd, hineingedrungen war, änderte ich das Verfahren noch insoweit ab, als ich eine diesen beiden Erden entsprechende Menge Schwefelsäure zum Bernstein hinzumischte. Ich bezweckte damit, diese mit der Bernsteinsäure innig verbundenen Erden an Schwefelsäure zu binden, sodass die Bernsteinsäure frei und durch die Destillation abgetrennt werden konnte.

Der Erfolg entsprach auch meinen Erwartungen. Ich erhielt aus den zwei Gramm Mykenae-Bernstein 0,12 Gramm Bernsteinsäure, entsprechend 6 Proc.

Das überdestillirte braune Oel glich dem Oele aus baltischem Bernstein; es war gleich schwefelhaltig als dieses.

Die Elementaranalyse des Bernsteins gibt veränderliche Resultate; je vorgeschrittener die Verwitterung desselben ist, desto sauerstoffreicher wird er. Hier, wo ein unverwitterter Kern vorlag, unternahm ich diese Analyse. Sie ergab:

78,co Proc. Kohlenstoff,
10,es „ Wasserstoff,
10,9s „ Sauerstoff,
0,3s „ Schwefel.

Eine von mir im Jahre 1881 ausgeführte Elementaranalyse von Bernstein aus der Ostsee ergab:

78,es Proc. Kohlenstoff,
10,ss „ Wasserstoff,
10,ss „ Sauerstoff,
0,es „ Schwefel.

Die Uebereinstimmung ist auch hier nahezu erreicht. Ich trage nunmehr keine Bedenken, den in den Königsgräbern von Mykenae gefundenen Bernstein für baltischen Bernstein zu halten; es liegen bisjetzt keine Erfahrungen vor, dass ein den obigen Untersuchungsresultaten entsprechendes, d. h. ein dem baltischen Bernstein chemisch und physikalisch gleiches Product noch an andern Orten gefunden wird.

Um Misverständnissen zu begegnen, will ich hier noch bemerken, dass ich unter „baltischem Bernstein" denjenigen Bernstein verstehe, wie er typisch aus der Tertiärformation des preussischen Samlandes gegraben und in den Küstenländern von den russischen Ostseeprovinzen an bis nach Jütland und Holland, auch im südlichen Schweden gefunden wird. Die Grenze seiner Verbreitung nach Süden hin ist nicht überall genau festgestellt, er kommt dort überhaupt nur äusserst selten vor; man fand ihn im nördlichen Polen, in den preussischen Provinzen Posen,

Schlesien, Brandenburg, Westphalen und Sachsen, im König-
reich Sachsen und im Oldenburgischen. Die grossen mittel-
deutschen Gebirgszüge scheinen die Grenze der einstigen Verbreitung des Ostseebernsteins gebildet zu haben. Ich habe eine
Anzahl der aus den genannten Ländern bezogenen Bernsteine
chemisch geprüft und keine wesentlichen Unterschiede von dem
im Samlande gegrabenen gefunden. Ich bezeichne sie daher alle
mit dem Namen „baltischer Bernstein".

OTTO HELM.

NAMEN- UND SACHREGISTER.

Amulet 411.

Analogie, nicht die entfernteste, in den Thongefässen der beiden Ansiedelungen auf dem Felsen von Tiryns 64.

Analyse, von Topfscherben und Wandputz aus Tiryns 85, 86; der Bronzesachen aus Mykenae 192. 193; chemische, an ägyptischen Kunstwerken 328; der Bernsteinperlen aus den mykenischen Königsgräbern 125—132.

Anaphe, Insel, phönikische Colonie, im Alterthum Membliaros 29.

Anbau, halbkreisformiger, auf der Westseite der Oberburg 213.

Andalusien, Höhlen in 68; in der Steinzeit bewohnt 70, 84.

Andromeda, Gemahlin des Perseus 38, 39.

Anlage, die, der Gräber nordöstlich von Nauplia, entspricht der der Schatzkammer in Mykenae 59.

„*Annali dell' Instituto*" 95, 98, 100, 105, 400.

Ansa lunata 71.

Ansiedelung, die wichtigsten Spuren der uralten, in Tiryns 62; gänzliche Verschiedenheit der beiden 64; die erste 73, 74, 82, 84, 85, 91, 92, 93, 128; dort keine Metalle gefunden 87; prähistorische, bei Imola 76; die baulichen Reste einer ältern, in Tiryns 285—288.

Anteia (Sthenaboia oder Antiope), Gemahlin des Proitos 35, 36, 37.

Antea, neben der nordöstlichen des Propylaion, ein Altar 215; bei 3, des Thorgebäudes der Oberburg, der unterste Steinblock erhalten; von der nördlichen, in der Vorhalle des Propylaion, ein Block an seiner Stelle; von der südlichen die Fundamente vorhanden 220; die Front der Hinterhalle des Propylaeon von 2 Säulen zwischen 2 solchen gebildet 222; die, der

Vorhalle des Megaron 239, 240, 241.

Anteablöcke, der Hinterhalle des Thores zum Männerhof 229.

Antilleu 59.

Antiope, s. Anteia.

Antiparos, Insel, phönikische Colonie 29; die uralte Nekropole auf 74, 128.

Apelauron, Berg in Arkadien 16.

Apfelsinen, Bestandtheil des Frühstücks 5.

Aphrodite, in einer homerischen Stelle 174; figürliche Darstellung 417.

Apollo, der pythische, in Delphi 39.

Apollodoros, angeführt 14, 18, 20, 24, 28, 35, 36, 38.

Apollokopf, auf den in Tiryns gefundenen Münzen 54.

Appianos, 372.

Arachnaion, die westlichen Vorhöhen des mächtigen, stossen mit dem Heraion zusammen 61.

Aragonit, Eier aus, 197.

Arbeiten, die 12, des Herakles 34, 39. — durch solche in Bein, Holz und weichem Metall, wahrscheinlich das Kreisornament entstanden 124.

Arbeiter, bei den Ausgrabungen von 1876 1; von 1884 8, 201; von 1885 353.

Archäologisches Institut, Kaiserl. Deutsches in Athen; sein Architekt Dr. Dörpfeld 3; sein Werk „Das Kuppelgrab bei Menidi" 67; seine „Karten von Mykenai" 202.

„*Archäologische Zeitung*" 63, 208.

Architekt, bei den Ausgrabungen von 1884 3 (s. Dörpfeld).

Architektorfunde, einzelne, auf der Oberburg von Tiryns 323—349.

Architekturgeschichten, die darin gewöhnlich als Palast des Odysseus abgebildeten Mauern auf Ithaka 217.

Architekturstücke, erhaltene, des Palastes in Tiryns 9.

Architrav 240, 241, 242, 246, 336,

28*

ältesten Ansiedelung in Tiryns;
keins im obern Palaste; ebenso
in den prähistorischen Schuttschichten von Mykenae, Orchomenos und Troja 87; keins in Tiryns
entdeckt, ausser einer eisernen
Lanzenspitze aus späterer Zeit 193.

Eleer, von der Feier der 28. Olympiade ausgeschlossen 46.

Elege, Tochter des Proitos und der
Auteia 37.

Elektra, von Sophokles; Mykenae
nimmt darin eine hervorragende
Stelle ein 45.

Elektryon, Sohn des Megapenthes,
machte Mykenae zur Residenz 38;
trat das Reich von Tiryns und
Mykenae an Amphitryo ab 39.

Eleusis, Tempel der Demeter in 63;
Ausgrabungen und Funde am Fusse
desselben durch die Griechische
Archäologische Gesellschaft 72.
172; die dort vertretenen Cultur-
producte verschwinden mit der
Dorischen Invasion 98; auf einem
Vasenfragment von dort ein die
Purpurschnecke (murex) zeigendes
Ornament 123.

Elfenbein, zerbrochener Kamm aus,
einziger Gegenstand daraus in Tiryns 198.

Elfenbeindiskus, von Spata 139.

Elias, Prophet, dessen Kapelle auf
der nördlichen Kuppe des Berges
Euboea 14, 20.

Ellipse, die beiden Abtheilungen der
Burg in Form einer solchen 200.

Elpenor 283.

Emilia, die Terramare in 69,
70; Provinz Reggio in der 70, 90.

Ende, am östlichen, der Mauer zwischen Unterburg und Mittelburg
einst ein Thor 205; am südlichen,
der Westmauer der Oberburg ein
grosser Thurm 211; am obern, der
Rampe ein Durchgang 212; am
nördlichen, der Unterburg noch
jetzt Nebenpforten 213.

Entlastungsdreieck, über dem Thorbalken des Thors der Oberburg
ein solches angeordnet 219.

Entschädigung, für den Pachter der
2. Terrasse 10.

Ephoros, die uns übriggebliebenen
Fragmente von 50.

Epidauria, auf dem Weg nach, sah
Pausanias den Ort, wo das Treffen
zwischen Proitos und Akrisios vor-
fiel 35.

Epidauros, Gebirge an der Ostseite
der Ebene von Argos 14; Land,
wohin, nach Strabo, die Tirynthier
nach Zerstörung ihrer Stadt flohen
40; das Gebiet von; der heilige
Bezirk des Asklepios 61.

Epistyl 225, 242, 246, 249.

Epitheton, Homer's „ἱππόβοτος", der
Weideplatze der Ebene von Argos
16; „πολύδιψιος", der Ebene von
Argos 17; „τειχιόεσσα", der Citadelle von Tiryns 19; „γλαυκῶπις",
der Pallas Athene; „βοῶπις", der
Hera 186; „ἱερός" und „ἀγάθεος",
der Hallen des grossen Hofes in
Tiryns 236; „αιθέος" des Megaron
246.

Epoche, die vorhellenische; das Grab
bei Syrakus reicht bis zu ihr hinauf 95.

Erasinos, Fluss, am östlichen Fusse
des Chaongebirges; im Alterthum
identisch mit dem Stymphalos;
seine Quelle jetzt κεφαλάρι genannt 16.

Erdbeben, in der 78. Olympiade, rich-
tete in Sparta viel Unglück an 47.

Erdharz, Räucherung mit, von Melampus zur Heilung der mit Wahnsinn gestraften Töchter des Proitos
angewendet 38.

Ergias, rhodischer Schriftsteller;
über die Ankunft des Iphiklos und
der Dorier auf Rhodos 30.

Ergotimos, Vase des 225.

Erlaubniss, die für die Ausgrabun-

Verlag von F. A. BROCKHAUS in Leipzig.

WERKE VON Dr. H. SCHLIEMANN.

TROJA. Ergebnisse meiner neuesten Ausgrabungen auf der Bau-
stelle von Troja, in den Heldengräbern, Bunarbaschi und andern
Orten der Troas im Jahre 1882. Mit Vorrede von Professor *A. H.
Sayce*. Mit 150 Abbildungen in Holzschnitt und 4 Karten und
Plänen in Lithographie. 8. 1884. Geh. 30 M. Geb. 32 M. 50 Pf.

ILIOS. STADT UND LAND DER TROJANER. Forschungen und Ent-
deckungen in der Troas und besonders auf der Baustelle von
Troja. Mit einer Selbstbiographie des Verfassers, einer Vorrede
von *R. Virchow* und Beiträgen von *P. Ascherson, H. Brugsch-
Bey, E. Burnouf, Frank Calvert, A. J. Duffield, J. P. Mahaffy,
Max Müller, A. Postolaccas, A. H. Sayce* und *R. Virchow*.
Mit circa 1800 Abbildungen, Karten und Plänen in Holzschnitt
und Lithographie. 8. 1881. Cart. 42 M. Geb. 45 M.

MYKENAE. Bericht über meine Forschungen und Entdeckungen
in Mykenae und Tiryns. Mit einer Vorrede von *W. E. Gladstone*. Nebst zahlreichen Abbildungen, Plänen und Farben-
drucktafeln, mehr als 700 Gegenstände darstellend. 8. 1878.
Geh. 30 M. Geb. 32 M. 50 Pf.

ORCHOMENOS. Bericht über meine Ausgrabungen im Böotischen
Orchomenos. Mit 9 Abbildungen und 4 Tafeln. 8. 1881.
Geh. 3 M.

REISE IN DER TROAS im Mai 1881. Mit 1 Karte. 8. 1881. 2 M.

CATALOGUE DES TRÉSORS DE MYCÈNES au Musée d'Athènes. Avec
un plan de l'Acropole de Mycènes. 12. 1882. Cart. 1 M. 50 Pf.

TROJANISCHE ALTERTHÜMER. Bericht über meine Ausgrabungen in
Troja. 8. 1874. Geh. 6 M.

ATLAS TROJANISCHER ALTERTHÜMER. 218 photographische Abbildungen zu dem Berichte über die Ausgrabungen in Troja.
4. 1874. In Mappe. 54 M.

ANTIQUITÉS TROYENNES. Rapport sur les fouilles de Troie. Traduit
de l'allemand par ALEX. RIZOS RANGABÉ. 8. 1874. Geh. 6 M.

ATLAS DES ANTIQUITÉS TROYENNES. Illustrations photographiques
faisant suite au Rapport sur les fouilles de Troie. 218 planches
photographiques, avec texte explicatif. 4. 1874. In Mappe. 54 M.

ITHAKA, DER PELOPONNES UND TROJA. Archäologische Forschungen.
Mit 4 Lithographien und 2 Karten. 8. 1869. Geh. 4 M.

FERGUSSON, JAMES. DAS ERECHTHEION und der Tempel der Athene
Polias in Athen. Herausgegeben von *Heinrich Schliemann*.
Mit 4 Tafeln und 2 Holzschnitten. 4. 1880. Geh. 5 M.

DRUCK VON F. A. BROCKHAUS IN LEIPZIG.

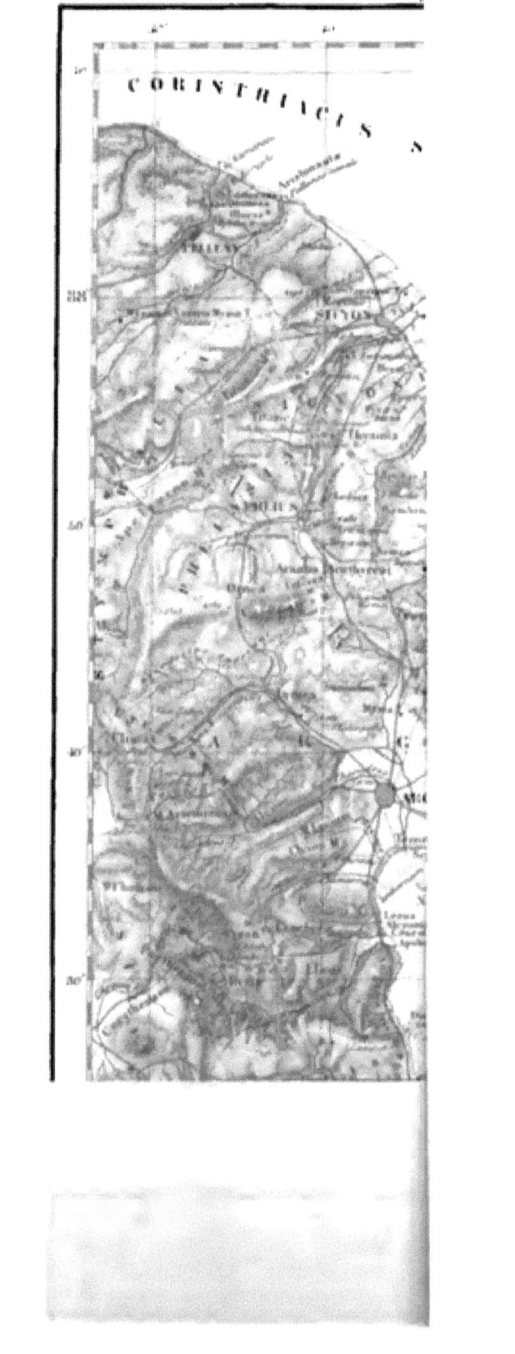

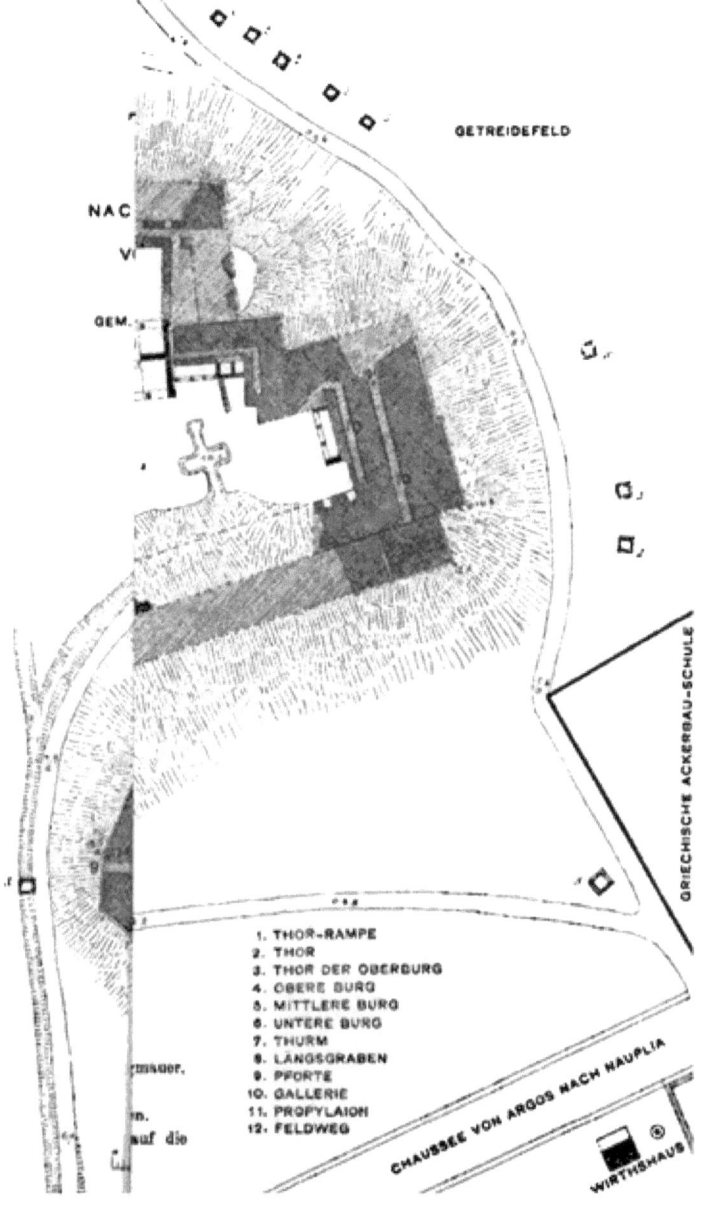

GETREIDEFELD

NAC

V(

GEM.

GRIECHISCHE ACKERBAU-SCHULE

1. THOR-RAMPE
2. THOR
3. THOR DER OBERBURG
4. OBERE BURG
5. MITTLERE BURG
6. UNTERE BURG
7. THURM
8. LÄNGSGRABEN
9. PFORTE
10. GALLERIE
11. PROPYLAION
12. FELDWEG

rmauer.

n.

auf die

CHAUSSEE VON ARGOS NACH NAUPLIA

WIRTHSHAUS

DIE OBERBURG

VON

TIRYNS.

AUFGENOMMEN IM MAI 1884 VON

W. DÖRPFELD.

ZEICHEN-ERKLÄRUNG:

= Hauptweg zur Oberburg.

= Wasserleitung oder Kanal.

= Offener Hof.

Rothe Zahlen = Höhe über der Schwelle des Thores zur Oberburg.

Schwarze Zahlen = Horizontale Abstände.

S = Schachte, im Jahre 1876 gegraben.

THU

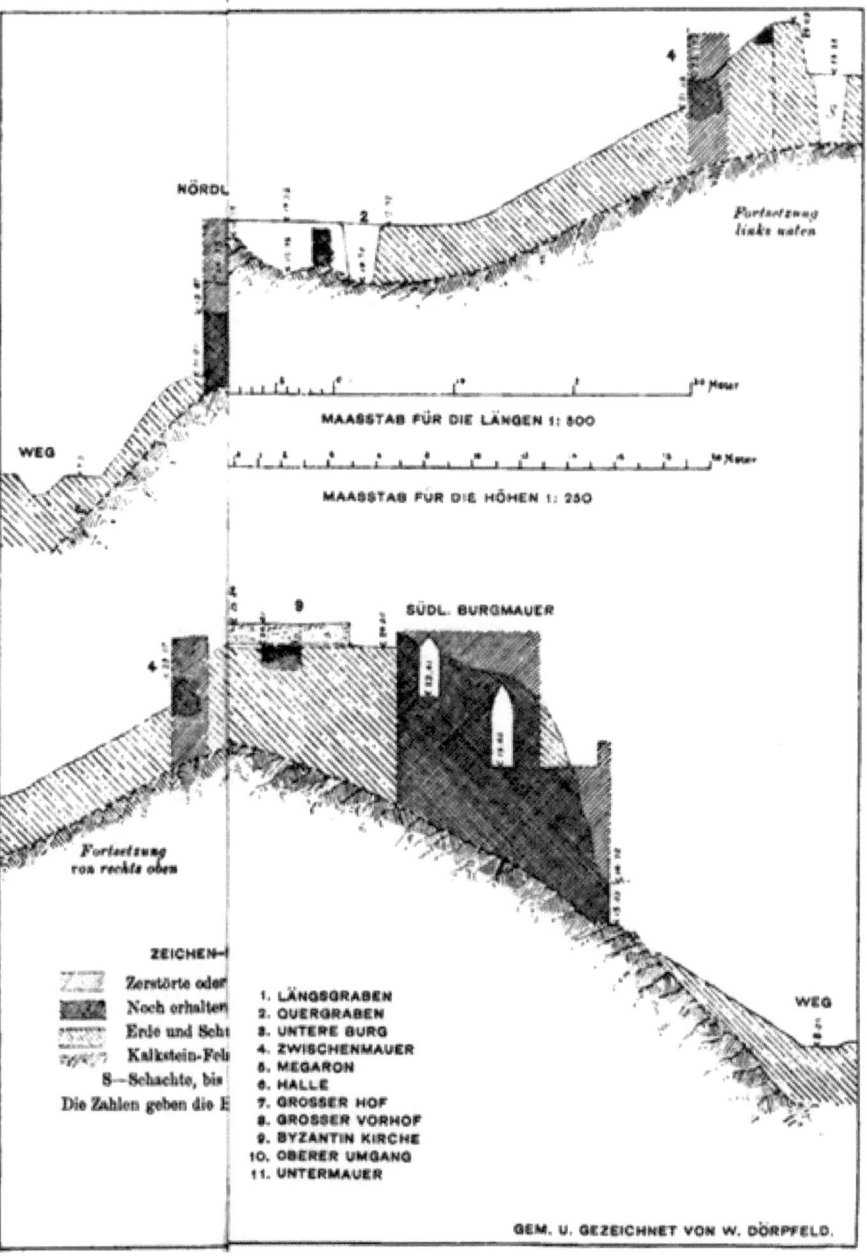

MAASSTAB FÜR DIE LÄNGEN 1:500

MAASSTAB FÜR DIE HÖHEN 1:250

WEG

NÖRDL

2

4

Fortsetzung links unten

Fortsetzung von rechts oben

9

SÜDL. BURGMAUER

4

WEG

ZEICHEN-

Zerstörte oder
Noch erhalten
Erde und Sch
Kalkstein-Fel
S—Schachte, bis
Die Zahlen geben die E

1. LÄNGSGRABEN
2. QUERGRABEN
3. UNTERE BURG
4. ZWISCHENMAUER
5. MEGARON
6. HALLE
7. GROSSER HOF
8. GROSSER VORHOF
9. BYZANTIN KIRCHE
10. OBERER UMGANG
11. UNTERMAUER

GEM. U. GEZEICHNET VON W. DÖRPFELD.

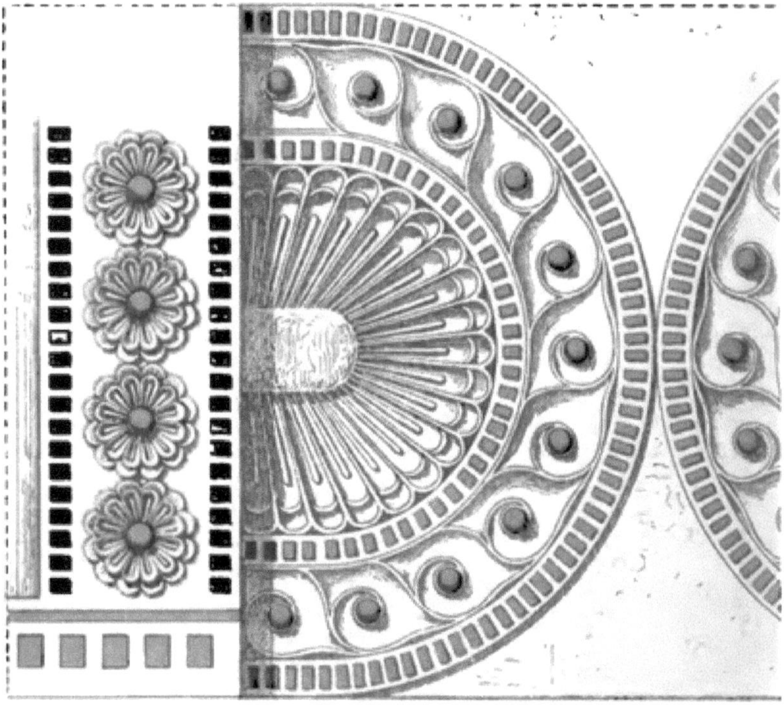

FRIES MIT EINGELEGTEN GLASPASTEN. RESTAURIRT 1: 5

U 550

DERSELBE FRIES. ERHALTENER ZUSTAND. 1: 5

SCULPTIRTES ORNAMENT. 1: 5

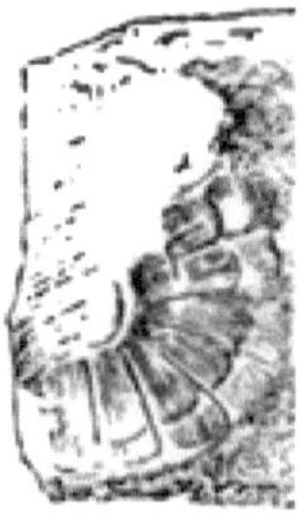

AUFGEN. VON W. DÖRPFELD.

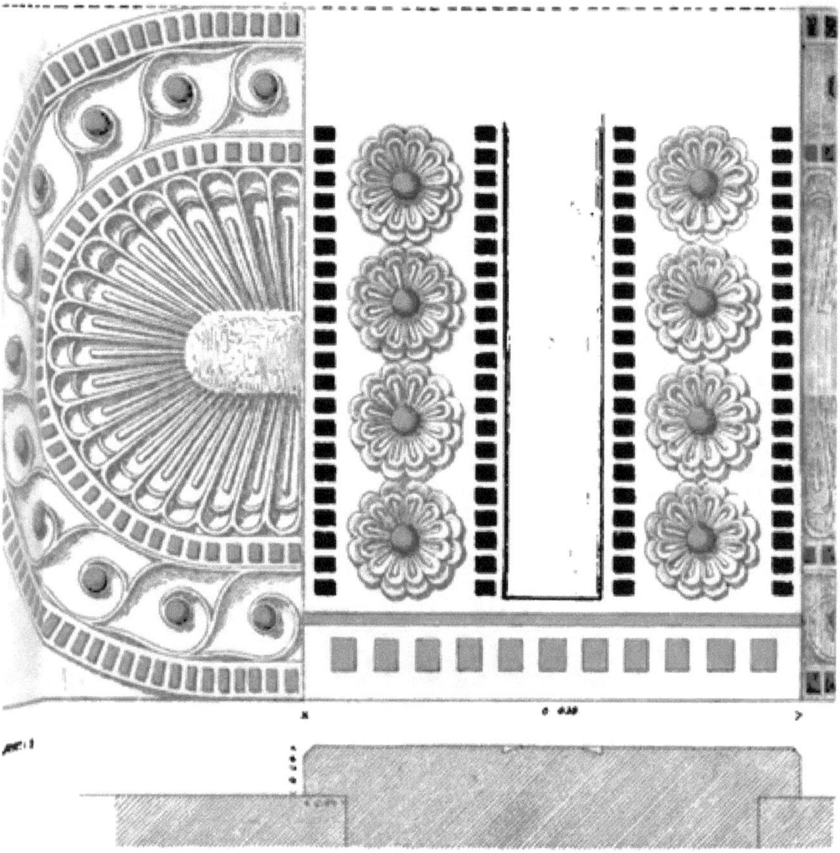

GRUNDRISS DES FRIESES 1: 5

FRIES VON MYKENAE

GLASPASTE AUS MENIDI

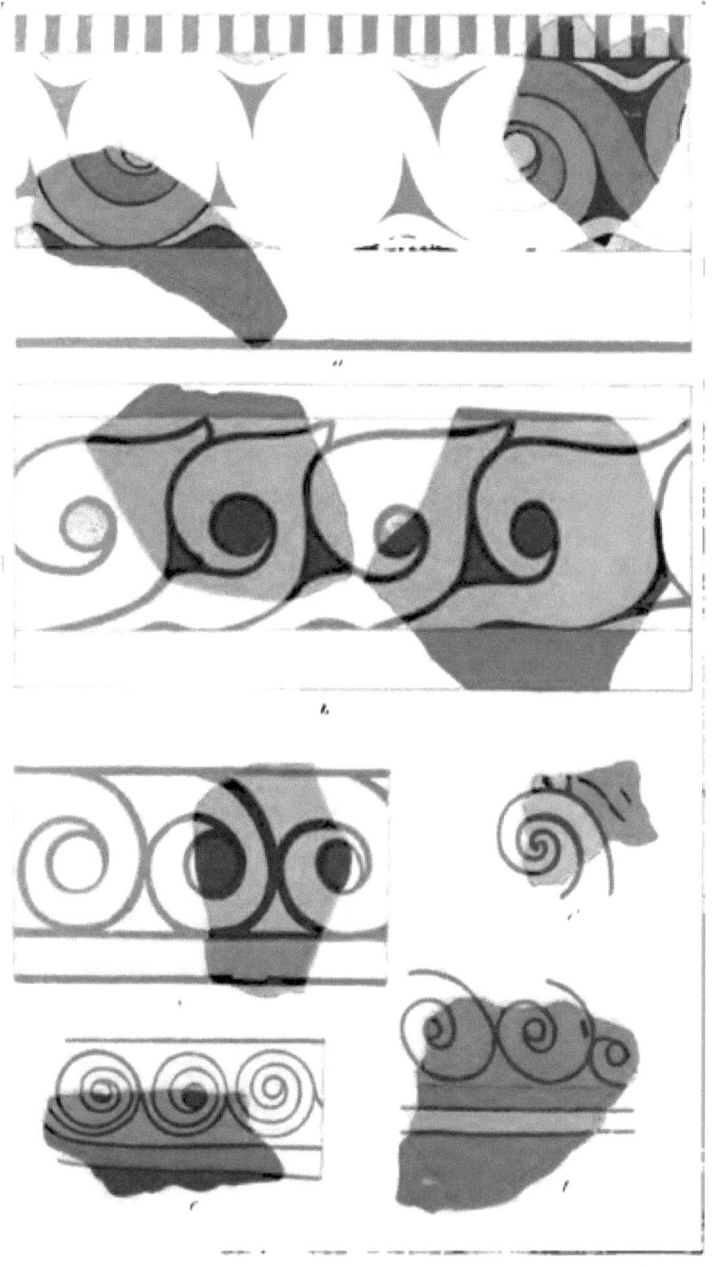

WANDMALEREIEN IM PALASTE VON TIRYNS.

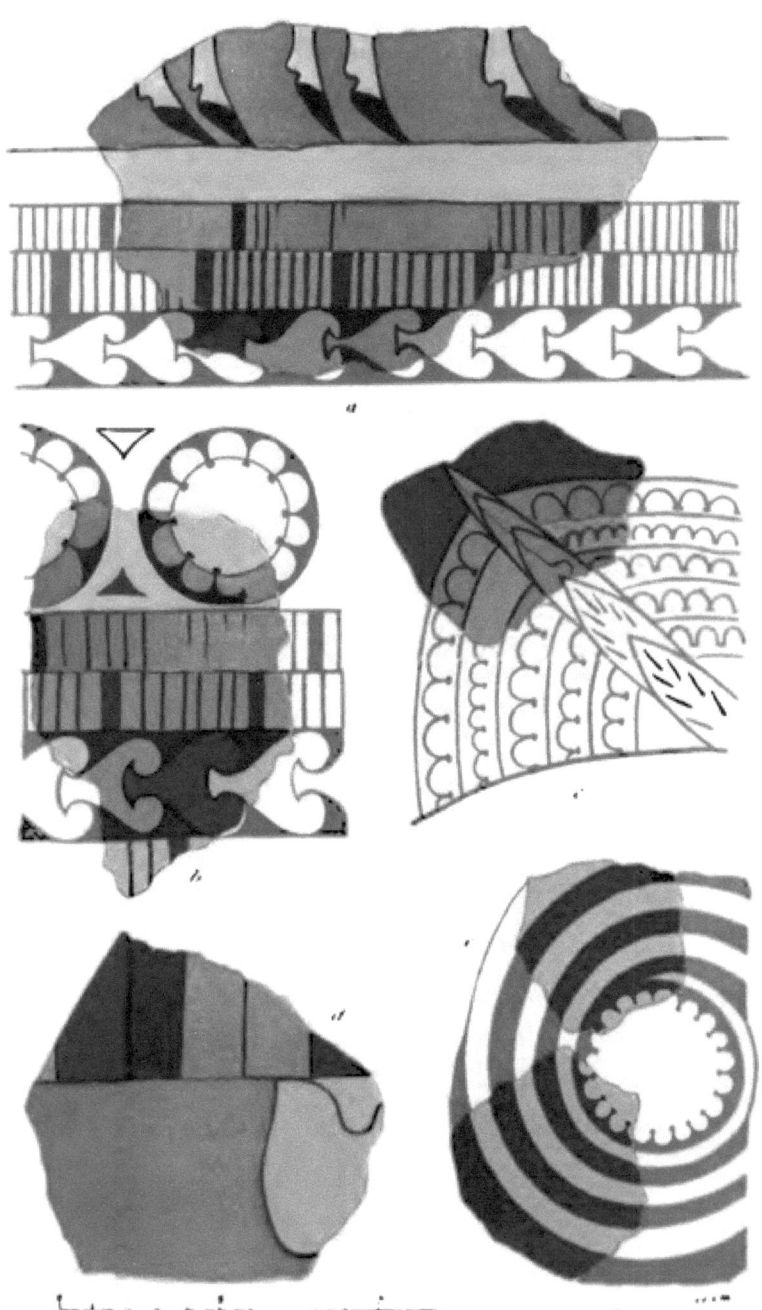

WANDMALEREIEN IM PALASTE VON TIRYNS.

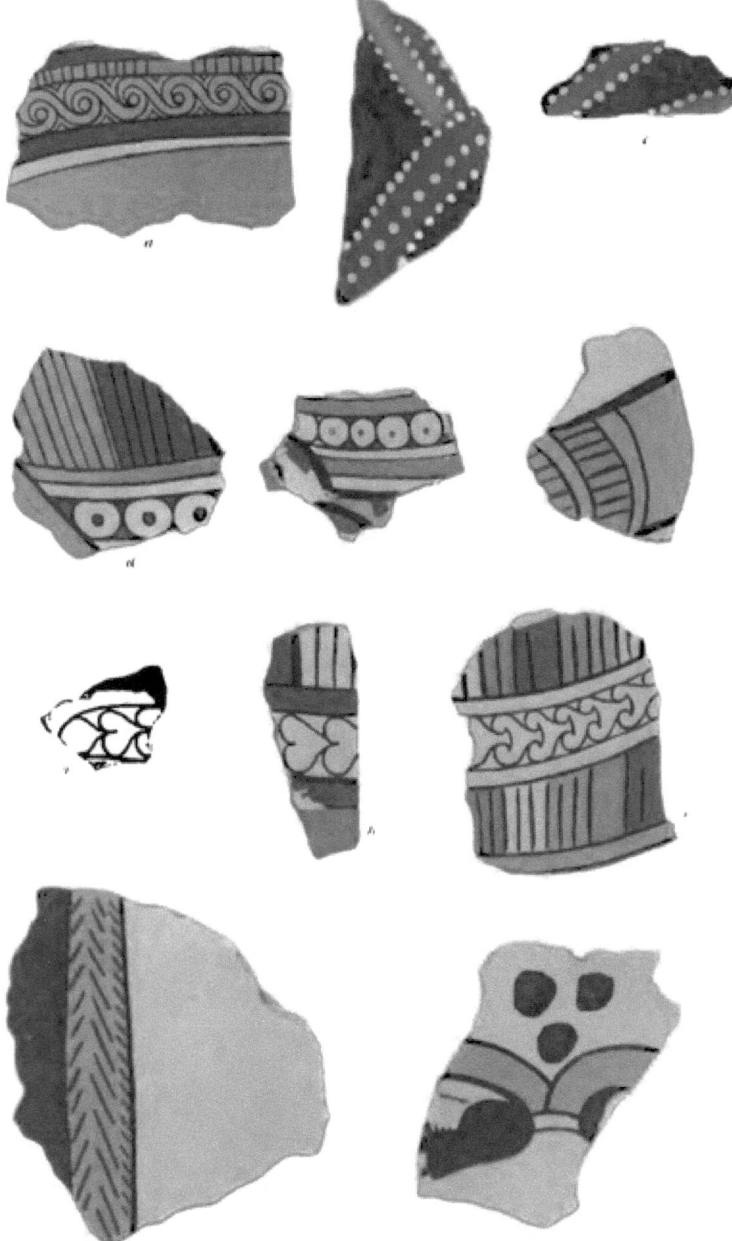

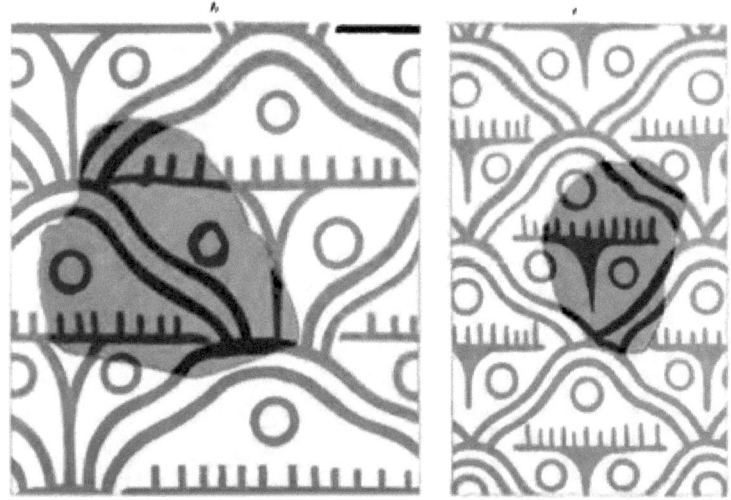

WANDMALEREIEN IM PALASTE VON TIRYNS.

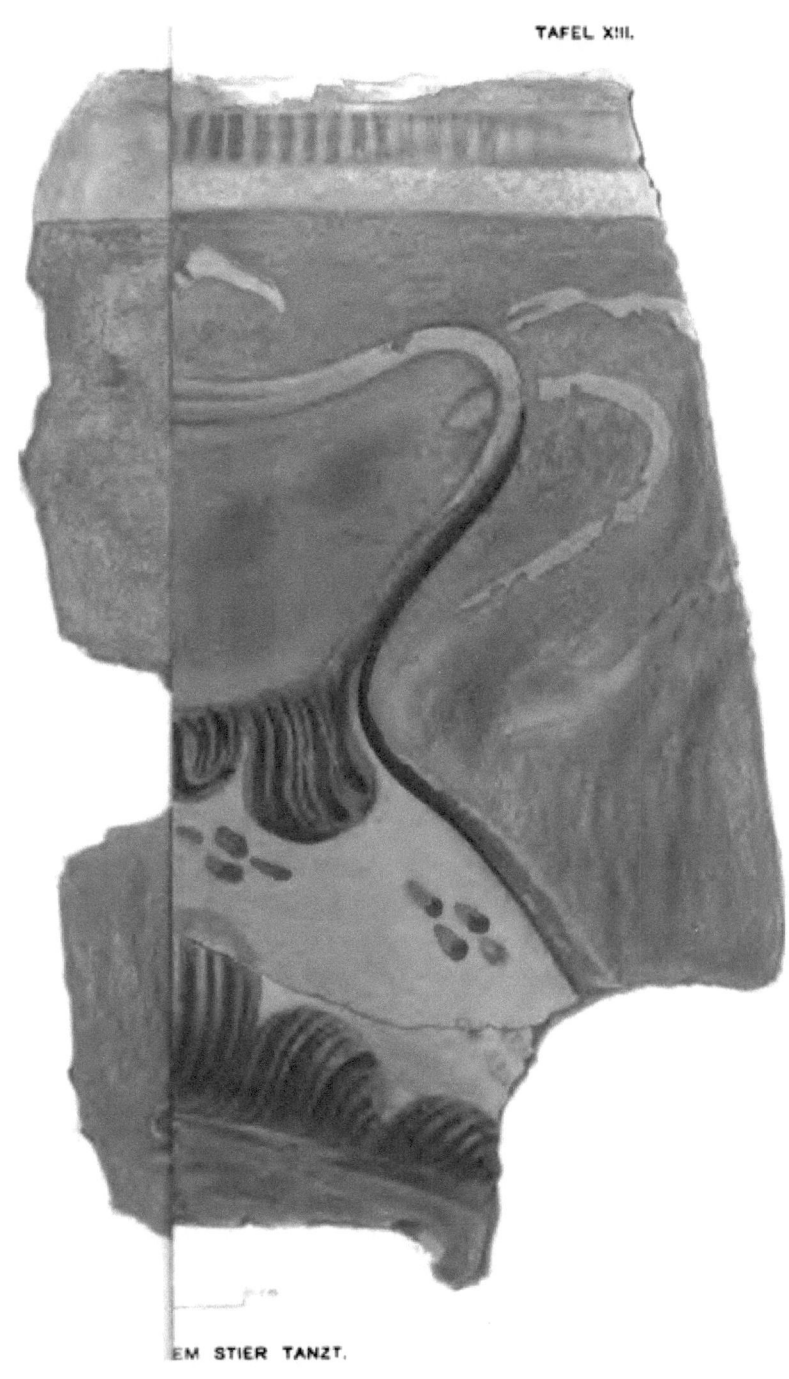

EM STIER TANZT.

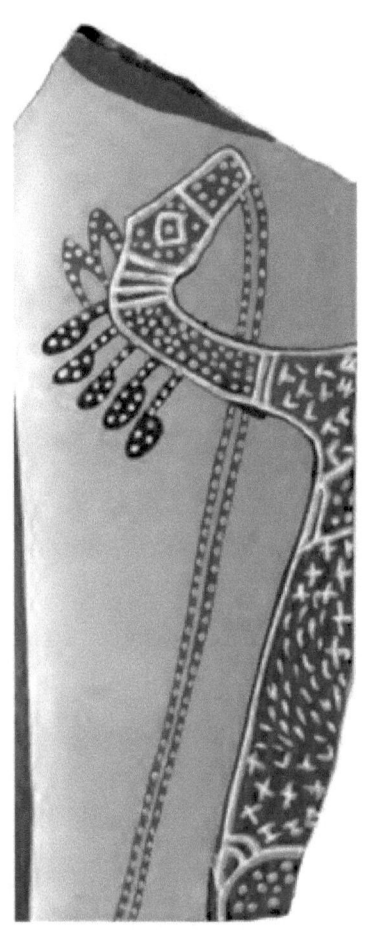

VASENFRAGMENTE. — c

b und *c*, eine 1

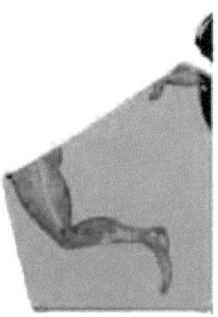

FRAGMENTE GROSSER GEFÄSSE. —a. b

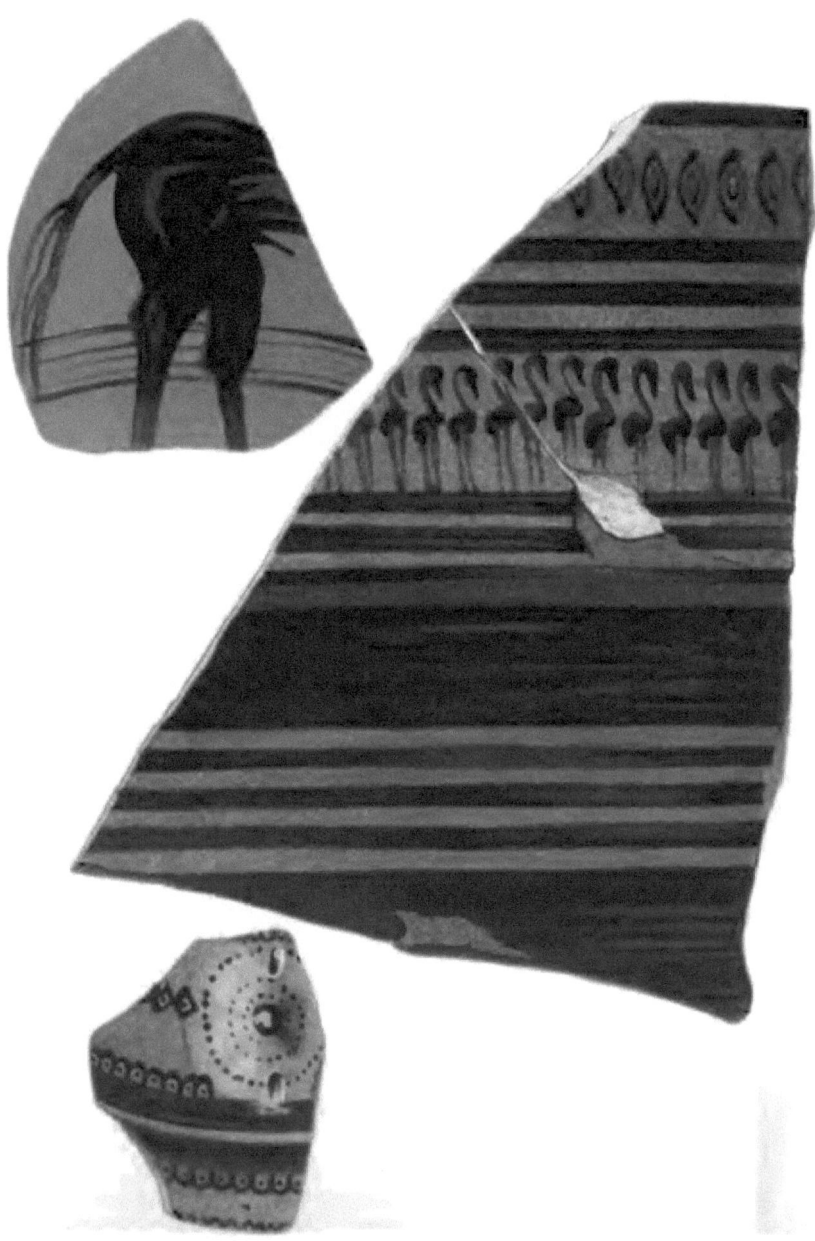

DREI VASENFRAGMENTE.—*a*, ein Pferd ; *b*, eine Reihe Kraniche und horizontale Streifen ; *c*, einen senkrecht durchbohrten brustartigen Auswuchs darstellend

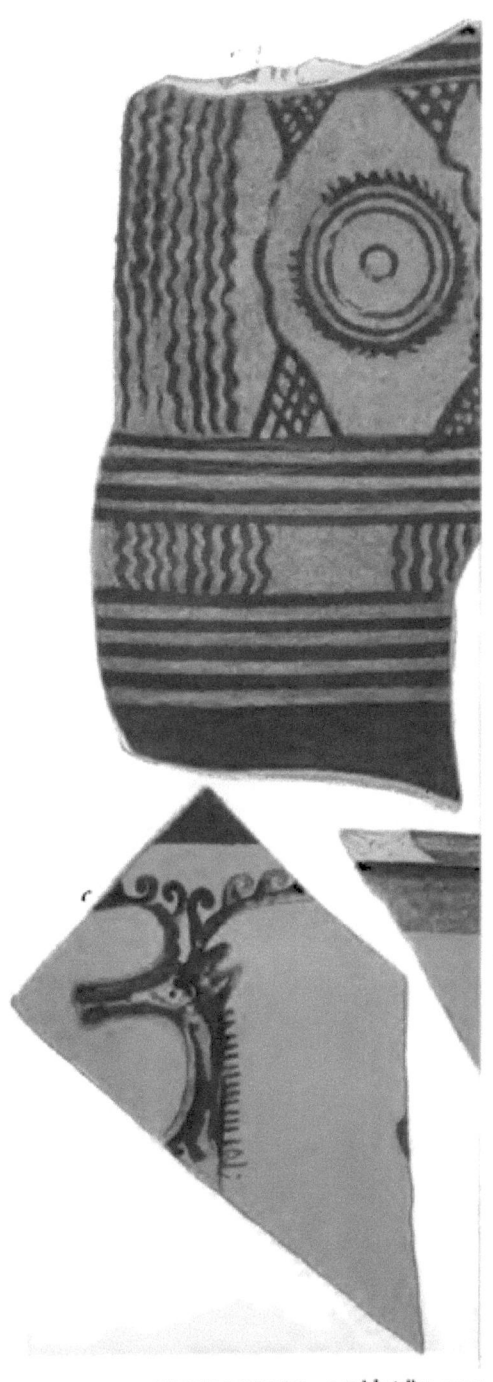

VASENFRAGMENTE. a und b stellen geomi

a, Fragment einer Vase mit Darstellung eines Pferde
c, d und e, ein Ornament von Gold; f, ein Becher; g,

a und b, Vasenscherben, die erstere stellt einen Mann, die letztere zwei Vögel dar ; c, ein Lehnstuhl ; d, eine Flasche von Terracotta.

a und b, Idole der Hera in Form von Kuben; c,

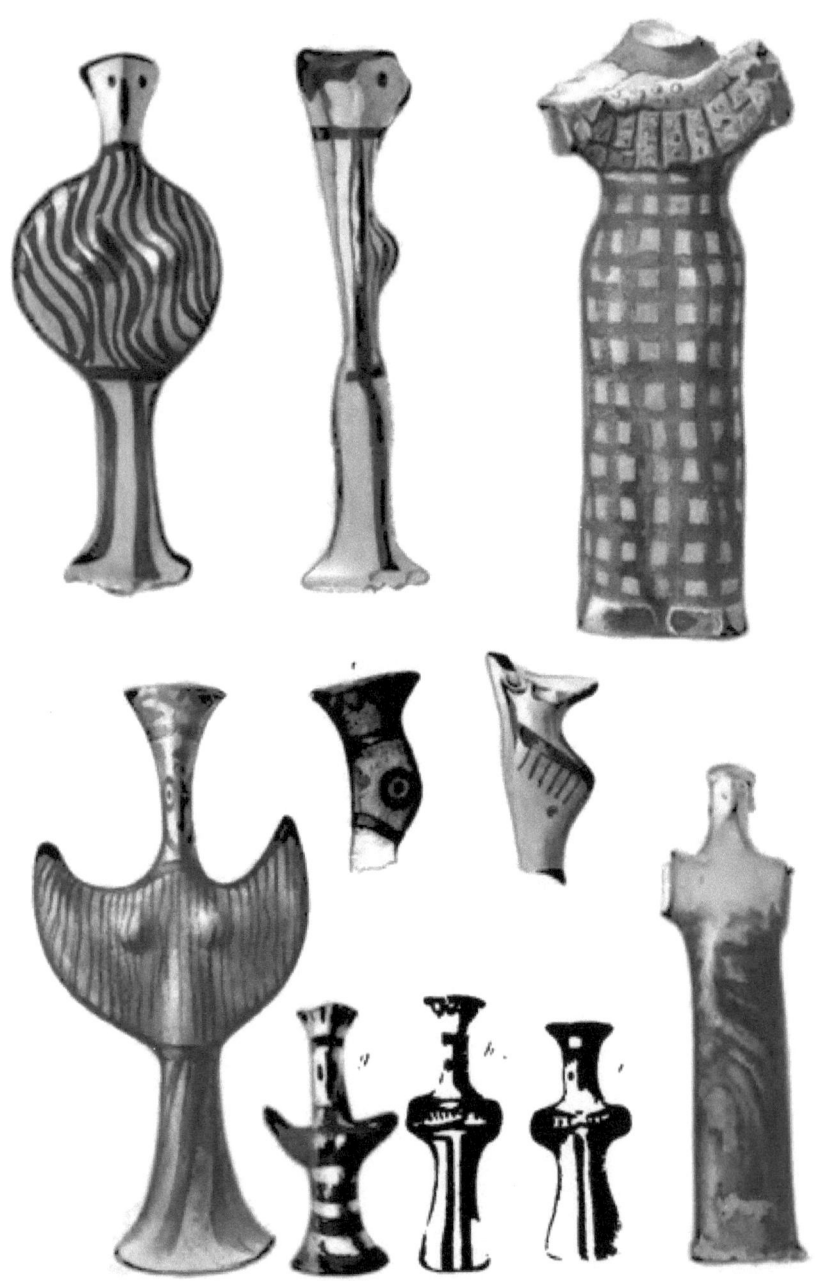

TERRACOTTA-IDOLE VERSCHIEDENER FORM.

VASENFRAGMENTE MIT VERSCHIEDENARTIGER ORNAMENTATION.

TMONGEFÄSSE MIT VERSCHIEDENARTIGER ORNAMENTATION.